辉煌四十年

中国基础教育改革大事记

义务教育卷（上册）

总主编◎陈如平
本卷主编◎方铭琳 李红恩 单志艳

山东友谊出版社

图书在版编目（CIP）数据

辉煌四十年：中国基础教育改革大事记. 义务教育卷 / 陈如平主编；方铭琳等分册主编. 一济南：山东友谊出版社, 2019.3

ISBN 978-7-5516-1768-0

Ⅰ. ①辉… Ⅱ. ①陈… ②方… Ⅲ. ①义务教育—教育改革—大事记—中国 Ⅳ. ①G639.21

中国版本图书馆CIP数据核字(2018)第293980号

HUIHUANG SISHI NIAN ZHONGGUO JICHU JIAOYU GAIGE DASHIJI

辉煌四十年：中国基础教育改革大事记

YIWU JIAOYU JUAN

义务教育卷

主管单位：山东出版传媒股份有限公司
出版发行：山东友谊出版社
地　　址：济南市英雄山路189号　　邮政编码：250002
电　　话：出版管理部（0531）82098756
　　　　　市场营销部（0531）82098035（传真）
印　　刷：山东临沂新华印刷物流集团有限责任公司
版　　次：2019年3月第1版
印　　次：2019年3月第1次印刷
开　　本：710mm × 1000mm　1/16
印　　张：45.25
字　　数：606千字
定　　价：276.00元（上、下册）

《辉煌四十年：中国基础教育改革大事记》
编纂委员会

前言

改革开放是中国共产党历史上乃至中国历史发展长河中的重大事件。改革开放是决定当代中国命运的关键一招，也是决定实现“两个一百年”奋斗目标、实现中华民族伟大复兴的关键一招。

2018年是我国改革开放四十周年。以1977年恢复高考、1978年扩大公派留学生为标志，我国拉开了教育改革和教育对外开放的序幕，同时为改革开放事业吹响了先声号角。四十年来，教育改革开放驰而不息、持续推进，释放出前所未有的发展活力。特别是党的十八大以来，以习近平同志为核心的党中央统筹推进“五位一体”总体布局、协调推进“四个全面”战略布局，高度重视教育事业发展，深化教育领域综合改革，为决胜全面建成小康社会，开启全面建设社会主义现代化国家新征程提供了重要支撑。中国共产党领导人民立足基本国情，坚持改革开放，成功探索出一条中国特色社会主义教育发展道路。

改革开放四十年来，我国基础教育改革发展波澜壮阔、成就斐然。九年义务教育全面普及，进入均衡发展乃至城乡一体化新阶段。从1978年到2018年，全国小学学龄儿童净入学率从94%上升到99.95%，初中和高中阶段毛入学率分别从66.4%和33.6%提高到100.9%和88.8%，高中阶段教育基本普及。学前教育毛入园率也创下81.7%的历史新高。全国新增劳动力的平均受教育年限超过13年。我国基础教育成为在读规模最大、学龄最长、体系最完整的教育，普及程度和总体发展水平已进入中高收入国家行列。从“有学上”到“上好学”，中国基础教育进入新时代。

党的十九大从新时代坚持和发展中国特色社会主义的战略高度，作出了优先发展教育事业、加快教育现代化、建设教育强国的重大部署。2018年9月10日，全国教育大会召开，习近平总书记在会上作重要讲话，明确指出，教育是民族振兴、社会进步的重要基石，是功在当代、利在千秋的德政工程，对提高人民综合素质、促进人的全面发展、增强中华民族创新创造活力、实现中华民族伟大复兴具有决定性意义。教育是国之大计、党之大计。面对中国特色社会主义进入新时代，习近平总书记强调，要努力构建德智体美劳全面培养的教育体系，形成更高水平的人才培养体系。要把立德树人融入思想道德教育、文化知识教育、社会实践教育各环节，贯穿基础教育、职业教育、高等教育各领域。习近平总书记一系列关于教育的重要论述，为整个教育领域特别是基础教育的改革创新和可持续发展，指明了前进方向。

站在新时代新起点上，总结回顾改革开放四十年来我国基础教育改革发展的辉煌成就，总结历史经验，对于坚持和发展中国特色社会主义教育发展道路，进一步取得教育改革开放和发展的新成果，具有重大意义。同时，我国基础教育改革发展的成功经验，也可为世界其他国家实现教育现代化提供鲜活案例。

《辉煌四十年：中国基础教育改革大事记》（以下简称《大事记》）系2018年度中国教育科学研究院基本科研业务费专项基金课题的重大成果。编纂《大事记》的目的在于通过对改革开放四十年来我国基础教育政策和实践的梳理，全面立体地反映基础教育改革发展的历史脉络，系统整体地呈现基础教育改革发展的过程和成就等。《大事记》选取时间节点始于1977年5月邓小平发表“两个尊重”的讲话，终于2018年9月全国教育大会召开。重点选取了改革开放四十年来基础教育改革发展的标志性事件，以纪实形式述说往事、提炼亮点，反映基础教育改革发展中的重点热点难点问题，总结基础教育改革实践的基本经验，对于全面了解和把握我国基础教育的发展历程，具有重要的史料价值和借鉴意义。

坚持以事实性史料为主，《大事记》收录的信息主要有六大类。一是政策文件类，包括党中央、国务院出台的教育方面重大政策、法律法规、规划报告等；教育部及其他国家部、委、办出台的文件和重大政策、计划等；

各省（自治区、直辖市）、地市发布的具有典型性、代表性的重大政策文件等。二是重大事件类，包括重要会议、重大活动、重大项目、重要改革经验等。三是地方经验类，主要收集具有典型性、影响力的地方改革发展经验。四是学校案例类，主要包括反映基础教育各学段改革发展的典型经验与事件。五是社会组织类，主要包括各类社会组织有关基础教育各学段的研究成果和调研报告等。六是专家学者类，主要收集国内外专家学者在学术期刊等媒体公开发表的有关基础教育的研究成果和真知灼见等。

《大事记》采用编年体形式，按照事件发生的年、月、日时间顺序编排，每年增加“改革进行时”部分，分设重要文件、重要政策、重要会议、改革亮点四大板块。书的结尾还附设索引表，便于读者快速查阅信息。希望《大事记》能够成为广大教育行政干部、学校领导和教师的案头必备工具书，用以指导各学段教育和学校的改革发展，为我国基础教育发展续写更多的辉煌篇章提供帮助。

《大事记》编委会主任由中国教育科学研究院院长崔保师担任，编委会副主任由中国教育科学研究院副院长马涛、山东友谊出版社总编辑张继红担任。《大事记》共分三卷，编纂者均为中国教育科学研究院基础教育研究所研究人员。总主编为陈如平，学前教育卷主编为易凌云、高丙成、尹国强，义务教育卷主编为方铭琳、李红恩、单志艳、牛楠森，高中教育卷主编为李建民、王玉国、朱忠琴。《人民教育》杂志原总编傅国亮、中国教育科学研究院副院长马涛、中国教育科学研究院研究员刘占兰担任总审稿专家。中国教育科学研究院科研处处长王小飞给予科研指导。编纂初期，我们还聘请若干北京等地高校的本科生、研究生搜集素材信息，他们是于泳稼、韩祉佚、霍少波、王安琪、陈瑜儿、李乐巍、朱汗青、徐温迪、张建良、姜晓琳、刘明显。

由于编纂者水平有限，知识和经验不够全面，本书的缺点和疏漏之处在所难免，敬请读者提出宝贵意见和建议。

编　者

2019年2月

凡 例

一、本书对中国基础教育改革四十年的历程进行总结回顾，以事实性史料为主，梳理基础教育改革发展的历程、成就、经验等。只作客观记述，不作主观评价。

二、整个“大事记”的时间起点是1977年邓小平发表“两个尊重”的讲话，终点是2018年全国教育大会。时间跨度为41年，书名进行了取整处理。

三、收录原则：所选事件须为我国基础教育领域发生的典型性事件，类型主要包括政策文件、重要事件、地方经验、学校案例、社会组织报告、专家学者观点等。

四、编写体例：按年份编排，每一年份包含“改革进行时”和年度事件，最后附有“索引表”。“改革进行时”对本年度的重要文件、重要政策、重要会议和改革亮点进行梳理。在“重要文件”“重要政策”“重要会议”栏目中，根据文件、政策、会议的重要性进行罗列。“改革亮点”栏目主要是描述本年度改革的亮点。记述年度事件时，按事件发生的时间先后顺序排列，每一个事件为一个条目，条目标题为事件发生具体月日。正文后面附有索引表。根据学段特点和研究、关注热点，提炼出索引词。读者可根据索引表查找前文与索引词对应的条目。“索引表”中的各索引词按其第一个字的拼音首字母对应的英文字母顺序排序。

五、为便于索引，本书对每一个条目进行了编号。每一个编号的前两位数为条目所在的年份的最后两个数字，后面的数字为条目在本年度出现的次序数。以 1978 年为例，根据事件发生的时间顺序，依次编码为 7801、7802、7803……

六、技术处理：1. 书中涉及的国家机构名称，统一使用规范简称；对于名称已经发生变化或被取消的国家机构，使用其当时的简称。2. 对于一些特定时期的特定提法，本着尊重历史的原则，未做修改。比如，“有中国特色的社会主义”“有中国特色社会主义”“中国特色社会主义”的说法，按照当时的提法记述。3. 文件名在“改革进行时”部分使用全称；在正文第一次出现时，使用全称，以后出现时，根据语境使用简称。4. 同一年份，关联性很强的时间，放在一个段落里表述。5. 各文件的发布时间，以文件最后的落款时间或印发发布通知的时间为准。6. 未查询到具体发生时间的条目，所标注时间为《中国教育报》等权威媒体的报道时间，并在条目内容之首标注“据……报道”。7. 在保持事件原意的基础上，对事件中的部分标点、词句进行了改写，使之更加符合现代汉语规范。

七、资料来源：教育部组织编写的《中国教育年鉴》《中华人民共和国重要教育文献》；中央教科所（今中国教科院）编写的《中华人民共和国教育大事记（1949—1982）》；《中国教育报》《人民日报》《人民教育》等报纸期刊；教育部网站中的“教育大事记”“教育史上的今天”“教育文献”“工作要点”；等等。书中涉及的历次党代会的内容引自领导人著作和中国共产党新闻网，《政府工作报告》的内容引自《政府工作报告汇编（1954—2017）》（中国言实出版社 2017 年版）和中国政府网。

目录

1977年

改革进行时

• 重要文件

中共中央《关于召开全国科学大会的通知》

中共中央转发中共教育部党组《关于工宣队问题的请示报告》

教育部《关于加强中小学在职教师培训工作的意见》

• 重要政策

教育战线率先拨乱反正

组织编写中小学通用教材

加强中小学在职教师培训

• 重要会议

邓小平主持召开科学和教育工作座谈会

教育部、国家出版事业管理局召开全国教材出版发行工作会议

• **改革亮点**

1976年，党中央一举粉碎“四人帮”，以党自身的力量纠正了错误。教育战线率先进行拨乱反正。

教育部组织编写中小学各科全国通用教材。此套由国家统一管理、统一编制的教材全部编写完成历时五年。全国通用教材的编写使用对逐步恢复正常教学秩序，提高教育质量起到了重要作用。

7701 | **5月24日**

邓小平同中央两位同志谈话，针对“尊重知识，尊重人才”的问题，邓小平指出：我们要实现现代化，关键是科学技术要能上去。发展科学技术，不抓教育不行。靠空讲不能实现现代化，必须有知识，有人才。抓科技必须同时抓教育。从小学抓起，一直到中学、大学。五年小见成效，十年中见成效，十五年二十年大见成效。办教育要两条腿走路，既注意普及，又注意提高。要办重点小学、重点中学、重点大学。要经过严格考试，把最优秀的人集中在重点中学和大学。一定要在党内造成一种空气：尊重知识，尊重人才。[①]

7702 | **7月21日**

党的十届三中全会闭幕，决定恢复邓小平中共中央委员，中央政治局委员、常委，中共中央副主席，中央军委副主席，国务院副总理，中国人民解放军总参谋长的职务。邓小平正式复出工作，主动要求分管教育、科学工作。

7703 | **8月4日至8日**

邓小平主持召开科学和教育工作座谈会。8日，邓小平作了《关于科学和教育工作的几点意见》的讲话。邓小平说：我自告奋勇管科教方面的工作。我们国家要赶上世界先进水平，从何着手呢？我想，要从科学和教育着手。邓小平重点讲了六个方面的问题：一、关于对十七年的估计问题；二、关于调动积极性问题；三、关于体制、机构问题；四、关于教育制度和教育质量问题；五、关于后勤工作问题；六、关于学风问题。在谈到关于教育制度和教育质量问题时，邓小平指出：高等院校学生来源于中学，中学学生来源于小学，因此要重视中小学教育。[②]

---

① 参见《邓小平文选》第二卷，人民出版社 1994 年版，第 40—41 页。

② 同上，第 48—58 页。

7704 | 8月12日至18日

党的十一大在北京举行。大会宣告“文化大革命”结束，重申在20世纪内把中国建设成为社会主义的现代化强国的目标。

7705 | 8月18日

《人民日报》刊登新华社记者述评文章《人民教师应当受到尊重》。文章指出，北京市九个区县先后召开中小学先进集体、先进个人代表会议，表扬和奖励优秀教师和先进集体，“这种做法，值得提倡”。在此前后，全国各地各类学校都采取召开代表会议等方式表扬和奖励优秀教师和先进集体。

7706 | 8月19日

《人民日报》发表教育部理论组的文章《教育必须大干快上》。文章提出，建设社会主义强国，迫切需要大批又红又专的人才。各级各类学校发展速度要加快，发展规模要扩大，教育质量要提高。

7707 | 9月3日

教育部理论组在《光明日报》发表文章《百年大计，从小抓起》。文章指出，“抓教育，首先要抓中小学”。这是摆在我们全党、全国人民面前的一件大事，是教育战线上一项具有极为深远意义的任务。

7708 | 9月18日

中共中央印发《关于召开全国科学大会的通知》，动员全党全军全国各族人民和全体科学技术工作者，向科学技术现代化进军。通知指出，“四个现代化的关键是科学技术现代化”，“科学人才的培养，基础在教育”。通知明确提出，“应当恢复技术职称，建立考核制度，实行技术岗位责任制”。

7709 | 9月19日

邓小平与教育部部长刘西尧谈教育战线的拨乱反正问题时，提出要对1971年《全国教育工作会议纪要》进行批判，划清是非界限。“两个估计”

是不符合实际的。“教育部要解放思想，争取主动。”[①] 由此，教育战线以推翻“两个估计”为突破口，进行拨乱反正，平反冤假错案。

7710 | **9 月**

根据邓小平中小学教育“关键是教材。教材要反映出现代科学文化的先进水平，同时要符合我国的实际情况”[②] 的指示，教育部组织编写中小学各科全国通用教材。参加编写工作的人员有 200 多人，他们是从 18 个省、自治区、直辖市选调的人员。同时聘请知名专家学者担任编写各科教材的顾问。人民教育出版社用中央划拨的 10 万美元专款，从苏联、美国、英国、联邦德国、法国、日本等国家购进中小学教材，供编写教材时参考。

7711 | **10 月 25 日**

教育部印发通知指出，为解决聋哑学校的教材问题，决定委托上海市统一编写一至八年级语文、数学教材。

7712 | **10 月 31 日至 11 月 15 日**

教育部在北京召开中小学师资培训座谈会。会议提出要采取多种形式，提高现有教师的水平。争取三五年内，经过培训，使现有教学水平较低的教师，绝大多数达到合格程度。要尽快建立和健全省、地、县、公社和学校的五级师资培训机构。

7713 | **11 月 6 日**

中共中央转发中共教育部党组《关于工宣队问题的请示报告》，批准工宣队撤出学校。这为学校恢复正常教学秩序创造了条件。

7714 | **11 月 18 日**

《人民日报》发表教育部大批判组的文章《教育战线的一场大论战——批判“四人帮”炮制的“两个估计”》。文章指出，教育系统要拨乱反正，

---

① 《邓小平文选》第二卷，人民出版社 1994 年版，第 71 页。
② 同上，第 55 页。

必须高举毛主席伟大旗帜，彻底推翻“四人帮”的“两个估计”，澄清路线是非，还历史以本来面目。

7715 | 12月7日

《人民日报》发表评论员文章《大力发展各级各类教育事业》。文章提出，为了多出人才，快出人才，必须从我国的实际情况出发，坚持毛主席一贯提倡的“两条腿走路”、多种形式办学的方针。

7716 | 12月10日

教育部印发《关于加强中小学在职教师培训工作的意见》。《意见》就如何开展师资培训工作提出具体要求：一是要深入揭批“四人帮”反革命修正路线的极右实质及其在教育战线的表现，正确执行党对知识分子的政策，充分调动广大教师的积极性。二是要坚持又红又专的方向，明确培训的目标和要求，所有的教师都要学会普通话，板书、批语要正确工整。三是要尽快建立和健全省、地、县、社和学校的师资培训网，各级培训机构要明确分工、相互协作，并和师范院校密切协作，搞好培训工作。四是动员各方面的力量，组织好培训师资的专职教师队伍和兼职教师队伍。五是从实际出发，鼓励教师以自学为主、业余为主的原则进修，采取学校自培、举办函授教育、举办专题讲座、举办业余大学和电视大学、举办培训班等多种形式。六是要求各级教育行政部门要在党的领导下制定教师培训的规划并建立制度保障。

7717 | 12月20日至28日

教育部、国家出版事业管理局在河北涿县联合召开全国教材出版发行工作会议，讨论和制定1978年度中小学教材出版计划。会议强调，教材出版发行工作要做到“按时”“足量”供应学校，实现“课前到手，人手一册”的要求。

1978年

改革进行时

• 重要文件

教育部《关于办好一批重点中小学的试行方案》

教育部《全日制十年制中小学教学计划试行草案》

教育部《全日制小学暂行工作条例（试行草案）》

教育部《全日制中学暂行工作条例（试行草案）》

教育部、国家体委、卫生部《关于加强学校体育、卫生工作的通知》

教育部《关于加强和发展师范教育的意见》

国务院批转教育部《关于加强中小学教师队伍管理工作的意见》

教育部、国家计委《关于评选特级教师的暂行规定》

• 重要政策

重申党的教育方针

制定和修订中小学教学计划

办好一批重点中小学

恢复学校共青团和少先队组织

恢复教育督导制度

加强和发展师范教育

评选中小学特级教师

• 重要会议

中共中央、国务院召开全国科学大会

教育部召开全国教育工作会议

教育部召开全国外国语教育座谈会

• 改革亮点

随着党的十一届三中全会召开，全党工作重点转移到社会主义现代化建设上来。各级教育行政部门加快中小学教育领域各方面的恢复、调整、整顿工作。根据全国教育工作会议关于“全面部署恢复和整顿教育秩序”的精神，各地教育部门积极恢复基础教育的各项工作。

中小学暂行工作条例的发布，为国家在“文革”后迅速稳定教育秩序发挥了关键作用，对提高教育质量具有重要意义。

7801 | **1月7日**

国务院批转教育部《关于加强中小学教师队伍管理工作的意见》。《意见》指出，中小学公办教师的管理、调配工作，应在党委一元化领导下，由县以上各级教育行政部门负责；高师、中师毕业生应全部到教育战线工作；公办教师的自然减员，应由教育部门于当年如数从民办（代课）教师中选择补充；各级教育行政部门不应占用教育事业编制；民办教师的选用、辞退、调换均需由县教育行政部门统筹规划。

7802 | **1月11日**

经国务院批准，教育部发布《关于办好一批重点中小学的试行方案》。《试行方案》对办好重点中小学的目的、任务、规划、招生办法、加强领导等问题作出规定。《试行方案》提出，全国重点中小学形成“小金字塔”结构，并在经费投入、办学条件、师资队伍、学生来源等方面向重点学校倾斜，由此形成国家级、省地、地级、县级的重点学校“层层重点”的格局。《试行方案》规定重点中小学仍按就近入学的原则，招收新生；确定由教育部办的重点中小学包括北京景山学校、天津南开中学、上海师大二附中等共20所。

7803 | **1月18日**

经国务院批准，教育部发布《全日制十年制中小学教学计划试行草案》。《教学计划》规定了中小学的任务、学制、制定教学计划的原则、“主学”“兼学”的安排、活动总量、课程设置等。《教学计划》规定，全日制中小学学制为十年，其中小学五年，初中三年，高中二年。小学，全年52周，政治课和文化课的时间，一年级至三年级为42周，四年级、五年级为38周。一年级至三年级根据学生的年龄特点，适当增加“兼学”的内容。四年级、五年级“兼学”时间每学年4周。中学，全年52周，政治课和文化课的时间，初中为36周。“兼学”时间，初中为6周。在“兼学”时间内，全年用一周左右时间学军。小学设8门课程，中学设14门课程。

7804 | 1 月 22 日

教育部印发《关于教育事业两项基建投资安排的意见》。《意见》指出，鉴于中小学教职工队伍不断扩大，但住房问题没有相应解决等情况，希望各地在地方统筹安排和自筹安排的投资中，以及边疆建设、职工住宅的补助投资中，对城市中小学教职工住宅建设和边疆地区中小学校舍建设，给予较多照顾和适当安排。

7805 | 1 月 30 日

国务院、中央军委批转教育部、国家体委、总参谋部、总政治部《关于中学和小学（高年级）学生学军的意见》。《意见》提出，学生学军要把思想政治教育放在首位，进行一定的军事训练，掌握基本军事常识和技能。学军的时间从小学四年级至高中二年级，每年一周左右，可集中进行，也可以分散安排。学军的形式以学校自己训练为主，部队大力协助。

7806 | 1 月

根据邓小平指示，教育部成立巡视室。这标志着我国教育督导制度的恢复。

7807 | 1 月

《人民教育》发表评论文章《抓纲治教 乘胜前进》。文章提出，在新的一年里，要高举揭批“四人帮”这个纲，有计划地整顿教育、整顿学校，贯彻党的干部政策和知识分子政策；要对多快好省地发展教育事业作出规划；要真正搞好教育革命，抓好学校的政治思想、教学和科学研究、后勤等工作。

7808 | 2 月 26 日

五届全国人大一次会议在北京人民大会堂开幕。《政府工作报告》强调，必须正确执行教育为无产阶级政治服务、与生产劳动相结合的方针，端正方向，认真搞好教育革命，加速培养德智体全面发展的有社会主义觉悟有文化的劳动者。各行各业都要高度重视和大力支持教育事业。努力办好各级各类学校，首先是办好重点大学和重点中小学。采取有力措施培训教师，加速编写新教材，充分利用各种现代化手段，提高教育质量。到 1985 年，在农村基本普及 8 年教育，在城市基本普及 10 年教育。

7809 | **3 月 5 日**

五届全国人大一次会议通过《中华人民共和国宪法》。《宪法》第十三条规定："国家大力发展教育事业，提高全国人民的文化科学水平。教育必须为无产阶级政治服务，同生产劳动相结合，使受教育者在德育、智育、体育几方面都得到发展，成为有社会主义觉悟的有文化的劳动者。"第五十一条规定："公民有受教育权。国家逐步增加各种类型的学校和其他文化教育设施，普及教育，以保证公民享受这种权利。国家特别关注青少年的健康成长。"第五十二条规定："公民有进行科学研究、文学艺术创作和其他文化活动的自由。国家对于从事科学、教育、文学、艺术、新闻、出版、卫生、体育等文化事业的公民的创造性工作，给以鼓励和帮助。"

7810 | **3 月 18 日至 31 日**

中共中央、国务院在北京召开全国科学大会。中共中央副主席、国务院副总理邓小平在开幕式上发表重要讲话，号召"向科学技术现代化进军"，明确指出"四个现代化，关键是科学技术现代化"，"科学技术是生产力，这是马克思主义历来的观点"，知识分子是工人阶级的一部分，为社会主义服务的脑力劳动者是劳动人民的一部分。邓小平强调，"科学技术人才的培养，基础在教育"，要全面地正确地执行党的教育方针，端正方向，真正搞好教育改革，推动教育事业大发展大提高。各级党委要认真地将教育事业作为大事来抓，各行各业都要来支持教育事业，大力兴办教育事业。应该尊重人民教师，确保教师的教学活动时间，关心他们的政治生活、工作条件和业务学习。对在教学工作中作出突出贡献的教师，应该给予表扬和奖励。[①] 邓小平的重要讲话澄清了长期束

① 参见《邓小平文选》第二卷，人民出版社 1994 年版，第 85—100 页。

缚科技和教育发展的重大理论是非问题，打开了长期禁锢知识分子的桎梏，迎来了科学的春天。大会通过《1978—1985年全国科学技术发展规划纲要（草案）》。

7811 | **4月3日**

国务院批转教育部、国家出版事业局发布《关于全国教材出版发行工作会议的报告》。《报告》提出，恢复“文化大革命”前的教材编审体制和出版发行办法；中小学教材由教育部负责统编，暂无统编教材的各课程，仍由地方组织力量，参照统编教材的编写大纲编写出版，乡土教材和补充教材，由各省、自治区、直辖市自行编写出版；少数民族文字教材，参照原有的蒙、藏、维、哈、朝五种民族文字协作区，分别协商组织编写和翻译出版。

7812 | **4月14日**

教育部、国家体委、卫生部印发《关于加强学校体育、卫生工作的通知》。通知提出，继续深入揭批“四人帮”的罪行，提高对学校体育、卫生工作的认识，全面贯彻落实党的教育方针；对学校体育、卫生工作要有明确的要求，提高学校体育、卫生工作水平，建立健全各种规章制度；加强体育教师和卫生人员队伍的建设；加强党对学校体育、卫生工作的领导。

7813 | **4月22日至5月16日**

教育部在北京召开全国教育工作会议。中共中央副主席、国务院副总理邓小平出席开幕式并发表重要讲话，提出四点意见：一是提高教育质量，提高科学文化的教学水平，更好地为社会主义建设服务；二是学校要大力加强革命秩序和革命纪律，造就具有社会主义觉悟的一代新人，促进整个社会风气的革命化；三是整个教育事业必须同国民经济发展的要求相适应；四是尊重教师的劳动，提高教师的质量。[①]会议学习讨论了邓小平的讲话，研究了《全日制小学暂行工作条例（试行草案）》《全日制中学暂行工作条例（试行草案）》修改意见（讨论稿）。6月至9月，各省、自治区、直辖市先后召开教育工作会议。

7814 | **5月11日**

《光明日报》发表特约评论员文章《实践是检验真理的唯一标准》。文章指出，检验真理的标准只能是社会实践，任何理论都要不断接受实践的检验。随后，全国范围内开展了一场“关于真理标准问题”的大讨论。

7815 | **7月8日**

国务院批转教育部《刘西尧同志在全国教育工作会议上的报告和总结》。4月22日，教育部部长刘西尧同志在全国教育工作会议上作报告时讲了八个方面的问题：一、新时期教育战线的任务；二、深入揭批“四人帮”，把学校整顿好；三、集中力量办好一批重点学校；四、开展科学实验，加强科学研究；五、加强教师队伍的建设；六、努力实现教学手段的现代化；七、全面观察教育与生产劳动相结合的原则；八、广开才路，大力选拔和培养优秀人才。5月16日，刘西尧同志作全国教育工作会议的总结讲话。总结讲话包括四个方面的要点：一、依靠全党办好教育事业；二、掀起揭批“四人帮”的新高潮，打好第三战役；三、狠抓提高，办好重点学校；四、会议讨论中提出的几个具体问题：学校挖潜的问题、保证完成学校基建任务的问题、退还被占用的校舍问题、学校的领导管理体制问题、解决用非所学的问题、加强教师队伍的建设问题。

7816 | **7月14日**

经邓小平等中央领导批示，国务院批准恢复重建中央教育科学研究

① 参见《邓小平文选》第二卷，人民出版社1994年版，第103—110页。

所。中央教科所是教育部直属的国家级综合性教育科学研究机构。其前身是 1941 年中国共产党在延安建立的中央研究院中国教育研究室，1957 年 1 月 26 日，经国务院和中央书记处批准建立。

7817 | **7 月 26 日**

教育部印发《关于学校开办教育电视有关问题的通知》，强调纠正中小学闭路电视热。

7818 | **8 月 26 日**

教育部印发通知，决定从 9 月 1 日起在全国中小学执行《小学生守则》和《中学生守则》。两个《守则》成为新时期中小学生的行为准则。

7819 | **8 月 26 日**

国家体委、教育部、卫生部联合发布《“中国青少年、儿童身体形态、机能和素质的调查研究”实施方案》。《实施方案》对课题依据和概况，调查目的、任务和预期成果，调查测试对象和范围，统一指标、方法和要求，组织领导，工作要求和步骤，经费、器材，加强宣传工作等问题，作了说明。

7820 | **8 月 26 日**

教育部印发《关于加强学校普通话和汉语拼音教学的通知》，对教育系统推广普通话的工作作了全面部署。通知指出，普及普通话是一项长期的任务，必须继续贯彻“大力提倡，重点推行，逐步普及”的方针，制定规划，积极实施。通知要求从 1978 起，五年内做到各级各类学校语文教师基本能用普通话教学，其他教师也能逐步用普通话教学；学生在课堂上和会议上基本能使用普通话。八年内做到各级各类学校基本普及普通话。中小学要把汉语拼音作为语文教学的内容，认真教好。

7821 | **8 月 28 日至 9 月 10 日**

教育部在北京召开全国外国语教育座谈会。会议研究了加强外语教育、提高外语教育质量的方法和措施。会议确定今后一个时期发展外语教育的方针是：千方百计提高外语教育质量，切实抓好中小学外语教育这个基础，在办好高等学校专业外语教育和公共外语教育的同时，大力开展多种形式的业余外语教育。

7822 | **8月31日**

国务院批转教育部《关于退还被占用校舍的请示报告》。《请示报告》指出，任何单位占用学校的土地、房屋、家具、设备、车辆等，原则上都应无条件地退还给学校，不得以任何借口拖延抵制。

7823 | **9月22日**

教育部发布《全日制小学暂行工作条例（试行草案）》和《全日制中学暂行工作条例（试行草案）》。两个《工作条例》重申教育为无产阶级政治服务、教育与生产劳动相结合的方针。小学《工作条例》规定：小学教育的任务是为社会主义祖国培养新生一代，使他们接受中等教育有一个良好的基础。中学《工作条例》规定：中学教育的任务是为国家培养劳动后备力量，为高一级学校培养合格的新生。

7824 | **9月**

全国十年制全日制中小学开始使用由教育部组织编写的全国通用新教材。本学年使用的通用教材，包括各科教材的第一册，共计22种；各科教学大纲，共计15种；配合新教材教学的教参，共计16种。

7825 | **10月12日**

教育部印发《关于加强和发展师范教育的意见》。《意见》指出，为了发展教育事业和提高教育质量，必须用很大的力量建设中小学教师队伍，除了切实抓好在职教师进修这种形式的大规模培训工作之外，必须大力加强和发展师范教育。为此，要明确培训中小学教师的要求、建立师范教育网。

7826 | **10月27日**

共青团十届一中全会通过决议，提出我国少年儿童组织仍恢复为中国少年先锋队名称。会议通过《中国少年先锋队队章》和《中国少年先锋队队歌》。

7827 | 11 月 6 日

国务院发布《关于扫除文盲的指示》，要求各地采取措施，分别于1980 年、1982 年或稍长一点时间内，基本上扫除少年、青年、壮年文盲。努力做到“一堵、二扫、三提高”。“一堵”是抓好普及小学五年教育，解决好边远地区、山区、牧区和经济条件较差地区普及小学教育的实际问题（堵死产生新文盲的口子）；“二扫”就是把 12 岁至 45 岁少、青、壮年文盲基本扫除（即非文盲人数达到 85% 以上）；“三提高”就是对已脱盲的，要采取多种形式继续组织学习，进一步巩固和提高。

7828 | 12 月 7 日

教育部、国家计委发布《关于评选特级教师的暂行规定》。《暂行规定》指出，特级教师的评选对象，主要是中小学（包括民办和厂矿企业办的中小学）、师范学校、盲聋哑学校、教师进修学校、教学研究机构、校外教育机构的教师和幼儿园的教养员，以及原来是教学水平较高的教师，又长期从事中小学、师范、盲聋哑和幼儿教育工作，领导教学教育工作有特长的校长、教导主任和幼儿园主任。《暂行规定》对评选特级教师的业务条件和政治条件、评选方法、审批手续等作了规定，并要求各省、自治区、直辖市于 1979 年完成第一次评选工作，今后每三年至五年评选一次。

7829 | 12 月 12 日

教育部、财政部联合印发通知，规定学校的民办教师和计划内长期顶编代课教师可与公办教师一样实行一次性年终奖金。此前，5 月 7 日，国务院印发《关于实行奖励和计件工资制度的通知》。通知规定，1978 年不实行奖励和计件工资制度的全民所有制企业、事业单位，可以对职工试行一次性年终奖。

7830 | 12 月 18 日至 22 日

党的十一届三中全会在北京召开。全会重新确立了党的马克思主义的思想路线、政治路线和组织路线，果断地停止执行“以阶级斗争为纲”

和“无产阶级专政下继续革命”，批判了“两个凡是”，充分肯定完整地、准确地理解和掌握毛泽东思想科学体系的必要性，高度评价关于实践是检验真理标准问题的讨论，确定了“解放思想、开动脑筋、实事求是、团结一致向前看”的指导方针。全会作出把工作重点转移到社会主义现代化建设上来的战略决策，指出实现四个现代化要求大幅提高生产力，改变同生产力发展不适应的生产关系和上层建筑，改变一切不适应的管理方式、活动方式和思想方式，并富有远见地提出了对党和国家各个方面的工作进行改革的任务。会后，全国教育战线认真学习和贯彻全会精神，开展真理标准问题的讨论，继续澄清被“四人帮”颠倒了的思想路线上的是非，完整地准确地理解毛泽东思想；同时开展平反冤假错案等工作。

7831 | **12 月 21 日**

国务院批转国家出版事业管理局、教育部、文化部、共青团中央、全国妇联、全国文联、全国科协《关于加强少年儿童读物出版工作的报告》。《报告》指出，要制定全面规划，采取切实措施，力争在较短时间内，基本解决少年儿童书荒问题。报告要求到 1979 年“六一”国际儿童节前后，全国有 1000 种少年儿童读物供应。

7832 | **12 月 25 日**

教育部发布《全日制十年制中学理科教学仪器配备目录》和《小学数学、自然常识教学仪器配备目录》两个试行草案。

1979年

改革进行时

• 重要文件

中共中央批转中共教育部党组《关于建议中央撤销两个文件的报告》

教育部、国家体委《中小学体育工作暂行规定（试行草案）》

教育部、卫生部《中小学卫生工作暂行规定（草案）》

教育部《小学生守则（试行草案）》《中学生守则（试行草案）》

中共中央转发中宣部、教育部等八单位《关于提请全党重视解决青少年违法犯罪问题的报告》

教育部《关于办好外国语学校的几点意见》

教育部、财政部、国家劳动总局《关于在普通中学和小学班主任津贴试行办法（草案）》

• 重要政策

加强中小学思想政治教育工作

搞好中小学体育、卫生工作

开办好外国语学校

普通中小学试行班主任津贴

• 重要会议

教育部召开全国中小学思想政治教育工作座谈会

教育部等四单位召开全国学校体育、卫生工作经验交流会

教育部召开中小学学制改革问题座谈会

全国教育工会召开全国教育工会工作会议

教育部、中国社会科学院联合召开全国教育科学规划会议

• 改革亮点

加强中小学思想政治教育。为扭转“四人帮”对教育和学校风气的破坏，维护正常的学校教育教学秩序，国家重视做好青少年的思想政治教育工作，重视解决青少年违法犯罪问题，给改革开放初期中小学德育工作提出了明确的目标和任务。

7901 | **1月10日**

教育部印发《关于继续切实抓紧普及农村小学五年教育的通知》。通知强调，要提高农村小学教育质量，适当调整学校布局。入学率不是普及率，为了到1985年实现基本普及农村八年教育的任务，首先要普及小学五年教育。不能重视中学而轻视小学，更不应该为了保中学而挤小学。

7902 | **1月11日**

中共中央发布《农村人民公社工作条例（试行草案）》。《工作条例》规定，农村中学逐步做到全部公办，小学逐步做到公办为主，经济贫困地区和边疆地区的小学，逐步实行公办。

7903 | **2月5日至16日**

教育部、国家出版事业管理局联合召开第二次全国教材出版发行工作会议。会议总结1978年教材出版发行工作经验，安排落实1979年各级各类教材出版发行工作计划。5月5日，教育部、国家出版事业管理局印发会议纪要。

7904 | **2月12日至28日**

共青团全国军事体育工作会议在北京召开。会议指出，共青团军事体育工作要适应全党工作重点转移，提高广大青少年的健康水平，为实现四个现代化培养德、智、体全面发展的人才，为赶超世界体育运动先进水平培养后备军。为此，共青团应配合学校抓好体育课、课间操和课外体育活动，保证每天有一小时的体育锻炼时间，经常开展各项体育竞赛活动，每年至少召开一次田径运动会。会议提出，大力倡导群众性体育活动，每年冬春两季开展象征性长跑和环城赛跑活动，开展新长征火炬接力活动，举办全国中、小学生体育夏令营，并逐渐形成共青团的传统项目。3月12日，共青团中央印发会议纪要。

7905 | **2月19日**

中国联合国教科文组织全国委员会正式成立。其主要任务是：为中国政府、有关部门和出席联合国教科文组织大会的代表团提供有关联合国教科文组织的情况和咨询，负责协调中国有关部门涉及联合国教科文组织的工作，并负责与该组织秘书处和会员国全国委员会的联络工作。

7906 | **2 月 27 日至 3 月 7 日**

教育部召开九省（直辖市）中小学音乐、美术教材会议，讨论教学大纲和教材的编写问题。会议认为，不可忽视音乐、美术教育的作用，在中小学课程中，应该给音乐、美术以应有的地位。会议修订了全日制十年制学校中小学音乐、美术教学大纲草案。5 月 31 日，教育部将这两个教学大纲草案下发各地试行，并决定从 1980 年秋季起供应音乐、美术教材。

7907 | **3 月 19 日**

中共中央批转中共教育部党组《关于建议中央撤销两个文件的报告》，决定撤销 1971 年中共中央批转的《全国教育工作会议纪要》和 1974 年中共中央转发的《关于河南省唐河县马振扶公社中学的情况简报》两个文件。中央批示指出，这两个文件是在“四人帮”及其亲信一手把持下炮制出来的，是错误的；它在教育战线的危害极大，流毒很深，应当继续批判。由此而造成的冤案、错案、假案，尚未平反昭雪的，要抓紧解决。撤销两个文件有利于推动进一步拨乱反正，澄清路线是非，更大地调动广大教育工作者的积极性。

7908 | **3 月 23 日至 4 月 13 日**

教育部、中国社科院在北京联合召开全国教育科学规划会议。会议指出，各级党政领导机关，特别是教育行政部门的领导干部，要首先切实解决对教育科研工作的重要性和迫切性的认识问题。教育科研工作要密切联系实际，解决教育工作前进中一些迫切需要解决的问题。要在马克思列宁主义、毛泽东思想指引下继续解放思想，坚持百花齐放、百家争鸣的方针，使教育科学日益繁荣起来。会议提出，建设教育科研基地，培养教育科研队伍。会议讨论了《1978—1985 年全国教育科学发展规划纲要（草案）》。

7909 | **3 月 29 日**

教育部印发《关于加强外语教育的几点意见》。《意见》提出要做好八个方面的工作：一是必须加强中小学外语教育；二是要大力办好高等学校公共外语教育和各种形式的业余外语教育，培养既懂专业又掌握外语的科技人才；三是集中精力办好一批重点外语院系，使之成为培养水平较高的外事翻译、高校专业外语师资和外国语言文学研究人才的基地；四是语种布局要有战略眼光和长远规划；五是大力抓好外语师资队伍的培养和提高；六是编选出版一批相对稳定的大、中、小学外语教材；七是加强外语教学法和语言科学的研究；八是尽快把外语电化教学搞上去。

7910 | **3月30日**

邓小平代表中央在党的理论工作务虚会上发表《坚持四项基本原则》的重要讲话。邓小平指出："我们要在中国实现四个现代化，必须在思想政治上坚持四项基本原则。这是实现四个现代化的根本前提。这四项是：第一，必须坚持社会主义道路；第二，必须坚持无产阶级专政；第三，必须坚持共产党的领导；第四，必须坚持马列主义、毛泽东思想。"[①]

7911 | **4月12日**

中国教育学会成立。这是新中国成立以来我国最早建立的、规模最大的全国群众性教育学术团体。

7912 | **4月15日**

中央教育科学研究所主办的《教育研究》杂志创刊。

7913 | **4月18日**

共青团中央、教育部印发《关于学校少先队工作几个具体问题的规定》。规定指出，教育行政部门及学校领导要关心和支持少先队工作，加强辅导员工作，少先队要有自己的旗帜、鼓号。

7914 | **4月22日至28日**

中国文字改革委员会、教育部在浙江杭州联合召开全国推广普通话工作汇报会。会议认为，学校的推广普通话工作一定要结合语文教学，把普

① 《邓小平文选》第二卷，人民出版社1994年版，第164—165页。

通话教学贯彻到语文教学的全过程中去，为提高语文教学质量服务。6 月 1 日，教育部印发会议纪要。

7915 | **4 月 22 日至 5 月 7 日**

教育部在北京召开全国中小学思想政治教育工作座座谈会。会议分析了中小学生特别是中学生的思想状况，提出要做好青少年的思想政治教育工作，一定要坚定不移地贯彻党的十一届三中全会精神，坚持四项基本原则，在青少年中大力提倡勤奋学习、遵守纪律、热爱劳动、助人为乐、艰苦奋斗、英勇对敌的革命风尚，把青少年培养成为热爱社会主义祖国，忠于无产阶级革命事业，有远大革命理想，有共产主义道德品质的一代新人。会议指出，中小学教育要面向全体学生；要坚持“三好”的原则；要依靠广大教师做思想政治工作。9 月 5 日，教育部印发座谈会纪要。

7916 | **5 月 15 日至 22 日**

教育部、国家体委、卫生部、共青团中央在江苏扬州召开全国学校体育、卫生工作经验交流会议。会议交流做好学校体育、卫生工作的经验，讨论学校体育、卫生工作暂行规定，表彰奖励先进个人 84 名、先进单位 275 个。9 月 25 日，四部门印发会议纪要。

7917 | **6 月 2 日**

教育部召开中小学学制改革问题座谈会，邀请北京市部分教育工作者座谈中小学学制改革问题。多数代表建议将现行的十年制恢复到十二年制。会后教育部印发通知，要求各地讨论中小学学制改革问题。

7918 | **6 月 18 日**

五届全国人大二次会议在北京人民大会堂开幕。《政府工作报告》指出，党的十一届三中全会作出决策，从 1979 年起，把全国工作的着重点转移到社会主义现代化建设方面来，这是一个伟大的历史性转变。当前以及今后相当长一个历史时期的主要任务，就是有系统、有计划地进行社会主义现代化建设。《报告》提出，从 1979 年起集中三年的时间，认真搞好国民经济的调整、改革、整顿、提高，把它逐步纳入持久的按比例的高速度发展的轨道。根据上述方针，必须要在加快经济建设的同时，相应地加快科学、教育、文化事业的发展。中等教育要有计划地多举办各种门类的中等职业教育。继续扫除文盲和普及小学教育，切实解决工作中的具体困难，组织各方面的力量来加快完成这个任务。要十分重视发展托儿所、幼儿园，加强幼儿教育。各级各类学校，要努力提高教育质量。

7919 | **6月20日**

教育部、林业部印发《关于各级学校要积极参加林业建设的通知》，要求各级各类学校师生员工要学习、宣传《中华人民共和国森林法（试行）》，学校要把植树造林和林木经营管理作为勤工俭学的一项重要内容。

7920 | **6月21日**

教育部、共青团中央、公安部转发《北京市九所工读学校的初步总结》并印发通知。通知指出，在党委领导下，以教育部门为主，共青团、公安机关积极配合取得有关部门的支持，抓紧把工读学校办起来。坚持正面教育原则，满腔热情地做违法犯罪学生的思想转化工作，同时把教学搞好。

7921 | **7月24日至8月1日**

教育部召集受教育部委托的北京、上海等九省（直辖市）教育部门负责中学语文教学的同志，在北京召开了一次小型座谈会，研究如何为进一步改革中学语文教材进行调查研究的问题。

7922 | **8月7日**

教育部印发《关于部办20所重点中小学领导管理体制问题的通知》。通知指出，部办20所重点中小学由各有关省、自治区、直辖市教育行政部门领导管理，或由省、自治区、直辖市委托地、县（区）教育行政部门领导管理。

7923 | **8月17日**

中共中央转发中宣部、教育部、文化部、公安部、国家劳动总局、中华全国总工会、共青团中央、全国妇联《关于提请全党重视解决青少年违法犯罪问题的报告》。《报告》指出，要重视和加强对青少年校外教育的领导，组织好青少年的课余、工余活动，大力恢复和办好文化馆、青少年宫、夜校、科技讲座等 。《报告》强调，工读学校是一种教育挽救犯罪学生的学校，要认真办好。

7924 | **8 月 25 日**

教育部重新制定并发布《小学生守则（试行草案）》《中学生守则（试行草案）》，决定从 1979 年 9 月 1 日起在全国试行两个《守则》。

7925 | **9 月 27 日**

教育部印发《关于办好外国语学校的几点意见》。《意见》指出，外国语学校是具有专业性教育的学校，主要任务是为高等院校培养外语水平较高、一般文化知识较好的学生。《意见》确定整顿和恢复“文化大革命”前原有的 11 所外国语学校。此类学校可与高等外语院系衔接起来，办成从小学到大学“一条龙”。

7926 | **9 月**

上海市中小学教育战线围绕面向全体学生，大面积提高教学质量的要求，从新学年开始，采取三项重大改革措施：恢复初、高中升学考试制度；取消好、中、差分班制度；对中学毕业生实行择优录取。

7927 | **10 月 5 日**

教育部、国家体委发布《中小学体育工作暂行规定（试行草案）》。《暂行规定》对中小学体育工作的基本任务、体育课教学、课外体育活动、体育场地和器材、体育教师等作出规定。《暂行规定》指出，中小学体育工作要面向全体学生，教育学生认真上好体育课，积极参加课外体育锻炼。

7928 | **10 月 31 日**

经国务院批准，教育部、财政部、粮食部、国家民委、国家劳动总局印发《关于边境县（旗）、市中小学民办教师转公办教师的通知》。通知规定，1978 年底以前任教的在职民办教师（职工），由本人提出申请，经考核后合格的全部转为公办教师。

7929 | **11 月 6 日**

中共中央批转中共湖南省桃江县委《关于发展农村教育事业的情况报告》。《报告》显示，桃江县农村青壮年劳动力中高中毕业的已达 9%，基层干部中高中毕业的已达 11%。中央批示指出桃江县的三点经验：一是县委重视教育；二是坚持“两条腿走路”的方针，发挥国家办学和群众集体办学的两个积极性；三是以普及小学五年教育为重点，实行普通教育、业余教育、学前教育一起抓。11 月 20 日至 28 日，教育部、中共湖南省委在桃江县召开现场经验交流会，推广桃江县的教育经验。

7930 | **11 月 27 日**

教育部、财政部、国家劳动总局发布《关于在普通中学和小学班主任津贴试行办法（草案）》。《试行办法》规定：原则上每个班（学生 40 人至 50 人）设班主任 1 名。根据现有学校布点、校舍条件不同，每个班学生人数有多有少，班主任工作量有大有小，班主任津贴应有所区别。行政人员、教研组长兼任班主任并完成本职工作任务，应发给班主任相应津贴。班主任津贴所需经费，由省、自治区、直辖市分别在教育事业费中“中学经费”和“小学经费”项的“补助工资”目内列支。

7931 | **12 月 6 日**

教育部、卫生部发布《中小学卫生工作暂行规定（草案）》，对学校卫生工作要求和卫生工作管理作出规定。《暂行规定》要求，中学生每日学习时间（包括自习）与课外活动时间不超过 7 个小时，中学生每日睡眠时间应保证 9 个小时；建立学生健康卡片；800 人以上的中学要争取配备学校卫生人员 1 人至 2 人，800 人以下的中学可根据条件适当配备学校卫生人员或保健教师。

7932 | **12 月 6 日至 19 日**

全国教育工会在北京召开全国教育工会工作会议。会议提出，教育工会当前应着重开展的几项工作是：协助党组织切实贯彻知识分子政策；组织群众性的业务活动；实行民主办校；关心教工的物质、文化生活等。

会议指出，当前在教育方面有三个需要全党和教育战线的同志必须明确和解决的重大问题：一是教育者必须先受教育，特别是我们从事教育工作的领导干部，应当努力学习，成为内行；二是坚持德、智、体三者并重，为“四化”造就生力军的方针；三是要以多种教学形式，满足广大青少年受教育的要求。

7933 | **12 月 25 日**

全国中学语文教学研究会在上海成立，并举办第一次年会。会议选举吕叔湘为会长，聘请叶圣陶为名誉会长。

7934 | **12 月 28 日**

国务院在北京举行授奖仪式，嘉奖全国先进单位和全国劳动模范。教育战线评出 16 个全国先进单位和 48 名全国劳动模范。

7935 | **12 月 28 日**

国务院向河北省阳原县教育局发布嘉奖令。阳原县位于河北省西北部，山多地少，经济基础较差。早在 1964 年，阳原县就在全县普及小学教育，适龄儿童入学率达到 95% 以上，成为张家口地区第一个“基本无盲县”。1964 年 6 月 2 日，《人民日报》为此发表《阳原县普及小学教育是教育战线上的一面红旗》的社论，推广其经验。1978 年 9 月 28 日，河北省革命委员会命名阳原县为普及教育的模范县。1979 年 8 月 10 日，教育部郑重宣布阳原县是普及小学教育的一面旗帜。1979 年 8 月 12 日，《人民日报》发表《普及教育的模范县——阳原》的长篇报道，同时发表《抓好普及小学教育这项大政》的社论，高度赞扬阳原县普及小学教育的做法，称阳原县是教育战线上的一面红旗。

1980年

改革进行时

• 重要文件

中共中央、国务院《关于普及小学教育若干问题的决定》

国务院《关于实行“划分收支、分级包干”财政管理体制的暂行规定》

国务院批转吉林省革命委员会《关于开展勤工俭学工作情况的报告》

中宣部、教育部等九单位《在青少年教育工作中，各有关部门的职责和分工试行意见》

教育部《关于分期分批办好重点中学的决定》

教育部《改进和加强中学政治课的意见》

教育部、国家民委《关于加强民族教育工作的意见》

教育部《关于进一步加强中小学在职教师培训工作的意见》

• 重要政策

明确中央和地方政府教育支出责任分工

中小学学制逐渐由十年向十二年过渡

重点中学要克服单纯追求升学率

恢复开展勤工俭学

加强和改进中学政治课

加强中小学教师在职培训

加强民族教育工作

• 重要会议

教育部召开全国教育工作座谈会

教育部召开全国重点中学工作会议

教育部召开中学政治课教材编写大纲讨论会

教育部召开全国工读学校座谈会

• 改革亮点

基础教育经费支出主要由地方负责。为改革“统收统支”的财政体制，国务院实行“划分收支，分级包干”的财政管理体制改革，政府教育财政责任主体下移。此后 30 多年，“谁办学、谁负担”成为各级人民政府教育财政责任分担的主要依据。

8001 | 1月5日至23日

教育部召开全国教育工作会议。会议认为，在过去30年的大部分时间里，我国教育工作的路线是正确的，成绩是主要的。其基本经验是：社会主义教育事业必须有计划按比例地发展；社会主义学校的办学方针必须坚持培养又红又专的人才的原则；必须正确地执行党的知识分子政策和加强党对教育事业的领导。会议提出加强学校政治思想教育、继续普及小学教育、进行中学结构改革、办好重点中小学、加强边疆和民族地区教育、发展成人教育等八项任务。

8002 | 1月16日

中共中央副主席、国务院副总理邓小平在中央召集的干部会议上作《目前的形势和任务》的讲话。邓小平指出：经济与教育、科学，经济与政治、法律等等，都有相互依存的关系，不能顾此失彼。经济发展和教育、科学、文化、卫生发展的比例失调，教科文卫的费用太少，不成比例。从明年、至迟从后年开始，无论如何要逐年加重这方面，否则现代化就化不了。①

8003 | 1月21日

《人民日报》报道南开中学每天坚持1小时体育活动情况。南开中学是周恩来的母校。学校遵照周恩来1958年5月29日对国家体委负责同志谈话指示，坚持培养学生德、智、体全面发展，在抓好德育、智育的同时，开展体育活动，除每周增加一节体育课外，保证每天体育活动一小时以上。

8004 | 1月

《中学生》杂志复刊。在复刊后的第一期上，《中学生》刊载了教育部部长蒋南翔答《中学生》记者问。蒋南翔强调指出，我们主张德、智、体、美全面发展。优秀学生是学习、思想、身体都好的学生。光“一好”不行，

① 参见《邓小平文选》第二卷，人民出版社1994年版，第250页。

"二好"也不够，一定要"三好"。蒋南翔指出，初中是打好德、智、体基础的重要阶段，是人的一生中的黄金时代。

8005 | **2月1日**

国务院发布《关于实行"划分收支、分级包干"财政管理体制的暂行规定》。《暂行规定》明确规定，从1980年起，国家对省、自治区、直辖市实行"划分收支、分级包干"的财政管理体制。基本原则是：在巩固中央统一领导和统一计划，确保中央必不可少的开支的前提下，明确各级财政的权利和责任，做到权责结合，各司其职，各负其责，充分发挥中央和地方两个积极性。中央级的文教卫生科学事业费，归中央财政支出；地方的文教卫生科学事业费，归地方财政支出。

8006 | **2月25日**

国务院批转吉林省革命委员会《关于开展勤工俭学工作情况的报告》，肯定勤工俭学是全面贯彻党的教育方针的重要措施，是从我国实际出发，促进教育质量的提高和发展教育事业的必由之路。从此，各地加强对勤工俭学的领导，制定勤工俭学的管理办法或暂行规定，促进勤工俭学活动的恢复和发展。

8007 | **2月26日**

教育部、国务院国防工业办公室印发《关于办好国防工业系统职工子弟中小学的通知》。通知指出，办好国防工业系统职工子弟中小学是坚持多种形成办学的一个重要方面，是整个教育事业不可缺少的重要组成部分。通知明确规定，国防工业系统职工子弟中小学实行企事业单位与学校所在县（市）教育部门双重领导，以企事业单位为主的管理体制。

8008 | **3月3日至14日**

教育部在山东济南召开中学政治课教材编写大纲讨论会。会议确定，从1981年秋季开始，在初中一年级至三年级依次开设青少年修养课、政治常识课（后改为法律常识课）、社会发展简史课。4月1日，教育部印发《关于委托编写中学政治课教材的通知》，分别委托华东师大、东北师大、北京师大、上海市教育局、北京市教育局负责编写上述课程的新教材和教学大纲。

8009 | **3月5日**

教育部、国家计委、国家建委、国家物资总局、财政部联合印发《关于继续加快学校基本建设的通知》，要求各地有关部门对各级学校的基本建设投资、材料供应、设备和施工力量安排，应给予照顾，并认真落实，及时解决工程建设中存在的问题。

8010 | **3月25日**

国务院印发《关于充实和加强中国文字改革委员会的通知》。通知规定，有关普通话推广工作包括推广工作的机构，划归教育部管理。10月，原中国文字改革委员会负责普通话推广工作的专职机构普通话推广组和普通话师资培训的人员编制移交教育部，作为教育部的建制。教育部设立推广普通话办公室。

8011 | **4月8日**

教育科学出版社成立。其任务是：着重介绍我国教育基本理论和工作经验，介绍外国教育科学和古代教育的优良成果，普及教育科学知识，提供教育研究资料。

8012 | **4月14日**

教育部、全国教育工会印发《关于组织优秀教师暑期休养的联合通知》。7月，全国大、中、小学和幼儿园的108名优秀教师代表在青岛参加暑期休养活动。

8013 | **4月**

全国教育工会在上海召开部分省（直辖市）教职工代表大会试点经验交流会，形成《关于在学校建立教职工代表大会制度的试点情况报告》。同年6月，中共全国总工会党组向中央书记处提交《关于学校试建教职工代表大会制度的请示报告》。经中央批准后，全国各省、自治区、直辖市的学校普遍建立教职工代表大会制度。

8014 | **5月5日**

《人民日报》发表社论《全社会都要尊师爱生》。社论指出，尊师爱生是社会主义社会应有的公德，我们党历来都是这样主张的。在整个社会营造尊师爱生的风气，才能办好我们的教育事业，造就一代又一代的社会主义新人。列宁高度评价教师的作用，把提高教师地位看作是教育工作中应该做的一件主要的事情。这对我们仍然很有教育意义。

8015 | **5月26日**

“六一”国际儿童节前夕，中共中央副主席邓小平给《中国少年报》和《辅导员》杂志题词：“希望全国的小朋友，立志做有理想、有道德、有知识、有体力的人，立志为人民作贡献，为祖国作贡献，为人类作贡献。”

8016 | **6月3日**

中共中央批转共青团中央《关于武汉市加强青少年教育活跃业余文化生活情况的报告》。《报告》指出，开展有益的、丰富多彩的业余文化活动，对于抵制资产阶级和一切剥削阶级思想的影响，促进青少年健康成长，维护安定团结，促进“四化”建设，都具有重要的意义。要充分发动群众，依靠社会各方面的力量，艰苦奋斗，挖掘潜力，因陋就简，着重在基层建立起分散的、小型的活动阵地。

8017 | **7月15日**

中宣部、教育部、文化部、公安部、国家劳动总局、国务院知青办、全国妇联、全国总工会、共青团中央联合印发《在青少年教育工作中，各有关部门的职责和分工试行意见》。《试行意见》指出，教育部应负责在校学生的教育。要努力建设一支坚强的思想政治教育工作队伍，健全思想政治工作制度，改进政治课教学，加强班主任和辅导员的工作，充分发挥共青团、少先队、学生会的作用。学校要认真做好后进生的教育转化工作。要办好工读学校。

8018 | **7月23日至8月4日**

教育部在黑龙江哈尔滨召开全国重点中学工作会议，提出要集中力量办好一批重点中学。会议指出，在当前的形势下，按照党中央关于发展我国教育事业的指导思想，集中力量办好一批重点中学，对于迅速提高中学教育质量，为社会主义四个现代化培养更多更好的人才，起示范作用，带动一般学校前进，具有重要意义。要排除一切干扰，坚决贯彻全面发展的方针，要按教育规律办事，克服单纯追求升学率的错误做法。

8019 | **8月22日**

教育部印发《关于进一步加强中小学在职教师培训工作的意见》。《意见》提出，要制定、调整培训规划；要充分发挥教师进修学校、师范院校和教研室（部）的作用；要逐步实行全国统一的教学计划，搞好进修教材建设；要结合培训工作，做好部分教师的调整工作；要加强对在职教师培训工作的领导。

8020 | **8月30日**

五届全国人大三次会议在北京人民大会堂开幕，国务院副总理兼国家计委主任姚依林作《政府工作报告》。《报告》指出，经过一年来的紧张努力，国民经济的各项工作在调整、改革、整顿、提高中取得了显著进展，科学、文教、卫生等事业有了新的发展。《报告》提出，1981年发展国民经济的主要任务是：继续贯彻执行调整、改革、整顿、提高的方针，促进工农业生产和各项事业协调地前进。要大力加强科学技术、教育卫生。由于各方面对基本建设投资的要求很多，国家财力、物力不足，必须量力而行。教育方面，要广开学路，加强高等教育，改革中等教育制度，发展职业、技术教育，继续普及小学教育。

8021 | **9月10日**

共青团中央、教育部联合发布《关于中学共青团工作的几个具体问题的规定》。《规定》指出，中学共青团工作是学校教育的一个重要组成部分。教育部门和各中学的党组织要有一名领导同志主管团的工作，切实加强领导。要建设一支又红又专的团干部队伍，协助党组织做思想政治工作。要经常开展各种教育活动，所需经费，学校应根据具体情况给予解决。

8022 | **9月12日**

教育部印发《改进和加强中学政治课的意见》。《意见》指出，中学政治课是中学教学计划中主要课程之一，是对学生进行马列主义、毛泽东思想基础知识教育的课程。改进和加强中学政治课，是思想教育的重要途径之一，是贯彻德智体全面发展的教育方针的重要方面，是区分社会主义教育与资本主义教育的重要标志。《意见》对中学政治课的任务、各年级课程内容作出相关规定。

8023 | **9月30日**

中共广东省委、广东省人民政府发布《关于贯彻国务院批转〈海南岛问题座谈会纪要〉的决定》。《决定》提出，海南黎族苗族自治州少数民族学生助学金，在原来每年100万元的基础上，从1980年起每年增加60万元。自治州中小学茅屋改建，从1981年起，省每年专项安排200万元，5年共1000万元，不足部分由自治州统筹解决。

8024 | **10月9日**

教育部、国家民委印发《关于加强民族教育工作的意见》。《意见》指出，少数民族教育要认真贯彻执行“调整、改革、整顿、提高”的方针，并在尽快恢复和进行必要调整的基础上，积极稳步地加以发展，逐步建立适合少数民族地区的民族教育体系。为扶持和发展民族教育，采取如下措施：办好一批公办民族地区学校；适当发展和大力办好民族师范教育；加强教师队伍建设；大力加强少数民族文字教材编译出版工作；发展民族学院，加强民族地区的大专和中专教育；全国重点高校和少数民族较多的省份的一般性高等学校要积极举办民族班；对于民族地区除正常的教育经费外，要给予特殊的补贴。

8025 | 10月9日

《人民日报》发表《为什么这样大量挤占教育经费？——河北省邢台等地区的调查》和评论员文章《多挤点钱办教育》。文章指出，1980年，除国务院决定增加部分教育经费外，江苏、上海等省（直辖市）都从地方财政中增拨一部分资金用于教育事业。但是，也有些同志依然认为科学教育可有可无，甚至随意挤占、挪用教育经费。文章批评了“挤教育、保生产”等把教育事业看作是消费事业，与发展生产无关的错误观点。

8026 | 10月14日

教育部发布《关于分期分批办好重点中学的决定》。决定提出，要克服片面追求升学率的错误做法，把进行教学改革作为办好重点中学的一项重要工作。重点中学要改革课程设置，增设职业技术教育课，设立选修课。努力提高课堂教学质量，加强基础知识的教学和基本技能的训练，注意培养能力。要积极开展各种课外活动，开阔学生的视野，发展他们的爱好和特长。

8027 | 10月24日至31日

教育部首次召开全国工读学校座谈会，讨论《关于办好工读学校的试行方案》。教育部部长蒋南翔出席座谈会时指出，工读学校是不可缺少的一种办学形式，地方各级领导要加以重视，像办好重点中学那样去办好工读学校。

8028 | 12月1日至13日

教育部在天津召开全国教育工作座谈会，传达中央书记处关于教育工作的指示。会议强调，要进一步总结历史经验，肃清“左”倾流毒，搞好教育工作。会议提出，当前教育工作的基本任务是贯彻调整的方针，目标是促使教育事业和国民经济协调发展，提高教育质量，充实学校的领导班子和教师队伍。加强各级各类学校的思想政治工作，把思想政治工作做到教学、科研和师生生活中去。

8029

8029 | **12月3日**

中共中央、国务院发布《关于普及小学教育若干问题的决定》。《决定》指出，各地要从实际出发，因地制宜，采取多种形式办学。要力求使学校布局和办学形式与群众生产、生活相适应，便于学生就近上学。中小学学制准备逐步改变为十二年制，今后一段时期，小学学制可以五年制与六年制并存，城市小学可以先试行六年制，农村小学学制暂时不动。教育部应当尽快提出学制改革方案，确定统一的基本学制。各地应当首先集中力量办好一批重点学校，创造经验，典型示范；应切实办好公社中心小学，使之成为农村学校的骨干，起到以点带面的作用。今后普通教育的发展规划和年度计划、事业经费、基建投资、人员编制，由各省、自治区、直辖市党委和人民政府统筹安排、组织实施。

1981 年

改革进行时

• 重要文件

国务院批转教育部《关于调整中小学教职工工资的办法》

国务院批转教育部等单位《关于办好工读学校的试行方案》

中宣部、教育部等单位《关于开展文明礼貌活动的通知》

教育部《全日制六年制重点中学教学计划试行草案》

教育部《〈全日制五年制中学教学计划试行草案〉的修订意见》

教育部《全日制五年制小学教学计划（修订草案）》

教育部《小学生守则》《中学生守则》

文化部、教育部《关于当前艺术教育事业若干问题的意见》

• 重要政策

调整整顿普通教育事业

小学开设思想品德课

确定重点中学的双重培养任务和教育目标

认真抓好艺术教育

整顿民办教师队伍

调整中小学教师工资

· 重要会议

教育部召开普通教育调整座谈会

教育部召开中小学教育问题座谈会

教育部召开全国学校体育、卫生工作会议

教育部召开全国学校思想政治教育工作会议

教育部召开小学思想品德课教学大纲、教材座谈会

教育部召开中学政治课教学大纲和课本修订会议

教育部召开中学政治课新编教材使用讨论会

教育部召开生物学教材改革座谈会

教育部等部门召开全国学生近视眼防治工作经验交流会

教育部、全国教育工会召开教工代表大会试点汇报座谈会

教育部、国家民委召开第三次全国民族教育工作会议

文化部、教育部、共青团中央召开全国少年儿童图书馆工作座谈会

· 改革亮点

集中力量办好重点学校。教育部从1978年起加强各级重点中小学建设，1981年全国普通教育事业调整、整顿方针强调“集中力量办好重点学校”。重点中小学的成功办学对其他学校产生了示范引领作用。教育部同时强调，完善各项教育制度，防止片面追求升学率，注意平衡重点学校和普通学校的关系。

8101 | **1月5日至12日**

教育部、全国教育工会在北京召开教工代表大会试点汇报座谈会。会议指出，党委领导下的教工代表大会是广大教职工群众参加学校民主管理的好形式，应尽可能做到定期召开，形成制度。教工代表大会的主要职能是：审议校长的工作报告；对学校工作提出批评和建议；对干部实行监督；在学校的职权范围内，对某些涉及教工切身利害的生活福利等方面的问题作出决定；认真收集和处理教工群众的提案。3月13日，教育部印发座谈会纪要。

8102 | **1月16日**

文化部、教育部印发《关于当前艺术教育事业若干问题的意见》。《意见》指出，要重视培养专门艺术人才，也要注意普通教育中的美育。各级文化教育部门必须把艺术教育放在其应有的地位，加强领导，大力支持，认真抓好。

8103 | **1月28日**

云南省教育厅发布《普及小学教育的标准和检查试行办法（草案）》。《试行办法》提出，有民族语文教学的民族小学，小学毕业生民族语文程度的要求是：掌握声母、韵母、调号、拼音和各种书写规则，能阅读民族文版的适合少年儿童阅读的报刊和普及科技读物，理解其主要内容，并有初步的分析能力，基本懂得本民族语文的一般语法知识和汉文的文学体裁，初步打好写作和翻译的基础。

8104 | **2月5日**

中共中央书记处在中南海怀仁堂召开首都中小学、幼儿园教师春节座谈会。会议指出，关心下一代，关心少年儿童，就是关心我们祖国的伟大前程，就是关心全世界的伟大前程。

8105 | **2月16日至25日**

教育部、国家民委在北京召开第三次全国民族教育工作会议。会议充分肯定了新中国成立以来民族教育工作的成绩，总结了民族教育的历史经验，确定了民族教育事业在调整时期的方针、任务。会议提出，今后几年民族教育工作应当抓好的几项主要工作是：一、加强各级各类学校思想政治教育；二、切实抓好中小学教育，根据少数民族地区的实际情况，制定切合实际的民族教育规划；三、调整和办好少数民族的中等专业教育和高等教育；四、大力扫除文盲，逐步发展业余教育；五、加强民族师范教育，搞好少数民族师资队伍建设。

8106 | **2月25日**

全国总工会、共青团中央、全国妇联、全国文联等九单位联合发出《关于开展文明礼貌活动的倡议》，向全国人民特别是青少年倡议，开展以讲文明、讲礼貌、讲卫生、讲秩序、讲道德和心灵美、语言美、行为美、环境美为内容的“五讲四美”文明礼貌活动。

8107 | **2月28日**

中宣部、教育部、文化部、卫生部、公安部印发《关于开展文明礼貌活动的通知》。通知要求，在全国开展以“五讲四美”为主要内容的文明礼貌活动，教育部门要把文明礼貌列为各类学校思想政治教育的一项重要内容，政治课要向青少年讲授道德修养和美学知识，并利用校会、班会有计划地开展这方面的教育活动。

8108 | **3月9日**

教育部印发《关于小学开设思想品德课的通知》，提出从1981年秋季起，小学各年级普遍设立思想品德课。通知强调，加强小学生的思想品德教育是新的历史时期赋予教育工作者的任务。各级教育部门要加强领导，深入调查研究，编好思想品德课的临时讲授提纲或教材，做好开设这一课程的准备工作。

8109 | **3月13日**

教育部发布《全日制五年制小学教学计划（修订草案）》，要求自1981年秋季开学起，到1982秋季开学，分步试行。《教学计划》对教学和假期时间、课程设置、每周活动总量、每节课的时间等作了详细规定。

在课程设置方面，教学计划提到：从一年级至五年级增设思想品德课，每周一课时；陆续恢复地理课和历史课；加强自然科学常识教育，提前一年从三年级起开设自然课，每周2课时。

8110 | **3月13日**

教育部印发《关于在城市试行六年制小学问题的意见》。《意见》指出，在城市试行六年制小学的工作，必须量力而行。试行的六年制小学的教学程度原则上和现行五年制小学一样，不再提高。1985年前要集中力量搞好调整工作，打好基础，稳步提高。

8111 | **3月17日、24日**

中共中央书记处两次召开儿童和少年工作座谈会，要求全党、全社会都要重视儿童和少年的健康成长。

8112 | **3月30日至4月11日**

教育部在江苏苏州召开中学政治课新编教材使用讨论会，全面介绍新编教材的编写指导思想、内容、重点难点，教学中应掌握的原则和方法等。会后，各地先后传达了苏州会议内容，对教师进行一次短期培训。

8113 | **3月31日**

国务院批转教育部《关于抓紧解决中小学危房倒塌不断发生重大伤亡事故问题的请示报告》。国务院批示指出，请各地根据实际情况，认真研究落实措施，尽早解决中小学危险房屋的维修和翻建等问题。

8114 | **4月7日**

教育部印发《关于拟订教育事业“六五”计划和十年设想需要研究的问题的通知》。通知提出，要认真抓好普及小学教育；认真加强民族教育；重视和办好特殊教育。针对办学条件和主要措施落实问题，通知提出要提高教育经费和基建投资所占比重，以适应各级教育事业发展的需要；加强教职工队伍建设；加强教材建设；加强各级各类学校实验室建设；抓紧学校校舍、体育场地、卫生设施建设；实行勤俭办学，勤工俭学。

8115—19

8115 | 4月9日

北京市人民检察院分院方工、过兴祖在《人民日报》刊文，提议中等学校应增设法律课。文章认为，遵纪守法是我国每一个公民的义务。要做到遵纪守法，需要懂得一点法律知识。当前青少年在违法犯罪者中所占的比重不小。有些青少年不懂甚至不知道我国现行法规的作用和内容。在中等学校中增设法律课，对青少年进行法律知识教育，将有助于减少青少年违法犯罪，有利于培养青少年良好的道德品质。

8116 | 4月17日

教育部发布《全日制六年制重点中学教学计划试行草案》《〈全日制五年制中学教学计划试行草案〉的修订意见》，规定中学教育要完成“为高一级学校输送合格的新生，为社会培养优良的劳动后备力量”的双重任务。《教学计划》规定中学学制为六年，要求各省、自治区、直辖市教育厅（局）从各地实际条件出发，结合中等教育的调整和结构改革，作出具体规划，有计划、有准备、有步骤地将五年制过渡为六年制。

8117 | 4月21日

国务院批转教育部、公安部、共青团中央《关于办好工读学校的试行方案》，要求各级人民政府，特别是青少年犯罪较严重的大中城市，把工读学校办好。《试行方案》规定，工读学校是对有违法和轻微犯罪行为的中学生进行特殊教育的半工半读学校。有条件的地方尽可能把工读学校办成职业技术性质的学校。

8118 | 4月24日至30日

教育部召开全国学校体育、卫生工作会议。会议要求各级教育部门和各级各类学校贯彻执行德智体全面发展的方针，克服在实际工作中忽视学生健康，轻视学校体育、卫生工作的倾向，贯彻执行大中小学的体育工作暂行规定和卫生工作暂行规定。

8119 | 5月9日

全国儿童和少年工作协调委员会在北京成立。委员会由全国妇联、教育部等十六单位的人员联合组成。委员会的任务是同有关单位加强联系，沟通情况，协调组织，使各方面的力量紧密配合，分工负责，共同做好儿童与少年工作。

8120 | 5月12日至20日

文化部、教育部、共青团中央在北京联合召开全国少年儿童图书馆工作座谈会。会议提出应加强少年儿童图书馆事业，为广大少年儿童提供更多更好的图书阅读条件，以促进他们健康成长。7月24日，国务院办公厅转发三单位《关于全国少年儿童图书馆工作座谈会的情况报告》，指出少年儿童图书馆是我国图书馆事业的重要组成部分和重要的社会教育机构，组织、引导少年儿童多读书、读好书，是促进下一代健康成长的重要途径。有关部门要给予积极支持，共同做好这项工作。

8121 | 5月13日至20日

教育部在山东济南召开普通教育调整座谈会。会议提出，普通教育事业调整整顿的方针是“充实加强小学，整顿提高初中，压缩普通高中，发展职业技术教育，集中力量办好重点学校”。

8122 | 5月20日

首都各界在北京人民大会堂举行庆祝“六一”国际儿童节报告会。会议要求各级领导和一切从事少年儿童工作的同志，认识教育下一代的重大意义，懂得儿童心理，懂得科学，加强自身的学习和教育。加强家庭、学校和社会三方面的配合协作，使儿童们成为国家栋梁之材。教育部部长蒋南翔在会上讲话，希望学校和社会、家庭密切配合，不要单纯追求升学率，要牢固地树立面向全体学生的思想，正确贯彻德、智、体全面发展的方针，进行“五爱”教育，使全国广大少年儿童能够健康成长。

8123 | 5月21日至30日

共青团中央在上海召开共产主义道德教育座谈会。会议强调，要继续深入开展道德教育，使学雷锋、树新风、“五讲四美”活动做到经常化、具体化。会议要求，今后的“五讲四美”活动，应当更多地围绕向青年进行热爱党、热爱祖国、热爱社会主义制度的教育活动。

8124 | **6月22日至27日**

中央教科所召开中小学实验工作座谈会，交流各地教育实验工作经验。与会代表畅谈党的十一届三中全会以来，教育实验的大好形势，交流了各地教育实验的情况和经验，讨论了进一步搞好教育实验的设想。

8125 | **6月27至29日**

党的十一届六中全会在北京举行。全会一致通过《关于建国以来党的若干历史问题的决议》。《决议》肯定了毛泽东的历史地位和毛泽东思想，实事求是地评价了新中国成立32年来的功过是非，彻底否定了“文化大革命”和“无产阶级专政下继续革命”的理论。《决议》肯定了党的十一届三中全会以来逐步确立的适合中国情况的建设社会主义现代化强国的正确道路，进一步指明了中国社会主义事业和党的工作继续前进的方向。《决议》强调，四项基本原则，是全党团结和全国各族人民团结的共同的政治基础，也是社会主义现代化建设事业顺利进行的根本保证。《决议》指出，社会主义必须有高度的精神文明。要坚决扫除长期间存在而在“文化大革命”期间登峰造极的那种轻视教育科学文化和歧视知识分子的完全错误的观念，努力提高教育科学文化在现代化建设中的地位和作用，明确肯定知识分子同工人、农民一样是社会主义事业的依靠力量。要加强和改善思想政治工作，用马克思主义世界观和共产主义道德教育人民和青年，坚持德智体全面发展、又红又专、知识分子与工人农民相结合、脑力劳动与体力劳动相结合的教育方针。

8126 | **7月6日**

中共中央办公厅印发《云南民族工作汇报会纪要》，提出发展少数民族文化，首先要在调整、整顿现有文化教育事业的基础上，逐步做到普及和提高。在重点办好一批民族中小学的前提下，采取灵活多样的办法，普及小学教育，同时抓好成人的扫盲工作。

8127 | **7月28日**

教育部印发《关于试行〈高等学校学生体质健康卡片〉和〈中、小学学生体质健康卡片〉的通知》。通知规定，要把卡片作为学生档案的一部分，学籍管理的一项内容。这项制度的实行，既可以使学校掌握学生体质健康状况，据以改进学校体育、卫生工作和其他工作，又可以使接受新生的学校和用人单位比较全面地了解学生的体质健康状况，以便择优录取或录用。

8128 | **8月1日至11日**

教育部在北京召开全国学校思想政治教育工作会议。会议强调，要以《关于建国以来党的若干历史问题的决议》为教材，加强学生的思想政治工作，全面贯彻党的教育方针，积极引导学生德、智、体全面发展，走又红又专的道路。

8129 | **8月6日**

教育部、中国科协、国家体委、共青团中央、全国妇联联合印发通知，宣布成立“全国青少年科技活动领导小组”，以加强有关部门的协调与合作。

8130 | **8月12日**

教育部转发江苏省人民政府《关于地方财力用于教育事业比例的通知》。教育部建议各省、自治区、直辖市教育厅（局）根据当地的经济情况，制定一个地方财力用于教育事业的比例，报请省、自治区、直辖市人民政府批准实施。

8131 | **8月15日**

共青团十届三中全会通过《关于加强少先队工作的决议》。《决议》指出，开展丰富多彩的活动，是少先队团结教育少年儿童的根本途径。从一定意义上说，没有活动就没有少先队。

8132 | **8月26日**

教育部发布修订后的《小学生守则》《中学生守则》。两个《守则》从1981年9月1日在全国正式施行。这次修改，注意对学生加强热爱祖国，热爱人民，热爱中国共产党的教育；加强劳动教育，使学生养成劳动习惯，爱惜劳动成果；教育学生在生活上节俭朴素，积极参加有益于身心健康的课外活动，抵制资产阶级思想和不良风气的影响。

8133 | **8 月 26 日**

教育部印发通知，要求各地自行研究制定切合当地实际情况的中小学教学行政费、设备购置费、旧设备维修补充费等经费定额标准。

8134 | **8 月 30 日**

《光明日报》头版刊登“建议建立教师节”的读者来信。11 月，在全国政协五届四次会议上，17 位政协委员联名提交了《建议确定全国教师节日期及活动内容案》。12 月，中共中央书记处书记习仲勋接见参加全国中小学工会思想政治工作会议的代表时，建议教育部和全国教育工会就此事写报告请示中央。

8135 | **8 月**

根据中共中央关于大中小学都要增设法制教育课的指示，教育部决定从新学年开始，全国初中开设法律常识课，使学生初步懂得法的概念、基础知识，提高对社会主义法制的认识，受到守法教育，增强法制观念。教育部将这一课程列为今后初中毕业生升入高一级学校政治考试的课程之一。

8136 | **9 月 12 日至 19 日**

教育部在北京召开生物学教材改革座谈会，讨论中学生物学教材改革的方向和编写原则，研究修改中学生物学教学大纲、初中生理卫生教学大纲。

8137 | **10 月 7 日**

国务院批转教育部《关于调整中小学教职工工资的办法》。《办法》规定，进一步调整普通中小学、职业中学、中等专业学校、幼儿园等学校教职工的工资待遇。在现行工资标准的基础上，采取先补、后靠、再升级的办法。同日，国务院转发教育部《关于增加中小学民办教师补助费的办法》。《办法》规定，增加民办教师补助费的范围是：小学、中学、农（职）业中学中，凡经过整顿，由县一级教育行政部门发给了任用证书，或正式批准确认，并已按国家规定领取民办教师补助费的直接从事中小学教育工作的专职教师。在国家规定补助费标准的基础上，平均每人全年增加补助费 50 元。具体分配和使用原则是：按人算钱、按钱包干、专款专用。11 月 30 日，教育部发布《关于调整中小学教职工工资中若干具体政策问题的处理意见》，进一步明确调整教职工工资的范围和对象、增加工资的办法、冲销附加工资、保留工资和特级教师补贴等问题。

8138 | **10 月 11 日至 17 日**

教育部、卫生部、国家体委联合召开全国学生近视眼防治工作经验交流会。1982 年 1 月 18 日，教育部、卫生部、国家体委等十部门联合制定发布《保护学生视力工作实施办法（试行）》。《实施办法》指出，学校应把保护学生视力工作列入学校工作计划。

8139 | **10 月 26 日**

吉林省教育厅转发延边朝鲜族自治州教育局《关于〈全日制十一年制朝鲜族中小学教学计划试行草案〉的修订意见》。《修订意见》规定，要有计划地、系统地进行写作指导，使学生正确地理解和熟练地运用朝鲜语言文字，具有现代朝文的阅读能力和写作能力。

8140 | **10 月 28 日**

教育部转发河北省关于整顿民办教师队伍的文件并印发通知。通知指出，广大民办教师是普及小学教育，特别是办好农村教育的一支重要力量。但是，各地民办教师队伍不同程度地存在文化业务水平过低、超编过多、管理混乱等问题。整顿民办教师队伍已成为当前普通教育事业调整中的一项紧迫任务。各地一定要在充分调查研究和试点的基础上制定切实可行的规划和措施，有领导有组织地分期分批地妥善地进行整顿。

8141 | **11月5日**

中国少年报社在北京人民大会堂举行庆祝创刊30周年茶话会。教育部部长蒋南翔为庆祝《中国少年报》创刊30周年撰文《坚持和发展"五爱"教育》。文章提出，应当把"五爱"教育作为中小学校进行思想政治教育的基本内容。文章指出，在中小学分快慢班，不利于有效地进行"五爱"教育和促进我国青少年儿童健康成长，是不符合党的教育方针的。

8142 | **11月7日至18日**

在中宣部直接领导下，教育部召开小学思想品德课教学大纲、教材座谈会，对小学思想品德课的重要性、原则、目标、与政治和其他课程的关系等作了说明。会后，教育部印发会议纪要。

8143 | **11月12日**

《人民日报》发表评论员文章指出，初中学生学业成绩差是中等教育中一个值得注意的普遍性问题。文章以北京市为例。1981年上学期北京市初三应届毕业生13.9多万人，实际达到初中毕业水平的不到3/10，有1/10的毕业生6门课平均分数低于35分。文章在分析了初中学生学业成绩普遍差的原因后，提出全面贯彻党的教育方针当前要强调解决的两个问题：一是明确普通中学的任务，强调面向大多数学生；二是处理好重点学校与一般学校的关系。

8144 | **11月26日**

叶圣陶在《人民日报》上发表题为《我呼吁》的评论文章。同年10月，《中国青年》杂志发表一篇《来自中学生的呼声》的调查报告，希望叶圣陶发表评论。叶圣陶在评论文章中希望教育部的领导拿出比说话更加有效的实际行动；希望各省、自治区、直辖市教育厅（局）的领导不要用摧残学生的身心来换取本地区的虚誉；希望高校的领导千万不要招收那些"死记硬背的东西太多，缺乏独立思考和丰富的想象力"的学生。尤其希望中学的领导要顶住上级领导、家长、舆论的压力，不要害怕"剃光头"；希望中学的老师处处为学生着想，保护他们的切身利益；希望父母们明白进大学是成才的一条道路，但不是唯一的道路；希望出版社的编辑不要出版历届高考试题解答之类的书。文章结尾诚恳地写道：爱护后代就是爱护祖国的未来。中学生在高考的重压下已经喘不过气来了，解救他们已经是当前刻不容缓的事，恳请大家切勿等闲视之。《我呼吁》一文反响强烈，五届全国人大四次会议就此指出，最近，叶圣陶代表发表了题为《我呼吁》的文章，批评了当前中学和一部分小学片面追求升学率的错误做法，词义恳切，表达了学生、教师、家长和广大人民群众的心声。希望有关方面认真注意这个问题，切实加以改正。

8145 | **11 月 29 日**

教育部召开中小学教育问题座谈会，讨论如何克服单纯追求升学率的现象，解决学生学习负担过重，正确处理重点学校和一般学校的关系以及加强普通教育等问题。

8146 | **11 月 30 日**

五届全国人大四次会议在北京人民大会堂开幕。《政府工作报告》指出，从事社会主义现代化建设，需要培养大量的各类各级专门人才和大批熟练的劳动者。我们教育的基本方针是明确的，这就是使受教育者在德育、智育、体育几方面都得到发展，成为有社会主义觉悟的有文化的劳动者和又红又专的人才，坚持脑力劳动与体力劳动相结合，知识分子与工人农民相结合。现在的任务是要根据现代化建设中的实际情况来进一步贯彻执行这个方针。中学教育要逐步改变普通高中过多、职业中学太少的状况，积极发展中等专业学校，大量培养技术工人和中级专门人才。要注意保护学生的身心健康和关心他们学业上的成长，不能片面追求升学率。小学教育也要切实解决学生负担过重的问题，使学生在身体、知识和品德方面得到全面的健康的成长。学校、家庭、社会要互相配合，加强对学生的思想政治工作。各级学校都要加强中国历史和地理的教学，向学生进行爱国主义教育。要加强法制教育，设置相应的课程。

8147 | **12月1日至24日**

教育部召开中学政治课教学大纲和教材修订会议。会议根据党的十一届六中全会的精神，修订了中学政治课教学大纲和教材。

8147

1982年

改革进行时

• 重要文件

教育部《关于当前中小学教育几个问题的通知》

教育部、共青团中央《关于在中学中评选三好学生的试行办法》

教育部《全日制五年制小学思想品德课教学大纲（试行草案）》

教育部《关于加强中学外语教育的意见》

教育部《关于办好外国语学校若干问题的通知》

教育部《关于普通中学开设劳动技术教育课的试行意见》

• 重要政策

确立教育在整个社会主义现代化建设中的战略地位

保障国家企业事业组织和其他社会力量办学

发布小学思想品德课教学大纲

加强中学政治教育

加强中学外语教育

加强中学劳动技术教育

在中小学开展勤工俭学

- **重要会议**

教育部召开全国中学外语教育工作会议

教育部等部门召开全国中小学勤工俭学座谈会

教育部召开全国学校推广普通话工作会议

- **改革亮点**

中小学开展勤工俭学。为了坚持马克思主义教育思想，全面贯彻党的教育方针，全国中小学对学生进行劳动观教育和劳动技能训练，从而培养全面发展的社会主义一代新人。

8201 | **1月1日**

中共中央批转《全国农村工作会议纪要》。《会议纪要》指出，教育是发展科学技术的基础。县级以及县级以下农村的中学要设置农业课程，有的可以改为农业专科学校。要积极创造条件，加强农民教育，抓紧扫盲工作，提高科学文化水平。

8202 | **1月21日**

教育部印发《关于当前中小学教育几个问题的通知》。通知指出，中小学教育是基础教育；继续办好重点中小学，要正确处理重点学校与非重点学校的关系，努力做到保证重点，兼顾一般。今后重点小学一律实行就近入学。为纠正片面追求升学率倾向，通知规定，必须保证小学生每天有十小时、初中生每天有九小时的睡眠时间以及一小时的体育活动时间，保证假期，不要使学生的负担过重。

8203 | **2月14日**

中共中央办公厅转发中宣部《关于深入开展“五讲四美”活动的报告》，确定每年3月为“全民文明礼貌月”。2月25日，中宣部、教育部、共青团中央、全国总工会等十六单位印发《关于动员起来，扎扎实实抓好“全民文明礼貌月”活动的联合通知》。

8204 | **2月19日**

教育部印发《关于加强普通教育行政干部培训工作的意见》。《意见》指出，建立中小学干部定期轮流离职学习的制度，对普教行政干部培训的方针和目标、学习内容和要求、学习形式与学习期限、培训工作规划、教师队伍和教材的编写等作出详细规定。

8205 | **3月10日**

教育部转发上海市普陀区、向明中学全面贯彻党的教育方针，减轻学生过重负担的经验材料，并印发通知。通知指出，上海市普陀区、向明中学的做法很好，各级教育部门要认真贯彻《教育部关于当前中小学教育几个问题的通知》精神，对学校的工作进行一次检查，注意发现好典型，以推动工作前进。

8206 | **3月25日至29日**

教育部在北京召开全国学校推广普通话工作会议。会议指出，推广普通话是教育部门的重要任务之一，应作为建设社会主义精神文明的一项重要内容来提倡、宣传。推广普通话的方针是“大力提倡、重点推进、逐渐普及”。教育战线必须做好以下工作：一是提高认识、加强领导，做到组织、经费落实，层层有人抓；二是从基础抓起，从幼儿园和小学一年级抓起；三是抓好师资培训工作，师范院校学生在校必须学会汉语拼音和普通话；四是推动和配合各有关部门、各行业做好社会的推广普通话工作。

8207 | **3月**

国家出版事业管理局成立教材办公室。办公室负责督促、检查各类教材的出版发行工作，协助安排调剂印刷生产力量，以及协调各有关方面的关系，保证各类教材的及时供应。

8208 | **4月2日**

教育部举行全国中小学勤工俭学工作座谈会。教育部副部长张承先出席会议并讲话指出，教育与生产劳动相结合，组织学生参加生产劳动，进行劳动教育，坚持脑力劳动与体力劳动相结合，这是关系坚持社会主义方向，培养无产阶级革命事业接班人的一个大问题。

8209 | **4月14日**

教育部办公厅转发北京市教育局《解决小学生课业负担过重问题的几项决定》。《决定》提出：一、不搞升学率排队，不以此评定学校工作好坏；二、学校只进行期中期末考试及平时考查，教育行政部门不得搞统考；三、学校必须面向全体学生，对全体学生负责；四、严格按教学大纲、教学计划教学，保证课外活动时间；五、编印教学参考资料要保证质量，严格按出版部门的规定办理；六、保证学生的睡眠和每天一小时体育活动时间，留适量的家庭作业，假期内不搞补习班。

8210 | **4月16日**

教育部发布《中等师范学校及城市一般中小学校舍规划面积定额（试行）》。文件规定，中学的规模为18个班至30个班，每个学生应占有的土地面积为13平方米至16平方米；小学的规模为18个班至24个班，每个学生应占有的土地面积为10平方米至11平方米。

8211 | **5月5日**

教育部、共青团中央联合发布《关于在中学中评选三好学生的试行办法》。《试行办法》强调指出，深入持久地开展这一活动，要全面贯彻党的教育方针，加强思想政治教育，正确掌握“三好”学生标准。“三好”学生应具备以下条件：思想品德好、学习好、身体好。每学年评选一次“三好”学生。

8212 | **5月19日**

教育部发布《全日制五年制小学思想品德课教学大纲（试行草案）》。《教学大纲》规定，思想品德课的教学目的是使小学生初步具有共产主义道德品质和良好的行为习惯，立志做有理想、有道德、有文化、守纪律的劳动者，为把他们培养成为共产主义事业的接班人打下思想基础。

8213 | **5月27至6月3日**

教育部在北京召开全国中学外语教育工作会议。会议总结了新中国成立以来中学外语教育的经验，研究了加强中学外语教育，提高教学质量的问题，讨论了中学外语教育的指导思想、课程开设、语种设置、师资培训、教材建设、教学方法和教学条件等问题，并提出了措施。7月30日，教育部印发《关于加强中学外语教育的意见》。《意见》指出，中学外语课是一门重要的工具课。中学外语教育是整个外语教育的基础。中学是学习外语的重要阶段，提高外语教育质量，必须从中学抓起。

8214 | **6月12日**

教育部印发《关于保证中小学生每天有1小时体育活动的通知》。通知要求，中小学要每天组织学生做眼保健操和课间操（或早操）；每周上好2节体育课；凡没有体育课的当天，都要安排1次课外体育活动。

8215 | **7月4日**

中共中央副主席、中央军委副主席邓小平《在军委座谈会上的讲话》中指出:“搞社会主义精神文明,主要是使我们的各族人民都成为有理想、有道德、有文化、守纪律的人民。”[①]1983年1月,总政治部根据党的十二大关于社会主义精神文明建设的有关提法,将“四有”内容调整为“有理想、有道德、有文化、有纪律”。新“四有”的提出,多次得到邓小平的肯定,新“四有”成为新时期党和政府青年工作的指导原则和社会主义精神文明建设目的的概括表述。

8216 | **7月11日至15日**

全国教育工会在北京召开由十六省、自治区、直辖市的代表参加的“五讲四美、为人师表”活动经验交流会。会议强调,要对教师进行职业道德教育,其核心是热爱学生、教书育人。

8217 | **7月26日**

教育部印发《关于认真搞好小学生思想品德教育的通知》。通知要求,各级教育行政部门、有关教研机构和广大教师积极参加《光明日报》上开展的“大家都来关心小学生的思想品德教育”的讨论。对一年多来开设思想品德课的情况进行一次检查,及时解决存在问题。通知要求,必须保证思想品德课的教学时间,配备好教师,并组织教师认真学习思想品德教学大纲(试行草案)。

8218 | **7月30日**

教育部印发《关于办好外国语学校若干问题的通知》。通知提出,要明确中学外语教育的要求;语种设置要有战略眼光和长远打算;要建设一支合格的师资队伍;要加强教材建设,改进教学方法;要积极改善外语课教学条件;要切实办好外国语学校。

---

① 《邓小平文选》第二卷,人民出版社1994年版,第408页。

8219 | 8月1日至10日

教育部、国家计委、国家经委、财政部在北京联合召开全国中小学勤工俭学会议。中共教育部党组书记张承先致开幕词指出，中小学开展勤工俭学是坚持马克思主义教育思想，全面贯彻党的教育方针，加强对学生的劳动观教育和劳动技能训练，提高教育和教学质量，培养全面发展的社会主义一代新人的重要途径；开展勤工俭学，对当前正在进行的教育结构改革具有重要意义。教育部部长何东昌在总结讲话中指出，在具体工作中要处理好一系列关系，特别是正确处理思想教育和勤工俭学的关系，教学和劳动的关系等。会议讨论制定了《全国中小学勤工俭学暂行工作条例》和《全国中小学勤工俭学财务管理暂行办法》。

8220 | 8月9日

中共中央政治局委员、中央书记处书记万里、胡乔木在北京人民大会堂同全国农村优秀教师赴京参观团成员进行座谈。来自河北、江苏、安徽、湖北、山西、福建等省的农村优秀教师发言，反映了农村教育工作的情况和问题并提出了建议。万里、胡乔木在讲话中指出，一定要把农村教育工作搞好。

8221 | 8月20日

教育部发布《小学教师进修中等师范教学计划（试行草案）》。《教学计划》从培养目标、招生对象、时间安排和课程设置、教学时间等方面提出要求。

8222 | 9月1日

党的十二大在北京举行。会议宣布，我们已经在指导思想上完成了拨乱反正的艰巨任务，在各条战线的实际工作中取得了拨乱反正的重大胜利，实现了历史性的伟大转变。中国共产党在新的历史时期的总任务是：团结全国各族人民，自力更生，艰苦奋斗，逐步实现工业、农业、国防和科学技术现代化，把我国建设成为高度文明、高度民主的社会主义国家。到20世纪末，我国经济建设总的奋斗目标是：在不断提高经济效益的前提下，力争使全国工农业的年总产值翻两番。在今后二十年内，一定要牢牢抓住农业、能源和交通、教育和科学这几个根本环节，把它们作为经济发展的战略重点。会议指出，必须大力普及初等教育，加强中等职业教育和高等教育，发展包括干部教育、职工教育、农民教育、扫除文盲在内的城乡各级各类教育事业，培养各种专业人才，提高全民族的科学文化水平。党的十二大确立了教育在社会主义现代化建设中的战略地位。

8223 | **9月4日**

第一期全国中学政治课骨干教师进修班开学。该班由教育部委托北京师范大学负责组织，学习时间暂定为半年，学员共51人。由28个省、自治区、直辖市推荐的1名至2名具备大学文化程度、教龄在20年以上的政治课骨干教师参加学习。

8224 | **9月14日**

中宣部同意教育部恢复出版《教师报》，并将其改名为《中国教育报》。办报宗旨是：加强对党的教育方针、政策、路线的宣传，更好地贯彻党的教育方针，及时指导工作，交流经验，搞好师生员工的思想政治教育，不断提高教育质量，充分发挥教育在建设高度物质文明和精神文明中的重要作用。

8225 | **10月1日至18日**

教育部在新疆维吾尔自治区伊犁哈萨克自治州召开全国牧区、山区寄宿制民族中、小学经验交流会。会议总结了各地办寄宿制学校的经验，讨论了加强教师培训、进修工作等问题。12月20日，教育部印发会议纪要。

8226 | **10月19日**

教育部印发《关于普通中学开设劳动技术教育课的试行意见》。《试行意见》对开设劳动技术教育课的目的和意义、开设劳动技术教育课应遵循的原则、具体内容和要求、成绩考核等九个方面作出规定。

8227 | **10月26日至31日**

教育部、全国教育工会、城乡建设环境保护部在湖南长沙召开改善城市中小学教职员工住房条件经验交流会。会议指出，要提高对教育及教师作用的认识，关心、改善他们的生活和工作条件，采取行之有效的措施，逐步解决他们的住房困难。12 月 31 日，国务院办公厅批转了这个会议的情况报告，并指出，希望县级以上各级人民政府予以关心，把这一问题列入日程，采取行之有效的措施逐步解决中小学教师的住房问题。

8228 | **11 月 26 日**

五届全国人大五次会议在北京人民大会堂开幕。《政府工作报告》强调指出，不断提高全体人民受教育的程度和科技文化水平，既是保证现代化物质文明建设的重要条件，又是加强社会主义精神文明建设的重要内容。我们培养出来的学生，必须真正是有社会主义觉悟的、有文化和专业知识的劳动者。《报告》指出，继续改革中等教育结构，发展各门各类的中等职业学校，普通中学也要适当增设职业技术教育课程。到 1985 年，争取全国大部分县普及或基本普及小学教育，城市普及初中教育。各级各类学校都要努力全面地提高师资水平和教育质量，逐步改善教学条件。扫除青壮年中的文盲。凡是教育事业发展得好的省、自治区、直辖市以及地、市、县和基层组织，凡是积极为教育事业作了贡献的教师、教育行政人员和其他人员，都要加以表扬；对教育工作不热心的干部，要给以批评；对挪用教育经费、妨碍教师工作甚至侮辱伤害教师的人员，要严加处分。要在全社会造成普遍重视教育工作的风气，使人人都认识这是我国现代化事业的根本基础。

8229 | **12 月 3 日**

教育部决定建立南京特殊教育师范学校。这所学校负责为全国培养特殊教育的小学师资，设盲童教育、聋哑教育、智力迟钝教育三种班级。学生由各地选送，毕业后回去工作。教育部委托江苏省教育厅和南京市教育局筹建并代管学习。

8230 | **12月4日**

五届全国人大五次会议审议通过《中华人民共和国宪法》。《宪法》第十九条规定：“国家发展社会主义的教育事业，提高全国人民的科学文化水平。国家举办各种学校，普及初等义务教育，发展中等教育、职业教育和高等教育，并且发展学前教育。国家发展各种教育设施，扫除文盲，对工人、农民、国家工作人员和其他劳动者进行政治、文化、科学、技术、业务的教育，鼓励自学成才。国家鼓励集体经济组织、国家企业事业组织和其他社会力量依照法律规定举办各种教育事业。国家推广全国通用的普通话。”

1983 年

改革进行时

• 重要文件

中共中央、国务院《关于加强和改革农村学校教育若干问题的通知》

国务院批转教育部等部门《全国中小学勤工俭学暂行工作条例》

教育部《关于进一步提高普通中学教育质量的几点意见》

教育部《关于全日制普通中学全面贯彻党的教育方针、纠正片面追求升学率倾向的十项规定（试行草案）》

教育部《关于普及初等教育基本要求的暂行规定》

教育部《建立普通教育督导制度的意见》

• 重要政策

邓小平提出教育的“三个面向”

普通教育继续贯彻“调整、改革、整顿、提高”方针

加强和改革农村学校教育

继续办好重点中学，加强一般中学建设

纠正片面追求升学率

追加教育事业基建投资

改善城市中小学教职工住房条件

• 重要会议

教育部召开全国普通教育工作会议

教育部召开全国学校体育卫生工作会议

教育部、全国教育工会召开全国“五讲四美”为人师表活动先进代表会议

• 改革亮点

邓小平提出“三个面向”。针对北京景山学校全体师生希望指明学校前进方向的请求，邓小平给景山学校题词：“教育要面向现代化，面向世界，面向未来。”“三个面向”成为新的历史时期我国教育改革发展的指导方针。

8301 | **1月20日**

教育部印发《关于加强小学在职教师进修工作的意见》。《意见》提出，调整、修订小学在职教师培训规划，坚持培训标准和保证培训质量，加强培训基地建设。

8302 | **1月**

邓小平为《中国教育报》题写报名。3月3日，《中国教育报》试刊第一期出版并发行。7月7日，《中国教育报》正式出版，周一刊，每逢星期四出版，一份全国性的教育工作的专业报纸诞生。

8303 | **1月**

共青团中央印发《关于1983年深入开展“五讲四美三热爱”活动的意见》。2月，共青团中共、中宣部等二十四单位印发《1983年继续开展“五讲四美三热爱”活动的意见》。中共中央在第二个“全民文明礼貌月”到来之际，宣布成立中央“五讲四美三热爱”活动委员会。

8304 | **2月20日**

国务院批转教育部、国家计委、国家经委、财政部《关于进一步开展勤工俭学活动的请示》《全国中小学勤工俭学暂行工作条例》。《请示》就勤工俭学提出四点意见：一、继续统一和提高对勤工俭学活动的认识；二、勤工俭学主要任务是为教学服务，坚持正确育人方向；三、认真执行暂行工作条例，加强对校办工厂、农场的管理，提高经济效益；四、各级领导和有关部门要把勤工俭学列入议事日程。《暂行工作条例》指出，开展勤工俭学活动，实行教育与生产劳动相结合，是坚持马克思主义教育思想，全面贯彻党的教育方针，培养德、智、体全面发展的有社会主义觉悟的有文化的劳动者的有效途径之一，是学校教育工作的组成部分。

8305 | **2月22日**

教育部邀请北京市教育行政人员、中小学校长和特级教师座谈如何坚决而有效地改革中小学教育。与会代表认为，中小学校有其自身特殊性，改革要做到三个有利于：一是有利于全面贯彻党的教育方针；二是有利于调动广大教职工的积极性；三是有利于从实际出发，办出高质量、有特色的社会主义学校来。大家还提出，教育改革可以先试点，不要一哄而起。

8306 | **2月24日**

共青团中央、教育部发布《全国优秀少年先锋队辅导员奖励条例（试行）》。《奖励条例》提出了优秀少先队辅导员的条件、评选办法、表彰与奖励办法。

8307 | **3月3日**

教育部部长何东昌在《中国教育报》发文，阐明教育改革的指导思想。文章指出，教育是社会主义精神文明建设的重要组成部分，又必须为以经济建设为中心的社会主义现代化建设服务；改革的目标是建设有中国特色的、适应现代化建设需要的社会主义的教育体系；教育的建设不能脱离我国的基本国情；教育改革将是全面的，系统的。要勇于改革、实事求是。

8308 | **3月11日至24日**

轻工业部、纺织工业部、教育部、共青团中央联合在北京举办全国学生服造型设计选样展览会。教育部办公厅负责人表示，推广统一式样的学生服的工作，要从实际出发，因地制宜，在学生和家长自愿的前提下分期分批地进行。

8309 | **3月24日**

据《中国教育报》报道，国务院办公厅批转教育部、城乡建设环境保护部等部门《关于全国改善城市中小学教职工住房条件经验交流会情况的报告》，要求各地高度重视改善城市中小学教职工住房条件，落实资金，加强管理，多渠道筹资。

8310 | **4月1日**

邓小平给北京育才学校题词："勤奋学习，遵守纪律，热爱劳动，助人为乐，艰苦奋斗，英勇对敌。"

8311 | **4月1日至5日**

教育部、全国教育工会在北京举行全国"五讲四美"为人师表活动先进代表会议。党和国家领导人胡乔木等人出席开幕式。教育部部长何东昌宣布，这次受表彰的857名优秀教师，要作为部一级的先进人物对待，享受省一级劳动模范的待遇。会议指出，教师队伍在整个知识分子队伍的形成过程中起着“工作母机”的作用，我们党和国家比以往任何时候都更加重视知识和知识分子，不断提高教师的社会地位。

8312 | **4月5日**

公安部、教育部转发山东省、贵州省公安厅、教育厅《关于维护学校教学秩序的通告》，并要求各地教育、公安部门对社会人员破坏学校教学秩序的现象给予高度重视，保证学校正常工作秩序不受干扰，坚决依法惩处侵入学校进行流氓犯罪的犯罪分子。

8313 | **4月20日至28日**

教育部师范司在山东烟台召开全国中小学教师教材教法进修工作经验交流会。会议期间，代表们广泛交流了开展教材教法进修工作的经验。6月7日，教育部印发交流会纪要。

8314 | **4月**

教育部印发通知，决定从1983年秋季学期起，暂停使用原开设的法律常识课，各地初中三年级改授宪法常识课。其目的在于使学生认识到新宪法的伟大意义，教育学生热爱祖国，自觉遵守宪法，珍重公民权利，履行公民义务，增强建设社会主义的责任感。

8315 | **4月**

教育部印发《关于延长全日制中学假期时间的通知》。通知决定，将中学假期时间延长为12周。城市的全日制中学，暑假一般从7月5日开始到8月31日结束，9月1日开学。寒假起止日期应考虑每年春节日期早晚，进行安排。农村和县镇中学安排好农忙假。

8316 | **5月6日**

中共中央、国务院印发《关于加强和改革农村学校教育若干问题的通知》。通知指出加强和改革农村学校教育、提高农村文化水平的重要性和紧迫性；提出农村学校的任务，主要是提高新一代和广大农村劳动者的文化科学水平，促进农村社会主义建设。通知强调，要普及初等教育、改革中等教育结构；有关高校要为农村培养和输送专门人才，为农村各类学校培训师资；要建设一支稳定、合格的教师队伍，对民办教师应逐步实行社队统筹工资制；要坚持“两条腿走路”的方针，多渠道解决经费问题；要落实党的十二大精神，抓好农业和教育科学两个战略重点。

8317 | **5 月 20 日至 29 日**

教育部在陕西西安举行全国学校体育卫生工作会议。会议总结交流了两年来开展学校体育卫生工作的情况，对开创学校体育卫生工作的新局面和要抓好的几项关键性工作进行了讨论。8 月 27 日，教育部印发会议纪要。

8318 | **5 月 24 日至 30 日**

教育部在北京召开全国第二次教育科学规划会议。会议总结了 1979 年全国第一次教育科学规划会议以来的科研工作，进一步明确教育科学研究工作的指导思想和今后的方针任务。会议认为，应建立中央与地方相协调、专业队伍和群众团体相结合的教育科研体制；要在全国哲学社会科学规划领导小组的领导下，成立全国教育科学规划领导小组（办事机构设在中央教育科学研究所），负责全国教育科研的组织协调工作，确定国家教育科研重点项目，组织评选及奖励优秀成果。31 日，教育部印发会议纪要。

8319 | **6 月 6 日**

六届全国人大一次会议在北京人民大会堂开幕。《政府工作报告》指出，过去五年，我们的国家取得了很大的成就，各个领域都发生了巨大的变化。长期存在的轻视知识和歧视知识分子的错误倾向逐步得到纠正，教育科学文化事业有了新的发展。到 1982 年底，各级各类学校在校学生总计达 2.07 亿人。关于今后五年的教育工作主要任务，《报告》强调，应该十分重视智力开发，把以发展教育和科学技术为重点的文化建设放在十分重要的地位，这是实现经济振兴的必要前提。大力提高人民的科学文化、思想觉悟和道德水平，可以为整个经济和社会的发展，为社会主义物质文明和精神文明的建设，提供强大的原动力。各级人民政府必须坚决克服轻视文化建设的错误倾向，把智力开发提到重要日程上来。中、小学教育是基础，要大力培养中、小学师资，帮助他们提高教学水平，在全社会养成尊重教师的良好风气。要努力普及初等教育，抓紧扫盲工作，首先扫除青壮年中的文盲。在各级各类教育事业中，都必须注意编写好教材，改进教学方法，不断提高教育质量。

8320 | **7 月 18 日**

教育部召开的全国普通教育工作会议在北京开幕。教育部长何东昌指出，今后一段时间内，普通教育战线必须继续贯彻“调整、改革、整顿、提高”的方针，加快调整、改革的步伐，抓紧普及初等教育和进行中等教育结构改革，加强干部、教师队伍的建设，全面提高教育质量。7 月 27 日，中共中央政治局委员、中央书记处书记万里在中南海会见全体代表并讲话指出，教育是战略问题，重视教育与否，是考核一个地方党委对现代化的理解和领导水平的标准之一；抓教育首先要抓教师，要千方百计加强师范教育，提高教师水平；中小学教师是知识分子队伍的重要组成部分，要提高他们的社会地位和待遇，要给他们评定职称。教育部同时印发《建立普通教育督导制度的意见》。

8321 | **8 月 1 日**

教育部印发《关于改进加强中学历史和地理课教学的通知》。通知要求中学改进、加强历史和地理课教学；强调要充分认识开设历史、地理课的重要性，必须严格按照教学计划开设历史、地理课。

8322 | **8 月 10 日**

教育部印发《关于进一步提高普通中学教育质量的几点意见》。《意见》指出，中学教育是基础教育，不仅要为高一级学校输送合格的新生，当前更要注意着重为“四化”建设培养大批优秀的劳动后备力量。教学内容应更好地适应劳动和升学的需要，从 1984 年秋季开学起实行两种教学要求，使不同文化程度的学生都有所得，逐步提高。要继续办好重点中学，使之成为模范地贯彻党的教育方针，具有示范性、实验性的学校，同时必须加强一般中学建设。

8323 | **8月16日**

教育部发布《关于普及初等教育基本要求的暂行规定》。《暂行规定》要求各地从实际出发，修订普及初等教育的规划，并对这项工作实行分类指导和检查验收，以促进全国在八十年代基本普及初等教育。

8324 | **8月22日**

教育部印发《关于中小学教师队伍调整整顿和加强管理的意见》，对中小学的编制标准和合格教师的质量标准进行了规定。《意见》提出，初中教师应具备高等师范学校（或其他高等学校）专科毕业的学历或同等学力；小学教师应具备中等师范学校毕业的学历或同等学力。

8325 | **8月24日**

教育部印发《关于学习贯彻〈关于加强爱国主义宣传教育的意见〉的通知》，要求全国各级各类学校（包括幼儿园）要采取多种多样的方式，向青年和少年儿童广泛、深入、持久地进行爱国主义教育。

8326 | **8月31日**

教育部印发《关于组织大、中学教职工、学生学习〈邓小平文选〉的通知》，要求大、中学教职工和学生正确认识、学习《邓小平文选》。

8327 | **9月15日**

第二期全国中学政治课骨干教师进修班开学。进修班学习期限由半年改为一年，本期学员55名参加学习，他们来自29个省、自治区、直辖市。教育部副部长彭珮云到会讲话指出，中学教师特别是政治课教师应当关心全国思想战线的形势，切实担负起保护青少年不受精神污染的重大责任。

8328 | **9月26日**

全国教育科学规划领导小组成立，办公室设在中央教科所科研规划处。9月29日，教育部部长何东昌在中央教科所发表《有中国特色的社会主义教育需要有中国特色的教育科学》的讲话。

8329 | **10月1日**

邓小平给北京景山学校题词："教育要面向现代化，面向世界，面向未来。"①

8330 | **10月8日至12日**

教育部和中国物理学会在陕西西安召开全国中学学生物理实验教学经验交流会。会议进行了经验交流和专题讨论，举办了各省、自治区、直辖市选送的优质实验仪器展览。11月5日，教育部印发交流会纪要。

8331 | **10月19日至25日**

中国教育学会学校管理研究会成立大会暨首届学术年会在西安市举行。年会就当前中小学的办学思想、领导体制、科学管理等问题，开展了讨论和经验交流。

8332 | **11月14日至20日**

教育部在山东青岛召开全国勤工俭学工作情况报告交流会。教育部副部长张文松出席闭幕式并讲话指出，抵制和清除精神污染，保护青少年健康成长，是当前迫切需要解决的问题，也是一个长期的斗争。勤工俭学的首要目的是对青少年进行劳动教育，要使青少年从小养成劳动观点、劳动习惯。必须彻底干净地清除、收缴毒害学生的淫秽书刊、手抄本。12月31日，教育部印发会议纪要。

8333 | **12月9日**

教育部印发《关于加强中小学实验教学和实验室建设的意见》。《意见》提出，重视实验教学在学校教育中的地位和作用，加强对实验教学和实验室建设的领导；坚持"两条腿走路"，采取多种形式集资，积极进行实验室建设；从实际出发，制定实验室建设规划，明确奋斗目标；加强实验队伍建设。

---

① 《邓小平文选》第三卷，人民出版社1993年版，第35页。

8334 | **12 月 15 日**

国家标准局批准《学校课桌椅功能尺寸》标准，从 1984 年 10 月 1 日开始实施。标准的适用范围为小学、初中、高中普通教室使用的木制及铁木课桌椅。用其他材料制作的课桌椅可参照标准执行。

8335 | **12 月 16 日至 26 日**

教育部召开部分省、自治区、直辖市中学思想政治教育工作汇报会。教育部副部长彭珮云出席会议并讲话指出，教育战线应该坚定不移地贯彻党的十二届二中全会精神，做好抵制和清除精神污染的工作。在中小学，为了做好这方面的工作，可以用“加强社会主义精神文明建设，保护青少年不受精神污染”的提法。

8336 | **12 月 31 日**

教育部发布《关于全日制普通中学全面贯彻党的教育方针、纠正片面追求升学率倾向的十项规定（试行草案）》。《规定》指出，要全面贯彻党的教育方针，既要为高一级学校输送合格的新生，当前还要着重注意培养大批优良的劳动后备力量；要正确指导和全面评价学校工作；要严格按计划开设课程；要加强对学生的思想政治教育工作；要减轻学生过重的学习负担；要保证学生的睡眠、休息和课外体育、文娱、科技活动时间；要加强平时对学生学习情况的了解，不要频繁地考试；要保证学校正常的教学秩序。

8337 | **12 月**

共青团中央、教育部发布《关于小学少先队工作几个具体问题的补充规定》。《补充规定》要求县、区教育部门分管小学的负责同志要把少先队工作作为一项重要任务来抓，并指定一名干部经常联系；学校党支部要加强对少先队组织的领导，并将其列入工作计划，定期进行研究。

1984年

改革进行时

• 重要文件

国务院《关于筹措农村学校办学经费的通知》

教育部、全国教育工会《中小学教师职业道德要求（试行草案）》

教育部《关于全日制六年制小学教学计划的安排意见》

中组部等部门《关于制止不适当地抽调中小学干部和教师问题的通知》

中共教育部党组《关于全日制普通中学学校领导班子调整工作的意见》

• 重要政策

农村增加教育事业费附加

教育部设视导室

拨专款支援贫困地区普及初等教育

• 重要会议

全国人大教科文卫委员会召开教育立法座谈会

中国教育学会召开第一次全国学术讨论会

教育部召开全国小学思想品德教育工作座谈会

教育部召开全国农村学校勤工俭学经验交流会

中国建筑学会召开全国中小学教室采光、照明学术讨论会

教育部召开中学数学实验教材实验工作会议

教育部召开小学自然课改革座谈会

• 改革亮点

农村增收教育事业费附加。为了增加农村普及初等教育的经费来源，国务院规定在农村征收教育费附加，征收的对象是农民收入和乡镇企业收入。此举是多渠道增加教育经费的改革举措之一。

8401 | **1月3日**

据《中国教育报》报道，江西省试行《中小学党支部书记和校长任课制度的暂行规定》。为具体落实中共江西省委关于“中小学校长，要由能教课的同志担任，凡不能上讲台教课者，一律调整下来，搞别的工作；学校的党支部（总支或党委）书记原则上也要由能教课的同志担任”的决定，出台《暂行规定》。《暂行规定》要求中小学校长、党支部书记，必须按质按量完成规定的每学年授课任务；完全中学和千人以上初级中学的党支部书记和正副校长，每周至少应任课三节；分管教学的校长或副校长，每周任课不得少于六节；未完成这项任务的校长、党支部书记，其所在的学校不得被评为先进单位，本人也不能被评为先进工作者或模范工作者。

8402 | **1月6日**

由北京、辽宁、广东、江西、河北、湖南、福建等七个省（直辖市）电教部门人员组成的普教电教教材编制协作组，在北京举行首次会议。会议指出，电教教材编制工作是电化教育的一项基本建设。编制电教教材的要求是：在小学教材方面要有突破，中学教材要填空补齐。

8403 | **1月19日**

中宣部、总政治部、教育部、共青团中央印发《关于进一步开展学习华山抢险战斗集体的活动的通知》。通知介绍了1983年5月1日华山抢险事件，并强调要在全国范围内广泛深入开展学习、宣传华山抢险集体的活动。

8404 | **1月27日**

《人民日报》全文转载中共中央政治局委员、中央书记处书记胡乔木在中央党校主办的《理论月刊》第二期上发表的《关于人道主义和异化问题》一文。文章对于近几年来我国理论界围绕人道主义和异化问题所展开的争论，以马克思主义的历史唯物主义观点，作出了科学的分析和回答，深刻地揭示出这一场争论的实质。2月7日，教育部印发《关于学习胡乔木同志重要文章〈关于人道主义和异化问题〉的通知》，要求各地各部门认真学习并把这篇文章同整党、清除精神污染的工作密切结合起来。

8405 | **2月16日**

邓小平等中央领导在上海视察中国福利会儿童计算机活动中心时指出，“计算机要从娃娃抓起”。全国掀起“计算机热”。5月28日，教育部印发《关于在小学进行计算机教育试点工作的通知》。6月，教育部拨款20万元购置300台计算机及配套设备，装备30所小学，将其作为试验点。

8406 | **2月28日至3月5日**

教育部在北京举行全国小学思想品德教育工作座谈会。会议指出，一定要把加强小学思想品德教育提到战略高度上来认识。会议认真总结交流了小学思想品德教育工作的经验，着重研究了在新形势下如何加强小学思想品德教育工作。

8407 | **3月3日**

中共教育部党组印发《关于全日制普通中学学校领导班子调整工作的意见》。《意见》提出普通中学领导成员的人选标准，强调革命化、年轻化、知识化和专业化。《意见》要求，普通中学实行党政分工，实行党支部领导下的校长负责制。领导成员间的年龄，要注意拉开距离，如校长的年龄在50岁以上，副校长一定要配备50岁以下和40岁左右的年轻同志。新提拔的正、副校长，年龄一般应在40岁以下。规模在18个班至24个班的中学，校级领导一般不要超过3名，校长、副校长、党支部书记各1名；规模小的学校可以少一点；规模较大的学校一般不要超过4名。

8408 | **3月6日**

教育部、卫生部、国家计委印发《关于改进和加强中学生理卫生知识教育的通知》。通知要求，中学要有计划地讲解人体结构、生理卫生知识，重视对青少年进行生理卫生教育。

8409 | **4月15日**

全国优秀班主任发奖大会在中南海怀仁堂举行，全国有2914人获奖。有关领导向全国优秀班主任代表发布金质奖章和证书。教育部部长何东昌到会讲话指出，优秀的班主任就是教育专家。有中国特色的教育学，要从总结优秀的教师、班主任和校长的经验中逐步形成。

8410 | **4月**

中共中央办公厅受中央领导同志委托，给新疆生产建设兵团一五二团场聋哑学校学生复信，鼓励他们学好文化科学知识，做“四化”建设有用人才。

8411 | **5月4日**

教育部办公厅印发《关于坚持正面教育、严禁体罚和变相体罚学生的通知》。通知强调，对学生坚持正面教育，是所有教育工作者必须遵循的一条重要的教育原则，教师要面向全体学生，对全体学生负责，不要偏爱一部分人，歧视另一部分人；各级各地教育行政部门和学校要采取多种形式，组织教师学习党的教育方针和科学的教育方法，严禁体罚和变相体罚学生。

8412 | **5月5日**

教育部办公厅向中共中央办公厅报送《关于少数民族牧区中小学教育情况和问题》，内容涉及办学方针和办学形式、办学经费、群众办学积极性等问题。

8413 | **5月14日**

上海市召开郊区普及初等教育总结表彰大会，宣布上海市郊区10个县的适龄儿童入学率、在校学生年巩固率、毕业班学生毕业率及12—15周岁少年初等教育普及率，都达到或超过教育部的要求，全市郊区已经普及初等教育。

8414 | **5月15日**

六届全国人大二次会议在北京人民大会堂召开。《政府工作报告》首先指出，过去一年，国民经济在继续贯彻执行调整、改革、整顿、提高的方针中稳步前进，科学教育文化卫生体育事业进一步发展。普通高等学校、各类成人高等学校、中等专业学校的招生规模继续扩大。与此同时，各种函授刊授学校、广播电视学校、职工轮训学校和农民技术学校大量兴办，职工自己组织的读书活动蓬勃开展，无论城市和农村都正在掀起学习文化科学技术的热潮。《报告》提出，在新的一年里，要继续根据社会主义物质文明和精神文明建设一起抓的方针，艰苦奋斗，更加扎扎实实地做好各方面的工作。而在各项工作中，中心任务仍然是要把经济建设继续推向前进。适应经济建设的需要，各级人民政府应当把教育体制和科研体制的改革，列入重要议事日程，作为一项战略任务来抓。

8415 | **5月22日**

教育部转发《北京市社会力量办学试行办法》。《试行办法》指出，社会力量办学是社会主义教育事业的组成部分，是国家、集体和企事业办学的重要补充。

8416 | **5月28日**

教育部印发《关于在小学进行计算机教育试点工作的通知》。通知指出，在小学进行计算机教育，是一项新的工作。各地教育行政部门要结合当地情况，对这项工作加强领导，有计划地稳步进行，不可不顾一切，一哄而起。

8417 | **5月29日至30日**

农牧渔业部、教育部在天津召开小学生课间加餐牛奶现场会。会议指出，为了使小学生课间加餐牛奶得以巩固和发展，各地应注意以下问题：要因地制宜提出本市推广课间加餐牛奶的方案，在试点的基础上有计划、有步骤地开展工作；对小学生加餐牛奶实行免税政策；牛奶供应、食品加工等部门要积极创造条件，生产便于运送、分发的不同包装的加餐牛奶和食品；要解决加餐牛奶的合理定量和品种多样化问题；保证加餐牛奶的卫生质量。

8418 | **5月**

中共浙江省委组织部和中共浙江省教育厅党组联合印发《关于不要任意抽调和借用中小学教师的通知》，要求各地教育部门坚决制止在当前机构改革中，任意抽调和借用中小学教师的做法。

8419 | **6月19日**

据《中国教育报》报道，财政部决定，从7月1日起，免征中小学校办企业的能源交通重点建设基金。

8420 | **6月27日**

江苏省六届人大二次会议通过《江苏省普及初等义务教育暂行条例（草案）》和《江苏省扫除文盲暂行条例（草案）》。两个暂行条例（草案）均从1985年1月1日起开始施行，对普及义务教育和扫盲作了具体要求。

8421 | **6月**

国家拨出5000万元专款，支援革命老根据地、少数民族地区、边境地区和穷困地区普及初等教育。教育部、财政部为此联合印发通知，要求有关省、自治区各级人民政府根据地方财力尽可能拨出相应经费，支援老、少、边、穷地区普及小学教育，专款专用，坚持“两条腿走路”的方针。

8422 | **6月**

中国建筑学会在北京召开全国中小学教室采光、照明学术讨论会。会议呼吁有关部门要大力支持改善教室采光、照明的工作，切实解决资金、材料、技术力量等问题。

8423 | **7月5日至12日**

教育部在上海大同中学召开中学数学实验教材实验工作会议，总结、讨论数学教材改革实验的意义、价值和经验。9月1日，教育部办公厅印发会议纪要。

8424 | **7月9日**

教育部决定，号召全国小学生向“舍己为人小英雄”韩余娟学习，学习她热爱中国共产党、热爱社会主义祖国的精神，广泛宣传韩余娟的事迹。韩余娟是江苏省宿迁县塘湖乡中心小学三年级学生、少先队员，1983年8月14日，她为保护一位孤寡老人，献出了生命。11月6日，国家主席李先念题词：“向少年英雄韩余娟学习。”

8425 | **7月25日**

中国少年先锋队队员和辅导员代表会议在中南海怀仁堂开幕。李先念、邓颖超等中央领导同志参加了开幕式。邓颖超在致辞中向孩子们提出三点希望：树立创造的志向，培养创造的才干，开展创造性的活动。

8426 | **7月26日**

教育部印发《关于加强中小学教师普通话培训工作的通知》。通知要求，采取有效措施，进一步加强在职中小学教师（包括幼儿教师）的普通话培训。

8427 | **7月27日**

教育部初等教育司发布《全日制八年制聋哑学校教学计划（征求意见稿）》《全日制六年制聋哑学校教学计划（征意意见稿）》，并印发通知。通知就教材问题、入学年龄问题、班级人数问题、职业技术课问题作了说明。

8428 | **7月27日至8月1日**

中国教育学会召开第一次全国教育学术讨论会。会议指出，邓小平同志提出的“三个面向”是新时期教育工作的战略方向，是教育改革的指针。

8429 | **7月**

甘肃省人民政府决定，具有大、中专学历，工龄满20年以上的中小学教师，均可申请其农村家属迁往城镇落户，并要求各地予以解决落户问题。

8430 | **8月3日至9日**

教育部中学司召开第二次中学计算机教学试验工作会议。会议讨论今后在中学开展计算机教育的工作方针及中学计算机教学的目的和要求、师资配备、基地建设等问题，提出计算机教学试验工作首先应在城市重点中学和条件较好的中学逐步开展。9月1日，教育部办公厅印发会议纪要。

8431 | **8月13日至20日**

教育部在吉林省召开全国农村学校勤工俭学经验交流会。会议指出，要把勤工俭学纳入整个教育改革的轨道，通过勤工俭学活动，加强劳动教育，改革农村教育，为农村经济建设培养大批具有新素质的生产者和经营者。11月12日，教育部印发会议纪要。

8432 | **8月15日**

教育部印发《关于全日制六年制小学教学计划的安排意见》。《安排意见》指出，我国小学学制为五、六年并存，实行哪种学制，由各地视情况而定，防止"一刀切"。我国初等教育必须以"三个面向"为指导积极进行改革。初等学校教学改革的重点，应首先研究减轻学生过重的课业负担，提高教学质量，使少年儿童生动活泼地主动地发展。初步拟定《全日制六年制城市小学教学计划（草案）》和《全日制六年制农村小学教学计划（草案）》，请各地确定一些学校进行试点。

8433 | **8月**

国务院批准教育部设视导室。视导室负责巡视、检查和指导全国各地的普教工作。

8434 | **8月**

河北省人民政府决定，从1984年开始为幼儿教师和小学教师设立"园丁奖"，每年拨出专款100万元用于奖励积极参加教育教学改革的幼儿教师和小学教师。

8435 | **10月13日**

据《中国教育报》报道，中共辽宁省委、辽宁省人民政府作出决定，在全省教育战线开展向魏书生学习的活动，授予魏书生"特级教师"称号，并晋升两级工资。魏书生着重培养学生的自学能力，改进现行统编语文教材体系，比较科学地确立了各学期的知识阶梯，创造了提高学生自学能力的教学方法。

8436 | **10月13日**

教育部、全国教育工会发布《中小学教师职业道德要求(试行草案)》。《要求》指出,教师是"人类灵魂的工程师",从"热爱祖国、献身教育,探索规律、教书育人,勤奋学习、又红又专,热爱学生、诲人不倦,遵纪守法、团结协作,以身作则、为人师表"等六个方面,对教师的职业道德修养提出了原则要求。

8437 | **10月19日至24日**

教育部在北京召开小学自然课改革座谈会。会议研究讨论了小学自然课教学大纲和新编教材,交流了小学自然课教学改革的情况和经验。11月26日,教育部印发座谈会纪要。

8438 | **10月20日**

党的十二届三中全会在北京召开。全会讨论通过了《中共中央关于经济体制改革的决定》。《决定》指出,要采取有力措施提高知识分子的社会地位,改善他们的工作条件和生活待遇;科学技术和教育对国民经济的发展有极其重要的作用。随着经济体制的改革,科技体制和教育体制的改革越来越成为迫切需要解决的战略性任务。中央将专门讨论这方面的问题,并作出相应的决定。

8439 | **10月27日**

全国人大教科文卫委员会在北京召开教育立法座谈会,着重讨论教育立法的必要性和迫切性、教育立法与教育改革的关系、教育立法的规划、为教育立法需要落实的组织措施等问题。

8440 | **11月10日**

中组部、中宣部、中共教育部党组印发《关于制止不适当地抽调中小学干部和教师问题的通知》。通知要求1982年以来抽调到教育系统以外单位工作的中小学干部和教师,除调到县以上领导班子以及确实不适宜从事教育教学工作,且经县以上教育行政部门批准外,都应调回学校。

8441 | **11月19日**

教育部印发《关于加强小学生写字训练的通知》。通知提出，小学写字训练的内容包括铅笔字、钢笔字和毛笔字。通知要求各级教育部门严格按照教育部全日制五年制或六年制城乡小学教学计划要求，在各年级开设写字课。各级教育部门要采取有效措施切实加强对小学生的写字训练，提高写字课的教学质量，逐步改变目前小学比较普遍存在的不重视写字训练的状况。

8442 | **11月20日**

共青团中央、教育部印发通知，要求各地团委和教育部门认真组织中小学生和广大青少年观看电影《高山下的花环》。该影片根据李存葆的同名小说改编，真实地反映了我军在对越自卫反击战中的伟大爱国精神和革命英雄主义气概，展现了可歌可泣的英雄事迹。

8443 | **11月27日**

教育部发布《中小学公用经费参考定额》。《参考定额》分别规定小学、初中、高中生均公用经费中各项目定额，包括每生每年公务费、设备购置费、业务费、修缮费等的数额。

8444 | **12月13日**

国务院印发《关于筹措农村学校办学经费的通知》。通知要求，对农村学校在逐年增加国家对教育基本建设投资和教育事业费的基础上，要充分调动农村集体经济组织和其他各种社会力量办学的积极性，开辟多种渠道筹措农村学校办学经费。除国家拨给的教育事业费外，乡（镇）人民政府可以征收教育事业费附加，并鼓励社会各方面和个人自愿投资在农村办学。这些经费，要实行专款专用，任何部门和单位不得挪用和平调。通知强调，要采取有效措施，逐步改变中小学教师生活待遇偏低的状况，使教师这个职业成为最受人羡慕的职业之一。

8445 | **12月23日**

教育部、国家计委、全国教育工会联合召开的南方地区解决中小学教职工住房问题经验交流会闭幕。会议指出，解决中小学教职工住房问题，也是教育改革的一项重要内容，要像解决校舍问题一样，国家、企业、集体、个人一起上，调动各方面积极性，多渠道筹集资金。

8446 | **12月25日**

教育部部长何东昌参加《新少年报》复刊祝贺会，指出中小学片面追求升学率是一个顽症；学生学习负担过重，学习成为一种苦差事。要“解放”小学生，在普及和基本普及初中的地方，小学升初中的考试制度必须加以改革。要积极进行试验，有步骤地取消小学升入初中的统一考试。

8447 | **12月27日**

教育部印发《关于中等师范学校和全日制中小学教职工编制标准的意见》。《意见》提出不同类型学校教职工编制参考标准。《意见》规定各省、自治区、直辖市教育厅（局）可自行确定编制标准，并报教育部备案。

8448 | **12月**

《周恩来教育文选》由教育科学出版社出版，并在全国发行。

1985年

改革进行时

• 重要文件

中共中央《关于教育体制改革的决定》

中共中央《关于改革学校思想品德和政治理论课程教学的通知》

中共中央《关于进一步加强青少年教育预防青少年违法犯罪的通知》

国务院《关于确定每年9月10日为"教师节"的议案》

教育部《全国中小学教材审定委员会工作条例（试行）》

• 重要政策

实施教育体制改革

把发展基础教育的责任交给地方

有步骤地实行九年制义务教育

确立每年9月10日为我国的"教师节"

• 重要会议

中共中央、国务院召开全国教育工作会议

教育部召开全国中学生思想政治教育研讨会

国家教委、司法部召开全国小学法制教育座谈会

中宣部等五部门举行庆祝第一个教师节大会

国家教委召开全国中小学师资工作会议

国家教委召开九年制义务教育教学计划研讨会

• 改革亮点

教育体制改革拉开序幕。中共中央召开全国教育工作会议，讨论确立了党的工作重点转移到社会主义现代化建设以后的教育发展问题，作出教育体制改革的决定，绘制了教育改革发展蓝图。《中共中央关于教育体制改革的决定》成为指导我国教育改革发展的纲领性文件。

8501 | 1月8日

中共中央书记处讨论教育体制改革的有关问题。2月5日，教育部在北京召开座谈会，征求对教育体制改革的意见。3月16日，中共教育部党组向中央书记处汇报教育体制改革文件的起草情况。

8502 | 1月11日

教育部发布《全国中小学教材审定委员会工作条例（试行）》。《工作条例》规定，中小学教材建设实行编写和审查分开。人民教育出版社负责编写，各省、自治区、直辖市教育部门，有关学校、教师和专家均可参加编写。教育部成立全国中小学教材审定委员会负责审查新编教材。审查通过的教材，由教育部推荐各地选用。

8503 | 1月21日

六届全国人大常委会第九次会议同意国务院《关于确定每年9月10日为“教师节”的议案》，将每年的9月10日定为教师节。

8504 | 1月25日

中宣部、教育部、全国教育工会联合印发《关于今年春节期间开展慰问教师活动的通知》，要求各地根据自己的实际情况，在春节期间，普遍开展慰问教师的活动。

8505 | 2月2日至6日

中国教育学会中学政治课教学研究会在北京成立。研究会旨在研究中学政治课教学改革的理论问题和实际问题，为提高中学政治课的教学质量和教学研究水平服务。

8506 | 2月25日

全国少工委印发通知，向全国少年儿童、少先队员倡导“尊师礼”，发出六个提倡，提出三个要求。六个倡议是：“每天到校第一次见到老师时问早或问好”“上课前师生相互问好”“进老师办公室先敲门，得到允许再进入”“离校前向老师说‘再见’”“校外遇见老师要行礼或问好”“少先队组织在教师节前后为老师举行小型慰问”。三个要求是：“推广三句尊师礼貌语言：老师早，老师好，老师再见”“养成向老师行礼的习惯”“培养自觉尊师行为，校内校外一个样”。

8507 | **3月10日**

“北京市优秀教师和他（她）的学生”座谈会召开。中共中央政治局常委、中纪委第一书记陈云为座谈会和正在北京大规模开展的尊师重教活动题词：“‘四化’需要人才，人才需要教育，教育需要教师。”

8508 | **3月11日至12日**

共青团中央学校部、全国学联办公室邀请部分省（直辖市）共青团和学联负责人在北京召开座谈会，交流各地开展勤工助学活动的情况和经验，提出开展勤工助学活动必须坚持以培养人才为中心，要在学生完成正常学习任务的前提下进行。

8509 | **3月27日**

六届全国人大三次会议在北京人民大会堂开幕。《政府工作报告》指出，1985年是贯彻党的十二届三中全会决定的第一年。在前几年农村和城市的改革已经取得很大成绩的基础上，进一步做好改革工作，是巩固和发展当前经济大好形势的需要，是保证整个改革顺利进行和国民经济持续稳定发展的关键所在。当前，指导改革的行动方针应该是：坚定不移，慎重初战，务求必胜。《报告》强调，同经济体制改革相密切联系的科技体制和教育体制的改革，是对我国现代化建设具有战略意义的两件大事，也要有领导有计划地展开。

8510 | **3月28日**

教育部印发《关于印发长春等五市初中招生制度改革材料的通知》。通知指出，在普及和基本普及初中的地方，应首先改革小学升初中的招生考试制度；进一步提高小学教育质量，向中学输送合格的毕业生；评价一所学校，不能只看考试分数和升学率的高低；办好初中，是顺利进行初中招生制度改革的一个重要环节。

8511 | 4月8日

全国政协六届三次会议在北京闭幕。会议指出，我国经济能否腾飞，就要看科技工作和教育工作能不能大发展，人才问题能不能很好地解决。教育是立国之本，基础科学、中小学教育必须加以重视。这不只是为了今天，更重要的是为了明天。

8512 | 4月9日

据《中国教育报》报道，上海市教育局、共青团上海市委对“三好”学生评选提出新规定，增加“富有开创精神，在某一方面有突出的才能并取得显著成绩，其他方面能够达到中学生基本要求的，也可评为校、区（县）、市‘三好’学生”的评选条件。

8513 | 5月15日至20日

中共中央、国务院在北京召开全国教育工作会议。这是党的工作重点转移到社会主义现代化建设后，教育战线召开的一次空前的盛会。会议讨论了《中共中央关于教育体制改革的决定（草案）》，研究了实施教育体制改革的步骤和措施。19日，邓小平出席第三次全体会议，发表《把教育工作认真抓起来》的讲话，指出：中央提出要以极大的努力抓教育，并且从中小学抓起，这是有战略眼光的一着。如果现在不向全党提出这样的任务，就会误大事，就要负历史的责任。我们不是已经实现了全党全国工作重点的转移吗？这个重点，本来就应当包括教育。一个地区，一个部门，如果只抓经济，不抓教育，那里的工作重点就是没有转移好，或者说转移得不完全。[①]

8514 | 5月27日

中共中央发布《关于教育体制改革的决定》。《决定》提出，教育体制改革的根本目的是提高民族素质，多出人才，出好人才。要把发展基础教育的责任交给地方，有步骤地实行九年制义务教育；调整中等教育结构，

① 参见《邓小平文选》第三卷，人民出版社 1993 年版，第 120—121 页。

大力发展职业技术教育；加强领导，保证教育体制改革的顺利进行。

8515 | **6月4日至9日**

教育部在北京召开全国中学生思想政治教育研讨会。会议提出，爱国主义和共产主义是对中学生进行思想政治教育的中心内容，要从小给他们打下良好的思想基础。共产主义教育必须与“四化”建设、改革的实践密切结合，与中学生的思想特点密切结合。

8516 | **6月9日**

经北京市教育局批准，北京市第八中学少儿班进行招生复试，试办完成中等教育的少儿班。少儿班第一届招生30余人，最大年龄10岁，学制四年。学生毕业后，直接报考大学少年班，考不取的，可在本校继续学习两年。

8517 | **6月9日至15日**

中宣部、司法部在北京召开首次全国法制宣传教育工作会议。会议指出，学校应当成为普及法律知识的基本阵地。会议讨论了《关于向全体公民基本普及法律常识的五年规划》。

8518 | **6月18日**

六届全国人大常委会第十一次会议通过“设立国家教育委员会和撤销教育部”的决定，任命李鹏为国家教育委员会主任（兼），免去何东昌的教育部部长职务，任命何东昌、杨海波、朱开轩等为国家教委副主任。

8519 | **6月22日**

国家教委举行全体干部职工大会。会议强调教育在“四化”建设中的战略地位和进行教育改革的重要意义，详细阐明国家教育委员会的任务。

8520 | **6月25日**

国家教委在中南海举行第一次全体委员会议。会议提出，国家教育委员会要围绕贯彻《中共中央关于教育体制改革的决定》，重点抓好五项工作。

提到基础教育方面的工作时，会议强调要抓紧进行实施九年制义务教育、征收教育附加费等方面的立法工作。

8521 | **6 月 28 日**

国家教委印发《调整初中数学教学要求的意见》《调整初中物理教学要求的意见》《调整初中化学教学要求的意见》《调整初中外语教学要求的意见》并印发通知。通知提出，这次调整四科教学要求，教材不动，只是在教学内容，习题的深度、广度上加以控制，以利于学生减轻负担，增强信心，培养兴趣，能够生动活泼主动地学习。

8522 | **7 月 12 日**

根据《中共中央关于教育体制改革的决定》精神，经国务院批准，国家教委、国家计委、劳动人事部联合印发《关于进行地区人才需求预测和制订十五年教育发展规划工作的安排意见》。《安排意见》要求各省、自治区、直辖市在研究长远发展战略和制定“七五”计划的基础上，用两年时间，从人才需求和预测入手，以 2000 年末为目标，制定出本地区教育发展的十五年规划。

8523 | **7 月 17 日至 22 日**

国家教委、司法部在云南昆明举行全国小学法制教育座谈会，提出要对小学生进行法制启蒙教育，让小学生从小养成遵纪守法的好品德。

8524 | **7 月 22 日**

中共国家机关党委、中共中直机关党委和国家教委在北京人民大会堂召开讲师团动员大会。讲师团由从中央和国务院各部门挑选的 3252 名干部组成，将分赴各地参加当地的培训中小学教师工作。

8525 | **8 月 1 日**

中共中央印发《关于改革学校思想品德和政治理论课程教学的通知》，要求各级学校贯彻执行理论联系实际的方针，以“三个面向”为指导思想，对现行思想品德和马克思主义政治理论课的课程设置、教学内容和教学方法进行改革。通知指出，在小学阶段，要配合语文、历史、艺术课和课外活动的内容，以生动的形象，由近及远地进行以“五讲四美”和“五爱”为中心的社会常识和社会公德教育，指导学生从小就培育良好的思想品德，各种正确的行为习惯，逐步培养管理自己的生活并帮助家庭、别人、公众的能力。在初中阶段，要进行道德、民主和法制、纪律教育，进行社会生活和社会发展规律以及社会主义建设常识的教育，使学生逐步养成爱国主义和社会主义人道主义的道德品质和高尚的审美情趣，了解和遵守社会主义民主、社会主义法制和民主集中制的原则，树立遵守法律和纪律的观念，对我国社会主义社会的实际情况和发展方向有一个初步的认识，树立自己对社会的责任感。

8526 | **8月5日**

中共中央政治局常委、中纪委第一书记陈云为全国少先队“创造杯”活动题词：“胸怀大志学创造，争当共产主义新人。”

8527 | **8月5日至9日**

铁道部在北京举行全国铁路教育工作会议。会议指出，全国铁路系统共有中小学生 84 万人，已基本普及九年教育，今后主要是提高教育质量，做好师资培训工作。

8528 | **8月7日**

国家教委、司法部印发《关于加强小学法制教育的意见》。《意见》提出，小学法制教育的重点是进行有关交通管理规则和《治安管理处罚条例》的常识教育和法制观念的启蒙教育。高年级可适当进行必要的关于公民权利、义务等常识教育。

8529 | **8月10日至15日**

国家教委在河北承德召开中学数学实验教材实验工作会议。会议讨论了在当前贯彻全国教育工作会议精神的大好形势下，如何更有效地把实验工作继续做好的问题；对实验教材的初中部分进行了初步鉴定；研究了实验教材在一定范围内推广和使用的可能性以及以后的实验工作。

8530 | **8月12日**

国家教委印发《关于在教师节前后切实为教师办几件实事的通知》，要求各地在教师节前尽量将改革后所增加的全部或部分工资，发放到中小学、幼儿园教师手中。

8531 | **8月29日至9月1日**

国家教委在天津召开北京、天津、上海、山东、江苏、广东、浙江、辽宁等八省（直辖市）主管教育工作的副省（市）长会议，检查各地贯彻《中共中央关于教育体制改革的决定》的情况。会议指出，各级党政部门要努力提高对教育在社会主义现代化建设中的战略地位和作用的认识；必须抓改革；千方百计解决教育战线存在的实际问题；持之以恒，长期贯彻《中共中央关于教育体制改革的决定》。

8532 | **8月30日**

教育部印发《关于在中专、中师贯彻〈中共中央关于改革学校思想品德和政治理论课程教学的通知〉的意见》。《意见》指出，明确改革政治理论课教学工作的目的，是为了从根本上加强学校的马克思主义理论教育，以适应社会主义现代化建设和各项改革的需要。改革和完善中专、中师政治理论课程的内容和教材，是搞好教学改革的中心环节。要贯彻理论联系实际的方针，努力改进教学方法。切实加强政治理论课师资队伍的建设，是改革教学工作的根本保证。要重视和加强对教学改革的领导。

8533 | **8月30日**

国务院工资制度改革小组、劳动人事部印发《关于高等学校、中等专业学校、中小学教职工工资制度改革问题的通知》，发布《中等专业学校教职工工资制度改革实施方案》《中小学教职工工资制度改革实施方案》《关于教师教龄津贴的若干规定》。

8534 | **8月**

为响应中央号召，帮助西藏培养少数民族建设人才，辽宁、河北、河南、山东、江苏、陕西、湖北、四川、安徽、山西、湖南、浙江、江西、云南及天津、上海等十六省（直辖市）积极做好西藏中学班开学准备工作。经过统一考试，1300 名藏族学生于 8 月中旬开始分批前往内地西藏班入学就读。

8535 | 9月10日

中宣部、国家教委、共青团中央和全国教育工会等单位，在北京人民大会堂举行庆祝第一个教师节大会。会议指出，尊重教师，应成为一种社会风气，成为一种社会公德，成为社会文明的一种标志。

8536 | 9月18日至23日

中国共产党全国代表会议在北京召开。党的全国代表会议通过了《中共中央关于制定国民经济和社会发展第七个五年计划的建议》。《建议》指出，“七五”期间要逐步在全国推行九年制义务教育，同时加紧扫盲工作。在城市、沿海各省中的发达地区和内地少数发达地区，应保质保量地普及初中教育；在中等发展程度的镇和农村，应首先抓紧普及小学教育，同时积极准备条件，为“八五”期间普及初中教育打下基础；在经济落后地区，要随着经济的发展，采取多种形式，进行不同程度的普及基础教育的工作。少数民族地区和少数民族集中居住的地区，要积极抓好少数民族的基础教育。

8537 | 9月19日至22日

国家环境保护局、国家教委、中国环境科学学会联合在辽宁召开全国中小学环境教育经验交流及学术讨论会。会议指出，要提高中小学和幼儿园对开展环境教育工作重要性的认识；环保和教育两个部门要相互支持，通力合作；环境教育不宜单独设课，必须有一套适用的教学参考资料，搞好师资培训工作；抓好典型，以点带面，逐步发展。

8538 | 10月4日

中共中央印发《关于进一步加强青少年教育预防青少年违法犯罪的通知》。通知提出，全社会都要关心和教育青少年；大力加强对青少年的理想、道德、纪律和法制教育；积极开展群众性的、健康有益的文体活动，丰富青少年的业余、课余生活；为青少年提供更多更好的精神产品，满足青少年的求知欲望。

8539 | **10月5日至8日**

国家教委在北京召开中学思想政治课改革设想报告会。中共中央政治局委员、中央书记处书记胡乔木听取汇报并发表讲话。会议指出，把学生培养成为有理想、有道德、有文化、有纪律的公民是中等学校思想政治课的总目标。

8540 | **10月12日**

《中国教育报》刊载《崇信成为甘肃省第一个实现“一无两有”的县》的文章。崇信县利用1984年集资的93万多元，加上国家下拨的中心小学修建款40万元，大力改善办学环境。经有关部门验收，崇信县成为甘肃省第一个实现“校校无危房，班班有教室，学生人人有课桌凳”要求的县。

8541 | **10月16日**

中国发明协会成立大会在北京举行。会议强调，青少年热爱祖国的深厚感情和期望国家早日富强的强烈心愿，是极为宝贵的精神力量。要把这种宝贵的精神力量化为建设性的创造力量，把他们的积极性引导到献身祖国“四化”建设上来，引导到发明创造上来。

8542 | **11月1日**

共青团中央、全国青联、全国学联联合印发《关于“一二·九”运动五十周年纪念活动的通知》，要求各地开展“一二·九”纪念活动，使广大青年学生真正受到一次生动活泼的爱国主义教育和理想、纪律教育。

8543 | **11月12日**

国家教委在北京召开全国中小学师资工作会议。会议强调，各级党政领导都要重视师资队伍建设，要用15年左右的时间在我国建设起一支德才兼备、合格稳定的教师大军。

8544 | **11月17日至20日**

国家教委在北京召开十二省贯彻《中共中央关于教育体制改革的决定》汇报会，检查落实情况。会议强调，贯彻《决定》要从实际出发，坚持实事求是原则；不要攀比，不搞高指标。

8545 | **11月18日**

国家教委印发《关于普通中学贯彻执行〈中共中央关于改革学校思想品德和政治理论课程教学的通知〉的几点意见》，决定用三年左右的时间，在部分省、直辖市的少数中学进行思想政治课的改革实验，在科学实验的基础上确定新的课程设置方案，并编出示范性的教学大纲和教材。

8546 | **11月19日**

中共国家教委党组书记、国家教委副主任何东昌在《中国教育报》发表《精心组织教育体制改革的"施工"》一文，对贯彻《中共中央关于教育体制改革的决定》提出四点建议：真正树立社会主义建设要依靠教育的思想；下真功夫，通过改革，提高教育的投资效益和经济效益；教育必须为社会主义建设服务；紧紧抓住教师队伍这个决定性环节。

8547 | **11月22日**

六届全国人大常委会第十三次会议通过《关于在公民中基本普及法律常识的决议》，决定从1986年起，争取用五年左右时间，有计划、有步骤地在一切有接受教育能力的公民中，普遍进行一次普及法律常识的教育，并且逐步做到制度化、经常化。《决议》提出，普及法律常识的重点对象，是各级干部和青少年。学校是普及法律常识的重要阵地。大学、中学、小学以及其他各级各类学校，都要设置法制教育的课程，或者在有关课程中增加法制教育的内容，列入教学计划，并且把法制教育同道德品质教育、思想政治教育结合起来。

8548 | **12月27日**

国家教委、国家体委在山东掖县召开全国学校学生业余体育训练工作座谈会。会议指出，要下决心把学校体育工作搞上去，各级学校领导要进一步提高对学校体育工作重要性的认识，要把体育当作培养“四有”新人的组成部分来抓。

8549 | **12 月**

上海市召开全市教育工作会议。会议指出，学校教育最主要的任务是努力培养学生成为“四有”新人。“四有”人才，最重要的是有理想、有纪律，也就是要有正确的人生观、世界观。思想政治教育工作要以四项基本原则为基础，以理想、纪律教育为核心。

8550 | **12 月**

国家教委召开九年制义务教育教学计划研讨会。中共国家教委党组书记、国家教委副主任何东昌指出，一定要纠正片面追求升学率专门应付考试的现象。何东昌指出，重新修订的初中、小学教学计划，将面向多数、面向实际，使学生德、智、体、美、劳各方面协调发展，有利于学生打好基础、培养能力、发展特长。

8551 | **12 月**

国家教委召开修订小学思想品德课教学大纲座谈会。会议指出，小学思想品德课对于培养学生良好的思想品德，促进学生全面发展具有十分重要的作用。会议对小学思想品德课的教学目的、基本要求、内容要点、教学基本原则和方法以及大纲的实施进行深入研讨。

8552 | **12 月**

中纪委驻国家教委纪检组在上海召开教育战线纪检工作调研会。会议指出，教育战线当前还存在各种不正之风，强调实现教育战线党风根本好转，必须采取一系列有力措施。

1986年

改革进行时

• 重要文件

国务院办公厅转发国家教委等四部门《关于实施〈义务教育法〉若干问题的意见》

国务院《征收教育费附加的暂行规定》

中共中央办公厅、国务院办公厅《关于进一步加强中小学危房修缮和改造的通知》

国家教委《义务教育全日制小学、初级中学教学计划（初稿）》

国家教委《“七五”期间全国中小学勤工俭学发展规划要点》

中央职称改革工作领导小组转发国家教委《中学教师职务试行条例》《小学教师职务试行条例》

国家教委《中小学教师考核合格证书试行办法》

• 重要政策

基础教育实施地方负责、分级管理

征收教育费附加

加强中小学校舍建设和危房改造

实施教师考核合格证书制度

加强中小学思想品德课教学

加强中小学体育、卫生、艺术和劳动技术教育工作

• 重要会议

国家教委召开全国中小学教材委员会审定委员会成立大会

国家教委召开中学思想政治课改革实验教学大纲讨论会

国家教委召开全国中学劳动技术课教育工作座谈会

国家教委召开全国中学外语教育改革工作会议

国家教委、共青团中央、全国妇联召开全国少年儿童校外教育工作会议

• 改革亮点

《中华人民共和国义务教育法》从各个方面为实施九年制义务教育提供了法律保障。按照基础教育实施“地方负责、分级管理”的原则，各地先后发布当地实施义务教育的地方性法规或规章，采取有力措施积极推动义务教育发展。

8601 | 1月6日至13日

国家教委、国家语委在北京联合召开全国语言文字工作会议。会议指出，语言文字工作关系社会主义精神文明和物质文明建设，关系整个民族文化水平的提高。会议提出，要进一步推行《汉语拼音方案》，使语言文字在社会主义现代化建设中更好地发挥作用。

8602 | 1月17日

上海市人大法制委员会决定起草《上海市青年少年教育、保护条例》（暂名），并委托共青团上海市委牵头组成《条例》起草办公室。

8603 | 1月29日

中组部、国家教委印发《关于停止在调整中小学和中等师范学校领导班子中对50多岁的校长采取不正确的“一刀切”做法的通知》，纠正干部任职年龄“一刀切”的做法。

8604 | 1月31日

国家教委、中央绿化委联合印发《关于学校开展校园绿化和营造学校林的通知》，号召全国各级各类学校的师生员工积极开展绿化校园活动。

8605 | 2月21日

国家教委印发《关于加强在职中小学教师培训工作的意见》。《意见》为贯彻落实《中共中央关于教育体制改革的决定》提出的“争取在五年或者更长一点的时间内使绝大多数教师能够胜任教学工作”，对师资培训的任务和要求、渠道和形式、质量、办学条件等提出了要求。

8606 | 2月25日至28日

全国卫星电视教育工作会议在北京举行。国务院副总理兼国家教委主任李鹏出席会议并发表讲话。会议肯定了卫星电视教育的重要意义，提出将采用卫星电视手段发展教育事业，列入我国教育的长远规划。

8607 | 2月27日

国家教委印发《关于加强中小学体育师资队伍建设的意见》。《意见》

提出学校体育的任务和培养体育师资的要求，要求广开渠道、抓紧培训在职体育教师，大力加强体育系、科、班的建设。

8608 | **3月4日至10日**

国家教委召开1986年度教育工作会议。会议指出，1986年教育战线的中心任务是继续贯彻《中共中央关于教育体制改革的决定》。会议强调，在推行义务教育过程中，必须考虑我国经济、文化发展不平衡的特点，实行因地制宜的方针。

8609 | **3月6日**

国家教委印发《在普及初中的地方改革初中招生办法的通知》。通知要求已经普及初中教育的地方，从1986年暑假开始，取消初中招生考试，凡准予毕业的小学生，可就近直接升入初中学习。

8610 | **3月10日**

国家教委印发《关于基础教育师资和师范教育规划的意见》，确立了中师、师专、大学本科三级师范教育学制。《意见》提出，综合大学和有条件的其他高等院校要把为中等教育培养师资作为重要任务之一；中学教师的来源要多样化。

8611 | **3月25日至4月1日**

国家教委在天津召开中学思想政治课改革实验教学大纲讨论会。会议拟定中学思想政治课改革实验教学大纲初稿，将在承担实验任务的40所中学试行，经过3年有计划的实验，最后确定课程设置方案并编写出全套教材和参考书，争取于1989年暑假后在全国初中一年级和高中一年级新生中使用新教材。会议要求做好课程内容设置、编写教材、培训教师等相关工作。

8612 | **3月25日至4月12日**

六届全国人大四次会议在北京人民大会堂召开。《政府工作报告》指出，“六五”期间，中等教育的结构调整开始取得成效，职业技术教育发展很快普及，初等教育的工作有了进展。《报告》指出，“七五”期间，要坚持把科技进步和智力开发放在重要的战略地位，更好地发展科学教育事业。必须切实加强基础教育，积极推进九年制义务教育。各级各类教育的发展，要在适应“四化”建设需要进一步合理调整教育结构的同时，特别要注意提高教育质量。各级各类学校都要认真贯彻执行德育、智育、体育、美育全面发展的方针，并根据各自的特点适当加强劳动教育，坚持把提高教学质量、培养合格人才放在首位，在这个基础上因地制宜、稳步地发展数量。

8613 | **3月**

广东省人民政府批准广东省教育厅《关于中小学收费问题的意见》。《意见》规定，任何地方和单位都不得擅自扩大中小学生的收费范围，不得增加收费项目和提高收费标准。

8614 | **4月12日**

六届全国人大四次会议审议通过《中华人民共和国义务教育法》。《义务教育法》规定，实行基础教育由地方负责、分级管理的原则，有步骤地实施九年制义务教育。

8615 | **4月14日**

国家教委批准成立全国中小学教材审定委员会和各学科教材审定委员会。其主要职责是负责审定全国中小学各学科教学大纲，经省、自治区、直辖市教育部门、重点高等学校审查推荐的教材，人民教育出版社、中央级科研单位和全国性学术团体编写的教材，包括教科书、习题集、练习册、教学挂图、音像教材、教学软件、选修教材等，以及供教师用的教学指导书、教学参考书。9月22日至29日，国家教委在北京召开全国中小学教材审定委员会成立大会。

8616 | **4月18日**

中国残疾人福利基金会在北京召开全国优秀特殊教育工作者和自学成才残疾人授奖大会，对教育、民族系统从事特殊教育的先进工作者和取得高等教育自学考试证书的残疾人进行表彰。

8617 | **4月18日**

中宣部、国家教委、共青团中央、全国教育工会联合印发《关于开展1986年教师节庆祝活动的通知》。通知要求各地落实邓小平关于“每年给知识分子解决一点问题，要切切实实解决，要真见效”的指示，做好1986年教师节的工作。

8618 | **4月18日**

上海市教育局决定取消重点初中。今后全市教育工作的重点是提高小学和初中教育质量，切实办好所有的初中，特别对各种办学条件有困难的初中，要切实采取措施予以重点扶持和加强。

8619 | **4月19日**

中顾委主任邓小平在北京人民大会堂会见包玉刚、王宽诚、霍英东、李兆基等香港知名人士，赞扬他们为国家教育事业所作的贡献。邓小平指出，教育是一个民族最根本的事业。四个现代化的实现要靠知识、靠人才。政策上的失误容易纠正过来，而知识不是立即就能得到的，人才也不是一天两天就能培养出来的，这就要抓教育，要从娃娃抓起。尊重知识、尊重人才是长远的根本大计。[①]

8620 | **4月23日**

国家教委发布《全日制小学思想品德课教学大纲》并印发通知。通知要求，各地从1986年新学年开始按此《大纲》组织教学。《大纲》在1982年试行草案的基础上，增加了社会主义民主和法制观念的教育以及良好行为习惯和能力的培养，还增加了“大纲实施”部分，对思想品德课教师队伍建设、教材、教研等工作作了明确的规定。《大纲》明确提出，小学思想品德课的教学目的是通过以“五爱”和“五讲四美”为中心的社会公德教育和社会常识教育，从小培养学生社会主义国家公民应有的良好的思想品德和行为习惯，为他们成为有理想、有道德、有文化、有纪律的共

① 参见中国共产党新闻网·《邓小平思想年谱·1986年》。

产主义事业接班人打下初步的思想基础。

8621 | **4月26日至28日**

中国教育学会勤工俭学研究会成立大会暨第一届年会在广西临桂召开。该研究会的成立标志着我国勤工俭学工作从实践迈向理论研究。

8622 | **4月28日**

国务院发布《征收教育费附加的暂行规定》。《暂行规定》强调，教育费附加专用于改善中小学办学条件，以单位或个人实际缴纳的产品税、增值税、营业税的税额为计征依据，附加率为1%。

8623 | **5月12日**

中共中央、国务院批转中共国家教委党组、中共中直机关党委、中共中央国家机关党委《关于1986年选派讲师团工作的报告》。《报告》提出，派讲师团的办法将从中央推广到地方，并形成一项制度坚持下去。

8624 | **5月17日**

国家教委、国家计委、国家经委、财政部、轻工业部、国家出版局、国家物价局联合印发《关于中小学课本定价和供应问题的通知》，决定降低中小学课本定价。通知指出，从1986年秋季起，全国通用的中小学课本定价由每印张0.085元降为0.08元。今后，全国通用的中小学课本定价，由国家教委会同国家出版局统一规定，经国家物价局会签同意后下达。

8625 | **5月19日**

中央职称改革工作领导小组转发国家教委《中学教师职务试行条例》《小学教师职务试行条例》《关于中小学教师职务试行条例的实施意见》。两个《试行条例》规定教师职务设置原则、各级教师职责、任职条件、考核和评审等相关问题。《实施意见》提出，中小学教师人数多，分布面广，情况复杂，在中小学实行教师职务聘任或任命制度，是一项关系几百万教师切身利益、难度较大、政策性很强的工作，各级教育行政部门要予以高度重视，扎扎实实把这件事办好。

8626 | **5月23日至27日**

国家教委在福建福州召开全国中学计算机教育工作会议。会议讨论确立我国中学计算机教育的指导方针，并决定在教学大纲中增加部分计算机应用软件内容，在有条件的地区和学校逐步开展计算机辅助教学。

8627 | **5月24日**

据《中国教育报》报道，北京市110所普通中学开设劳动技术课，其中73所中学已把劳动技术课正式列入课表。为开展好劳动技术教育，北京市教育局规定，必须把劳动和劳动技术教育纳入区（县）教育局和学校的工作议事日程，定期检查，表彰先进；对不安排学生劳动或达不到每学年组织学生劳动两周的学校，要及时批评指导，督促落实；把开设劳动技术课（列入课表，并正式开课），作为评先进单位的条件之一，把学生劳动和劳动技术课的考核成绩，作为评选“三好”生的条件之一；把使用效果较好的劳动技术课教学大纲和教材，以及在劳动技术教育中贡献突出的干部、教师的经验，纳入区（县）教育成果，并进行评奖。

8628 | **6月4日**

国家教委在江苏南京召开全国中小学、中等专业学校职称改革工作会议，部署在省、自治区、直辖市开展试点工作。

8629 | **6月7日**

国家教委、国家出版局印发《关于中小学教学改革实验教材出版、印刷、发行问题的通知》，强调要加强对改革实验教材的领导，尽可能在经费、纸张供应、印刷等方面给予支持帮助。

8630 | **6月11日至15日**

国家教委中学司在江苏苏州召开全国中学劳动技术课教育工作座谈会，总结交流近年来中学开展劳动技术教育工作的经验。会议认为，在普通中学开设劳动技术课，除了要广泛宣传，提高全社会的认识外，必须具备一定的办学条件，当前要首先解决好师资、场地、经费、教材等问题。

8631 | **6月18日**

国家教委发布《中学思想政治课改革实验教学大纲（初稿）》。《教学大纲》提出，中学思想政治课改革实验的课程设置方案是：初中一年级上公民课、初中二年级上社会发展简史课、初中三年级上中国社会主义建设常识课、高中一年级上共产主义人生观课、高中二年级上经济常识课、高中三年级上政治常识课。初、高中毕业年级均需要安排一定时间进行学生毕业前的思想教育。法律常识教育采取集中与分散相结合的办法进行安排；各年级均有此项教育内容，适当集中在初一、初三和高三开课。

8632 | **6月18日**

中共中央办公厅、国务院办公厅印发《关于进一步加强中小学危房修缮和改造的通知》。通知要求各级党委和人民政府必须高度重视中小学的校舍建设，把它作为一件大事来抓。全党和全国各族人民，要形成一个人人关心学校、爱护学校、支持学校的优良社会风气。

8633 | **6月20日**

经国务院批准，卫生部、国家教委、全国妇联、广播电影电视部、经济贸易部、国家民委联合印发通知，决定成立全国儿童计划免疫工作协调小组，并确定在每年的4月25日开展“全国儿童预防接种日”活动。通知要求，各地教育部门、学校要加强对学生的宣传工作，积极组织学生参加预防接种和复种，并协助好儿童凭预防接种证入园、入学的工作。

8634 | **6月24日**

国务院批转国家语言文字工作委员会《关于废止〈第二次汉字简化方案（草案）〉和纠正社会用字混乱现象请示的通知》，强调对汉字的简化应持谨慎态度，使汉字形体在一个时期内保持相对稳定，以利于社会应用。10月10日，国家语言文字工作委员会印发《关于重新发表〈简化字总表〉的说明》。《说明》指出，为纠正社会用字混乱，便于群众使用规范的汉字，经国务院批准重新发布原中国文字改革委员会于1964年编印的《简化汉字总表》。

8635 | **6月**

《人民教育》第七、八期合刊发表了编辑部文章《探讨农村中小学教育改革的方向和措施》。文章提出，当前着重围绕三个问题进行讨论：一、农村中小学教育不适应农业生产发展需要的主要表现是什么；二、为了使农村中小学教育适应农业生产发展的需要，使学生具有热爱农村、热爱劳动的思想，学到的知识和本领在农业生产中“用得上”，学校的办学指导思想、培养目标需要进一步明确哪些问题？从教育结构到学制、课程设置、教学内容、教学方法、考试方法，需要做哪些改革？三、衡量一所农村中小学办得好坏的标准是什么？

8636 | **7月4日**

国家教委在中央教育行政学院举办全国小学教育研究班。国家教委副主任何东昌在结业仪式上讲话指出，搞教育改革要与教师、家长、社会各方面结合，取得大多数群众的支持。

8637 | **7月10日**

国家教委印发《关于选派万名高等学校应届毕业生参加支援中小学工作一年的通知》。通知指出，经中共中央书记处、国务院同意，1986年全国将选派10000名左右高校应届毕业生支援中小学工作一年，作为他们的见习期。

8638 | **7月24日**

国家教委发布《“七五”期间全国中小学勤工俭学发展规划要点》。《规划要点》对“七五”期间开展勤工俭学工作的指导思想和目标、主要措施等进行了规定。“七五”期间开展勤工俭学工作总的奋斗目标是：进一步搞好勤工俭学工作，使教育效益和经济效益在“六五”的基础上有显著提高。全国中小学勤工俭学的开展面提高到80%左右；勤工俭学的总产值和纯收入以每年7%—9%的速度递增。争取在1990年，勤工俭学总产值达75亿元左右，纯收入达到18亿至20亿元。

8639 | **8月11日至15日**

第三届全国中学生运动会在辽宁鞍山举行。国家教委副主任何东昌发表《加强中小学的体育教育，为提高全民族的健康水平打好基础》的讲话，强调一个真正重视和懂得教育的人，应当也是重视体育的人。

8640 | **8月26日至30日**

国家教委在上海召开全国工读教育工作会议。会议指出，办工读教育是教育部门义不容辞的责任，社会各界也要大力支持、配合。

8641 | **9月6日**

国家教委发布《中小学教师考核合格证书试行办法》，宣布在我国实行中小学教师考核合格证书制度。《试行办法》规定教师取得证书的具体办法，教师考核合格证书暂设教材教法考试合格证书和专业合格证书两种。不具备国家规定的合格学历的中小学教师（包括农职业中学文化课教师），都须取得教师考核合格证书。凡不具备国家规定合格学历的中小学教师，工作满一年以上者，可申请参加教材教法考试合格证书的考试；工作满二年以上并已取得教材教法考试合格证书者，可申请参加专业合格证书的文化专业知识考试。取得教材教法考试合格证书标志着教师初步学习并掌握了所教学科的教学大纲、教材及基本的教学方法。教材教法考试合格证书分高中教材教法考试合格证书、初中教材教法考试合格证书和小学教材教法考试合格证书三种。取得专业合格证书，标志着教师具有担任某一学科教学所必须具备的文化专业知识和能力，并能基本胜任所教学科的教学工作。专业合格证书分高中教师专业合格证书、初中教师专业合格证书和小学教师专业合格证书三种。

8642 | **9月6日**

国家教委、中央教育行政学院举办普通中学教育思想研讨班。参加普通中学教育思想研讨班的学员是来自北京、上海、天津、辽宁、江苏、浙江、福建、湖北等九省（直辖市）的普通中学和教育行政部门的领导干部，共94人，其中中学校长68人。

8643 | **9月8日**

山东省五莲县获得联合国教科文组织总部发布的“克鲁普斯卡娅扫盲奖”。颁奖仪式在巴黎举行。

8644 | **9月10日**

中宣部、国家教委、共青团中央、全国教育工会在中南海召开大会，热烈庆祝教师节，表彰为我国教育事业作出卓越贡献的先进个人和先进集体。大会宣布国家教委《关于表彰基础教育先进县的决定》和国家教委、全国教育工会《关于表彰全国教育系统先进个人和先进集体的决定》，表彰100个基础教育先进县、1000位先进个人和100多个先进集体的代表。

8645 | **9月10日**

中国中小学幼儿教师奖励基金会北京成立。9月18日，基金会召开第一次理事长扩大会议。会议指出，成立基金会的根本目的是提高中小学幼儿教师的地位，改善他们的工作和生活条件。

8646 | **9月11日**

国务院办公厅转发国家教委等部门《关于实施〈义务教育法〉若干问题的意见》并印发通知。通知指出，《义务教育法》的发布，标志着我国普及基础教育工作进入了一个新的阶段。《意见》从普及九年制义务教育的基本要求、九年制义务教育的学制年限等方面，对实施《义务教育法》作了详细说明。

8647 | **9月28日**

党的十二届六中全会通过《中共中央关于社会主义精神文明建设指导方针的决议》，阐明了社会主义精神文明建设的战略地位、根本任务和基本指导方针。《决议》指出，社会主义精神文明建设包括思想道德建设和教育科学文化建设两方面内容。社会主义精神文明建设的根本任务，是适应社会主义现代化建设的需要，培养有理想、有道德、有文化、有纪律的社会主义公民，提高整个中华民族的思想道德素质和科学文化素质。

8648 | 10月7日至12日

国家教委在辽宁大连召开全国中学外语教育改革工作会议。针对全国中学外语教学的实际情况，会议提出，要立足当前，着眼未来；区分层次，分类指导；讲求实效，保证质量，分期分批地提高中学外语教学水平。

8649 | 10月16日

国家教委邀请音乐界、美术界著名专家、学者举办座谈会。会议指出，美育是培养有理想、有道德、有文化、有纪律的社会主义公民的必修课。全社会都要重视艺术教育。国家教委将成立艺术教育委员会，以加强对学校美育工作的宏观规划和指导。

8650 | 10月16日至19日

国家教委、共青团中央、全国妇联在黑龙江大庆召开全国少年儿童校外教育工作会议。会议指出，少年儿童的校外教育是社会主义教育事业的一部分，是培养教育少年儿童不可缺少的重要基地，是学校教育的扩大和补充。

8651 | 10月22日

国家教委印发《关于开展中小学和中等专业学校教师职称改革试点工作的通知》。通知要求，试点工作的完成日期可以适当延长，试点面应控制在国家教委向国务院请示中规定的范围之内。

8652 | 10月25日

据《中国教育报》报道，为了配合《义务教育法》的实施，国家教委制定了《义务教育全日制小学、初级中学教学计划（初稿）》。新的《教学计划》把九年制义务教育作为一个整体考虑，分别制定了适应六·三学制和五·四学制的两套计划。在课程方面，加强思想品德、思想政治课，打好语文、数学的基础，适当加强了音乐、体育、美术等科目。适当降低数学、物理、化学等课程的理论要求和习题难度。

8653 | **11月11日**

国家教委、国家体委联合发布《关于开展课余体育训练，提高学校体育运动技术水平的规划（1986—2000）》。《规划》对课余体育训练的指导思想、主要任务和目标、主要措施作了规定。

8654 | **11月25日**

共青团中央发布《青年宫、青少年宫管理工作条例（试行）》。《工作条例》指出，青年宫、青少年宫的工作内容包括思想品德教育活动、学习辅导活动、文化娱乐活动、科学技术知识普及活动、文学技术教育活动、体育活动、生活指导活动。

8655 | **12月1日**

国家教委、劳动人事部、国家计委印发《关于下达1986年从中小学民办教师中选招公办教师专项劳动指标的通知》。通知指出，经国务院批准，1986年国家安排20万名专项劳动指标，用于选招一部分经过严格考核的中小学民办教师骨干为公办教师。

8656 | **12月2日**

国家教委、卫生部联合发布《关于学校卫生保健人员有关政策性问题的规定》，对学校卫生保健人员的系列、职称、津贴待遇等政策性问题作出规定。《规定》指出，各级各类学校内从事卫生保健工作者，凡属医学院毕业或已获得医士（护士）以上职称者，为卫生技术人员，属于学校内的卫生技术人员系列。凡专职、兼职保健教师，是从事学校卫生保健、卫生教育的专业教师，则属于教师系列。

8657 | **12月7日至12日**

国家教委召开全国学生体质、健康调研工作总结与论文报告会。会议指出，各级教育部门和学校要积极运用学生体质调研的科学成果，大力改革和加强学校体育卫生工作。

8658 | **12月18日**

中国红十字会总会、国家教委印发《关于在学校中积极开展红十字青少年活动的通知》，希望有条件的学校积极建立红十字组织，开展红十字青少年活动。截至 1986 年底，全国有 5691 所大中小学建立了红十字组织，发展 53 万名青少年会员。

8659 | **12 月 24 日**

国家教委、国家出版局、国家工商行政管理局联合印发《关于进一步贯彻执行〈关于严禁擅自编写出版、销售学生复习资料的规定〉的通知》，强调过去由出版社出版的中小学生用的复习资料、辅导材料等，一律不得重印。通知指出，为适应中小学教学需要，人民教育出版社可以编写出版与教科书配套的教师用教学参考书和补充习题集。

8660 | **12 月 28 日**

国家教委艺术教育委员会在北京成立。艺术教育委员会是国家教委领导下的咨询机构，其主要职责是：在学校艺术教育的方针、政策、发展规划、规章制度等重大问题上向国家教委提供咨询，协助国家教委指导、督促、检查各级各类学校艺术教育的实施，推动学校美育教育的发展。国家教委副主任彭珮云出席成立大会并讲话指出，要广泛深入地宣传在学校中加强美育的重要意义以及美育的方针任务；对学校艺术教育状况认真进行一次比较全面、比较系统的调查研究；要大力加强师资队伍建设。

8661 | **12 月**

国家教委督导工作座谈会提出，从 1987 年起，我国将在普通中等和初等教育中逐步试行督导制度。国务院已经批准国家教委设立督导司。

1987年

改革进行时

• 重要文件

国务院《关于提高中小学教师工资待遇的通知》

国家教委、财政部《关于农村基础教育管理体制改革若干问题的意见》

国家教委《关于制订义务教育办学条件标准、义务教育实施步骤和规划指标问题的几点意见》

国家教委《全国中小学教材审定委员会工作章程》

国家教委《中学生体育合格标准的试行办法》

国家教委《全日制普通中学劳动技术课教学大纲（试行稿）》

国家教委《全日制小学劳动课教学大纲（试行草案）》

国家教委《关于进一步加强对企事业中小学领导的意见》

国家教委《关于社会力量办学的若干暂行规定》

• 重要政策

改革农村基础教育管理体制

启动农村和城市教育综合改革实验

实行中小学教材审定审查制度

加强和改进中小学劳动课教学

提高中小学教师工资标准

鼓励社会力量办学

• 重要会议

国家教委召开全国乡镇基础教育规划研讨会

国家教委召开全国初中工作经验交流会

国家教委召开中小学教师职务聘任工作会议

• 改革亮点

开展农村和城市教育综合改革。为系统、全面地总结教育改革经验，国家开展了农村和城市教育改革实验。实验区的建立，促进了教育事业与经济建设、社会发展的紧密结合，促进了教育事业的发展。

加强社会力量办学。社会力量办学是对国家办学的有力补充，国家教委发布《关于社会力量办学的若干暂行规定》，显示了对社会力量办学的大力鼓励和支持，同时对进一步加强规范社会力量办学也有重大意义。

8701 | **1月4日**

国家教委中学司向各省、自治区、直辖市教委、教育厅（局）以及各普通中学印发通知，要求学期结束前，学校要普遍对学生进行一次形势教育；寒假期间组织学生参加社会实践活动；发挥学生会和团队的作用。

8702 | **1月10日**

据《中国教育报》报道，国家教委、共青团中央、全国妇联、中国残疾人福利基金会联合印发《关于在少年儿童中进行社会主义人道主义教育，培养理解、尊重、关心帮助残疾人良好道德风尚的意见》。《意见》要求各级教育部门要认真贯彻《中共中央关于社会主义精神文明建设指导方针的决议》，在少年儿童中进行普遍的社会主义人道主义教育。

8703 | **1月17日至19日**

1986届中央机关讲师团在北京召开工作会议。会议指出，讲师团要大力加强思想政治工作，当前主要围绕进行坚持四项基本原则的教育，开展反对资产阶级自由化思潮的斗争，不断提高认识和觉悟；要继续端正教育思想，认真贯彻德、智、体、美、劳全面发展的教育方针，纠正目前存在的重视智育，忽视德育、美育及劳动教育的错误倾向；要提高教育质量，抓好备课环节；要在已有的实践基础上搞好调查研究工作。

8704 | **2月8日至15日**

国家教委在北京召开1987年度教育工作会议。会议指出，1987年教育战线上要抓好两件事：一是反对资产阶级自由化，二是继续进行教育领域的各项改革。

8705 | **2月10日**

国家教委发布经过修订的全日制中小学18个学科的教学大纲。1987年春季开始执行新教学大纲。

8706 | **2月10日**

共青团中央、国家教委、全国少工委发布《关于中学少先队工作的若干规定》。《规定》就加强对中学少先队工作的领导、加强辅导员队伍建设等提出要求。

8707 | **2 月 11 日**

中小学教师专业合格证书考核工作会议结束。会议决定不具备合格学历的中学教师专业合格证书文化专业知识考试，将于 1987 年 8 月由国家教委统一命题。小学、幼儿园教师考试题目和时间由地方确定。实行考核合格证书制度和职务任命(聘任)制，是中小学教师管理制度的一项重大改革。

8708 | **2 月 17 日**

中国中小学幼儿教师奖励基金会第一次理事会议在北京举行。中顾委副主任、中国中小学幼儿教师奖励基金会理事长王震提出对广大青少年进行爱国主义教育的建议，号召全社会支持基础教育事业的发展，为提高整个中华民族的政治、文化素质作出贡献。会议通过中国中小学幼儿教师奖励基金会的章程、基金募集和管理使用办法及奖励优秀教师的试行条例。

8709 | **2 月 26 日至 27 日**

国家教委在北京召开制定全国学校艺术教育总体规划的工作安排讨论会，初步落实总体规划的制定工作。会议披露，国家教委有关部门正在制定全国学校艺术教育总体规划。

8710 | **2 月 27 日至 28 日**

国家教委同河北省人民政府在涿州召开河北省农村教育改革实验区第一次工作会议。会议决定，在河北省阳原县、完县和青龙满族自治县进行农村教育综合改革实验。4 月 24 日，国家教委、河北省人民政府印发会议纪要。

8711 | **2 月 28 日**

国家教委、共青团中央联合印发《关于加强少年宫工作的意见》，要求各级教育部门和团委把成建制的少年宫切实办成综合性的少年儿童校外教育机构，培养教育少年儿童不可缺少的校外活动场所，社会主义精神文明建设的重要阵地。

8712 | **2月28日**

全国中学计算机教育研究中心成立，设北京和上海两部，分别挂靠在北京师范大学和华东师范大学。

8713 | **3月3日**

国家教委印发《关于转发〈国家教委督导工作座谈会纪要〉的通知》。通知要求各地积极创造条件，把各级督导机构逐步建立起来，积极进行督导工作试点。县一级的督导工作可选一些有条件的地方进行试点，不要操之过急。

8714 | **3月3日至9日**

国家教委在北京召开中学思想政治课改革实验工作会议，对一年来中学思想政治课改革实验的情况进行总结。国家教委副主任何东昌指出，中学思想政治理论课改革实验工作，关系几千万中学生的健康成长。我国每年有一千多万名初高中生毕业，他们的思想道德素质如何是关系社会主义“四化”建设顺利进行的一件大事，要引起各级领导的高度重视。

8715 | **3月6日**

国家教委发布《全日制普通中学劳动技术课教学大纲（试行稿）》，提出劳动技术教育是全面贯彻党的教育方针的需要，是中学教育不可缺少的组成部分，旨在让学生树立“人民群众是生产劳动的主体，是社会历史的创造者”的观点，养成艰苦朴素、遵守纪律、关心集体、爱护劳动工具、珍惜劳动成果的优良品质。《教学大纲》对劳动技术课的教学目的、教学内容的设置原则、课时安排等进行了规定。其中初中劳动技术课的时间规定是，每学年2周，每天按照4课时安排，3年共计144课时。

8716 | **3月11日**

《中国教育报》编辑部邀请北京、天津15所中学校长就在中学如何进行坚持四项基本原则教育召开座谈会。与会校长一致认为，中学时代要为学生树立坚定正确的政治方向打好基础；要加强和改革思想政治课，使马克思主义的基本观点在学生思想上扎根；中学生要适当参加社会实践，了解社会了解国情。

8717 | **3月15日至21日**

中国教育报社、人民教育杂志社、中国高等教育杂志社召开宣传报道工作会议。会议的主要议题是根据中央关于坚持四项基本原则、反对资产阶级自由化的有关文件精神，讨论和落实1987年的宣传报道计划。中共国家教委党组书记、国家教委副主任何东昌出席会议并讲话指出，党的教育方针包括办学方向、培养学生的基本途径和培养目标三个方面，我们的办学方向是教育为社会主义建设服务；培养学生的基本途径是教育同社会实践相结合，社会实践包括生产劳动，但不限于生产劳动；我们的培养目标是培养德智体美劳全面发展的“四有”人才。这三方面的要求要体现在教育的各个环节。当前，要改变忽视政治的倾向。教师要关心学生的全面成长，教师育人。

8718 | **3月25日**

六届全国人大五次会议在北京人民大会堂开幕。《政府工作报告》指出，1986年是开始执行第七个五年计划并取得显著成就的一年。围绕经济建设这个中心，科技、教育、思想、文化领域取得许多可喜成果。在普及九年制义务教育，改善中等教育结构，发展职业技术教育，以及提高普通高等教育和成人高等教育质量等方面，取得了程度不同的新进展。《报告》强调，各级人民政府要采取切实有效的政策和措施，努力提高全民族的思想道德素质和科学文化素质，为现代化建设和全面改革提供强有力的精神动力和智力支持。各级各类学校特别是高等学校担负着教育人、塑造人的光荣使命，更要注意加强和改进思想政治工作。要坚持理论联系实际，改革教育内容和教学方法，给教师积极提供了解实际情况的方便条件，有领导、有组织地引导学生参加社会实践，扩大视野，丰富实际知识。各级人民政府都要很好地关心和支持教育工作，继续努力改善广大教师的工作和生活条件。切实加强和认真改进学校的行政管理和后勤工作。要全面贯彻国家的教育方针，努力提高受教育者各方面的素质，培养和造就一代又一代有理想、有道德、有文化、有纪律的社会主义新人。

8719 | **3月28日**

北京市教育局召开全市中小学美育工作会议。会议强调，对学生进行美育是全体教师的任务，中小学应把美育工作渗透到学校工作的各个环节中去。会议宣布，北京市教育局1987年将拨专款100万元用于推动中小学美育工作的开展。

8720 | **4月3日至6日**

国家教委体育卫生司召开全国十省（直辖市）学生近视眼防治工作研讨会。会议指出学校从校长、班主任到任课教师，都要认真抓防治学生近视眼的工作，要人人抓、经常抓、科学地抓。

8721 | **4月8日**

国家教委召开关于卫星电视教育工作的新闻发布会。发布会披露，我国首次开通的卫星电视教育专用频道各项工作进展顺利，1987年全国半数以上的县城有望收看卫星电视教育节目。

8722 | **4月18日**

据《中国教育报》报道，我国有90多件教育法规被废止或失效。国务院法制局开展的新中国成立以来规模最大的一次清理教育法规的工作，目前已全面完成。这次清理教育法规的范围，包括1949年至1984年底，经国务院（含政务院）发布或批准发布的130多件教育行政法规和法规性文件。继续有效的只有近1/3，其他90余件法规已不适用。

8723 | **4月19日**

共青团中央、国家教委、中国科协、农牧渔业部联合印发《关于在中学开展实践教育活动的意见》。《意见》要求全国各地通过实践教育活动更好地帮助中学生了解社会，确立理想，学习劳动技能，增强对社会需要的适应能力。

8724 | **4月21日**

据《中国教育报》报道，文化部、国家教委、广播电影电视部、共青团中央、全国妇联、中国音协、全国少年儿童艺委会联合印发《关于在全国各族少年儿童中开展“唱好歌”活动的通知》，并向全国各族少年儿童推荐1982年至1986年全国少年儿童歌曲评选获奖歌曲。

8725 | **4月22日**

国家教委印发《关于进一步扩大中学思想政治课改革实验的通知》。通知要求各级教育行政部门提高对思想政治课改革实验的认识，做好全面规划，加强领导，以保证这项改革实验的顺利进行。从1987年秋季开始，各省、自治区都要选择一些学校在初一、高一两个起始年级开始改革实验，分别开设公民课和共产主义人生观课。

8726 | **4月24日**

国家教委在北京召开编辑少年儿童课外读物研讨会。会议提出，儿童读物要用儿童的话，写儿童的事，帮助儿童健康成长。编写出版课外读物的根本目的是全面提高未来一代的素质。11月，国家教委、新闻出版署决定有计划、分期分批地评选、推荐各出版单位编辑出版的中小学生课外读物，并组成评选委员会、形成制度。

8727 | **4月24日至26日**

国家教委在四川成都召开中小学教师职务聘任工作会议。会议讨论了中小学教师聘任工作中的问题，拟定了《关于中小学当前实行教师职务聘任制工作中的若干问题的意见》。

8728 | **4月28日**

据《中国教育报》报道，全国妇联、国家教委、共青团中央、文化部等十八单位联合印发《关于庆祝1987年“六一”国际儿童节的通知》，呼吁全社会加深对提高全民族素质必须从娃娃抓起的重要性和迫切性的认识，重视对儿童少年的共产主义思想品德教育，保护他们的健康成长，树立“爱护儿童，教育儿童，为儿童做表率，为儿童做实事”的公民意识，并逐步形成浓厚的社会主义风尚。

8729 | **5月8日**

北京市教育局召开全市小学校长大会，重申《关于解决小学生课业负担过重问题的几项规定》，要求各级教育行政部门不得给学校下达升学指标；除招生、毕业考试外，不得搞统考、统测；严格执行教学大纲，不得任意增减课时。

8730 | **5月15日**

中宣部、共青团中央在北京人民大会堂联合召开少年儿童思想教育座谈会。会议指出，从中央到地方，整个社会要进一步更好地关心少年儿童的健康成长，要努力营造一个为孩子们多做好事多做实事的社会风尚。

8731 | **5月19日**

全国政协主席邓颖超在“六一”国际儿童节到来之际，写信勉励全国少先队员培养优秀品质。她在信中指出，“人民的利益高于一切”。她要求少先队员要像革命前辈和英雄模范那样，为着人民的利益不怕吃亏、不怕牺牲；处处关心集体，培养集体主义思想；养成热爱人民，尊敬人民，珍惜人民的优良品质。

8732 | **5月30日**

中共中央政治局委员、全国人大常委会委员长彭真给北京市第一师范附属小学和全国少先队员写信，题目是《准备着：做共产主义事业接班人》。彭真在信中强调，新一代学生不仅要学好书本知识，还要提高各种能力，从小动脑动手，培养创造才能。彭真鼓励孩子们要时刻准备着，做共产主义事业的合格接班人。

8733 | **5月**

国家教委、浙江省教委联合督导组对浙江省宁波市慈溪、象山两县的普通教育工作进行督导。这是国家教委建立督导司后，首次开展试点工作。

8734 | 6月2日

中共中央书记处在北京人民大会堂举行儿童少年工作者座谈会。会议强调，全党、全社会、全体公民要自觉地、有意识地、有目的地为少年儿童的成长创造一个良好的社会环境，向一切危害少年儿童的现象作斗争。

8735 | 6月15日

国家教委、财政部联合印发《关于农村基础教育管理体制改革若干问题的意见》。《意见》指出，把发展基础教育的责任交给地方，是为建立适合我国国情的基础教育管理体制而采取的一项重大步骤；科学地划分地方各级人民政府的职责权限，是搞好农村教育体制改革的关键；省、地（市）、县、乡四级都要明确各自的职责，省、地（市）要加强对农村基础教育的领导，应把县、乡两级职责权限的划分作为工作重点。要认真贯彻落实国务院《关于筹措农村学校办学经费的通知》，搞好农村教育事业费附加的征收工作。

8736 | 6月20日

上海市八届人大常委会第二十九次会议通过《上海市青少年保护条例》。这是新中国成立以来第一部比较全面地保护青少年权益的地方综合性法规。

8737 | 6月23日

劳动人事部印发《关于严格禁止招用童工的通知》。通知指出，严格禁止任何组织或个人招用年龄未满16周岁的少年、儿童当工人。各级劳动部门要对让适龄少年、儿童辍学当童工的父母或者其他监护人，给予批评教育，责令其改正错误。

8738 | 6月27日

国家教委印发《关于坚决制止学校向企业乱摊派的通知》。通知要求，各地教育行政部门要认真检查所属学校落实《国务院关于坚决制止向企业乱摊派的通知》的情况，划清多渠道筹措办学资金和乱摊派的界限。

8739 | **7月4日**

国家教委印发《关于进一步加强对企事业中小学领导的意见》，要求国务院有关部委、地方和军队有关业务部门进一步健全教育管理机构，加强对企事业办学的宏观指导。

8740 | **7月6日**

全国小学德育研究会在河北秦皇岛成立。会议指出，要加强对小学生进行共产主义思想品德教育，即以“五爱”为基本内容的良好思想品德和行为习惯的教育。各级领导要进一步端正办学指导思想，克服片面追求升学率的倾向，把德育工作放在基础教育的重要位置上。

8741 | **7月8日**

国家教委发布《关于社会力量办学的若干暂行规定》。《暂行规定》指出，社会力量办学，是对国家办学的补充，应予以鼓励和支持。社会力量办学均须根据学校的类别、层次，按审批权限，经有关教育行政部门批准，未经批准不得办学。

8742 | **7月8日**

城乡建设环境保护部、国家教委联合印发《关于加强学校房屋建设管理，严防倒塌事故的紧急通知》，要求各地城乡建设主管部门会同教育主管部门于1987年底以前，对1985年以来新建的中小学校舍进行一次结构安全检查，及时采取措施排除安全隐患。

8743 | **7月8日**

国家教委、卫生部印发《关于加强学生视力保护、全面开展学校卫生保健工作的通知》。通知要求，各地切实把保护学生视力、防治学生近视眼，作为当前学校卫生保健工作的首要任务来抓；要重视学校各种疾病的防治工作；加强食品卫生管理，合理安排学生营养补充工作。

8744 | **7月11日至15日**

国家教委在北京召开第三次全国教育科学规划会议。会议指出，教育科学研究的工作方针是为中国社会主义建设服务；基础研究和应用研究比例要恰当；要以对实际工作作用大小为依据来判断学术价值。教育科学实践性很强，要有计划地建立实验点，开展教育改革实验。

8745 | **7月27日**

中央爱国卫生运动委员会、国家教委、卫生部等部门联合印发《关于在儿童活动场所积极开展不吸烟活动的通知》，禁止在中小学校、医院、少年宫、托幼机构等儿童集体活动的场所吸烟，使这些地方成为不吸烟区。

8746 | **7月27日**

国家教委在山东烟台举办全国优秀教师夏令营。这是新中国成立以来国家教委第一次举办教师夏令营。

8747 | **7月**

联合国儿童基金会执行主席格立特等人来华，对中国和联合国儿童基金会合作的1985—1989年加强小学、幼儿师资培训项目进行中期评审。截至1987年，我国接受援助的23所中等师范学校和17所幼儿师范学校已分别培养了小学新师资6000人，幼儿新师资8500人；培训了小学在职教师20万人，幼儿园在职教师、园主任2万人。

8748 | **7月**

国家教委就福建闽侯一些乡镇企业招用童工问题处理情况印发通报。通报指出，招收应该接受义务教育的适龄儿童、少年当童工，是违反《义务教育法》和国家劳动政策的行为，必须禁止。

8749 | **8月10日**

全国首次教育厅（局）长教育思想讲习班在北京师范大学开学。国家教委副主任杨海波出席开学仪式并讲话。杨海波强调，教育必须为社会主义建设服务；坚持四项基本原则，坚持德智体美劳全面发展的方针，培养适应社会主义“四化”建设的人才；促进教育与生产、科学实验的结合；基础教育要根据实际情况坚持改革、开放、搞活；加强基础教育、普及义务教育关键在领导。

8750 | **8月13日**

国家教委印发《关于在中小学严格制止宣扬凶杀、色情、迷信等有害书刊流传的通知》。通知指出，严格制止宣传凶杀、色情、迷信等有害书刊在中小学流传。

8751 | **8月25日**

据《中国教育报》报道，共青团中央、总政治部、国家教委在北京召开全军校外辅导工作经验交流会。会议指出，教育下一代，要从他们的实际出发，不能用我们要求自己的准则去要求他们，要注意防止教育上的主观主义。

8752 | **8月**

国家教委印发通知，要求各地教育行政部门要从端正教育思想入手，引导学校把加强劳动教育作为贯彻全面发展方针的一个重要组成部分，切实采取措施，认真抓好。通知指出，劳动基地是实施劳动教育的保证，学校要从实际出发，因地制宜，积极创造条件，开辟各种劳动场所。

8753 | **9月1日至4日**

辽宁省农村教育办学方向研讨会在辽宁鞍山召开。国家教委副主任何东昌出席会议并讲话指出，希望各地算好三笔账：一是当地经济怎么发展的账，二是当地经济发展需要什么样人才的账，三是教育怎样适应经济发展需要的账。

8754 | **9月3日**

据《中国教育报》报道，国家教委印发《关于制订义务教育办学条件标准、义务教育实施步骤和规划指标问题的几点意见》，进一步明确义务教育办学条件标准，统一有关概念，使指标规划化。《意见》指出，各地要负责具体制定本地实施义务教育必备办学条件的标准和要求，经省、自治区、直辖市人民政府批准，将其作为实施义务教育的必要条件。农村以乡（镇）为单位实施义务教育，各级人民政府各负其责。

8755 | 9月8日

首都优秀教师代表座谈会在北京人民大会堂举行。会议强调，深化教育改革是当前教育战线的一项迫切任务，深化教育改革首先要端正教育思想，培养社会主义建设各项事业需要的、德才兼备的合格人才。教师们一致认为，教育工作者责任重大而光荣，一定要既教书又育人。

8756 | 9月10日至14日

国务院第二次援藏工作会议在北京召开。会议指出，西藏开发智力、发展经济必须从教育入手，强调西藏在教育文化方面要开放，以促进和加强汉藏人民之间的友谊和团结。国家教委副主任何东昌主持会议并就智力援藏问题提出，要重视继承和发扬藏族的优秀文化传统；要积极实行对内开放，逐步改善西藏办学的社会环境，以推动教育事业的发展；发展教育必须从西藏的实际出发；要采取有效措施，切实落实“教育必须为社会主义建设服务，社会主义建设必须依靠教育”的方针；继续坚持中央确定的全国支援西藏的方针，进一步搞好智力援藏工作。

8757 | 9月27日

国家教委发布《中学生体育合格标准的试行办法》。《试行办法》规定，体育不合格的学生，不得被评为“三好”学生；毕业时，经补考仍不合格者，只发结业证书，不得报考高一级学校。

8758 | 9月

中共上海市委副书记、上海市市长江泽民在《上海教育》第9期发表题为《国将兴，必贵师而重傅》的文章。江泽民在文章中指出了教师工作的重要意义，提出全社会都应十分尊重教师的劳动。

8759 | 10月5日至12日

国家教委在安徽黄山召开全国乡镇基础教育规划研讨会，对制定县级基础教育规划的原则、思路、方法、经验和教训等进行了交流和探讨。会议认为，各级人民政府和办学部门要积极创造、提供实施义务教育的必备条件，从实际情况出发，积极稳妥地逐步普及基础教育和实施九年制义务教育。

8760 | **10月7日**

国家教委召开中国教育电视播出一周年座谈会，宣布正式成立中国教育电视台。

8761 | **10月10日**

国家教委发布《全国中小学教材审定委员会工作章程》。《章程》规定，今后凡编写可供全国通用的中小学教材、包括教科书、习题集、练习册、印象教材，以及供教师使用的教学参考书，都必须经全国中小学教材审定委员会审定或审查；少数民族地区使用的教材，各地区使用的乡土教材、补充教材也应由省、自治区、直辖市的专门机构审查。国家教委同时印发《中小学教材审定标准》《中小学教材送审办法》。

8762 | **10月21日**

国家教委等五部门印发《关于在普通中学开展社会实践活动若干问题的通知》。通知指出，社会实践活动的内容主要包括社会活动和社会生产劳动两个方面。开展社会实践活动的时间为：初中每学年一周，高中每学年两周。

8763 | **10月23日**

国家教委发布《全日制小学劳动课教学大纲（试行草案）》。《教学大纲》要求各地从端正办学指导思想入手，正确总结小学劳动教育的历史经验和教训，切实纠正忽视劳动教育的偏向，把劳动教育列入小学的重要议事日程，扎扎实实地抓好。

8764 | **10月25日至11月1日**

党的十三大在北京召开。会议第一次系统地阐明了社会主义初级阶段的理论，确定今后经济建设、经济体制改革和政治体制改革的基本方针，确定在改革开放中加强党的建设的基本方针，并在总结丰富实践经验的基础上进行创造性地理论概括。会议指出，党的十三大的中心任务是加快和深化改革。会议强调，要把发展科学技术和教育事业放在首要位置，使经济建设转移到依靠科技进步和提高劳动者素质的轨道上来。会议指出，从根本上说，科技的发展，经济的振兴，乃至整个社会的进步，都取决于劳动者素质的提高和大量合格人才的培养。百年大计，教育为本。必须坚持把发展教育事业放在突出的战略位置，加强智力开发。随着经济的发展，国家要逐年增加教育经费，同时继续鼓励社会各方面力量集资办学。要坚持教育为社会主义现代化建设服务的方针，按照实际需要，改善教育结构，提高教育质量，克服教育脱离实际和片面追求升学率的倾向。必须进一步造成尊重知识、尊重人才的社会环境，继续改善知识分子的工作和生活条件，努力做到人尽其才，才尽其用。要充分发挥广大工人、农民、知识分子的积极性和创造性，对一切为现代化建设作出优异成绩的人们都要给予奖励。必须下极大的力量，通过各种途径，加强对劳动者的职业教育和在职继续教育，努力建设起一支素质优良、纪律严明的劳动大军。在充分发挥我们自己的科技人员的作用的同时，还要积极开展国际人才交流的工作。

8765 | **10月28日**

国务院办公厅转发国家教委《关于教育部门勤工俭学管理机构有关问题的请示报告》。《请示报告》指出，各级教育部门对所属的为管理学校勤工俭学服务的专业公司，要加强领导和管理，模范遵守国家的法令和政策，继续做好勤工俭学工作。对于个别地方假借教育部门的名义办的一些实质上并非为教育是服务的公司，应按国家有关规定予以清理、撤销。

8766 | **11月18日至22日**

国家教委在湖北沙市举行全国十一个中等城市办学方向研讨会。会议强调，中等城市教育发展的方向是：在切实保证义务教育质量，提高青少年素质的基础上，主要培养为本市经济和社会发展服务的中、初级人才。会议指出，中等城市教育改革要从改善教育结构、改革教育体制入手，要发展中专、技校。

8767 | **11月28日**

国务院印发《关于提高中小学教师工资待遇的通知》。通知提出，从

1987 年 10 月起，将中小学教师和幼儿园教师现行的工资标准提高 10%。各省、自治区、直辖市也可以在不超过工资标准提高 10%的增资总额范围内，根据本地区实行情况，将增资总额的大部分用于提高工资标准，小部分用于调整中小学教师内部的工资关系。中等专业学校、技工学校和中等、初等成人教育学校的教师可以参照执行。

8768 | **12 月 7 日至 10 日**

全国首届中小学卫生保健会议在江西鹰潭召开。会议认为，当前我国中小学生身体状况不佳，学校卫生保健工作较薄弱，完善学校卫生保健制度是当务之急。

8769 | **12 月 8 日**

国家教委印发《关于开始有计划地进行中小学教师〈专业合格证书〉文化专业知识考试的通知》。通知决定从 1988 年起，开始有计划地进行中小学教师专业合格证书文化专业知识考试。

8770 | **12 月 13 日**

国家教委召开全国中小学实验室及仪器工作会议。会议指出，从我国国情出发，因地制宜，多方集资，采取多种形式加强中小学实验室及仪器设备工作，是提高基础教育教学质量的重要一环。

8771 | **12 月 14 日至 18 日**

国家教委、农牧渔业部在山东平度召开农村教育为当地经济建设服务经验交流会。会议强调，县以下的教育，重点要放在为本地的各项建设事业服务上，服务中心是经济建设。同时，中国教育学会在平度县召开农村教育改革研讨会。

8772 | **12 月 21 日至 26 日**

国家教委在北京召开全国电化教育工作会议。会议指出，今后一个时期，我国电化教育的方针是：通过深化改革，根据可能和需要，在保证质量、提高效益的前提下，适应为社会主义现代化建设对专业人才多样化的需要，适应学校提高教学质量的需要。

8773 | **12 月 22 日至 26 日**

国家教委在天津召开全国初中工作经验交流会。会议指出，办好初中，是实施九年制义务教育、提高全民族素质的关键，也是广大家长的迫切愿望，要认真总结经验，进一步把初中办好。

8774 | **12 月 28 日**

国家教委、财政部发布《社会力量办学财务管理暂行规定》。《暂行规定》指出，社会力量举办的各级各类学校是我国教育事业的组成部分，是国家办学的补充。《暂行规定》对社会力量办学的财务体制、经费来源、经费支出、日常财务管理等作出具体规定。

8775 | **12 月 31 日**

经国务院批准，国家教委、国家体委、卫生部、国家民委、国家科委、财政部印发《关于中国学生体质、健康状况调查研究结果和加强学生体育卫生工作的意见》。调查结果表明，通过对 7 岁至 22 岁大、中、小学生的身体形态、机能、素质共 20 项指标及 9 种疾病，按照科研的要求，抽样进行了统一检测，发现自 1979 年以来，我国青少年儿童生长发育迅速，并有提前的趋势。意见提出，逐步使学生体质、健康调研工作制度化、科学化。

1988年

改革进行时

• 重要文件

中共中央《关于改革和加强中小学德育工作的通知》

国家教委《小学德育纲要（试行）》

国家教委《中学德育大纲（试行）》

国家教委《关于全日制普通中学端正办学方向、纠正片面追求升学率倾向的督导评估的几点意见》

国家教委《九年制义务教育教材建设编写规划方案》

人事部、国家教委、财政部《关于提高中小学班主任津贴标准和建立中小学教师超课时酬金制度的实施办法》

• 重要政策

改革和加强中小学德育工作

规范中小学生日常行为

综合治理和纠正片面追求升学率倾向

实行教材编写的审批和备案制度

因地制宜地逐步实施农村九年制义务教育

继续支持中小学开展勤工俭学

中小学管理体制改革试点

实行教师职务聘任制度

加强班主任工作

重视特殊教育

• 重要会议

国家教委召开全国中小学德育工作会议

国家教委召开九年制义务教育教材编写工作会议

国家教委、国家体委、卫生部召开全国学校体育卫生工作会议

国家教委等部门召开全国中小学生勤工俭学工作会议

国家教委、民政部、中国残联召开首次全国特殊教育工作会议

国家教委召开全国中小学教师职务聘任工作会议

• 改革亮点

纠正片面追求升学率倾向。片面追求升学率倾向不但中学有，而且延伸到小学。为了纠正片面追求升学率的倾向，促进教育更好地为社会主义现代化建设服务，国家呼吁全社会开展“端正教育思想，深化教育改革”的大讨论，并通过加强督导评估和综合治理来纠正片面追求升学率倾向。纠正“片追”倾向，对青少年的身心健康发展和教育改革与发展意义重大。

8801 | **1月4日至13日**

国家教委在北京召开中小学教材审定委员会会议，对《九年制义务教育教学大纲》进行了审查和修订。修改后的《教学大纲》将作为实验大纲试行，各地可根据这个大纲编写教材。新《教学大纲》面向农村，面向教师和学生的大多数，是实施基础教育的指导性文件。

8802 | **1月12日**

劳动人事部、国家教委发布《提高中小学教师工资标准的实施办法》，提出提高中小学教师工资待遇的具体实施办法。

8803 | **1月14日至16日**

国家教委在广西南宁举行全国中小学教师职务聘任工作会议。会议指出，中小学实行教师职务聘任制，是教师队伍管理制度的一项重大改革。做好这项工作，要努力做到“三个有利于”：一要有利于教师队伍的建设，二要有利于教育方针的贯彻和教育的改革，三要有利于调动教师的积极性。这次实行教师聘任不是“末班车”，今后要转入经常化、制度化，要以工作实绩作为考评的主要依据。要使各级领导、社会各方面更加理解和重视中小学教师队伍建设，更加关心教师的疾苦。

8804 | **1月21日**

中央职称改革工作领导小组、国务院工资制度改革小组、财政部、国家教委印发《关于适当增加中小学教师高中级职务限额和下放权力理顺工作关系的通知》。通知提出，在各省、自治区、直辖市职称改革工作领导小组领导下，各省、自治区、直辖市职改办与教委、教育厅（局）职改办联合对已下达各地（市）的职务限额进行一次检查；各省、自治区、直辖市职称改革工作领导小组要进一步将中小学职改的权力下放给教育部门，放手让它们根据中小学的特点和实际情况开展工作。

8805 | **1月22日**

全国人大教科文卫委员会和国家教委举行新闻发布会，呼吁全社会开展“端正教育思想，深化教育改革”的大讨论，认真纠正片面追求升学率的倾向，促进教育更好地为社会主义现代化建设服务。新闻发布会宣布成立“端正教育思想，深化教育改革”研究与对策领导小组。

8806 | **1月27日**

国家教委发布《中学生体育合格标准的试行办法》，提出把实施《试行办法》的情况作为评估一个学校教育工作的重要内容。全国从1988年9月起，统一在普通中学高中阶段（各年级）实施《试行办法》。

8807 | **1月30日**

中国教育学会第六次全国秘书长会议召开。会议提出，教育经费的解决要寻求多种渠道，目前有五个渠道：财政拨款、征收教育事业附加、社会集资办学、开展勤工俭学活动、建立人民教育基金。

8808 | **2月1日**

国家教委发布《中小学学生近视眼防治工作方案（试行）》。《工作方案》指出，要加强保护视力的宣传教育，制定有关保护视力的规章制度，并在学校认真执行。采取切实措施，积极开展矫正学生近视眼的工作。积极创造条件，改善学习环境条件。

8809 | **2月3日至5日**

国家教委在北京召开1988年度教育工作会议。会议主要讨论今后一个时期教育发展的方针、任务及工作安排。国家教委副主任何东昌讲话指出，要对教育的战略地位进行再认识，推动教育在经济发展中首要位置的落实，要充分认识教育与社会主义建设不相适应的矛盾，提高改革的自觉性和主动性；今后工作的重点是深入开展党的基本路线教育，以农村为重点，改革和加强基础教育，始终抓紧教师队伍的建设等。

8810 | **2月14日**

国务院工资制度改革小组、劳动人事部印发《关于中小学教师职务工资标准问题的通知》，决定提高中小学教师工资标准。

8811 | **3月9日**

国家教委、财政部发布《关于加强普通教育经费管理的若干规定》。

《规定》要求各级财政、教育部门安排教育经费预算，应根据地方财力，逐步实行定额加专项的办法，以保证教育事业发展的需要。《规定》指出，教育行政部门在安排所属单位和学校预算时，须认真执行勤俭办学的方针，实行“经费包干、结余留用、超支不补、自求平衡”的原则，学校有权统筹安排使用教育经费。

8812 | **3月16日**

全国儿童少年工作协调委员会在北京召开学生思想教育座谈会。会议呼吁，全社会都要为儿童健康成长创造良好社会环境，决不能让家教悲剧中的夏斐事件（年仅9岁的小学四年级学生夏斐因期末考试两门课成绩低于90分并向家长隐瞒，竟被亲生母亲活活打死）重演。会议指出，纠正片面追求升学率倾向需要进行综合治理。

8813 | **3月21日**

国家教委印发《关于加强中小学实验室和仪器设备工作的若干意见》。《意见》要求各级教育事业经费及征收的教育费附加中要有一定比例用于实验室建设，其中教学仪器购置费一般不低于各级教育事业经费的2%，并逐年有所增加。

8814 | **3月21日**

国家教委发布《加强中学实验教学的暂行办法》。《暂行办法》指出，中学实验教学是全面实施理科教学大纲和提高理科教学质量的重要环节，是加强中学实践教育环节的重要内容；各级教育行政部门和学校均应充分认识实验教学的重要性，采取切实可行的措施加强对实验教学工作的指导。

8815 | **3月21日**

国家教委发布《中小学校实验室工作的规定》。《规定》对实验室的任务、实验室的建设、实验室的管理、实验室人员的岗位职责与待遇作了详细规定。

8816 | **3月21日**

国家教委发布《1988年至1995年全国中小学校实验室发展规划要点》。《规划要点》提出，学校实验室建设要适应全国普及九年制义务教育的进度，还要和中等教育结构改革的进度同步。规划要点强调，要把各学科实验教学条件和实验开出率作为各级教育主管部门验收学校合格与否的一项重要内容。

8817 | **3月25日**

七届全国人大一次会议在北京人民大会堂开幕，国务院代总理李鹏作《政府工作报告》。《报告》指出，通过教育体制的改革，促进了各类教育事业的发展。《报告》指出，党的十三大规划了我国社会主义现代化建设的宏伟蓝图。今后的五年，是落实党的十三大精神，实现新旧体制转换和第二步经济发展战略的关键性五年。要加快科学技术和教育事业的发展和改革，把经济建设切实转到依靠科技进步和提高劳动者素质的轨道上来。各级人民政府、各地方各部门和各行各业，都必须坚持把发展科学技术和教育事业放在首要位置上。《报告》强调，我国教育事业的根本任务是为社会主义建设培养合格的劳动者和各类专门人才。各级各类学校要努力使学生在德、智、体、美各方面得到发展，并适当加强劳动教育。各级人民政府要更加关心和重视教育事业，像抓经济工作那样抓好教育工作。教育发展计划应当成为经济和社会发展总体规划的重要组成部分。国家和地方都要逐步增加教育经费，提倡和鼓励社会力量集资办学、捐资办学。大力加强基础教育，因地制宜地实施九年义务教育，是提高教育水平和全民族素质的基础，应当成为教育工作的重点。继续加强教师队伍的建设，提高中小学教师的社会地位，改善办学条件。各级人民政府和教育部门要采取切实措施，引导学校端正办学思想，努力纠正片面追求升学率的倾向。还要充分重视家庭教育，以便同学校教育相配合，帮助青少年健康成长。

8818 | **4月7日**

中央爱国卫生运动委员会、中国儿童报社开展全国小学生“劝您不要吸烟”活动。全国人大常委会副委员长、中央爱国卫生运动委员会主任寥汉生为活动题词：“希望全国小朋友都来参加劝阻吸烟活动。”

8819 | **4月20日至22日**

国家教委、全国妇联召开女儿童入学问题座谈会，要求各级领导切实重视解决女儿童入学问题。会议披露，我国儿童失学问题严重，全国约有224万女儿童未入学，占未入学儿童总数270万人的83%。

8820 | **4月25日**

国家教委在江苏无锡召开全国中小学生勤工俭学工作会议。会议宣布，1987年我国中小学勤工俭学收入19亿元，相当于当年国家增加的中小学经费6.4亿元的3倍，成为补充教育经费的重要途径。

8821 | **4月26日**

全国妇联、国家教委、共青团中央等十七单位联合印发《关于1988年庆祝“六一”国际儿童节的联合通知》。通知要求各有关部门和社会团体要把儿童少年工作提高到“为了明天，为了未来”的高度来认识，继续贯彻“爱护儿童、教育儿童、为儿童做表率、为儿童办实事”的指导思想，积极组织“六一”国际儿童节的各种活动。

8822 | **5月4日**

国家教委印发《关于组织实施“燎原计划”的意见》。《意见》指出，“燎原计划”是旨在推进农村教育改革发展，促进农村经济发展和社会进步的计划。它是为“星火计划”“丰收计划”的推行培养农技人才，奠定发展基础的计划。

8823 | **5月5日**

《中国教育报》编辑部就保护青少年健康成长问题邀请部分教育工作者在北京召开座谈。会议指出，加强德育，提高青少年的思想道德素质，关系国家的昌盛和民族的兴旺；学校要认真纠正片面追求升学率倾向，教师人人都要做思想教育工作；育人是全社会的责任，要为青少年提供丰富的健康的精神食粮，提供更多的活动场所。

8824 | **5月6日至11日**

国家教委在山东泰安召开九年制义务教育教材编写工作会议，讨论《九年制义务教育教材建设规划方案》。8月11日，国家教委发布《九年制义务教育教材编写规划方案》。《方案》规定，凡计划编写九年制义务教育中小学全套教材的单位和集体，需将编写计划报省、自治区、直辖市教委、教育厅（局）中小学教材审查机构预审计划方案的可行性，经批准后报国家教委中小学教材办公室备案。

8825 | **5月9日**

四川省人民政府印发《关于多渠道筹集资金，尽快消除中小学危房的通知》。通知规定，从1988年起，国家机关、事业单位、厂矿企业等，凡是固定资产投资用于新建房屋的，按投资造价的0.7%标准交纳中小学危房改造费。这项资金用于改造中小学危房，任何单位不得挪作他用。

8826 | **5月11日**

国家教委印发《关于全日制普通中学端正办学方向、纠正片面追求升学率倾向的督导评估的几点意见》。《意见》指出，有关上级领导部门不得以任何形式对校长和教师施加压力，不得对下级教育部门、学校下达升学指标，不得搞升学考试名次排队，不得单纯以升学率高低对学校和教师进行奖惩。

8827 | **5月13日至17日**

国家教委在安徽召开农村普通中学教育改革座谈会。座谈会围绕农村中学如何明确自身的性质、任务，端正办学方向，为当地经济建设和社会发展服务等问题进行了讨论。

8828 | **5月21日**

国家教委公布《小学生日常行为规范（征求意见稿）》和《中学生日

常行为规范（讨论稿）》。两个《行为规范》是国家对中小学生日常行为提出的基本要求，目的在于加强对中小学生的基本道德教育和文明行为训练，为把学生培养成为有理想、有道德、有文化、有纪律的新一代打下良好的基础。

8829 | **5月24日**

国家教委召开机关全体工作人员会议。国务委员兼国家教委主任李铁映出席会议。会议指出，国家教委不仅是个教育管理部门，还应该是振兴教育事业的委员会。今后一段时期国家教委的工作重点是：一是要立即着手制定教育发展规划；二是要进行教育立法，特别是要制定教育基本法，通过立法，保障教育规划的实施；三是要加强对学生的思想品德教育问题；四是要进行教育体制的改革；五是要进行教学改革，包括改革专业设置、教学内容、教学方法等。

8830 | **5月26日**

国家教委办公厅发布《中小学安全手册》。《手册》介绍了有关校舍、环境、交通、校外集体活动、饮食卫生以及体育等方面的安全教育和防范措施的要求、常识以及应注意的事项，并选编了部分案例。

8831 | **5月30日**

中国儿童心理卫生指导中心在江苏南京成立。其宗旨是促进我国儿童身心全面健康发展。

8832 | **6月1日**

共青团中央、农业部、中国科协联合印发通知，要求以农村为重点，在全国中学生中组织开展“播千乡星火，育百万能手”中学实践教育活动。

8833 | **6月1日至5日**

国家教委在北京召开全国中小学德育工作会议。这次会议根据党的十三大确立的基本路线、方针、政策和理论观点，进一步明确中小学德育工作的基本指导思想，制定加强德育工作的重要措施，交流加强德育工作的经验，推动中小学加强和改革德育工作。会议指出，要以有理想、有道德、有文化、有纪律为中小学德育的培养目标，要把爱国主义教育作为理想教育的起点。

8834 | **6月4日**

国家教委艺术教育委员会举行年会，讨论《全国学校艺术教育总体规划》，总结和研究艺术教育委员会的工作。会议指出，中小学的艺术教育要符合社会主义精神文明建设的指导方针，要有利于青少年的成长。

8835 | **6月10日**

国家教委发言人就中小学开展勤工俭学活动发表谈话，指出开展勤工俭学活动不能不顾条件地提出“一刀切”的要求，对有些一时不具备条件的学校不要勉强；改善中小学办学条件和教职工的生活条件，主要是靠政府不断增加教育经费和社会各方面力量的集资。

8836 | **6月17日**

全国政协教育文化委员会召开第一次全体委员会议，讨论下设组织机构、委员分工、工作任务和1988年度工作计划，并就开展教育投资、《义务教育法》的实施、教师工资待遇等问题，作进一步研究。

8837 | **6月20日**

国家教委发布《学校电化教育工作暂行规程》。《暂行规程》指出，学校应积极采用现代化教学手段，开展电化教育，促进教育改革，提高教育质量和教学效率。《暂行规程》对学校电化教育的任务、组织建设、教师、教材建设、电教器材等作出规定。

8838 | **6月24日至25日**

全国妇联、国家教委联合在北京召开全国少年儿童家庭教育研讨会。会议指出，当前家庭教育中存在的问题是：家长期望值过高，重智育轻德育，忽视少年儿童的心理特点。会议认为，搞好家庭教育是一个重大的社会课题，家庭教育要和学校教育、社会教育紧密配合。

8839 | **6月28日**

国际特殊教育学术会议在北京开幕。会议通过交流残疾儿童的早期发现、预防、康复、教育和劳动技能训练等方面的经验，介绍国际特殊教育领域的发展动态，促进各国特殊教育和康复事业的发展，增进中外特殊教育工作者之间的友谊与合作。

8840 | **7月14日**

据《中国教育报》报道，福建省召开农村教育工作会议。会议宣布加强基础教育工作、稳定师资队伍的八项措施：1988年省财政拨专款1500万元，主要用于补助各地抢修中学一级房屋和实现小学“一无两有”；1988年教师节前全部兑现1985年以来民办教师工改增资的数额；1988年省里拨出3000名专项劳动指标作为民办教师转公办教师用；在1988年中师招生指标中划出680名，招收民办、代课教师；建立民办教师退养制度；允许各级人民政府和办学单位根据自己的财力提高教职工待遇；各级人民政府和有关部门要扶持中小学开展勤工俭学活动；在同等条件下，教师配偶在机关、企事业单位工作的，在机关、企事业单位分房时要优先照顾。

8841 | **7月14日**

中共中央政治局委员、国务委员兼国家教委主任李铁映在甘肃省甘南藏族自治州举行的西藏、四川、甘肃、青海、云南五省（自治区）藏族教育研讨会上指出，各级党政部门要重视支持藏族教育，大力发展藏族地区的教育事业。

8842 | **8月10日**

国家教委发布《小学德育纲要（试行）》，并就此印发通知。《纲要》是小学德育工作的指导和依据。制定这一纲要是为了使小学德育工作更好地适应新时期改革和建设对合格劳动者和人才素质的要求，适应小学生思想品德形成的规律和当前小学生的思想品德实际。通知要求，各地教育行政部门要加强领导，从实际出发，制定实施细则，对不同类型的学校提出不同的试行要求。各地从1988年秋季开学开始选择在部分学校试行纲要，取得经验后，逐步全面推开。

8843 | **8月10日**

国家教委发布《小学班主任工作暂行规定（试行草案）》。《暂行规定》对班主任的地位、作用、基本任务、职责、工作的原则和方法、任职条件和任免、待遇和奖励、领导和管理等作出规定。

8844 | **8月11日**

国家教委发布《九年制义务教育教材编写规划方案》。《规划方案》就编制规划的指导思想、教材的推荐与选用、编写人员和经费、时间安排等问题作了说明。

8845 | **8月12日**

山西省人民教育基金会在太原成立。其基金主要用于改善中小学办学条件，实施九年制义务教育，奖励各级各类学校的优秀教师，补助发生重大灾害和事故的学校。

8846 | **8月20日**

国家教委发布《中学德育大纲（试行）》，并就此印发通知。《大纲》反映了党和国家对中学生的思想政治道德素质的基本要求，是中学德育工作的依据，也是各级教育部门对学校德育实行科学管理的指南。通知要求，从1988年新学年开始选择在部分学校试行，取得经验后于1989年逐步在面上推开。

8847 | **8月20日**

国家教委发布《中学班主任工作的暂行规定》。《暂行规定》对中学班主任的地位和作用、任务和职责、工作原则和方法、条件和任免、待遇和奖励、领导和管理等作出明确规定。

8848 | **8月22日至24日**

国家教委、国家体委、卫生部在江苏南京召开全国学校体育卫生工作会议。会议总结交流近几年来全国学校体育卫生工作的经验，研究和制定今后一个时期的方针政策。会议指出，教育的根本目的是提高民族素质，为社会主义建设培养德、智、体全面发展的合格人才。学校的体育教育是教育的重要组成部分，要改善和加强学校体育工作。目前，学校的卫生工作在整个卫生工作中是比较薄弱的环节，各级领导要统筹安排，在人员和经费上给予必要的支持。

8849 | **8月24日**

国家教委、国家计生委印发《关于在中学开展青春期教育的通知》。通知提出，青春期教育包括性生理、性心理、性道德教育三个方面，以社会主义道德教育为核心；开展青春期教育，必须争取社会的支持和家长的配合，要有时间保证。当前开展青春期教育要做好三件工作：选定试点后，要认真做好师资培训工作；国家教委要尽快拟定青春期教育的教学大纲，并编出一套较好的教材；青春期教育在我国处于试验阶段，试验中要加强科学研究。

8850 | **8月31日**

国家教委邀请北京市部分中小学校长和教育行政干部就新学年工作进行座谈。会议指出，新学年必须贯彻党的教育方针，减轻学生负担；要制止中小学生流失；要组织落实中小学生日常行为规范，班班开展道德行为训练；要加强学校管理，建立良好校风校貌；中小学创收要有利于调动全体教职工的积极性，有利于教书育人。

8851 | **9月9日**

国务院总理李鹏、国务委员兼国家教委主任李铁映来到正在进行工资总额包干改革试点的北京第六十二中学慰问师生。这所普通中学实行校长负责制，进行工资总额包干改革，打掉了平均主义大锅饭，调动了教师的积极性，学校出现了生机。

8852 | **9月9日**

国家教委、财政部在北京联合召开新闻发布会，宣布表彰30个省、自治区、直辖市的37个教育先进县。教育先进县的主要经验是：县领导重视教育，有长远规划，切实解决实际问题；逐年增加教育经费，多渠道筹措教育经费，社会集资办法得当，有效地调动了各方面的积极性；大力支持勤工俭学，制定了优惠政策，创造了必要条件；采取有效措施，提高教职工生活福利待遇，改善了教师的居住条件，民办教师的待遇和老有所养的问题得到了合理解决，教师队伍基本稳定，使教育得到发展，教育质量得到提高。

8853 | **9月12日**

北京景山学校在北京人民大会堂召开座谈会，纪念邓小平同志为该校题词“教育要面向现代化、面向世界、面向未来”五周年。会议指出，邓小平同志 “三个面向”的指示是我国改革开放时期教育改革的一个重要指导思想。在新的历史时期，教育要为市场经济的需要和发展培养人才。为解决好这个问题，在理论上、实践中需要遵照“三个面向”的指示进一步探索、改革，以实现“四化”、振兴中华。

8854 | **9月14日**

国家教委、人事部印发《关于建立督导机构问题的通知》。通知指出，各县级以上人民政府应在其教育行政部门内建立教育督导机构或配备专职教育督导人员。

8855 | **9月15日**

内蒙古自治区发布《义务教育实施办法》，这是自治区成立以来第一项地方教育法规。《实施办法》规定，根据自治区的民族和地区特点，保证义务教育在少数民族地区的实施；各级人民政府用于义务教育公用经费财政拨款的比例要逐步增长。

8856 | **9月20日**

国家教委发布《义务教育全日制小学、初级中学教学计划(试行草案)》，并发布24个学科教学大纲（初审稿）。《教学计划》从1991年或1992年秋季开学分别在小学一年级和初中一年级起开始施行。各科教学大纲于1988年1月经全国中小学教材审定委员会各学科教材审查委员会审查通过，供编制小学、初中教材使用。

8857 | 9月22日至24日

国家教委在北京召开座谈会，介绍北京市中小学教育改革试点情况。北京市中小学实行内部体制改革后，打破了平均主义大锅饭，真正体现了多劳多得的社会主义分配原则，工作做得多、工作质量又好的教职工，收入有较大提高。

8858 | 9月23日

国家教委发言人就中小学收费问题发表讲话指出，在实施义务教育阶段不收学费、只收杂费，非义务教育阶段需交学杂费以来，有计划地适当提高学杂费标准是必要的。但提高收费标准应当由各省、自治区、直辖市人民政府根据当地的实际情况加以确定，学校不能自行决定收费标准。

8859 | 10月17日

国家教委印发《关于社会力量办学几个问题的通知》。通知指出，社会力量办学属地方教育事业，主要应为本地区经济建设和社会发展服务。社会力量举办面向社会招生的各级各类学校或教学管理机构，均须由其所在地教育行政部门根据国家有关规定和程序审批，并纳入地方教育行政部门统一管理。未经地方教育行政部门批准不得办学，其他部门或单位无权审批这类学校。今后不再举办和审批跨省（直辖市）设分校招生的学校。对已经举办了分校或其他教学管理机构的学校要进行整顿。

8860 | 10月19日至22日

国家教委在湖北武汉召开《中华人民共和国教育法（草案）》《中华人民共和国教师法（草案）》起草研讨会。会议认为，为了提高全国人民对“百年大计，教育为本”的认识，落实教育的战略地位，迫切需要制定出适合我国国情的教育法，以法治教，用法律形式理顺教育内部和外部的关系，正确规定经济和教育的关系，巩固教育改革的成就，促进教育事业的发展。

8861 | **10月24日**

国家教委发布《社会力量办学教学管理暂行规定》。《暂行规定》指出，社会力量举办的、未取得发布国家学历证书资格的、面向社会招生的各级各类学校及其分校、部分以及独立设置的培训中心、各类培训班、辅导班、进修班等从事教学活动的组织等，均应根据有关规定，按办学规模、层次、教学形式等，设立教务或教学管理机构，建立健全教学管理制度，逐步开展教学研究活动。

8862 | **10月28日**

国家教委邀请出席中国工会第十一次全国代表大会的教育界代表就教育工作中存在的问题进行座谈。与会代表指出实行校长负责制，对深化教育改革确实起了积极作用，但是由于缺乏相应的条例，教代会民主参政议政的作用常常落空，有的地方校长负责制变成了家长制。会议呼吁尽快制定有关条例，以便在学校管理中依法办事。

8863 | **11月14日**

国家教委发布《全国中小学勤工俭学财务管理办法》。《管理办法》对固定资产的管理、流动资金管理、成本核算、收益分配和使用、财会队伍、财务监督等问题作了明确规定。

8864 | **11月18日至20日**

国家教委、国家计委、财政部、劳动部在北京召开全国中小学勤工俭学工作会议。会议强调指出，勤工俭学要作为一个长期的方针坚持下去，不是权宜之计，要把基础教育和职业技术教育结合起来，把系统的科学文化知识和必要的劳动技能结合起来，使教育更好地为社会主义建设服务。

8865 | **11月18日至23日**

国家教委、民政部、中国残联在北京召开首次全国特殊教育工作会议。会议的议题是，改变我国特殊教育的落后状况，研究制定有关特殊教育的指导方针、发展规划以及为此而采取的各项政策措施。

8866 | 11月28日

国务院办公厅印发《关于抓紧落实明春及今后中小学课本供应问题的通知》，要求确保中小学全部课前到书，并按时按质按量供应中小学课本用纸。

8867 | 11月29日

北京市召开农村教育工作会议。为贯彻执行《北京市关于深化农村教育体制改革的意见》，会议提出县、乡两级人民政府要在大力发展经济的同时，最大限度地发展教育事业，坚定不移地实行“基础教育地方负责，分级管理”的原则。

8868 | 12月10日至14日

国家教委中学司召开部分省（直辖市）中学管理体制改革工作座谈会。会议指出，中小学要分期分批实行校长负责制，政府、教育行政部门要把学校所必需的管理权下放给学校，使校长有自主管理学校的权力。校党支部的保证监督和教代会的民主管理的目的在于保证校长决策的正确，保证各项方针政策得以认真贯彻执行。

8869 | 12月12日

人事部、国家教委、财政部发布《关于提高中小学班主任津贴标准和建立中小学教师超课时酬金制度的实施办法》。《实施办法》规定，各地在建立中小学教师超课时酬金制度时，应规定教师的课时定额标准。提高班主任津贴标准和建立超课时酬金制度所需经费，按单位的隶属关系，分别由中央和地方财政负担。

8870 | 12月21日至23日

国家教委召开制止中小学学生流失经验汇报会。会议指出，商品经济发展了，但辍学现象反而增多的重要原因是，教育特别是初中阶段的教育不适应经济发展的需要。这就需要对初中教育的结构进行有步骤地改革，增加必要的职业技术教育内容，使教育更好地适应当地经济和社会发展的需要，促进当地经济的发展。

8871 | **12 月 25 日**

中共中央印发《关于改革和加强中小学德育工作的通知》。通知指出，中小学德育工作必须适应全面深化改革的新形势；要进一步明确中小学德育工作的指导思想；要实事求是地确定中小学德育工作的任务和内容；要改革中小学德育工作的方式方法，注重实效；要建立校长负责德育工作的体制，加强德育工作队伍的建设；要加强对中小学德育工作的领导。

1989 年

改革进行时

• 重要文件

国家教委《关于在中小学语文、历史、地理等学科教学中加强思想政治教育和国情教育的意见》

国家教委《全国学校艺术教育总体规划 (1989—2000 年)》

国务院批转国家教委等四部门《关于进一步发展中小学勤工俭学若干问题的意见》

国家教委《关于加强全国中小学校长培训工作的意见》

国家教委等九单位《关于全国各类文化设施向中小学免费或优惠开放的意见》

国家教委等部门《关于清理整顿中小学收费项目有关问题的通知》

• 重要政策

改善和加强中小学思想政治教育和国情教育

加强学校艺术教育工作

多渠道筹措教育经费、改善办学条件

开展基础教育督导检查

• 重要会议

联合国教科文组织召开面向21世纪教育国际研讨会

国家教委、财政部召开全国筹措教育经费、改善办学条件山东现场会

国务院教育工作研讨小组召开教育经费与教师工资待遇研讨会

• 改革亮点

多渠道筹措教育经费，改善办学条件。为解决教育经费短缺问题，国家在增加教育投入的同时，改革教育投入体制，多渠道筹措教育经费。从单纯依靠国家办教育转到依靠人民办教育，从单纯依靠财政拨款转到多渠道集资，闯出一条行之有效、适合我国国情的办学新路。山东、天津、北京等地的经验证明，多渠道筹措经费发展教育事业的办法是行之有效的。

8901 | **1月1日**

江西省开始对省内各级机关、团体、企业、事业单位基本建设，征收中小学校舍修建教育费附加。各部门、各单位均按年度基建投资总额的5%缴附加费，楼堂馆所项目加收5%。

8902 | **1月6日至9日**

全国中小学图书馆工作会议在北京召开。会议指出，随着经济的发展，要不断改善和提高办学条件。建设好书库、阅览室，是实施义务教育的必备条件之一。

8903 | **1月15日**

国务院批转国家教委、财政部、人事部、国家税务局《关于进一步发展中小学勤工俭学若干问题的意见》。《意见》指出，中小学开展勤工俭学应采取多种形式；各级人民政府和有关部门应制定优惠政策和采取具体措施，帮助中小学办好一批勤工俭学基地，并将其生产经营活动纳入有关经济部门的管理范畴，在人财物、产供销等方面统筹安排，予以支持。

8904 | **1月30日**

国家教委印发《关于严格控制中小学生流失问题的若干意见》。《意见》要求各地对本地中小学学生流失问题进行全面调查，采取切实可行的措施和办法控制和制止中小学生流失。各省、自治区、直辖市要在每年5月和11月，经过调查，提出中小学生流失情况的书面报告。

8905 | **1月31日**

全国人大教科文卫委员会召开第五次会议。委员们建议，地方各级人民政府，要建立政府首长对本地实施义务教育的目标责任制，建立各级人民政府定期向同级人大或其常委会报告《义务教育法》实施情况的制度，将《义务教育法》列入当地普法教育的内容之一，以增强干部、群众执法、守法的观念。

8906 | **2月12日至17日**

国家教委在北京召开1989年度教育工作会议。会议就发展和改革教育事业战略决策的有关问题，认真听取与会同志的意见和建议，并部署国家教委1989年的工作。会议指出，党的十一届三中全会以来，教育的问题主要还是教育经费紧缺，教育结构不合理，教育脱离社会经济发展需要；必须充分认识教育对推动社会的巨大作用；积极研究和制定教育发展战略，实施义务教育是整个教育的奠基工程，必须以更大的决心抓紧抓好；努力深化教育改革，教育改革的出发点和落脚点，就是要充分调动学校办学和教师教书育人的积极性，使学校具有主动适应社会经济发展需要的能力；努力提高教师的待遇和地位，振兴民族的希望在教育，振兴教育的希望在教师，教师担负着教书育人的神圣职责，理所当然地应当受到全社会的尊敬和爱戴。

8907 | **2月16日**

国家教委办公厅印发《关于教育科学优秀成果评奖活动的安排意见》。为提高广大教育工作者和社会人士从事教育科学研究的积极性，推动教育科学在我国教育改革与发展实践中发挥更大的作用，国家教委决定组织评选奖励优秀成果活动。《安排意见》就评奖的指导思想、评选范围、评选标准、组织、申报和推荐办法、评审和奖励等作出安排。

8908 | **2月20日**

国家教委、文化部印发《关于加强少年儿童艺术教育的意见》。《意见》指出，少年儿童艺术教育的根本目的在于提高广大少年儿童的艺术素质，为培养合格的社会主义公民奠定良好的初步的基础。切实加强少年儿童艺术教育，必须采取必要而有力的措施：建立相对稳定的合格的艺术师资队伍；各级教育行政部门和教研部门加强对音乐、美术课教学的领导，对艺术师资的培养、配备和培训进行全面规划；开展课外、校外艺术教育活动；有计划有步骤地改善艺术教育的教学设施和设备；教育、文化部门密切配合并争取社会力量的支持。

8909 | **2月27日至3月2日**

国务院教育工作研讨小组在北京召开教育经费与教师工资待遇研讨会。会议指出，各级领导都有一个转变观念的问题，但是更重要的是建立一种机制，走制度法规化的道路，这是教育发展中亟待解决的根本问题。

8910 | **3月2日**

国家教委、国家计委、民政部、财政部、人事部、劳动部、卫生部、中国残联等联合印发《关于发展特殊教育的若干意见》。《意见》指出，发展特殊教育要贯彻普及与提高相结合，以普及为重点的原则。发展特殊教育的基本方针是着重抓好初等教育和职业技术教育，积极开展学前教育，逐步发展中等教育和高等教育。发展特殊教育应遵循地方负责，中央给予指导帮助，有关部门分工协作，社会各界积极支持的原则，在各级人民政府的统一领导下，以教育部门为主，民政、卫生、劳动、计划、财政和残联等部门和组织紧密配合，各司其职，共同做好特殊教育工作。《意见》还提出了特殊教育发展的目标与任务，并指出各地应根据本地区经济、文化发展的不同情况，分别制定规划目标，本着师资先行的原则，在五年内积极创造条件筹办特教师资培训机构，加强师资队伍建设。

8911 | **3月8日**

民进中央致信中共中央书记处就切实贯彻《义务教育法》，加强基础教育提出六点建议：一、认真落实中共中央关于发展教育事业的战略决策；二、国家对基础教育的投入必须实行“优先原则”，而不是“剩余原则”；三、提高教师待遇，稳定师资队伍；四、采取有力措施，加强德育工作；五、深化教育改革，努力提高教育质量；六、必须使《义务教育法》充分发挥“法”的作用。应尽早制定切实可行的《义务教育法实施细则》加以阐述和贯彻以上各项。

8912 | **3月20日**

七届全国人大二次会议在北京人民大会堂开幕，国务院总理李鹏作题为《坚决贯彻治理整顿和深化改革的方针》的《政府工作报告》。《报告》指出，1988年是我国实行改革开放的第十年，社会主义现代化事业继续向前发展。科技、教育、文化、卫生和体育等事业取得了新的成就。《报告》强调，从根本上说，推动科技进步和提高经济效益，乃至整个社会主义现代化目标的实现，都取决于劳动者素质的提高和专门人才的培养。近年来我国教育事业发展较快，涌现出一批重视教育并取得显著成绩的地区和部门。但从总体上看，我国教育事业是落后的，教育发展和改革还不适应社会主义建设的需要。各级人民政府、各部门和各行各业都要进一步提高对教育的认识，高度重视教育的长期重要战略地位。1989 年，在紧缩各方面财政开支的情况下，国务院决定对教育经费不仅不减少，而且有较大幅度的增加。政府的教育经费将达到 374 亿元，比去年增加 50 亿元，增长 15.4%。从长远看，解决教育经费不足的问题，只靠增加政府财政拨款是不够的。必须通过改革，使教育事业成为全民的事业、全民的责任，增加全社会对教育的投入。在继续增加政府财政拨款并明确各级政府财政所必须负担的教育经费比例的同时，要积极改革办学体制，发展社会力量办学，开辟筹措教育经费的新渠道。《报告》指出，发展教育事业，要从我国的实际情况出发，合理规划发展的速度、规模和重点，确定适当的结构层次比例，不断提高教育的投资效益和社会效益。发展教育要在加重地方人民政府责任的同时，赋予地方人民政府更大的统筹权和决策权。要努力适应社会主义建设的需要，进一步调整教育结构，搞好教育改革，把不断提高教育的普及程度同发展职业技术教育密切结合起来，使教育更好地为提高劳动者素质服务。各级人民政府要进一步修订好实施义务教育的规划并建立目标责任制，推进义务教育的实施。要抓紧安排实施为广大农村培养中、初级科技人才和提高农村劳动者素质的“燎原计划”。城市要探讨企业和学校结合发展职业技术教育的办法，进一步贯彻执行“先培训、后就业”的原则，积极进行中等专业和技术教育的改革。《报告》强调，教育的发展和改革，必须坚决依靠和充分发挥广大教师的积极性和创造性，努力培养一支素质优良的教师队伍。要有计划、有步骤地加
8912 强教师培训工作，扩大教师的来源和培养途径。要继续采取措施，改善教师的工作条件和生活条件。同时，要深入进行学校内部管理体制的改革，优化

教师队伍，不断提高广大教师的思想和业务素质。各级各类学校都要把改进和加强思想品德和政治教育放到重要位置，并切实抓好校风、校纪建设。努力造就良好的教书育人环境。

8913 | **3月23日**

邓小平会见乌干达总统穆塞韦尼时谈话指出：“我们最近十年的发展是很好的。我们最大的失误是在教育方面，思想政治工作薄弱了，教育发展不够。”①

8914 | **3月24日**

国务委员兼国家教委主任李铁映就教育问题答中外记者提问。李铁映指出，邓小平同志说我们在十年中最大的失误是在教育方面发展不够，这是对我国十年建设和改革的一个准确、正确的总结；我国教育发展不够的原因是多方面的，许多问题不完全是教育部门所能担负的，特别是体制方面的一些问题，需要进行综合配套改革；解决教育经费问题，要从改革入手，改革教育体制，多渠道筹措教育经费；基础教育是关系民族素质的重大教育，贯彻执行《义务教育法》是教育战线也是国家的重要任务，我们还准备制定其他有关教育的法规，有《教育基本法通则》《教师法》《职业技术教育条例》《未成年人保护条例》，我们一定要使教育走向以法治教、以法促教的法制化道路。

8915 | **4月1日**

国家教委开始按新的机构设置运行。国家教委是国务院主管全国教育工作的职能部门，担负振兴教育，改革教育，综合管理教育的任务。国家教委负责掌握教育工作的大政方针；统筹规划教育事业的发展；指导、组织和协调各地、各部门有关教育的工作；统一部署和指导教育改革，努力提高劳动者的素质，培养德智体美全面发展的各级各类专门人才，为社会主义物质文明和精神文明建设服务。

① 《邓小平同志论教育》，人民教育出版社 1990 年版，第 176 页。

8916 | **4月3日**

国务院总理李鹏答中外记者提问。关于“十年来最大失误是教育发展不够”的提问，李鹏指出，邓小平同志讲教育发展不够是指我们的教育与经济发展和改革开放的需要不适应，教育上的失误不仅是指教育本身，而且是指对人民的政治教育薄弱了。

8917 | **4月8日**

中央政治局第十七次全体会议研究讨论《中共中央关于教育发展和改革若干问题的决定（草案）》。会议讨论了教育在现代化建设中的重要地位和教育经费、教师待遇、思想品德、教育发展战略、教育立法、教育改革的问题，提出了发展和改革教育的具体措施。4月17日，中共中央在北京人民大会堂召开各民主党派和无党派人士座谈会，征求对《决定》的意见。

8918 | **5月6日**

国家教委办公厅印发《关于加强中小学安全工作的几项要求的通知》，对中小学安全工作提出相关要求。

8919 | **5月10日**

由联合国教科文组织与中国联合国教科文组织全国委员会联合举办的亚洲地区农村教育人员研讨会在河北石家庄开幕。研讨会主要讨论农村教育方面的问题，交流国际农村教育经验，同时展望21世纪教育如何迎接科技进步、人口增长、环境恶化等一系列挑战。

8920 | **5月15日**

国家教委发布《普通中学劳动技术课教学器材配备目录（试行）》，为普通中学配置劳动技术课教学器材提供参照。

8921 | **5月19日**

国家教委、国家物价局、财政部印发《关于清理整顿中小学收费项目有关问题的通知》。通知指出，各省、自治区、直辖市人民政府要在1989年7月以前对中小学现有收费项目、标准进行一次全面清理。学校收取的全部费用应纳入学校财务收支，作为教育事业费的补充，专款专用，不得挪作他用，也不得用于教职工奖励、福利方面。各地教育、物价、财政和审计部门要对学校收费工作加强管理和监督。

8922 | **5月23日**

国家教委印发《关于在全国建立“百县农村教育综合改革实验区”的通知》。通知要求，在实施“燎原计划”的758个县中，首先重点抓好100个县作为全国农村教育综合改革实验区，为实施“燎原计划”提供示范。通知要求每个实验县首先抓好一批乡、村和学校示范点，使改革由点到面逐步推广和深化。

8923 | **5月26日**

国家教委委托中国教育电视台开办的《教育信息》栏目正式开播。该栏目旨在充分发挥电教手段的优势，及时地把党和人民政府有关教育方面的方针、政策、法规、制度等信息传播给基层的教育行政部门和学校。这对于协调中央和地方的联系，增加国家教委工作的透明度，提高工作质量和效率，起到重要的作用。

8924 | **5月27日**

国家教委召开全国教育电视大会，就中小学教育工作开展五项督导、检查作出具体部署。根据国务院总理李鹏在七届全国人大二次会议《政府工作报告》中提出的“在治理整顿中确保科技和教育的发展”的方针，国家教委对全国各省、自治区、直辖市的基础教育工作，进行一次督导、检查，重点有五个方面，即“五查”：查教育经费增长和教师经济待遇的落实情况；查校舍中危房改造的情况；查中小学学生流失的制止情况；查乱收费的纠正情况；查《中共中央关于改革和加强中小学德育工作的通知》的贯彻情况。

8925 | **5月31日**

邓颖超致信全国少先队员。邓颖超在信中指出：“我历来关心着全中国的孩子，我盼望着你们在党和人民的亲切关怀下，健康地成长为社会主义和共产主义事业的接班人。今天的少先队员们，是跨世纪的一代，中华民族建设一个具有中国特色的社会主义现代化国家的希望寄托在你们身上。我愿意为红领巾事业呼吁，希望每一个真正关心社会主义事业前途的人们，都关心红领巾事业，支持红领巾事业，理解红领巾事业。”①

8926 | **6月1日**

国务院总理李鹏写信给孩子们，热烈庆祝“六一”国际儿童节。李鹏在信中写道：“我们社会主义祖国正沿着邓小平爷爷开辟的改革开放的道路，向着四个现代化奋力前进，任务是艰巨的，困难是不少的，但我坚信，前景是光明的。你们现在是祖国的花朵，我希望你们能在更好的环境中茁壮成长，长成参天大树，将来成为建设祖国的栋梁。儿童和少年时期，正是小朋友们长身体、长知识的时期。我相信，大家一定能够勤奋学习，刻苦锻炼，养成爱祖国、爱人民、爱科学、爱劳动、爱护公共财物的良好品德，成为有理想、有道德、有文化、有纪律的一代新人。你们要时刻准备着，为了开创我们伟大的社会主义祖国更美好的未来，贡献自己的力量。”②

8927 | **6月1日**

国家教委、文化部、广播电影电视部、国家体委、全国科协、全国总工会、共青团中央、全国妇联、总政治部联合印发《关于全国各类文化设施向中小学免费或优惠开放的意见》。《意见》要求，对青少年儿童有教育意义的一切地方，如博物馆、展览馆等，要减免收费，对中小学生开放。影剧院等营利性的文化设施，每年也应安排一部分时间免费或低费为中小学生服务。

8928 | **6月12日**

教育部、国家体委 、卫生部、国家民委、国家科委联合发布《全国学生体质、健康状况监测实施方案》。《实施方案》对学生体质、健康调研

① 参见《中国教育报》，1989年6月1日。

② 参见《中国教育报》，1989年6月3日。

与监测制度作了具体规定，明确每 3 年进行一次小样本监测，每 10 年至 12 年进行一次较大规模的学生体质、健康调查研究。

8929 | **7 月 17 日**

国家教委举办农村教育综合改革实验县工作研讨班。国家教委副主任何东昌在开班典礼上讲话指出，教育一定要把坚定正确的政治方向放在第一位。当前，农村教育一定要做好四项工作：一是加强思想政治教育，加强爱国主义教育；二是要很好地为当地经济和社会发展服务，为农民服务；三是要加强实践，与生产劳动相结合，提高学生的动手能力；四是要加强党的领导。

8930 | **7 月 18 日**

国家教委艺术教育委员会召开委员座谈会，学习党的十三届四中全会精神并讨论艺术教育发展问题。会议认为，只有刻不容缓地加强意识形态领域的管理，对文化环境进行综合治理，才能使艺术教育沿着正确的方向发展。艺术教育在培养人的审美意识、道德观、价值观方面有着不可忽视的作用，应从幼儿抓起。当前最迫切的任务，是要加强意识形态领域的管理，坚持文艺为社会主义服务、为人民服务的方向，制定相应的政策法规，逐步建立一个综合治理的良好社会文化环境。

8931 | **7 月 22 日**

国家教委印发《关于九年制义务教育课程、教材试验工作的通知》。通知提出，为了使九年制义务教育教学计划、教学大纲和教材能切合实际，国家教委决定于 1993 年秋季在全国范围推广使用前，先在小范围内进行试验。通过实践，进一步修改教学计划、教学大纲和教材，以提高教材的质量。通知对试验目的、试验的领导、试验的工作要求、试验注意的问题、教材出版和发行等进行了规定。

8932 | **9 月 6 日至 8 日**

首届全国优生优育优教讨论会在北京召开。会议指出，儿童少年是我们中华民族的希望和未来。提倡优生、优育、优教，目的就在于创造必要的条件，把我们的新一代人培养成为有理想、有道德、有文化、有纪律的人。全面研讨探索在新的形势下如何能更好地加强儿童少年工作，是具有战略意义的一件大事，应该引起各级党委和人民政府重视，应该得到全社会支持。

8933 | **9月8日**

国家教委、人事部、中国教育工会在北京人民大会堂联合召开庆祝教师节表彰大会。会议指出，各级党委和人民政府要坚决贯彻党的十三大精神，切实把发展教育摆到经济建设和社会发展的突出位置，发动全社会关心和支持教育事业，通过多种渠道，努力增加教育投入。要把坚持坚定正确的政治方向，摆在学校工作的第一位。

8934 | **9月18日**

国家教委印发《关于在“百县农村教育综合改革实验区”建立农村初中教育改革实验联系校的通知》。通知指出，实验的目的是在农村初中开展劳动技术教育综合实验，并及时总结经验。这是一项从一学科到多学科、从课内到课外、从教材到实践互相配合的综合实验。

8935 | **9月18日**

北京市小学生正式佩戴交通安全标志、推行路队制。佩戴交通安全标志、推行路队制，是经北京市人民政府批准，由北京市公安交通管理局和教育局联合采取的一项重要措施。实行这项措施，既是保障小学生交通安全的需要，也是加强首都精神文明建设的需要。

8936 | **9月21日**

北京市人民政府印发《鼓励和促进社会力量办普通中小学的试行意见》，鼓励社会力量办中小学。《试行意见》指出，凡干部职工较多，在北京居住又相对集中的单位，提倡其办普通中小学，干部职工达到三千人以上的可办小学，人数达到五千人以上的可以办中学；社会力量办中小学可以采用自办、承办和合办现有市立中小学等形式；社会力量自办、承办和合办中小学必须执行国家教委和市教育行政部门发布的学制、教学计划、教学大纲等有关规定；将一定比例的教育费附加返还给厂矿企业所办的中小学，返还的教育费附加用于改善办学条件；教育行政部门对社会力量办的中小学在行政管理和教育教学业务上积极地给予指导，在基建、购置设备、师资队伍建设等方面有关部门将给予支持帮助。

8937 | **9月28日**

全国劳动模范和先进工作者表彰大会开幕。被国务院授予“先进模范人物”光荣称号的人员中，有223位是教育界人士。其中全国劳动模范有5名，全国先进工作者有218名。

8938 | **9月30日**

国家教委召开教育战线劳模座谈会。会议指出，榜样的力量是无穷的，劳模们的言传身教，体现党的路线、方针、政策。中央将一如既往，把教育放在经济发展战略的首位，把教育作为“四化”建设的根基。

8939 | **10月7日**

国家教委决定在上海华东师范大学建立国家教委中学校长培训中心。

8940 | **10月10日**

在中国少年先锋队建队40周年前夕，邓小平给全国少先队组织题词：“培养有理想、有道德、有文化、有纪律的无产阶级革命事业接班人。”

8941 | **10月11日**

国家教委在江苏南京召开全国中学人口教育会议。会议总结了中学人口教育10年的经验。10年来全国已有9000所中学的900万名学生接受了人口教育。今后5年的工作重点是农村和少数民族地区中学的人口教育。

8942 | **10月12日**

党和国家领导人江泽民、李鹏、乔石等在中南海亲切会见全国十佳少先队员和少先队工作者、辅导员代表。江泽民在讲话时指出，少先队是共青团的预备队，共青团是共产党的后备力量，最基础的还是少先队，我国有1.3亿名少先队员，这在世界上是独有的，我们想到这点就充满信心和希望。

8943 | **10月13日**

在中国少年先锋队建队40周年之际，中共中央总书记江泽民致信少先队员和少先队工作者，希望少先队按照党对下一代的要求，坚持不懈地对广大少年儿童进行基础的共产主义教育。希望全国的少先队员们向赖宁学习，向先进看齐，树立革命理想，培养高尚道德，学好文化科学知识，锻炼强健体魄，按照邓小平同志的教导，成为有理想、有道德、有文化、有纪律的无产阶级革命事业的接班人。

8944 | **10月14日**

国家教委和河南省人民政府在河南郑州共同召开24省、自治区、直辖市中小学教职工住房会议。会议披露，城市中小学教师人均住房5平方米，1983年以来全国共筹集21多亿元，建成中小学教职工住房19万套，但全国中小学教职工缺房户仍占三分之一。会议交流了近年来解决中小学教职工住房问题的经验，讨论修改了国家教委计划建设司起草的《中小学教职工住房暂行条例（草案）》，并奖励在1988年解决中小学教职工住房工作中取得显著成绩的省份。

8945 | **10月16日**

中宣部文艺局和教育局举行座谈会，向社会推荐一部反映中学生生活的彩色故事片《豆蔻年华》。该影片反映了青年学生在新的社会变革时期，对人生价值的理解与追求，给人以高尚情操的教育。

8946 | **10月18日**

第二批共11个国家五项督导检查组，分赴全国18个省、自治区、直辖市对基础教育工作进行督导检查。国家教委要求各个检查组要克服困难，把“五查”工作搞细搞准，通过“五查”切实对中小学改善办学条件，稳定教师队伍，提高教育质量起到促进作用。要建立全国督导体系，进一步落实“分级办学、分级管理”的教育管理体制。国家教委要求“五查”组严格按照党的十三届四中全会精神办事，不吃请、不受礼，不搞旅游，坚决反对铺张浪费。

8947 | 11月2日

据《中国教育报》报道，中国青少年发展基金会准备依靠社会各界支持，通过募捐设立“救助贫困地区失学少年基金”，并将这项活动命名为“希望工程”，旨在救助贫困地区失学少年。这项基金全部直接用于资助贫困地区一些因家庭困难而失学的孩子和某些需要救助的学校。具体资助内容是：设立助学基金，长期资助我国贫困地区品学兼优而又因家庭困难失学的孩子重返校园；为一些贫困乡村新盖、修缮小学校舍；为一些贫困乡村小学购置教具、文具和书籍。

8948 | 11月6日

国家教委发布《全国学校艺术教育总体规划（1989—2000年）》。《规划》指出，艺术教育是学校实施美育的主要内容和途径，也是加强社会主义精神文明建设、潜移默化地提高学生道德水准、陶冶高尚的情操、促进智力和身心健康发展的有力手段。艺术教育作为学校教育的重要组成部分，具有其他学科教育所不可替代的特殊作用。其中义务教育阶段的发展目标包括：到本世纪末，在小学、初级中学按教学计划的要求开设艺术课，基本上能实施九年制义务教育阶段所要求的艺术教育。

8949 | 11月8日

国家教委印发《关于在中小学语文、历史、地理等学科教学中加强思想政治教育和国情教育的意见》。《意见》要求对中小学生进行思想政治教育和国情教育，应该突出讲解当前国际、国内阶级斗争的形势和特点等四个方面内容。

8950 | 11月8日

国家教委发布《中学体育器材设施配套目录》，为开展中学体育教学和学校建设提供依据。

8951 | 11月27日至12月2日

联合国教科文组织在北京召开面向21世纪教育国际研讨会。会议指出，教育是面向未来的事业，谁能把握住21世纪的教育，谁就能在21世纪处 8947—51

于主动地位。11 月 30 日，国务院总理李鹏会见出席面向 21 世纪教育国际研讨会的全体代表和观察员，并发表讲话指出，中国的教育方针可以概括为三个方面：一是教育要面向现代化、面向世界、面向未来；二是要强调德智体全面发展；三是教育必须为社会主义建设服务，建设必须依靠教育。

8952 | **11 月 28 日**

全国政协妇女青年委员会、教育文化委员会举行座谈会，共商“除害兴益优化青少年成长环境”。会议呼吁全社会动员起来，为建设富裕、文明、民主的社会主义现代化强国培养一代接一代、一代胜过一代的接班人。

8953 | **11 月 30 日至 12 月 2 日**

国家教委在江苏南京召开学校艺术教育工作会议。会议的主要任务是研究如何贯彻落实《全国学校艺术教育总体规划（1989—2000 年）》。国家教委副主任何东昌到会发表讲话指出，现在是抓学校德育、美育的好时机，要加强学校艺术教育工作，把艺术教育与思想政治教育很好地结合起来，要坚定地把德育工作放在学校教育的首位，不要形势一开始好转就又放松了。

8954 | **12 月 17 日至 24 日**

国家教委、财政部联合在山东召开全国筹措教育经费、改善办学条件山东现场会。会议认为，山东省从单纯依靠国家办教育转到依靠人民办教育，从单纯依靠财政拨款转到多渠道集资，闯出一条行之有效、适合我国国情的办学新路。会议总结了山东省及全国各地筹措教育经费的经验：一是各级党政领导一把手重视教育；二是依靠群众办教育；三是各部门协同配合；四是制定了改善办学条件的规划。

8955 | **12 月 19 日**

国家教委印发《关于加强全国中小学校长培训工作的意见》，决定进一步加强中小学校长培训工作。《意见》指出，培训将以业余、自学、短期脱产为主，配合高质量的辅导。各地应有计划、有步骤地开展这项培训工作，逐步使岗位职务培训规范化。

8956 | **12月23日**

七届全国人大常委会第十一次会议在北京举行，国务委员兼国家教委主任李铁映作《关于我国教育工作若干问题的汇报》。李铁映指出，要坚持教育的社会主义方向。基础教育是提高民族素质的奠基工程。当前要注意把保证教育质量作为工作的重点。要根据积极发展、按需施教、灵活多样、注重实效的方针，发展职业技术教育。

8957 | **12月27日**

国家教委、劳动部、人事部、国家体改委、全国总工会印发《关于开展岗位培训若干问题的意见》。《意见》指出，岗位培训是对从业人员按岗位需要进行的以提高政治思想水平、工作能力和生产技能为目标的定向培训。有条件的地区、部门和企事业单位要进行资格培训试点。要通过试点，取得经验，逐步展开。

8958 | **12月31日**

国家教委、国家计委印发《关于计划单列市教育计划单列问题的通知》。通知指出，计划单列市的各级各类教育计划由市计委(计经委)和市教委(教育局、第二教育局)根据国家计委、国家教委编报教育事业长远规划和年度计划的要求编制，经与所在省计划、教育部门协商后，直接上报国家计委、国家教委，同时抄报本省计委、教委(高教局、教育厅)。国家对计划单列市的教育事业计划及有关专项拨款单列户头，直接下达。

1990年

改革进行时

• 重要文件

国务院《关于修改〈征收教育费附加的暂行规定〉的决定》

国家教委《全国农村教育综合改革实验区工作指导纲要(试行)(1990—2000年)》

国家教委《关于开展中小学校长岗位培训的若干意见》

国家体委、国家教委《国家体育锻炼标准施行办法》

国家教委、国家体委《学校体育工作条例》

国家教委、卫生部《学校卫生工作条例》

• 重要政策

开展小学教育工作五项督导检查

开展全国中小学校长岗位培训试点

开展农村学校勤工俭学

• 重要会议

国家教委召开全国中小学校长岗位培训试点工作座谈会

国家教委召开全国城市中小学德育工作经验交流会

国家教委召开全国城市教育综合改革实验工作会议

国家教委、财政部、国家计委、农业部召开全国多渠道筹措教育经费、改善办学条件先进单位表彰大会

• 改革亮点

对全国中小学教育工作进行大规模督导检查。受国务院委托，国家教委开始分期分批地对26个省、自治区、直辖市的中小学教育工作进行五项督导检查。这是新中国成立以来，我国开展的第一次对全国中小学教育工作大规模的督导检查。

9001 | **1月4日**

《中国初中生报》正式出版发行，其前身是《中国少年报（初中版）》，已经创刊一周年。邓小平为该报题写报名。

9002 | **1月7日**

国务院总理李鹏在两名小学生写给他的来信上作出批示："留作业太多，不利于小学生德智体全面发展。这件事，议过多次，请抓紧解决。"

9003 | **1月16日至20日**

国家教委在北京召开1990年度教育工作会议。会议指出，到本世纪末，我国基础教育发展总的目标是：坚持社会主义方向，面向21世纪，初步形成以九年义务教育为主体的，与高等教育、职业技术教育和成人教育相协调的，适应社会主义现代化建设需要的基础教育体系。会议重点研究了如何加强学校的思想政治工作和基础教育工作。

9004 | **1月23日**

国家体委、国家教委发布《国家体育锻炼标准施行办法》。《施行办法》对《标准》中的部分项目和评分评级标准进行了适当的修改和调整，其科学性、实用性和适应性得到进一步加强。

9005 | **2月15日**

国家教委印发《关于重申贯彻〈关于减轻小学生课业负担过重问题的若干规定〉的通知》。通知指出，国家教委早在1988年就发布《关于减轻小学生课业负担过重问题的若干规定》，但是在一些地方、一些学校并未认真贯彻执行《规定》。各级人民政府和教育行政部门十分有必要在上半年，就此规定执行情况进行一次全面检查。

9006 | **2月16日**

国家语言文字工作委员召开电话会议。会议指出，语言文字工作是关系政治、经济、文化和社会生活各个方面的一项基础性工作，要实现语言文字的规范化、标准化，必须动员广大干部群众参加这项工作，调动各方面的积极因素。语言文字工作的基础环节在中小学，各级语委要与各级教委密切配合，做好中小学教师以及中师学生的普通话、拼音方案、用字规范等方面的培训、测试、检查验收工作，把中小学教师作为搞好语言文字工作的基本力量。

9007 | **2月19日**

国务院总理李鹏给福建石狮坑东小学全体少先队员复信，勉励他们好好学习，天天向上，立志做中国社会主义事业可靠的接班人。1989年6月1日，坑东小学全体少先队员给李鹏总理写信表示，“我们这一代不能变心，五星红旗不能改变颜色”。1990年1月20日，坑东小学全体少先队员又向李鹏写信问好，并汇报了学校开展学习雷锋、学习赖宁活动的情况。

9008 | **2月20日**

就当前小学生课业负担过重的问题，国家教委副主任柳斌向首都新闻界发表谈话。柳斌指出，社会各界群众对小学生课业负担过重问题反映十分强烈。这个问题在城市尤为突出，其表现一是作业量过大，二是各种名目的复习、参考资料过多，使小学生书包过重，保证不了足够的睡眠，用眼过度造成近视眼发病率越来越高。课业负担过重严重影响对党的教育方针的贯彻，不利于小学生品德、智力、体质诸方面全面发展。

9009 | **2月22日**

国务院妇女儿童工作协调委员会在北京成立。委员会主要负责协调妇女儿童工作需要政府部门解决的有关问题，由国家计委、国家教委、国家科委、国家民委、中国科协、全国总工会、共青团中央、全国妇联等单位的负责人组成。国务委员兼国家教委主任李铁映任主任。原全国儿童少年工作协调委员会的工作纳入妇女儿童工作协调委员会，组织机构也相应撤销。

9010 | **2月27日**

国家教委办公厅印发《关于对中学〈世界历史〉教材在教学中进行若干改动的通知》。通知指出，现行初、高中《世界历史》教材在教学中需要做一些改动。初中《世界历史》（全一册）现代部分第五章中的“人民民主力量的壮大”一目和第六章中“美苏争霸”一目，在教学中不再讲授。

9011 | **3月4日**

首都万名青少年在天安门广场举行“学习雷锋精神，争做亚运先锋”主题团队会。

9012 | **3月5日至9日**

由联合国儿童基金会、联合国教科文组织、联合国开发计划署、世界银行联合举办的世界全民教育大会在泰国召开。会议强调了全民基础教育的重要性，动员和组织国际社会有关各方在全球范围内为实现全民教育目标而采取协调一致的行动。国务委员兼国家教委主任李铁映率中国代表团参会并发表讲话指出，必须把教育放在优先发展的战略地位。

9013 | **3月6日**

国家教委副主任何东昌在北京会见抚顺市雷锋小学的代表，充分肯定并高度赞扬雷锋小学27年来坚持开展学雷锋活动及收到的可喜效果。何东昌强调，用雷锋精神培育下一代，对坚持社会主义事业，防止国际国内反动势力在中国搞和平演变具有重要意义。

9014 | **3月8日**

国家教委办公厅发布《国家教委、财政部关于筹措教育经费、改善办学条件山东现场会情况报告》。1989年12月17至24日，国家教委、财政部联合在山东召开全国筹措教育经费、改善办学条件山东现场会。《中国教育报》刊发了国务委员兼国家教委主任李铁映在1989年12月21日全国筹措教育经费、改善办学条件山东现场会上所作题为《多渠道筹措教育经费改善办学条件》的讲话全文。李铁映对到会的各省、自治区、直辖市的同志提出几点希望和要求：第一，要充分肯定山东省的经验；第二，要结合本地区的实际情况，认真学习推广山东省及各地包括本地区在多渠道筹措教育经费、改善办学条件方面的经验；第三，要发动群众、依靠群众办好教育，不仅集资办学、改善办学条件要走群众路线，要办好我们的教育事业也要走群众路线；第四，要坚持社会主义办学方向，把德育摆在首位，全面提高教育质量。

9015 | **3月12日**

经国务院批准，国家教委、国家体委发布《学校体育工作条例》。5月14日，国家教委、国家体委联合印发《关于实施〈学校体育工作条例〉的通知》。《条例》共9章31条，对体育课教学、课外体育活动、课余体育训练等问题作出了明确规定。

9016 | **3月13日**

北京市2000名少先队员在市少年宫举行“学习赖宁，做党的好孩子”主题队会暨赖宁塑像揭幕典礼。少先队员们表示要以赖宁为榜样，勤奋学习，做革命事业的接班人。同时，北京少年儿童出版社出版的长篇小说《赖宁的世界》举行首发式。

9017 | **3月14日**

国家教委召开新闻发布会。发布会披露我国目前中小学校舍面貌已发生了显著变化。1989年全国中小学校舍建筑总面积已达6.8亿平方米，比1980年增加2.2亿平方米，比1988年增长3.7%。据统计，从1981年到1989年上半年，中央和地方财政拨款、群众自筹、社会集资等用于新建、改建和修缮校舍的资金达到342.5亿元，改建危房2.7亿平方米。截至1989年9月，全国中小学危房面积占校舍总面积的比例已由1980年的17%下降到4.44%。1989年比1988年下降了1.88%，是历年来下降幅度最大的一年。

9018 | **3月15日**

据《中国教育报》报道，广东省教育厅制定《广东省中小学生预防近视眼守则》《广东省中小学领导、教职员工保护学生视力工作守则》，要求学校、家庭、学生相互配合，做好近视眼的预防工作，控制中小学生的近视率。

9019 | 3月20日

七届全国人大三次会议在北京人民大会堂开幕，国务院总理李鹏作题为《为我国政治经济和社会的进一步稳定发展而奋斗》的《政府工作报告》。《报告》指出，1989年是很不寻常的一年，我国各族人民经历了惊心动魄的斗争和严峻的考验，战胜了重重困难，巩固和发展了社会主义阵地，取得了历史性的伟大胜利。1990年是九十年代的第一年，是治理整顿和深化改革极为重要的一年，要在治理整顿和深化改革中推动科学技术进步，保证教育事业稳步发展。《报告》指出，发展教育事业的根本目的在于提高民族素质，为社会主义建设培养各类人才。各级各类学校必须切实纠正忽视德育的倾向，贯彻教育为社会主义建设服务，教育与生产劳动相结合，德智体全面发展的方针，始终把坚定正确的政治方向放在首位。中小学校要根据学生的年龄特点，由浅入深，有步骤地进行爱国主义、集体主义、社会主义和共产主义的思想教育，加强国情教育和劳动教育，继续开展行为规范教育，广泛开展学习赖宁的活动。继续抓好基础教育，稳步推进九年义务教育，并采取积极措施，制止中小学生辍学。继续实施“燎原计划”，推动农村教育综合改革；加快职业技术教育管理体制的改革，促进职业技术教育健康发展。广大教育工作者和各级各类学校，都要重视对社会主义教育思想的研究，不断改进教学方法，利用现代技术，开发新的教学手段，努力提高教育质量。《报告》提出，在财政相当困难的情况下，国家继续增加了用于教育的资金。同时，要充分调动各方面的积极性，鼓励社会力量办学，开辟多种渠道筹措教育资金，继续改善办学条件。

9020 | 3月20日

国家教委办公厅印发《关于以鸦片战争150周年为题对中小学生进行爱国主义教育的通知》。通知宣布，以鸦片战争150周年为题，在全国大中小学开展爱国主义教育活动，要求各地有关部门和学校抓住时机，对大中小学生进行一次生动的爱国主义教育。

9021 | **3月25日**

中小学幼儿教师奖励基金会第四次理事会在北京举行。与会领导希望社会各方关心教育、支持教育，为培养社会主义事业的接班人而努力。会议强调，今后要长期、大范围地对教师进行奖励，并使之成为一种社会行为。各级党政领导和社会各界人士要大力支持基金会的工作，把这项尊师重教、利国利民的事业做得更好。

9022 | **3月**

国家体委、国家教委、国家民委、广播电影电视部、卫生部、全国总工会、共青团中央、全国妇联、总参谋部、总政治部印发《关于在全国积极推行第七套广播体操的联合通知》，决定在全国推行第七套广播体操。

9023 | **4月9日**

国家教委办公厅印发《关于认真解决民办教师工资拖欠问题的通知》。通知要求，地方人民政府要关心解决民办教师工资拖欠问题，将所欠民办教师工资尽快还清。

9024 | **4月10日**

全国首届教育科学优秀成果评选结果揭晓。这是新中国成立以来我国首次举办的教育科学优秀成果评选活动。同日，国家教委办公厅印发《关于全国首届教育科学优秀成果评选结果及有关事宜的通知》。

9025 | **4月13日**

国家教委印发《关于进一步加强中小学德育工作的几点意见》。《意见》提出，要切实把德育放在学校教育工作的首要地位；要在继续加强学生道德教育的同时，切实加强思想和政治教育；坚持教育与生产劳动相结合的原则，加强社会实践环节等。

9026 | **4月17日**

国家语委和新闻出版署联合召开新闻发布会，正式发布了新修订的《标点符号用法》。国家教委副主任、国家语委主任柳斌要求社会各界重视语言文字的规范化，希望语言文字的学术讨论不要干扰国家语文政策的实行。

9027 | **5月3日**

首都各界青年和知识分子代表3000多人在北京人民大会堂集会，庆祝“五四”青年节。中共中央总书记江泽民发表题为《爱国主义和我国知识分子的使命》的讲话。李鹏、乔石、宋平等中央领导同志出席了会议。

9028 | **5月4日至8日**

国家教委中小学教材审定委员会办公室在江苏南京召开全国乡土教材建设经验交流会。本次会议共收到各省、自治区、直辖市教委、教育厅（局）经过初评推荐报选的优秀乡土教材近200种。经会议评委会评选确定，有18种乡土教材获全国优秀乡土教材一等奖，62种获二等奖，101种获鼓励奖。

9029 | **5月7日**

纪念《人民教育》杂志创刊40周年座谈会在北京举行。国务委员兼国家教委主任李铁映、全国人大常委会副委员长严济慈、国家教委副主任何东昌为杂志题词，以示祝贺。

9030 | **5月10日**

国家教委印发《关于教育事业“八五”计划和十年规划工作有关问题的通知》。通知对拟定教育事业“八五”计划和十年规划的指导思想、今后十年教育事业发展目标的设想、工作方法和要求作了详细说明。

9031 | **5月10日**

国家教委办公厅印发《关于进一步做好控制中小学学生流失工作的通知》。通知指出，对制止中小学学生流失工作不能懈怠，更不能盲目乐观，必须严格按照《义务教育法》的要求，进一步抓好制止中小学学生流失的工作。各地教育行政部门在贯彻执行《义务教育法》过程中，必须继续落实国家教委1989年印发的《关于严格控制中小学生流失问题的若干意见》，深入实际，调查研究，切实从本地区的实际情况出发，狠抓薄弱地方和薄弱环节，有针对性地采取措施，力求抓出成效，使1990年小学学生流失率明显低于1989年，初中生流失率上升的趋势也能得到控制。要进一步纠正一些地方中小学乱收费的做法。

9032 | **5月15日**

由国家教委基础教育司组织有关出版社编写的“鸦片战争150周年教育丛书”首发式在北京举行。与会领导强调，全国各级各类学校，特别是中小学校，要把以鸦片战争150周年为题的反帝爱国主义教育认真抓好，使广大青少年受到生动、具体的爱国主义教育。

9033 | **5月17日**

经中共中央批准，中国关心下一代工作委员会在北京成立。中国关工委是以组织老同志关心、教育下一代的工作为目的的群众性工作组织，中国关工委主任由党中央任命。

9034 | **5月19日**

全国第一所“希望小学”在安徽金寨成立。这是共青团中央和中国青少年发展基金会实施“希望工程”、救助贫困地区失学少年所办的一件实事。

9035 | **5月20日**

首届“中国学生营养日”大会在北京举行。为了广泛宣传营养卫生知识，促进社会各界重视与支持学生营养卫生工作，提高学生的健康水平，中国学生营养促进会决定每年的5月20日为“中国学生营养日”。

9036 | **5月23日**

国家教委邀请上海一师附小等七所小学校长，汇报开展“愉快教育”、减轻学生负担的经验。国家教委副主任何东昌强调指出，不得随意增加或减少课程和课时；要坚决控制统考次数；升学考试命题不得超越大纲要求，不得出偏题、难题、怪题。教育部门要设法改革升学制度，以减轻学校压力，绝大多数地区中小学不应再搞重点学校。要加强薄弱初中建设，与小学升学制度改革配合起来。

9037 | **5月28日至30日**

国家教委在北京举行全国中小学校长岗位培训试点工作座谈会。会议指出，经过北京等一些省（直辖市）的试点，中小学校长岗位培训，已经取得一定成效。会议决定，1990年内在全国进一步推开试点工作，为完成对所有中小学校长轮训一遍的任务打好基础。

9038 | **5月30日**

国务委员兼国家教委主任李铁映召集国家教委有关司局和国务院法制局等有关部门负责人对《中华人民共和国教师法（草案）》进行了讨论。李铁映要求相关人员进一步做好《教师法》的起草制定工作。

9039 | **5月31日**

国家教委办公厅印发《关于成立〈中国教育年鉴〉编委会的通知》，决定成立《中国教育年鉴》编写委员会，做好年鉴的编写工作。

9040 | **6月1日**

国家教委、共青团中央、文化部、新闻出版署联合印发《关于公布1990—1991学年度"全国红领巾读书读报奖章活动"推荐书目的通知》，并公布推荐书目。

9041 | **6月4日**

国家教委、卫生部共同发布《学校卫生工作条例》。《条例》共6章41条，对学校卫生工作及其管理与监督等作了明确规定。《条例》从行政法规的角度进一步明确，学生体质、健康状况的监测是学校卫生工作的主要任务之一，要将其列为学校卫生的经常性工作。《条例》提出，学校卫生工作的主要任务是：监测学生健康状况；对学生进行健康教育，培养学生良好的卫生习惯；改善学校卫生环境和教学卫生条件；加强对传染病、学生常见病的预防和治疗。

9042 | **6月4日**

国家教委印发《关于农村中小学参加扫盲工作的通知》。通知提出，“日校办夜校，一师任两教”是我国扫盲的重要经验。国家教委要求，各级教育部门要积极动员农村中小学教师和小学高年级以上的学生利用暑假、寒假和其他课余时间积极参加当地的扫盲工作。农村中小学要利用已有的校舍设备，积极举办扫盲班或举办农民学校，做到“一校多用”。

9043 | **6月4日至12日**

国家教委在江苏南京、上海召开全国城市中小学德育工作经验交流会。会议指出，要抓住当下德育的大好时机，彻底改变德育的薄弱状况，建立起与经济建设、民主政治建设和社会主义精神文明建设相适应的学校德育新格局。把德育放在首位，一要帮助学生树立正确的政治方向，解决好走社会主义道路的问题；二要培养学生正确的人生价值观念，解决为人民服务的问题。

9044 | **6月6日**

国家教委印发《关于加强和改进教学研究室工作的若干意见》。《意见》提出，教学研究室是地方教育行政部门设置的承担中小学教学研究和学科教学业务管理的事业机构。省、地（市）、县（区）都要设立教学研究室。要加强科学试验，各级教学研究室均应立即建立自己的小学、初中、高中的实验点和示范点，注意培养和依靠当地各学科的教学骨干开展教研工作。

9045 | **6月6日至10日**

国家教委在山东潍坊召开全国农村学校勤工俭学现场会暨1990年全国中小学勤工俭学工作会议。会议指出，各地党委和人民政府要为发展农村学校勤工俭学创造条件，帮助它们开发勤工俭学基地，把这项工作纳入农村教育整体改革计划中去，作为重要的一部分来抓。

9046 | **6月7日**

国务院发布《关于修改〈征收教育费附加的暂行规定〉的决定》，对《征收教育费附加的暂行规定》进行第一次修订，于 1990 年 8 月 1 日起施行。新《暂行规定》指出教育费附加，以各单位和个人实际缴纳的产品税、增值税、营业税的税额为计征依据，教育费附加率为 2%，分别与产品税、增值税、营业税同时缴纳。对从事生产卷烟和经营烟叶产品的单位，减半征收教育费附加。

9047 | **6 月 9 日**

《中国学校体育》首发式在北京举行。它是新中国成立 40 多年来第一本反映我国各级各类学校体育、卫生、科研的大型画册。国务院总理李鹏、国务委员兼国家教委主任李铁映为画册题词。

9048 | **6 月 11 日**

国家教委转发《关于中小学教育工作五项督导检查的报告》。《报告》指出，中小学德育工作得到加强和改进；教育经费增长的政策基本落实，中小学教师的工资和社会福利待遇有了提高；中小学校舍危房改造工作成绩显著；小学生流失现象已初步得到控制，初中学生流失率居高不下；乱收费问题有所纠正。《报告》提出，这次“五查”，是各级人民政府对其下级人民政府教育工作的督导、检查，也是第一次全国规模的教育督导实践。

9049 | **6 月 18 日**

国家教委办公厅转发国家体委《关于公共体育场所应进一步向中小学生开放的意见》。《意见》指出，公共体育场馆对广大中、小学生开展体育活动的需求，应从实际出发，配合教育部门，作出具体安排。

9050 | **7 月 1 日**

国家教委发布《全国普通大、中学校学生体育竞赛暂行规定》，旨在加强对普通大、中学校学生体育竞赛的领导和管理，切实保证竞赛的质量。

9051 | **7 月 2 日**

国家教委印发《关于开展中小学校长岗位培训的若干意见》《全国中

小学校长岗位培训指导性教学计划（试行草案）》。《教学计划》规定了中小学校长培训的对象、目的和要求等。

9052 | 7月6日

“中学生品德修养故事丛书”首发式在北京举行。这套书是为配合学校对中学生进行思想品德教育，以国家教委发布的《中学德育大纲（试行稿）》的七项基本要求为依据、由国家教委基础教育司和中国教育学会联合组织编写的。

9053 | 7月9日

国家教委发布《全国农村教育综合改革实验区工作指导纲要（试行）（1990—2000年）》。《指导纲要》对实验区工作进一步端正办学方向，调整教育结构，认真贯彻《义务教育法》，积极发展职业技术教育、成人教育，大力开展小学后、初中后、高中后职业技术培训，抓好扫盲工作，加强德育工作，编写乡土教材，加强农科教结合，进一步完善“分级办学、分级管理”的办学体制，加强教育科研等提出明确要求。

9054 | 8月14日

据《中国教育报》报道，1987年国务院召开的第二次援藏会议确定的5000万元援藏教育基本建设投资项目已基本完成。项目的完成，使西藏的一部分学校，特别是使中小学和边境地区县以下学校的办学条件发生了根本性变化。

9055 | 8月22日

“七五”期间国家教育科研重点项目《教育大辞典》首发式在北京举行。该辞典由上海教育出版社出版，是我国第一部大型教育专业工具书。它包括教育学、教育心理学、教育哲学、教育经济学、教育社会学、教育边缘科学、教育技术学等25个分册。

9056 | 8月24日

国家教委印发《关于实施〈中华人民共和国国旗法〉　严格中小学升降国旗制度的通知》。通知要求各地中小学在1990年秋季开学初，结合新中国成立41周年纪念日，采取多种形式，开展宣传《国旗法》、学习《国旗法》活动，使广大师生充分认识到制定和执行《国旗法》的重要意义，集中对学生进行一次生动具体的爱国主义教育。通知要求，今后还要把升降国旗制度的实施情况列为政府部门督导、检查、评估学校教育的内容之一。

9057 | **8月**

新编中小学教材开始试用。国家教委有关负责人指出，中小学教材改革已取得阶段性成果，根据九年制义务教育教学大纲编写出的8套中学教材、9套小学教材于1990年秋季开始在少数地区和学校试用。

9058 | **8月**

山西省教委印发《关于在中学进行国情教育的通知》，决定从1990至1991学年度开始，在全省中学生中开展国情教育。通知指出，对学生进行国情教育主要是通过集中教育活动的灌输和各有关学科教学的渗透等方式进行，并统一使用省教委组织编写的《国情教育》。

9059 | **9月5日**

国家教委转发国务院办公厅《关于调整北京市中小学学杂费住宿费收费标准问题的复函》并印发通知。通知要求各地继续贯彻“依靠人民办教育”的方针，鼓励企事业单位、社会团体和个人自愿捐资助学、集资办学，结合本地的实际情况，制定合理的中小学杂费、住宿费标准。

9060 | **9月10日**

国家教委在北京人民大会堂举行全国优秀德育教师代表座谈会。会议强调，九十年代教育战线一项重要任务就是提高全体教师和学生的思想政治水平和德育水平。

9061 | **9月11日**

国家教委办公厅印发《关于提请注意以德育工作业绩为主要依据评选一批中小学特级教师的通知》。通知强调，在中小学特级教师评选中，要把德育工作业绩作为主要考核依据。

9062 | **9月13日**

国家教委印发《关于被评为全国教育系统劳动模范的民办教师奖励升级的意见》。《意见》指出，对被评为全国教育系统劳动模范的民办教师，同公办教师一样给予工资晋升奖励。

9063 | **9月13日**

据《中国教育报》报道，国家教委印发《关于在中学毕业年级进行国情教育的通知》。通知规定，1990至1991学年度，各地学校要利用时事教育课时间，较系统地对初三和高三两个即将毕业年级的学生进行一次国情教育。应使学生了解我国的过去、现在和未来发展前景，激发他们的爱国热情，拥护中国共产党的领导，坚定走社会主义道路的信念，树立振兴中华、建设"四化"的志向和艰苦奋斗的精神，并逐步学会全面地、历史地、辩证地认识问题。

9064 | **9月13日至23日**

国家教委在黑龙江佳木斯和辽宁沈阳召开全国城市教育综合改革实验工作会议。国家教委副主任何东昌指出，城市教育综合改革要解决与城市的经济社会发展和社会文化相适应相协调的问题，重点应放在中等以下的各级各类教育、岗位培训及高中后的短期职业培训上。

9065 | **9月16日**

中共中央、国务院发布《关于坚决制止乱收费、乱罚款和各种摊派的决定》。《决定》提出，对"三乱"进行综合治理，纠正教育行业不正之风。

9066 | **10月11日至16日**

全国学生体质、健康监测工作座谈会在湖南益阳召开。12月31日，国家教委、卫生部、国家体委 、国家民委、国家科委印发《座谈会纪要》。《纪要》提出，各省、自治区、直辖市要成立由有关部门组成的学生体质、健康监测工作领导小组及办公室，聘请有关专业人员组成调研组，对本地区学生体质、健康监测工作进行部署和指导。

9067 | 10月13日至17日

中国少年先锋队全国代表大会在北京人民大会堂召开。中共中央总书记江泽民在开幕式致辞中向代表们表示祝贺，并希望大家要从小树立崇高理想、养成高尚道德、学好文化知识、锻炼强健体魄，向赖宁学习，做社会主义事业的接班人。大会通过《关于全国少工委工作报告的决议》《中国少年先锋队队章修改方案》和新修订的《中国少年先锋队章程》。

9068 | 10月15日至19日

全国城市中小学教职工住房建设经验交流会在云南昆明举行。会议披露，我国城市中小学教职工人均住房面积已从1983年的3.8平方米提高到现在的5.73平方米，居住条件得到改善。

9069 | 10月23日至26日

国家教委在四川自贡举行全国中小学教师继续教育工作座谈会。会议的主要议题是：交流、总结各地开展中小学教师继续教育的情况和经验，研究、探讨开展中小学教师继续教育工作的方针、政策及有关问题，讨论制定关于开展小学教师继续教育的意见。12月1日，国教教委办公厅印发会议纪要。

9070 | 10月28日至31日

全国中小学实验教学普及县现场会在四川成都召开。会议听取了有关教育部门近年来在中小学实验室建设和开展实验教学工作的经验汇报；参观了成都市已经普及了实验教学的24所中小学。

9071 | 10月29日

国家教委办公厅印发《关于加强义务教育阶段中小学生写字教学的通知》。通知提出，全日制五年制或六年制小学，要采取有力措施，切实贯彻执行教学计划，保证上好写字课，进一步提高写字教学的水平；其他类型的小学，也要安排一定的写字训练时间，保证落实小学语文教学大纲关于写字教学的要求。全日制初中可以从实际出发，将写字教学穿插在语文课中进行，也可在自习或课外活动中安排。

9072 | **11 月 15 日**

国家教委印发《关于教育系统纠正行业不正之风的通知》。通知指出，当前应该着重做好以下工作：加强思想教育，提高广大教职工对加强廉政建设、纠正行业不正之风重要性的认识；建立、健全制度，严格执行，不断检查；认真查处违法违纪案件；充实监督机构，增强教育系统内部的约束机制。

9073 | **11 月 17 日**

国家教委印发《农村教育综合改革实验县贯彻〈学校体育工作条例〉和〈学校卫生工作条例〉的意见》。《意见》从健全机构、加强领导、加强规划等六个方面，对农村教育综合改革实验县贯彻《学校体育工作条例》和《学校卫生工作条例》提出要求。

9074 | **11 月 20 日至 22 日**

国家教委学校体育卫生司和卫生部卫生监督司在上海川沙召开全国农村学校卫生工作试点县总结表彰会。全国有 20 个试点县在会上受到表彰。

9075 | **11 月 26 日至 29 日**

全国妇联、国家教委在广西柳州联合召开全国部分省（自治区）女童就学工作经验交流会。会议提出，要切实负起教育后代的重要责任，把女童上学工作继续深入、扎实、富有成效地开展下去。

9076 | **12 月 1 日**

国务院总理李鹏在全国计划会议闭幕式上作重要讲话。李鹏强调指出，以教育为本，依靠科技振兴经济，是我们坚定不移的方针。要进一步端正办学的指导思想，把德育放在首位，对学生进行爱国主义、集体主义和社会主义的教育，培养德、智、体全面发展的、为社会主义建设服务的人才。

9077 | **12 月 5 日至 13 日**

国家教委在湖南长沙召开加速师范院校标准化建设，培养合格中小学教师座谈会。会议提出，各级人民政府和教育部门在安排“八五”计划时，都要从战略的高度出发，把人民放在优先发展的地位。师范教育一直是党中央、国务院和国家教委发展教育事业的战略重点。

9078 | **12月10日**

国家教委印发《关于中小学教师职务聘任工作中有关问题的通知》。通知指出，中小学教师专业合格证书是对不具备国家规定学历的中小学教师建立的一种考核制度，并作为评聘教师职务的参评条件，已在首次教师职务评聘工作中予以认可。经商得人事部同意，中小学教师专业合格证书仍可作为评聘教师职务的参评条件。

9079 | **12月18日至20日**

国家教委、财政部、国家计委、农业部在北京召开全国多渠道筹措教育经费、改善办学条件先进单位表彰大会。国务委员兼国家教委主任李铁映出席大会并讲话指出，从1981年到1990年上半年，全国各地通过多种渠道共筹措维修改造校舍的资金365亿元，维修改造校舍3.19亿平方米，全国中小学危房率可望在1990年降到3%以下，这将保证今后30年至50年我国中小学有一个基本的办学条件；多渠道筹措教育经费，改善办学条件，是我国教育事业的一条重要指导方针，要健康、深入、持久地开展下去。河南、江西、广西、甘肃、宁夏、江苏、辽宁7省（自治区）受到表彰奖励。

9080 | **12月20日**

国家教委发布《中、小学卫生室器械与设备配备目录》。《目录》是对具有一定规模的中、小学卫生室器械与设备配备的基本要求，也是全面评估学校工作的一项基本指标。

9081 | **12月25日至30日**

党的十三届七中全会在北京举行。会议通过了《中共中央关于制定国民经济和社会发展十年规划和“八五”计划的建议》。《建议》提出了今后十年我国发展科技教育文化事业的任务和政策，强调要加强基础教育。

“八五”期间，在占全国人口 80% 左右的地区普及初等义务教育，占全国人口 30% 以上的地区普及初中阶段义务教育。

9082 | **12 月 29 日**

国家语委、国家教委印发《关于小学普及普通话的通知》。通知从小学普及普通话的要求、进程、措施、规划四个方面，对小学普及普通话工作作了说明。

1991年

改革进行时

• 重要文件

国务院《禁止使用童工规定》

国务院办公厅转发国家教委等九部门《关于创造良好社会教育环境保护中小学生健康成长的若干意见》

国家教委《教育督导暂行规定》

国家教委《小学生日常行为规范》

国家教委《普通中小学校督导评估工作指导纲要》

中宣部、国家教委《关于加强和改进中学干部、教师思想政治工作若干问题的通知》

国家教委《全国中小学校长任职条件和岗位要求（试行）》

国家教委、全国教育工会《中小学教师职业道德规范》

• 重要政策

全国教育系统治理“三乱”

落实中小学生日常行为规范

检查《义务教育法》贯彻实施情况

开展农村教育国际间对话交流

探索城市教育综合改革

• 重要会议

国家教委召开全国教育系统治理“三乱”工作紧急会议

国家教委、人事部、国家计委召开全国民办教师工作经验交流会

国家教委召开全国中小学生近视眼防治工作电话会议

国家教委召开全国中小学校长队伍建设与培训工作会议

国家教委、文化部等七部门召开全国少年儿童校外教育工作会议

国家教委召开教育督导工作会议

国家教委、共青团中央召开全国中小学学雷锋现场会

国家教委、中国联合国教科文组织全国委员会召开农村教育国际研讨会

国家教委、国家体委召开全国农村学校体育工作会议

国家教委召开全国城市教育综合改革经验交流会

• 改革亮点

扎实推进中小学校长培训工作。中小学校长培训工作，是基础教育事业的一项重要工作。为了实现有计划、有步骤地推进校长培训，国家教委要求认真搞好全国 100 万名中小学校长的培训工作。开展这项工作，对普及九年制义务教育及全面提高中小学教育质量和管理水平具有重要的意义。

9101 | 1月11日至13日

国家教委在北京召开全国教育系统治理“三乱”工作紧急会议。会议指出，教育系统要坚决按照中共中央、国务院提出的要求，统一思想，提高认识，加强领导，依法办事，迅速把“三乱”治理好。

9102 | 1月23日至26日

国家教委在北京召开1991年度教育工作会议。会议指出，今后十年，我国教育事业总目标是建立起适应社会主义现代化建设需要、面向21世纪、具有中国特色的社会主义教育体系的基本框架；总任务是为现代化建设培养人才和为坚持发展社会主义制度培养可靠接班人；基本原则是优先发展教育，坚持社会主义方向，坚持教育改革开放，坚持多渠道筹措教育经费，加强教师队伍建设等。“八五”期间，基础教育方面，要在占全国人口80%左右的地区普及初等义务教育，争取在全国人口40%左右的地区普及初中阶段义务教育。

9103 | 2月4日至8日

国家教委、人事部、国家计委在河南郑州联合召开全国民办教师工作经验交流会。会议充分肯定了民办教师在农村教育乃至社会主义现代化建设事业中的重要地位、作用和历史功绩。会议指出，民办教师是现阶段我国社会发展客观需要的产物，今后不再吸收民办教师，要通过“民转公”和师范定向招生，提高教师整体队伍质量。

9104 | 2月6日

国家教委印发《关于加强学生视力保护，做好近视眼防治工作的通知》，并确定3月10日至16日在全国开展“保护学生视力宣传周”活动。3月8日，国家教委在北京召开全国中小学生近视眼防治工作电话会议，要求各级教育行政部门和学校采取措施，从根本上控制近视发病率。

9105 | 2月7日

国家教委办公厅印发《关于加强中小学生竞赛活动管理的通知》。通知提出，规范各类竞赛活动，以促进中小学生德、智、体全面发展为目标。

9106 | 2月9日

国家教委办公厅印发《关于在中小学校开展远足活动的通知》。通知指出，远足是一项富有健身价值和教育意义的校外体育活动，各地要在中小学校积极开展远足活动。

9107 | 2月11日

国家教委在北京召开全国教育系统治理“三乱”电视会。会议对教育系统治理“三乱”工作提出四点要求：要做好宣传教育；抓住重点问题；掌握政策界限；加强监督检查。

9108 | 2月20日

国家教委办公厅转发全国政协医药卫生体育委员会、全教育文化委员会《当前中小学体育工作中存在的主要问题及改进意见》并印发通知。通知要求，按照要求配齐体育、卫生仪器和器材等；按大纲要求上好体育课；切实保证学生每天1小时体育活动时间；继续抓好体育教师培养、培训工作。

9109 | 2月25日

国家教委、人事部印发《关于中小学教师职务聘任工作中有关问题的通知》。通知指出，中小学教师专业合格证书是国家教委对不具备国家规定学历的中小学教师经过严格统一考试合格后发布的一种证明。

9110 | 2月26日至3月3日

9106—11 国家教委、文化部、广播电影电视部等七部门在广东广州联合召开全国少年儿童校外教育工作会议。会议商讨如何切实加强少年儿童校外教育工作，创造良好的社会育人环境，保护少年儿童健康成长，促进“八五”期间的少年儿童校外教育工作的阵地建设等问题。

9111 | 3月9日

中共中央总书记江泽民致信国家教委负责人，强调“要对小学生（甚至幼儿园的孩子）、中学生一直到大学生，由浅入深、坚持不懈地进行中国近代史、现代史及国情教育”，使他们认识人民政权来之不易，提高民族自尊心和自信心。

9112 | **3月15日**

国家教委发布《试点中学培养体育运动后备人才暂行管理办法》。《暂行管理办法》规定试点中学培养体育运动后备人才试点工作的组织领导、招生、思想品德教育、教学与学籍管理等具体内容，促进大、中、小学“一贯制”课余体育训练体系的建立。

9113 | **3月26日**

在七届全国人大四次会议上，受国务院委托，国务委员兼国家计委主任邹家华作《关于1990年国民经济和社会发展计划执行情况与1991年计划草案的报告》。《报告》指出，1990年是进一步治理整顿和深化改革的一年。各级各类教育继续发展，九年制义务教育和扫盲工作进一步推进。1991年是第八个五年计划的头一年，要努力做好这一年的工作，使新的五年计划有一个良好的开端。1991年，要稳步发展各级各类教育，把基础教育和职业技术教育放在突出的位置。要继续推进九年制义务教育，抓好扫盲工作。

9114 | **4月3日**

国家教委办公厅印发《全国教育科学研究十年规划和“八五”计划要点及实施意见》。文件提出，九十年代教育科学研究的奋斗目标是：争取在当前教育改革与发展所提出的重大理论问题和实际问题的研究上取得突破性进展；加快建设具有中国特色的社会主义科学学科体系；进一步提高教育科研队伍的政治、业务素质；强化教育科学研究的基础工作，健全全国教育科学情报网；在实践中不断探索符合我国国情的教育科研体制模式；有计划地翻译国外有影响力的教育论著等。

9115 | **4月9日**

国家教委印发《关于成立国家教委关心下一代工作委员会的通知》。通知明确提出，国家教委关心下一代工作委员会是在中共国家教委党组领导下的工作机构，其任务是指导、组织教育战线离退休的专家、教师、干部和职工，配合学校，对青少年学生进行思想政治和道德品质教育。国家教委同时附发《致全国教育战线离退休的老教师、老专家、老干部的倡议书》和《国家教委关心下一代工作委员会1991年工作要点》。4月16日，国家教委关心下一代工作委员会在北京成立。

9116 | **4月12日**

全国人大教科文卫委和国家教委在北京召开纪念《义务教育法》发布五周年座谈会。会议回顾五年来基础教育事业发展的巨大成就，共议未来十年实施《义务教育法》、推动基础教育发展的大计。国务委员兼国家教委主任李铁映在会上作了讲话

9117 | **4月15日**

国务院发布《禁止使用童工规定》。《规定》共19条，自发布之日起施行。《规定》明确禁止单位或个人使用童工，并对违反《规定》使用童工的单位或个人进行处罚。

9118 | **4月16日**

国家教委发布《关于加强中小学学生用练习册、寒暑假作业、辅导材料编写和使用管理的规定》。9月13日，国家教委办公厅印发《关于坚决制止中小学生滥用复习资料的紧急通知》。

9119 | **4月25日**

国家教委办公厅印发《关于在中小学进一步开展爱国主义教育活动的意见》。《意见》要求各地教育行政部门和中小学校围绕中国共产党建党70周年、辛亥革命80周年等重要纪念日，进一步深入开展以热爱中国共产党为重点的爱国主义教育活动。

9120 | **4月25日**

国家教委办公厅印发《关于在中小学加强禁毒预防性教育的意见》。《意见》提出，对学生的禁毒宣传教育，应根据不同年龄段学生的特点，结合课堂教学的有关内容进行。小学高年级可结合自然常识课“呼吸卫生”

部分的教学，进行浅显的吸毒危害教育；初中三年级可在生理卫生课“呼吸系统和神经系统的卫生”部分，进行爱护身体和毒品对人体危害的教育。可在中小学历史课中，结合鸦片战争前后中国禁毒斗争的内容，宣传禁毒斗争的重大意义。要结合贯彻《小学生日常行为规范》和《中学生日常行为规范》，培养中小学生高尚情操和良好的行为习惯，增强抵御能力，自觉地与不良行为和违法犯罪作斗争。鉴于目前不少地区中小学学生吸烟现象比较严重，各级教育行政部门应责成所属中小学校高度重视，加强教育与管理，并要求家长予以配合。

9121 | **4月26日**

国家教委发布《教育督导暂行规定》。《暂行规定》指出，教育督导的任务是：对下级人民政府的教育工作、下级教育行政部门和学校的工作进行监督、检查、评估、指导，保证国家有关教育的方针、政策、法规的贯彻执行和教育目标的实现。教育督导的范围，现阶段主要是中小学教育、幼儿教育及其有关工作。

9122 | **4月26日**

国家教委印发《关于在学校师生中进行反对达赖集团分裂活动、加强民族团结教育的通知》，号召广大师生反对达赖集团的分裂活动，以实际行动维护民族团结。

9123 | **5月3日**

国家教委发布《关于坚决制止中小学乱收费的规定》。《规定》指出，中小学乱收费加重了群众负担、影响了学校声誉，不利于社会主义教育事业的健康发展。为了认真贯彻《中共中央、国务院关于坚决制止乱收费、乱罚款和各种摊派的决定》，坚决制止中小学乱收费现象，国家教委制定了此规定。

9124 | **5月7日至10日**

中国联合国教科文组织全国委员会委托中央教科所在北京举办中国中小学教育改革评价方法研讨会。

9125 | 5月9日至12日

国家教委在山东莱芜召开全国中小学校长队伍建设与培训工作会议。会议总结了一年来各地进行中小学校长岗位培训试点的经验，部署今后一段时期的工作。国家教委副主任何东昌到会讲话强调，加强中小学校长队伍建设和培训工作，是全面贯彻党和国家的教育方针的需要，是对付国内外敌对势力的“和平演变”挑战的需要。

9126 | 5月16日

国家教委发布《中学生体育合格标准实施办法》，宣布自9月1日起在全国初中和高中的起始年级施行《实施办法》。《实施办法》规定中学生体育合格的三项要求：体育课成绩合格；参加《国家体育锻炼标准》测验，每一单项达30分；早操、课间操和课外体育活动，一学年累计无故缺勤次数不超过应出勤次总数的1/10，因病、事假缺勤次数不超过应出勤总次数的1/3。

9127 | 5月21日

国家教委发布《普通中小学校督导评估工作指导纲要》《关于实施〈普通中小学校督导评估工作指导纲要〉试点的意见》并印发通知。通知要求各地要从本地区实际出发，制定实施《指导纲要》和《意见》的具体方案，有步骤地做好这项工作。

9128 | 5月23日至26日

国家教委在北京召开教育督导工作会议。会议的中心议题是总结交流“七五”期间教育督导工作的经验，研究贯彻《教育督导暂行规定》，讨论制定教育督导工作“八五”规划，部署教育督导的有关工作。

9129 | 5月25日

据《中国教育报》报道，国家教委在北京召开中学教职工思想政治工作汇报会。会议强调，各级党政有关部门要把加强中小学教师的思想政治工作纳入自己的工作日程。建设一支具有坚定的社会主义方向、良好道德风尚、又红又专的干部和教师队伍，是一项十分迫切和重要的任务。

9130 | 6月1日

国家教委办公厅印发《关于中小学国情教育课外阅读读物的通知》。通知指出，国家教委基础教育司组织编写了供高中、初中学生阅读的《国情教育读本》和供小学学生阅读的《我爱你，中国》《小学生国情十知道》。初中《国情教育读本》1册，供初中三年级学生使用，为必读书。《我爱你，中国》作为小学低年级学生课外读物，《小学生国情十知道》作为小学高年级学生的必读物。

9131 | 6月6日至10日

国家教委、共青团中央在辽宁抚顺联合召开全国中小学学雷锋现场会。会议的任务是学习、贯彻江泽民同志关于德育和国情教育的指示精神；介绍、推广抚顺市加强对学雷锋活动的领导和中小学30年坚持学雷锋的经验；讨论、通过《国家教委、共青团中央关于在中小学进一步深入开展学雷锋活动的意见》；组织与会代表参观抚顺市中小学学习雷锋的有关活动和展览；学习抚顺市在青少年中开展学雷锋的经验，探讨在中小学如何深入开展学雷锋活动和加强德育工作问题。

9132 | 6月18日至24日

国家教委、中国联合国教科文组织全国委员会在山东泰安共同举办农村教育国际研讨会。包括中国在内的26个国家的140名代表及观察员参加会议。会议对如何实现农村教育的大众普及和提高，发挥教育在农村发展中的作用等中心议题展开广泛的国际交流。

9133 | 6月25日

国家教委发布《全国中小学校长任职条件和岗位要求（试行）》，提出校长任职的基本条件、主要职责和岗位要求，是选拔、任用、考核、培训中小学校长的基本依据。文件要求，乡（镇）完全小学以上的小学校长应有不低于中师毕业的文化程度，初级中学校长应有不低于大专毕业的文化程度。

9134 | 6月26日至30日

全国城市教育综合改革实验协作会在山东威海举行第一届研讨会。会议研讨了城市教育管理体制改革、增强市政府统筹决策权等问题。

9135 | 7月1日

中共中央在北京举行庆祝建党70周年大会。中共中央总书记江泽民在会上作重要讲话。在谈到教育问题时，江泽民指出："百年大计，教育为本。教育是社会主义物质文明和精神文明极为重要的基础工程。它对提高全体人民的思想道德和科学文化素质，对培养一代又一代社会主义事业的接班人，具有重大的战略意义。我们必须加强教育工作，大力发展教育事业。"①

9136 | 7月8日

国家体委、国家教委联合发布《体育运动学校办学暂行规定》《体育运动学校学生学籍管理办法》《三年制中等体育专业教学计划》。

9137 | 7月16日

国家教委、人事部印发《关于当前做好中小学教师职务聘任工作的几点意见》。《意见》指出，评聘教师职务时，要从实际出发，在任职年限上，应按人事部有关文件规定掌握，不要死抠年头；对虽然不具备规定学历，但实践经验丰富，任职以来考核成绩优秀，确有真才实学的教师，可根据德才兼备的原则和工作需要破格聘任或任命相应教师职务。

9138 | 7月30日

国家教委、中国红十字总会印发《关于进一步加强全国红十字青少年工作的意见》。《意见》指出，要充分重视和支持红十字青少年工作；要加强组织建设，根据青少年的特点开展红十字青少年工作；要有组织、有计划地开展卫生救护训练和社会服务活动。开展红十字青少年工作，要与学校健康教育和思想品德教育相结合；要与学校其他群众组织的活动相结合。要加强国际国内友好交往工作，积极举办夏（冬）令营。

---

① 《江泽民文选》第一卷，人民出版社2006年版，第160页。

9139 | **8月9日**

国务院总理李鹏主持召开国务院第八十九次常务会议。会议讨论并原则通过《中华人民共和国教师法（草案）》，决定在修改后将其提请全国人大常委会审议。

9140 | **8月13日**

国家教委、全国教育工会发布《中小学教师职业道德规范》并印发通知。通知要求，各地教育行政部门和教育工会要在当地党委的领导下，将组织学习宣传、贯彻《规范》列入重要工作日程，切实抓好。贯彻《规范》是对全体教师反复深入地进行教育的过程。各地应将教师学习、执行《规范》的情况，作为一项重要内容，列入对教师德、能、勤、绩的考核之中。

9141 | **8月15日**

中国教育电视台开播"中国近现代史及国情教育师资培训"系列电视讲座。国务委员兼国家教委主任李铁映作第一讲，题目是《培养社会主义事业建设者和接班人的重大战略措施》。这是国家教委落实中央领导同志关于在中小学生中有效开展中国近现代史及国情教育的指示而采取的一项重要措施。

9142 | **8月20日**

国家教委发布《小学生日常行为规范》。《规范》是依据国家正式发布的《小学生守则》制定的，是国家对小学生日常行为的最基本要求。实施《规范》的目的是加强对小学生的文明礼貌教育和行为训练，以促使他们从小养成良好的行为习惯。

9143 | **8月21日**

国家教委、公安部发布《社会力量办学印章管理暂行规定》。《暂行规定》共23条，自发布之日起施行。

9144 | **8月27日**

为落实江泽民总书记关于对中小学生进行中国近代、现代史及国情教育的指示，国家教委发布《中小学加强中国近代、现代史及国情教育的总体纲要（初稿）》并发布《中学思想政治学科国情教育纲要》《中小学语文学科思想政治教育纲要》《中小学历史学科思想政治教育纲要》《中小学地理学科国情教育纲要》。国家教委要求全国的中小学校自秋季开学始，力争在今后2年至3年内，采取积极措施将上述《纲要》的各项要求落实到教育教学中去。

9145 | **8月29日**

国家教委发布《中小学图书馆（室）规程》。《规程》是中小学校图书馆（室）建设的指导性文件，是中小学图书馆（室）建设、图书资料装备的重要依据。《规程》就书刊资料、书刊资料的管理和利用、管理机构和工作人员、条件保障等问题作了说明。

9146 | **9月4日**

七届全国人大常委会第二十一次会议审议通过《中华人民共和国未成年人保护法》。《未成年人保护法》自1992年1月1日起施行，是新中国成立以来第一部涉及未成年人保护的专门法律。10月4日，共青团中央印发《关于学习、宣传〈中华人民共和国未成年保护法〉的通知》。

9147 | **9月19日**

国家教委、国家体委在山西临汾联合召开以“学习临汾经验，把农村中小学体育提高到一个新水平”为主旨的全国农村学校体育工作会议。会议指出，“八五”期间农村中小学体育教育的指导思想是：从实际出发，因地、因校制宜，坚持面向全体学生，搞好农村中小学校体育工作，大面积提高广大农村学生的体质、健康水平。

9148 | **9月24日至28日**

国家教委在内蒙古赤峰召开全国电化教育工作会议，重点研究如何进一步加强电教教材建设的问题。会议指出，加强电教教材建设的指导思想是，坚持正确的教育思想，面向学校教育和职工、农民教育的实际，按需选题，统筹规划，分工协作，保证质量，用出效益，逐步建立有中国特色、与文字教材配套、全口径的电教教材库。

9149 | **10月8日**

国务院办公厅转发国家教委、广播电影电视部等九部门《关于创造良好社会教育环境保护中小学生健康成长的若干意见》，要求各地贯彻执行《意见》，并加紧制定保护青少年的法规。

9150 | **10月14日**

国家教委成立中学思想政治课教材编写领导小组。领导小组的主要任务是组织力量，在一纲多本的原则下，按教学大纲的要求，结合中学的实际，编写出一套高质量的全国中学思想政治课教材。

9151 | **10月18日**

陶行知先生诞辰100周年纪念大会在北京举行。会议强调，要学习和发扬陶行知热爱祖国忠于人民献身教育的高尚精神。

9152 | **11月7日**

中宣部、国家教委印发《关于加强和改进中学干部、教师思想政治工作若干问题的通知》。通知指出，加强和改进中学干部、教师的思想政治工作，努力建设一支具有坚定的社会主义方向、良好的道德风尚、又红又专的干部和教师队伍，是中学教育工作中的一项具有战略意义的基础建设，是当前一项迫切而重要的任务，必须予以充分重视，认真抓紧抓好。

9153 | **11月22日**

国家教委印发《关于进一步加强电教教材建设的意见（试行）》。《意见》对编制电教教材的指导思想、原则和要求，电教教材建设的主要任务，电教教材建设的职责分工等问题作了详细说明。

9154 | **12月3日**

国家教委印发《关于开展小学教师继续教育的意见》。《意见》指出，今后十年在有计划地提高小学教师学历层次的同时，要大力开展小学教师的继续教育，这是加强小学教师队伍建设与培训工作的一项重点工程。

9155 | **12月6日**

国家教委印发《关于全国教育系统进一步加强语言文字规范化工作的通知》。通知要求各地学校推广普通话，并将其列入学校工作计划，提出明确的目标和要求，建立必要的规章制度。到20世纪末，普通话应当成为城市幼儿园和乡中心小学以上各级各类学校的教学语言，多数地区还应将普通话作为校园语言。

9156 | **12月9日至13日**

国家教委在江苏常州召开全国城市教育综合改革经验交流会。会议指出，城市教育综合改革要在“综合”上下功夫，城市教育改革要与城市建设、城市经济发展联系起来综合考虑。我国城市教育综合改革实验始于1987年，先后在20多个城市、100多家企业进行改革试点，取得一定成效。针对减轻学生繁重负担，促进学生全面发展等问题，会议认为基础教育的当务之急是从应试模式转到提高国民素质轨道上来，要积极推进升学制度、考试制度。国家教委将成立升学制度、考试制度改革领导小组。

1992年

改革进行时

• 重要文件

国家教委《全国教育事业十年规划和“八五”计划要点》

国家教委《中华人民共和国义务教育法实施细则》

国家教委《小学生体育合格标准实施办法》

国家教委《教师和教育工作者奖励暂行规定》

国家教委《中小学校园环境管理的暂行规定》

中组部、国家教委《关于加强全国中小学校长队伍建设的意见（试行）》

• 重要政策

严格执行《义务教育法》及其《实施细则》

奖励教师和教育工作者走向规范化、制度化

解决城市中小学教职工住房问题

加强全国中小学校长队伍建设

• 重要会议

中宣部、国家教委召开全国中小学德育工作会议

国家教委、国家民委召开第四次全国民族教育工作会议

国家教委举办办好教育为人民研讨会

国家教委举办全国教育督导评估研讨会

国家教委等部门召开全国多渠道筹措教育经费改善办学条件现场会

国家教委、国务院贫困地区经济开发领导小组召开全国贫困地区农村教育综合改革工作会议

• 改革亮点

出台《中华人民共和国义务教育法实施细则》。根据《义务教育法》的规定，《实施细则》规范了政府、社会、家庭、学校为保障儿童、少年接受义务教育的有关行为和法律责任，是国务院批准的一部重要行政法规。《实施细则》的贯彻、实施，必将有力推动基础教育的进一步发展。

9201 | 1月7日至10日

国家教委在北京召开1992年度教育工作会议。会议总结交流近几年各地教育改革和发展的经验，研究落实教育事业“八五”计划和十年规划，部署了1992年的教育工作。

9202 | 1月8日

国务委员兼国家教委主任李铁映与国家教委新近聘任的25位督学座谈，并为他们发布督学证。李铁映在座谈中强调，我国督导制度的建立是教育发展和改革的需要，督学所履行的是一种监察职能。这种对政府和教育部门的监督，正是我们建立有中国特色的教育督导制度的重要内容。

9203 | 1月9日

国务委员兼国家教委主任李铁映同部分分管教育的副省长座谈，一起分析、讨论教育战线面临的形势和任务。李铁映讲话指出，当前教育形势总体是好的，当前教育的主要任务是：坚持教育优先发展；全面贯彻党的教育方针、全面提高教育质量，扩大深化教育改革；切实解决教师困难。

9204 | 1月11日

国家教委在北京召开全国升学、考试制度改革工作会议。会议研讨小学、初中升学制度改革和实行普通高中毕业会考制度的问题。

9205 | 1月16日

国家教委发布《全国教育事业十年规划和“八五”计划要点》。文件指出，“八五”期间，教育事业要把重点放在调整内部结构、深化教育改革，充实改善办学条件和大力提高教育质量上。其中，办学体制大体设想为：中小学教育以地方人民政府办学为主。根据因地制宜、保证质量的原则，进一步推行小学阶段或初中阶段义务教育。五年内，力争在占全国人口80%以上的地区普及初等义务教育，占全国人口40%左右的地区普及初中阶段义务教育。努力帮助少数民族聚居地区发展教育事业，扎扎实实抓好边远山区和牧区初小义务教育。发展学前教育和盲、聋、残疾弱智儿童少年的特殊教育。

9206 | **1月18日至2月21日**

邓小平视察武昌、深圳、珠海、上海等地并发表重要讲话。邓小平的一系列讲话为中国走上有中国特色的社会主义市场经济发展道路奠定了思想基础。邓小平多次强调教育的重要作用，提出："经济发展得快一点，必须依靠科技和教育。""科学技术是第一生产力。"①

9207 | **2月11日**

国家教委印发《关于做好1992年中小学教师〈专业合格证书〉文化专业知识考试工作的通知》。通知指出，中学教师合格证书专业考试由省自治区、直辖市自行命题，文化专业知识考试每学科每年以考2—3门为宜。考完后，考试试题报国家教委备案。

9208 | **2月19日**

国家教委办公厅发布《全国中小学勤工俭学"八五"期间发展计划要点》。《要点》指出，"八五"期间全国中小学勤工俭学发展的主要目标是：努力提高勤工俭学普及率；大力办好一批有一定规模的校办骨干企业；全面提高勤工俭学的经济效益；积极发挥勤工俭学的育人功能；努力为教育提供更多资金，大力改善办学条件，争创一批"四个一流"学校。

9209 | **2月19日至21日**

教育监察工作会议在北京召开。会议指出，1992年教育监察工作的指导思想和工作任务是：继续坚定不移地贯彻党的基本路线，全面贯彻国家的教育方针，全面发挥监察职能作用，加强执法监察，坚持反腐败斗争，推进廉政建设，加强教育监察机构的自身建设，为维护政治稳定，促进经济发展与教育的改革和发展服务。

---

① 《邓小平文选》第三卷，人民出版社1993年版，第377页。

9210 | **2月21日**

国家教委印发《关于加强和改善企事业单位兴办中小学工作的意见》。《意见》指出，对企事业单位兴办中小学，要区别对待，分类指导；加强各级人民政府对企事业兴办中小学工作的领导和管理；适时调整企事业学校的结构和布局，提高办学效益；加强企事业中小学师资队伍建设；积极筹集办学经费，继续改善办学条件。

9211 | **2月24日**

国家教委发布《小学生体育合格标准实施办法》，要求各地制定贯彻《实施办法》的具体意见。《实施办法》提出，六年制小学从五年级开始，五年制小学从四年级开始实施小学生体育合格标准。学校要建立“体育合格情况登记卡”，学生毕业时，由学校加盖公章后，随学生转入高一级学校。体育教师负责体育课、《国家体育锻炼标准》测验成绩的评定及总分评定工作，班主任负责“两操一活动”评定工作。

9212 | **3月9日**

国家教委召开电视大会，部署1992年在全国范围内开展关于加强中小学德育工作有关法规文件贯彻落实情况的督导检查。

9213 | **3月14日**

经国务院批准，国家教委发布《中华人民共和国义务教育法实施细则》。《实施细则》根据《义务教育法》的规定，规范了政府、社会、家庭、学校为保障儿童、少年接受义务教育的有关行为和法律责任，是国务院批准的一部重要行政法规。《实施细则》包括总则、实施步骤、就学、教育教学、实施保障、管理与监督、罚则、附则等8章，共46条。

9214 | **3月15日至18日**

国家教委、国家民委联合召开第四次全国民族教育工作会议。会议的主要任务是学习邓小平同志关于建设有中国特色的社会主义的重要论述，贯彻中央民族工作会议精神，总结交流民族教育工作的经验，明确今后改革和发展民族教育的方针和任务。国务委员兼国家教委主任李铁映作题为

《大力改革和发展民族教育，促进各民族共同繁荣》的讲话。讲话分五个部分：充分认识民族教育的重要地位；改革与发展民族教育的基本原则；九十年代民族教育工作的任务；完成九十年代任务的主要措施；加强党和人民政府对民族教育工作的领导。

9215 | **3月20日**

七届全国人大五次会议在北京人民大会堂开幕，国务院总理李鹏作《政府工作报告》。《报告》指出，要认真贯彻邓小平同志提出的科学技术是第一生产力的指导思想，依靠科技进步和提高劳动者素质来促进经济的发展。发展教育事业，提高全民族素质，是社会主义现代化建设的根本大计。教育要深化改革，适应改革开放和现代化建设的需要。要认真贯彻德智体全面发展的方针，不断提高教育质量。要在全社会形成尊师重教的良好风尚。继续重视和改进德育工作，对学生认真进行我国历史和国情教育，激发爱国主义热情，坚定建设有中国特色社会主义的信念。继续推广农村教育综合改革，搞好城市教育综合改革的试点。有步骤地改革中小学升学考试制度，以利于教育方针的贯彻。继续采取有效措施，进一步完善基础教育、职业技术教育、高等教育和成人教育体系。增加对教育的投入，改善办学条件。各级各类学校都要抓紧改革内部管理体制和分配制度，提高办学效益，充分调动广大教师的办学积极性。

9216 | **4月4日**

国家教委成立升学、考试制度改革领导小组，加强对升学考试制度改革的领导，协调国家教委升学考试制度改革的有关工作。

9217 | **4月15日**

中国青少年发展基金会推出“希望工程——百万爱心行动”计划。通过中国青少年发展基金会和全国各级“希望工程”实施机构的牵线搭桥，捐赠者与贫困地区的失学少年结对挂钩，建立直接联系，实行定向资助直至其小学毕业。

9218 | **5月13日**

国家教委办公厅印发《关于搞好城市教育综合改革试点工作的意见》。《意见》指出，城市教育综合改革工作，要以邓小平同志关于"一个中心、两个基本点"的基本路线为指导思想，围绕落实教育的战略地位，厘清深化改革的思路，推进管理体制改革和优化教育结构等重大问题。城市各级教育部门和学校，要进一步端正教育思想，面向全体学生，全面提高教育质量，把升学竞争变为综合办学水平的竞争。各城市要保证义务教育经费的投入，按质按量地配备好义务教育师资和设备，因地制宜地建设好校舍以及学生活动场地。对新城区的新建学校或老城区基础条件薄弱的中小学，更要在经费投入、师资调配和设备建设等方面给以扶持，逐步缩小城市中小学办学条件上的差距。要坚决执行小学就近入学的原则，坚决取消小学升初中的入学考试和重点初中。要坚决制止滥印滥发复习资料的现象，减轻中小学生的学习负担。有条件的地区，普通中小学可以利用培训中心、职业技术学校的实习场所，或校内的零散空地，安排劳动技术课。

9219 | **5月16日**

国家教委公布国家教委、国家体委、卫生部、国家民委、国家科委联合进行的1991年全国学生体质健康监测结果。结果表明："七五"期间，学校体育卫生工作逐步得到加强，但学生的耐力有所下降，龋齿、近视眼等常见病的患病率仍较高。

9220 | **5月19日**

国家教委印发《关于加快中学教师学历培训步伐的意见》。《意见》指出，要加快初中教师学历培训的步伐，建立函授、卫星电视教育，自学考试相沟通培训初中教师的办学模式，按照分类指导的原则，分期分批开展全员培训。

9221 | **5月21日至25日**

中宣部、国家教委在福建三明联合召开全国中小学德育工作会议。会议指出，要认真学习邓小平同志最近的重要谈话和中共中央政治局全体会议精神，统一思想认识，加强和改进中小学德育工作，奖励和表彰在中小学德育工作方面作出突出成绩的城市。

9222 | **5月31日至6月8日**

卫生部、国家计生委、国家教委等八部门主办全国首届优生、优育、优教展览会。此次展览旨在响应联合国《儿童生存、保护和发展宣言》，宣传贯彻我国计划生育基本国策和优生优育优教方针，普及“三优”科学文化知识，总结经验，交流成果。

9223 | **6月1日**

长沙师范学校举行徐特立铜像揭幕、纪念馆开馆仪式。国务委员兼国家教委主任李铁映题词：“继承徐特立同志的革命精神和教育思想，培养新一代优秀教师。”

9224 | **6月10日**

国家教委发布《中小学校园环境管理的暂行规定》。《暂行规定》旨在加强中小学校校园环境的管理，创设良好育人环境，保障学校和教职工、学生的合法权益，保证学校教育教学活动的正常进行，是全日制普通中学、小学校内环境及所处周围环境的管理依据。《暂行规定》强调，学校是教职工和学生工作、学习、生活的主要场所，应做到环境整洁优美，风气积极向上，设施完好，秩序正常，成为社会主义精神文明建设的阵地。在学校创设良好的育人环境，建立正常的教育教学秩序，维护教职工和学生的合法权益，是校长工作的重要职责。

9225 | **6月19日至20日**

国家教委在山东济南举办办好教育为人民研讨会。会议强调，要贯彻邓小平同志重要谈话精神，探索加快改革和发展教育之路，逐步建立起具有中国特色的社会主义教育体系。此前，6月6日至18日国家教委以“办好教育为人民”为主题，组织人员分赴山东省16个地市、130个县市进行调查研究。

9226 | 6月23日

国家教委印发《关于做好学校治安综合治理工作的几点意见》。《意见》指出，学校治安综合治理是社会治安综合治理的重要组成部分，要进一步加强对学生日常行为的教育和管理，强化校园秩序管理。

9227 | 6月27日

广西壮族自治区七届人大常委会第二十九次会议通过《广西壮族自治区教育条例》。它是我国第一部地方性、综合性教育法规。

9228 | 7月3日

国家教委印发《关于加强中小学计算机教育的几点意见》。《意见》部署九十年代我国中小学计算机教育工作，从制定规划、师资队伍、经费、教材建设等九个方面提出意见，要求各地应根据本地区经济和教育发展水平，制定中小学计算机教育发展的三年规划和八年规划；全国中小学计算机教育研究中心在广泛调查研究的基础上，参考各地规划，制定全国中小学计算机教育发展的三年规划和八年规划。

9229 | 7月20日

上海新世纪小学和新世纪中学在长宁区正式成立。这是上海市第一所全日制民办小学、民办中学，打破了由国家统包的传统办学模式，完全依靠社会力量集资办学。

9230 | 7月26日至30日

国家教委在辽宁沈阳举办全国教育督导评估研讨会。会议指出，教育督导工作的指导思想是：以邓小平同志重要谈话和中央政治局会议精神为指针，在我国加快两个文明建设和教育改革与发展的实践中，建立起具有中国特色的教育督导制度。

9231 | 8月6日

国家教委发布《九年义务教育全日制小学、初级中学课程计划（试行）》和24个学科教学大纲（试用）。《课程计划》规定，根据九年义务教育小学阶段、初中阶段的培养目标和儿童、少年身心发育的规律设置课程。

课程包括学科、活动两部分，主要由国家统一安排，也有一部分由地方安排。学科以文化基础教育为主，在适当年级，因地制宜地渗透职业技术教育；以分科课为主，适当设置综合课；以必修课为主，初中阶段适当设置选修课；以按学年、学期安排的课为主，适当设置课时较少的短期课。活动在实施全面发展教育中同学科相辅相成。

9232 | **8月17日**

国家教委印发《关于初中毕业生升学考试体育试点工作的意见》。《意见》确定北京、天津、辽宁、江苏、山东、浙江、广东、湖南、陕西等九个省（直辖市）为全国试点省(直辖市)，全面、认真推行初中毕业生升学考试体育；其他地区可根据本地情况，确定若干地区进行试点，总结经验，逐步推开。实施初中毕业生升学（即升入普通高中、职业高中、中等专业学校和中等师范学校）考试体育，考试成绩计入升学成绩总分。

9233 | **8月17日至22日**

国家教委与世界银行在辽宁大连联合举办中国教育筹资改革国际研讨会。会议认为，多渠道筹措教育经费是当今世界各国都关注的重大课题，中国近10年来在多渠道筹措教育经费方面已取得很大成就，但仍面临着教育资金缺口较大、一些地方和学校的教育投资效益不高等问题。

9234 | **9月3日至9日**

国家教委、财政部和国家计委在河南联合召开全国多渠道筹措教育经费改善办学条件现场会。会议强调，实践证明多渠道筹措教育经费的办学路子符合我国实际，我们在多渠道筹措教育经费改善办学条件工作中取得的成果，是我国教育改革的重大成就。

9235 | **9月7日**

国家教委、国家体委、国家科委联合印发《关于进一步加强学校体育卫生工作，提高学生体质健康水平的意见》。《意见》提出各级人民政府要重视和支持学校体育卫生工作、重点加强广大农村和少数民族地区的学校体育卫生工作等八点意见。

9236 | **9月8日**

国家教委发布《关于多渠道筹措教育经费改善办学条件的公告》。《公告》显示：我国1981年至1991年，多渠道筹措用于改善中小学办学条件的经费共1066亿元，这些经费使我国中小学校面貌发生显著改善，促使我国绝大部分地区的中小学校基本实现了“一无两有”，这是贯彻“人民教育人民办，办好教育为人民”方针、坚持多渠道筹措教育经费所产生的良好社会效果。

9237 | **9月10日**

国家教委办公厅印发《关于进一步加强内地西藏班工作的意见》。《意见》指出，内地西藏班，包括初中预备班、初中班、高中班和各类大、中专班等；各地要理顺管理体制，加强对内地西藏班的领导；搞好招生和毕业生分配工作，提高生源质量，安排好返藏学生等。《意见》要求，内地西藏初中、高中、中专班（校）要创造条件，实行与汉族学生合校组织教育教学的办学体制，并在实验的基础上，逐步实行藏汉合班，以利于各族学生间增进了解加强团结。

9238 | **9月19日**

国务院办公厅转发国家教委、建设部、全国教育工会《关于“八五”期间解决城市中小学教职工住房问题的意见》，要求各地在“八五”期间基本解决城市中小学教职工住房问题。《意见》提出，除部分经济困难的边远省、自治区及少数内地条件较差的城市外，其他城市在“八五”期间要争取达到人均居住面积7.5平方米及成套率40%至50%的目标。

9239 | **9月26日至30日**

国家教委和国务院贫困地区经济开发领导小组联合在陕西商洛召开全国贫困地区农村教育综合改革工作会议。会议认为，地处秦岭山区的商洛地区紧密结合本地实际，实行政府统筹、三教沟通和农科教结合，走出了一条贫困山区依靠教育和科技脱贫致富的路子。国家教委副主任王明达在会上提出，贫困地区教育改革与发展的三个尤为重要的问题：一是教育能否促进脱贫致富，这是对教育和经济关系的认识问题；二是如何办好贫困地区教育，使教育发挥更大的效益，关键是明确办学方向；三是如何解决办教育中的困难，这需要提高认识。

9240 | **10月4日**

国家教委印发《关于扩大城市教育综合改革试点工作的通知》。通知提出，加快城市教育综合改革步伐，确定47个全国教育综合改革实验城市，55个省级教育综合改革试点城市。

9241 | **10月12日**

党的十四大在北京人民大会堂开幕，中共中央总书记江泽民代表十三届中央委员会作题为《加快改革开放和现代化建设步伐，夺取有中国特色社会主义事业的更大胜利》的报告。江泽民指出：“我们要在九十年代把有中国特色社会主义的伟大事业推向前进，最根本的是坚持党的基本路线，加快改革开放，集中精力把经济建设搞上去。”[①] 江泽民强调：“科技进步、经济繁荣和社会发展，从根本上说取决于提高劳动者的素质，培养大批人才。我们必须把教育摆在优先发展的战略地位，努力提高全民族的思想道德和科学文化水平，这是实现我国现代化的根本大计。要优化教育结构，大力加强基础教育，积极发展职业教育、成人教育和高等教育，鼓励自学成才。各级政府要增加教育投入。鼓励多渠道、多形式社会集资办学和民间办学，改变国家包办教育的做法。各级各类学校都要全面贯彻党的教育方针，全面提高教育质量。到本世纪末，基本扫除青壮年文盲，基本实现九年制义务教育。进一步改革教育体制、教学内容和教学方法，加强师资队伍的培养和建设，扩大学校办学自主权，促进教育同经济、科技的密切结合。”[②]

9242 | **10月21日**

国家教委民族地区教育司发布《全国民族教育发展与改革指导纲要（试

① 《江泽民文选》第一卷，人民出版社2006年版，第224页。
② 同上，第233页。

行）（1992—2000）》，明确九十年代民族教育工作的奋斗目标是坚持打好基础，坚持改革开放，努力缩小差距。《指导纲要》提出，要大力加强基础教育，有计划地实施九年制义务教育。到20世纪末，绝大部分少数民族和民族地区要普及初等义务教育；城镇和经济较发达的民族地区，基本普及九年制义务教育。每一个乡或民族乡要办好一所中心小学。

9243 | **10月26日**

国家教委发布《教师和教育工作者奖励暂行规定》。《暂行规定》提出，国务院教育行政部门会同人事部门对长期从事教育、教学和管理、服务工作并取得显著成绩的教师和教育工作者，分别授予“全国优秀教师”“全国优秀教育工作者”称号，发布相应的奖章和证书；对其中有突出贡献者，授予“全国教育系统劳动模范”称号，发布相应的奖章和证书，同时发布“人民教师”奖章和证书。

9244 | **11月1日至4日**

国家教委在江苏苏州举行全国环境教育工作会议。来自全国环保系统和教育界的200多位代表出席了会议。会议指出，环境教育是解决环境问题最基本的、综合的和有效的措施和手段。只有通过教育，才能唤起人们保护环境的意识，才能提高全民族的环境保护水平。

9245 | **11月2日**

国务委员兼国家教委主任李铁映在北京人民大会堂会见联合国教科文组织执行局委员、澳大利亚工党全国主席巴里·琼斯。李铁映指出，中国政府非常重视与联合国教科文组织的合作，中国需要了解世界，世界也需要了解中国，中国教育发展需要对外开放，要借鉴、学习世界上一切先进的教育经验。

9246 | **11月30日**

国家教委印发《关于在全国普通中小学校试用普通中小学公用经费实物消耗参考定额的通知》，规定中小学公用经费实物消耗参考标准。

9247 | **11 月**

由中共中央文献研究室和中共中央党校部分同志撰写的《邓小平教育思想概述》由人民教育出版社正式出版。该书配合《邓小平同志论教育》一书对邓小平的教育观点、思想、理论和学说进行了系统的整理和论述，对于了解、学习和准确地掌握邓小平的教育思想，深化教育改革，促进我国社会主义教育事业发展起到重要作用。

9248 | **11 月**

中共北京市委、北京市人民政府召开学校内部管理体制改革经验交流会。北京市市长助理陶西平在总结北京市四年来学校内部管理体制改革经验时认为，这项改革进一步健全和完善了学校内部领导体制，使学校开始形成科学决策机制、竞争激励机制、自我发展和自我约束机制，激发了学校办学、教职工教书育人的积极性。

9249 | **12 月 9 日**

北京市召开普教系统发布教师职务证书大会。北京市教育局和科技干部局改革职称评审制度，设立专项职务指标，并增加直接考核的程序，打破以往论资排辈的旧观念。此次破格晋升的青年中小学教师共 167 名，获高级教师职务证书的都是 40 岁以下的青年教师，36 岁至 40 岁的有 130 名，35 岁以下的有 37 名。

9250 | **12 月 10 日**

中组部、国家教委发布《关于加强全国中小学校长队伍建设的意见(试行)》。《意见》规定中小学校长的任免、培训、考核、奖惩、待遇等问题，旨在建设一支政治坚定、德才兼备、相对稳定的中小学校长队伍。

9251 | **12 月**

国家“八五”规划重点图书《邓小平教育思想研究》由浙江教育出版社出版。邓小平同志关于教育的一系列重要论述，是建设有中国特色社会主义理论的重要内容，为中国社会主义建设新时期的教育改革和发展指明了方向。

1993年

改革进行时

• 重要文件

中共中央、国务院《中国教育改革和发展纲要》

国务院办公厅《关于加强中小学收费管理工作的通知》

国家教委《小学德育纲要》

国家教委办公厅《关于进一步加强中学生时事教育的几点意见》

国家教委、人事部、财政部《特级教师评选规定》

• 重要政策

贯彻《义务教育法》及其《实施细则》

学习宣传实施《中国教育改革和发展纲要》

加强中小学收费管理工作

下大力气切实抓好减轻中小学生过重课业负担

纠正教育行业不正之风

解决拖欠教师工资问题

• 重要会议

国家教委召开全国部分省（直辖市）中小学收费工作座谈会

国家教委召开全国初中工作会议

联合国教科文组织和联合国儿童基金会召开中国全民教育国家级大会

国家教委、国家民委召开全国教育对口支援协作工作会议

国家教委召开全国城市教育综合改革研讨会

• 改革亮点

中共中央、国务院发布《中国教育改革和发展纲要》。为了实现党的十四大所确定的战略任务，指导九十年代乃至下世纪初教育的改革和发展，使教育更好地为社会主义现代化建设服务，中共中央、国务院发布《中国教育改革和发展纲要》。《纲要》总结了新中国成立 40 多年来我国教育改革和发展的经验，提出了九十年代我国教育改革和发展的目标、方针、政策和措施。《纲要》的贯彻、落实，对于落实教育在现代化建设中的战略地位，努力建设有中国特色社会主义教育体系，推动社会主义现代化建设事业，都具有极为重要的现实意义和深远的历史意义。

9301 | 1月11日

国家教委召开1993年度全国教育工作电话会议。会议指出，1993年基础教育工作的主要任务是贯彻《义务教育法》及其《实施细则》，防止中小学生辍学，减轻中小学课业负担，解决拖欠教师工资问题。

9302 | 1月11日至13日

国家教委在山西太原召开全国部分省（直辖市）中小学收费工作座谈会。会议分析和研究了中小学收费问题，指出各级人民政府、社会各界和个人应增加对教育的投入，并逐步建立以国家财政拨款为主的多种渠道筹措教育经费的体制。

9303 | 1月18日

国家教委中小学教材研究中心召开中小学数学课程教材改革研讨会。国家教委副主任柳斌到会听取了专家们的建议，并就数学教学的重要性、深化教育改革的设想等问题，同专家们交换了意见。

9304 | 1月25日

据《中国教育报》报道，河北省规范中小学收费标准。各地市制定具体收费标准，既考虑中小学办学经费的需要，又考虑当地人民群众的实际承受能力。对义务教育阶段与非义务教育阶段学校，城市与农村学校，经济较好地区与贫困地区学校，重点学校和一般学校要区别对待。县级教育行政部门不得越权审批收费项目和标准，学校不能擅立收费项目，不得擅自提高收费标准，所收费用要开列清单向家长通报。

9305 | 2月1日

国务委员兼国家教委主任李铁映在视察深圳教育工作时强调，我国九十年代教育的主要任务是“两基”“两全”“两重”，即在全国范围内基本扫除青壮年文盲，基本普及九年制义务教育；全面贯彻党的教育方针，全面提高教学质量；重点办好全国100所大学，办好一批重点实验室，使部分学科建设达到世界先进水平。

9306 | **2月1日至4日**

联合国教科文组织亚太地区特殊教育研讨会在黑龙江哈尔滨举行。会议就亚太地区特殊教育的政策、组织和规划进行了研讨。

9307 | **2月9日**

国家教委、国务院贫困地区经济开发领导小组、财政部联合印发《关于大力改革与发展贫困地区教育，促进经济开发，加快脱贫致富步伐的意见》。《意见》指出，贫困地区义务教育事业发展的主要目标和任务是：到20世纪末，要力争基本扫除青壮年文盲。到20世纪末，城镇和有条件的乡、村要基本普及九年制义务教育；一般地区要普及小学阶段的义务教育。要大力加强基础教育，认真办好初中和中心小学。农村要从小学高年级开始引进职业技术教育内容，并可举办多种形式的职业技术培训班。贫困地区应积极创造条件推行"五·四"学制。

9308 | **2月10日至13日**

中国教育学会在天津举行1993年工作会议。中国教育学会会长张承先就学会工作的指导方针讲话指出，学会要根据党的十四大精神，充分认识在改革开放形势下贯彻"三个面向"的重大意义，以"三个面向"为指针，深化教育改革。

9309 | **2月13日**

中共中央、国务院发布《中国教育改革和发展纲要》。《纲要》旨在实现党的十四大所确定的战略任务，指导九十年代乃至下世纪初教育的改革和发展，使教育更好地为社会主义现代化建设服务。《纲要》分为六大部分：一、教育面临的形势和任务；二、教育事业发展的目标、战略和指导方针；三、教育体制改革；四、全面贯彻党的教育方针，全面提高教育质量；五、教师队伍建设；六、教育经费。《纲要》提出，九十年代，在保证必要的教育投入和办学条件的前提下，全国基本普及九年义务教育（包括初中阶段的职业技术教育）。

9310 | **2 月 15 日**

国家教委就“减轻义务教育阶段学生过重负担，全面提高教育质量”问题，邀请北京市领导、中小学校长座谈。会议指出，减轻中小学生过重课业负担，全面提高教育质量，关系贯彻党的教育方针的大局，关系20 世纪末在全国实现“两基”的宏伟目标的实现，解决这一问题本身就是一场重大改革，必须下大气力切实抓好。

9311 | **2 月 20 日**

国家语委、国家教委印发《关于普通中学普及普通话的通知》，对普通中学普及普通话的要求、进程、应采取的措施等提出要求。

9312 | **2 月 22 日**

国家教委召开电话会议，部署 1993 年实施九年义务教育和扫盲工作。会议宣布，国家教委从 1993 年开始，每年对普及九年义务教育县（市、区）和扫除青壮年文盲县（市、区）进行评估验收。

9313 | **2 月 25 日至 3 月 4 日**

国家教委中小学教材审定委员会召开九年义务教育部分历史教材审查会，审定人民教育出版社，广东省、四川省教育部门编写的 9 册教材以及配套地图和挂图。

9314 | **2 月 27 日**

《人民日报》就《中国教育改革和发展纲要》发表题为《百年大计 教育为本》的社论。社论指出，《纲要》总结了新中国成立 40 多年来我国教育改革和发展的经验，提出了九十年代我国教育改革和发展的目标、方针、政策和措施，体现了党的十四大和邓小平同志 1992 年初视察南方重要谈话精神，是指导我国九十年代乃至下世纪初教育改革和发展的纲领性文献。《纲要》的发布和实施，是全党全社会的一件大事，对于加快我国教育改革和发展，推动改革开放和现代化建设事业，必将产生极其重要的影响。

9315 | **2月**

国家教委印发通知，要求各地教育部门、学校和教育战线广大干部、教师认真学习、宣传、实施《中国教育改革和发展纲要》。当前和今后一个时期，各级教育行政部门和各级各类学校的领导要把学习、宣传《纲要》作为一项极为重要的任务来抓；各地各部门要根据《纲要》的要求和本单位实际，及时调整好九十年代教育改革和发展任务。

9316 | **3月1日**

由联合国教科文组织和联合国儿童基金会倡议召开的中国全民教育国家级大会在北京人民大会堂开幕。会议申明中国教育改革和发展的八条原则：第一，教育是现代化建设的基础，必须坚持把教育摆在优先发展的战略地位；第二，必须把握好办学方向，培养德智体全面发展的各类人才；第三，必须坚持教育为国家的现代化建设服务，与生产劳动相结合，服从并服务于经济建设这个中心，促进社会的全面进步；第四，必须坚持教育的改革开放，大胆吸收和借鉴人类社会的一切文明成果，勇于创新，勇于试验，不断发展和完善教育制度；第五，必须全面贯彻党的教育方针，遵循教育规律，全面提高教育质量和办学效益；第六，必须依靠广大教师，不断提高教师的素质，努力改善他们的工作、学习和生活条件；第七，必须充分发挥各级人民政府、社会各方面和人民群众的办学积极性，坚持以国家财政拨款为主，多渠道筹措教育经费；第八，从本国的国情出发，根据统一性和多样性相结合的原则，实行多种形式办学，培养多种规格的人才，走符合中国和各地区实际的发展教育的路子。

9317 | **3月2日**

国家教委和北京市人民政府在北京联合召开学习、宣传、贯彻《中国教育改革和发展纲要》报告大会。会议指出，确立教育在现代化建设中的战略地位，是我国现代化建设指导思想上的一个重大转变，要实现现代化的宏伟目标，必须优先发展教育，把沉重的人口负担转化为人才优势。

9318 | **3月2日至4日**

审计署驻国家教委审计局在北京召开全国教育审计工作会议。会议研讨在当前教育经费紧缺的情况下，如何用好政策，开源增收，以及如何加强对教育经费的使用管理和审计监督，提高效益，为加快教育事业发展和改革服务等问题。

9319 | **3月4日**

首都各界人士隆重集会，纪念毛泽东等老一辈革命家为雷锋同志题词发表30周年。在学雷锋活动中作出突出成绩的101个先进集体和100个先进个人受到表彰。

9320 | **3月6日**

中国教育学会在北京召开第二次关于市场经济与教育改革关系座谈会。中国教育学会会长张承先讲话指出，进行教育改革既要遵循经济发展规律，又要遵循教育发展规律。

9321 | **3月7日**

福建省八届人大常委会第二次会议审议通过《福州市保护城市中学小学幼儿园建设用地若干规定》，为保护城市中小学、幼儿园建设用地提供法律依据。

9322 | **3月8日**

国家教委印发《关于下发〈普及九年义务教育评估验收办法〉等三个文件的通知》。三个文件是:《普及九年义务教育评估验收办法(试行)》《县级扫除青壮年文盲单位检查评估办法（试行）》《关于1993年普及九年义务教育县（市、区）和扫除青壮年文盲县（市、区）评估验收工作的通知》。

9323 | **3月15日**

八届全国人大一次会议在北京人民大会堂开幕，国务院总理李鹏作《政府工作报告》。《报告》指出，五年来教育事业有较大发展，国家财政和社会各方面对教育事业的投入达3200亿元，比上一个五年增加1710亿元。

全国已有76%的县普及了小学教育，多数城市普及了初中教育。教育改革逐步深入，教育质量有所提高。《报告》强调，今后五年是实现我国现代化建设第二步战略目标的关键性五年。必须认真贯彻《中国教育改革和发展纲要》，把教育摆在优先发展的战略位置。要坚持“教育必须为社会主义现代化建设服务，必须与生产劳动相结合，培养德、智、体全面发展的建设者和接班人”的方针。教育要从小抓起。各级人民政府都要采取切实措施，大力加强基础教育，在实行义务制教育、扫除青壮年文盲方面，取得明显进展。增加教育投入，多渠道筹集教育经费。积极探索建立以政府办学为主体、社会各界共同办学的新体制和多种办学模式。加强师资队伍建设，提高教师的政治素质和业务水平，提高教学质量和办学效益。

9324 | **3月15日**

国家教委办公厅印发《关于国家教委中小学教材审定委员会办公室改由基础教育司统一归口领导的通知》。通知指出，经研究决定，中小学教材审定委员会办公室归基础教育司统一管理。

9325 | **3月24日**

国家教委发布《关于减轻义务教育阶段学生过重课业负担、全面提高教育质量的指示》。《指示》提出，小学各年级和初中非毕业年级一律不准组织学生购买练习册、习题集或其他各种名目的复习资料。教育、出版发行以及其他部门也不得采取强行搭配等办法向学生推销这类图书资料。初中毕业年级如需补充练习，由省级教育行政部门统一组织编写、审定，限在本省（自治区、直辖市）内使用。小学一年级一般不留书面家庭作业，二、三年级每日课外作业量不超过30分钟，四年级不超过45分钟，五、六年级不超过1小时，初中各年级不超过1.5小时（以上均按中等水平学生完成的时间测定）。除初中毕业年级的毕业考试外，废止其他年级任何形式的统一考试。

9326 | **3月26日**

国家教委发布《小学德育纲要》。《纲要》指出，小学德育主要是向学生进行以“爱祖国、爱人民、爱劳动、爱科学、爱社会主义”为基本内容的社会公德教育和有关的社会常识教育（包括必要的生活常识、浅显的政治常识以及同小学生有关的法律常识），着重培养和训练学生良好的道德品质和文明行为习惯，教育学生心中有他人，心中有集体，心中有人民，心中有祖国。学校实施德育必须充分发挥校内、校外各教育途径的作用，互相配合，形成合力，创造良好的教育环境，共同完成德育任务。

9327 | **3月**

国家教委印发《关于中小学收费工作中有关事项的通知》。通知要求各地教育部门切实加强中小学收费工作的管理，收费项目和标准要向社会和家长公开，接受社会监督。非义务教育阶段根据人民群众承受能力收取学杂费。设立收费项目和确定收费标准必须按照国家规定的审批权限和程序办理。对家庭经济困难的学生，可减免其应缴的学费和杂费。通知还规定，要切实控制代收费用，停办除学生课本、作业本之外其他各项代收收费项目。同时，学校应停止为任何部门、单位代办经营性服务项目，也不能对学生采取强制性摊派的办法。通知申明，社会集资办学是政府行为，学校不得向学生集资。任何部门不得向学校或通过学校摊派费用。

9328 | **3月29日至4月2日**

国家教委在山东烟台举行全国初中工作会议。会议提出，要认真贯彻《中国教育改革和发展纲要》精神，积极而扎扎实实地推进九年义务教育的实施。

9329 | **3月30日**

国家教委办公厅印发《关于贯彻〈九年义务教育全日制小学、初级中学课程方案（试行）〉中有关体育教学要求的意见》。《意见》规定，各地区和学校在新增体育课时中要安排一定比例的课时，用于加强健康教育的教学。

9330 | **4月2日**

教育系统组织、人事工作会议在广东深圳举行。会议学习贯彻邓小平同志视察南方时的重要谈话、党的十四大报告和《中国教育改革和发展纲要》精神，研究加快教育系统组织、人事工作改革步伐等问题。

9331 | **4月13日**

国家教委印发《关于加强城市中小学生穿学生装（校服）管理工作的意见》，加强中小学生着装工作管理。《意见》要求各地教育主管部门要以服务为目的，严把质量关和价格关，做好售前售后服务工作。对特困子女、革命烈士子女及孤儿的着装费用，实行全免或部分减免。

9332 | **4月19日**

北京市教育局举行新闻发布会，介绍北京市改革小学升初中的办法。1993年北京市小学升初中办法有较大变化，各区、县不再进行小学毕业统一考试，由各小学自行命题组织毕业考试；除已完全实行就近入学的区、县外，大多数学生划片就近分配入学。

9333 | **4月22日至24日**

9330—35

国家教委基础教育司根据《中国—联合国儿童基金会加强贫困地区小学教育合作项目》执行计划，在北京召开女童就学研讨会。会议强调，有效解决农村女童特别是贫困地区女童就学难的问题，是本世纪末实现“两基”“两全”战略目标的关键一环。

9334 | **5月3日**

共青团十三大在北京人民大会堂开幕。中共中央在贺词中向青年一代提出殷切希望：当代青年应该成为有远大理想的一代，勤奋学习的一代，艰苦创业的一代，道德高尚的一代。

9335 | **5月4日至7日**

国家教委在北京召开全国省级教研室主任会议。会议要求，教研室要在基础教育深化改革的过程中发挥积极作用，作出新贡献。

9336 | **5月6日**

国家教委直属机关第二次党代会举行。中共国家教委党组书记、国家教委主任朱开轩讲话指出，新一届领导班子组成后的主要任务是：在上一届领导班子已经开创的较好工作局面的基础上，在邓小平有中国特色社会主义理论指导下，继续积极、全面、正确地贯彻党的十四大和八届全国人大一次会议精神，扎扎实实地抓好《中国教育改革和发展纲要》的实施，推动教育的改革和发展。

9337 | **5月10日**

国家教委主任朱开轩会见美国驻华大使芮效俭一行时指出，教育的改革开放是整个国家改革开放政策的重要组成部分，因为教育是培养人并着眼于未来的事业，教育的开放有两层意思：一是不能封闭办教育，教育要与经济以及整个社会相通；二是中国教育要与世界教育沟通，学习和借鉴各国办教育的好的经验。办好中国的教育要实现六个字：发展、改革、开放。

9338 | **5月20日**

国家教委办公厅发布《对〈普及九年义务教育评估验收办法（试行）〉中有关评估项目指标要求的说明》和《对〈县级扫除青壮年文盲单位检查评估办法（试行）〉有关指标的说明》。

9339 | **5月31日**

中共中央政治局委员、国务院副总理李岚清参加北京市东城区史家胡同小学和大方家幼儿园举行的“六一”国际儿童节庆祝活动，代表党中央和国务院向全国少年儿童致以节日祝贺，向辛勤培育孩子们的教师表示亲切慰问。

9340 | **5月31日**

国家教委转发监察部驻国家教委监察局《关于1993年纠正教育行业不正之风工作意见的报告》。《报告》强调，“纠风”要重点抓以下两方面工作：一是中小学违反国家规定擅自立项乱收费；二是违反国家教委规定滥编滥印各种复习资料并强行向中小学生推销。

9341 | **6月2日**

国家教委召开全体司局长会议。中共国家教委党组书记、国家教委主任朱开轩同志主持会议，通报了中共国家教委党组近期工作安排、国家教委领导成员分工情况和有关工作制度、《中国教育改革和发展纲要》的宣传实施、国家教委机关机构改革的总体思路与方案等。

9342 | **6月7日**

据《中国教育报》报道，山东省青岛市中小学试行收费公开卡制。青岛市规定，凡是中小学校向学生收缴的一切费用，必须使用各级教育主管部门统一印制、发放的“收费公开卡”。

9343 | **6月10日**

国家教委、人事部、财政部印发通知，将1978年发布的《关于评选特级教师的暂行规定》修订为《特级教师评选规定》。新《规定》进一步明确了特级教师的性质，强调特级教师是国家为了表彰特别优秀的中小学教师而特设的一种既具先进性、又有专业性的称号。特级教师应是师德的表率、育人的模范、教学的专家。

9344 | **6月**

《中国教育大事典》在浙江教育出版社出版。中国教育学会会长张承先为该书作序。该书是一部反映新中国教育发展历史的大型资料工具书，摘引国家历年发布的教育文献有关原文，为各级教育部门及各级各类学校借鉴教育历史经验提供方便。

9345 | **7月7日**

《中国教育报》举行创刊10周年纪念会。该报从1983年7月7日正式创刊至今，已发展成为有着广泛影响的全国性教育日报。

9346 | **7月9日**

国家教委、国家体委联合发布《关于表彰全国中学贯彻〈学校体育工作条例〉优秀学校的决定》，公布经评审获优秀学校称号的160所中学名单。

8月22日，国家教委、国家体委在山东省青岛市召开表彰大会，向北京四中等160所中学发授奖牌。

9347 | 7月17日

中国青少年发展基金会和人民日报社在北京人民大会堂举行贯彻《中国教育改革和发展纲要》、推进“希望工程”实施座谈会。中共中央政治局委员、国务院副总理李岚清到会讲话指出，建设“希望工程”的意义不仅在于通过捐钱、捐物来支援贫困地区办教育，更大的意义在于唤起全社会对教育的重视、关心和支持，各级人民政府要进一步支持和推动“希望工程”。

9348 | 7月26日至28日

国家教委、中宣部、广播电影电视部联合召开中小学爱国主义影视教育工作座谈会，研究制定关于在全国中小学开展爱国主义影视系列教育活动具体意见，并决定将选出的100部以爱国主义教育为主题的影视片纳入中小学教育教学计划，使中小学爱国主义影视教育活动制度化、规范化、系列化。9月13日，中宣部、国家教委、广播电影电视部、文化部印发《关于运用优秀影视片在全国中小学开展爱国主义教育的通知》。

9349 | 7月26日至29日

国家教委基础教育课程教材研究中心举办中学思想政治课教材高级讲习班，就加强中小学德育工作，深化思想政治课改革等问题进行研讨。

9350 | 7月

国家教委印发通知，严禁中小学校强制要求学生购买物品，不得在校内从事以学生为对象的商业活动。对生产厂家开发的学生用品确有必要推荐时，须经省级以上教育行政部门组织技术鉴定或认定，但不得参与任何商业活动。

9351 | 8月9日至13日

国家教委中小学教材审定委员会在山东烟台召开九年义务教育教材复审会议。会议复审了小学和初中语文、数学等11个学科的50册教材，审查 5 个学科的 17 册教材，还讨论了有关教材建设方面的问题。

9352 | **8 月 13 日**

国家教委办公厅转发《北京市中小学贯彻〈礼仪常规〉加强文明礼貌、行为规范的养成教育》。北京市教育局提出，要把中小学生文明礼貌教育作为道德品质教育的突破口，根据中小学生的认识水平、接受能力、实际问题，选取了最基础、最频繁出现的礼仪内容，编制了《礼仪常规》，在全面落实中小学生日常行为规范的基础上，突出抓好中小学生的文明礼貌教育。

9353 | **8 月 18 日**

中共中央政治局委员、国务院副总理李岚清就河北省积极解决拖欠中小学教师工资问题，致信中共河北省委、河北省人民政府主要负责人，希望继续狠抓落实，保证拖欠的教师工资按预定目标全部兑现。

9354 | **8 月 24 日**

国家教委召开电视会议，要求尽快解决当前基础教育面临的教育经费短缺、拖欠教师工资、乱收费、初中生辍学较多等突出问题。

9355 | **8 月 25 日**

国家教委印发《关于坚决纠正中小学乱收费的通知》。通知要求各教育行政部门和学校要做到：进一步统一思想，提高认识；严格执行中小学收费管理权限；认真做好清理整顿中小学收费工作；严肃纪律，确保政令通畅。

9356 | **8 月 31 日**

据《中国教育教》报道，为进一步改善中小学办学条件，推动北京市教育事业发展，根据《中国教育改革和发展纲要》精神，北京市人民政府决定，从 1993 年 8 月 1 日起，教育费附加率由 2% 提高到 3%。

9357 | **8 月**

国家教委主任朱开轩在陕西考察基础教育时强调，教育的难点、重点在基础教育，特别是农村基础教育；办好基础教育的关键是增加教育投入、稳定教师队伍。解决当前基础教育面临的突出问题，必须认真实施《中国教育改革和发展纲要》，在各级党委、人民政府的领导下推动教育的发展。

9358 | **9月1日**

上海市全面实施中小学课程教材改革，启用新的课程方案、课程标准和教材，拟在全面提高学生素质、减轻过重课业负担、注重能力培养和发展学生个性等方面取得突破。上海中小学课程教材改革，历时5年，有500余位专家或教授直接参加教材编写和审定工作，数以千计的中小学教师和40多万名学生已进行了2年的试验。

9359 | **9月2日**

中共中央政治局委员、国务院副总理李岚清在山东考察时强调，要重视对青少年的道德品质教育，当前特别要加强对青少年进行中华民族传统美德的教育，提高学生的思想道德素质。

9360 | **9月2日**

国家教委召开基础教育形势分析会，讨论分析了当前基础教育尤其是农村基础教育的形势，确定1993年下半年国家教委要集中力量重点抓好基础教育工作，切实解决基础教育工作面临的困难和问题。

9361 | **9月13日**

国家教委、人事部、财政部联合印发《关于禁止在民办教师选招公办教师中乱收费的通知》。通知明确规定，除国务院和省级人民政府以及中央和省两级财政、计划（物价）部门批准的收费项目外，任何地区、任何单位不准以任何理由，在民办教师选招公办教师中，巧立名目收取费用。

9362 | **9月15日**

国家教委主任朱开轩到北京市调研，在深入了解北京市基础教育的发展状况后强调指出，基础教育的质量关系广大劳动者的素质，基础教育学校要为高等学校输送合格人才，各地应把基础教育作为教育工作的重点来抓。

9363 | **9月20日**

国务院残疾人工作协调委员会、国家教委、民政部、中国残联联合发布《关于表彰特殊教育先进县（市、区）的决定》，对成绩突出的89个县（市、区）授予“特殊教育先进县（市、区）”的光荣称号，发给奖牌、证书和奖金（用于特殊教育）；并对取得显著成绩的165个县（市、区）予以通报表彰。

9364 | **9月21日**

中国教育学会在上海举办纪念邓小平“三个面向”题词10周年学术讨论会。会议认为，“三个面向”从战略高度提出了我国教育的根本任务，指明了教育改革和发展的方向，这是邓小平有中国特色社会主义理论中的教育思想精髓，是我国教育方针的重要组成部分。

9365 | **9月22日至23日**

国家教委在湖北武汉召开全国部分省（直辖市）中小学收费工作座谈会。会议指出，各级教育行政部门和学校要从反对腐败、清正廉洁和纠正行业不正之风的高度，重视学校乱收费问题，采取得力措施，坚决制止学校出现的乱收费现象。

9366 | **9月24日**

国务院办公厅印发《关于加强中小学收费管理工作的通知》。通知提出，严格区分义务教育阶段与非义务教育阶段关于收费的政策界限。要坚决按照《义务教育法》及其《实施细则》的规定，学生在义务教育阶段免收学费，只收杂费。实施义务教育的各类公办学校要按照招生计划和规定班额录取学生，即使对个别超计划招收的学生，也不得收取额外的费用。不允许招收“高价生”，不允许以任何借口向申请转学的学生收取费用。要采取措施，坚决制止任何部门和单位向中小学摊派行政性、事业性费用和乱罚款。

9367 | **9月**

广东省召开中小学师资工作会议。会议提出要充分挖掘潜力，努力扩大师范生培养规模和师资来源渠道，加快教师学历培训和继续教育的步伐。

会议提出，到1997年，凡应参加岗位培训的中小学校长必须取得岗位培训合格证书；加强师资培养培训基地建设，提高师范教育质量和水平；增加师范教育投资，确保师范教育发展；加强和改进教师队伍管理工作，继续深化学校内部管理体制改革，逐步建立教师资格及任用制度，改革和完善中小学教师专业技术职务聘任制，逐步实行教师专业技术资格评定与聘任分离的制度；努力提高教师的社会地位和生活待遇。

9368 | **10月4日**

国务院召开第十次常务会议。会议审议并原则通过了《中华人民共和国教师法（草案）》。之前，该法起草人员根据七届全国人大常委会第二十一次会议审议时提出的意见，对教师的管理体制、教师的计划分配与聘任制、教师的待遇、教师职务等问题进行了修改。

9369 | **10月9日**

北京景山学校举行邓小平“三个面向”题词发表十周年纪念会。中共中央政治局常委、国务院总理李鹏致电向大会表示祝贺，中共中央政治局委员、国务院副总理李岚清出席纪念会并讲话。

9370 | **10月15日至16日**

根据中共中央政治局委员、国务院副总理李岚清的指示，国家教委主任朱开轩、副主任柳斌邀请专家学者就“基础教育投入对策”进行座谈。

9371 | **10月16日**

国家教委转发国务院办公厅《关于纠正一些地方取消农村教育费附加的通知》。通知指出，农村教育费附加是国家法定征收的，主要用于农村实施义务教育。征收农村教育费附加工作能否落实，直接关系农村实施九年义务教育的进度和质量，关系中小学民办教师工资待遇的落实和农村教师队伍的稳定，各级党政领导应予以高度重视。

9372 | **10月18日至21日**

中央农村工作会议在北京召开。会议指出，要坚定不移地实施科技、教育兴农的发展战略，要重视农村教育工作，重点是扎扎实实地普及九年义务教育，扫除青壮年文盲，同时大力发展农村职业技术教育和农村成人教育。

9373 | **10月18日至22日**

全国农村教育综合改革与实施“燎原计划”工作研讨会在江苏昆山举行。会议指出，经过七年发展，农村教育综合改革实验已在全国近1/3的县大规模展开，已有国家级实验县116个，省级实验县526个。

9374 | **10月18日至30日**

国家教委“两基”评估验收工作抽查组对北京市基本普及九年制义务教育、基本扫除青壮年文盲工作进行了评估验收抽查，宣布北京市成为我国率先提前实现“两基”的直辖市。

9375 | **10月21日**

由国家教委、共青团中央组织的全国“三好”学生、优秀学生干部、先进班集体评选结果揭晓。本次共评出全国“三好”学生423名、优秀学生干部138名，先进班集体210个；在此基础上又评出12名全国“三好”学生标兵、5名优秀学生干部标兵、11个先进班集体标兵。10月25日，中共中央政治局委员、国务院副总理李岚清在中南海会见学生代表，殷切希望广大学生发奋学习，全面发展，肩负起创造祖国更为光辉灿烂未来的历史使命。

9376 | **10月25日至27日**

全国民族教育宣传工作会议在广西恭城瑶族自治县召开。会议提出，要进一步加强民族教育的宣传工作，扩大全国各少数民族地区教育信息的传递与交流。

9377 | **10月28日**

受国务院委托，国家教委主任朱开轩在八届全国人大常委会第四次会议上，就当前教育战线的形势和实施《中国教育改革和发展纲要》中存在的几个问题作报告。

9378 | **10月29日**

全国教育科研规划“七五”重点项目《中国革命根据地教育史》出版座谈会在北京举行。《中国革命根据地教育史》是一部长达百万字的学术专著，邓小平为此书题写书名。全书分三卷，分别阐述土地革命时期、抗日战争时期和解放战争时期中国共产党领导的革命根据地教育的历史。

9379 | **10月31日**

八届全国人大常委会第四次会议审议通过《中华人民共和国教师法》。《教师法》共9章43条，包括总则、权利和义务、资格和任用、培养和培训、考核、待遇、奖励、法律责任、附则，自1994年1月1日起施行。该法是新中国、也是我国教育史上第一部有关教师的法律，是加强教师队伍建设、保障人民教师合法权益的根本大法。

9380 | **11月2日**

《邓小平文选》第三卷在全国公开发行。11月5日，中共国家教委党组印发《关于学习〈邓小平文选〉第三卷的通知》。《邓小平文选》第三卷收入邓小平在1982年至1992年间的重要讲话，共119篇。《邓小平文选》第三卷的出版，是全党和全国人民政治生活中的大事，为我们进一步落实党的十四大提出的用邓小平同志建设有中国特色社会主义理论武装全党的战略任务，统一思想，提高教育工作水平提供了很好的教材和重要的思想武器，意义十分重大。

9381 | **11月9日**

国家教委办公厅印发《关于进一步加强中学时事教育的几点意见》。《意见》强调，时事教育是中学思想政治教育的重要内容，是中学生的必修课。开展时事教育对于帮助学生正确认识国内外形势，养成关心国家大事的良好习惯，激发爱国主义情感，逐步树立正确的政治观和价值观，有着十分重要的作用；同时，这也是对青少年进行国情教育的重要途径。

9382 | **11月9日至13日**

国家教委基础教育司、中央教科所、联合国教科文组织、联合国儿童基金会联合举办教育评价技术报告会，讨论在中国建立教学质量监控机制等问题。

9383 | **11月12日至15日**

国家教委在四川乐山召开师范专科学校面向农村、深化改革座谈会。会议就培养合格初中教师、师范专科学校要面向农村为建设社会主义新农村服务等问题进行了讨论。

9384 | **11月14日**

党的十四届三中全会讨论通过《中共中央关于建立社会主义市场经济体制若干问题的决定》。《决定》提出，要进一步改革科技体制和教育体制。社会主义市场经济体制的建立和现代化的实现，最终取决于国民素质的提高和人才的培养。各级党委和人民政府要把优先发展教育事业作为战略任务来抓，加强对教育工作的领导。确保教育投入，提高教学质量和办学效益。改变政府包揽办学的状况，形成政府办学为主与社会各界参与办学相结合的新体制。强化义务教育，大力发展职业教育和成人教育，优化教育结构。义务教育主要由政府投资办学，同时鼓励多渠道、多形式社会集资办学和民间办学。各类学校都要加强教师队伍建设，改善德育教育。

9385 | **11月16日**

国务院办公厅印发《关于采取有力措施迅速解决拖欠教师工资问题的通知》。通知要求各地人民政府年底前解决拖欠教师工资问题。

9386 | **11月21日**

国务院印发《关于贯彻实施〈中华人民共和国教师法〉若干问题的通知》。通知提出，要确保1993年底之前彻底解决拖欠教师工资的问题，并保证今后不再产生新的拖欠。对1994年1月1日以后拖欠教师工资的，要依法追究有关领导的责任。要确保教师的平均工资水平不低于或高于国家公务员的平均工资水平。

9387 | 11月26日

国家教委印发《关于取消中小学乱收费项目的通知》，清理规范中小学自行规定的乱收费项目。通知提出，社会一切部门、单位等向学校或通过学校向学生家长代收的费用，在学生购置教材及其他学习用品时搭配的商品等摊派，按国务院国办发〔1993〕66号文件精神，由各地人民政府负责清理。

9388 | 11月27日至29日

国家教委、国家民委联合在宁夏银川召开全国教育对口支援协作工作会议，部分对口支援协作双方举行了签约仪式。会议还就少数民族地区教育改革等问题进行了研讨。

9389 | 12月3日

国务院副总理李岚清在北京接见联合国开发计划署、联合国儿童基金会、联合国教科文组织、联合国人口基金和世界银行驻华代表处的代表及高级官员。在过去10年里，这5个国际组织向国家教委提供了7000万美元的援款和10亿美元无息贷款。

9390 | 12月12日至17日

国家教委在广东江门举行全国城市教育综合改革研讨会。会议提出，要认真贯彻《中国教育改革和发展纲要》，加快城市教育综合改革步伐。

9391 | 12月15日至16日

由联合国教科文组织、联合国儿童基金会、联合国人口基金会共同发起的九个发展中人口大国全民教育首脑会议在印度新德里召开。国务院副总理李岚清应邀率中国政府代表团参会，代表中国政府向会议提交《中国全民教育的现状和发展策略》的国家报告，并发表讲话。

1994年

改革进行时

• 重要文件

中共中央《关于进一步加强和改进学校德育工作的若干意见》

中共中央《爱国主义教育实施纲要》

国务院《关于〈中国教育改革和发展纲要〉的实施意见》

国务院《残疾人教育条例》

国务院《教学成果奖励条例》

国家教委《关于全面贯彻教育方针，减轻中小学生过重课业负担的意见》

国家教委《全国中小学校长岗位培训评估工作指导意见》

国家教委办公厅《国家教育督导团若干工作制度（试行）》

国家教委《普及义务教育评估验收暂行办法》

• 重要政策

确立教育优先发展的战略地位

建立国家教学成果奖励制度

加强和改进学校德育工作

实施爱国主义教育

实行办学体制改革

开展中小学校长岗位培训评估工作

试办农村综合初中

• 重要会议

中共中央、国务院召开全国教育工作会议

中宣部等单位召开全国中小学爱国主义教育现场会

国家教委召开全国学校德育工作座谈会

国家教委召开全国农村教育综合改革工作会议

国家教委召开农村综合初中实验工作会议

• 改革亮点

中共中央、国务院召开全国教育工作会议。在我国加快建立社会主义市场经济体制和现代化建设步伐的新形势下，党中央、国务院召开改革开放以来第二次全国教育工作会议。这次会议对贯彻落实教育优先发展的战略、全面部署和动员实施《中国教育改革和发展纲要》，研究和解决我国教育改革和发展中的重大问题，实现九十年代教育改革和发展的战略目标，促进我国社会主义现代化建设，产生重大影响。

9401 | **1月1日**

《中国教育报》全文刊发邓小平 1985 年 5 月 19 日在全国教育工作会议上的讲话《把教育工作认真抓起来》，并配发题为《学习邓小平教育思想，落实教育的战略地位》的社论，进一步落实教育优先发展的战略地位。

9402 | **1月9日至13日**

国家教委在石家庄市召开由北京、河南、山东等十四省（自治区、直辖市）教育行政部门人事处、法规处处长参加的贯彻《教师法》座谈会，交流各地贯彻《教师法》的办法和措施，讨论《中小学教师资格试行条例》《教师聘任试行办法》等《教师法》配套法规。

9403 | **1月11日**

全国教育系统“邓小平建设有中国特色社会主义理论研究中心”在北京成立。该中心同中国社科院、中央党校、军队系统、上海市等单位的理论中心密切配合，积极组织和大力推动教育系统对邓小平建设有中国特色社会主义理论的学习和研究，负责教育系统内部学术理论方面的指导和组织协调工作。

9404 | **1月11日**

国家教委在北京召开 1994 年度全国教育工作电话会议。国家教委主任朱开轩在工作报告中回顾总结了过去一年的教育工作，部署安排 1994 年的主要任务。会议指出，1994 年教育工作总的指导思想是：以邓小平同志建设有中国特色社会主义理论为指导，认真贯彻党的十四届三中全会精神，全面部署和推进《中国教育改革和发展纲要》的实施工作，严格执行《教师法》，加大教育改革力度，促进教育事业进一步发展。

9405 | **1月14日**

共青团中央转发全国少工委《跨世纪中国少年雏鹰行动》。同年 5 月 24 日，中共中央总书记江泽民为“跨世纪中国少年雏鹰行动”题词：“自学、自理、自护、自强、自律，做社会主义事业的合格建设者和接班人。”

9406 | **1月25日至27日**

国家教委基础教育司和人民教育出版社在北京联合召开九年义务教育全日制聋、盲校教材编写研讨会。

9407 | **1月28日**

“跨世纪的钟声——‘希望工程’大型义演”在北京人民大会堂举行。“希望工程”自1989年10月启动以来，已募集民间资金2亿多元，救助失学儿童54万余名，资助建设希望小学204所。

9408 | **1月30日至31日**

中共中央政治局委员、国务院副总理李岚清在河北山区慰问农村中小学教师时强调，各级人民政府要进一步提高对农村基础教育的认识，采取措施加强和改善农村义务教育工作，认真解决教师的工资待遇和住房等问题，不断提高教师素质和教学质量，为农村经济发展提供大批实用人才，为确保小康的如期实现和农村经济的繁荣打下良好的基础。

9409 | **2月5日**

人事部、国家教委发布高等学校、中小学、中等专业学校贯彻《事业单位工作人员工资制度改革方案》三个实施意见。《中小学贯彻〈事业单位工作人员工资制度改革方案〉的实施意见》指出，新的中小学工资制度总称为中小学职务（技术）等级工资制，工资由职务（技术）等级工资和津贴两部分构成。在各单位工资总量构成中，职务（技术）等级工资部分占70%，津贴部分占30%。

9410 | **2月15日**

国家教委印发通知，自1994年3月1日起根据《国务院关于职工工作时间的规定》实行新工时制度，中等和中等以上学校试行五天半工时制度，且同一地区学校要实行统一工时制度，并要求各级教育行政部门根据新工时制度的要求，认真做好各项准备工作。

9411 | **2 月 20 日**

中宣部、广播电影电视部、国家教委、文化部联合印发《关于在全国农村中小学运用优秀影视片进行爱国主义教育的实施意见》，确保农村中小学能够看到、看好爱国主义教育影片。

9412 | **2 月 21 日至 25 日**

国家教委主任朱开轩到山东省济南市、临沂市、莱芜市三地市对教育工作进行调查研究时强调，为在 20 世纪末实现国民经济和社会发展第二步战略目标，教育必须通过改革为之提供较为充足的人才资源，为此，认真贯彻、落实《中国教育改革和发展纲要》就成为各级人民政府和教育部门的一项紧迫的任务。

9413 | **2 月 24 日**

《中国教育报》刊发国家教委对山东、天津、江苏、吉林、上海、浙江和北京七省（直辖市）“两基”评估验收工作的抽查报告，题为《强化教育督导，促进“两基”发展》。

9414 | **3 月 1 日**

国家教育发展研究中心在北京人民大会堂举行邓小平教育思想研讨会。会议指出，邓小平同志始终把教育作为关系社会主义建设全局和社会主义历史命运的战略问题加以考察，形成了具有中国特色和时代特征、内涵十分丰富而深刻的教育思想，成为指导我国教育改革和发展的科学的理论基础和强大的思想武器。

9415 | **3 月 9 日**

国家教委在北京召开修改《教育法（草案）》座谈会。教育界、法律界 10 多位专家学者出席会议，对《教育法（草案）》中涉及的教育方针、基本教育制度、教育投入、学校分类、法律责任等重大问题提出修改意见。

9416 | **3 月 10 日**

八届全国人大二次会议在北京人民大会堂召开，国务院总理李鹏作《政府工作报告》。《报告》指出，1993 年是全面贯彻党十四大精神，沿着建设有中国特色社会主义道路胜利前进的一年。教育事业在改革中前进，基础教育、职业教育、成人教育和高等教育继续发展与提高。《报告》提出，1994年要加快建立社会主义市场经济体制，保持国民经济持续、快速、健康发展，维护政治稳定，促进社会全面进步，认真处理好改革、发展、稳定三者之间的关系。《报告》强调，发展科技教育文化事业，加强社会主义精神文明建设，既是现代化建设的重要内容，也是改革开放和经济建设顺利进行的重要保证，要抓好教育改革和发展。现代化建设有赖于国民素质的提高和人才的培养。各级人民政府要有长远眼光和紧迫感，把教育放在优先发展的战略地位。要加快教育改革步伐，切实增加教育投入，加强教育经费管理，促进教育事业的发展。各级人民政府宁可在别的方面节省一点，也要千方百计为教育办几件实事。教育改革要把重点放到调整教育结构、提高教学质量和经费使用效益上来。各类学校都要贯彻德智体全面发展的方针，加强和改善德育教育，重视国情教育、形势教育和优良传统教育，培养有理想、有道德、有文化、有纪律的新人。基本普及九年义务教育，基本扫除青壮年文盲，必须切实抓紧抓好。要重视做好农村适龄儿童入学的工作，努力降低辍学率。动员社会力量，继续实施“希望工程”。要采取切实措施，减轻学生过重的负担，改变学生学习只是为了应付考试的状况。在有些地区，义务教育要适当增加职业教育的内容。认真执行《教师法》，充分发挥教师的作用，努力改善教师待遇，在全社会形成尊师重教的良好风尚。

9417

9417 | 3月14日

国务院发布《教学成果奖励条例》，旨在奖励取得教学成果的集体和个人，鼓励教育工作者从事教育教学研究，提高教学水平和教育质量。《条例》指出，国家级教学成果奖的评审、批准和授予工作，由国家教委负责；其中授予特等奖的，应当报经国务院批准。省（部）级教学成果奖的评奖条件、奖励等级、评审组织和办法，由省、自治区、直辖市人民政府，国务院有关部门参照本《条例》热行。

9418 | 3月22日至25日

中国与联合国儿童基金会1994—1995年周期贫困地区小学教育项目主任会在北京举行。会议就贫困地区女童教育项目、特殊教育项目、制定学习标准及建立教学质量监测机制项目等工作进行部署。

9419 | 4月6日

国家教委印发《关于建立国家教育督导团的通知》。通知指出，为了加强对各地区、各部门教育工作的宏观管理，保证国家有关教育的方针、政策、法规的执行，推动义务教育的实施和整个中等及中等以下教育的改革与发展，经国务院批准，成立国家教育督导团。国家教育督导团在中共国家教委党组领导下，行使教育督导职权。

9420 | 4月8日

中共中央政治局委员、国务院副总理李岚清主持召开民主党派负责人座谈会，听取各民主党派对《教育法（草案）》的修改意见。国家教委主任朱开轩就《教育法（草案）》作了说明。

9421 | 4月14日

国家教委办公厅转发北京市教育局对中小学校实行统一收费卡制度的有关文件并印发通知。通知指出，北京市教育局实行的中小学统一收费卡制度，使学校、学生家长及社会划清了哪些是合理收费、哪些是不合理收费的界限，使收费工作更加规范化；农村地区一般不要求统一购买校服，也不要统一实行课间加餐和营养餐制度。

9422 | 4月22日至26日

全国教育科学规划领导小组扩大会议暨第二次教育科研工作座谈会在河北石家庄举行。国家教委副主任兼全国教育科学规划领导小组组长何东昌、国家教委副主任兼全国教育科学规划领导小组副组长王明达出席会议并讲话。8月31日，国家教委办公厅印发座谈会纪要。

9423 | 4月29日

来自首都教育、理论、新闻、出版界的专家学者座谈纪念《教育研究》

杂志创刊15周年。中共中央政治局委员、国务院副总理李岚清为杂志题词："进一步深入开展教育理论的研究，为促进祖国教育改革和发展作贡献。"《教育研究》自1979年4月创刊以来，为繁荣我国教育科学研究工作以及教育事业的改革与发展作出了贡献，成为我国教育科学面向世界的一个窗口。

9424 | **4月**

中共上海市委宣传部、上海市教育局等五部门联合发文指出，共同努力运用影视手段加强对中小学生爱国主义教育。文件要求广大中小学要将影视教育与学校的教育教学工作紧密结合，纳入学校教育教学计划，积极配合有关学科必修课教学，做到有计划、有安排、有检查，并作为活动课与选修课的重要内容之一。

9425 | **5月18日至22日**

中宣部、国家教委、广播电影电视部、文化部、共青团中央在上海联合召开全国中小学爱国主义教育现场会。中共中央政治局委员、国务院副总理李岚清向大会发来贺信，希望各地努力把爱国主义教育落在实处并提高到一个新的水平。

9426 | **5月20日**

中国儿童少年基金会推出"'亿万爱心献春蕾'94—95系列行动"（"春蕾计划"），争取在1994—1995年间，在贫困地区兴办1000个寄宿制高小女童班，使5000名辍学失学女童重返校园。

9427 | **6月8日**

中共中央政治局常委、国务院总理李鹏在中南海与各民主党派中央、全国工商联负责人和无党派人士进行座谈，征求对全国教育工作会议报告（征求意见稿）的意见。座谈会指出，这次全国教育工作会议，是改革开放以来党中央、国务院召开的第二次教育工作会议，也是我国教育发展史上一次重要的会议。这次会议对全面部署和动员实施《中国教育改革和发展纲要》，研究和解决我国教育改革和发展中的重大问题，实现九十年代教育改革和发展的战略目标，促进我国社会主义现代化建设，必将产生重大影响。

9428 | **6月14日至17日**

党中央、国务院在北京召开全国教育工作会议。党和国家领导人江泽民、李鹏、李瑞环、朱镕基、胡锦涛等出席大会，江泽民发表重要讲话，李鹏作主题报告。会议的主要任务是：以邓小平建设有中国特色社会主义理论和党的基本路线为指导，贯彻党的十四大和十四届三中全会精神，进一步落实教育优先发展的战略，动员全党全社会认真实施《中国教育改革和发展纲要》，为实现九十年代我国教育改革和发展的任务而奋斗。

9429 | **6月18日**

为祝贺全国教育工作会议闭幕，《人民日报》发表题为《坚决落实教育优先发展的战略》的评论员文章。《光明日报》发表题为《教育发展史上的里程碑》的社论。《中国教育报》发表题为《开创教育工作的新局面》的社论。

9430 | **6月18日至20日**

国家教委在北京召开全国九十年代基本普及九年义务教育和基本扫除青壮年文盲督导工作会议。会议的主要任务是：以建设有中国特色社会主义理论为指导，认真学习、研究贯彻江泽民、李鹏、李岚清同志在全国教育工作会议上的重要讲话和《中国教育改革和发展纲要》，具体部署实施九年义务教育和基本扫除青壮年文盲的工作和在新的形势下充分发挥教育督导的作用，推动“两基”任务的落实，更好地为社会主义现代化建设服务。

9431 | **6月22日**

中国教育学会在北京举行纪念会，庆祝学会成立15周年。中国教育学会会长张承先作题为《进一步发挥教育学会在深化教育改革中的作用》的讲话。

9432 | 6月22日至24日

国家教委艺术教育委员会在北京召开第三届全体委员会议。会议指出，美育是教育中不可缺少的重要组成部分，对于陶冶人的思想情操，提高人的审美情趣，使人树立崇高的审美理想，具有其他教育所不可替代的作用。

9433 | 7月2日

八届全国人大常委会第八次会议听取全国人大教科文卫委员会关于检查《教师法》执行情况的报告。1994年上半年，全国人大常委会和全国人大教科文卫委员会组织12个检查组，分赴北京、吉林等地，对《教师法》宣传落实情况进行全面检查。报告认为，自《教师法》发布以来，各地广泛组织学习，开展宣传和普及活动，积极制定具体措施，紧紧围绕提高教师素质、改善教师工作和生活条件两个重点，做了大量工作，取得了初步成效。

9434 | 7月3日

国务院印发《关于〈中国教育改革和发展纲要〉的实施意见》。《实施意见》指出，到2000年全国基本普及九年义务教育(包括初中阶段的职业教育)，即占全国总人口85%的地区普及九年义务教育。初中阶段的入学率达到85%左右，全国小学入学率达到99%以上。积极创造条件，使残疾儿童与其他儿童同步实施义务教育。从各地实际出发，初中办学模式要多样化。农村尤其是经济发展程度较低的地区，初中应适时注入适合本地需要的职业教育内容；也可以在初中教育的一定阶段，实行普通教育与职业教育分流；有的地区可试办职业初中。贫困地区还可采取正规教育和非正规教育相结合的方式，普及初中阶段教育。

9435 | 7月5日

国家教委印发《实行新工时制对全日制小学、初级中学课程（教学）计划进行调整的意见》。《意见》指出，全国中小学于1994年秋季开学起调整课时，以适应新工时制的规定。这次调整在保持全日制中小学教学（课程）计划的课程结构不变的前提下，适当调整各类课程的课时，减少周课时总量。

9436 | 7月6日

国家教委印发《关于进一步加强中小学生竞赛、评奖活动管理的通知》。通知指出，要正确引导面向全国中小学生的各项竞赛、评奖等活动的健康发展。

9437 | 7月21日

国家教委发布《关于开展残疾儿童少年随班就读工作的试行办法》。《试行办法》指出，残疾儿童少年随班就读有利于残疾儿童少年就近入学，有利于提高残疾儿童少年的入学率，有利于残疾儿童与普通儿童互相理解、互相帮助，促进特殊教育和普通教育有机结合，共同提高。残疾儿童少年随班就读的对象，主要是指视力（包括盲和低视力）、听力语言（包括聋和重听）、智力（轻度，有条件的学校可以包括中度）等类别的残疾儿童少年。各级教育行政部门必须高度重视和积极开展残疾儿童少年随班就读工作，并使其逐步完善。

9438 | 7月23日

上海国际儿童文化艺术节开幕。中共中央政治局常委、全国人大常委会委员长乔石题词："世界少年儿童热爱和平。"

9439 | 7月29日

中央统战部、国家教委、国家计委和西藏自治区人民政府联合召开座谈会，纪念内地西藏班办学10周年。国家教委副主任王明达、韦钰出席座谈会，王明达在座谈会上发表讲话。

9440 | 8月3日至4日

中共中央政治局委员、国务院副总理李岚清在河北北戴河主持召开座谈会，研究减轻中小学生课业负担和全面提高教育质量问题。8月28日，《中国教育报》全文刊登李岚清在座谈会上发表的讲话。

9441 | 8月12日至14日

全国中小学校督导评估工作座谈会暨中国教育督导研究会成立大会在哈尔滨市举行。会议总结交流各地开展中小学校督导评估工作的经验，征求对《普通中小学校督导评估工作指导纲要》的修改意见，研究部署中小学校督导评估工作及制度建设等有关问题。

9442 | **8 月 22 日**

国家教委印发《全国中小学校长岗位培训评估工作指导意见》，以指导各地开展中小学校长岗位培训评估工作，提高培训质量和实效，全面提高中小学校长的政治、业务素质和履行岗位职责的管理能力，促进普及九年义务教育的实施和基础教育质量的提高。《指导意见》就评估的目的、评估的内容要点、评估的组织领导等问题作了说明。

9443 | **8 月 22 日**

中国教育学会、光明日报社等举办的全国优秀民办教师表彰大会在北京举行。本次共评选出 10 名全国十佳民办教师和 20 名全国优秀民办教师。会议指出，我国有几百万民办教师，长期以来，他们在十分艰苦的条件下，辛勤耕耘，无私奉献，为我国的教育事业作出了巨大的贡献。我国的民办教师特别应该受到全社会的理解、关心和尊重，希望全社会对民办教师给予更多的关心和支持。

9444 | **8 月 22 日**

北京市教育工作会议宣布中共北京市委、北京市人民政府关于建立海淀区教育改革实验区的决定。会议指出，到 20 世纪末该实验区将成为全市乃至全国教育最发达、教育质量最高的地区之一。

9445 | **8 月 23 日**

中共中央发布《爱国主义教育实施纲要》。《实施纲要》共 8 章 40 条。《实施纲要》指出，加强爱国主义教育，对于增强民族凝聚力，团结全国各族人民自力更生、艰苦创业具有重要的现实意义。爱国主义教育是提高全民族整体素质和加强社会主义精神文明建设的基础性工程，是一项十分重要的工作。爱国主义教育的重点对象是青少年，内容包括中华民族悠久历史、中华民族优秀传统文化、党的基本路线和社会主义现代化建设成就、中国国情、社会主义民主和法制、国防教育和国家安全教育、民族团结、“和平统一、一国两制”方针等教育。《实施纲要》提出，要搞好爱国主义教育基地的建设。9月23日，国家教委印发《关于贯彻〈爱国主义教育实施纲要〉的通知》。

9446 | **8月23日**

国务院发布《残疾人教育条例》。《条例》共9章52条。《条例》规定，各级地方人民政府应当将残疾儿童、少年实行义务教育纳入当地义务教育发展规划并统筹安排实施。县级以上各级人民政府对实施义务教育的工作进行监督、指导、检查，应当包括对残疾儿童、少年实施义务教育工作的监督、指导、检查。

9447 | **8月24日至27日**

“走向‘95’第四次世界妇女大会—女童教育国际研讨会”在青海省西宁市举行。大会宣读江泽民、李鹏等中央领导为全国妇联、中国儿童少年基金会组织并开展的专门扶植女童入学的“春蕾计划”所作的题词。来自中国、美国、越南等国家和地区的80多位专家学者参加会议。

9448 | **8月31日**

中共中央印发《关于进一步加强和改进学校德育工作的若干意见》。《意见》共25条，是新形势下学校德育工作的纲领。《意见》指出，新形势对学校德育工作提出了更高的要求，要整体规划学校德育体系；深入持久地进行爱国主义、集体主义和社会主义思想教育；开展中华民族优良道德传统的教育。9月19日，国家教委印发《关于学习贯彻〈中共中央关于进一步加强和改进学校德育工作的若干意见〉的通知》。通知要求，要精心组织、深入学习意见；要广泛宣传，形成落实意见的有利环境；要认真研究，制定贯彻意见的规划和措施；要加强检查，切实保证意见的贯彻落实。

9449 | **9月1日**

国家教委印发《关于在九十年代基本普及九年义务教育和基本扫除青壮年文盲的实施意见》。《实施意见》就“两基”的目标、实施原则和步骤；深化管理体制和教育教学改革，促进“两基”积极健康地发展；努力增加投入，加强师资队伍建设，保证“两基”顺利实施；加强“两基”工作的领导与监控等问题作了说明。

9450 | **9月8日**

北京市二十一世纪实验学校举行开学典礼。这所学校是由北京锡华电子有限公司与海淀区教育局联合创办的全国首家“政企联办、产教结合”的新型学校。学校实行董事会领导下的校长负责制，在管理体系上采取全新的办学模式。

9451 | **9月9日**

国家教委办公厅发布《国家教育督导团若干工作制度(试行)》。《工作制度》指出，国家教育督导团工作会议，原则上每年召开一次，由总督学主持，副总督学和全体国家督学参加。国家教育督导团工作会议的主要任务是确定教育督导团年度工作计划；总结工作经验，研究制定教育督导工作法规和重要的政策文件。

9452 | **9月10日**

中共中央政治局委员、国务院副总理李岚清到北京市海淀区实验小学、花园村第二小学、花园村中学、海淀旅游服务职业高中、北京邮电大学和首都师范大学等校看望教师，代表党中央、国务院向广大教师致以节日问候。

9453 | **9月12日至18日**

国家教委督导检查组对天津市普及九年义务教育和扫盲工作进行督导检查，认为天津已在全市范围内实现了“两基”，各项指标已基本达到国家和天津市的规定要求。

9454 | **9月15日**

国家教委发布《关于表彰全国农村教育综合改革先进集体的决定》，命名北京市昌平县等204个单位为全国农村教育综合改革先进单位。

9455 | **9月20日**

国家教委印发《关于进一步做好学校收费工作的通知》。通知要求采取切实有效的措施，尽快缓解物价上涨过猛的势头，保证学校教学工作和生活的正常秩序。通知再次强调不得把捐资助学同录取学生挂钩，坚决杜绝以钱买分、以钱买学籍、以钱选择公办学校和重点学校的错误做法。9月21日至24日，国家教委在上海召开部分省（直辖市）中小学收费管理工作座谈会，就中小学收费中存在的问题及进一步做好改进工作进行研究。

9456 | **9月22日至26日**

国家教委在河北唐山召开全国农村教育综合改革工作会议。会议明确把农村教育综合改革作为贯彻全国教育工作会议精神和实施《中国教育改革和发展纲要》的一项重要任务，系统总结这些年各地改革的经验，明确强调今后要更广泛动员大中专院校和教育科研单位积极参与等。

9457 | **9月23日**

国家教委、国家体委、卫生部、国家民委、国家科委发布《1995年全国学生体质健康状况调查研究实施方案》。《实施方案》指出，根据各民族人口数量、教育事业发展水平及体育卫生现状，原则上决定在1985年确定的好、中、差三片基础上选择省会城市及1985年定为经济、地理条件相对落后的地区(即边远山区片)进行汉族学生体质健康状况的调查；按照1985年少数民族调查规模，在部分省对相应的少数民族学生进行调查，其他少数民族学生是否进行调查，由有关省、自治区根据具体情况自行统筹安排。普通大、中、小学校的7岁至22岁学生为调查对象。

9458 | **9月24日**

国家教委发布《普及义务教育评估验收暂行办法》。《暂行办法》规定了普及义务教育评估验收的评估及指标要求、评估验收程序、表彰和处罚等问题。

9459 | **9月28日**

中共中央发布《关于加强党的建设几个重大问题的决定》，要求学校党的建设要围绕学校的改革和发展，加强和改进德育工作，培养有理想、有道德、有文化、有纪律的社会主义事业的建设者和接班人来进行。

9460 | **9月**

中国教育学会中小学劳动技术教育专业委员会在苏州市举行成立大会。学会秘书处设在中央教育科学研究所。

9461 | **10月7日**

中国教育学会成立中学德育研究会。研究会的主要任务是开展对中学的德育研究，举办德育工作者培训班、研讨班等。

9462 | **10月10日至13日**

国家教委在吉林长春召开全国部分省(直辖市)“普九”工作汇报会。国家教委主任朱开轩宣布，北京、上海、天津3个直辖市率先实现普及九年义务教育。三市实施九年义务教育和扫除青壮年文盲达到的水平是:小学适龄儿童入学率均在99%以上，初中适龄少年入学率，北京、上海在99%以上，天津市城区在99%以上、郊县在96%以上；适龄残疾儿童、少年入学率，上海市已做到基本都能入学，北京市有13个区县在90%以上、5个地区在85%以上，天津市城区在90%以上、郊县在75%以上；在校学生辍学率，三市小学均在1%以下，初中均在2%以下；17周岁人口中初级中等教育完成率，上海在98%以上，北京在97%以上，天津在96%以上；15周岁至45周岁人口中非文盲率，北京、天津均在99%左右；初中专任教师学历符合规定要求的比例，北京在81%以上，上海在83%以上，天津在78%以上；三市各区县小学、初中的校舍和教学设备，除个别学校外，都达到了本市规定的标准要求；按每生每年平均占有的公用经费，除少数区县外，均达到本市规定的开支定额。

9463 | **10月22日至24日**

国务院办公厅在辽宁大连召开全国教师住房工作经验交流会。会议总结、交流和推广各地、各部门解决教师住房问题的经验及做法，研究加快教师住房建设和改革的方针政策及目标任务，以推动全国教职工住房条件的全面改善。国务院副总理李岚清出席会议并讲话。国家教委副主任张孝文在会上作报告。国务院副秘书长刘济民在闭幕会上作总结。

9464 | **10 月 26 日至 30 日**

国家教委在浙江杭州召开农村综合初中实验工作会议，部署试办农村综合初中，以推进农村教育综合改革。试办农村综合初中，目的在于改革初中阶段的文化科学课，分年级逐步引入技术或职业课，使文化科学教育与职业教育协调发展，最终建立适应农村现代化建设需要，符合青少年身心发展的课程体系。

9465 | **10 月 28 日**

全国政协、民进中央在北京举行纪念叶圣陶先生诞辰 100 周年座谈会。会议指出，叶圣陶先生作为一位杰出的文学家、教育家、编辑出版事业家、社会活动家，在新民主主义革命时期和社会主义建设时期作出了重大的贡献。他的光辉一生中始终贯穿着热爱党、热爱社会主义祖国，全心全意为人民服务，坚持真理，无私奉献的崇高精神。他是中国知识分子的典范，是风范永存的一代师表。

9466 | **11 月 1 日**

国家教委办公厅印发《关于民办学校向社会筹集资金问题的通知》。根据中共中央政治局委员、国务院副总理李岚清“教育事业历来都不能以盈利为目的，对那些以办教育为名而牟取高利尤不能容忍，请告各地区、各部门注意，并对此进行清理，妥善处置”的指示，通知对民办学校向社会筹集资金的有关问题作出规定。

9467 | **11 月 2 日**

全国扫盲部际协调小组在北京召开第一次会议。会议指出，党中央、国务院及老一辈革命家都十分关心和重视扫盲工作，1994 年全国教育工作会议把在 20 世纪末基本普及九年义务教育，基本扫除青壮年文盲，作为今后一个时期我国教育事业发展的“重中之重”。

9468 | **11月2日至11日**

由联合国教科文组织支持召开的农村教育紧迫需要地区研讨会在河北保定举办。国家教委副主任王明达在开幕式上指出，这次农村教育紧迫需要地区研讨会的召开，是贯彻1990年召开的世界全民教育大会和1993年召开的九个发展中人口大国全民教育首脑会议精神的一次重要活动，也是促进亚太地区各国实施全民教育的一项重要措施。来自16个国家和国际组织的代表就亚太地区各国农村教育发展中的一些紧迫问题交换意见和交流经验，并对一些理论问题进行探讨。

9469 | **11月4日至7日**

国家教委教育发展研究中心和中国联合国教科文组织全委会秘书处在北京联合召开市场经济与教育改革国际研讨会。国家教委主任朱开轩在开幕式上讲话指出，社会主义市场经济的建立和发展，要求相应地进行教育改革，建立起与社会主义市场经济体制和政治科技体制相适应的、充满生机和活力的新的教育体制，转换教育运行机制，增强教育主动适应社会发展需要的能力。

9470 | **11月8日**

国际农村教育研究与培训中心在河北保定建立。联合国教科文组织总干事马约尔，国家教委副主任、中国联合国教科文组织全委会主任韦钰等参加了中心落成揭幕仪式。马约尔和韦钰分别代表联合国教科文组织和国家教委签署了国际农村教育研究与培训中心协议备忘录，并对中心工作进行考察指导。

9471 | **11月10日**

国家教委印发《关于全面贯彻教育方针，减轻中小学生过重课业负担的意见》。《意见》指出，中小学生课业负担过重，是全社会普遍关心而始终未能解决的问题。基础教育是提高国民素质的奠基工程，必须克服长期形成的“应试教育”模式，纠正片面追求升学率的倾向，全面贯彻党的教育方针，面向全体学生，全面提高学生的思想道德、文化科学、劳动技能和身心素质，促进儿童少年健康成长。

9472 | **11月14日**

国家教委印发《关于开展小学新教师试用期培训的意见》。《意见》指出积极地开展小学新教师试用期的培训，对加强小学教师队伍建设；对实施九年义务教育，深化小学教育教学改革，提高初等教育水平，都具有重要的意义。培训对象包括：新分配到小学任教的中等师范学校、其他中等学校及以上层次学校的毕业生。试用期培训，使新教师进一步巩固专业思想，热爱小学教育工作，热爱学生；熟悉有关教育法规和教育教学环境；初步掌握所教学科教学大纲、教材和教育教学常规，尽快适应小学教育教学工作。

9473 | **11月14日**

据《中国教育报》报道，人事部、国家教委印发《关于下达1994年度从民办教师中选招公办教师专项指标的通知》。通知决定，要在1994年的机关、事业单位劳动工资计划内，安排15万名专项指标，用于解决民办教师转公办教师问题。

9474 | **11月18日至21日**

国家教委在山东济南召开全国学校德育工作座谈会，交流落实《中共中央关于加强和改进学校德育工作的若干意见》精神的情况，并就《中小学德育大纲》进行研究，提出修改意见。会议提出，要整体规划学校德育体系，科学规划各教育阶段的具体内容、实施路径和方法，改革中小学思想政治课和思想品德课教学。

9475 | **11月21日**

国务院总理李鹏主持召开国务院第二十六次常务会议，讨论并原则通过《中华人民共和国教育法（草案）》。12月29日，八届全国人大常委会第十一次会议通过决定，将《中华人民共和国教育法（草案）》提交于1995年3月5日召开的八届全国人大三次会议审议。

9476 | **11月21日至24日**

国家教委在浙江绍兴召开全国小学、初中国防教育工作会议。会议要求各地根据实际确定本地区学校国防教育的工作目标，加快扩大教育的覆盖面，力争“九五”期间，在全国乡中心小学以上的学校普及小学、初中国防教育。12月31日，国家教委办公厅印发全国小学、初中国防教育工作会议纪要。

1995㊎

改革进行时

• 重要文件

国务院《教师资格条例》

国家教委《关于〈中华人民共和国教师法〉若干问题的实施意见》

国家教委《中学德育大纲》

国家教委《关于实行每周 40 小时标准工作制后调整全日制中小学课程（教学）计划意见》

国家教委《中小学教材编写、审查和选用的规定》

国家教委《关于加强中小学生复习辅导资料管理的意见》

国家教委、财政部《关于健全中小学学生助学金制度的通知》

• 重要政策

实施教师资格制度

制止中小学乱收费

健全中小学学生助学金制度

增拨普及义务教育专款用于“贫困地区义务教育工程”

• 重要会议

国家教委召开全国城市教育综合改革会议

国家教委召开全国教育督导室主任暨国家督学会议

国家教委召开全国中小学安全工作会议

国家教委召开《教育法》实施工作电话会议

• 改革亮点

教育发展进入全面依法治教的新阶段。《中华人民共和国教育法》的发布和实施，标志着我国教育工作进入全面依法治教的新阶段，为落实教育优先发展的战略地位，促进教育事业的改革与发展，建立具有中国特色社会主义现代化教育制度等提供了根本的法律保障。

9501 | **1月4日**

中共国家教委党组书记、国家教委主任朱开轩主持召开国家教委党组会议和主任办公会议，听取关于八届全国人大常委会第十一次会议审议《中华人民共和国教育法（草案）》有关情况的通报，部署与有关部门继续密切配合，做好报请八届人大三次会议审议的相关工作。会议研究中共国家教委党组贯彻党的十四届四中全会精神的进展情况，讨论并通过《国家教委党组关于进一步坚持和健全民主集中制的若干意见》，讨论国家教委1995年的重点工作。

9502 | **1月4日**

据《中国教育报》报道，中共青海省委、青海省人民政府召开教育工作会议，对1994年制定的《关于贯彻〈中国教育改革和发展纲要〉的实施意见》中有关基础教育发展的目标和任务作出调整，提出到20世纪末，基本扫除青壮年文盲的目标。2月11日，青海省人民政府出台《青海省筹措教育经费的规定》，提出“九五”期间，各级人民政府年度预算支出中教育支出所占比例，省级达到20%，州（地、市）级达到30%，县（区）级达到35%至40%；省财政每年从支持不发达地区发展资金中拿出600万元，用以扶持县以下民族教育；省财政每年用于改善高校办学条件的资金不少于300万元；省财政每年分别安排专项经费30万元和50万元，省教委每年分别从省级城市教育费附加中安排20万元和100万元，用于补助全省扫盲和农牧民教育及发展职业技术教育。

9503 | **1月7日**

国家教委转发吉林省教委《关于农村普通初中实行分流教育的若干意见》。《意见》指出，初中分流教育是现阶段农村基础教育发展过程中必要的一种办学模式。学校可从办学条件、学生要求和社会需要的实际出发，选择分流的形式，如“2＋1”“2.5＋0.5”，办初级职业中学等，允许县（市、区）和学校采取多种分流形式。

9504—10

9504 | 1月10日

国家教委印发《关于在“两基”督导评估中防止弄虚作假，反对形式主义的通知》。通知提出，对“普九”“扫盲”的评估验收是省级人民政府依法对县级人民政府实施九年义务教育和扫除青壮年文盲工作的督导、评估。普及九年义务教育、扫除青壮年文盲，是提高全民族素质的根本大计。在督导评估活动中，要崇尚简朴，讲求实效，不扰民，不搞形式主义、“花架子”。

9505 | 1月10日至12日

全国教育系统首届邓小平建设有中国特色社会主义教育理论研讨会在首都师范大学举行。全国高校、教科院所等单位50多位专家、学者就邓小平教育思想的战略地位、人才观、德育观等问题交流了研究成果。

9506 | 1月11日至14日

八届全国政协常委会第九次会议在北京召开。中共中央政治局常委、全国政协主席李瑞环就基础教育的重要性、目前存在的困难和问题以及如何按照《中国教育发展和改革纲要》发展基础教育，发表《全社会都要关心和支持基础教育》的重要讲话。

9507 | 1月13日

河南省教委主办的《小学生学习报》创刊10周年。该刊每期发行400万份，创刊以来累计发行13亿份，曾多次评为全国优秀报刊。

9508 | 1月14日

由中央宣传部、国家教委和人民日报社共同组织的“百部爱国主义影视片知识竞赛”颁奖大会在北京举行。

9509 | 1月14日

南京市教育局宣布，从1995年夏季起，取消全区统一考试，初中学生全部实行就近入学。

9510 | 1月16日

国家教委召开1995年度全国教育工作电话会议。会议回顾总结过去一年的教育工作，部署安排1995年的主要任务，公布了全国首批554个通过“两基”评估验收的直辖市和县（市、区）名单。

9511 | **1月21日至22日**

国家教委在辽宁沈阳召开利用中央义务教育专款，推进“普九”工作座谈会。辽宁、吉林、江苏、浙江、山东等五省教委负责同志出席，就如何扶持省内贫困地区实施九年义务教育进行了研讨。

9512 | **1月**

江苏省教委印发《关于切实减轻中小学生过重课业负担的意见》。《意见》指出，任何部门和个人，都不得向教育部门、中小学校和教师下达升学指标或考试成绩指标，不得单纯以升学率和考试成绩作为对中小学评价、拨款、奖惩的依据，不得以此排列中小学校及其班级和教师的名次。中小学校和教师不得按学生考分高低排列名次、张榜公布。

9513 | **2月2日**

国家教委、全国妇联、共青团中央在北京举行“心中有祖国、心中有他人”爱国主义教育活动新春联谊会，纪念世界反法西斯战争和中国人民抗日战争胜利50周年。

9514 | **2月7日**

国家教委办公厅印发《关于加强学校体育活动中安全教育和安全管理工作的通知》，要求中小学在开展各类学校体育活动过程中，加强安全教育和管理，防止各类事故的发生。

9515 | **2月8日**

国家教委印发《关于制止中小学乱收费工作的意见》，要求各级人民政府制定综合治理计划，实行责任制，严禁把捐资助学同录取学生挂钩，严格控制“择校生”，严格控制私立学校收费项目和收费标准。

9516 | **2月9日**

国家教委、中国科协印发《关于停办各级各类学科奥林匹克学校（班）的紧急通知》。通知指出，为了全国贯彻党的教育方针，保护中小学身心健康发展，在1994学年度第二学期开学时坚决停办各级各类教育行政部门、教研部门、学会、协会、社会有关方面及学校开办的各学科奥林匹克学校（班）、“提高班”“超常班”“培训班”，如已报名收费，应坚决退还并做好解释工作。

9517 | **2月11日至13日**

国家教委在天津大学召开1995年全国教育系统纪检监察工作会议。会议传达了中央纪律检查委员会第五次会议精神，总结了1994年教育系统反腐败斗争情况，研究部署了1995年的教育纪检监察任务。会议强调，加大监督检查力度，使纪律监察工作制度化规范化。

9518 | **2月13日**

国家教委基础教育司召集经批准在1995年组织中小学生参加有关竞赛活动的26个单位负责人举行座谈会，重申控制在中小学举行的各种竞赛活动，未经国家教委批准，不得进行各类竞赛活动。

9519 | **2月20日**

国家教委印发《关于在全国继续试行初中毕业生升学考试体育工作的通知》。通知详细规定了体育考试的范围、组织领导、考试项目、评分标准以及计分办法等。

9520 | **2月20日至25日**

国家教委召开全国教育督导室主任暨国家督学会议。会议提出1995年全国教育督导的主要工作是在继续做好“两基”督导评估工作的同时，开展以落实全国教育大会精神为主要内容的五项督导检查。

9521 | **2月21日**

国家教委师范教育司发布《大学专科程度小学教师培养课程方案（试行）》。《方案》适用于招收初中毕业生，修业五年，培养大学专科程度小学教师的试点学校。《方案》规定了培养目标与培养规格、课程设置原则、时间安排、课程设置等。

9522 | **2月26日**

全国少工委召开全国千万对少年儿童“手拉手”动员会议。会议宣布1995年全国将有一千万对少年儿童结成“手拉手”好朋友，这一目标首先在100个城市落实。“手拉手”是在城市和乡村、富裕地区和贫困地区、健康的和有残疾的以及各个民族的少年儿童之间，互相通信往来、互助互学、奉献爱心、共受教益的一项实践教育活动。

9523 | **2月27日**

中共中央政治局委员、国务院副总理李岚清邀请京、津、沪、冀、辽五省（直辖市）的部分教育工作者到中南海举行座谈，研究如何减轻中小学生课业负担问题。李岚清在讲话中强调，一定要把中小学生过重的课业负担减下来，让儿童少年生动活泼地、主动地得到全面发展。

9524 | **2月27日**

国家教委发布新修订的《中学德育大纲》。新《大纲》是国家“六五”“七五”教育科研规划的重要课题，是理论与实践相结合的产物。新《大纲》是国家教委在《中共中央关于进一步加强和改进学校德育工作的若干意见》的精神指导下，总结各地在试行中的经验基础上制定的。新《大纲》指出，中学德育工作的基本任务是把全体学生培养成为热爱社会主义祖国的具有社会公德、文明行为习惯的遵纪守法的公民。德育的内容包括：爱国主义教育、集体主义教育、社会主义教育、理想教育、道德教育、劳动教育、社会主义民主和遵纪守法教育、良好的个性心理品质教育。德育的实施途径包括：思想政治课教学和时事课，其他各科教学，班主任工作，共青团、少先队、学生会工作，劳动与社会实践，活动课程与课外活动，校外教育，心理咨询和职业指导，校园环境建设，家庭，社会。

9525 | **2月27日**

国家教委印发《关于加强中小学生复习辅导资料管理的意见》。《意见》要求教育行政部门要组织力量查清仍在使用的各种复习辅导资料的来源、种类、内容、价格、发行渠道及使用情况。《意见》强调，要立即停止使用各种未经批准使用的复习辅导材料，对教育战线内部参与发行推销以牟取利润的单位或个人要进行批评，对情节严重者要予以通报和必要的行政处分。

9526 | **2月29日**

国家教委在北京召开各省、自治区、直辖市及计划单列市督导室主任、国家督学工作会议，总结交流近两年“两基”督导评估工作的经验，研究部署“两基”评估验收和督导检查、基础教育“五项内容”的督导检查及中小学督导评估工作。

9527 | **2月**

上海市人民政府召开社区教育经验交流会，明确提出将发展社区教育作为建设“一流城市一流教育”的一项重要措施。目前，按照“地区为主，政府协调，社会参与，双向服务”的基本思路，全市12个区、138个街道（镇）都成立了社区教育委员会，呈现出“社会参与教育、教育面向社会”的新局面。

9528 | **3月3日**

国家教委办公厅印发《关于成立国家教委清理中小学收费工作领导小组的通知》。3月27日，国家教委成立清理中小学收费工作领导小组，国家教委副主任柳斌担任组长。

9529 | **3月5日**

八届全国人大三次会议在北京人民大会堂开幕，国务院总理李鹏作《政府工作报告》。《报告》指出，1994年，各级各类教育继续发展，普及九年义务教育受到更大重视，办学条件有所改善，职业教育和成人教育有较大发展。教师工作条件、生活待遇以及民办教师转正问题，得到不同程度的改善和解决。《报告》指出，1995年是继续推进改革开放和现代化建设的重要一年。发展科技教育文化和卫生体育事业，提高思想道德水平，建设社会主义精神文明，对发展社会主义市场经济，促进社会全面进步，有着极其重要的作用，必须继续认真抓好这些领域的改革和发展。要深化教育改革，加快发展教育事业，进一步落实教育优先发展的战略地位。切实抓好基础教育，特别是九年义务教育和扫除青壮年文盲的工作。义务教育要以政府财政投入为主，多渠道筹措资金。继续调整教育结构，逐步形成初等、中等、高等普通教育和职业教育的合理比例。大力发展职业教育，有计划地实行初中后、高中后的分流，目前还不能普及九年义务教育的地方，也要进行必要的职业教育。鼓励社会力量办学，以调动各方面办学的积极性。从中央到地方，各级人民政府都要继续增加教育投入。各类学校都要充分利用现有条件，努力提高教学质量和办学效率，合理配置和有效利用教育资源。对家庭经济特别困难的学生要给予适当帮助，有条件的学校要组织勤工俭学。各类学校都要认真贯彻德、智、体全面发展的方针。加强和改进德育工作，家庭和社会要紧密配合，创造有利于青少年健康成长的环境。改革考试方法和考试制度，改变学生片面为应付考试而读书的现象，切实减轻中小学生过重的课业负担。要在全社会形成尊师重教的良好风尚，认真办好各级师范教育，进一步加强中青年教师队伍建设，改善教师工作条件和生活待遇，继续解决民办教师转正的问题。

9530 | **3月13日至15日**

国家教委召开全国教育审计工作会议，部署贯彻《中华人民共和国审计法》，加强1995年的教育审计工作。会议指出，教育经费要开源节流。为保证教育资金的效益，审计工作尤为重要。

9531 | **3月17日**

国家教委印发《关于当前企业办中小学工作的几点意见》。《意见》指出，企业在转换经营机制和建立现代企业制度的过程中应继续办好所办的中小学，探索在建立现代企业制度条件下企业举办中小学的新思路、新办法，对具备条件试点企业进行所办中小学移交社会办学的试点。

9532-37

9532 | **3月18日**

八届全国人大三次会议审议通过《中华人民共和国教育法》。《教育法》的发布实施，对落实教育优先发展的战略地位、促进教育的改革与发展，建立具有中国特色社会主义现代教育制度，提供了根本的法律保障，标志着我国教育工作进入全面依法治教的新阶段。《教育法》共10章84条，包括总则、教育基本制度、学校及其他教育机构、教师和其他教育工作者、受教育者、教育与社会、教育投入与条件保障、教育对外交流与合作、法律责任、附则等。3月24日，中宣部、全国人大教科文卫委员会、国家教委、司法部、全国教育工会印发《关于学习宣传和贯彻实施〈中华人民共和国教育法〉的通知》，要求各地把学习、宣传和贯彻实施《教育法》作为当前的一项重要任务抓紧抓好。

9533 | **3月27日**

国家教委召开治理中小学乱收费工作电话会议，提出治理中小学乱收费“五不准”措施，要求层层落实责任制，抓落实、见成效。

9534 | **3月28日**

中共中央政治局委员、国务院副总理李岚清为国家机关捐资创办的希望学校题词：“让所有孩子都能上学，中华民族就大有希望。”

9535 | **3月28日**

“世界银行贷款第二个贫困地区基础教育发展”项目正式启动，总投资19亿多元人民币。项目将在内蒙古、广西等6省（自治区）的111个县实施。

9536 | **3月30日**

国家教委与IBM中国公司签署信息技术合作项目备忘录。该公司向中国捐赠相当于2500万美元的计算机设备，支持中国教育事业发展。

9537 | **3月**

张思中外语教学法首次在北京推广。华东师大一附中特级教师张思中积30余年外语教学经验概括出“适当集中，反复循环，阅读原著，因材施教”16字教学法，为北京10个区（县）外语教师举办“张思中外语教学法讲习班”。这是张思中外语教学法首次在北京普教及成教系统推广。

9538 | **4月1日**

来自全国各省、自治区、直辖市的近200名重点中学校长欢聚华东师范大学，共庆国家教委中学校长培训中心成立五周年，共同研讨“面向二十一世纪中等教育改革”课题。

9539 | **4月8日**

中国教育学会在北京召开杨贤江同志诞辰100周年纪念会。会议指出，要学习、研究和宣传杨贤江同志的教育思想，为教育改革和发展服务。

9540 | **4月12日**

国家教委办公厅印发《关于实行每周40小时工作制后调整全日制中小学课程（教学）计划的意见》。《意见》要求各省、自治区、直辖市，结合实际情况，提出本地区中小学课程的安排意见，并于1995年秋季开学前下发到学校。全国普通中、小学应最迟于秋季开学前实行每日工作8小时、每周工作40小时标准工时制度。

9541 | **4月12日至16日**

国家教委在湖南长沙召开全国教育人事工作会议，决定采取一系列措施，全面加大教师队伍建设的力度。

9542 | **4月25日**

据《中国教育报》报道，国务院批准1994年度享受政府特殊津贴人员名单，其中有150名中小学和中等专业学校的教师获政府特殊津贴。这是首批中小学和中等专业学校的教师享受政府特殊津贴。

9543 | **4月25日**

国家教委印发《关于治理中小学乱收费工作的实施意见》。《实施意见》指出，要建立办事机构，落实责任制；明确阶段性目标；治理工作分四个阶段进行；做好综合治理工作；加强宣传和监督。

9544 | **4月25日至28日**

国家教委在浙江绍兴举行全国城市教育综合改革会议。会议讨论了国家教委《关于推进实验城市教育综合改革的若干意见（讨论稿）》及有关问题。

9545 | **4月30日**

中共中央政治局委员、国务院副总理李岚清与来北京出席全国劳动模范和先进工作者表彰大会的教育系统劳动模范及先进工作者座谈，向他们表示祝贺和敬意，并希望他们再接再厉，肩负起培养跨世纪人才的重任。1995年5月1日，全国共表彰2873名全国劳动模范和先进工作者，其中教育系统185人，约占6.44%。

9546 | **5月3日**

国家教委发布《中小学教材编写、审查和选用的规定》。《规定》旨在加强中小学教材建设和宏观管理。《规定》指出，教材的编写、审查和选用应贯彻“中小学教材要在统一基本要求的前提下实行多样化”的方针，为提高教育质量服务。国家教委主管全国中小学教材（包括民族文字教材）的编写、编译、审查、选用工作，地方各级教育行政部门按分工主管本行政辖区内中小学教材的编写、编译、审查、选用工作。经审查通过的教材，由国务院和省级教育行政部门列入《中小学教学用书目录》，供学校选用。

9547 | **5月10日至19日**

第三届全国工读教育工作会议在北京市海淀区工读学校召开。会议总结工读教育40年来的成绩和经验，研究在新形势下如何完善工读教育问题。会议对《工读教育条例（草案）》进行了讨论。国家教委副主任柳斌讲话指出，办好工读教育，把那些品德行为偏常及有违法行为的学生教育转化成社会主义一代新人，是教育部门一项重要责任。工读教育是中国特色社会主义教育事业的组成部分，是实施九年义务教育的一种不可缺少的教育形式。

9548 | **5月11日**

受国务院委托，国家教委会同全国人大教科文卫委员会、全国政协科教文卫体委员会，于1995年5月至1996年10月在全国范围内广泛开展基础教育“五项内容”的督导检查活动，并印发《关于在全国开展基础教育“五项内容”督导检查的通知》。通知指出，督导检查的内容和重点是：“两基”规划的实施情况、《教师法》的落实情况、增加教育投入的情况、加强德育工作的情况、减轻义务教育阶段学生过重课业负担的各项主要措施落实情况。

9549 | **5月13日**

国家教委在江苏张家港召开全国中小学安全工作会议。会议要求各地必须牢固树立“安全第一”的思想，切实增强责任感，做好中小学的安全工作。国家教委副主任柳斌到会讲话，对中小学安全问题作了具体部署。

9550 | **5月14日至17日**

国家教委体卫艺司在辽宁锦州召开全国初中毕业生升学考试体育锦州现场会，进一步推动初中毕业生升学考试体育工作的深入开展。

9551 | **5月22日**

全国中小学生爱国主义影视片观后感“金钥匙奖”征文比赛评奖在北京揭晓。这次活动是为贯彻落实《爱国主义教育实施纲要》和《关于运用优秀影视片对中小学进行爱国主义教育的通知》精神而举行的，历时1年多，有100多万中小学生参加，收到观后感10余万篇，评选出一等奖25名、二等奖100名、组织奖10名。

9552 | **5月23日**

中宣部、国家教委、文化部等向全国中小学推荐百种爱国主义教育图书。这是加强中小学爱国主义教育和德育工作的一项重大而有效的措施，是贯彻《爱国主义教育实施纲要》和《中共中央关于进一步加强和改进学校德育工作的若干意见》的重要举措。

9553 | **5月31日**

全国青少年"科技传播行动"在北京人民大会堂拉开序幕，136名科技专家担任"首都青少年校外科技导师"。中共中央政治局委员、中央书记处书记温家宝作了题为《培养具有科学精神的一代新人》的讲话。温家宝指出，加强对青少年的科普教育，培养具有科学精神的一代新人，是全社会的共同责任。

9554 | **6月6日**

国家教委在北京举办省、自治区、直辖市、计划单列市教委主任美育学习班。举办学习班旨在贯彻《中国教育改革和发展纲要》，加强学校美育与艺术教育，全面贯彻党的教育方针、培养全面发展的建设人才。

9555 | **6月14日**

国家教委印发《关于深入推进农村教育综合改革的意见》。《意见》指出，要将农村教育转到主要为当地经济建设和社会发展服务的轨道上来，调动农村干部、群众办学和送子女上学的积极性，提高农村劳动者的素质。继续调整农村教育结构，坚持"三教统筹"，在切实保证"两基"重中之重地位的同时，大力发展职业教育和成人教育。

9556 | **6月20日至24日**

国家教委在石家庄市召开十二个中等经济发达省"普九"工作汇报会。河北、山西、黑龙江、安徽、福建、江西、河南、湖北、湖南、海南、四川、陕西等省教委主管领导参加。会议认为，当前教育的形势是成绩大、形势好、要求高，投入相对不足，困难还很大，但只要坚定信心，鼓实劲，办实事，就能够促进"普九"工作再上新台阶。国家教委主任朱开轩到会听取汇报并讲话强调，今后六年，是基础教育发展的重要阶段，也是义务教育发展的关键时刻，教育部门各级领导的精力和关注的重点要倾斜到义务教育方面来。会议宣布，中央决定从1995年起增拨普及义务教育专款，用于"国家贫困地区义务教育工程"。

9557 | **6 月 21 日**

国家教委、文化部、国家体委、全国总工会、共青团中央、全国妇联、中国科协发布《少年儿童校外教育机构工作规程》。《工作规程》就校外教育机构、活动、人员、条件保障、奖励与处罚等作出规定。

9558 | **7 月 7 日**

国家教委、财政部印发《关于健全中小学学生助学金制度的通知》，要求各地根据实际情况，在初级中等学校（含职业初中）和部分小学（主要是有困难的少数民族地区、其他贫困地区和需要寄宿就读地区的小学）实行助学金制度。助学金经费来源按照财政体制和教育管理体制，实行分级管理、分级负担，由各级财政安排的教育事业费统筹解决，不足部分可通过教育基金、学校勤工俭学收入等多渠道解决。

9559 | **7 月 11 日**

“首都大学、中学学生志愿者出征仪式”在清华大学举行。志愿者将开展“百校百乡结对奔小康行动”。与此同时，全国各地参加由国家教委和共青团中央组织的“扫盲与科技文化服务行动”的近百万名大中学生志愿者也陆续启程。

9560 | **7 月 11 日至 15 日**

国家教委在吉林长春召开九年义务教育活动课程研讨会，交流各地开设活动课程的情况，就有关问题进行论证，征求对《九年义务教育活动课程指导纲要》的意见。

9561 | **7 月 18 日**

国家教委办公厅发布《学校健康教育评价方案（试行）》。《方案》指出，评价对象包括学校和教育行政两个层次。《方案》规定评价方法、时间、奖励等问题。《方案》的实施细则包括指标体系、评价标准等内容。

9562 | **7 月 21 日**

国家教委印发《贯彻〈全民健身计划纲要〉的意见》。1995 年 6 月 22 日，国务院印发《全民健身计划纲要》。《意见》指出，青少年学生的体育锻炼是全民健身活动的基础，各地教育行政部门和各级各类学校要切实重视和加强学校体育，落实《学校体育工作条例》，保证学生每天能参加一小时的体育锻炼，搞好升学考试体育的试行工作，加强农村学校体育工作等。

9563 | **8月10日**

山东省教育督导学会成立大会暨第一届年会在山东青岛举行。山东省教育督导学会是山东省唯一的研究教育督导的学术团体。学会的成立，旨在研究教育督导的理论、方法，指导检查督促全省中小学和幼儿园正确办学，交流教育督导研究成果，促进山东教育督导制度的建设，推动全省教育事业的发展。

9564 | **8月18日**

国家教委印发《关于实施〈中华人民共和国教育法〉若干问题的意见》。《意见》提出，加强领导，深入学习，转变职能，积极推进全面依法治教；以《教育法》为依据，努力解决当前教育改革和发展中的突出问题，依法落实教育优先发展的战略地位；依法加强对举办学校及其他教育机构的规范化管理，完善学校自主办学的运行机制；重视教育法制工作，抓紧制定《教育法》的配套法规，加强教育执法与监督。

9565 | **8月21日**

据《中国教育报》报道，以领导干部的楷模——孔繁森为名的"孔繁森小学校"，在西藏自治区阿里地区命名，中共中央政治局委员、国务院副总理李岚清为这所学校题词。

9566 | **8月28日**

国务院办公厅印发《关于安排好中小学生节假日休息和活动的通知》。通知指出，自1995年9月1日起，全国中小学将实行五天学习日，中小学生节假日应以休息为主。在节假日期间，学校不得增加作业量，不得举办各类文化课补习班。

9567 | **8月28日至9月1日**

全国学生安全和保险工作会议在河北秦皇岛举行。会议强调，要加强日常健康教育和安全教育，把“保险”和“防险”结合起来，减少伤亡事故。

9568 | **8月30日**

国家教委在北京召开《教育法》实施工作电话会议。国务院副总理李岚清在讲话中指出，贯彻实施《教育法》是各级人民政府及全社会的共同责任，确保教育优先发展的战略地位，坚持有中国特色社会主义办学方向，是贯彻落实《教育法》的根本任务。

9569 | **8月31日**

国家教委、全国人大教科文卫委员会、全国政协科教文卫体委员会召开主任联席会议，听取国家教委督导办关于全国各地开展基础教育“五项内容”督导检查工作情况的汇报，讨论1995年下半年三委联合组织抽查的工作方案，就进一步做好此项工作提出指导意见。

9570 | **9月7日**

国家教委发布《中小学卫生保健机构工作规程》，规定中小学卫生保健机构的任务、管理等。《规程》指出，中小学卫生保健机构包括中小学卫生保健所、学校体育卫生保健中心、学生保健站等直接为中小学生服务的卫生保健机构。

9571 | **9月8日**

国家教委印发《关于开展小学教师基本功训练的意见》。《意见》提出，教师基本功训练包括口语表达、写字、简笔画、使用和制作教具、组织教育活动等方面。

9572 | **9月9日至15日**

全国中小学教材审定委员会第三届全体委员会议在天津举行。会议对《全国中小学教材审定委员会工作章程》提出了修改意见，各学科审查委员会对学科教材进行了审查。

9573 | 9月14日

国家教委、财政部印发《关于进行“国家贫困地区义务教育工程”项目规划和可行性研究的通知》。为保证“国家贫困地区义务教育工程”顺利实施，促进全国普及义务教育奋斗目标的实现，通知要求各省、自治区、直辖市抓紧制定1995年至1997年“国家贫困地区义务教育工程”项目规划和进行项目可行性研究工作。

9574 | 9月22日

据《中国教育报》报道，国家教委在东北师范大学建立国家基础教育实验中心。这是我国第一个专门从事基础教育实验研究的国家实验室。

9575 | 9月25日至28日

党的十四届五中全会在北京召开，审议并通过《中共中央关于制定国民经济和社会发展“九五”计划和2010年远景目标的建议》。中共中央总书记江泽民在闭幕式上作重要讲话指出：“转变经济增长方式，要重视科技和教育，认真实施科教兴国战略，实现科技、教育与经济的紧密结合。科学技术是第一生产力，经济建设必须依靠科学技术，科学技术工作必须面向经济建设，始终把经济建设作为主战场，把攻克国民经济发展中迫切需要解决的关键问题作为主要任务，努力攀登科学技术高峰，提高科技创新能力。教育是基础，关系民族振兴、经济发展和社会全面进行步。教育工作必须面向现代化、面向世界、面向未来，提高国民素质，为社会主义现代化事业培养大批跨世纪的优秀人才。”[①]

9576 | 10月6日

国家教委印发《关于〈中华人民共和国教师法〉若干问题的实施意见》。《实施意见》就《教师法》的适用范围、教师的管理、教师的任用、教师的培养与培训、教师的考核、教师的奖励、教师的申诉、《教师法》实施的监督等问题作了详细说明。

---

① 《江泽民文选》第一卷，人民出版社2006年版，第462—463页。

9577 | **10月6日**

全国中小学整体改革专业委员会向全国800所会员学校和24所整体改革实验基地发出倡议，建议它们响应西北工业大学附中等学校提出的开展“教师应有文明行为和文明用语”活动，在各自学校把师德建设提高到一个新水平。

9578 | **10月14日**

由13个省的优秀民办教师和国家教委、人事部有关人员组成的民办教师考察团赴港澳进行为期12天的考察访问。10月12日，国家教委副主任柳斌接见考察团成员时指出，此次考察是新中国成立以来第一次组织这种类型的考察，目的是引起社会各界对民办教师的关注和支持。

9579 | **11月24日**

国家教委、共青团中央在北京人民大会堂表彰300名全国“三好”学生、优秀学生干部和200个全国先进班集体。中共中央政治局委员、国务院副总理李岚清到会祝贺，提出教育部门和共青团组织，要按照邓小平同志“三个面向”的教育思想，采取有效措施，推动创“三好”活动扎实、深入地开展下去。

9580 | **11月27日至30日**

第二次全国教职工住房建设工作经验交流会在云南昆明举行。会议指出，要继续加大教职工住房建设的投资力度和工作力度，推动全国教职工住房建设工作再上新台阶。

9581 | **12月11日**

联合国儿童基金会《1996年世界儿童状况》中文版新闻发布会在北京举行。国家教委副主任韦钰在发言中指出，中国政府历来十分重视保护儿童的权利，为儿童发展提供全力的支持。

9582 | **12月12日**

国务院发布《教师资格条例》。《条例》就教师资格分类与适用、教师资格条件、教师资格认定，罚则等问题作出规定。

9583 | **12月13日**

国家教委办公厅转发福建省教委、省财政厅《关于建立健全普通中小学助学金制度的通知》，希望各地参考福建省的经验，做好这一工作。通知指出，建立健全中小学助学金制度，对于帮助贫困学生就学，保证义务教育的实施，实现20世纪末“两基”宏伟目标，具有现实意义，各地务必予以重视，结合本地实际，切实落实助学金经费。

9584 | **12月20日**

国家教委印发《关于进一步加强和改进中学思想政治课教学工作的意见》。《意见》就明确新时期改革思想政治课教学工作的任务、完善思想政治课教学内容和改进教学方法、建立思想政治课的教学评估制度和改进考试方法、加强对思想政治课教学工作的领导和教师队伍的建设等问题进行了说明。

9585 | **12月21日**

由国家教委组织编写的《中国传统道德》多卷本及简编本出版座谈会在北京举行。丛书对中国历史上诸子百家的优秀道德思想，择其精华加以分析综合，古为今用，使之成为社会主义道德的有机组成部分。

9586 | **12月22日**

国家教委印发《关于重申不得组织中小学生参加未经批准的全国性或跨省市的读书竞赛评奖等活动的通知》。通知再次重申，各级教育行政部门和学校不得组织中小学生参加未经国家教委基础教育司批准的全国性或跨省份的读书竞赛活动；各地教育部门凡以中小学生为对象的竞赛、评奖活动均实行教育部门归口管理，严格履行报批手续。

9587 | **12月27日**

上海市举行庆祝开展社区教育10周年大会。全市140多个街道全部建立了社区教育委员会，其内涵也由单项支教，拓展为立体的社区教育。社区教育成为教育社会化、社会教育化的有效形式，成为上海社会主义精神文明建设和教育改革的重要组成部分。

9588 | **12月28日**

国家教委发布《教师资格认定的过渡办法》。《过渡办法》指出，申请教师资格过渡的，必须是《教师法》施行之日前已在各级各类学校和其他教育机构中从事教育教学工作的教师及承担教育教学任务的其他专业技术人员和教育职员。《过渡办法》对教师资格过渡的范围，教师资格的申请、认定，教师资格证书，实施教师资格过渡工作的要求等进行了规定。

9589 | **12月28日**

国家教委印发《关于"九五"期间全国中小学校长培训指导意见》《全国中小学校长提高培训指导性教学计划》。《指导意见》强调，做好中小学校长培训工作，是一项关系基础教育改革和发展全局的基础性工作，对普及九年义务教育及全面提高中小学教育质量和管理水平具有重要的意义。《指导意见》规定中小学校长培训的指导思想和基本要求、主要任务和培训层次、主要政策和措施等问题。《教学计划》就培训对象、培训目的、课程设置与课时分配、培训方式与时间、教学要求、考核与结业等作出规定。

9590 | **12月28日**

国家教委、中央综治办、司法部印发《关于加强学校法制教育的意见》。《意见》指出，学校法制教育是学校德育的重要内容，是对学生进行社会主义民主法制教育，培养学生树立社会主义法律意识，增强法制观念的重要途径，是实现依法治国的百年大计。

9591 | **12月28日**

国家教委、财政部发布《〈出国教师工资及有关生活待遇规定〉实施细则》。《实施细则》规定，出国教师的级别按照在国内工作单位的任教、任职职称确定。出国教师在领取国外工资和补贴及其休假期间的档案工资时，应标有所在单位人事部门和国家外事部门出具的其在国内任教、任职的职称、级别证明，以确定其工资及有关生活待遇。

9592 | **12 月**

青海省教委召开全省中小学德育工作会议。会议明确，从 1995 年起，中小学应根据工作需要设置德育岗位；评聘德育教师所需高中级限额指标，由县级以上教育行政部门在上级下达的限额指标或自然减员指标中解决。

1996年

改革进行时

• 重要文件

国务院办公厅转发国家教委等部门《关于1996年在全国开展治理中小学乱收费工作的实施意见》

国家教委、国家计委、财政部《义务教育学校收费管理暂行办法》

国家教委《小学管理规程》

国家教委基础教育司《城镇流动人口中适龄儿童、少年就学办法（试行）》

国家教委《关于“九五”期间加强中小学教师队伍建设的意见》

建设部、国家计委、国家教委《农村普通中小学校建设标准（试行）》

国家教委、劳动部等部门《关于建立全国中小学生安全教育日制度的通知》

• 重要政策

推动基础教育由应试教育转向素质教育

学习汨罗基础教育改革经验

坚决制止中小学乱收费、高收费

加强小学内部的规范化管理

全面实施“国家贫困地区义务教育工程”

加强薄弱学校建设

• 重要会议

国家教委召开全国教育督导室主任会议

国家教委等部门召开第三个贫困地区基础教育发展项目启动会

国家教委召开全国普及九年义务教育工作汇报会

全国政协科教文卫体委员会召开加强薄弱学校建设问题研讨会

国家教委召开全国社会力量办学管理座谈会

国家教委、财政部召开全国教育财务工作会议

人民日报社邀请首都教育界部分专家学者召开中小学择校问题座谈会

• 改革亮点

实施“国家贫困地区义务教育工程”。为了不断加大教育经费投入，特别是提高中央财政支出中教育经费所占比例，国家教委、财政部联合组织实施“国家贫困地区义务教育工程”。此项工程受到党中央、国务院的高度重视，对帮助贫困地区实现普及义务教育的目标具有重要意义。

9601 | 1月4日

中宣部、国家教委、文化部、新闻出版署和共青团中央举行仪式，向全国100个贫困县赠送百种爱国主义教育图书。赠书仪式上，首都少先队员代表向全国少先队员发出“读爱国主义图书，做跨世纪雄鹰”的倡议。

9602 | 1月5日

为切实有效解决中小学教师国家标准工资历史拖欠问题，维护教师队伍稳定，促进教育事业均衡发展，国家教委向国务院办公厅报送《关于1995年拖欠中小学教师工资情况的报告》。同日，国家教委向各省、自治区、直辖市人民政府办公厅印发《关于1995年拖欠中小学教师工资情况的通报》，要求各地成立组织机构、落实工作责任，激发广大中小学教师教书育人的工作热情。

9603 | 1月11日

国家教委办公厅印发《关于以1997年我国政府恢复对香港行使主权为题对中小学生深入进行爱国主义教育的通知》，要求各级教育行政部门和学校抓住契机对广大中小学生进行一次深入的爱国主义教育和中国近现代史及国情教育。

9604 | 1月11日

人民日报社邀请首都教育界部分专家学者在北京举行中小学择校问题座谈会。会议认为，中小学择校收费问题愈演愈烈，必须认真加以引导和解决。要坚持《义务教育法》规定的义务教育阶段免收学费、学生就近入学的原则，大力加强薄弱学校的建设，改变学校办学水平、教育质量相差很大的状况。

9605 | 1月17日

国家教委办公厅发布《实验“体育两类课程整体教学改革”的方案》。《方案》提出，体育课程由原单一的体育课教学变为学科类课程体育与活动类课程体育相结合的新的课程体系。《方案》就整体教学改革的教学目的、任务和内容等提出要求。

9606—10

9606 | 1月22日至24日

国家教委在北京召开1996年度教育工作会议。会议的主要任务是：学习贯彻党的十四届五中全会精神，回顾总结教育事业“八五”计划执行情况和1995年的工作情况、讨论研究教育事业“九五”计划和2010年发展规划，并对1996年及今后一个时期的教育工作作出部署。国家教委副主任柳斌部署义务教育三项重点工作：一是加强对“两基”工作的分类指导，在全国40%以上人口地区实现“两基”目标。二是继续治理义务教育阶段的乱收费，规范非义务教育阶段的收费，坚决制止部分地区拖欠教师工资现象。三是切实加强学校的党建工作、思想政治工作和德育工作。

9607 | 1月23日

国家教委印发《关于公布国家教委第三届优秀教材评奖结果的通知》。通知指出，本届优秀教材评奖于1995年12月结束，评出优秀教材一等奖140个，二等奖213个，中青年奖38个。

9608 | 1月24日

国家教委举行专门会议，研讨治理中小学乱收费问题。各省、自治区、直辖市的教育行政部门领导和部分中央部委教育司（局）长参加会议。会议要求，各级教育行政部门一定要旗帜鲜明地反对中小学乱收费，把解决京津沪三大城市和省会城市公办学校“择校生”高收费问题作为突出重点，加大治理力度，力求取得阶段性成效。

9609 | 1月25日

中共中央政治局委员、国务院副总理李岚清在北京会见香港著名爱国人士邵逸夫先生，对他多年来捐资助学，向内地教育事业提供的宝贵支持表示感谢，并高度赞扬了他的爱国之心和慷慨捐助的善举。自1985年以来，邵逸夫连年向内地教育事业捐款已超过10亿港元，援助的项目达720多个。

9610 | 1月26日

中共中央总书记江泽民、国务院总理李鹏分别为《中国教育地图集》题词。《中国教育地图集》由中国地图出版社出版，收集了200多幅地图和400多幅统计图表，详细描述了教育与人口、民族、地理环境、经济和社会发展的关系，是第一部全面反映我国近百年来尤其是新中国成立以来教育事业发展全貌的大型综合性地图集，具有国际领先水平。

9611 | **2月3日**

共青团中央等单位在河北石家庄召开全国少年儿童“手拉手”表彰暨推进会议。截至目前，全国已有1100多万对少年儿童结成了“手拉手”好朋友，“手拉手”联谊市、县达800多个，联谊学校10.8万所，结成“手拉手”对子的辅导员11.3万名，“手拉手”书屋1.5万个，向贫困地区少年儿童赠送图书、杂志1500多万册、报纸800多万份，向灾区小伙伴送衣物、文具等数百万件。

9612 | **2月7日至9日**

全国首次科普工作会议在北京举办。会议的任务是进一步学习并贯彻《中共中央、国务院关于加强科学技术普及工作的若干意见》《中共中央、国务院关于加速科学技术进步的决定》，交流探讨在新形势下开展科普工作的做法，讨论全国科普工作“九五”计划纲要编制思路，表彰全国科普工作先进集体和个人。

9613 | **2月12日**

国家教委、劳动部、公安部、交通部、铁道部、国家体委、卫生部联合印发《关于建立全国中小学生安全教育日制度的通知》，决定建立“全国中小学生安全教育日”制度。“全国中小学生安全教育日”安排在每年3月份最后一个星期的星期一。

9614 | **2月15日**

北京市教育委员会正式挂牌。为建立与首都地位和功能相适应的现代化教育体系，中共北京市委、北京市人民政府根据中央对北京市党政机构改革的要求，于1995年初作出“建立市教委，撤销一办三局，分步实施，逐步到位”的决定。新组建的教育委员会统一主管全市的基础教育、高等教育、职业教育和成人教育。

9615 | **2月26日**

据《中国教育报》报道，江苏省南京市企业探索办学模式改革成果显现。南京市是企业办中小学较集中的城市之一。企业在转换经营机制，建立现代企业制度过程中探索学校办学模式改革，南京市企业办学模式有自办管理型，即企业自办中、小学，自己管理；联合办学型，即企业与地方人民政府、企业与企业、企业与高校联合办学；委托办学型，即企业委托其他企业或地方学校举办普通高中班或职业高中班；学校自主办学型，即部分实行股份制的国有企业在企业内部将所办中小学与生产主体分离，学校作为企业内部独立的单位，确立其非盈利性事业法人地位，产权归属企业，经费包干，由国家股息中列支，学校实行自主办学。

9616 | **2月28日**

上海市教育局出台初中入学工作意见，上海市五区六县的小学五年级升级考试，将由学校根据教学大纲自行命题、组织考试，凡达到升级标准的学生，按一定办法就近对口升入初中。

9617 | **2月29日**

国家教委印发《普及九年义务教育和扫除青壮年文盲工作表彰奖励办法》。《办法》提出，对普及九年义务教育和扫除青壮年文盲工作成绩突出，在全国有较大影响的县（市、区）包括普及初等九年义务教育和扫除青壮年文盲的贫困县予以表彰奖励。

9618 | **3月4日**

国家教委公布第二批471个基本普及九年义务教育和扫除青壮年文盲县、市、区名单。1995年，国家教委认定471个县（市、区）和其他县级行政区划单位，达到现阶段普及九年义务教育和扫除青壮年文盲的各项要求。

9619 | **3月5日**

八届全国人大四次会议在北京开幕，国务院总理李鹏作《政府工作报告》，题为《关于国民经济和社会发展“九五”计划和2010年远景目标纲要的报告》。《报告》首先回顾了“八五”时期国民经济和社会发展情况，指出过去的五年，是我国人民沿着建设有中国特色社会主义道路阔步前进的五年。以1992年邓小平同志重要谈话和党的十四大为标志，改革开放和现代化建设进入新的发展阶段。科技和教育事业在改革中继续前进。《报告》指出，今后十五年，是我国改革开放和社会主义现代化建设事业承前启后、继往开来的重要时期。主要奋斗目标是："九五"时期，全面完成现代化建设的第二步战略部署，2000年在人口将比1980年增长3亿人左右的情况下，实现人均国民生产总值比1980年翻两番；基本消除贫困现象，人民生活达到小康水平。2010年，实现国民生产总值比2000年翻一番，使人民的小康生活更加宽裕。《报告》强调，实施科教兴国战略，对于今后十五年的发展乃至整个现代化的实现，具有重要意义。优先发展教育，提高国民素质，这是我国现代化事业的百年大计。2000年全国要基本普及九年义务教育，基本扫除青壮年文盲，在经费和师资等方面要予以保证，并加强对贫困地区的支持。积极发展多形式、多层次的职业教育和成人教育。优化教育结构，使普通教育和职业教育的比例更加合理。加快教育体制改革，积极探索与我国改革和发展相适应的办学机制和办学模式。鼓励社会力量办学，逐步形成政府办学为主与社会参与办学的新体制。提倡多种形式的联合办学，优化配置教育资源。各级各类学校都要加强和改进思想政治教育，全面提高学生素质。重视师资队伍建设，全面提高教师素质，改善教师的工作、学习条件和住房等生活条件。教育要面向现代化，面向世界，面向未来，培养大批优秀人才。

9620 | **3月9日**

国家教委发布《小学管理规程》。《规程》自1996年4月1日起施行。《规程》共10章、60条，对小学的任务及培养目标、学生入学及学籍管理、学校教育教学工作、人事工作、行政工作、校舍设备及经费、学生卫生保健及安全等问题都作了详细规定。

9621 | **3月17日**

八届全国人大四次会议批准通过《国民经济和社会发展"九五"计划

和2010年远景目标纲要》。《纲要》提出，到2000年，全国基本普及九年义务教育，基本扫除青壮年文盲。小学学龄儿童入学率达到99%以上，初中入学率达到85%左右，青壮年文盲率降到5%左右。纲要指出，重点普及义务教育，各级人民政府要依法治教，增加教育投入。加强城乡义务教育。“九五”期间，在占总人口85%的地区普及九年义务教育，在占总人口95%以上的地区普及5年至6年小学教育，其余地区普及3年至4年小学教育。重点加强农村特别是贫困地区的义务教育。在经费、师资和教学手段上加强对贫困地区的支持。农村的义务教育要与扫除青壮年文盲和提高劳动技能相结合，适时注入社会需要的职业教育内容。加快教育体制改革，积极探索与现阶段我国改革和发展相适应的办学机制和办学模式，逐步形成政府办学为主与社会各界参与办学相结合的新体制。积极推进教学改革。改革人才培养模式，由“应试教育”向全面素质教育转变。改革教学内容和课程设置，加强学生综合素质的培养。按照教学规律组织教学过程，改进教学手段和方法，积极采用电化教学的手段。改革考试评估和教学管理制度。加强和改进德育工作，按照不同年龄学生的特点，加强理想、道德、纪律、法制、国防和民族团结教育。加强师资队伍建设，提高教师政治、业务素质，提高教师的社会地位，改善教师的工作、学习和生活条件。

9622 | **3月19日至20日**

国家教委主任朱开轩在河北青龙满族自治县考察教育工作。朱开轩到中小学校和职教中心看望教师，邀请各类学校校长、教师代表就贫困地区如何实施“两基”等问题进行座谈，回答了教师们普遍关心的问题，并就教育发展中的许多具体问题发表了指导性意见。朱开轩强调指出，围绕实现“两个转变”，当前农村教育改革，一要注意经济发展对教育提出什么问题，教育如何适应经济发展的需要；二要注意充分利用教育资源，提高办学效益。

9623 | **3月24日**

中共中央政治局委员、国务院副总理李岚清就第一个“全国中小学生安全教育日”发表电视讲话指出，决定每年三月份的最后一个星期一为“全国中小学生安全教育日”是非常必要的。中小学生能否得到健康的成长，直接关系教育的成功与失败，关系人民群众的切身利益，关系国家的前途和命运。为此，重视和做好中小学生的安全教育和安全防范工作，既是使少年儿童得以全面、健康成长的基本前提，也是各级人民政府和教育行政部门、学校、家长及社会各界义不容辞的重大责任。

9624 | **3 月 26 日**

国家教委、国家体委、卫生部、国家民委、国家科委联合发布《1995年中国学生体质健康调研报告》。《报告》显示，全国中小学生身高、体重等形态发育指标明显增长，速度、力量等素质指标有所提高，龋齿、贫血等常见疾病有所下降，少数民族学生生长发育增长与汉族学生同步，某些指标增长幅度甚至超过汉族学生平均水平。此次调研覆盖 30 个省（自治区、直辖市）21 个民族的 1800 所学校，调查人数达 31 万人。

9625 | **3 月 27 日**

国家教委印发《关于加强社会力量办学管理工作的通知》。通知就加强对社会力量办学的领导和管理、建立健全社会力量办学的审批制度、做好规范学校名称的工作，以及加强对招生广告（简章）的审核和管理、学校教育质量的检查和评估、学校收费及财产的管理和监督等问题作出规定。

9626 | **3 月 28 日至 30 日**

国家教委在北京举行全国教育督导室主任会议。国家教委副主任、总督学柳斌讲话指出，教育督导在督政的同时要兼重督学，在积极推进“两基”工作的同时，要下决心推动素质教育，建立评价制度，形成素质教育的机制。截至 1995 年底，30 个省、自治区、直辖市全部建立了教育督导室，367 个地区（市、州、盟）和 2526 个县（市、区、旗）也都建立了教育督导机构；全国已有 2 万多名专、兼职教育督导人员，聘任了三届 106 位国家督学；建立、健全教育督导的各项制度 。

9627 | **4月2日**

国家教委基础教育司发布《城镇流动人口中适龄儿童、少年就学办法（试行）》。《办法》规定，城镇流动人口中适龄儿童、少年的入学年龄，以流入地人民政府规定为准，其义务教育年限以户籍所在地人民政府规定为准。就学应以在流入地全日制中小学借读为主。

9628 | **4月4日**

国家教委印发《关于要求各级各类学校在重要场合奏唱国歌的通知》提出建立健全重要场合奏唱国歌的制度。通知提出，在学校升国旗仪式、重要庆祝活动和典礼、政治性公共集会、运动会等重要场合，要奏唱国歌；奏国歌时，与会人员要有组织地齐唱国歌，声音洪亮，音调整齐；要坚持不懈，养成习惯，形成制度。

9629 | **4月5日**

南开大学、南开中学、第二南开中学、重庆南开中学、自贡蜀光中学和南开校友总会在南开大学举行张伯苓先生诞辰120周年纪念会。张伯苓是我国著名爱国教育家、南开学校的创办人之一。党和国家领导人李瑞环、李岚清、邹家华等分别为张伯苓先生诞辰120周年题词。

9630 | **4月10日**

国家教委发布《全国教育事业"九五"计划和2010年发展规划》。《规划》提出，今后15年教育发展的基本指导思想是：根据国民经济和社会发展规划和科教兴国战略，切实落实教育优先发展的战略地位，深入推进教育体制改革，优化教育结构，提高教育质量和办学效益，使教育发展与未来我国社会和经济发展需要相适应。"九五"期间，义务教育的具体目标是：基本普及九年义务教育，基本扫除青壮年文盲小学在校生达到1.35亿人，比1995年增加300万人，年递增率0.45%。初中在校生达到5500万人，比1995年增加770万人，年递增率3.1%，初中入学率达到85%左右。按省级人民政府制定的实施义务教育标准，在占85%的人口地区普及九年义务教育，在其余10%的人口地区普及5年至6年小学教育，5%的人口地区普及3年至4年初级小学教育。小学和初中学生辍学率分别降低到1%和3%以下，进一步缩小女童和男童、农村和城市、贫困地区和发达地区、少数民族聚居地区和其他地区学龄儿童入学率的差距。为残疾儿童、少年提供更多的学习机会。

9631 | **4月15日**

国家教委在北京召开纪念《中华人民共和国义务教育法》发布实施10周年座谈会。国家教委主任朱开轩讲话指出，国家以法制为先，法制以遵行为要，在深入贯彻《义务教育法》和其他教育法律、法规的过程中，务必要加大以下几个方面的工作力度：一要坚持依法治教，推动政府行为到位；二要增加教育投入，缓解经费紧张矛盾；三要加强师资队伍建设，提高教育质量；四要深化基础教育改革，落实素质教育目标。

9632 | **4月19日**

国家教委、财政部公布《关于进行"国家贫困地区义务教育工程""三片"地区项目规划及可行性研究报告的批复》，要求贯彻落实国家科教兴国发展战略，促进贫困地区和少数民族地区普及义务教育，改变当地经济和社会落后的面貌。

9633 | **4月22日**

国家教委印发《关于社会力量办学管理经费问题的意见》。《意见》指出，在行政事业费不能保障社会力量办学管理经费的情况下，可由地方人民政府或人大通过法规、规章作出规定，以适当收费的方式解决社会力量办学的管理经费问题。所收费用要管好用好。教育行政部门不得自行出台收取社会力量办学发展督导费（发展基金、管理费）的政策。

9634 | **4月30日**

中共中央政治局委员、国务院副总理李岚清在中南海与出席全国"希望工程"工作会议的代表座谈，指出"希望工程"是一项功在当代、利及千秋的社会公益事业，对于发展我国的基础教育具有重要现实意义和长远战略意义。

9635 | **5月7日**

国家教委、财政部在北京分别同河北、山西、福建、河南、湖北、湖南、海南、安徽、陕西、江西、黑龙江、四川12个省级人民政府签订“国家贫困地区义务教育工程”项目责任书。8月14日，国家教委、财政部印发《关于进行“国家贫困地区义务教育工程”“三片”地区试点项目规划和可行性研究的通知》。

9636 | **5月9日**

国家教委、中国残联发布《残疾儿童少年义务教育“九五”实施方案》。《实施方案》提出了对残疾儿童同步实施义务教育的任务指标、质量要求及主要措施。

9637 | **5月10日至16日**

中共中央政治局委员、国务院副总理李岚清在湖南考察汨罗推行素质教育的情况。考察期间，李岚清副总理发表题为《基础教育的根本任务是提高全民族的素质》的讲话，指出汨罗坚持办素质教育已历时12年，创造了可贵的经验。有这样几点，值得我们很好地研究、学习：第一点，实施素质教育要从转变观念抓起，特别是转变各级领导的观念。第二点，实施素质教育，要有一个较好的大环境。第三点，要构建素质教育的运行机制，包括有效的导向机制、有力的制约机制、科学的评估机制、广泛的社会参与机制等。第四点，要搞素质教育，就必须对校长、教师有更高的要求。李岚清强调，要在全国逐步推广汨罗推行素质教育的经验。

9638 | **5月17日**

国家教委印发《关于加强普通中学劳动技术教育的意见》。为加强普通中学的劳动技术教育。《意见》提出七条建议：进一步提高认识，加强对劳技教育的领导；发挥劳技课的主渠道作用，开展多种形式的劳技教育；加强教师队伍建设；重视劳技课教材建设；加强劳技教育基地建设；重视劳技课的教学研究；建立并完善劳技教育考核制度和督导检查制度。

9639 | 5月17日

国务院办公厅转发国家教委、国家计委、财政部、国务院纠风办《关于1996年在全国开展治理中小学乱收费工作的实施意见》。《实施意见》明确了治理工作的指导思想和标本兼治的目标及措施，再一次重申了中小学收费工作“五不准”的规定，要求地方各级人民政府和教育行政部门要继续采取措施加强薄弱学校的建设，改善包括配备领导班子、充实师资队伍、增加经费投入、配备必要教学设备和改善生源在内的办学条件。《实施意见》强调，1996年要把进一步解决好京津沪三个直辖市和省会城市义务教育阶段公办学校“择校生”问题列为治理的重点。

9640 | 5月27日至30日

国家教委、财政部、国家计委、世界银行在河南郑州举办第三个贫困地区基础教育发展项目启动会。该项目向世界银行贷款1亿美元，国内配套资金9.28亿元人民币。资金主要用于支持安徽、福建、甘肃、河北、河南、吉林、青海等7省124个国家级贫困县发展九年义务教育。

9641 | 5月28日

国家教委在北京举行全国社会力量办学管理座谈会。国家教委副主任王明达在座谈会上讲话指出，各级教育行政部门要认真贯彻“积极发展、大力支持、加强管理、正确引导”的方针，进一步推动社会力量办学的健康发展。

9642 | 5月29日

国家教育督导团在北京召开国家督学情况通报会。国家教委副主任、总督学柳斌在会上讲话指出，当前基础教育的当务之急是学习、推广汨罗等地的经验，推动应试教育向素质教育转变，初步建立起素质教育的运行机制。汨罗之所以能在12年中大面积推行素质教育，主要原因是：有正确的思想，即政府要办好每一所学校，学校要对每一个学生的全面发展负责；有科学的方法，即从市到乡（镇）到学校形成一整套科学的、规范的管理体系，很具特色；有扎实的作风，即在科学的方针、思想指导下，沿着正确的办学方向，坚韧不拔、扎扎实实，使教育目标和各项方针政策在全市范围内实施，并坚持了12年；有有效的机制，用教育督导评估体系取代“高考指挥棒”。

9643 | **5月30日**

全国人大常委会《教育法》执法检查组会议在北京人民大会堂召开。国家计委、财政部、国家教委、国家税务总局向检查组汇报了本部门实施《教育法》、落实教育投入的情况。北京市人大常委会汇报了对同级人民政府实施教育法律的检查监督情况。

9644 | **6月6日**

第一个“全国爱眼日”，主题为“保护儿童和青少年视力”。1995年全国学生体质健康监测结果表明，学生近视仍然是当前我国学生最常见的疾病之一，其中小学近视率为22.78%、初中55.22%、高中70.34%、大学76.74%。一些地方学生高考体检不合格及专业受限的比率高达85%左右，其中大多由近视造成。虽然这几年各地重视做好学生防近视工作并取得一些成就，但从总体上讲，由于多种因素造成的学生课业负担过重问题仍未能得到根本解决。

9645 | **6月27日至30日**

国家教委在湖南岳阳召开“构建督导评估机制，推动实施素质教育”研讨会。会议宣布，“九五”期间，国家教委将在学习、推广汨罗等地经验的过程中，逐步建立一批实施素质教育的实验联系县（市、区），并逐步形成科学、完整、系统的素质教育评价制度。

9646 | **6月28日**

中共中央政治局委员、国务院副总理李岚清在中南海主持召开外语教学座谈会。李岚清指出，我国各阶段教育对外语教学一直是重视的，课时也不少，但很多学生经过8年或12年的学习，却仍不能较熟练地阅读外文原著，尤其是听不懂、讲不出，无法与外国人交流。这说明我们的外语教学效果不理想，还不能适应国家经济和社会发展，特别是改革开放和扩大对外交往的需要。原因是多方面的，但影响最大的是教学方法问题。

9647 | **7月1至5日**

中共中央政治局委员、国务院副总理李岚清考察山西省部分高校和吕梁、晋中、忻州、阳泉4个地市的9所农村小学、乡镇中学、农村初级职业中学，强调农村教育要走农科教结合的路子，为农村经济建设培养人才。

9648 | **7月8日**

全国政协科教文卫体委员会、国家教育发展研究中心邀请部分全国政协委员和教育、科技、文化、经济界的知名专家，就“未来社会发展与我国义务教育阶段学生综合质量目标” 召开座谈会。与会专家分析了21世纪的科技、经济、政治、文化等方面的特点，结合现状提出21世纪应该怎样培养人才的建议。

9649 | **7月15日**

国家教委办公厅印发《关于进一步加强贫困地区、民族地区女童教育工作的十条意见》。《意见》提出，要增加贫困地区、民族地区女童受教育的机会。

9650 | **7月29日**

国务院副总理李岚清邀请京、津、沪主管教育的副市长和教育部门负责同志座谈，研究认真贯彻《教育法》《义务教育法》，坚决制止义务教育阶段中小学乱收费、高收费的不正之风。

9651 | **8月7日**

国家教委、联合国儿童基金会举办的千名贫困地区小学校长培训班在北京开班。国家教委副主任柳斌在开幕式讲话中指出，使教育真正为提高全体国民素质服务，校长必须实现重要的观念转变，树立普及教育的思想，使全体学生在德智体等方面得到全面发展。8月23日，中共中央政治局委员、国务院副总理李岚清接见第三期培训班学员，指出中国能否在21世纪持续发展，最终取决于人的素质。而人的素质的培养和提高，基础教育是根本。全国尤其是贫困地区的校长及教师们要勇于承担起普及九年义务教育、培养21世纪人才的重任。

9652 | **9月6日**

《中国著名特级教师教学思想录》发行座谈会在北京举行。该书由全国193位特级教师撰写，共16分卷，800多万字，全面、系统地总结新中国成立以来全国中小学各学科著名特级教师教学思想。

9653 | **9月10日**

中国中小学幼儿教师奖励基金会成立10周年。中国中小学幼儿教师奖励基金会已逐步形成中央、省、地、县四级奖励教师的网络。县以上教师奖励基金会达千家以上。十年间，各级教师奖励基金会会同教育、人事部门共奖励优秀教师130多万人次，受奖人数占全国教师总人数的12%左右。

9654 | **9月11日至15日**

全国政协科教文卫体委员会在黑龙江哈尔滨召开加强薄弱学校建设问题研讨会。会议指出，义务教育是培养合格公民，不是培养天才。会议分析了薄弱学校形成的原因，交流了治理薄弱学校的经验，研究了如何从根本上解决薄弱学校问题。

9655 | **9月18日**

国家教委办公厅、国家民委办公厅印发《关于在部分省市中小学开展民族常识教育活动试点的实施意见》。《意见》提出，各试点学校开展民族常识教育，要以国家教委、国家民委编写，经中共中央统战部审核的《民族常识》为依据。要根据中小学不同年级的特点，结合地区、民族的实际，选择其中的适当内容，组织开展活动。

9656 | **9月21日**

第22届国际教育评价协会（IAEA）年会在北京开幕。来自37个国家和地区的近200名代表出席年会，国家教委副主任周远清参会并致开幕词。

9657 | **9月23日**

国家教委办公厅转发卫生部《学生集体用餐卫生监督办法》并印发通知。通知要求，教育行政部门和学校要确定专人分管学校卫生工作，并根据本地实际，制定防止各种肠道传染病和食物中毒的各项措施；加强学校健康教育，增强师生员工的卫生防病意识；加强学校食堂、课间餐及营养配餐工作的管理；加强学校饮食卫生的检查督促工作，尤其要协助卫生行政部门，做好学校学生集体用餐的卫生监督工作。《监督办法》共13条，旨在加强对学生集体用餐的管理，保证饮食卫生，改善学生营养状况，保障学生的健康成长。

9658 | **9月27日**

中共中央总书记、国家主席、中央军委主席江泽民向部分贫困地区中小学转赠音像设备仪式在北京人民大会堂举行。江泽民嘱咐有关部门将他出访时外国朋友赠送的20套音像设备转赠给贫困地区的中小学校，以支持这些贫困地区的基础教育。赠送仪式上，国家教委副主任柳斌等向贵州省毕节地区等全国10个贫困地区的代表转赠这些音像设备。

9659 | **10月10日**

党的十四届六中全会审议通过《中共中央关于加强社会主义精神文明建设若干重要问题的决议》。《决议》指出，加强社会主义精神文明建设是一项重大战略任务。在发展社会主义市场经济和对外开放条件下建设社会主义精神文明，是中国共产党人和中国人民一项艰巨的历史使命。《决议》强调，我国社会主义精神文明建设，必须以马克思列宁主义、毛泽东思想和邓小平建设有中国特色社会主义理论为指导，坚持党的基本路线和基本方针，加强思想道德建设，发展教育科学文化，以科学的理论武装人，以正确的舆论引导人，以高尚的精神塑造人，以优秀的作品鼓舞人，培育有理想、有道德、有文化、有纪律的社会主义公民，提高全民族的思想道德素质和科学文化素质，团结和动员各族人民把我国建设成为富强、民主、文明的社会主义现代化国家。这是精神文明建设总的指导思想，也是精神文明建设总的要求。社会主义精神文明建设的主要目标是：在全民族牢固树立建设有中国特色社会主义的共同理想，牢固树立坚持党的基本路线不动摇的坚定信念；实现以思想道德修养、科学教育水平、民主法制观念为主要内容的公民素质的显著提高，实现以积极健康、丰富多采、服务人民为主要要求的文化生活质量的显著提高，实现以社会风气、公共秩序、生活环境为主要标志的城乡文明程度的显著提高；在全国范围形成物质文明建设和精神文明建设协调发展的良好局面。《决议》特别强调，加强青少年思想道德教育，是关系国家命运的大事。要帮助青少年树立远大理想，培育优良品德。各级各类学校都要全面贯彻党的教育方针，坚持社会主义办学方向，加强德育工作，努力培养德智体等方面全面发展的社会主义建设者和接班人。根据大、中、小学的不同特点，切实加强和改进思想品德课程、政治理论课程，把传授知识同陶冶情操、养成良好的行为习惯结合起来，把个人成材同国家前途、社会需要结合起来，形成爱党爱国、关心集体、尊敬师长、勤奋好学、团结互助、遵纪守法的风气。积极组织学生参加生产劳动和社会实践，帮助他们认识社会，了解国情，增强建设祖国、振兴中华的责任感。

9660 | **10月14日**

国家教委、民政部、文化部、国家文物局、共青团中央、总政治部印发《关于命名和向全国中小学推荐百个爱国主义教育基地的通知》。11月1日，国家教委、民政部、文化部、国家文物局等部门在北京人民大会堂举行基地命名大会。这是继向全国中小学生推荐百部爱国主义优秀影视片、百首爱国主义歌曲和百种爱国主义教育图书之后，国家教委和有关部门合力推荐的百个爱国主义教育基地，从而构建了以青少年为主要对象进行爱国主义教育的“四个一百”工程。

9661 | **10月17日至19日**

中共中央政治局委员、国务院副总理李岚清在青海考察教育工作。李岚清强调指出，一定要下大力气抓好教育改革，基础教育要由目前的应试教育向素质教育转变，农牧区少数民族地区的基础教育要从实际出发，实事求是。

9662 | **10月20日至23日**

国家教委在安徽马鞍山举行全国普及九年义务教育工作汇报会。19个省、自治区、直辖市在会上介绍“普九”工作经验，就“普九”工作进行讨论和交流。

9663 | **10月30日**

国家教委重新发布《全国中小学教材审定委员会工作章程》并印发通知，通知提出，国家教委对1987年10月10日制定的《全国中小学教材审定委员会工作章程》进行了修改和完善，对教材审定委员会的组织机构、审定（审查）原则和标准、审定（审查）程序等作出规定。审定委员会下设学科审查委员会。

9664 | **11月4日至7日**

由联合国教科文组织与联合国儿童基金会合作，中国联合国教科文组委会秘书处和中央教育科学研究所“中国—联合国儿基会教育项目服务中心”承办的国际基础教育革新研讨会在北京举行。来自中国、约旦等10个国家的代表出席研讨会。

9665 | **11月6日**

中国关工委在江苏南京召开全国农村关心下一代工作经验交流暨研讨会。会议就如何贯彻党的十四届六中全会精神，加强农村青少年的思想道德建设，进行了交流探讨。

9666 | **11月7日**

中国教育国际交流协会成立15周年暨民间教育交流国际学术研讨会在北京召开。国务院总理李鹏为大会题词：“开展教育国际交流，落实科教兴国战略。”国务院副总理李岚清的题词是：“积极开展民间教育国际交流，弘扬中华文化，增进世界人民之间的友谊，为推动世界和平和进步事业作贡献。”

9667 | **11月11日至14日**

国家教委在安徽芜湖召开全国城市教育综合改革研讨会。会议总结回顾城市教育综合改革的经验成果。会议指出，调整教育结构是城市教育综合改革的重要内容之一。会议提出，实验城市市区100%普及了九年义务教育，中等职业学校与普通高中的招生比例和在校生比例达到或超过6∶4，部分城市达到2∶1，结构趋向合理。

9668 | **11月21日**

中国中小学幼儿教师奖励基金会设立“援助贫困地区教师专项基金”。全国政协副主席、中国中小学幼儿教师奖励基金会理事长钱正英，国家教委副主任、副理事长柳斌在北京人民大会堂代表基金会接受第一笔捐款共250万元人民币。“援助贫困地区教师专项基金”主要用于支持贫困地区教育，援助贫困地区教师。

9669 | **11月26至29日**

国家教委、国家民委在广东深圳联合召开全国教育对口支援协作工作会议。会议指出，教育对口支援协作工作已开展3年，全国143个少数民族贫困县与经济发达县、市（区）的结对率已达80%以上。

9670 | **11月29日**

中央综治委、国家教委、公安部印发《关于进一步加强学校治安综合治理工作的意见》。《意见》要求各级教育部门要把学校治安综合治理工作纳入目标管理的内容，各级各类学校要把学校治安综合治理的各项措施落到实处。

9671 | **12月2日**

中国政府和联合国开发计划署第四周期教育合作项目文本签字仪式在北京举行。与联合国开发计划署合作15年来，国家教委成功地执行了20个合作项目，接受援款总额约1420万美元。合作范围包括大、中、小学师资及管理人员的培训、中学英语教材更新及科技攻关等。

9672 | **12月8日至12日**

中央教育科学研究所和中国教育学会在浙江湖州举办全国小学劳动技术教育教学研讨会。这是我国自1980年开设小学劳动课以来第一次举办全国性小学劳动技术教育教学研讨会，来自26个省、自治区、直辖市的小学劳动课教研员、教师、教育科研人员和有关教育行政领导等参会，对小学劳动课的目标及其与素质教育的关系进行深入研讨。

9673 | **12月10日**

国家环保局、中宣部、国家教委发布《全国环境宣传教育行动纲要(1996年—2010年)》。《纲要》就环境教育、环境宣传、环境宣传教育对外交流与国际合作等提出目标和要求。

9674 | **12月16日**

国家教委、国家计委、财政部发布《义务教育学校收费管理暂行办法》。《暂行办法》规定，接受义务教育的学生免收学费，只缴杂费。杂费标准的审批权限在省级人民政府。同日，三部门发布《普通高级中学收费管理暂行办法》《中等职业学校收费管理暂行办法》《高等学校收费管理暂行办法》。四个《办法》的出台，对规范我国现阶段各级各类学校收费行为，理顺教育收费管理体制，进一步加强学校收费管理，制止部分学校乱收费将起到重要作用。

9675 | **12月20日**

建设部、国家计委、国家教委发布《农村普通中小学校建设标准（试行）》。《建设标准》是编制、评估和审批农村普通中小学校建设项目建议书、可行性研究报告、校园规划设计和建设规划用地的依据，也是项目设计审查和工程监督检查的尺度，同时适用于乡（镇）及以下农村普通中小学校的新建、改建和扩建项目。

9676 | **12月23日至26日**

国家教委、财政部在北京联合召开全国教育财务工作会议。会议的主要任务是总结“八五”期间教育财务管理和改革工作，研究制定“九五”期间教育财务工作目标和总体改革方案。

9677 | **12月23日**

由国家教委、广播电影电视部和文化部联合组成的全国中小学生影视教育协调工作委员会在北京成立。该委员会负责中小学生影视教育指导及影视片的评选、推荐和促进发行工作。办事机构设在中国儿童少年电影学会。

9678 | **12月26日**

中共中央政治局常委、中央书记处书记胡锦涛出席共青团十三届五中全会并讲话强调，加强青少年思想道德教育是关系国家命运的大事。各级团组织要以对党的事业、对祖国的未来高度负责的精神，切实把提高青少年整体素质，特别是思想道德素质，作为落实精神文明建设任务的重中之重抓紧抓好，团结带领广大青年在推进“两个文明”建设，实现跨世纪宏伟目标的伟大历史进程中，开风气之先，创时代业绩，充分发挥生力军和突击队作用。

9679 | **12月26日**

国家教委艺术教育委员会成立10周年暨艺术教育工作座谈会在北京举行。会议探讨了在新形势下如何进一步加强艺术教育，以全面提高学生素质，建立有时代特色的学校艺术教育教学体系。

9680 | **12月30日**

国家教委发布《中小学计算机教育五年发展纲要（1996—2000年）》，明确提出我国中小学计算机教育的目标、任务和指导方针。《纲要》指出，到2000年城市初中和小学、县（市）初中和小学、农村初中和小学计算机设备达标学校比的目标分别是60%和15%、30%和5%、5%和0%，少量微机（未达标）学校比例目标分别是10%和50%、20%和40%、50%和5%。

9681 | **12 月 30 日**

国家教委、新闻出版署、文化部发布《普通中小学音像教材出版复录发行管理规定》。《管理规定》共 11 条，旨在维护正常的教学秩序，加强对普通中小学音像教材出版、复录、发行工作的管理，保证优质的音像教材课前到手。《管理规定》指出，中小学音像教材必须由音像出版单位确定的定点音像复制单位录制生产，定点音像复制单位应报国家教委和新闻出版署备案。中小学音像教材由各省新华书店按春秋两季做好征订和发行工作。

9682 | **12 月 31 日**

国家教委印发《关于“九五”期间加强中小学教师队伍建设的意见》。《意见》提出了“九五”期间教师队伍建设的具体目标：一是制定完善《教师法》配套法规；二是到 2000 年，全国中小学教师总量达到 988 万人，全国小学初中教师学历合格率分别达到 95% 和 80% 以上，全国中小学具有中级职务和高级职务教师比例分别达到 34% 和 35% 左右，基本解决民办教师问题；三是进一步提高教师待遇。

1997年

改革进行时

• 重要文件

国务院《社会力量办学条例》

国家教委《关于当前积极推进中小学实施素质教育的若干意见》

国家教委《关于规范当前义务教育阶段办学行为的若干原则意见》

国家教委、全国教育工会《中小学教师职业道德规范》

国家教委、全国妇联《家长教育行为规范（试行）》

国家教委《九年义务教育小学思想品德课和初中思想政治课课程标准(试行)》

国家教委《关于加强学校艺术教育的意见》

国家教委《初中毕业生升学体育考试工作实施方案》

国家教委《关于进一步推进城市教育综合改革的若干意见》

国家教委《普通中小学校督导评估工作指导纲要（修订稿）》

国家教委《实行全国中小学校长持证上岗制度的规定》

国家教委《关于国家贫困地区义务教育助学金实施办法》

国家教委、国家计委、农业部、财政部《农村教育集资管理办法》

财政部、国家教委《中小学校财务制度》

• 重要政策

规范义务教育办学行为

推动学校由应试教育向素质教育转轨

推进各省加快“两基”任务的实现

推进实施“国家贫困地区义务教育工程”

加快义务教育薄弱学校改造

全面推行对中小学校进行督导评估的制度

• 重要会议

国家教委召开全国教育督导室主任会议

国家教委召开全国中小学德育工作会议

国家教委召开全国中小学素质教育经验交流会

国家教委召开全国学校体育、卫生、国防教育工作

国家教委召开全国中小学校长提高培训试点工作经验会

• 改革亮点

规范义务教育阶段办学行为。针对义务教育阶段办学出现急需引导规范的问题，国家教委印发《关于规范当前义务教育阶段办学行为的若干原则意见》，就义务教育的政府行为、投入保障、入学公平等问题进行了规范。《意见》的出台，有利于义务教育的普及和发展，有利于推进实施素质教育。

9701 | **1月1日**

为了进一步提高农村学校体育卫生工作质量，国家教委向各地印发《“九五”期间农村学校体育卫生工作意见》。《意见》从六个方面指导学校体育卫生工作：一、强化政府行为，健全组织机构；二、巩固、提高开课率；三、加强师资队伍建设；四、加强基础建设，积极改善办学条件；五、加强学校卫生保健工作；六、调查研究，制定规划，实施评估，加强管理。

9702 | **1月14日**

国家教委印发《关于规范当前义务教育阶段办学行为的若干原则意见》。针对当前义务教育阶段出现的急需引导规范的问题，《意见》明确指出，实施义务教育主要是政府行为，不能推给市场，也不能推给社会或乡、村两级，省、地（市）、县要依法保障义务教育的投入；坚持义务教育“免收学费”“就近入学”“平等受教育”的原则，义务教育阶段公办学校不得招收“择校生”和变相招收“择校生”；义务教育阶段学校不设重点校，不分重点班、快慢班，不得举办“校中的民办校”和“校内的民办班”。

9703 | **1月14日至15日**

国家教委在北京召开1997年度教育工作会议。国家教委主任朱开轩作报告，回顾1996年全国教育事业发展情况及取得的成就，部署1997年五项工作重点：一、将各级各类学校切实办成社会主义精神文明的重要基地；二、筹备中小学德育、教育法制、教职工住房建设等会议；三、坚持“两基”为“重中之重”的方针，巩固和提高“一片”地区“两基”工作成果，推动“二片”地区“普九”和扫盲工作实施，使年内全国“两基”验收的人口地区达到55%以上；四、以共建、联合办学为主要形式，继续积极推进高教管理体制改革；五、全面推进中小学素质教育，推广湖南省汨罗等地大面积开展素质教育的经验，加强薄弱学校建设。

9704 | **1月14日至15日**

国家教委基础教育司在辽宁沈阳召开部分省（直辖市）中小学安全工作汇报会。会议提出要认真贯彻落实国务院七部门《关于建立全国中小学生安全教育日制度的通知》精神和中共中央政治局委员、国务院副总理李岚清发表的电视讲话精神，加强对学校安全工作的领导，狠抓中小学安全工作法规的落实，坚决压低事故发生率。

9705 | **1月20日**

据《中国教育报》报道，宁夏回族自治区贫困地区女童教育促进会在宁南山区固原县成立。该机构是针对回族女童入学率低、流失率高的问题而设立的，是宁夏回族自治区人民政府以女童教育为突破口解决“普九”问题并如期实现“两基”的重要举措。

9706 | **1月27日至30日**

国务院办公厅在北京召开第三次全国教职工住房建设工作经验交流会。会议指出，要进一步贯彻落实国家有关解决教职工住房的方针、政策，总结交流各地区、各部门的成功经验与做法，检查落实“九五”期间建设规划，以推动全国教职工住房建设。国务院总理李鹏会见会议代表时指出，全党全社会都要尊师重教，各级党委和人民政府有责任为教师提供必要的和比较好的生活、学习和工作条件，教育工作者也要更好地为人师表、教书育人。

9707 | **2月21日**

国家教委印发《1997年治理中小学乱收费工作的意见》。《意见》提出，各级地方人民政府要增加基础教育经费投入，加快大中城市薄弱学校建设。进一步抓好京津沪三个直辖市和各省会城市义务教育阶段公办学校“择校生”治理工作，要在1997年、1998年两年内解决“择校生”问题，实现就近入学的目标。要逐步推行将重点中学和办得好的初中的全部或部分招生指标，按综合办学水平评估的结果和在校生人数的比例分配给附近的各个小学，实行德智体择优选送（不搞统考）办法，以减少择校的竞争和调动更多学校的办学积极性。凡有条件的地方，可进行重点完中只办高中的改革试点，在大中城市积极推行九年一贯制，以减少择校竞争。

9708 | **2月25日至27日**

国家教委装备司在广东南海召开中小学校教育技术装备工作研讨会，会后印发《中小学计算机装备工作的意见》。

9709 | **2月27日**

国家教委发布《普通中小学校督导评估工作指导纲要（修订稿）》并印发通知。通知要求于1998年前在全国范围内全面推行对中小学校进行督导评估的制度，促进从“应试教育”评估制度转轨为“素质教育”评估制度。《指导纲要》提出，新的督导评估制度主要目的在于督促政府及其教育行政部门履行职责，转变职能，加强领导，创设条件，办好每所学校；督促、指导中小学校贯彻执行有关教育的法律、法规、方针、政策，遵循教育规律，深化教育改革，优化学校管理，实施素质教育，全面提高教育质量，培养社会主义事业的建设者和接班人；引导社会、家长用正确的标准评价学校的办学水平，关心和支持学校工作。

9710 | **3月1日**

八届全国人大五次会议在北京人民大会堂开幕，国务院总理李鹏作《政府工作报告》。《报告》回顾了1996年国内工作，指出1996年是实施“九五”计划和2010年远景目标纲要的第一年。科技、教育和各项社会事业取得新成就。义务教育工作继续推进，到1996年底，全国已有50%的县（市、区）基本普及九年义务教育，当年减少青壮年文盲400万人。关于1997年教育工作，《报告》提出，积极发展科技教育文化和各项社会事业。我们任何时候都不能忘记邓小平同志关于两手抓、两手都要硬的指导思想。要继续实施科教兴国战略和可持续发展战略，深化改革，切实保证必要的投入。要认真贯彻国家的教育方针，全面提高学生素质，使学生在德智体等方面都得到发展。继续把基础教育作为教育工作的重点，大力普及九年义务教育，推进扫盲工作，全年再减少青壮年文盲400万人，扶持贫困地区的教育事业。加强中小学校长和师资队伍的建设，积极进行升学考试制度改革，减轻中小学生过重的课业负担。认真改革课程体系，更新教学内容，改进教学方法，提高教学质量。鼓励和引导社会力量办学。继续重视教职工住宅建设，推进学校后勤服务社会化。

9711 | **3月3日**

国家教委、国家计委、农业部、财政部发布《农村教育集资管理办法》。《管理办法》规定，农村教育集资应根据当地经济、教育发展水平和群众承受能力，坚持依法、自愿、量力、专款专用原则，纠正教育集资要求过急、过高，集资数额过大，乱集资、乱收费，甚至打着教育旗号将集资款挪作他用的现象。农村教育集资可通过资金、实物和劳务等方式进行。

9712 | **3月17日**

国家教委、全国妇联发布《家长教育行为规范（试行）》，旨在实现到20世纪末，使90%的儿童家长不同程度地掌握保育、教育儿童的知识，引导家长树立正确的教子观念，掌握科学的教育方法，提高家长的教育水平的总目标。《规范》要求家长，树立为国教子思想，自责履行教育子女的职责。

9713 | **3月24日**

国家教委、文化部、广播电影电视部、共青团中央联合发布《关于举办全国中小学生文艺汇演的通知》。通知指出，举办全国中小学文艺汇演，旨在全面贯彻党的教育方针，加强中小学校艺术教育，推动学校精神文明建设。相关活动将持续到1998年8月。

9714 | **3月31日至4月2日**

国家教委在北京召开全国教育督导室主任会议。国家教委主任朱开轩讲话指出，要进一步加强教育督导，坚定不移地推进“两基”，把“两基”和“两全”结合起来。要打好二片地区“普九”攻坚战，积极推进三片地区“普九”和扫盲工作，巩固提高已实现“两基”地区的教育成果。国家教委副主任柳斌作总结讲话要求，“两基”要坚持验收标准，实事求是，坚持“软件从严，硬件从实”的原则，不得降格以求、走过场，防止出现形式主义或虚假现象。

9715 | **4月3日**

国家教委印发《九年义务教育小学思想品德课和初中思想政治课课程标准（试行）》。《课程标准》着眼于我国普及九年义务教育的要求，首次把小学思想品德课和初中思想政治课作为一个整体设计课程的结构和确定教学目标要求。自1998年秋季开学始，《课程标准》和国家教委小学思想品德课和中学思想政治课教材编写领导小组依据《课程标准》组织编写的新教材先在部分省（直辖市）进行试验，取得经验后自1999年秋季开学起在全国使用。1992年国家教委印发的《九年义务教育全日制小学思想品德课教学大纲(试用)》和《全日制中学思想政治课教学大纲(试用)》以及据此编写的教材停止使用。小学思想品德课和中学思想政治课教材建设继续贯彻在统一要求的前提下实行教材多样化的方针。单位、团体、个人凡依据课程标准编写，并符合《中华人民共和国出版管理条例》和国家教委《中小学教材编写、审查和选用的规定》的教材均列入中小学用书目录供各地选用。

9716 | **4月3日至7日**

中共中央政治局委员、国务院副总理李岚清考察山东教育时强调，实施素质教育，领导首先要转变认识，也要取得学校、社会、家长的共识。搞好素质教育，必须建立对各级领导、学校和教师的全面科学评估体系，提高学校领导和教师队伍的素质，还要与教学改革相结合，改进现有的教学大纲、教学方法和教材的内容。对义务教育高收费、乱收费现象要坚决纠正，违纪的要严肃查处。

9717 | **4月4日**

国家教委印发《“九五”期间全国中小学实验室工作的意见》。《意见》要求，必须充分认识中小学实验教学和技能训练的地位和作用；明确中小学实验室工作的目标和要求；依靠各级人民政府，搞好中小学实验室工作。

9718 | **4月8日**

据《中国教育报》报道，西藏自治区教委、人事厅就加强中小学校长队伍建设印发通知，提出1998年1月全区原则上在完成现任中小学校长岗位培训合格证的培训工作，到2000年，全区现任中小学校长要普遍接受提高性培训，以确保全区基础教育和整个西藏教育在今后一个时期持续、健康发展。

9719 | **4月14日**

国家教委办公厅、文化部办公厅、广播电影电视部办公厅联合发布《1997年第一批向全国中小学生推荐的优秀影片片目》《全国中小学生影视教育片发行放映工作运作方案》，推动优秀影片进校园，指导中小学影视教育的开展。

9720 | **4月14日至17日**

全国部分省（直辖市）初中毕业生升学考试体育工作座谈会在天津举行。6月2日，国家教委办公厅印发座谈会纪要指出，体育考试是实施素质教育的需要，要与教育综合改革结合起来。

9721 | **5月6日**

国家教委在北京举行1996年度全国师范院校基础教育改革实验研究项目优秀成果获奖项目颁奖大会。本次评选共评出获奖成果90项，是首次对全国师范院校基础教育改革实验研究项目优秀成果进行评选，旨在鼓励师范院校广大教师积极投身于基础教育改革实验研究，促进师范院校更好地为基础教育服务。

9722 | **5月7日**

国家教委与中央电视台联合拍摄的10集电视专题片《百年奠基》开播。该专题片广泛地宣传《义务教育法》和普及义务教育事业的重要意义及取得的丰硕成果。

9723 | **5月20日**

国家教委印发《关于加强学校艺术教育的意见》。《意见》指出，艺术教育是学校实施美育的主要内容和途径，在提高人的素质方面有着其他学科所不可替代的作用。学校艺术教育是国民素质教育而非专业教育，它的根本目的是培养全面发展的“四有”新人，而非艺术专业人才。

9724 | **6月5日**

国家教委专门召集有关方面专家及部分学校校医召开学校近视眼防治工作座谈会。6月6日是第二个“全国爱眼日”，座谈会呼吁全社会都来关心学生视力保护和近视眼防治工作，让孩子们都有一双明亮的眼睛。据最近的一次全国学生体质健康调查结果反映，学生近视仍是当今我国学生最常见的疾病之一，其中小学近视率22.78%、初中55.22%。

9725 | **6月11日至14日**

国家教委在北京召开全国中小学德育工作会议。会议强调，当前和今后一个时期学校党建和德育工作的中心任务，就是要继续高举邓小平同志建设有中国特色社会主义理论伟大旗帜，紧密团结在以江泽民同志为核心的党中央周围，坚持党的基本路线，全面贯彻《中共中央关于加强社会主义精神文明建设若干重要问题的决议》精神和《中共中央关于进一步加强和改进学校德育工作的若干意见》，进一步加强党的建设、思想政治工作和德育工作，促进青少年学生健康成长。领导干部应亲自参加或组织好调查研究，分管德育工作的领导要联系学校，抓典型、抓试点，创建出一批德育示范校。

9726 | **6月23日**

财政部、国家教委发布《中小学校财务制度》。根据《事业单位财务规则》、结合中小学校的特点，《制度》规范了中小学校的财务行为，加强财务管理，提高资金使用效益，促进教育事业发展。《制度》就财务管理体制、单位预算管理、收入管理、结余及其分配、专用基金管理、资产范围。负责管理、财务清算、财务报告和财务分析、财务监督等问题作了说明。

9727 | **6月24日**

浙江省人民政府办公厅印发《关于全面贯彻教育方针推进素质教育的通知》。通知明确各级人民政府领导要坚持用素质教育的标准来评价教育部门和学校，加快建立对学校办学方向、教育质量、管理水平等方面进行全面考核、科学评价的标准和制度，不准向教育部门和学校下达升学指标，不单纯以升学率高低评价、奖惩学校和教师。

9728 | **6月26日**

国家教委基础教育司在北京召开中学外语教学工作座谈会，研讨中学外语教学改革，提出加强中学外语课程改革和教材建设，改革外语教学方法。10月14日，国家教委印发座谈会纪要。

9729 | **7月8日**

北京市教委发布《北京市区县政府实施素质教育评价方案（试行）》《北京市区县教委（教育局）实施素质教育评价方案（试行）》。《评价方案》提出，分别以区县人民政府、区县教委（教育局）实施素质教育工作和中小学校教育质量为评价对象，通过分层次实施形成合力，构建区域性素质教育督导评价体系。《评价方案》强调区县人民政府和教委（教育局）在巩固“两基”、落实“两全”中的主要职责。按照素质教育指标体系评价政府工作，这在北京尚属首次。

9730 | **7月14日**

北京市教委召开进一步推进中小学实施素质教育工作会议。会议强调从转变教育思想入手，以升学考试制度改革和科学教育评价为导向，以课程教材改革为核心，以建立一支高素质校长教师队伍为关键，推进素质教育改革的实施。会议提出，1998年，北京市义务教育阶段将全部实现免试就近入学。

9731 | **7月14日**

国家教委发布《中小学校电化教育规程》。《规程》规定中小学电化教育是在教育教学过程中，运用投影、幻灯、录音、录像、广播、电影、电视、计算机等现代教育技术，传递教育信息，并对这一过程进行设计、研究和管理的一种教育形式。《规程》从机构与职能、电教专职人员与学科教师、经费与设备、教材与资料、管理与领导等方面作具体规定。

9732 | **7月14日**

劳动部举行新闻发布会，宣布我国今后将实行劳动预备制度就业方式。城乡初、高中毕业后不能升入更高一级学校学习的青年，必须在就业前参加1—3年职业培训和相关教育，取得相应的职业证书资格后才能实现就业。这是我国就业制度从安置就业向素质就业转化的重大变化。

9733 | **7月21日**

公安部、国家教委印发《关于做好维护中小学校治安秩序工作的通知》，要求各地公安机关和教育行政部门密切配合，采取各种措施，有效地维护中小学校治安秩序的基本稳定，切实解决中小学生违法犯罪和社会不法分子滋扰中小学校的问题。

9734 | **7月23日**

中共江苏省委在南京召开全省素质教育工作会议，提出实施素质教育的10条要求，建立16个素质教育实验区。通过区域联动、深入教改、全面改革考试评价升学制度，建立健全素质教育的运行机制、制约机制、社会参与机制和评价激励机制。会议要求，小学初中全面实行免试就近入学；提高课堂教学质量，减轻学生过重课业负担，减少考试次数。

9735 | **7月31日**

国务院发布《社会力量办学条例》。《条例》对教育机构的设立，教育机构的教学和行政管理，教育机构的财产、财务管理，教育机构的变更与解散，保障与扶持，法律责任等问题作了详细规定。

9736 | **8月18日**

据《中国教育报》报道，国家教育扶贫工程向“三片”地区推进。“国家贫困地区义务教育工程”自1995年在“二片”地区12个省实施以来，取得了显著成效，1998年将在西部的广西、云南、贵州、西藏、青海、新疆、宁夏、内蒙古、甘肃9省（自治区）的32个县（区）进行项目试点。今后三年中央将拨专款24亿元，重点扶持这类地区义务教育事业。

9737 | **8月22日**

中组部、国家教委、共青团中央联合印发《关于加强对中学生进行党的基本知识教育的意见》。《意见》明确规定对中学生进行党的基本知识教育的指导方针是“着眼长远，立足教育，重在培养，个别发展”。教育内容包括：中国共产党的历史常识和党的路线方针政策，党的性质、奋斗目标、指导思想、宗旨、组织原则、优良传统和作风，党员的条件、义务和权利，以及如何争取加入党的组织等。《意见》提出，要注重通过有关学科教学和灵活多样的方式对中学生进行普遍性教育，做好对中学生党的基本知识教育工作。

9738 | **9月1日**

国家教委、全国教育工会发布新修订的《中小学教师职业道德规范》。新《规范》的内容包括依法执教、爱岗敬业、热爱学生、严谨治学、团结协作、尊重家长、廉洁从教、为人师表等八个方面，核心是爱岗敬业、教书育人和为人师表等。

9739 | **9月3日至5日**

国家教委在山东烟台召开全国中小学生素质教育经验交流会。会议指出，各级领导要树立正确的教育观、人才观、质量观，深刻认识实施素质教育的必要性和紧迫性。各级党委和人民政府应保障教育投入，统筹协调各部门社区的教育资源支持教育改革，要通过建立正确的奖励机制、督导执法机制来推动中小学实施素质教育。家长要成为素质教育的支持者，努力配合学校促进孩子的全面健康成长。

9740 | **9月7日**

国务院办公厅印发《解决民办教师问题的通知》，要求各级地方人民政府和国务院有关部门采取有效措施，确保到20世纪末基本解决民办教师问题目标的实现，推动我国农村教育事业的发展。通知指出，统筹解决民办教师问题实行地方责任制，各有关部门要积极配合。解决民办教师问题的工作要在加强管理、提高素质、改善待遇的同时，全面贯彻实施“关、转、招、辞、退”的方针，分区规划，分步实施，逐年减少民办教师数量，力争到20世纪末基本解决民办教师问题。

9741 | 9月12日至18日

党的十五大召开。中共中央总书记江泽民在会上作题为《高举邓小平理论伟大旗帜，把建设有中国特色社会主义事业全面推向二十一世纪》的报告。江泽民指出：“展望下世纪，我们的目标是，第一个十年实现国民生产总值比二〇〇〇年翻一番，使人民的小康生活更加宽裕，形成比较完善的社会主义市场经济体制；再经过十年的努力，到建党一百年时，使国民经济更加发展，各项制度更加完善；到世纪中叶建国一百年时，基本实现现代化，建成富强民主文明的社会主义国家。”① 江泽民强调：“在把我们的事业全面推向二十一世纪的历史时刻，必须郑重指出：全党要毫不动摇地坚持党在社会主义初级阶段的基本路线，把以经济建设为中心同四项基本原则、改革开放这两个基本点统一于建设有中国特色社会主义的伟大实践。”② 江泽民指出：“发展教育和科学，是文化建设的基础工程。培养同现代化要求相适应的数以亿计高素质的劳动者和数以千万计的专门人才，发挥我国巨大人力资源的优势，关系二十一世纪社会主义事业的全局。要切实把教育摆在优先发展的战略地位。尊师重教，加强师资队伍建设。发挥各方面的积极性，大力普及九年义务教育、扫除青壮年文盲，积极发展各种形式的职业教育和成人教育，稳步发展高等教育。优化教育结构，加快高等教育管理体制改革步伐，合理配置教育资源，提高教学质量和办学效益。认真贯彻党的教育方针，重视受教育者素质的提高，培养德智体等全面发展的社会主义事业的建设者和接班人。”③

---

① 《江泽民文选》第二卷，人民出版社2006年版，第4页。
② 同上，第16页。
③ 同上，第34页。

9742 | **10月14日**

国家教委印发《关于实施〈社会力量办学条例〉若干问题的意见》。《意见》对《条例》的适用范围、教育机构的审批与备案、教育机构名称等作出具体规定。

9743 | **10月15日**

国家教委办公厅发布《中小学计算机课程指导纲要（修订稿）》。《指导纲要》把计算机课程分为可选的若干模块，提出开课年级覆盖小学、初中和高中。《指导纲要》是对中小学计算机学科教学的基本要求，是编写计算机许可教材和考试的主要依据。

9744 | **10月16日至18日**

国家教委在湖南长沙召开全国城市教育综合改革会议。会议总结十年来各地城市教育综合改革的成绩和经验，分析城市教育改革面临的机遇和挑战，明确进一步深化城市教育综合改革的思路和任务。

9745 | **10月20日**

国家教委、财政部发布《关于国家贫困地区义务教育助学金实施办法》。《实施办法》明确了资助经费的来源、资助对象和范围以及经费用途等问题。

9746 | **10月20日**

国家教委办公厅印发《关于认真贯彻落实〈国务院办公厅关于解决民办教师问题的通知〉的意见》。《意见》指出，各级教育行政部门要大力宣传党中央、国务院关于民办教师工作重要决策的意义；要从农村中小学教师队伍建设的要求和民办教师的实际出发，制定解决民办教师问题的各项具体政策，体现正确的政策导向；要采取切实有效的措施，努力提高在职民办教师的工资待遇。

9747 | **10月29日**

国家教委印发《关于当前积极推进中小学实施素质教育的若干意见》，旨在贯彻党的十五大精神，指导和推进中小学实施素质教育的工作。《意见》提出十条重要措施：加强薄弱学校建设；建立完善课程体系；建立督导评估体系；改革升学考试制度；改进学校德育工作；加强师资队伍建设；开展区域教育实验；加强教育科学研究；奖励优秀教学成果；大力调整教育结构。

9748 | **11月3日**

国家教委印发《关于调整和完善中学思想政治课教材内容的通知》。通知要求，从1998年秋季开学起，初中各年级比原计划提前一年使用依据党的十五大精神和《九年义务教育小学思想品德课和初中思想政治课课程标准（试行）》编写的新教材。通知要求，各地教育行政部门和教研部门要切实加强领导，做好落实中学思想政治课贯彻党的十五大精神，调整和完善教材的各项有关工作。

9749 | **11月6日**

国家教委发布《初中毕业生升学体育考试工作实施方案》。《方案》提出从1998年开始，初中毕业生升学体育考试作为初中毕业升学考试科目，并在全国各省、自治区、直辖市分阶段实施。实施对象包括所有参加升学（即升入普通高中、职业高中、中等专业学校和中等师范学校）考试的初中毕业生。

9750 | **11月7日**

国家税务总局、国家教委在北京联合召开将税收知识适当编入中小学教科书座谈会。会议听取了国家税务总局关于税收职能、作用及中国税收制度、征收管理情况的介绍，研讨、论证了税收知识编入中小学教科书的必要性、可行性，提出了税收知识编入中小学教科书的具体实施意见。

9751 | **11月28日**

国家教委发布《全国学生体育竞赛管理规定》，旨在加强对全国学生体育竞赛的领导和管理，提高学生体育竞赛的水平和效益，使竞赛工作逐步制度化、规范化。《规定》就竞赛项目和竞赛的申办、竞赛组织、竞赛管理、裁判员的选派和管理、资格审查、竞赛纪律及申诉、竞赛财务管理及经费支配等问题作了说明。

9752—55

9752 | 12 月 4 日

国家教委办公厅、劳动部办公厅联合印发《关于实行社会力量办学许可证制度有关问题的通知》。通知提出，按照《社会力量办学条例》第十八条规定，国家对社会力量办学实行办学许可证制度。办学许可证自 1998 年 5 月 1 日起启用。

9753 | 12 月 9 日

国家教委、共青团中央在北京联合召开全国“三好”学生、优秀学生干部、先进班集体表彰大会。178 名“三好”学生、120 名优秀学生干部和 200 个先进班集体受到表彰。国家教委副主任周远清在讲话中高度评价了获奖的青年学生和优秀班集体，希望青年学生要认真学习邓小平理论，继承中华民族的优良传统，发扬爱国主义精神，脚踏实地，发奋图强，做一个对祖国对人民有益的跨世纪人才。

9754 | 12 月 14 日

国家教委在湖北武汉召开全国学校体育、卫生、国防教育工作会议结束。会议决定从 1998 年始，初中毕业升学考试体育将在全国逐步推开。将体育列为初中毕业升学考试科目，是全面贯彻党的教育方针，促进学生积极参加体育锻炼，全面提高学生身体素质和健康水平的重要举措。1997 年 2 月 23 日，国家教委办公厅印发会议纪要。

9755 | 12 月 19 日

国家教委印发《关于进一步推进城市教育综合改革的若干意见》。《意见》明确提出，到 20 世纪末、21 世纪初城市教育综合改革的目标是：实验城市要形成统筹经济、科技、教育的领导体制，部门、行业和社会组织参与教育改革、发展及管理的良好运行机制，基本配套的劳动、人事、教育制度，初步建立起与社会主义市场经济体制相适应的城市教育体制和健全的教育体系，实现城市经济、科技、教育的持续协调发展，各级各类教育的持续协调发展。《意见》强调，各省、自治区、直辖市的领导，要按照从实际出发、分类指导、同步规划、综合配套的方针，认真调查研究，了解所辖区域内各实验城市的教育发展状况和存在的问题，提出推进教育综合改革的指导意见和工作部署，尊重实验城市的首创精神，支持实验城市的改革探索。

9756 | **12 月 25 日至 27 日**

国家教委在黑龙江哈尔滨召开全国中小学校长提高培训试点工作经验交流会。国家教委人事司有关负责人作了讲话。这次会议是全国中小学校长队伍建设和培训工作发展历程中的一次非常重要的会议。

9757 | **12 月 31 日**

国家教委办公厅印发《关于确认首批全国中小学现代教育技术实验学校的通知》，确定北京景山学校等 433 所学校为首批“全国中小学现代教育技术实验学校”。

9758 | **12 月 31 日**

国家教委发布《实行全国中小学校长持证上岗制度的规定》。《规定》提出，要做好中小学校长任免、培训、考核、奖惩等各项管理工作和校长后备人选的选拔、培养工作，将参加培训情况作为任用校长的重要条件和考核校长的重要内容。凡担任国家举办或社会力量举办的普通中小学校长职务的，必须参加岗位培训，并获得岗位培训合格证书。

1998年

改革进行时

• **重要文件**

国务院办公厅转发教育部《关于义务教育阶段办学体制改革试验工作的若干意见》

教育部《面向21世纪教育振兴行动计划》

国家教委《教师和教育工作者奖励规定》

国家教委《教育行政处罚暂行实施办法》

国家教委、公安部《流动儿童少年就学暂定办法》

国家教委《中小学德育工作规程》

教育部《关于进一步加强治理中小学乱收费工作的紧急通知》

教育部《关于加强大中城市薄弱学校建设，办好义务教育阶段每一所学校的若干意见》

教育部《关于贫困地区普及初等义务教育评估验收工作的意见》

国家教委《关于推进素质教育调整中小学教育教学内容、加强教学过程管理的意见》

教育部办公厅《关于加强普通中学劳动技术教育管理的若干意见》

• 重要政策

对作出突出贡献的教师和教育工作者给予国家级奖励

常住地与流入地人民政府共同负责流动儿童少年接受义务教育

全面规范中小学德育工作

• 重要会议

教育部召开全国教育人事工作会议

教育部、卫生部、公安部召开全国中小学生安全工作电话会议

• 改革亮点

统筹和监管办学体制改革试验。为积极、稳妥地进行义务教育办学体制改革，教育部出台若干意见，要求各级人民政府及其教育行政部门要加强对办学体制改革试验工作的统筹规划和监督管理，及时研究解决试验过程中出现的问题。

9801 | **1月4日**

云南省人民政府转发省教委《云南省中小学素质教育实施意见》。《实施意见》的主要内容是：进一步转变教育观念，全面贯彻党的教育方针；素质教育的实施目标和步骤；改革课程、教材和课堂教学；进一步推进办学体制、办学模式和学制改革；改革升学考试制度；建立素质教育督导评估制度；改革学校平时考试与测评办法；加强薄弱学校建设；建设好一支高素质的校长、教师队伍；教研、科研要为实施素质教育服务；各级人民政府要积极支持实施素质教育。

9802 | **1月8日**

国家教委发布《教师和教育工作者奖励规定》。《奖励规定》依据《教师法》制定，对长期从事教育教学、科学研究和管理、服务工作并取得显著成绩的教师和教育工作者，分别授予“全国优秀教师”和“全国优秀教育工作者”荣誉称号，发布相应的奖章和证书；对其中作出突出贡献者，由国务院教育行政部门会同国务院人事部门授予“全国模范教师”和“全国教育系统先进工作者”荣誉称号，发布相应的奖章和证书。

9803 | **1月11日至12日**

中共中央政治局常委、国务院副总理李岚清在河南视察教育工作。李岚清指出要大力推进素质教育，培养全面发展的跨世纪人才，进一步关心和改善教师住房条件，使广大教师安居乐教。李岚清到郑州市部分高校和中小学及教师家庭，看望和慰问教职员工；听取了省、市领导关于教师住房建设问题的汇报；并与20多名中小学校长和教师就素质教育问题进行了座谈。

9804 | **1月16日**

国家教委在江苏南京召开1998年度教育工作会议。国家教委主任朱开轩对1997年和五年来全国教育改革和发展的情况进行了回顾总结，并对1998年教育工作的安排和工作重点作了说明。中共国家教委党组书记、国家教委副主任陈至立作了总结讲话。会议强调，1998年教育工作要按照党的十五大确定的教育工作发展的方针，进一步加大改革的力度，加快发展的步伐，在适应社会主义市场经济和社会发展方面有新的突破。

9805 | **1月25日**

国家教委办公厅发布《关于1997年中小学健康检查评价工作的通报》，介绍各地开展学校健康教育检查的基本情况，对13个省（自治区、直辖市）中小学校健康教育进行抽查的情况进行通报，并对当前进一步加强学校健康教育工作提出针对性建议。

9806 | **2月4日**

国家教委办公厅发布《1998年度经批准的全国中小学生21项竞赛活动项目》。项目包括学科类7项：第三届华人少年作文比赛，中华第五届圣陶杯中学生作文大赛，全国推广普通话、促进语言文字规范化宣传活动及知识竞赛，1998年全国初中数学竞赛活动，1998年全国初中物理知识竞赛，1998年全国初中生化学素质和实验能力竞赛，1998年全国中学生外语口语竞赛；科技类7项；艺术类4项；其他类3项。在执行过程中，各地可结合实际决定是否组织参加各种竞赛活动，坚持学校和学生自愿参加的原则。

9807 | **2月5日**

国家教委公布第四批基本普及九年义务教育和基本扫除青壮年文盲县（市、区）名单。1997年，国家教委认定，400个县（市、区）和其他县级行政区划单位，达到现阶段普及九年义务教育和扫除青壮年文盲的各项要求。

9808 | **2月6日**

国家教委印发《关于推进素质教育调整中小学教育教学内容、加强教学过程管理的意见》。《意见》要求在不改变现行课程结构、课时、教材体系的前提下，本着有利于实施素质教育，促进学生全面发展，有利于减轻学生过重的课业负担，有利于教育教学秩序稳定的原则进行。调整后，要保证大多数学校在规定的授课时间内能较好地完成教学任务。义务教育阶段重点调整的学科，小学为语文、数学，初中为语文、数学、外语、物理、化学。对小学自然、社会和初中生物、历史、地理等学科，如有需要，也可适当调整。调整的方式有：适当删减教学内容、适当降低教学要求、将部分教学内容改为选学内容、适当缩小考试内容范围。

9809 | **3月2日**

国家教委、公安部发布《流动儿童少年就学暂定办法》。《暂定办法》指出，流动儿童少年是指6周岁至14周岁（或7周岁至15周岁），随父母或其他监护人在流入地暂时居住半年以上有学习能力的儿童少年。流动儿童少年常住户籍所在地人民政府应严格控制义务教育阶段适龄儿童少年外流。凡常住户籍所在地有监护条件的，应在常住户籍所在地接受义务教育；常住户籍所在地没有监护条件的，可在流入地接受义务教育。流入地人民政府应为流动儿童少年创造条件，提供接受义务教育的机会。流入地教育行政部门应具体承担流动儿童少年接受义务教育的管理职责。流动儿童少年就学，应保证完成其常住户籍所在地人民政府规定的义务教育年限，有条件的地方，可执行流入地人民政府的有关规定。流动儿童少年常住户籍所在地人民政府和流入地人民政府要互相配合，加强联系，共同做好流动儿童少年接受义务教育工作。

9810 | **3月5日**

九届全国人大一次会议在北京人民大会堂开幕，国务院总理李鹏作《政府工作报告》。《报告》指出，过去五年，国家优先发展教育的战略决策逐步落实，教育投入随着国家财力的增强而不断增加，社会力量办学也为发展教育事业作出了贡献。占全国人口65%的地区基本普及九年义务教育，青壮年文盲率下降到6%。《报告》强调，我国只有大力发展教育和科技事业，把经济发展切实转到依靠科技进步和提高劳动者素质的轨道上来，才能加快现代化进程，缩小与发达国家的差距。科技、教育、文化工作的根本任务，是提高全民族的思想道德素质、科学文化素质和创新能力。《报告》提出，1998年，基本普及九年义务教育的地区要增加到全国人口的72 %，再扫除350万名青壮年文盲。进一步发展和引导社会力量办学。实施全面素质教育，加强思想品德教育和美育，改革教学内容、课程体系和教学方法，以适应社会对各类人才的需要。继续改革完善教育投资体制，多渠道增加教育投入。加强教师队伍建设，提倡尊师重教，改善教师的工作和生活条件。

9811 | **3月6日**

国家教委发布《教育行政处罚暂行实施办法》，规定教育行政处罚的实施机关与管辖、处罚种类与主要违法情形、处罚程序与执行等事项。《暂行实施办法》规定，对中等学校或者其他中等教育机构及其内部人员的处罚，为省级或地、设区的市级人民政府教育行政部门；对实施初级中等以下义务教育的学校或者其他教育机构、幼儿园及其内部人员的处罚，为县、区级人民政府教育行政部门。教师有弄虚作假或以其他欺骗手段获得教师资格的；或品行不良、侮辱学生，影响恶劣的，有其中一项情形的由教育行政部门给予撤销教师资格、自撤销之日起五年内不得重新申请认定教师资格的处罚。

9812 | **3月10日**

九届全国人大一次会议第三次全体会议表决通过《国务院机构改革方案》。《方案》将国家教育委员会更名为教育部，并对其职能作出部分调整。

9813 | **3月16日**

国家教委发布《中小学德育工作规程》。《工作规程》共8章41条，就管理职责，思想品德课和思想政治课，常规教育，教师队伍建设与管理，物质保证，学校、家庭与社会等问题作了详细说明。

9814 | **3月18日**

国家教委印发《关于推行〈中小学生幼儿系列广播体操〉的通知》。通知决定自1998年5月起在全国普通中学、职业中学、中等专业学校、技工学校、小学、幼儿园推行国家教委组织创编的《中小学生幼儿系列广播体操》。

9815 | 3月20日

国家教委发布《普通中小学和中等职业学校落实〈学校体育工作条例〉检查评估细则》《普通中小学和中等职业学校落实〈学校卫生工作条例〉检查评估细则》并印发通知。通知提出，普通中小学和中等职业学校贯彻落实两个《条例》的检查评估以乡中心小学以上的完全小学、中学和中等职业学校为主要对象，其他学校是否列为检查评估对象由各省、自治区、直辖市教育行政部门自行确定。

9816 | 3月

首届中小学教育图书展在香港举办。此次展出的图书共有6000多种，有近3.6万册中小学和幼儿园教科书、教学参考书及课外读物。此次书展旨在促进内地与香港的教育交流合作，向香港中小学师生及家长介绍内地优秀教育书籍。

9817 | 4月7日

教育部办公厅印发《关于确保学生春游和其他集体活动安全的紧急通知》。通知要求各大中小学、幼儿园的领导要牢固树立“安全第一”的思想，精心组织好学生和幼儿园的春游及各项集体活动，加强各个环节的安全工作，务必做到层层落实，责任到人。通知提到凡未建立健全学校、幼儿园安全工作的检查、报告制度的地方，必须迅速建立和完善。一旦发生事故，要采取果断措施，将人员伤亡减少到最低限度，并迅速及时逐级上报，不得拖延。

9818 | 4月7日

教育部办公厅印发《关于进一步加强治理中小学乱收费工作的紧急通知》。通知要求，把治理中小学乱收费继续作为教育系统纠正行业不正之风的一项重点工作；各级地方人民政府和教育行政部门及广大中小学校领导干部要进一步统一思想，提高对治理中小学乱收费工作的认识，自觉地增强政治责任感，进一步加强中小学收费管理工作；要依法开展教育集资和征收教育费附加的工作；要坚持“省立项目、省定标准”的原则，坚决制止任何部门和单位向学校摊派行政性、事业性费用以及乱罚款和“搭车收费”，学校不得向学生强制或变相强制推销学习用品、出版物或其他物品和商品，也不得假借“勤工俭学”名义，向学生摊派钱物。

9819 | **4月10日**

教育部印发《关于中考语文考试改革试点工作的指导意见》，将江苏省苏州市、湖北省荆门市、福建省莆田市、山东省烟台市、吉林省辽源市、上海市闵兴区、北京市顺义县列为全国中考语文改革试点单位。《指导意见》对命题、审题、阅卷等方面提出了要求。

9820 | **4月12日至16日**

中共中央政治局常委、国务院副总理李岚清考察海南大学等海南省大、中、小学，察看了教师居住情况，并同教师们座谈了素质教育实施情况。

9821 | **4月13日至16日**

教育部在重庆召开全国教育人事工作会议。会议提出，1998年教育人事工作改革的重点是深化学校人事制度改革，加强高校教师队伍建设。在中小学教师队伍建设上，努力提高中小学高中级职务教师比例，并向薄弱校倾斜。

9822 | **4月21日**

教育部印发《关于贫困地区普及初等义务教育评估验收工作的意见》。《意见》重申“普初”评估验收标准，提出加强对“普初”评估验收工作的领导。

9823 | **4月28日**

教育部、卫生部、公安部在北京召开全国中小学生安全工作电话会议。会议要求各地在近期对中小学安全工作进行一次全面检查。

9824 | **5月7日**

教育部召开“国家贫困地区义务教育工程”九省（自治区）负责人座谈会。中共中央政治局常委、国务院副总理李岚清出席会议并发表讲话强调，贫困地区是实现全国义务教育目标难度最大的地区，要实现脱贫致富、振兴经济，首先要振兴教育。有关省（自治区）和部门要有历史的紧迫感，认真实施科教兴国战略，为早日实现普及义务教育的目标而努力奋斗。会上，教育部、财政部与九省（自治区）及新疆生产建设兵团签订“国家贫困地区义务教育工程”项目责任书。此后三年内，中央和地方将投入54.9亿元，在上述地区469个贫困县修建14942所小学。

9825 | **5月20日**

国务院办公厅转发财政部《关于进一步做好教育科技经费预算安排和确保教师工资按时发放的通知》并印发通知，国务院办公厅要求，各地区、各部门要高度重视，加强领导，按照有关法规努力调整好支出结构，在确保财政预算内教育和科技经费拨款的增长的同时，对预算执行中超收部分的安排，也要努力增加对教育、科技的分配比例。财政部的通知要求，各级财政部门要会同教育和科技部门加强经费使用管理工作，坚决制止挪用、挤占和浪费教育、科技经费的现象，使有限的奖金发挥应有的效益。10月7日，教育部印发通知，要求各地对教育经费的落实情况进行一次对照检查。

9826 | **5月20日**

教育部办公厅印发《关于以我国政府恢复对澳门行使主权为主题，在大中小学生中深入开展爱国主义教育活动的通知》，对各级教育行政部门和学校抓住迎接澳门回归祖国的契机开展爱国主义教育的相关工作进行了规定。通知提出，各级教育行政部门和各级各类学校要抓住迎接澳门回归祖国的契机，结合学习党的十五大精神，贯彻落实《中共中央关于进一步加强和改进学校德育工作的若干意见》，认真深入开展爱国主义教育。中小学校教育的重点是让广大学生了解澳门被侵占的历史和中国近代史、现代史及中国革命史，了解新中国社会主义建设的伟大成就和建设有中国特色社会主义的伟大意义，知道《中华人民共和国澳门特别行政区基本法》的主要精神，认识澳门回归的历史背景和意义，从而树立民族自尊心、自信心和自豪感。

9827 | **6 月 9 日**

黑龙江省九届人大常委会第三次会议通过《黑龙江省义务教育投入条例》。《条例》对义务教育经费的来源与使用、管理与监督以及相关法律责任进行了说明，于 9 月 1 日起在全省全面实施。

9828 | **6 月 10 日**

教育部办公厅印发《关于加强普通中学劳动技术教育管理的若干意见》。《意见》对劳动技术教育的组织领导、劳动技术课教师队伍的建设、劳动技术课的教学管理、劳动技术课实践基地建设和设备配置等进行了规定。《意见》提出，各级教育督导部门在进行教育督导评估时，要把劳动技术教育纳入督导评估内容的指标体系；对重视劳动技术教育并取得突出成绩的集体和个人应予表彰和奖励；要把开设劳动技术课，重视劳动技术教育，作为评选教育先进单位和先进学校的重要内容之一，并作为考核教育部门、学校、领导干部的重要内容之一。

9829 | **6 月 25 日**

国务院办公厅转发教育部《关于义务教育阶段办学体制改革试验工作的若干意见》。《意见》指出，中小学办学体制改革试验，是当前基础教育改革的一个新课题，要积极、稳妥地进行以政府办学为主、社会广泛参与、多种形式并存的基础教育办学体制改革。试验工作要有利于九年义务教育的巩固提高；有利于推进素质教育的实施；有利于加强薄弱学校的建设，缩小义务教育阶段公办学校之间在办学条件和教学水平方面的差距。在义务教育阶段必须坚持以政府办学为主；加强薄弱学校建设，努力办好每一所学校。教育行政部门要抓紧研究、统一规范“公办民助”“民办公助”等办学模式的名称、性质、标准、要求等问题，制定有关条例和管理办法。各级人民政府及其教育行政部门要加强对办学体制改革试验工作的统筹规划和监督管理，及时研究解决试验过程中出现的问题。

9830 | **8月10日**

教育部办公厅印发《关于当前加强教师队伍管理的通知》。通知要求理顺教师队伍管理体制，依法加强教师队伍管理；认真贯彻执行《教师法》和《教师资格条例》，严格按照教师资格条件聘任教师，确保教师素质；加强教师的法制教育和职业道德教育。

9831 | **8月28日至9月2日**

中共中央政治局常委、国务院总理朱镕基在东北洪涝灾区考察工作。朱镕基在考察中强调，抓好中小学教育是实施科教兴国战略的重要基础。灾区各级人民政府要采取有效措施，切实解决受灾学校的困难，保证灾区学生不停学、不辍学。

9832 | **9月10日**

教育部、人事部、中国中小学幼儿教师奖励基金会、全国教育工会在北京举行1998年庆祝教师节暨优秀教师表彰大会，表彰2797名教师。中共中央政治局常委、国务院副总理李岚清会见了参加表彰大会的全国模范教师代表并与他们座谈。李岚清代表党中央、国务院向优秀教师代表、全国教育战线的广大教师和教育工作者致以节日问候。

9833 | **10月19日**

教育部、建设部印发《关于进一步深化学校住房制度改革，加快解决教职工住房问题的若干意见》。《意见》指出，各级教育行政部门和各级各类学校要进一步深化住房制度改革，停止实物分配住房，逐步实行住房分配的货币化等改革措施，争取使解决教职工住房问题在2000年左右进入良性循环。坚持对教职工住房的建、租、售实行优先优惠政策。

9834 | **10月20日**

教育部印发《关于搞好灾区教育恢复重建工作的若干意见》，对灾后教育恢复重建的相关工作进行了要求。《意见》提出，一是要把灾后教育恢复重建工作放在突出的位置，明确目标，加强领导，各地要认真贯彻中央领导同志关于重建家园，首先是重建校园的指示精神，把灾区教育恢复重建工作放在优先的位置。二是抓好校舍恢复重建工作，统筹规划，提高质量和效益。三是坚定不移地继续做好“两基”工作，继续坚持“两基”重中之重的地位不动摇，“两基”目标不动摇。四是要解决好教师的生活问题。五是加强灾后中小学的安全卫生工作。

9835 | **10 月 30 日**

教育部发布《1999 年秋季普通中小学教学用书目录》。《目录》包括《1999 年秋季小学教学用书目录》《1999 年秋季普通初级中学教学用书目录》《1999 年秋季普通高级中学教学用书目录》《1999 年秋季普通中小学实验教材目录》，并对 1999 年中小学教材的供应和使用中应注意的问题进行了说明。

9836 | **11 月 2 日**

中共教育部党组书记、教育部部长陈至立主持召开干部会议。会议强调，实施“跨世纪素质教育工程”，提高国民素质。在 2000 年如期实现“基本普及九年义务教育，基本扫除青壮年文盲”的基础上，重点改革课程体系和评价制度，建立面向 21 世纪基础教育现代化课程体系，全面提高基础教育质量。

9837 | **11 月 2 日**

教育部印发《关于加强大中城市薄弱学校建设，办好义务教育阶段每一所学校的若干意见》。《意见》指出，加强薄弱学校的建设首先是政府的责任，教育行政部门要在各级人民政府领导下，把加强薄弱学校建设作为义务教育工作中的一项紧迫任务抓紧抓好。要建立各级领导干部联系薄弱学校的制度。联系学校的领导要深入实际，了解情况，帮助学校解决实际问题。要积极争取各方面的支持，调动和发挥各方面的积极性。要从当地教育、经济发展水平的实际出发，制定加强薄弱学校建设的规划和年度工作目标，提出加强薄弱学校建设的办法和措施，分期分批地改造薄弱学校。努力实现义务教育阶段公办学校办学条件标准化、学校管理规范化、办学特色多样化。

9838 | **12月11日**

联合国儿童基金会驻中国代表处在北京举行《1999年世界儿童状况报告（中文版）》首发式。《报告》指出，中国面向未来的政策表明，教育在继续推动市场经济改革和实现经济现代化的进程中起到特殊的作用。《报告》呼吁国际社会应高度重视儿童教育问题。

9839 | **12月16日**

王丹萍教育基金1998年优秀教师颁奖大会在北京举行。王丹萍教育基金是爱国侨胞王丹萍先生为支持中国在中小学推行素质教育，与教育部合作设立的，旨在奖励在推行素质教育工作中作出突出成绩的中小学教师。1998年，共评出优秀中小学教师各10名，每人获奖金2.5万元。

9840 | **12月24日**

教育部发布《面向21世纪教育振兴行动计划》。《行动计划》提出的主要目标是：到2000年，全国基本普及九年义务教育，基本扫除青壮年文盲，大力推进素质教育；完善职业教育培训和继续教育制度，城乡新增劳动力和在职人员能够普遍接受各种层次和形式的教育与培训；积极稳步发展高等教育，高等教育入学率达到11%左右；瞄准国家创新体系的目标，培养造就一批高水平的具有创新能力的人才；加强科学研究并使高校高新技术产业为培育经济发展新的增长点作贡献；深化改革，建立起教育新体制的基本框架，主动适应经济社会发展。到2010年，在全面实现“两基”目标的基础上，城市和经济发达地区有步骤地普及高中阶段教育，全国人口受教育年限达到发展中国家的先进水平；基本建立起终身学习体系，为国家知识创新体系以及现代化建设提供充足的人才支持和知识贡献。

9841 | **12月31日**

教育部发布《关于1998年表彰奖励“两基”“普初”工作先进县（市、区）的决定》。经各省、自治区、直辖市评选推荐，并经教育部督导团办公室审查，教育部决定，对1998年对基本普及九年义务教育、基本扫除青壮年文盲工作的 77 个先进县 (市、区) 和基本普及初等义务教育工作的 11 个先进县 (市、区) 予以表彰奖励。这些先进县（市、区）的领导认真学习和贯彻邓小平教育理论，对实施“两基”这一社会主义现代化建设的奠基工程具有强烈的责任感和紧迫感；像抓经济工作那样抓教育工作，把教育纳入当地经济和社会发展的总体规划，列入党委、政府的议事日程和
9841 各级领导的目标责任制。

1999年

改革进行时

• 重要文件

中共中央、国务院《关于深化教育改革全面推进素质教育的决定》

教育部《关于初中毕业、升学考试改革的指导意见》

教育部《关于加强教育法制建设的意见》

教育部办公厅、国家民委办公厅《关于在全国中小学开展民族团结教育活动的通知》

教育部《关于加强中小学心理健康教育的若干意见》

教育部《中小学校长培训规定》

教育部《中小学教师继续教育规定》

教育部《关于加强教育督导与评估工作的意见》

教育部《关于进一步加强中小学教育技术装备工作的意见》

教育部《中小学接受外国学生管理暂行办法》

国家体育总局、教育部《少年儿童体育学校管理办法》

· 重要政策

全面推进素质教育

实施《面向21世纪教育振兴行动计划》

重点深化教育体制和结构改革

进一步增强地方教育行政部门管理职能

扩大开展中小学民族团结教育活动试点

推行初中毕业、升学考试改革

加强中小学心理健康教育

加强中小学教育技术装备管理工作

· 重要会议

中共中央、国务院召开全国教育工作会议

教育部召开全国基础教育工作研讨会

教育部召开全国中小学教师继续教育和校长培训工作会议

教育部召开中小学信息技术教育研讨会

· 改革亮点

深化改革，全面推进素质教育。为了培养适应21世纪现代化建设需要的社会主义新人，国家决定通过深化教育改革、优化教师队伍结构等措施全面推进素质教育。该决定是党中央和国务院为加快实施科教兴国战略作出的又一重大决策。

9901 | **1月8日**

教育部公布第五批基本普及九年义务教育和基本扫除青壮年文盲县（市、区）名单。1998年，教育部认定，322个县（市、区）和38个其他县级行政区划单位，达到现阶段基本普及九年义务教育和基本扫除青壮年文盲的各项要求。

9902 | **1月11日至12日**

教育部在北京召开1999年度教育工作会议。教育部部长陈至立作工作报告。会议回顾了1998年的教育工作，交流了各地的情况与经验，分析研究了当前教育所面临的形势与任务，部署了教育战线1999年的重点工作。会议指出，1999年以"两基"为重点，大力加强素质教育，培养适应现代化教育需要的高素质教师队伍，努力提高全民受教育的水平和劳动者素质。

9903 | **1月13日**

据《中国教育报》报道，北京市教委召开扩大推广马芯兰教改经验实验中期总结会，提出要以深化课堂教学改革、推进素质教育为目标，以教育科研为导向，牢牢抓住三支队伍（教研人员、教学干部、实验教师），加强对实验过程的管理和控制，强化质量意识，注重发挥实验的整体效益，确保推广实验取得实效。

9904 | **1月15日**

教育部办公厅发布《中小学生竞赛活动管理若干规定》，旨在对中小学生竞赛活动进行管理，对中小学生竞赛活动予以规范和引导。《规定》提出，自1999年起，教育部不再审批和公布全国性或跨省、自治区、直辖市中小学生数学、物理、化学、生物、外语等学科及读书、征文等竞赛活动项目。在省、自治区、直辖市范围内举办各类竞赛活动，须经省、自治区、直辖市教育行政部门审核批准；跨省举办的各类竞赛活动，须经所涉及的有关省、自治区、直辖市教育行政部门批准或同意。

9905 | **1月18日**

中央综治委在北京召开1999年第一次会议。会议提出，青少年犯罪仍是影响社会治安的一个突出问题。

9906 | **2月4日**

国家体育总局、教育部发布《少年儿童体育学校管理办法》。《管理办法》对体育学校的性质、主要任务、开设条件与审批程序、招生与学籍、思想品德与文化教育、体验训练与竞赛、教师与教练员以及保障条件等作了规定。

9907 | **2月13日**

教育部办公厅、国家民委办公厅印发《关于在全国中小学开展民族团结教育活动的通知》。通知提出，针对学生年龄和认知特点，在小学阶段开设民族常识活动课，重点是学习和了解我国各民族的基本状况；在初中阶段开设民族政策常识课，重点是通过对马克思主义民族、宗教理论和党的民族、宗教政策的学习，在思想和行为上具备正确贯彻党的民族、宗教政策的基本素质。中小学的民族团结教育，采取课外活动的形式进行。在课外活动中，利用团队、班会以及歌舞表演，民族知识演讲、绘画，民族团结故事会、讲座等形式开展，寓民族团结教育于丰富多彩的活动之中。同时，民族团结教育要与中小学的艺术教育和素质教育紧密结合起来。

9908 | **2月22日**

中共中央政治局常委、国务院副总理李岚清视察中国科技馆，指出科技场馆要成为青少年课外科技教育的阵地。

9909 | **2月24日**

教育部印发《关于学习、宣传和全面贯彻〈面向21世纪教育振兴行动计划〉的通知》。通知指出，学习、宣传和贯彻《行动计划》，要加深对其意义的认识，要贯彻“全面规划，突出重点，抓住关键，重在落实”的原则，要从各地经济、社会和教育事业的实际出发，要依靠教育界和社会各界的通力合作。

9910 | 3月1日

《中国教育报》刊发《振兴教育事业，实施科教兴国战略》一文。文章指出，到2010年，全国95%以上人口所在的地区将普及九年义务教育和扫除青壮年文盲，城镇和发达地区有步骤地普及高中阶段教育，全国人口平均受教育年限达到发展中国家先进水平。

9911 | 3月5日

九届全国人大二次会议在北京人民大会堂开幕，国务院总理朱镕基作《政府工作报告》。《报告》指出，1998年各级各类教育进一步发展。全国基本普及九年义务教育和基本扫除青壮年文盲的工作达到了年度目标，中等职业教育有了进一步发展。《报告》强调，实施科教兴国战略，是实现经济振兴和国家现代化的根本大计，也是本届政府极其重要的任务。科教兴国，基础在教育。要继续把教育放在优先发展的战略地位。1999年，要使全国80%以上的人口地区普及九年义务教育，扫除青壮年文盲300万人左右；积极发展各种形式的职业教育和成人教育；大力推进素质教育，注重创新精神和实践能力的培养，使学生在德、智、体、美等方面全面发展。依法增加政府对教育的投入，充分利用教育资源，注重提高办学效益。振兴教育事业，一要加大改革力度。继续积极改革教育思想、体制、内容和方法。深化各类学校管理体制的改革。积极探索发展民办教育的机制。二要更加重视质量。全面提高各级各类学校的教育质量，特别是中小学阶段的教育质量。严格教师标准，努力提高教师队伍的政治素质和业务水平，继续改善教师的工作和生活条件。三要更加重视思想政治和品德教育。坚持用马克思列宁主义、毛泽东思想特别是邓小平理论教育学生，使他们树立坚定的社会主义理想和信念，努力提高一代新人的全面素质。

9912 | 3月18日

教育部有关司局召开减轻中小学生过重负担座谈会。来自北京市部分中小学的校长、教师、学生家长及教育行政部门的领导出席了座谈会。

9913 | **3月18日**

教育部、文化部、国家广电总局发布《关于表彰全国中小学生影视教育工作先进集体和先进工作者的决定》，表彰25个全国中小学生影视教育工作先进集体和25名全国中小学影视教育先进工作者。

9914 | **3月31日**

中共中央政治局常委、国务院副总理李岚清出席幼儿教育和青少年营养健康问题座谈会并讲话指出，幼儿教育和青少年营养健康问题是关系贯彻党的教育方针，培养德、智、体、美等方面全面发展的建设者和接班人的重大根本性问题，各级人民政府、有关部门、学校和家长都要予以高度重视，采取有力措施，共同把这项工作做好。

9915 | **3月31日**

据《中国教育报》报道，1996年开始，吉林省长春市对中小学沿袭多年传统的学校内部管理体制进行了重大改革。改革的主要内容是实行“四定”“四制”。“四定”是定规模、定编制、定岗位、定工作量；在“四定”基础上实行“四制”，即校长负责制、岗位责任制、教职工聘任制和职务等级工资制。这两项改革，一是打破了“铁饭碗”，使教师有了危机感和压力；二是打破了平均主义“大锅饭”。同时，各校还把部分创收资金用于奖励教师，根据对教职工的考核，设立优秀班主任奖、教学成果奖、学习管理奖等，实行优质优酬。

9916 | **4月7日**

教育部印发《关于加强学校基建项目工程质量和安全管理以及开展质量和安全工作检查的通知》。通知提出，各级各类学校校舍建设质量是一件关系师生生命安全的大事，直接影响到民心安定、社会稳定。责任重于泰山，各级教育主管部门及学校领导要以对党对人民高度负责的态度，把学校建设工程质量摆在突出位置，坚决克服麻痹松懈思想，强化工程质量检查工作领导责任制，层层抓落实。要迅速组织力量在有关部门的配合下对建设项目的工程质量进行全面检查。

9917 | **4月17日至18日**

教育部、国家民委在天津召开全国中小学民族团结教育经验交流暨工作安排会议。会议提出，将扩大开展中小学民族团结教育活动的试点工作推向深入。

9918 | **4月19日**

据《中国教育报》报道，河北省召开现场会提出积极稳步在全省推进校务公开制度。河北省此次推进校务公开一切从“永久”着眼，从机制和制度着手。目前，全省100多个县成立了校务公开领导小组，在5万多所中小学中，已有3万多所中小学建立了校务公开栏。校务公开的内容大致为各地学生及家长迫切关心的问题及社会热点问题，如学校收费、财务收支、招生情况、学校领导班子住房、教师晋职晋升情况等重大决策及实施情况等。

9919 | **4月21日至24日**

中共中央政治局常委、国务院副总理李岚清在吉林、辽宁考察教育、科技体制改革等工作，强调要全面推进素质教育，深入进行教育改革，培养大批适应21世纪需要的全面发展的高素质人才。

9920 | **4月22日至25日**

教育部在北京召开全国基础教育工作研讨会。会议总结了近两年全面实施素质教育的工作情况，交流了各地推进基础教育改革与发展的经验，研究了基础教育如何进一步落实《面向21世纪教育振兴行动计划》。

9921 | **4月23日至25日**

全国学生体质健康监测网络工作研讨会在辽宁沈阳举行。会议宣布，教育部将建立全国学生体质健康监测网络，对学生体质状况进行经常性监测。7月1日，教育部办公厅印发《全国学生体质健康监测网络工作方案（试行）》。

9922 | **4月25日**

教育部、共青团中央发布《关于表彰“全国三好学生”、“全国优秀学生干部”和“全国先进班集体”及其标兵的决定》。5月3日，教育部、共青团中央在北京联合召开全国“三好”学生、优秀学生干部和先进集体表彰座谈会。教育部部长陈至立出席会议并讲话，勉励同学们再接再厉，戒骄戒躁，学业有成，事业有成，不断取得新成就，早日成为社会主义建设事业的栋梁之材。

9923 | **4月26日**

中国教育工会和中国中小学幼儿教师奖励基金会在北京召开全国普教系统老有所为先进工作者表彰会。来自24个省、自治区、直辖市的83位离退休教育工作者受到表彰。中国中小学幼儿教师奖励基金会理事长钱正英出席表彰会，教育部部长陈至立向表彰会发来贺信。

9924 | **4月27日**

教育部印发《关于初中毕业、升学考试改革的指导意见》。《指导意见》对初中毕业、升学考试改革的指导思想，初中毕业、升学考试改革的重点，切实加强对初中毕业、升学考试改革工作的领导等方面进行了明确规定。《指导意见》要求，初中毕业、升学考试改革的重点，一是考试内容改革；二是完善与考试改革相应的管理体制。

9925 | **5月4日**

教育部办公厅印发《关于开展学生营养宣传教育活动的通知》。通知要求各小学、初中学校要安排一节专题讲解营养科学知识的健康教育课，出一期介绍营养科普知识的板报、墙报。教育行政部门和学校要利用学生课余时间，因地制宜地组织开展形式多样的大型宣传教育活动，向社会各界广泛宣传学生营养工作的意义，普及营养科学知识，以唤起全社会对学生营养工作的重视和支持。

9926 | **5月13日**

教育部、公安部印发《关于下放中小学生赴境外夏（冬）令营等活动审批权限的通知》。通知指出，中小学校组织赴境外夏（冬）令营活动，改由各省、自治区、直辖市教委（教育厅）负责审批，并将批件抄报教育部国际合作与交流司和公安部出入境管理局备案。原则上不允许跨省、自治区、直辖市组织中小学生赴境外参加夏（冬）令营等活动。

9927 | **5月24日**

据《中国教育报》报道，北京市教委、市人事局、市财政局和市编办联合印发《北京市中小学校长职级制试点工作的意见》，决定在全市有条件的区（县）进行中小学校长职级制的试点。《意见》提出，北京市中小学校长职务等级分为五级十等。依据校长职级评定结果，按照干部管理权限的规定，由主管部门对校长实施聘任并发布聘书。

9928 | **5月25日**

由著名美籍华人陈香梅女士捐资，中国中小学幼儿教师奖励基金会设立的“陈香梅教育基金首届优秀教师奖”颁奖仪式在北京举行。212名来自全国各地的教师获奖。

9929 | **6月7日**

劳动和社会保障部、教育部、人事部、国家计委、国家经贸委、国家工商总局印发《关于积极推进劳动预备制度加快提高劳动者素质的意见》。《意见》对普遍建立和实行劳动预备制度、全面开展职业培训和教育、严格实行就业准入控制、采取积极的扶持政策等工作进行了明确规定。6月27日，国务院办公厅转发《关于积极推进劳动预备制度加快提高劳动者素质的意见》。

9930 | **6月10日**

教育部办公厅印发《关于假期、公休日学校体育场地向学生开放的通知》。通知决定，自1999年暑假始，各级各类学校在寒、暑假和公休日期间，体育场地、设施均向学生开放。通知要求，各地教育行政部门根据本地实际情况，尽快制定相应的管理办法；各学校要制定相应的实施办法，并教育学生认真遵守，避免出现意外事故。

9931 | **6月11日**

“争当美丽家园小主人——全国亿万中小学生保护资源教育与实践活动”在北京正式启动。全国人大常委会委员长李鹏为活动题词：“从小树立环境与资源意识，长大担负历史重任。”

9932 | **6月13日**

中共中央、国务院发布《关于深化教育改革全面推进素质教育的决定》。《决定》指出，全面推进素质教育，是党中央和国务院为加快实施科教兴国战略作出的又一重大决策，各级党委和人民政府要结合本地实际情况，创造性地把素质教育落到实处，在以江泽民同志为核心的党中央的领导下，高举邓小平理论伟大旗帜，为实现社会主义现代化建设宏伟目标和中华民族伟大复兴作出更大的贡献。《决定》提出，要全面推进素质教育，培养适应21世纪现代化建设需要的社会主义新人；要深化教育改革，为实施素质教育创造条件；要优化结构，建设全面推进素质教育的高质量的教师队伍；要加强领导，全党、全社会共同努力开创素质教育的新局面。

9933 | **6月15日至18日**

中共中央、国务院在北京召开全国教育工作会议。会议的主题是：动员全党同志和全国人民，以提高民族素质和创新能力为重点，深化教育体制和结构改革，全面推进素质教育，振兴教育事业，实施科教兴国战略，为实现党的十五大确定的社会主义现代化建设宏伟目标而奋斗。

9934 | **6月22日**

教育部印发《关于学习贯彻全国教育工作会议精神和〈中共中央、国务院关于深化教育改革全面推进素质教育的决定〉的通知》。通知要求，各级教育行政部门、各级各类学校要在当地党委、人民政府的领导下，组织广大师生认真学习贯彻全国教育工作会议精神；要把全面推进素质教育作为今后教育的一项重要任务；要进一步解放思想，抓住机遇，以改革的精神创造性地开展工作，认真落实全国教育工作会议提出的各项改革任务。

9935 | **6月28日**

九届全国人大常委会第十次会议通过《中华人民共和国预防未成年人犯罪法》。制定《预防未成年人犯罪法》旨在保障未成年人身心健康，培养未成年人良好品行，有效地预防未成年人犯罪。《预防未成年人犯罪法》包括总则、预防未成年人犯罪的教育、对未成年人不良行为的预防、对未成年人严重不良行为的矫治、未成年人对犯罪的自我防范、对未成年人重新犯罪的预防、法律责任和附则等共八章内容。7 月 13 日，全国人大内务司法委员会在北京召开学习贯彻《预防未成年人犯罪法》座谈会。会议强调，各级教育部门和学校要承担起预防未成年人犯罪的重要责任。

9936 | **6 月 29 日**

教育部印发《关于做好落实“收支两条线”规定工作的通知》。通知要求各级教育行政部门、各级各类学校必须充分认识并深刻理解实行“收支两条线”管理的重要意义和作用，从大局出发，以高度的责任心和紧迫感，坚决执行中央规定，并增强执行规定的自觉性。同时要把落实“收支两条线”的规定与规范预算外教育资金的管理相结合，进一步完善内部制度，提高教育经费的使用效益。

9937 | **7 月 1 日**

教育部办公厅发布《全国学生体质健康监测网络工作方案（试行）》。《方案》决定建立与五年一次的大规模学生体质健康调研相衔接的全国学生体质健康监测网络，对学生体质健康状况进行经常性监测。

9938 | **7 月 13 日**

教育部印发《关于坚持标准，保质保量推进“两基”工作的通知》。通知要求，继续坚持“积极进取、实事求是”的原则，打好“两基”攻坚战，确保 2000 年按规划、按标准实现“两基”目标；要强化政府责任，采取有效措施，认真解决当前“两基”工作中存在的薄弱环节；未雨绸缪，注意解决初中学龄人口高峰问题；认真抓好“两基”达标后的巩固与提高工作，不断提高“两基”整体水平；加大督导检查力度，确保“两基”验收实事求是，不走过场，不搞花架子，坚决反对弄虚作假。

9939 | **7月19日**

教育部印发《关于贯彻落实全面推进素质教育决定进一步加快中初等学校校办产业发展的若干意见》。《意见》指出，校办产业是具有中国特色社会主义教育体系的重要组成部分。校办产业是多渠道筹措教育经费，加快发展我国基础教育事业的重要举措。各级教育行政部门要解放思想，转变观念，确立以素质教育为中心发展校办产业的指导思想。校办产业必须进一步强化服务教育的意识，努力为全面推进素质教育创造条件；加快校办产业发展，不断提高服务素质教育的水平和质量；深化改革，增强活力，建立健全与社会主义市场经济体制相适应并为素质教育服务的校办产业运行机制和管理体制；切实加强对校办产业工作的领导和管理。

9940 | **7月21日**

教育部发布《中小学接受外国学生管理暂行办法》。《暂行办法》规定，中小学获得接受外国学生的资格后可接受适龄外国学生入校学习。申请接受外国学生资格的中小学应具有较好的教学条件及较高的教学水平和管理水平。具有接受外国学生资格的中小学一般应接受随父母在华常住的外国学生；如接受父母不在华常住的外国学生，须由外国学生的父母正式委托在华常住的外国人或中国人作为外国学生的监护人。外国学生一般应与其父母或监护人一起居住；有条件的学校经批准后可向外国学生提供校内宿舍。中小学应按学籍管理规定管理外国学生，教育他们遵守中国的法律和学校的校规、校纪。除安排必要的汉语补习外，一般不为外国学生单独编班。学校可按课程方案的要求组织其参加公益劳动等社会实践活动。外国学生免修思想品德课和思想政治课。外国学生完成各科学业，考试合格，由接受学校发给毕业证书；未按计划完成全部学业者，学校可发给写实性学习证明。

9941 | **8月12日**

教育部印发《关于进一步加强中小学教育技术装备工作的意见》。《意见》要求，教育技术装备工作要以推进素质教育和教育现代化为中心开展工作，加强实践教学，为深化教育改革，全面提高教育质量服务；进一步加大投入，确保教育技术装备经费的逐年增长和使用效益。在提高教育投入总量的基础上，应同时加大教育装备经费的投入，并相对集中，统一管理、使用；改革教育图书配备管理工作；加强学具管理工作。

9942 | **8月13日**

教育部印发《关于加强中小学心理健康教育的若干意见》。《意见》就中小学开展心理健康教育的重要性、基本原则、主要任务和实施途径以及实施心理健康教育的组织领导、师资队伍建设等问题提出指导性建议。《意见》指出，中小学心理健康教育，是一项科学性、实践性很强的教育工作，应根据学生心理发展特点和身心发展的规律，有针对性地实施教育。要面向全体学生，普遍开展教育活动，使学生对心理健康教育有积极的认识，使其心理素质逐步得到提高。要关注个别差异，根据不同学生的不同需要开展多种形式的教育和辅导，提高他们的心理健康水平。要以学生为主体，充分启发和调动学生的积极性。要把教师在心理健康教育中的科学辅导与学生对心理健康教育的主动参与有机结合起来。

9943 | **8月20日**

教育部印发《关于加强教育督导与评估工作的意见》，以指导各地开展教育督导工作。《意见》指出，建立和完善教育督导与评估制度，一是建立和完善“两基”督导检查和巩固提高复查制度；二是建立全面推进素质教育的督导评估制度，着重检查地方人民政府推进素质教育工作是否扎实而有效；三是建立对地方教育行政工作的督导检查制度。

9944 | **9月13日**

教育部发布《中小学教师继续教育规定》。《规定》对中小学教师继续教育的内容与类别、组织管理、条件保障等内容进行了详细说明。

9945 | **9月14日至16日**

教育部在上海举行全国中小学教师继续教育和校长培训工作会议。教育部部长陈至立在闭幕式上作总结报告，并就贯彻落实会议提出几点要求：一是把贯彻落实会议精神作为贯彻落实全国教育工作会议精神的一项重要内容；二是把贯彻落实会议精神作为我国中小学教师队伍建设的一项战略措施和巨大推动力；三是按照素质教育的要求，加强中小学校长队伍建设；四是贯彻落实会议精神，要采取切实有力的措施；五是在整个教育战线形成全面推进中小学教师继续教育和中小学校长培训的广泛共识和共同行动。

9946 | **9月24日**

教育部、卫生部、国家药监局印发《关于进一步加强学生常见病防治工作管理的通知》。为加强对学生常见病防治工作的管理，以促进学生健康成长，通知要求各级各类学校按规定组织学生健康检查。任何单位和个人未经批准不得擅自组织学生进行群体性服药，学生常见病防治工作应纳入地方政府疾病防治的统一规划，并统一管理和实施。

9947 | **10月11日**

共青团中央印发《关于创建优秀“青少年维权岗”活动中开展青少年自我保护教育工作的意见》。为深化创建优秀“青少年维权岗”活动，增强青少年的自我保护意识和能力，培养跨世纪合格的建设者和接班人，共青团中央、中央综治办决定在创建优秀“青少年维权岗”活动中加强青少年自我保护教育工作。《意见》对开展青少年自我保护教育工作的目的和意义、内容与方式、措施和要求进行了明确的规定。

9948 | **10月13日**

中共中央政治局常委、国家副主席胡锦涛在北京人民大会堂亲切会见了参加纪念中国少年先锋队成立50周年座谈会的代表并讲话指出，今天的少年儿童，明天将成为社会的栋梁。国家和民族的希望寄托在少年儿童身上。

9949 | **10月15日**

教育部办公厅印发《关于在民族贫困地区开展“中小学教师综合素质培训”工作的通知》。通知指出，为推进民族贫困地区普及九年义务教育的进程，提高民族贫困地区中小学教师的综合素质，全面实施素质教育，教育部决定由民族司、人事司、师范司、督导办以及中央教育科学研究院共同负责实施在民族贫困地区开展中小学教师综合素质培训工作。通知要求各地根据21世纪民族贫困地区中小学教师综合素质培训计划，抓紧制定省（自治区）中小学教师综合素质培训项目规划和实施方案。

9950 | **10月20日**

国务院总理朱镕基在北京交通大学第二附属中学的学生们提出环保倡议“从小事做起，从现在做起”的来信上批示：“初二学生如此关心环保，情真意切，令人感动，实令我等长辈惭愧”。朱镕基希望新闻媒体单位予以报道，以促进全国人民提高环保意识。

9951 | **12月2日**

教育部印发《关于加强教育法制建设的意见》。《意见》指出，依法治国，建设社会主义法治国家，是党的十五大和宪法确立的党领导人民治理国家的基本方略。为加强教育法制建设，全面推进依法治教，提出以下意见：进一步认识依法治教的重要性和必要性；进一步明确加强教育法制建设的目标；完善和加快教育立法；严格做到依法行政；积极推进依法治校；完善教育行政执法监督机制；加强教育普法工作，为依法治教创造良好环境；加强教育法制工作机构和教育行政执法队伍建设；切实重视和加强对教育法制建设的领导。12月7日至8日，全国人大教科文卫委员会和教育部在北京召开全国教育法制工作会议。会议指出，教育法制体系逐步建立，为落实教育优先发展的战略地位提供了强有力的法律保障。

9952 | **12月3日**

教育部召开中小学信息技术教育研讨会。会议披露，从2001年开始，中小学将逐步全面开设信息技术必修课。

9953 | **12月6日**

教育部在北京召开2000年度教育工作会议。教育部部长陈至立在会上讲话，强调教育战线2000年的中心工作是继续认真贯彻党中央、国务院召开的全国教育工作会议精神，全面落实《中共中央、国务院关于深化教育改革全面推进素质教育的决定》和《面向21世纪教育振兴行动计划》，扎扎实实把教育改革和发展的各项工作推向深入。

9954 | **12 月 14 日**

教育部印发《关于加强中小学校舍危房修缮和改造的紧急通知》。通知指出，各地必须高度重视中小学危房改造工作；各地要立即组织力量，对中小学校舍进行一次彻底排查；危房修缮和改造所需资金，要坚持以财政拨款为主，实行多种渠道筹集。

9955 | **12 月 15 日**

教育部印发《关于高等学校国家重点实验室和教育部重点实验室向中小学生开放的意见》。《意见》提出，为全面实施素质教育，加强对学生创新精神和实践能力的培养，从 2000 年秋季起，高等学校的国家重点实验室和教育部重点实验室要逐步向中小学生开放。

9956 | **12 月 18 日**

司法部发布《未成年犯管教所管理规定》。《规定》对未成年犯管教所的管理制度、教育改造、生活卫生、考核奖惩等作出说明。

9957 | **12 月 27 日**

教育部在北京召开中小学信息技术课程建设座谈会，邀请信息技术教育方面的院士、教授和专家，就我国中小学信息技术课程建设和加快中小学信息技术教育发展等问题进行座谈。

9958 | **12 月 30 日**

教育部发布《中小学校长培训规定》。《培训规定》指出，参加培训是中小学校长的权利和义务，新任校长必须取得任职资格培训合格证书，持证上岗。在职校长每五年必须接受一次国家规定时数的提高培训，并取得提高培训合格证书，作为继续任职的必备条件。《培训规定》还明确规定中小学校长培训的内容与形式、组织与管理、培训责任等内容。

2000年

改革进行时

·重要文件

中共中央办公厅、国务院办公厅《关于适应新形势进一步加强和改进中小学德育工作的意见》

中共中央办公厅、国务院办公厅《关于加强青少年学生活动场所建设和管理工作的通知》

教育部《〈教师资格条例〉实施办法》

教育部《关于加强中小学教师职业道德建设的若干意见》

教育部《中小学教师继续教育工程方案（1999—2002年）》

中组部、中共教育部党组《关于加强社会力量举办学校党的建设工作的意见》

教育部《中小学信息技术课程指导纲要（试行）》

教育部办公厅《关于全国中小学收费专项治理工作实施意见》

中央综治委、教育部、公安部《关于深化学校治安综合治理工作的意见》

科技部、教育部、中宣部、共青团中央、中国科协《2001—2005年中国青少年科学技术普及活动指导纲要》

• 重要政策

实行减轻学生过重负担的领导责任制

在社会力量举办学校建立党组织

加强中小学教师职业道德建设

中小学普及信息技术教育

深化学校治安综合治理

• 重要会议

教育部召开全国基础教育工作会议

教育部召开减轻中小学生过重负担工作电视会议

教育部召开全国中小学德育工作会议

• 改革亮点

实现基本普及九年义务教育目标。自 1986 年实施《义务教育法》以来，我国始终坚持将“普九”工作作为教育工作的“重中之重”，并制定系列重大方针和政策大力推进“普九”目标的实现。经过 15 年的艰苦努力，在跨世纪的历史关头，国家实现了“普九”目标。

0001 | **1月3日**

教育部印发《关于在小学减轻学生过重负担的紧急通知》。通知要求，各级教育行政部门、学校应当首先把小学生过重的负担减下来；实行减轻学生过重负担的领导责任制，把切实减轻学生过重负担作为考核教育行政部门领导、教研部门领导、校长工作实绩的重要内容；地方各级教育行政部门及教育督导机构要完善减轻学生过重负担的专项督导机制，对本地存在的突出问题进行督导检查；做好减轻中小学生课业负担宣传工作，使广大学生家长了解减负的内容，理解支持减负工作，并使更多的学生家长参与监督，全社会互相配合，形成合力。

0002 | **1月7日**

教育部在北京召开减轻中小学生过重负担工作电视会议。教育部部长陈至立在会上讲话要求，各级教育行政部门和学校要切实转变教育观念，树立全面实施素质教育的思想；有关部门要在政府的统一领导下，密切配合，齐抓共管，从实际出发，分阶段、有重点地推进减轻中小学生过重负担的工作，并首先以减轻小学生过重负担为突破口；各地要不断完善"减负"管理工作，加强领导和监督，严肃查处加重学生负担的违法违纪行为。

0003 | **1月12日**

教育部印发《关于做好中小学骨干教师国家级培训工作的通知》。通知提出，集中一批教育资源，对部分优秀的中小学骨干教师进行国家级培训；地方各级人民政府也要多渠道筹资设立骨干教师专项资金，加大对中小学骨干教师培训的步伐和力度，在全国逐步建设一支符合时代要求、能发挥示范和辐射作用的骨干教师队伍，带动整个中小学教师队伍建设。

0004 | **1月24日**

教育部在北京举行现代远程教育工程项目——"明天女教师培训计划"首期培训班结业典礼。教育部部长陈至立出席结业典礼并讲话，教育部副部长韦钰为参加首期培训的60名广西壮族自治区贫困县、乡（镇）中小学女教师发布学业证书。

0005 | 2月1日

中共中央总书记江泽民在中共中央政治局常务委员会会议上讲话指出："教育是一个系统工程，要不断提高教育质量和教育水平，不仅要加强对学生的文化知识教育，而且要切实加强对学生思想政治教育、品德教育、纪律教育、法制教育。老师作为人类灵魂的工程师，不仅要教好书，还要育好人，各个方面都要为人师表。加强和改进教育工作，不只是学校和教育部门的事，家庭、社会各个方面都要一起来关心和支持。只有加强综合管理，多管齐下，形成一种有利于青少年学生身心健康发展的社会环境，年青一代才能茁壮成才起来。"①2月12日，《人民日报》发表《全社会都要关心支持教育事业》的评论员文章。2月14日，教育部印发《关于认真学习人民日报评论员文章〈全社会都要关心支持教育事业〉的通知》，要求各地教育行政部门、各级各类学校组织干部、校长、教师认真学习，端正教育方向，明确教育思想，切实改进和加强教育工作。3月1日，《人民日报》《求是》《光明日报》全文发表了江泽民总书记2月1日的讲话，题为《关于教育问题的谈话》。同日，教育部印发《关于学习贯彻江泽民总书记〈关于教育问题的谈话〉的通知》。3月2日，教育部在北京召开学习贯彻江泽民同志《关于教育问题的谈话》报告会，中共中央政治局常委、国务院副总理李岚清作了题为《加强和改进教育工作开创全社会关心青少年健康成长新局面》的报告。6月26日，教育部办公厅印发《关于在暑假期间组织中小学干部、教师开展进一步学习贯彻江泽民同志〈关于教育问题的谈话〉活动的通知》，要求各级教育行政部门、普通中小学、各类中等职业学校及幼儿园（包括民办学校）的教师在2000年暑假进行大学习、大讨论和大落实的活动。

0006 | 2月13日

教育部办公厅印发《关于开展全国农村学校艺术教育实验工作的通

① 《江泽民文选》第二卷，人民出版社2006年版，第588页。

知》。通知指出，针对我国农村学校艺术教育发展的薄弱状况，教育部在全国不同地区选择58个县（市、区、旗），作为实验单位，到2004年通过5年的实验，在农村学校艺术教育观念、教育管理、教学内容和形式、师资培养和培训以及教学评价等方面，总结、探索出一些比较适应社会与教育改革发展需要的我国农村学校艺术教育的规律和途径。

0007 | **2月16日**

教育部和人民日报社、光明日报社在北京举行加强和改进教育工作切实抓好青少年学生思想教育座谈会。教育部部长陈至立主持座谈会并在讲话中强调，要狠抓树立正确的教育思想、教育观念，认真全面贯彻党的教育方针；要狠抓德育工作；要深化改革，全面推进素质教育；要狠抓教师队伍建设，特别是狠抓师德建设；要狠抓全面减轻学生过重课业负担工作；要狠抓治理教育战线不正之风。

0008 | **3月3日**

司法部、教育部、中央综治办、共青团中央印发《关于进一步加强青少年学生法制宣传教育工作的通知》。通知提出，继续提高对青少年学生法制教育工作的认识，不断加大工作力度；探索有效的教育方法，健全青少年学生法制教育网络；切实开展依法治校工作，把学校各项工作逐步纳入法治轨道；加强组织领导，搞好协调配合。

0009 | **3月5日**

九届全国人大三次会议在北京人民大会堂开幕，国务院总理朱镕基作《政府工作报告》。《报告》回顾1999年国内工作时指出，科技教育和社会事业全面发展。基本普及九年义务教育和基本扫除青壮年文盲的工作取得重要进展。教育改革迈出新的步伐，素质教育逐步推进。《报告》强调，2000年是世纪交替之年，是全面实现我国社会主义现代化建设第二步战略目标的最后一年。要深化教育改革，全面推进素质教育。各级各类学校都要加强德育工作，努力培养学生的创新精神和实践能力，切实减轻中小学生过重的课业负担，促进学生德、智、体、美全面发展。要加大工作力度，如期实现基本普及九年义务教育和基本扫除青壮年文盲工作的目标。积极发展民办教育。运用现代信息技术，发展远程教育。继续推进教育管理体制改革，今后除教育部和少数特殊部门外，国务院其他部门不再直接管理学校，形成中央和省两级人民政府办学、以地方人民政府管理为主的新体制。深化学校内部管理体制改革，高度重视学校思想政治工作。加强教师队伍建设，全面提高教师素质。加大各方面对贫困地区教育对口支援的力度。

0010 | **3月6日**

教育部发布《中小学教师继续教育工程方案（1999—2002年）》《关于实施“中小学教师继续教育工程”的意见》。《方案》指出，中小学教师继续教育工程面向全体中小学教师，突出骨干教师培养，以提高教师实施素质教育的能力和水平为重点，以提高中小学教师的整体素质为目的。《方案》对工程目标、行动计划、基础建设项目、条件保障等问题作了说明。《意见》强调，努力开创中小学教师继续教育新局面，培养实施素质教育的高质量中小学教师；为顺利实施“工程”提供坚实的条件保障；要在整个教育战线形成全面推进中小学教师继续教育的广泛共识和共同行动。

0011 | **3月8日**

教育部、新闻出版署印发《对贫困地区中小学供应黑白版教科书的通知》，决定在国家级592个贫困县和各地的省级贫困县以及尚未普及九年义务教育的地区，为中小学生提供黑白版教科书，其他农村地区选用黑白版教科书，也应保证供应。

0012 | **3月14日**

教育部公布第六批基本普及九年义务教育和基本扫除青壮年文盲县（市、区）名单。1999年，教育部认定，188个县（市、区，含28个其他县级行政区划单位），达到现阶段普及九年义务教育和基本扫除青壮年文盲的各项要求。

0013 | **3 月 14 日**

教育部发布义务教育阶段语文、数学、英语等五科教学大纲（试用修订版）并印发通知。通知指出，2000 年秋季开学，全国小学一年级语文、数学学科，初中一年级语文、数学、英语学科将使用修订后的教学大纲和教材，2001 年秋季开学时，所有年级都将使用修订后的教学大纲和教材。

0014 | **3 月 14 日**

教育部印发《关于 2000 年初中毕业、升学考试改革的指导意见》。《指导意见》对 2000 年初中毕业、升学考试工作的有关问题提出指导性建议，提出要进一步端正考试指导思想，提高命题的科学性，保证命题的质量；要改革初中毕业、升学考试的管理制度；要加强对初中毕业、升学考试改革工作的领导。

0015 | **3 月 21 日至 23 日**

教育部在天津举行全国基础教育工作会议。会议以江泽民同志《关于教育问题的谈话》为指导思想，贯彻落实《中共中央、国务院关于深化教育改革全面推进素质教育的决定》和《面向 21 世纪教育振兴行动计划》，部署 2000 年全国基础教育工作。会议重点研讨了加强与改进青少年思想教育、减轻中小学生过重负担、基础教育课程改革、农村初中义务教育、在农村初中试行“绿色证书”教育、大力加强中小学信息技术教育等问题。

0016 | **3 月 29 日**

教育部办公厅印发《关于合理安排中小学生课余生活加强中小学生安全保护工作的通知》。通知要求，要加强对中小学生校外活动的合理安排与指导；各级教育行政部门要立即对教育系统管理的校外教育机构和各级各类学校的活动场所、设施进行一次全面检查；各级教育行政部门和学校要认真落实江泽民同志《关于教育问题的谈话》和近期有关抓好学校安全工作的重要批示精神，对安全问题必须予以高度重视，切不可有丝毫疏忽和懈怠。

0017 | **4月4日**

中共中央政治局常委、国务院副总理李岚清为中央党校在校学员作题为《进一步加强和改进教育工作，促进青少年健康成长，迎接21世纪的机遇和挑战》的报告。李岚清强调，要认真学习江泽民同志《关于教育问题的谈话》，提高认识，统一思想；要切实加强和改进教育工作；要重视和改进家庭教育；全社会都要关心青少年的健康成长；各级党委和人民政府要加强对教育工作的领导。

0018 | **4月12日**

教育部在北京召开民族贫困地区中小学教师综合素质培训工作会议。会议指出，教育部启动这一工作，旨在解决少数民族人口较多的西部地区和经济欠发达地区的教师综合素质问题，切实为实施西部大开发战略提前作好人才和知识的准备。

0019 | **4月27日**

中国基础教育网正式开通。该网站是以为基础教育服务为宗旨的大型综合性教育网站，全国人大常委会副委员长许嘉璐、教育部副部长王湛出席网站开通仪式。

0020 | **5月8日**

教育部在北京师范大学召开小学校长培训中心成立大会暨第一期全国小学骨干校长研修班开学典礼。全国人大常委会副委员长许嘉璐、国家总督学柳斌等为中心成立揭牌。

0021 | **5月8日**

共青团中央、教育部、全国少工委印发《关于做好少先队干部任职工作的通知》。通知要求，要贯彻落实江泽民同志《关于教育问题的谈话》精神，充分发挥少先队干部在少先队工作中的积极作用，使广大少年儿童在少先队的组织里锻炼多方面的兴趣和能力，从小培养关心他人、服务他人、热爱集体的优良品德。进一步加强少先队基层组织建设，需要提高对做好少先队干部任职工作重要意义的认识；需要积极稳妥地做好少先队干部任职工作。做好少先队干部任职工作，要把握好重在参与、面向多数的原则，全面成长、发展个性的原则，自愿自主、平等民主的原则，充分调动队员们担任队干部的积极性，建立完善的队干部任职制度，全面发挥少先队组织的育人功能，持之以恒地进行队干部培训管理。

0022 | **5月30日**

共青团中央、教育部印发《关于进一步加强少先队工作的意见》。《意见》要求，充分认识进一步加强少先队工作的重要意义；充分发挥少先队在素质教育中的重要作用；努力建设一支高素质的辅导员队伍；切实加强对少先队工作的领导。

0023 | **6月1日**

教育部办公厅印发《关于加强学具管理工作的意见》。《意见》指出，要充分认识加强学具管理工作的必要性和紧迫性，切实加强学具的整顿、规范工作。从2001年秋季开始，学校配备的学具必须是按《意见》要求改进并重新鉴定的产品，不得配备未经省、部级鉴定的学具。

0024 | **6月1日至3日**

中国少先队第四次全国代表大会在北京举行。会议指出，青少年要从小树立远大理想，从小养成优良品德，从小培养过硬本领，从小锻炼强健体魄。

0025 | **6月3日**

中共中央办公厅、国务院办公厅印发《关于加强青少年学生活动场所建设和管理工作的通知》。通知指出，要认真加强青少年学生校外活动场所的管理，地方各级党委和人民政府、中央和国家机关各有关部门近期要对青少年学生校外活动场所和设施进行一次全面检查，针对检查中存在的问题，及时进行整改。切实做好青少年学生校外活动场所的规划和建设工作，地方各级人民政府要设法多建设健康的青少年学生校外活动场所和设施，各级人民政府财政部门要高度重视，调整支出结构，加大对青少年学生校外活动场所的资金投入。中小城市人民政府财政部门要尽可能增加投入，用于建设青少年学生活动场所。全社会都要积极支持青少年学生活动场所建设和管理，新闻宣传、广播影视、新闻出版、文化艺术等部门要加强对青少年学生的宣传教育工作。教育、文化、科技、体育等部门要把做好引导和安排青少年学生课余生活及活动场所的建设和管理工作列入重要日程。

0026 | **6月5日至7日**

实施《预防未成年人犯罪法》座谈会在北京举行。全国人大常委会委员长李鹏出席座谈会并发表讲话，强调家庭、学校、政府和社会要共同努力，认真贯彻落实《未成年人保护法》和《预防未成年人犯罪法》，切实采取措施预防未成年人犯罪，保护未成年人权益，为青少年健康成长创造良好环境。李鹏强调，家庭和学校要树立正确的教育观，学校不仅要有良好的教学质量，还要有好的校风，要把德育工作放在重要位置，要减轻学生们过重的学习负担，但思想品德教育不能放松，培养青少年高尚情操和品德的工作应当进一步加强。

0027 | **6月6日**

中组部、中共教育部党组印发《关于加强社会力量举办学校党的建设工作的意见》。《意见》要求及时在社会力量举办学校建立党的组织，理顺党组织的隶属关系，明确社会力量举办学校党组织的主要职责。

0028 | **6月29日**

中央综治委、教育部、公安部印发《关于深化学校治安综合治理工作的意见》。《意见》进一步明确了学校治安综合治理工作的任务，深化对学校治安综合治理工作重要性的认识。《意见》提出，要加强领导，坚持“属地管理”原则，切实维护好学校及其周边地区治安秩序；学校要建立健全并认真落实治安综合治理责任制；有关部门齐抓共管，进一步净化学校周边地区的治安环境；加强综合治理工作机制建设，建立定期检查制度。7月13日，国务院办公厅转发《关于深化学校治安综合治理工作意见》。

0029 | 6 月 30 日

教育部发布《关于表彰全国中小学德育工作先进集体和德育工作标兵的决定》。教育部决定授予北京市第九十六中学等 200 个单位“全国中小学德育工作先进集体”光荣称号；授予袁受俊等 42 名同志“全国中小学德育工作标兵”光荣称号。

0030 | 7 月 5 日至 7 日

教育部在北京召开全国中小学德育工作会议。会议部署进一步加强中小学德育工作，宣布加强教师师德建设的措施，动员全社会关心和支持青少年教育工作。

0031 | 7 月 14 日

教育部办公厅印发《关于全国中小学收费专项治理工作实施意见》。《实施意见》指出，治理中小学乱收费是全国教育系统加强廉政建设的一项重点工作，坚持“标本兼治、综合治理”的原则继续加强治理。《实施意见》要求，要从源头上加大专项治理力度，巩固和扩大治理“择校生”问题和乱收费问题的成果；各地要继续采取措施加强薄弱学校的建设，改善包括“软件”和“硬件”在内的办学条件；要不断增加对教育的投入，努力做到“三个增长”；要鼓励和支持社会团体、公民个人依法开办民办学校，以满足一些家长的择校要求。

0032 | 7 月 21 日

中组部、人事部印发《关于加快推进事业单位人事制度改革的意见》。《意见》指出，加快推进事业单位人事制度改革是当前的紧迫任务。《意见》提出，建立以聘用制为基础的用人制度；建立形式多样、自主灵活的分配激励机制；建立多层次、多形式的未聘用人员安置制度；建立符合事业单位特点的宏观管理和认识监督制度；加强领导，统筹规划，积极稳妥地推进事业单位人事制度改革工作。

0033 | 7 月 25 日

四川省人民政府印发《关于加快发展全省民办教育的若干意见》，

要求各地积极鼓励、支持和正确引导社会力量办学，加快发展民办教育。

0034 | **8月15日**

教育部印发《关于加强中小学教师职业道德建设的若干意见》。《意见》指出，要充分认识加强中小学教师职业道德建设的必要性；要明确中小学教师职业道德建设的基本要求；要积极开展多种形式的职业道德教育；要加强领导，建立健全中小学教师职业道德建设的保障机制。

0035 | **8月23日**

教育部发布初级中学物理、化学、生物、历史、地理等五科教学大纲（试用修订版）。2001年秋季开学后，初中各年级可以按照修订后的教学大纲组织教学。初中三年级是否使用，由省级教育部门决定。

0036 | **9月20日至21日**

全国中小学生营养工作研讨会在吉林长春举行。会议传达和学习中央领导同志关于学生营养工作及实施营养餐的指示精神，就贯彻落实《中共中央、国务院关于深化教育改革全面推进素质教育的决定》和中央领导同志关于学生营养工作及实施营养餐的指示精神，进一步推进中小学营养餐的实施等有关问题进行了研讨。

0037 | **9月23日**

教育部发布《〈教师资格条例〉实施办法》。《实施办法》，规定了教师资格认定条件、资格认定申请、资格证书管理等内容。《实施办法》要求，国务院教育行政部门负责全国教师资格制度的组织实施和协调监督工作；县级以上（包括县级）地方人民政府教育行政部门根据《教师资格条例》规定权限负责本地教师资格认定和管理的组织、指导、监督和实施工作。

0038 | **10月8日**

经党中央、国务院同意，全国青少年校外教育工作联席会议在北京成立。联席会议有 30 个中央和国家机关有关部门、群众团体共同参与组建。教育部部长陈至立担任联席会议主席。

0039 | **10 月 9 日至月 11 日**

党的十五届五中全会在北京召开。会议审议通过《中共中央关于制定国民经济和社会发展第十个五年计划的建议》。《建议》指出，教育是培养人才的基础，对经济和社会发展具有先导性、全局性的作用，要适度超前发展。发展教育，要面向现代化、面向世界、面向未来，走改革和创新之路。更新教材内容，改进教学方法，改革考试制度，着力推进素质教育，重视培养创新精神和实践能力，促进学生德智体美全面发展，提高人才培养质量。提高教育现代化、信息化水平，大力发展现代远程教育。合理调整和配置现有教育资源，加强学科建设，根据人才需求结构调整专业设置。优化教师结构，建设高素质的教师队伍。继续深化教育管理体制和办学体制改革，积极鼓励多种形式的社会办学。增加国家对教育的投入。继续普及九年义务教育和扫除青壮年文盲，扩大高中阶段教育和高等教育规模。积极发展各类职业教育和培训。完善继续教育制度，逐步建立终身教育体系。

0040 | **10 月 16 日**

第六届国家督学会议在北京召开。教育部部长陈至立在会上发表题为《努力开创 21 世纪教育督导工作的新局面》的讲话。陈至立指出，近年来，国家教育督导团组织国家督学对地方人民政府贯彻落实《教育法》《义务教育法》《教师法》《扫除文盲工作条例》等法律法规及有关教育方针、政策进行过多次督导检查，除“两基”督导检查外，还指导地方督导部门开展了对普通中小学校以及幼儿教育、中等职业教育、社会力量办学等的督导评估工作。

0041 | **10 月 23 日**

教育部办公厅印发《关于确认第二批“全国中小学现代教育技术实验学校”的通知》。通知指出，经审批，教育部确认北京师范大学附属中学等 528 所学校为第二批“全国中小学现代教育技术实验学校”。

0042 | 10月25日至26日

全国中小学信息技术教育工作会议在北京举行。会议决定，从2001年起，用5年至10年时间在全国中小学基本普及信息技术教育，全面实施“校校通”工程。教育部部长陈至立在会上作题为《抓住机遇，加快发展，在中小学大力普及信息技术教育》的报告。教育部副部长王湛在闭幕式上作了总结讲话。11月14日，教育部印发《关于在中小学普及信息技术教育的通知》，发布《中小学信息技术课程指导纲要（试行）》。

0043 | 11月1日

教育部发布义务教育阶段体育与健康、音乐、美术三科教学大纲(试用修订版)并印发通知。通知指出，在制定新课程体系的同时，及时调整课程计划、教学大纲和教材，是基础教育课程教材改革的重要工作。2001年秋季开学后，全国义务教育阶段师生使用修订后的教学大纲和新教材。

0044 | 11月7日

建设部、教育部印发《关于进一步加强中小学校舍工程质量管理工作的通知》。通知要求，要切实加强对工程质量的监督管理。各级各类学校要按照国家规定的基本建设程序履行报批手续，从事勘察、设计、施工和工程监理的单位，必须具有相应的资质。各地建设行政主管部门要会同教育行政主管部门，对中小学校舍进行一次工程质量检查。对检查中发现存在结构隐患的校舍，各地教育行政主管部门要会同建设行政等有关主管部门抓紧逐个妥善处理，及时向当地人民政府汇报。

0045 | 11月14日

教育部印发《关于在中小学实施“校校通”工程的通知》。通知提出，要用5年至10年时间，使全国90%左右的独立建制的中小学校能够上网，使中小学师生都能共享网上教育资源。提高所有中小学的教育教学质量，使全体教师能普遍接受旨在提高实施素质教育水平和能力的继续教育。通知还对“校校通”工程的任务、实施等问题进行了明确。

0046 | **11 月 15 日**

农业部、教育部等七部门推广的中国学生饮用奶计划正式启动。该项国家营养干预计划旨在通过在课间向在校中小学生提供一份优质牛奶，提高他们的身体素质并培养他们合理的膳食习惯。

0047 | **11 月 16 日**

科技部、教育部、中宣部、共青团中央、中国科协发布《2001—2005年中国青少年科学技术普及活动指导纲要》。《指导纲要》明确规定青少年科学技术普及活动的目标和原则、基本内容、类型等。《指导纲要》强调，根据 3 岁至 18 岁青少年生理和心理发育特征，以及接受教育程度，从 3 岁开始，每隔三岁分为一个年龄阶段，共分五个年龄阶段，分别在科学态度、科学知识和技能、科学方法以及科学行为习惯等四方面，对其开展由浅入深、由近及远、由表及里、由形象到抽象地科普活动。青少年科学技术普及活动要面向全体青少年，以青少年为主体，基础性与实践性相结合，重视创新意识和能力的培养，全面提高科学素质，注意学习的选择性。青少年科学技术普及活动的基本内容包含科学态度，科学知识、技能，科学方法、能力，科学行为、习惯等四部分。

0048 | **11 月 21 日**

教育部办公厅发布《小学学具配备目录（试行）》并印发通知。通知指出，各地在学具鉴定，配备和使用中，要从规范学具管理，切实减轻中小学生过重负担出发，严格执行《目录》。

0049 | **12 月 4 日至 5 日**

全国城市教育综合改革会议在江苏苏州举行。教育部副部长王湛在会上作工作报告，就进一步推进城市教育综合改革工作进行部署。教育部部长陈至立在会上发表了讲话。

0050 | **12 月 14 日**

中共中央办公厅、国务院办公厅印发《关于适应新形势进一步加强和改进中小学德育工作的意见》。《意见》旨在认真贯彻落实江泽民同志《关于教育问题的谈话》精神，正确引导和帮助青少年学生健康成长。《意见》指出，要认清形势，统一认识，进一步增强搞好中小学德育工作的紧迫感和责任感；要切实提高中小学德育工作的针对性和实效性；要大力加强教师职业道德建设；要号召全社会共同努力，各部门通力协作，保障青少年健康成长；要切实加强对中小学德育工作的领导。

0051 | **12 月 20 日**

教育部在湖北武汉召开2001年度教育工作会议。会议回顾总结“九五”以来教育改革和发展的成就与经验，分析21世纪之初教育面临的形势，明确“十五”期间教育改革和发展的基本思路及主要任务，部署安排2001年的教育工作。教育部部长陈至立讲话指出，“九五”期间教育工作取得历史性成就，为新世纪教育发展奠定坚实基础；要认真贯彻党的十五届五中全会精神，努力开创“十五”和2001年教育工作新局面；要切实把普及义务教育工作放在重中之重的地位。

0052 | **12 月 27 日**

教育部、公安部印发《关于加强学校安全工作的紧急通知》，要求教育、公安部门高度重视学校防火工作，警钟长鸣，切实加强学校安全。

辉煌四十年

中国基础教育改革
大事记

义务教育卷（下册）

总主编◎陈如平
本卷主编◎方铭琳　李红恩　牛楠森

山东友谊出版社

目录

2001年

改革进行时

• 重要文件

中共中央《公民道德建设实施纲要》

国务院《关于基础教育改革与发展的决定》

国务院办公厅转发教育部等部门《关于实施中小学危房改造工程的意见》

教育部《关于首次认定教师资格工作若干问题的意见》

教育部《中小学教师队伍建设“十五”计划》

国家教育督导团《关于加强基础教育督导工作的意见》

教育部《基础教育课程改革纲要（试行）》

教育部《义务教育课程设置实验方案》

教育部《关于开展基础教育新课程实验推广工作的意见》

• 重要政策

坚持教育适度超前发展

坚持将普及九年义务教育和扫除青壮年文盲作为教育工作的“重中之重”

推进农村义务教育以县为主的管理体制改革

建立和完善农村义务教育经费的保障机制

坚决治理农村中小学乱收费

启动实施义务教育课程改革实验

全国城市和县城小学逐步开设英语课程

农村普通初中试行“绿色证书”教育

加强基础教育督导工作

• 重要会议

国务院召开全国基础教育工作会议

国务院办公厅召开学校对口支援工作经验交流会

教育部召开基础教育工作研讨会

教育部召开全国教师资格制度实施工作会议

教育部召开全国基础教育课程改革实验工作会议

• 改革亮点

绘制新世纪基础教育改革和发展的蓝图。为指明 21 世纪我国基础教育改革与发展的方向，国务院发布《关于基础教育改革与发展的决定》。《决定》进一步明确了基础教育的战略地位、改革发展的总体目标和基本任务等，指引我国基础教育发展迈上新台阶。

0101 | **1月4日至5日**

教育部在北京召开全国教师资格制度实施工作会议，动员和部署全面实施教师资格制度。教育部部长陈至立在会上作了题为《全面实施教师资格制度，建设一支高水平的教师队伍》的讲话。陈至立指出全面实施教师资格制度是新时期教师队伍建设的重大举措和制度创新，对于稳定、加强和发展我国教师队伍具有十分重大的意义。5月14日，教育部印发《关于首次认定教师资格工作若干问题的意见》，规定教师资格制度的法律依据、教师资格的性质、首次认定教师资格的范围、教师资格的申请资格、教师资格认定程序、教师资格认定的学历条件等内容。

0102 | **1月9日**

邵逸夫第14次向内地教育事业赠款仪式在香港举行。此次捐款总额为2亿港元，重点支持西部地区大、中、小学的建设。教育部副部长王湛等出席了捐赠仪式。至此，邵逸夫已累计向内地教育事业捐赠21.5亿港元，建设大、中、小学项目2712个，遍及内地31个省、自治区、直辖市。

0103 | **1月11日**

教育部印发《关于学习贯彻〈中共中央办公厅、国务院办公厅关于适应新形势进一步加强和改进中小学德育工作的意见〉的通知》。通知要求，各级教育行政部门和学校要结合本单位实际，组织广大干部和教师认真学习和领会《意见》精神，结合学习贯彻江泽民同志《关于教育问题的谈话》，充分认识新形势下加强和改进中小学德育工作的重大意义。各级教育行政部门和学校要按照《意见》的要求，坚持把学校德育工作摆在素质教育的首要位置，树立育人为本的思想，将“思想政治素质是最重要的素质”的要求落实到教育教学工作的各个环节。

0104 | **1月13日**

青岛市教委举行市区中学人才专场交流会，市区中学的教职工想到自己中意的市区学校工作的愿望可望实现，这是青岛市教育人事改革的一个新举措。此次人才交流会，对参加人员不限制性别、年龄、学历，只要是市教委直属学校中的教职工和在青岛市教育人才市场、学校中的待业人员均可参加。青岛市教委明确规定：鼓励教师向不同的市区学校流动，鼓励超编学校的教职工向缺编学校流动，鼓励教师向偏远学校流动。

0105 | **1月18日**

教育部印发《关于积极推进小学开设英语课程的指导意见》。《指导意见》决定从2001年秋季开学开始，在全国城市和县城小学逐步开设英语课程；从2002年秋季开学开始，在乡（镇）人民政府所在地小学逐步开设英语课程。小学开设英语课程的起始年级一般为三年级。

0106 | **1月22日**

教育部办公厅印发《关于2001年开展中小学“校园安全”主题教育活动的通知》。通知要求，在认真总结五年来工作经验的基础上，结合当地实际，大力推进依法治理安全工作，积极开展地方法制建设，完善有关制度和措施，切实在“落实”上想办法、下功夫，坚决压低伤亡事故发生率。2001年“全国中小学生安全教育日”要围绕“校园安全”开展教育及预防工作，并将这一主题贯穿于全年安全工作。各地要认真总结1995年以来中小学安全工作的经验和教训，探索当地安全工作规律，逐步建立和完善适应当地实际的一整套中小学安全工作方案。

0107 | **2月1日**

教育部在北京召开江泽民同志《关于教育问题的谈话》发表一周年座谈会，畅谈一年来教育系统学习、贯彻江泽民同志《谈话》精神，加强和改进青少年学生政治教育工作的体会。教育部部长陈至立指出，全国教育战线要继续认真贯彻《谈话》精神，全面推进素质教育，大力开展校园拒绝邪教活动。

0108 | **2月12日**

教育部公布全国第七批基本普及九年义务教育和基本扫除青壮年文盲县（市、区）名单。2000年，教育部认定，100个县(市、区)和11个其他县级行政区划单位，达到现阶段普及九年义务教育和扫除青壮年文盲的各项要求。

0109 | **2月13日**

教育部、国家计委、财政部印发《关于坚决治理农村中小学乱收费问题的通知》。通知指出，要充分认识治理农村中小学乱收费问题的重要性和紧迫性，严格控制农村中小学收费标准，结合农村贫困地区实际试行“一费制”，进一步降低学生用书费用，坚决取消一切通过学校代收的费用，禁止向学校摊派各种费用，禁止截留、平调、挪用学校正常合法的收费收入。地方各级人民政府要采取坚决措施，确保对农村义务教育的各种必要投入，保证农村义务教育事业健康发展。

0110 | **2月17日**

国务院办公厅转发教育部、国家计委、财政部《关于实施中小学危房改造工程的意见》。《意见》指出，彻底消除中小学危房是一项长期工作任务，通过“工程“的实施，各地区要建立起消除中小学危房的工作制度，要对中小学校舍状况检查、危房修缮和改造、事故认定以及相应的资金安排等作出具体规定，明确责任，逐步形成一个消除中小学危房的有效机制。

0111 | **2月23日**

教育部办公厅印发《关于积极配合和推动基础教育课程改革，进一步加强和改进教师培养培训工作的几点意见》。《意见》要求，要密切关注和了解当前基础教育改革特别是基础教育课程改革的动态和走向，研究其对教师培养和培训提出的新要求；要进一步转变教育观念，积极探索改进教师培养和培训工作的新思路、新模式、新内容和新方法，切实提高中小学教师实施素质教育的能力和水平；要进一步增强师范教育为基础教育服务的责任感和紧迫感，积极主动地配合和推动基础教育改革，特别是当前的课程改革。

0112 | **2月23日**

教育部办公厅、国家体育总局办公厅发布《学生体质健康标准（试验方案）》，决定于2001年开始在北京等十二个省、自治区、直辖市进行试验。

0113 | **2月28日**

教育部在山东潍坊召开基础教育工作研讨会。教育部副部长王湛出席会议并讲话指出，十五”期间，我国基础教育的改革和发展进入关键时期。这个时期，是巩固“两基”成果，提高“两基”水平的重要时期，是深化教育体制改革的重要时期，是全面推进素质教育的重要时期。基础教育工作要牢牢把握发展这个主题，继续将普及九年义务教育和扫除青壮年文盲作为教育工作的“重中之重”；要以课程教材改革为重点，切实加强德育工作的针对性和实效性，采取切实措施，扎扎实实推进素质教育；要加快基础教育阶段学校布局结构调整的步伐，进一步优化教师队伍，努力改善办学条件，促进基础教育结构、质量和效益的协调发展；要继续强化基础教育的政府行为，建立有效的经费投入体制，完善管理体制，确保基础教育的健康发展，努力建设充满生机活力的、体现素质教育宗旨的高质量、高水平的基础教育。

0114 | **3月4日**

九届全国人大四次会议即将开幕，安徽省全国人大代表、安徽省教育厅副厅长胡平平领衔提交《关于尽快制定义务教育投入法的议案》，希望在税费改革的同时解决农村义务教育问题。据了解，安徽省实行农村税费改革后，农村义务教育投入由原来的财政投入、农村教育费附加投入和农民集资三大块调整为仅由财政投入，这对农村义务教育产生了负面影响。此议案是这次会议上提出的第一份议案，被媒体称为“一号议案”。胡平平的议案很快引起中央的重视。随后，中央和国务院的领导同志先后在不同场合作出“科教兴国首先要落实到义务教育”等重要指示。

0115 | **3月5日**

九届全国人大四次会议在北京人民大会堂开幕，国务院总理朱镕基作《政府工作报告》。《报告》指出，“九五”时期，各级各类教育全面发展，基本普及九年义务教育和基本扫除青壮年文盲的目标初步实现。《报告》指出，今后五年，教育事业的目标是教育加快发展，国民素质进一步提高。

关于2001年教育工作，《报告》强调，要落实科教兴国战略，大力开发人才资源。坚持教育适度超前发展，为国民经济和社会发展服务。着力推进素质教育，促进学生德、智、体、美全面发展。巩固基本普及九年义务教育和基本扫除青壮年文盲的成果。继续调整教育结构和布局，优化专业设置，更新教材，改革课程体系、考试评价制度和教学方法，提高教学质量。加强德育，尤其要重视青少年的品德教育，改进学校思想政治工作。搞好教师队伍建设，全面提高教师的思想和业务素质。深化办学体制和教育管理体制改革。鼓励、支持和规范社会力量办学。增加国家和社会对教育的投入。适应农村税费改革后的新情况，县级人民政府要负责对基础教育经费的统筹，落实教师工资统一发放的措施。中央财政和省级财政要加大对困难地区、民族地区教育的转移支付和专项投入。健全奖学金、助学金和助学贷款等制度。采取有力措施，切实制止学校乱收费。

0116 | **3月5日**

教育部办公厅印发《关于做好2001年初中学生毕业升学体育考试工作的通知》。通知指出，要按照教育部《关于初中毕业、升学考试改革的指导意见》的要求，做好体育考试内容和方法的改革，积极推进将体育课成绩和平时参加体育锻炼情况计入体育考试总分，以此促进学生上好体育课，积极参加平时的体育锻炼。

0117 | **3月15日**

九届全国人大第四次会议批准《中华人民共和国国民经济和社会发展第十个五年计划纲要》。《纲要》指出，“十五”期间，各级各类教育要加快发展。到2005年，全国范围内，初中毛入学率达到90%以上。《纲要》强调，着力推进素质教育，重视培养创新精神和实践能力，促进学生德智体美全面发展。把加强基础教育放在重要位置，继续提高国民教育普及程度。基本普及九年义务教育的地区要巩固成果，提高水平，尚未普及的地区要进一步扩大九年义务教育的人口覆盖范围。重点推进西部贫困地区和少数民族地区的义务教育，实施贫困地区义务教育二期工程。推行弹性学习制度，放宽入学年龄限制，允许分阶段完成学业。大力发展现代远程教育，提高教育现代化、信息化水平。加强教师队伍建设，提高教师思想和业务素质。加强和改进学校思想政治工作。大力调整教育结构和布局，并在优化学科和专业结构，更新教材，改革考试制度和教学方法等方面取得实质性进展。加快办学体制改革，积极鼓励、支持和规范社会力量以多种形式办学，基本形成政府办学为主，公办学校和民办学校共同发展的格局。采取多种措施突破教育投入瓶颈，增加国家对教育的投入，加大中央和省级人民政府对义务教育的支持力度，加强县级人民政府对基础教育的统筹。完善政府对义务教育经费特别是教师工资的保障机制。

0118 | **4月6日**

全国人大教科文卫委员会、教育部、国务院法制办在北京举行《义务教育法》颁布十五周年座谈会。会议强调，要切实加快义务教育的改革与发展，为全面提高国民素质，促进现代化建设作出更大贡献。全国人大常委会副委员长彭佩云、教育部部长陈至立等在座谈会上发表讲话。

0119 | **4月6日**

国务院办公厅转发国务院纠风办《关于2001年纠风工作的实施意见》。《实施意见》提出，2001年要加大治理学校乱收费工作的力度，严格规范大中城市中小学和普通高等学校招生、收费行为。

0120 | **4月28日**

中共中央政治局常委、国务院总理、国家科技教育领导小组组长朱镕基在中南海主持召开国家科技教育领导小组第九次会议。会议指出基础教育是实施科教兴国战略的奠基工程，对提高中华民族素质、培养各级各类人才，促进社会主义现代化建设具有全局性和基础性作用。保持教育适度超前发展，必须把基础教育摆在优先地位并作为基础设施建设和教育事业发展的重点领域，切实予以保障。“十五”期间，要坚持将普及九年义务教育和扫除青壮年文盲作为教育工作的重中之重，进一步扩大九年义务教育人口覆盖面积。基础教育的重点、难点在农村，要着重抓好几项工作：

一是大力加强农村初中建设；二是因地制宜调整农村义务教育学校布局；三是规范义务教育学制和九年义务教育课程设置；四是加大对中西部贫困地区义务教育支持力度，五是切实保障农村中小学教师工资的足额按时发放；六是控制贫困地区农村中小学收费标准。

0121 | **5月14日**

教育部发布《全国中小学校长任职资格培训指导性教学计划》《全国中小学校长提高培训指导性教学计划》并发出通知。通知要求，省级教育行政部门应按照该《指导性教学计划》的精神，结合实际情况，制定本省（自治区、直辖市）的课程计划。各级教育主管部门应结合当地经济、社会、文化教育发展实际，积极创造条件，努力开发、完善地方课程，并对管理实践活动能够和由培训机构安排的选修课的开发与实施给予指导。两个《指导性教学计划》对培训对象、培训目标、培训时间与方式、课程设置、课程说明、教学要求、考核与结业等问题作了说明。

0122 | **5月28日**

教育部、国家体育总局、共青团中央、全国少工委印发《关于实施“全国中小学生课外文体活动工程”的通知》。通知决定，从2001年起，在全国组织实施“全国中小学生课外文体活动工程”，活动以《中共中央、国务院关于深化教育改革全面推进素质教育的决定》精神为指导，以全民健身和“生动、活泼、自主发展”为主题，以推进素质教育和配合“减负”工作为核心，以培养学生的创新精神和实践能力为重点，以使广大中小学生都能积极参加文明、健康、活泼的课外文体活动为工作目标，从而达到促进中小学生身心全面发展的目的。

0123 | **5月29日**

国务院发布《关于基础教育改革与发展的决定》。《决定》指出，“十五”期间，地方各级人民政府要坚持将普及九年义务教育和扫除青壮年文盲作为教育工作的“重中之重”，进一步扩大九年义务教育人口覆盖范围，初中阶段入学率达到90%以上，青壮年非文盲率保持在95%以上。按照“积极进取、实事求是、分区规划、分类指导”的原则，不同地区基础教育事业发展的基本任务是：占全国人口15%左右、未实现“两基”的贫困地区要打好“两基”攻坚战，普及初等义务教育，积极推进九年义务教育和扫除青壮年文盲。占全国人口50%左右、已实现“两基”的农村地区，重点抓好“两基”巩固提高工作，义务教育学校办学条件明显改善，教育质量和办学效益进一步提高。占全国人口35%左右的大中城市和经济发达地区，高水平、高质量普及九年义务教育。到2010年，基础教育总体水平接近或达到世界中等发达国家水平。

0124 | **6月7日**

教育部发布《中小学教材编写审定管理暂行办法》。《暂行办法》就教材编写的资格和条件、教材编写的立项和核准、教材的初审与试验、教材的审定、表彰与惩处等问题作了说明。

0125 | **6月7日**

教育部，财政部印发《关于对全国部分贫困地区农村中小学试行免费提供教科书的意见》。《意见》就免费提供教科书对象、免费提供的教科书种类、免费提供教科书的发放、免费提供教科书的经费问题作了说明。

0126 | **6月7日**

国家计委、教育部、新闻出版总署发布《中小学教材价格管理办法》。《办法》要求，人民政府价格主管部门要依法对教材编写、出版、发行等各个环节进行价格监督检查，租型、出版、发行单位和有关部门或单位应当接受人民政府价格主管部门的监督检查，如实提供监督所必要的账簿、单据、凭证及其他相关资料。

0127 | **6月7日**

新闻出版总署、教育部发布《中小学教辅材料管理办法》。《办法》指出，教辅材料的出版实行总量控制。教辅材料出版单位每年须向新闻出版总署提出选题计划，经批准后方可出版。新闻出版总署和教育部不定期对社会流通的教辅材料进行抽查，对质量低劣的教辅材料坚决向社会公布并对出版单位进行处罚。

0128 | **6月7日**

教育部、新闻出版总署印发《关于推广使用中小学经济适用型教材的意见》。《意见》指出，中小学经济适用型教材是指各种内容与彩色版相同的黑白版教材。在全国经济不发达的农村地区要广泛推广使用经济适用型教材。从2002年春季开始，国家扶贫开发工作重点县以及尚未普及九年义务教育县，一律选用经济适用型教材（美术、地理教材除外）。

0129 | **6月8日**

教育部发布《基础教育课程改革纲要（试行）》。《纲要》指出，大力推进基础教育课程改革，调整和改革基础教育的课程体系、结构、内容，构建符合素质教育要求的新的基础教育课程体系，新的课程体系涵盖幼儿教育、义务教育和普通高中教育。《纲要》对新课程改革的目标、课程结构、课程标准、教学过程、教材开发与管理、课程评价、课程管理、教师的培养与培训、课程改革的组织与实施等内容进行了明确说明。《纲要》提出，整体设置九年一贯的义务教育课程。小学阶段以综合课程为主。小学低年级开设品德与生活、语文、数学、体育、艺术(或音乐、美术)等课程；小学中高年级开设品德与社会、语文、数学、科学、外语、综合实践活动、体育、艺术（或音乐、美术）等课程。初中阶段设置分科与综合相结合的课程，主要包括思想品德、语文、数学、外语、科学（或物理、化学、生物）、历史与社会（或历史、地理）、体育与健康、艺术(或音乐、美术)以及综合实践活动。积极倡导各地选择综合课程。学校应努力创造条件开设选修课程。在义务教育阶段的语文、艺术、美术课中要加强写字教学。从小学至高中设置综合实践活动并作为必修课程，其内容主要包括：信息技术教育、研究性学习、社区服务与社会实践以及劳动与技术教育。《纲要》同时指出，建立促进学生全面发展的评价体系，建立促进教师不断提高的评价体系，建立促进课程不断发展的评价体系。实行国家、地方和学校三级课程管理。

0130 | **6月8日**

教育部、农业部印发《关于在农村普通初中试行“绿色证书”教育的指导意见》，要求在保证执行九年义务教育课程计划的前提下，不延长课时，不加大授课总量，调整部分教育内容。《指导意见》提出，在农村初中引进“绿色证书”教育，对学生进行一定的现代农业技术教育，既为学生升学奠定基础，又为学生将来从事农业生产经营创造条件。

0131 | **6月9日**

教育部、财政部、农业部印发《关于继续做好农村教育费附加征收管理工作的通知》。通知要求，没有实行农村税费改革试点的地区，要继续做好农村教育费附加征收和管理工作；要严格执行《教育法》的规定，农村教育费附加由乡级人民政府组织征收，由县级人民政府教育行政部门代为管理或由乡级人民政府管理，用于本乡范围内乡、村两级教育事业；农村教育费附加主要用于农村中小学的校舍维护、危房改造和学校布局的调整。

0132 | **6月11日至12日**

国务院在北京召开全国基础教育工作会议。中共中央政治局常委、国务院总理朱镕基在讲话中强调加强基础教育的一个重要方面，是要完善教育管理体制，确保经费投入，特别是保障义务教育投入。要实行在国务院领导下，由地方人民政府负责、分级管理、以县为主的体制，明确划分从中央到省、地（市）、县的职责，特别是明确县对本地农村义务教育负有主要责任。中共中央政治局常委、国务院副总理李岚清在讲话中指出，各级党委、人民政府一定要统一思想，提高认识，继续把搞好基础教育作为教育工作的“重中之重”，推动基础教育跨上新台阶。

0133 | **6月12日**

国务院纠风办、教育部印发《关于进一步做好治理教育乱收费工作的意见》。《意见》进一步明确了治理工作的指导思想和总体目标、治理工作的有关政策要求、治理工作的主要措施等。

0134 | **6 月 13 日**

国务院办公厅在北京召开学校对口支援工作经验交流会。会议提出，加大学校对口支援工作的力度，促进贫困地区和少数民族地区义务教育的发展。教育部部长陈至立在会上讲话指出，要进一步加大工作力度，确保“两个工程”的实施取得实效。支援地区要按时足额派出优秀支教教师和管理人员，保证支教时间，尽可能在资金和物资上多给受援学校援助。各地应进一步加大对西藏和三峡库区支援的力度。陈至立要求，对口支援工作要勇于创新，突出重点，不断探索更富有实效的对口支援新方式。

0135 | **6 月 15 日**

教育部印发《关于学习贯彻〈国务院关于基础教育改革与发展的决定〉的通知》。通知指出，《决定》是以江泽民同志为核心的党中央在我国初步实现基本普及九年义务教育、基本扫除青壮年文盲的宏伟目标后，为实施科教兴国战略、推进基础教育改革与发展所作出的重大决策。

0136 | **6 月 18 日**

《中国教育报》刊发《增加投入改善环境努力开创基础教育发展的新局面》一文。文章指出，西部边远贫困地区和少数民族地区，要下大气力扎扎实实推进普及九年义务教育的进程，力争早日实现基本普及九年义务教育的目标。“十五”期间，国家将继续通过实施“国家贫困地区义务教育工程”和“中小学危房改造工程”，为贫困地区普及九年义务教育创造条件。

0137 | **6 月 19 日**

探索推进 21 世纪教育改革研讨会在北京召开。中共中央政治局常委、国务院副总理李岚清在北京会见参加研讨会的香港中学校长和大学生访问团，介绍全国基础教育工作会议和内地基础教育改革与发展的情况。教育部副部长王湛在会上作《改革发展基础教育为中华民族振兴奠定坚实基础》的报告。

0138 | 7月5日

国家教育督导团在北京召开部分国家督学会议，学习贯彻《国务院关于基础教育改革与发展的决定》精神，对“十五”期间如何进一步加强教育督导工作进行研究和部署。教育部副部长、国家总督学王湛出席会议并讲话。

0139 | 7月16日

教育部、国家体育总局、共青团中央、全国少工委作出《关于命名北京市东城区等五个区、市为“全国中小学生课外文体活动工程示范区”的决定》，命名北京市东城区、北京市朝阳区、山东省青岛市、江苏省常州市和河南省郑州市等五个区、市为“全国中小学生课外文体活动工程示范区”。

0140 | 7月16日至17日

教育部部长陈至立在安徽就进一步贯彻落实全国基础教育工作会议和《国务院关于基础教育改革与发展的决定》精神进行专题调研，调查了解了农村义务教育投入、教师队伍建设和管理体制等方面情况。

0141 | 7月18日至21日

中共中央政治局常委、国务院总理朱镕基到安徽考察农村税费改革试点情况，重点调研农村教育，共商推进农村税费改革和加强义务教育的大计。

0142 | 7月26日

教育部发布《全国教育事业第十个五年计划》。《计划》指出，“十五”期间，在2000年初步实现“两基”的基础上，坚持将普及九年义务教育和扫除青壮年文盲作为教育工作的“重中之重”，努力巩固并逐步提高“两基”的水平和质量，进一步扩大九年义务教育的人口覆盖率，使初中毛入学率达到90%以上，辍学率控制在3%以下，青壮年非文盲率保持在95%以上。大力支持贫困地区和少数民族地区实施义务教育。进一步加强流动人口子女与残疾儿童少年的义务教育。到2010年，全国普及九年义务教育的人口覆盖率进一步提高，初中阶段毛入学率超过95%。《计划》强调，为确保实现“十五”计划和2010年教育发展目标，必须采取切实可行的政策措施，重在深化改革、加强机制创新和法制建设，不断加大教育投入。中央政府继续设立专项资金，实施“国家贫困地区义务教育工程”二期计划（2001—2005年）和三期计划（2006—2010年），进一步加大对贫困地区义务教育的扶持力度，动员全社会以多种形式关心和支持贫困地区义务教育的普及工作，加强并认真组织实施教育对口支援工作，努力实现地区间教育事业的相对均衡发展。

0143 | **7月30日**

教育部在辽宁大连召开全国基础教育课程改革实验工作会议。会议部署了基础教育课程改革实验工作，确定了2001年至2005年课程改革实验的组织和推广工作进程。

0144 | **8月2日**

国家教育督导团印发《关于开展贯彻落实〈国务院关于基础教育改革与发展的决定〉督导检查活动的通知》，对督查内容、工作安排以及相关要求作了详细说明。

0145 | **8月8日**

教育部发布《教师资格证书管理规定》。《管理规定》指出，教师资格证书是持证人具有国家认定的教师资格的法定凭证，由国务院教育行政部门统一印制。教师资格认定机构认定申请人相应的教师资格后，在规定的期限内向申请人颁发教师资格证书。

0146 | **8月15日**

教育部基础教育司、中国教育学会、国家教育发展研究中心在北京共同召开“更新教育观念、推进素质教育”座谈会暨《素质教育观念学习提要》赠书仪式。

0147 | **8月16日至22日**

中共中央政治局常委、国务院副总理李岚清在辽宁考察高等学校和中小学校时强调，要保证教师工资发放，保证必要的办学经费。

0148 | **8月27日**

教育部在北京召开控制农村初中生辍学工作电视电话会议。教育部副部长、国家总督学王湛就贯彻落实全国基础教育工作会议和《国务院关于基础教育改革与发展的决定》精神，巩固提高“普九”成果，控制农村初中生辍学等工作发表讲话，要求各地认真总结工作方法和经验，在此基础上采取切实措施做好控制农村初中生辍学工作。

0149 | **9月8日**

国家教育督导团印发《关于加强基础教育督导工作的意见》。《意见》指出，要确立教育督导在基础教育改革与发展中的重要地位，进一步明确基础教育督导工作的指导思想。坚持督政与督学相结合，是我国教育督导制度建设的基本经验和特色，也是“十五”期间教育督导工作必须坚持的原则。基础教育实行在国务院领导下，由地方人民政府负责、分级管理、以县为主的管理体制，基础教育督导工作必须把对地方人民政府特别是县级人民政府履行教育职责情况作为督导的重要任务。必须以督学为基本职能，根据素质教育的要求，加强对中等及中等以下各类学校的督导检查，推动学校落实《国务院关于基础教育改革与发展的决定》精神，全面实施素质教育。继续加强对普及九年义务教育工作的督导评估，推动基础教育事业持续发展。教育督导工作要把保障农村义务教育健康发展作为首要任务，开展基础教育经费投入的督导检查。建立符合素质教育要求的督导评估机制，保障素质教育顺利实施。

0150 | **9月20日**

中共中央发布《公民道德建设实施纲要》。《纲要》提出，公民道德建设的主要内容是：坚持以为人民服务为核心，以集体主义为原则，以爱祖国、爱人民、爱劳动、爱科学、爱社会主义为基本要求，以社会公德、职业道德、家庭美德、个人品德为着力点。

0151 | **9月24日**

教育部、财政部、国务院扶贫办印发《关于落实和完善中小学贫困学生助学金制度的通知》。通知提出，国家对义务教育阶段的贫困学生实行助学金制度。助学金经费来源，按照财政体制和教育管理体制，实行以地方为主、分级管理、分级负担的办法，主要从各级财政安排的教育事业费中统筹解决。

0152 | **10月8日**

中央编办、教育部、财政部印发《关于制定中小学教职工编制标准的意见》。《意见》对核定中小学教职工编制的原则、编制标准、工作要求进行了规定。中小学教职工编制根据高中、初中、小学等不同教育层次和城市、县镇、农村等不同地域，按照学生数的一定比例核定。中小学校的管理工作尽可能由教师兼职，后勤服务工作应逐步实行社会化。确实需要配备职员、教学辅助人员和工勤人员的，其占教职工的比例，初中一般不超过15%、小学一般不超过9%。

0153 | **10月17日**

教育部印发《关于开展基础教育新课程实验推广工作的意见》。《意见》对基础教育新课程实验推广工作的指导思想和任务、实验的组织与推进、开展新课程实验推广工作的要求等方面作了详细说明。

0154 | **10月17日**

教育部印发《关于开展基础教育新课程师资培训工作的意见》。《意见》要求，各级教育行政部要组织广大中小学教师认真学习《基础教育课程改革纲要（试行）》，学习和研究相关学科的课程标准以及新编教材。《意见》提出，要切实保障新课程师资培训工作的经费，将新课程的师资培训工作始终贯穿于新课程实验推广的全过程，抓紧研究开发新课程师资培训的资源，切实加强对新课程师资培训的科学研究工作。

0155 | **10月17日**

教育部印发《九年义务教育小学思想品德课和初中思想政治课课程标准（修订）》。此次修订调整和充实了教学内容，优化了课程结构，删除“繁、难、偏、旧”的内容，强调统筹安排九年义务教育阶段的教学内容和课时。

0156 | **10 月 18 日**

以“为了中国和世界更美好的明天——基础教育的改革与发展”为主题的 2001 年中国教育国际论坛在北京开幕。教育部副部长王湛出席开幕式并发表讲话，从中国基础教育改革与发展取得的显著成就，中国基础教育面临的挑战以及二十一世纪初叶中国基础教育改革与发展的基本思路三方面，向与会人员介绍了中国基础教育改革与发展情况。

0157 | **10 月 25 日**

新闻出版总署、教育部、国家计委发布《中小学教材出版招标投标试点实施办法》《中小学教材发行招标投标试点实施办法》，旨在加强对中小学教学用书的管理，切实减轻学生家长的经济负担，进一步深化教材出版发行体制改革。

0158 | **10 月 26 日**

教育部发布《2002 年秋季普通中小学教学用书目录》，规定从 2002 年秋季开始，小学、普通初中和普通高中应选用经修订并审查通过的教材，各省、自治区、直辖市应严格按照《目录》制定本地区的中小学教学用书目录。

0159 | **10 月**

陕西省召开基础教育工作会议。会议要求，建立基础教育投入保障机制，应从五个方面着手：加大政府投入，保证基础教育经费来源的主渠道；加大教育资金投入力度，增设用于基础教育的专款；进一步拓宽基础教育筹资渠道；在国家贫困地区，义务教育阶段实行由中央有关部门规定杂费、书本费的“一费制”收费制度，其他地区由省级人民政府确定杂费、书本费的标准；改革基础教育资金管理办法。

0160 | **11 月 1 日**

据《中国教育报》报道，由教育部组编、教育科学出版社出版的《辉煌的篇章——中国“两基”工作纪实》一书出版。该书系各地实施“两基”工作的纪实性报告文学，真实记录了实现“两基”的艰辛历程，内容真实、资料翔实、事迹感人、叙述生动，是一部极有收藏价值的历史书卷。

0161 | **11 月 16 日**

国家计委、财政部、教育部印发《关于坚决落实贫困地区农村义务教育阶段试行“一费制”收费制度的通知》。通知指出，在贫困地区试行“一费制”收费方法，是党中央、国务院为治理整顿农村中小学收费，切实减轻农民负担，采取的一项重要政策措施。各地一定要从顾大局、讲政治的高度深刻理解实行“一费制”的重要意义，克服国难，坚决贯彻落实。

0162 | **11 月 19 日**

教育部发布《义务教育课程设置实验方案》。《实验方案》指出，课程设置要坚持均衡设置课程、加强课程的综合性，加强课程的选择性原则。在达到九年义务教育基本要求的前提下，农村普通中学试行“绿色证书”教育，形成有农村特点的学校课程结构。实验方案对义务教育阶段一至九年级的课程设置和义务教育阶段各年级周课时数、学年总课时数、九年总课时数和各门课程课时比例进行了明确规定，地方与学校课程的课时和综合实践活动的课时共占总课时的 16% 至 20%。初中阶段开设外语课程的语种，可在英语、日语、俄语等语种中任选一种。外国语学校或其他有条件的学校可开设第二外语。民族地区的中小学校，外语课程的设置由省级教育行政部门决定。

0163 | **11 月 19 日**

教育部办公厅发布《2002 年春秋两季义务教育课程标准实验教学用书目录》，以保障 2002 年春秋季义务教育课程标准实验在实验区的顺利开展。

0164 | **11 月 21 日**

科技部办公厅、教育部办公厅、中宣部办公厅、中国科协办公厅、共青团中央办公厅联合印发《关于推进〈2001—2005 年中国青少年科学技术普及活动指导纲要〉实施工作的意见》。《意见》明确了加强青少年科普工作和推动《指导纲要》实施的主要任务：在“十五”期间，完成《指导纲要》实施所需的学生、教师科技教育资料的编撰，探索指导青少年科普活动开展的有效模式和方法，加强对科技教师及科技辅导员的培养与培训工作，建立青少年科技活动监测评估制度。《意见》要求各部门通力协作，全社会共同努力，大力推动青少年科普活动的开展。

0165 | **11 月 22 日**

共青团中央、教育部等八单位联合召开网上发布会，向社会正式发布《全国青少年网络文明公约》。其主要内容包括：要善于网上学习，不浏览不良信息。要诚实友好交流，不侮辱欺诈他人。要增强自护意识，不随意约会网友。要维护网络安全，不破坏网络秩序。要有益身心健康，不沉溺虚拟时空。到会教育部领导讲话时要求各级教育行政部门和学校努力加强青少年的网络道德教育，共同构筑有利于青少年学生健康成长的网络空间。

0166 | **11 月 24 日**

为深入宣传和贯彻全国基础教育工作会议精神，推进素质教育，教育部和北京市在北京共同主办“更新教育观念”大型报告会。北京、天津、河北 3 省（市）的 6000 多名教育工作者到会听取了北京大学附中张思明等中小学校长、教师作的报告。教育部部长陈至立、副部长王湛，中共北京市委副书记龙新民等出席报告会。

0167 | **11 月 29 日**

教育部办公厅印发《关于中小学校园网建设的指导意见》。《指导意见》指出，校园网指校园内计算机及其附属设备互联运行的网络，是由计算机、网络技术设备和软件等构成的为学校教育教学和管理服务的集成应用系统，并可通过与广域网的互联实现远距离信息交流和资源共享。校园网建设应贯彻“统一规划、分级负责、分步实施”的原则，贯彻“成熟优先”的原则，坚持“培训在先、建网建库同行、重在应用”的原则。校园网络系统的设计应采用国际通行的TCP/IP协议，同时满足先进性、实用性、开放性、灵活性、发展性、可靠性、安全性、经济性等要求。

0168 | **12月5日**

《未成年人保护法》颁布十周年座谈会在北京举行。会议强调，全社会要齐抓共管，形成合力，推动《未成年人保护法》的深入实施，为未成年人的茁壮成长营造一个安全和谐的环境。

0169 | **12月19日**

教育部办公厅印发《关于认真做好2002年初中学生毕业升学体育考试工作的通知》。通知要求，要积极推进体育考试内容和方法的改革，以适应素质教育的要求；要高度重视体育考试中的安全问题，加强安全保障措施，提高安全防范意识。

0170 | **12月26日**

教育部召开2002年度教育工作会议。教育部部长陈至立在报告中回顾了2001年的教育工作，提出2002年教育工作总体要求是：高举邓小平理论伟大旗帜，以“三个代表”重要思想为指导，认真贯彻党的十五届五中、六中全会精神，落实全国教育工作会议和全国基础教育工作会议提出的各项任务，全面实施教育“十五”计划。进一步解放思想，深化改革，加快发展，提高质量，保持稳定，以优异的成绩迎接党的十六大召开。

0171 | **12月28日**

中国教育电视台与北京市海淀区教委合作组织重点面向西部地区学生和师资培训的节目《面向西部地区基础教育同步课堂》正式开播。节目最突出的特点是：通过IP多媒体课件和电视两种形式，播出与教师授课进度相同的课程，西部地区的师生可以选择实时收看电视，也可以通过IP数据广播将课件下载到计算机服务器上，选择非实时学习。

0172 **0172 | 12月30日**

教育部发布《中小学教师队伍建设“十五”计划》。《计划》提出，“十五”期间中小学教师队伍建设的主要目标是：教师数量基本满足基础教育事业发展和全面推进素质教育的要求；教师队伍整体素质明显提高，全面实施教师资格制度，所有中小学教师具备相应的教师资格，达到国家规定的学历要求，全国小学、初中教师的学历层次提升到一个新水平；教师队伍结构进一步改善，教师队伍的学科结构进一步调整优化，城乡分布趋向合理，教师职务岗位设置实现结构比例控制；骨干教师队伍建设取得突破性进展；校长队伍建设进一步加强，中小学校长公开选拔竞争上岗制度和校长聘任制全面推行，中小学校长培训和持证上岗制度得到巩固和完善；中小学人事制度改革在更大的广度和深度上进行，全面推行中小学教师聘任制，依法理顺教师和校长管理体制，努力形成适应基础教育改革和发展要求的中小学师资和人事管理新模式。

2002年

改革进行时

• 重要文件

国务院《关于深化改革加快发展民族教育的决定》

国务院办公厅《关于完善农村义务教育管理体制的通知》

教育部《基础教育工作分类推进与评估指导意见》

新闻出版总署、教育部、国家计委《关于进一步贯彻落实中小学教材管理体制改革的意见》

教育部《全日制民族中小学汉语教学大纲（试行）》

教育部等部门《关于加强青少年学生法制教育工作的若干意见》

教育部《学校艺术教育工作规程》

教育部《中小学心理健康教育指导纲要》

教育部《关于加强县级教师培训机构建设的指导意见》

教育部、全国总工会《关于全面推进校务公开工作的意见》

国家计委、财政部、教育部《教育收费公示制度》

教育部《学生伤害事故处理办法》

• 重要政策

完善农村义务教育以县为主的管理体制

推进中小学评价与考试制度改革

实施基础教育工作分类推进与评估指导

全面推进校务公开

实行教育收费公示制度

进一步规范民办教育机构办学秩序

集中整治学校及周边治安秩序

• 重要会议

国务院办公厅召开完善农村义务教育管理体制电视电话会议

教育部、国家民委召开第五次全国民族教育工作会议

教育部召开全国教育督导工作会议

教育部召开全国基础教育课程改革实验工作电视电话会议

教育部召开全国中小学人事制度改革经验交流会

教育部举办第三届全国基础教育论坛

教育部等部门召开全国青少年学生法制教育电视电话会议

• 改革亮点

完善农村义务教育管理体制改革。为调整和完善农村义务教育管理体制，年内所有地区农村义务教育都按照以县为主的管理体制运行。此项改革为促进农村义务教育健康发展、维护农村改革发展稳定大局具有重要意义。

0201 | **1月4日**

教育部公布第八批基本普及九年义务教育、基本扫除青壮年文盲县（市、区）名单。2001年，教育部认定，24个县（市、区）和8个其他县级行政区划单位，达到现阶段普及九年义务教育和扫除青壮年文盲的各项要求。

0202 | **1月8日**

教育部办公厅印发《关于建立“国家体育与艺术师资培养培训基地”的通知》。通知提出，教育部决定在北京师范大学、华东师范大学、东北师范大学、西南师范大学、福建师范大学、华南师范大学、南京师范大学、哈尔滨师范大学、西北师范大学、湖南师范大学、首都师范大学和河南大学等12所学校建立“国家体育与艺术师资培养培训基地”。基地建设坚持“目标明确、改革领先、成果突出、师资优化、设备先进、教学优秀、质量一流”的要求与目标，发挥基地在体育与艺术师资培养、培训工作中的示范和辐射作用。

0203 | **1月16日**

江苏省召开2002年度教育工作会议。会议指出，经过2001年体制转型、改革攻坚的努力，江苏省农村基础教育管理以县为主的体制已初步形成。新体制的形成主要体现在以下几个方面：中小学布局调整和危房改造取得突破性进展；中小学人事制度改革取得新进展；全省有101个县（市）、区的中小学教师工资由县统一发放。全省小学、初中、高中教师合格学历达标率分别达到97%、88.9%和70.3%。

0204 | **2月1日**

全国青少年校外教育工作联席会议第二次全体成员会议在北京举行。会议讨论并原则通过了《2000年—2005年全国青少年学生校外活动场所建设与发展规划》。联席会议主席、教育部部长陈至立，教育部副部长王湛出席会议并讲话。

0205 | 2 月 4 日

中宣部、全国妇联、共青团中央、教育部、国家环保总局、国家广电总局印发《关于实施中国“小公民”道德建设计划的通知》。实施中国“小公民”道德建设计划，是贯彻落实《中共中央公民道德建设实施纲要》的一项重要举措，旨在引导和帮助全国儿童加强道德修养、提高自身素质。该活动的主要内容是：在全国儿童中大力倡导“爱国守法、明礼诚信、团结友爱、勤俭自强、敬业奉献”的基本道德规范，广泛开展“我做合格‘小公民’”的宣传教育、实践创新和评选展示活动。推出“小公民”的社会道德“五小”（“小帮手”“小标兵”“小伙伴”“小卫士”和“小主人”）行动，将其作为儿童普遍认同和自觉遵守的行为准则。2 月 25 日，中国“小公民”道德建设计划启动仪式在北京举行，来自北京的 30 所中小学学生代表参加启动仪式。6 月 12 日，全国妇联举行加强“小公民”道德建设座谈会，全国妇联副主席顾秀莲、教育部副部长王湛出席座谈会。

0206 | 2 月 6 日

教育部、全国总工会印发《关于全面推进校务公开工作的意见》。《意见》指出，全面推进校务公开，是在学校工作中依靠教职工办好学校，实现决策民主化、科学化的重要举措；是调动教职工积极性，维护教职工合法权益，深化教育改革、确保稳定和发展的有效途径。《意见》强调，各地各校应把学校工作的重点、难点、教职工群众和社会关心的热点问题，作为校务公开的重要内容，努力做到政策公开、过程公开、结果公开。除按规定必须保密的事项外，学校的发展规划、改革方案、教职工聘任办法、教职工奖惩办法、经费预决算、教职工购（建）房方案、住房公积金、养老金、医疗保险和其他社会保障基金等涉及教职工切身利益的重大问题，都应通过多种形式让教职工参与和知道。该向社会公开的要向社会公开。要保证公开的真实性，防止随意性，要注重实效，不搞形式主义。《意见》提出，要逐步建立健全校务公开的各项制度和监督检查办法，在实践中不断完善校务公开的工作制度，规范校务公开的程序，确保校务公开健康有序地进行。

0207 | **2月8日**

教育部决定在全国组织开展向贫困地区中小学捐赠计算机活动，以弘扬中华民族扶贫济困的优良传统，进一步推动贫困地区中小学开展信息技术教育，促进教育的均衡发展。教育部要求，各地要把向贫困地区中小学捐赠计算机活动作为扶贫济困的一项重要内容，作为“大中城市学校对口支援本省、自治区、直辖市贫困地区学校工程”和“东部地区学校对口支援西部贫困地区学校工程”的重要任务，形成制度。全国大中城市要建立捐赠中心，主动服务，方便捐赠，并开通受捐电话，接受经常性捐助。

0208 | **2月26日**

教育部印发《关于加强基础教育办学管理若干问题的通知》。通知指出，发展基础教育是各级人民政府应尽的职责；薄弱学校、国有企业所属中小学和政府新建学校等，要在保证义务教育阶段学生就近入学、国有资产不流失的前提下，可以进行按民办学校机制运行的改革试验，实行公有民办；经批准进行中小学办学体制改革试验的学校可以依托优质公办中小学办学，这类学校必须具有独立的法人资格，必须实行独立的经费核算和人事管理，有独立的校园、校舍，独立进行教育教学；积极推进义务教育阶段学校均衡发展；坚持义务教育阶段公办学校不招“择校生”，并对义务教育阶段的择校问题进行疏导；义务教育阶段学校因教育教学改革确需举办实验班、特长班的，必须经地市级以上教育行政部门批准；对公办中小学校异地办学和招生应从严控制，须经本地和异地主管教育行政部门批准。各地教育行政部门、教育督导部门要加强对中小学办学管理工作的督导、检查。

0209 | **3月1日**

教育部印发《关于加强县级教师培训机构建设的指导意见》。《指导意见》指出，县级教师培训机构依据相关法律法规，实施对本地区义务教育阶段教师、幼儿园教师和小学校长的继续教育。《指导意见》就进一步加强县级教师培训机构建设的必要性、县级教师培训机构的性质和主要任务、加强县级教师培训机构建设的基本原则和要求作了说明。

0210 | **3月1日**

教育部印发《关于“十五”期间教师教育改革与发展的意见》。《意见》指出，加快教师教育的发展，提高教师教育水平，对建设一支高素质的教师队伍，扎实推进素质教育，具有重大的战略意义。《意见》就教师教育改革与发展面临的形势，教师教育改革与发展的指导思想、基本原则、主要任务，教师教育改革与发展的主要政策措施等作了说明。

0211 | **3月3日至4日**

教育部在浙江义乌召开全国教育督导工作会议。教育部副部长、国家总督学王湛出席会议，并作题为《与时俱进，求真务实，推动教育督导工作取得新的发展》的讲话。王湛要求，要认真做好贯彻农村义务教育“治本之策”的督导工作，落实“一保二控三监管”；以督导评估为手段，全面推进不同地区基础教育事业的发展；要开展专项督导检查，促进基础教育热点难点问题的解决；以全面推进素质教育为中心，开展中小学校督导评估工作。

0212 | **3月5日**

九届全国人大五次会议在北京人民大会堂开幕，国务院总理朱镕基作《政府工作报告》。《报告》回顾2001年国内工作时指出，新世纪第一年，教育事业全面发展，基础教育和职业教育进一步加强，素质教育全面推进。《报告》指出，2002年要根据党中央部署和2002年政府工作的总体要求，着重做好教育工作。实施科教兴国战略和可持续发展战略，加强精神文明建设。坚持教育优先发展。大力推进素质教育，加强学校思想政治工作，促进学生德智体美全面发展。加强基础教育，巩固扩大农村地区“两基”成果，特别是加快贫困地区和少数民族地区普及九年义务教育步伐。推进农村义务教育以县为主的管理体制改革，保证教师工资按时足额发放。改革课程教材，更新教学内容，提高教育质量。全面提高教师思想和业务素质。加快教育信息化建设，积极发展现代远程教育。加大政府对教育的投入。鼓励、支持和规范社会力量办学、中外合作办学。

0213 | **3月11日**

国务院副总理李岚清参加九届全国人大五次会议安徽代表团讨论。李岚清强调，各级人民政府要按照“三个代表”重要思想的要求，切实承担起发展农村义务教育的责任，进一步完善农村义务教育以县为主的管理体制，加强对农村义务教育的领导和管理；建立农村义务教育经费的保障机制，确保农村义务教育的投入，确保教师工资的发放；中央、省级人民政府要加大转移支付力度，支持中西部地区特别是贫困地区农村义务教育的发展。

0214 | **3月26日**

教育部部务会议讨论通过《学生伤害事故处理办法》。《办法》指出，学校的举办者应当提供符合安全标准的校舍、场地、其他教育教学设施和生活设施。学校应当对在校学生进行必要的安全教育和自护自救教育；应当按照规定，建立健全安全制度，采取相应的管理措施，预防和消除教育教学环境中存在的安全隐患；当发生伤害事故时，应当及时采取措施救助受伤害学生。《办法》还就事故与责任、事故处理程序、事故损害的赔偿、事故责任者的处理作了说明。6月25日，教育部正式发布《学生伤害事故处理办法》。

0215 | **4月4日**

教育部发布《全日制民族中小学汉语教学大纲（试行）》。《教学大纲》对教学目的、教学内容和要求、教材编写、教学中重视的问题、教学评估、教学设备等方面问题作了详细说明。

0216 | **4月9日至11日**

教育部组织2002年农村税费改革全面试点和扩大试点的十六省（自

治区、直辖市）教育部门负责人赴安徽省集体调研，了解农村税费改革过程中保障农村义务教育的有关情况。教育部副部长王湛参加调研，强调在税费改革过程中要满足农村义务教育经费的正常需要。

0217 | **4 月 12 日**

教育部印发《关于进一步在中小学校开展反邪教教育的通知》。通知要求，各地教育部门和学校要高度重视与“法轮功”邪教组织的斗争，进一步认清这场斗争的长期性、尖锐性和复杂性，增强政治责任感和工作主动性；在教师中开展遵纪守法、崇尚科学、抵制邪教的教育活动，进一步提高广大教师对“法轮功”邪教组织本质和严重危害的认识；结合基础教育课程改革，加强崇尚科学、反对邪教的教育，小学思想品德课和中学思想政治课教材要加入反邪教内容；根据实际情况和中、小学生不同年龄特点，进一步广泛开展“校园拒绝邪教”宣传教育活动。

0218 | **4 月 14 日**

国务院办公厅印发《关于完善农村义务教育管理体制的通知》。通知要求，明确各级人民政府责任，加强对农村义务教育的领导和管理；建立义务教育经费保障机制，保证农村义务教育投入；完善人事编制管理制度，加强农村中小学教师队伍建设；建立健全监督机制，保证农村义务教育健康发展。

0219 | **4 月 15 日**

文化部、教育部印发《关于做好基层文化教育资源共享工作的通知》。通知指出，现有的各类文化设施要坚持为群众服务，为青少年学生服务；各级各类学校的内部设施，在保证正常教学活动和满足师生需要的前提下，积极创造条件，采取多种方式对社会开放，为群众开展文化活动提供方便；各级文化、教育部门要利用现有的教育电视频道，积极推进全国文化信息资源共享工程的实施。

0220 | **4 月 17 日**

北京市人民政府召开新闻发布会，宣布自 9 月 1 日起，北京市 10 个远郊区（县）以及城近郊区贫困家庭义务教育阶段的学生，在公立中小学就读免交杂费。

0221 | **4 月 19 日**

北京市发布《对流动人口中适龄儿童少年实施义务教育的暂行办法》。《暂行办法》规定，从 9 月 1 日起，北京市符合有关借读条件的流动少年儿童，在得到有关部门开具的“在京借读批准书”后，可到暂住地附近学校入学。

0222 | **4 月 26 日**

国务院办公厅在北京召开完善农村义务教育管理体制电视电话会议。会议强调，要进一步完善农村义务教育管理体制，促进农村义务教育健康发展。教育部部长陈至立、财政部副部长楼继伟作了工作部署。

0223 | **4 月 26 日**

国家经贸委、财政部、教育部、卫生部、劳动和社会保障部、建设部印发《关于进一步推进国有企业分离办社会职能工作的意见》，要求分离企业自办的普通中小学校。《意见》规定，企业管理中小学校的职能移交给当地人民政府，要多渠道筹措资金，落实企业分离自办普通中小学校所需经费，保障分离工作顺利进行。

0224 | **4 月 27 日**

全国教师教育信息化专家委员会成立大会暨第一次工作会议在北京召开。会议通报了全国教师教育信息化建设、英特尔“未来教育”培训项目、中小学教师继续教育远程教育资源建设和全国中小学教师继续教育网站建设等工作情况，就推进教师教育信息化面临的形势、问题和任务等进行了深入研讨，制定了推进教师教育信息化的具体实施方案。

0225 | **4 月 28 日**

教育部召开全国基础教育课程改革实验工作电视电话会议，对省级课程改革实验区进行全面动员和部署。教育部部长陈至立就如何扎实做好基础教育课程改革实验推广工作提出意见。陈至立指出，要进一步提高认识，统一思想，加快基础教育课程改革步伐；要抓住重点，扎实做好新课程实验推广工作，切实做好教师培训工作；要确保新课程的有效实施，加强对课程改革的科学研究和业务指导；要加强教材管理，规范教材选用的程序和行为；要加强领导，确保基础教育新课程实验推广工作顺利实施。

0226 | **5月13日**

教育部发布《全国学校艺术教育发展规划（2001年—2010年）》。《发展规划》提出，到2005年，九年义务教育阶段城市学校艺术课程开课率达到100%，农村学校达到90%，处境不利地区的学校达到70%；到2010年，农村学校开课率达到100%，处境不利地区的学校达到80%。九年义务教育阶段的艺术课程改革，应强调使学生形成积极主动的学习态度，倡导探索性学习，培养学生对艺术的兴趣。《发展规划》强调，各地要充分利用我国基础教育改革和课程标准实施的契机，开足开齐艺术课程，大面积提高教学质量。

0227 | **5月15日**

教育部办公厅印发《关于认真做好2002年全国教育督导先进集体和全国教育督导先进工作者评选工作的通知》。通知指出，全国教育督导先进集体主要在县级教育督导机构中评选，工作成绩突出的地级教育督导机构也可以参评。全国教育督导先进工作者在省级以下各级教育督导工作者（包括兼职督学）中评选。评选先进集体的条件是：教育督导机构是代表本级人民政府行使教育督导职能的人民政府教育督导机构；建立了“两基”工作评估验收和巩固提高复查制度，成绩显著；在推动基础教育改革与发展，保障实施素质教育工作中成绩显著；建立了较为完善的督导制度并认真落实；督导机构和编制得到落实，督导人员结构合理，有专兼职结合的督学队伍，重视督导人员的培训、提高工作，队伍团结、勤政廉洁高效。评选先进工作者的条件是：热爱教育督导工作，执行《督学行为准则》，模范履行职责，具有奉献精神；熟悉国家有关教育的法律、法规和方针、政策，熟悉督导业务；积极主动完成督导工作任务，廉洁奉公，严格执法，作风民主，团结同志，发挥模范带头作用；一般从事督导工作 4 年以上。

0228 | **5 月 15 日**

财政部、教育部发布《第二期“国家贫困地区义务教育工程”中央专款使用管理办法》。《办法》指出，中央专款的使用原则是：根据国家和地方各级人民政府普及义务教育的实施规划和步骤，突出重点，分类指导，集中投入，限期完成，保证效益。

0229 | **5 月 17 日**

新闻出版总署、教育部、国家计委印发《关于进一步贯彻落实中小学教材管理体制改革的意见》。《意见》指出，从 2003 年春季开始，教辅材料一律不准编入中小学教学用书目录。各级教育行政部门和其他有关部门不得以任何形式强迫学校订购、中小学校不得组织学生购买、发行部门不得向学校征订或随教材搭售一切形式的教辅材料。新闻出版和教育行政部门要对中小学教辅材料的出版、发行、征订、选用等环节加强监督检查，对违反规定的单位和责任人要严肃处理。

0230 | **5 月 17 日**

教育部印发《关于在中小学加强写字教学的若干意见》。《意见》指出，规范、端正、整洁地书写汉字是有效进行书面交流的基本保证，是学生学习语文和其他课程，形成终身学习能力的基础；热爱祖国文字，养成良好的写字习惯，具备熟练的写字技能，并有初步的书法欣赏能力是现代中国公民应有的基本素养，也是基础教育课程的目标之一。中小学写字教学要使学生会写铅笔字和钢笔字，学习写毛笔字，使学生养成良好的写字习惯，正确的写字姿势，并有一定的书写速度。具备正确书写汉字的基本能力。

0231 | **5 月 21 日至 22 日**

教育部在北京召开全国中小学人事制度改革经验交流会。教育部副部长王湛出席会议，并在讲话中要求各级教育行政部门加强领导，精心组织，积极稳妥地做好中小学人事制度改革工作。

0232 | **5 月 27 日**

教育部发布《品德与生活课程标准（实验稿）》《品德与社会课程标准（实验稿）》。这两个《课程标准》增强了小学德育的针对性、实效性和主动性，有利于解决小学阶段思想品德课和社会课存在的部分内容交叉重复问题。

0233 | **5 月 27 日**

国家计委、财政部、教育部联合发布《教育收费公示制度》，决定在全国各级各类学校实行教育收费公示制度。教育收费公示制定是学校通过设立公示栏、公示牌、公示墙等形式，向社会公布收费项目、收费标准等相关内容，便于社会监督学校严格执行国家教育收费政策，保护学生及其家长自身合法权益的制度。《公示制度》要求，各省、自治区、直辖市价格、财政主管部门和教育行政部门可结合当地实际情况，制定具体实施办法。

0234 | **5 月 30 日**

教育部发布《2003 年春季普通中小学教学用书目录》。根据对现行教材的审查情况，教育部对普通中小学教学用书目录进行了调整。《目录》中保留了修订后通过审查的教材，删去了修订后未通过审查的教材，增加了通过审查的新教材。各地应严格按照本《目录》制定本地区的中小学教学用书目录，除在 400 个教学班规模内进行实验的教材和经本地审查通过的乡土教材、劳动技术教材等教材外，不得在本地中小学教学用书目录中加入本《目录》没有的教材和其他未经审查通过的教材。为促进教材的多样化，应在书目中增加新审查通过的适宜本地的教材，使每门学科都有两种以上的教材供地方和学校选用。

0235 | **5 月 30 日至 31 日**

教育部在北京举办第三届全国基础教育论坛。论坛就基础教育均衡发展的基本内涵、促进策略、政策措施展开交流研讨。

0236 | **6 月 17 日**

全国总工会、教育部印发《关于在社会力量举办的学校建立工会组织的意见》。《意见》指出，要按照“哪里有职工，哪里就必须建立工会组织”的原则和最大限度地把职工组织到工会中来的要求，凡是经相应的行政部门批准、依法登记的社会力量举办的学校，不论其规模大小，职工多少，都应允许依法建立工会组织。对暂不具备条件的，应创造条件尽快把工会组织建立起来。

0237 | **6 月 20 日**

教育部办公厅、国家广电总局办公厅、文化部办公厅发布《第九批向全国中小学生推荐优秀影片片目》。本批共有 7 部故事片和 3 部专题片入选。

0238 | **6 月 24 日**

教育部、公安部在北京禁毒教育基地联合向全国中小学校赠送 6 万套《中小学生禁毒教育挂图》，以便通过张贴宣传，提高青少年学生的拒毒防毒意识和能力。

0239 | **6 月 26 日**

教育部印发《关于贯彻〈中央编办、教育部、财政部关于制定中小学教职工编制标准意见的通知〉的实施意见》。《实施意见》要求各省、自治区、直辖市教育行政部门在当地党委、人民政府的统一领导下，积极配合有关部门，结合本地实际情况制定科学、合理的中小学编制实施办法，指导、落实本地区中小学编制核定工作。

0240 | **6 月 26 日**

教育部印发《关于加强农村学校体育卫生工作的几点意见》。《意见》提出，要提高认识，转变观念，开齐开足体育课并不断提高质量；要采取有效措施，加强师资队伍建设；要坚持因地制宜原则，认真做好学校卫生与健康教育工作；加大投入力度，保证体育、卫生和健康教育的教学条件。

0241 | 7月4日

教育部、国家体育总局发布《学生体质健康标准（试行方案）》《〈学生体质健康标准（试行方案）〉实施办法》。实施《标准》是促进学生体质健康发展、激励学生积极进行身体锻炼的教育手段。达到《标准》的要求是学生毕业的基本条件之一。《标准》根据学生的生长发育规律，将测试对象划分为以下组别：小学一、二年级为一组，小学三、四年级为一组，小学五、六级为一组；初中及以上年级每年级一组；大学为一组。《实施办法》对《标准》的具体实施作了详细说明。

0242 | 7月5日

教育部印发通知，推行《第二套全国中小学生（幼儿）系列广播体操》。自2002年9月1日起，教育部门在全国普通中学、职业中学、中等专业学校、技工学校、全日制小学、幼儿园推行该套广播体操。

0243 | 7月7日

国务院发布《关于深化改革加快发展民族教育的决定》。《决定》指出，深化改革，加快发展民族教育的政策措施有：深化教育改革，增强办学活力；加快“两基”步伐，促进各级各类教育的协调发展；进一步增强对民族教育的扶持力度；加大对民族教育的投入；进一步加强对民族教育的支援力度；大力加强教师队伍建设；等等。

0244 | 7月22日

教育部发布《中学体育器材设施配备目录》《小学体育器材设施配备目录》。新《目录》对1989年颁布的《中小学体育器材设施配备目录》进行了完善。

0245 | 7月25日

教育部发布《学校艺术教育工作规程》。《工作规程》指出，艺术教育是学校实施美育的重要途径和内容，是素质教育的有机组成部分。学校艺术教育工作包括：艺术类课程教学，课外、校外艺术教育活动，校园文化艺术环境建设等方面。

0246 | 7月26日至27日

教育部、国家民委在北京召开第五次全国民族教育工作会议。会议指出，要从加快经济发展、巩固民族团结和维护国家统一的战略高度，充分认识加快民族教育事业发展的重大意义。

0247 | 8月1日

教育部发布《中小学心理健康教育指导纲要》。《指导纲要》对心理健康教育的指导思想和基本原则、目标与任务、主要内容、途径和方法、组织实施等作出明确规定。《指导纲要》指出，心理健康教育的总目标是：提高全体学生的心理素质，充分开发他们的潜能，培养学生乐观、向上的心理品质，促进学生人格的健全发展。心理健康教育的主要内容包括：普及心理健康基本知识、树立心理健康意识、了解简单的心理调节方法、认识心理异常现象以及初步掌握心理保健常识，其重点是学会学习、人际交往、升学择业以及生活和社会适应等方面的常识。

0248 | 8月5日

中国儿童中心成立20周年庆祝大会在北京举行。中共中央政治局常委、全国人大常委会委员长李鹏致信祝贺，并向全国少年儿童工作者表示亲切的慰问。

0249 | 8月12日至13日

教育部基础教育司和基础教育课程发展研究中心在北京举办小学品德与生活、品德与社会课程标准培训会。来自26个省、自治区、直辖市的33个国家级基础教育课程改革实验区的100余名教研员和部分骨干教师参加培训。

0250 | 8月16日

教育部印发《基础教育工作分类推进与评估指导意见》。《指导意见》要求，要大力推进不同地区基础教育事业发展。占全国人口15%左右、未实现“两基”的贫困地区要打好“两基”攻坚战。占全国人口50%、已实现“两基”的农村地区重点抓好“两基”巩固提高工作。占全国35%左右的大中城市和经济发达地区要高水平、高质量普及九年义务教育。《指导意见》强调，要全面实施素质教育，全面提高教育质量。学校各项工作及相应的规章制度应符合素质教育的要求；教师的教育观念要明显转变，做到面向全体学生，尊重学生的人格和学习主体地位，重视学生思想品德教育和创新精神和实践能力的培养，为学生全面发展和终身发展奠定基础；要进一步加强德育工作，切实增强针对性、实效性和主动性。《指导意见》要求各地努力改善基础教育办学条件，合理布局义务教育学校，建立并完善促进基础教育健康发展的体制和机制。

0251 | **8 月 22 日**

中央综治委学校及周边治安综合治理工作领导小组召开第一次全体会议。会议研究了全国学校及周边治安综合治理工作情况和开展“严打”整治斗争以来集中整治学校及周边治安秩序情况，审议并确定新学期开学后，各地开展集中整治学校及周边治安秩序专项行动的工作部署。

0252 | **8 月 25 日**

纪念中国青少年犯罪研究会成立 20 周年暨表彰大会在北京人民大会堂举行。来自全国各地的 300 多名代表及第二届全国青少年犯罪研究先进集体代表、全国青少年犯罪研究先进团体工作者代表出席大会。

0253 | **8 月 30 日**

教育部、国务院纠风办印发《关于进一步做好治理中小学乱收费工作的紧急通知》，要求 2002 年农村中小学收费标准一律稳定在 2000 年的水平上不得提高。学校收费应实行公示制度，增加收费的透明度。

0254 | **9 月 4 日**

教育部发布《教育管理信息化标准》（第一部分：学校管理信息标准）。11 月 27 日，教育部办公厅发布《〈教育管理信息化标准〉实施办法（试行）》《〈教育管理信息化标准〉应用示范区建设实施办法（试行）》，强调进一步加快教育信息化的建设步伐。

0255 | **9 月 11 日至 13 日**

国家基础教育课程改革实验区教学工作研讨会在黑龙江哈尔滨举行。会议总结实施课程改革实验一年来的经验，就实验中存在的问题进行研讨与交流。

0256 | **9 月 20 日**

教育部、卫生部发布《学校食堂与学生集体用餐卫生管理规定》，旨在防止学校食物中毒或者其他食源性疾患事故的发生，保障师生员工身体健康。《管理规定》就食堂建筑、设备与环境卫生要求，食品采购、贮存及加工的卫生要求，食堂从业人员卫生要求，管理与监督等问题作了说明。

0257 | **9 月 24 日**

中宣部、中直机关工委、中央国家机关工委、总政治部、中共北京市委在北京举办党的十三届四中全会以来改革开放和现代化建设成就第六场报告会。教育部部长陈至立出席报告会并讲话指出，我国教育事业已进入了最快最好的发展时期。基础教育特别是“两基”工作成就巨大，全民受教育水平大大提高。

0258 | **10 月 1 日**

国务院发布《禁止使用童工规定》。《规定》明确指出，国家机关、社会团体、企业事业单位、民办非企业单位、个体工商户，均不得招用不满 16 周岁的未成年人；禁止任何单位或个人为不满 16 周岁的未成年人介绍就业；禁止不满 16 周岁的未成年人开业从事个体经营活动。不满 16 周岁的未成年人的父母或其他监护人不得允许其被用人单位非法招用。

0259 | **10 月 17 日**

教育部印发《关于进一步规范民办教育机构办学秩序的通知》。通知要求，进一步做好民办教育机构的设置审批，改进民办教育机构的招生管理，完善民办教育机构的收费管理和监督，严格民办教育机构证书发放的管理，落实对民办教育机构的年检和评估。

0260 | 10月21日

教育部、司法部、中央综治办、共青团中央印发《关于加强青少年学生法制教育工作的若干意见》。《意见》指出，要根据不同学龄阶段学生的生理、心理特点和接受能力，有针对性地开展法制教育。小学法制教育要对学生进行法律启蒙教育，运用生动、形象的教学方式，向学生普及有关法律的基本常识，培养他们的爱国意识、交通安全意识、环境保护意识、自护意识，以及分辨是非的能力，使其从小养成遵纪守法的好品德。中学法制教育要着重进行社会主义民主与法治观念教育，增强学生的国家意识、权利义务意识、守法用法意识，进行预防未成年人犯罪教育，使学生明辨是非，提高自我约束、自我保护能力，预防和减少违法犯罪行动。《意见》强调，逐步将法制教育纳入教学大纲，纳入教学计划，真正做到计划、教材、课时、师资“四落实”；同时，坚持校内教育与校外教育相结合，组织生动活泼、寓教于乐的法制实践活动。确保课时到位，提高法制课教师的授课水平。25日，教育部、司法部、中共综治办、共青团中央在北京联合召开全国青少年学生法制教育电视电话会议。会议要求，贯彻落实《关于加强青少年学生法制教育工作的若干意见》，总结各地青少年学生法制教育的情况和经验，推动新形势下全国青少年学生法制教育工作的深入发展。

0261 | 11月8日

党的十六大在北京人民大会堂开幕，中共中央总书记江泽民代表第十五届中央委员会向大会作题为《全面建设小康社会，开创中国特色社会主义事业新局面》的报告。江泽民指出：“开创中国特色社会主义事业新局面，必须高举邓小平理论伟大旗帜，坚持贯彻‘三个代表’重要思想。”① 江泽民强调，必须把教育摆在优先发展的战略地位。“全面贯彻党的教育方针，坚持教育为社会主义现代化建设服务，为人民服务，与生产劳动和社会实践相结合，培养德智体美全面发展的社会主义建设

① 《江泽民文选》第三卷，人民出版社2006年版，第536页。

者和接班人。坚持教育创新，深化教育改革，优化教育结构，合理配置教育资源，提高教育质量和管理水平，全面推进素质教育，造就数以亿计的高素质劳动者、数以千万计的专门人才和一大批拔尖创新人才。加强教师队伍建设，提高教师的师德和业务水平。继续普及九年义务教育。加强职业教育和培训，发展继续教育，构建终身教育体系。加大对教育的投入和对农村教育的支持，鼓励社会力量办学。完善国家资助贫困学生的政策和制度。”①

0262 | **11 月 19 日**

中共教育部党组印发《关于教育战线认真学习贯彻党的十六大精神的通知》。通知提出，要高度重视，充分认识学习贯彻党的十六大精神的重大意义；要认真学习，全面准确把握党的十六大的基本精神；要学以致用，大力发扬理论联系实际的学风；要加强领导，把学习贯彻党的十六大精神的工作不断引向深入。

0263 | **12 月 5 日至 7 日**

教育部在北京举行全国中小学校长培训工作研讨会。会议以“教育创新与校长培训”为主题，总结交流了“十五”计划启动以来中小学校长培训工作的新进展和新经验，分析研究面临的新形势和新问题，研讨进一步加强中小学校长培训工作的新思路和新机制，为推进教育创新、深化基础教育改革、全面实施素质教育服务。

0264 | **12 月 16 日**

国家禁毒委、中央综治办、教育部、共青团中央印发出《关于进一步加强中小学生毒品预防教育工作的通知》。通知要求，要从实践“三个代表”重要思想和关注民族未来的高度，进一步重视和加强中小学生毒品预防教育工作；加强协作，落实责任，确保各项工作措施落到实处，各级禁毒、综治、教育行政部门和共青团组织要积极履行职责，充分发

① 《江泽民文选》第三卷，人民出版社 2006 年版，第 560—561 页。

挥自身优势，注重协作配合，加强对中小学生毒品预防教育工作的组织、指导、协调、督促和经费上的支持；充分发挥课堂教学的主渠道作用，不断增强中小学生毒品预防教育的科学性、针对性和实效性，2003 年春季开始，全国中小学校从小学五年级至高中二年级全面开展毒品预防主题教育；突出重点，抓好典型，充分发挥典型的示范和导向作用；坚持以学校教育为主，社区教育辅助，形成点、面结合的中小学生毒品预防教育格局；不断积累和总结经验，推动中小学生毒品预防教育工作向纵深发展。

0265 | **12 月 17 日**

教育部发布《九年义务教育阶段学校音乐、美术教学器材配备目录》。为贯彻落实《中共中央、国务院关于深化教育改革全面推进素质教育的决定》和教育部颁布的《基础教育课程改革纲要（试行）》，根据 2001 年中小学音乐、美术课教学大纲（试用修订版），教育部对 1989 年原国家教委颁布的中小学音乐、美术课教学器材配备目录进行了修订和完善。

0266 | **12 月 17 日**

北京教科院举办“2002 北京基础教育论坛”。论坛以“全面建设小康社会与基础教育创新”为主题进行广泛研讨。与会专家从不同的角度对全面建设小康社会下的基础教育改革和发展问题，特别是建设现代国民教育体系问题提出意见和建议。

0267 | **12 月 19 日**

《中国教育报》刊登新华社记者对教育部部长陈至立的专访，题目是《为全面建设小康社会提供人才和智力支持》。陈至立指出，我国人力资源面临的挑战来自三个方面：一是国民科学文化素质偏低；二是我国劳动力知识结构重心偏低；三是我国人才状况不适应国际竞争和产业结构调整的要求。党的十三届四中全会以来，我国教育事业持续健康发展，教育改革全面推进，为新世纪我国教育的进一步发展奠定了坚实的基础。

今后将多样化筹措经费，使社会力量办学蓬勃发展。为加快贫困地区、西部地区、少数民族地区教育发展，各级人民政府将加大投入力度。

0268 | **12 月 24 日**

教育部公布全国第九批基本普及九年义务教育、基本扫除青壮年文盲县（市）名单》。2002 年，教育部认定，19 个县（市）和 5 个其他县级行政区划单位，达到现阶段普及九年义务教育和扫除青壮年文盲的各项要求。

0269 | **12 月 26 日至 27 日**

教育部召开 2003 年度教育工作会议。中共教育部党组书记、教育部部长陈至立作重要讲话，对五年来和 2002 年的教育工作作了回顾。陈至立强调，要认真学习贯彻党的十六大精神，明确目标任务，增强做好新世纪教育工作的使命感和责任感。陈至立提出了 2003 年教育工作的任务和要求。为做好 2003 年的教育工作，陈至立重点强调了五个方面工作：以发展为主题，坚持全面、科学的发展观，努力实现教育的可持续发展；坚持教育改革创新，全面推进素质教育；进一步改进德育和思想政治工作；采取切实措施，关心困难学生和群体的学习生活；坚持从严治教、加强管理，坚决纠正行业不正之风。

0270 | **12 月 27 日**

教育部印发《关于积极推进中小学评价与考试制度改革的通知》。通知要求，对学生、教师与学校评价的内容要多元，既要重视学生的学习成绩，也要重视学生的思想品德以及多方面潜能的发展，注重学生的创新能力和实践能力；既要重视教师业务水平的提高，也要重视教师的职业道德修养；既要重视学校整体教学质量，也要重视在学校的课程管理、教学实施等管理环节中落实素质教育思想，形成生动、活泼、开放的教育氛围。评价标准既应注意对学生、教师和学校的统一要求，也要关注个体差异以及对发展的不同需求，为学生、教师和学校有个性、有特色的发展提供一定的空间。在已普及九年义务教育的地区，公办学校实行义务教育阶段就近免试入学，民办和各类进行办学体制改革的小学、初中，也不得以考试的方式选拔新生。初中毕业升学考试命题必须依据国家课程标准，杜绝设置偏题、怪题，要采用形式多样的考试方式，使学生在考试中有展示特长和潜能的机会。在初中升高中的考试与招生中，要综合考虑学生的整体素质和个体差异，改变以升学考试科目分数简单相加作为唯一录取标准的做法。

0271 | **12 月 28 日**

九届全国人大常委会第三十一次会议表决通过《中华人民共和国民办教育促进法》。《民办教育促进法》包括总则、设立、学校的组织与活动、教师与受教育者、学校资产与财务管理、管理与监督、扶持与奖励、变更与终止、法律责任以及附则共 10 章，自 2003 年 9 月 1 日起施行。

0272 | **12 月 28 日**

全国中小学教师继续教育网开通。该网是经教育部批准，由东北师范大学联合全国 14 所省级教育学院、师范院校共同创办的面向全国中小学校长和教师开展继续教育的大型教育专业网站。

2003年

改革进行时

• 重要文件

国务院《关于进一步加强农村教育工作的决定》

国务院办公厅转发教育部、中央编办等部门《关于进一步做好进城务工就业农民子女义务教育工作的意见》

教育部等部门《关于农村中小学危房改造工程的实施意见》

人事部、教育部《关于深化中小学人事制度改革的实施意见》

教育部《中小学环境教育实施指南（试行）》

教育部《中小学图书馆（室）规程（修订）》

• 重要政策

动员和部署全国基础教育课程改革实验推广

进一步做好进城务工就业农民子女接受义务教育的工作

实施农村中小学危房改造工程

进一步深化中小学人事制度改革

• 重要会议

国务院召开全国农村教育工作会议

教育部召开全国基础教育工作会议

教育部召开进城务工就业农民子女义务教育及电子学籍管理系统研讨会

教育部召开全国基础教育课程改革实验推广工作电视电话会议

教育部举行全国基础教育课程改革座谈会

教育部召开全国教育系统治理中小学乱收费工作电视电话会议

• 改革亮点

大力推进农村教育的发展和改革。针对农村教育整体薄弱的状况还没有得到根本改变，国家确定普及义务教育仍然是当前农村教育工作的重点。为此，国家深化农村义务教育改革，特别关注和解决好农村家庭困难学生的就学问题，把农村普及义务教育摆在整个国民教育体系中举足轻重的地位。

0301 | **1月8日**

教育部副部长、国家语委主任袁贵仁复信上海金山中学“语言文字研究性学习”课题组同学，鼓励他们以实际行动带动更多青年学生注重语文应用能力提高，关注社会语文生活，参与语言文字研究学习活动。

0302 | **1月14日至15日**

教育部在河北唐山召开全国基础教育工作会议。会议确定了2003年基础教育工作的总体要求，提出要坚持基础教育积极、均衡、持续、协调发展，深化教育改革，大力推进教育创新，全面推进素质教育，切实加强管理，不断提高教育质量，努力开创基础教育工作的新局面。

0303 | **1月18日**

据《中国教育报》报道，北京市教委、市卫生局通过验收，确定127所中小学为首批北京市健康促进学校。建设健康促进学校的主要目的是培养学生健康技能，努力为学生创造健康、安全的学习和生活环境。

0304 | **2月18日**

2003年度全国学校体育卫生艺术与国防教育工作会议在江西南昌召开。会议强调，体育、卫生与健康教育、艺术教育和国防教育是学校素质教育的重要内容，对促进学生全面素质的提高具有重要作用。

0305 | **2月20日**

教育部办公厅发布《中小学生预防艾滋病专题教育大纲》《中小学生毒品预防专题教育大纲》《中小学生环境教育专题教育大纲》，决定从2003年春季开学起，在中小学开设预防艾滋病、毒品预防和环境教育三项专题教育课。

0306 | **2月25日**

教育部办公厅印发《国家基础教育课程改革实验区2004年初中毕业考试与普通高中招生制度改革的指导意见》。《指导意见》要求各省级教育行政部门及实验区所在地的地（市）及县（区）教育行政部门，要加强领导，协调各职能部门，精心组织，积极推进，稳妥实施初中毕业考试与普通高中招生制度的改革。

0307 | **2月18日**

教育部、新闻出版总署在北京联合召开《中华传统美德格言》出版座谈会。此书由人民教育出版社出版，江泽民为书题词、李岚清为书作序。

0308 | **3月5日**

十届全国人大一次会议在北京人民大会堂开幕，国务院总理朱镕基作《政府工作报告》。《报告》回顾了过去五年的政府工作，指出我国改革开放和经济社会发展取得举世公认的伟大成就，胜利实现了现代化建设第二步战略目标，开始向第三步战略目标迈进。教育事业迅速发展。全国实现基本普及九年义务教育、基本扫除青壮年文盲的人口地区覆盖率，由1997年的65%提高到2002年的91%。民办教育迅速发展。素质教育不断加强，促进了学生德智体美全面发展。五年来，较大幅度地增加科技、教育投入。2002年，全国财政性教育经费投入3366亿元，是1997年的1.8倍，占国内生产总值的比重从2.5%提高到3.3%。从1998年起，中央财政支出中教育经费所占比例每年提高一个百分点。中央财政还安排了大量资金解决中小学教师工资拖欠、中小学危房改造等问题。同时，建立以"奖、贷、助、补、减、免"为主要内容的助学政策体系，努力使家庭生活困难学生不失学。积极推进课程和考试评价制度改革。对农村义务教育实行在国务院领导下，由地方人民政府负责、分级管理、以县为主的新体制，有力地推动了农村教育改革和发展。《报告》强调，2003年是全面贯彻落实党的十六大精神的第一年。要认真实施科教兴国战略和可持续发展战略，继续加大对教育的投入。深化教育体制改革，坚持教育创新，全面推进素质教育。加快发展各级各类教育，提高教育质量。完善农村义务教育以县为主的管理体制。继续做好助学贷款和设立国家奖学金工作。依法规范和积极支持民办教育发展。继续实施人才强国战略，培养和吸引各类人才特别是高层次急需人才，为他们充分发挥聪明才智和干成事业创造良好条件。

0309 | **3月12日**

十届全国人大一次会议376名代表提交的第1000号议案，即《关于加快修改〈中华人民共和国义务教育法〉的议案》，成为本次会议联名人数最多的议案。议案提出要在以下十个方面进行修订《义务教育法》：一是进一步强调发展义务教育的重要指导原则。二是确立义务教育的新的管理体制。从立法上确立"在国务院领导下，由地方人民政府负责，分级管理，以县为主"的新体制。三是建立义务教育经费的有效保障机制。四是建立农村义务教育收费"一费制"，义务教育学校收费的听证制度和公示制度，完善农村义务教育的收费管理，坚决治理义务教育学校乱收费。五是建立家庭经济困难学生免费义务教育制度。六是建立鼓励社会各界对义务教育捐赠的优惠制度。七是建立进城务工农民子女就学的有关制度。八是建立社区参与义务教育学校管理和监督的制度。九是建立城市中小学教师到农村义务教育学校任教的定期轮换制。十是增强《义务教育法》的可操作性，提高《义务教育法》的立法水平和质量。

0310 | **3月21日至22日**

全国教育督导工作会议在山东潍坊举行。会议提出要坚持督政与督学相结合，推进"普九"和素质教育的实施，继续抓好贯彻落实农村义务教育管理体制的督导检查。

0311 | **3月24日**

教育部召开全国教育系统治理中小学乱收费工作电视电话会议。中共教育部党组书记、教育部部长周济讲话指出，必须加大工作力度，从严治教，狠抓政策落实，进一步做好学校乱收费的治理工作。在国家扶贫开发工作重点县的农村小学和初中坚决落实"一费制"，在城镇严格执行公办高中招收"择校生""三限"政策。

0312-14

0312 | **3月25日**

教育部发布《中小学图书馆（室）规程（修订）》。新《规程》要求，进一步加大对中小学图书馆（室）建设的经费投入。各级教育行政部门要在每年的教育经费中按一定比例设立图书专项经费，满足中小学图书馆（室）购买图书资料的需要。学校要多渠道筹措经费。积极鼓励企业、社会团体和公民个人对中小学图书馆（室）建设的捐助。各地要将中小学图书馆（室）的信息化建设作为教育信息化建设的一项重要内容。要加强数字图书馆和图书资源中心的建设。对建有或在建局域网或城域网的地区，要以某个中心学校或教育部门网络中心为依托，建设图书中心，辐射周边学校，实现资源共享。要采取有效措施，积极开展各种读书活动，鼓励各地中小学图书馆（室）对社区、学生业余时间开放，提高图书的借阅率、使用率，充分发挥中小学图书馆（室）的使用效益。加强中小学图书管理队伍的建设。

0313 | **4月10日**

教育部办公厅印发《关于2003年义务教育新课程实验工作有关要求的通知》。通知要求，进一步提高认识，加强和落实新实验区的组织领导工作；做好2003年秋季新课程实验工作推广规划等。

0314 | **4月14日至16日**

教育部组织30个省、自治区、直辖市教育行政部门有关负责人到湖南集体调研，了解湖南省在农村税费改革过程中保障农村义务教育投入的有关情况。教育部部长周济、副部长王湛参加调研。周济在调研中强调，要从贯彻落实“三个代表”重要思想和全面建设小康社会的全局出发，把农村教育作为教育工作的重中之重。各地教育部门要增强紧迫感和责任感，着力抓好税费改革中的农村义务教育工作，把中央关于在税费改革中确保农村义务教育投入的要求落到实处。要抓住税费改革这一机遇，主动工作，进一步推进和深化农村教育改革，探索建立新形势下农村义务教育投入的保障机制。

0315 | **4月15日**

据《中国教育报》报道，西安市颁布十条禁令，坚决纠正中小学校存在的乱收费、乱考试、乱招生、乱办班、乱补课、滥发教辅材料、体罚或变相体罚学生、驱赶“差生”等现象。

0316 | **4月18日**

国务院总理温家宝、副总理吴仪，国务委员陈至立检查北京市大中小学和幼儿园非典型肺炎防治工作。温家宝指出，做好非典型肺炎防治工作，要突出重点部位和重点环节。要采取有针对性的措施，切实加强学校的防治工作。各类学校都要高度重视，领导亲自抓，指定专人负责。

0317 | **4月22日**

北京市教委印发《关于做好中小学和幼儿园“非典”防治工作的通知》，要求全市各中小学从4月24日到5月7日暂放假两周。为使学生安心学习，减少“非典”对中小学生学习的影响，北京市教委开通“教委网校”，为全市中小学生提供在线答疑和教学辅导服务。

0318 | **4月23日**

教育部印发《关于做好中小学和幼儿园“非典”防治工作的通知》，要求全国中小学和幼儿园进一步做好“非典”防治工作，确保师生身体健康和生命安全。

0319 | **5月2日**

教育部印发《关于广大农村地区利用中小学校现代远程教育设备进行防治“非典”宣传教育工作的通知》。通知要求，要充分利用中小学校现代远程教育设备，包括计算机教室、多媒体教室、卫星收视点和教学光盘播放设备，向广大人民群众宣传防治“非典”的相关知识，让广大人民群众了解和掌握“非典”发病的原因、主要症状、传播途径和预防措施。要采取有效方法，充分利用互联网、中国教育电视台、教育部中西部贫困地区远程教育资源网站等信息渠道，广泛收集有关防治“非典”宣传知识的音像资源，组织好宣传教育活动。

0320 | **5月3日**

经中共北京市委、北京市人民政府和教育部同意，北京市教委决定，全市中小学继续放假两周，以控制“非典”疫情对中小学校的影响，保障首都137万名中小学生的身体健康。放假期间，教育部门利用各种媒体，从5月6日起开办“空中课堂”，指导和推动中小学学生在家学习。5月8日，国务委员陈至立考察北京地区“空中课堂”开展情况，并对坚守在教学岗位的广大教职工表示慰问和感谢。陈至立在考察时强调，在当前进行的抗击“非典”斗争中，北京等地区中小学校调整了教学和学习方式，开设了“空中课堂”，这既是一个很好的应对措施，同时也为推进教育信息化、现代化提供了机遇。我们要努力做到近期工作和长远规划相结合，不失时机地大力推进现代远程教育。

0321 | **5月4日**

“非典”疫情期间，教育部“国家基础教育资源网”联合北京、湖南、广东、湖北等参与了“网络化基础教育资源建设项目”实验的省级教育部门的网站，提前开通试运行该项目。

0322 | **5月15日**

教育部、国家发改委、财政部印发《关于做好2003年学校收费工作有关问题的通知》。通知要求，2003年政府举办的各级各类学校的收费标准不得提高，也不得设立新的收费项目，除按国家规定的项目和标准收费外，学校不得再向学生收取其他任何费用。国家扶贫开发工作重点县的农村小学和初中要按规定全面实行“一费制”收费办法。

0323 | **5月17日**

北京市教委对中小学陆续复课以及小学和初中入学、高中毕业会考等工作作出部署，要求各地本着因地、因校制宜的原则，采取返校复课和“空中课堂”等多种形式，安排好学生学习和防控疫情工作。

0324 | **5月19日**

教育部、国务院纠风办、国家发改委、财政部、审计署、新闻出版总署六部门建立治理教育乱收费部际联席会议制度，以加强对治理教育乱收费工作的组织协调，统一领导。教育部部长周济在作会议总结时指出，部际联席会议是一种很好的工作形式，使全国治理教育乱收费工作有了组织保障和统一领导，必将有力推动这项工作的深入开展。

0325 | **5 月 19 日**

教育部发布《全日制义务教育思想品德课程标准（实验稿）》。新《课程标准》于 2003 年秋季开学后，在部分国家级实验区进行试用。

0326 | **6 月 9 日**

教育部、农业部印发《关于进一步加强“中小学生豆奶计划”试点工作管理的通知》。通知要求，严格控制“中小学生豆奶计划”试点范围，“中小学生豆奶计划”的试点范围必须由省（自治区、直辖市）学生豆奶计划协调小组（或联席会议）确定，实施“中小学生豆奶计划”试点的地（市）、县（区）必须成立由政府分管领导牵头、有关部门参加的学生豆奶计划协调小组（或联席会议），明确各部门的分工，建立相应的责任制，共同加强对“中小学生豆奶计划”试点工作的管理。

0327 | **6 月 23 日**

国务院办公厅转发教育部等部门《关于 2003 年治理教育乱收费工作实施意见》。《实施意见》要求，全面清理教育收费项目和收费标准。各省、自治区、直辖市人民政府要根据国家现行教育收费政策，立即全面清理审定本地区教育收费项目和收费标准。国家扶贫开发工作重点县农村小学和初中坚决实行“一费制”收费办法。严格执行“择校生”“三限”政策。严格规范学校收费、代收费行为。经批准进行中小学办学体制改革试验的学校可以依托优质公办中小学办学，必须实行独立的财务核算和人事管理，有独立的校园、校舍，独立进行教育教学。坚决禁止中小学校以组织举办辅导班、补习班、“提高班”或“超常班”等为由向学生收取费用。中小学校除按国家规定可以代收课本费外，不得向学生收取其他任何性质的代收费。学校面向学生的各类服务项目，必须遵循学生自愿的原则，要加强对学校代收费资金收支情况的监督管理。

0328 | **6月23日**

教育部印发《关于加强农村中小学食堂管理工作的通知》。通知要求，坚决加强对农村中小学食堂的管理，确保农村中小学食堂的伙食卫生安全、价格合理、质量良好。各省级教育行政部门要于近期内，采取适当形式，对农村中小学食堂进行一次全面检查，对当前存在问题的原因进行认真分析研究，拿出从根本上解决问题的办法，要把农村中小学食堂管理工作列入各级教育行政部门对学校的检查和考核项目中，并建立常规检查制度，持久地抓好农村中小学食堂管理工作。

0329 | **6月26日**

国家发改委、教育部、国务院纠风办、监察部、财政部、审计署和新闻出版总署七部门联合召开全国治理教育乱收费工作电视电话会议。会议要求，全国各地区、各有关部门要把治理教育乱收费作为当前一项十分紧迫的任务，突出重点，确保2003年治理工作取得明显成效。7月18日，教育部等部门转发陈至立在全国治理教育乱收费工作电视电话会议上的讲话。

0330 | **7月2日**

国务院办公厅转发教育部、卫生部《关于加强学校卫生防疫与食品卫生安全工作的意见》。《意见》提出，做好学校卫生防疫与食品安全工作，对保障青少年学生健康和生命安全，保持学校正常的教学秩序，维护社会的稳定意义重大。《意见》要求，要提高认识，加强领导；要明确职责，健全机制；要加强预防控制，严格学校管理；要加强监督检查，严格责任追究；要加大投入，切实改善学校卫生设施与条件。

0331 | **7月7日**

教育部召开全国基础教育课程改革实验推广工作电视电话会议，对2003年新学年的实验推广工作进行动员和部署。会议要求各省级教育行政部门要以高度的责任感、使命感和紧迫感，把基础教育课程改革作为全面推进素质教育的战略举措，加强领导，边实验边推广，精心组织做好实验工作。

0332 | **7月17日**

教育部印发《关于加强依法治校工作的若干意见》。《意见》指出，依法治校是依法治教的重要组成部分。《意见》提出，要充分认识推进依法治教工作的重要性和必要性；进一步明确推进依法治教工作的指导思想；切实采取措施，大力推进依法治教；加强对依法治教工作的领导。

0333 | **8月1日**

浙江省发布《义务教育收费管理办法》。《办法》规定，县级人民政府应当履行的义务教育经费保障职责是：按时足额发放学校教职工工资，并保证教师工资不低于或者高于当地国家公务员的法定平均工资水平；按照规定的定额和标准，统筹安排并保证学校公用经费开支；筹措并保证学校危房改造和其他建设所必需的经费；保证减免贫困学生义务教育收费所需的经费；国家和省级人民政府规定的其他经费保障职责。

0334 | **8月28日**

中共中央政治局常委、中纪委书记吴官正到教育部就治理教育乱收费问题进行调研。吴官正指出，治理教育乱收费，要标本兼治，综合治理。要突出工作重点，认真抓好国家扶贫重点县农村义务教育阶段收费“一费制”和公办高中招收“择校生”“限分数、限人数、限钱数”政策的落实。要加强制度建设，积极推行教育收费听证、收费公示、收费巡查督导、收费审计和校务公开、责任追究等制度，落实“收支两条线”规定，规范收费管理。加强监督检查，做到防范在前。对仍然我行我素，违反规定乱收费的要严肃查处。广大教育工作者要增强职业荣誉感和社会责任感，提高职业道德水平，全力办好让人民群众满意的教育事业。

0335 | **8月29日**

国家发改委、教育部、国务院纠风办、监察部、财政部、审计署和新闻出版总署七部门联合印发《关于开展全国治理教育乱收费专项检查的通知》，决定自9月15日起，在全国范围内开展治理教育乱收费专项检查。

0336 | **9月4日**

0336—39 教育部印发《关于实施全国教师教育网络联盟计划的指导意见》。《指导意见》就实施“教师网联计划”的意义、宗旨、目标，教师网联的管理体制和组织系统，教师网联的办学体系和公共服务体系等问题作了说明。9月8日，教育部在北京举行“全国教师教育网络联盟计划”启动仪式。教育部部长周济就实施“教师网联计划”的重要性强调，信息化为教师终身学习创造了有利条件，使原来想做而做不到的事情成为现实。抓住这一契机，率先推进信息化，实施“教师网联计划”，加强“三网”沟通，充分运用现代远程教育手段，实现教师教育领域内行业联合，沟通各种教育形式，建立和依托优质高效的公共服务体系，共建共享优质资源，是加速教师教育信息化进程，提高教育质量的重要举措，也是以教育信息化带动教育现代化的重要举措。

0337 | **9月9日**

中共中央政治局常委、国务院总理温家宝在北京人民大会堂会见全国农村中小学优秀教师代表和第一届高等学校教学名师奖获得者，强调要在全社会大兴尊师重教之风。同日，温家宝先后到北京玉泉路小学、丰台第二幼儿园、北京十二中学和北京第二实验小学看望教师，向他们表示节日的问候。

0338 | **9月9日**

教育部在北京举行全国农村中小学优秀教师代表座谈会，表彰一批在农村教育第一线辛勤耕耘并作出突出贡献的优秀教师。教育部部长周济代表教育部向与会教师代表表示亲切慰问，致以崇高敬意，并通过他们向全国广大教师致以节日的问候。

0339 | **9月17日**

国务院办公厅转发教育部、中央编办、公安部、国家发改委、财政部、劳动和社会保障部《关于进一步做好进城务工就业农民子女义务教育工作的意见》。《意见》指出，做好进城务工就业农民子女义务教育工作，是实践“三个代表”重要思想的具体体现，是贯彻落实《义务教育法》、推动城市建设和发展、推进农村富余劳动力转移以及维护社会稳定的需要，是各级人民政府的共同责任。各级人民政府要以强烈的政治责任感，认真扎实地做好这项工作。进城务工就业农民流入地人民政府负责进城务工就业农民子女接受义务教育工作，以全日制公办中小学为主。地方各级人民政府特别是教育行政部门和全日制公办中小学要建立完善保障进城务工就业农民子女接受义务教育的工作制度和机制，使进城务工就业农民子女受教育环境得到明显改善，九年义务教育普及程度达到当地水平。流入地人民政府要制定有关行政规章，协调有关方面，切实做好进城务工就业农民子女接受义务教育工作。充分发挥全日制公办中小学的接收主渠道作用。建立进城务工就业农民子女接受义务教育的经费筹措保障机制。

0340 | **9月17日**

人事部、教育部印发《关于深化中小学人事制度改革的实施意见》。《实施意见》提出，中小学人事制度改革的总体目标是：以实行聘用（聘任）制和岗位管理为重点，以合理配置人才资源，优化中小学教职工结构，全面提高教育质量和管理水平为核心，加快用人制度和分配制度改革，建立符合中小学特点的人事管理运行机制，建设一支高素质专业化的中小学教师队伍和管理人员队伍。中小学人事制度改革的主要任务是：加强编制管理，调整优化中小学教职工队伍结构；进一步完善校长负责制，改进和完善校长选拔任用制度；实行教职工聘用（聘任）制；完善中小学教职工工资保障机制，建立健全分配激励机制；促进人才合理流动。

0341 | **9月17日**

国务院发布《关于进一步加强农村教育工作的决定》。《决定》指出，农村教育在全面建设小康社会中具有基础性、先导性、全局性的重要作用；要加快推进“两基”攻坚，巩固提高普及义务教育的成果和质量；落实农村义务教育以县为主管理体制的要求，加大投入，完善经费保障机制；建立健全资助家庭经济困难学生就学制度，保障农村适龄少年儿童接受义务教育的权利；加快推进农村中小学人事制度改革，大力提高教师队伍建设；实施农村中小学现代远程教育工程，促进城乡优质教育资源共享，提高农村教育质量和效益；切实加强领导，动员全社会力量关心和支持农村教育事业。

0342 | **9 月 19 日至 20 日**

0342 国务院在北京召开全国农村教育工作会议。会议强调，要充分认识农村教育在全面建设小康社会中的基础性、先导性、全局性作用，充分认识农村义务教育在整个国民教育体系中举足轻重的地位，认真解决“三农”问题，推进农村小康建设和城乡协调发展。要坚持积极进取、实事求是、分区规划、分类指导的原则，西部地区集中力量打好“两基”攻坚战，中部地区切实抓好“两基”的巩固和提高，东部地区实现高质量高水平“普九”。会议指出，国务院决定到 2007 年，力争使西部地区九年义务教育普及率达到 85% 以上，青壮年文盲率降到 5% 以下。完成这一任务，将对推进西部扶贫开发、促进民族团结、维护边疆稳定起到非常重要的作用。要清醒地看到完成这一任务的复杂性和艰巨性，必须高度重视，狠抓落实。一是国务院有关部门和西部各省、自治区、直辖市要在充分调查研究的基础上，制定工作规划，设立专项经费，认真组织实施，加强督促检查。二是县级人民政府要负起主要责任，财政再紧张也要确保教育投入。三是采取有力措施，解决兴办寄宿制学校、资助家庭经济困难学生、培养少数民族地区教师等困难和问题。会议强调，办好农村教育，要一手抓发展，一手抓改革。当前，要重点推进农村教学改革，办学体制改革，中小学人事制度改革，“农科教结合”和“三教统筹”的综合改革。要充分发挥城市教育资源的优势，更积极、更有效地为农村和农民提供服务，特别是为西部地区培养输送急需人才。扩大城市各类职业学校面向农村招生。保证进城务工农民的子女有书读、有学上。要认真落实以县为主的农村教育管理体制和中央提出的新增教育经费主要用于农村的要求。各级人民政府要把办好农村教育作为一项最重要的职责，地方各级人民政府和国务院各有关部门都要把加强农村教育工作摆上重要议事日程，结合本地区、本部门实际，制定规划，组织实施，督促检查，狠抓落实。要大力宣传农村优秀教师的先进模范事迹，进一步在全社会形成尊师重教和支持农村教育的良好风尚。

0343 | **9 月 21 日**

教育部召开第七届国家督学会议。教育部部长周济指出，要深刻认识当前教育督导工作面临的新形势；进一步重视和加强教育督导工作；不断提高国家督学工作水平。

0344 | **9 月 28 日**

成都市教育局印发《关于进一步规范基础教育办学行为有关问题的通知》，对全市中小学办学行为进一步加以规范。通知要求，中小学原则上不得举办学科实验班，公办中小学不得以改制为名高收费，各区（县）不得以改革为由减少教育投入，严控公办中小学校异地办学和招生。

0345 | **9 月 29 日**

教育部、国家发改委、财政部印发《关于农村中小学危房改造工程的实施意见》。《实施意见》指出，危房改造工程由教育部、国家发改委、财政部和地方人民政府共同组织实施。地方人民政府要切实承担工程的主要责任，成立由主管教育的副省长（副主席、副市长）牵头，教育、发展改革（计划）和财政部门参加的工程领导小组，负责工程的组织实施工作。用三年时间，中央安排专项资金支持地方人民政府完成对农村中小学现存 D 级危房的改造任务。建立和完善农村义务教育设施建设投入新机制。农村中小学现存的 B 级、C 级危房及以后新产生的危房，由地方人民政府负责核查、制定规划、落实资金并承担改造责任。

0346 | **10 月 8 日**

教育部发布《中小学环境教育实施指南（试行）》，要求在基础教育新课程的各相关学科内容的设计中渗透环境教育，同时将环境教育作为一个跨学科的主题纳入中小学综合实践活动课程。

0347 | **10月12日**

据《中国教育报》报道，四川省教育厅发出通知，要求在全省范围内积极推进中小学评价与考试制度改革。通知要求，各地教育行政部门和学校要切实落实小学生学习成绩评定采用等级制的要求，不得将学生的成绩排队、公布；任何单位和个人不得以任何形式按中考成绩给地区、学校和学生公布名次；各地不得以学生的考试成绩作为评价教师的唯一标准；未经教育行政部门批准，任何社会团体、民间学术机构组织的教学评比结果不得作为教师晋升、提级、评优等的依据；各级教育行政部门不得以升学率作为评价学校的标准。

0348 | **10月14日**

党的十六届三中全会审议通过《中共中央关于完善社会主义市场经济体制若干问题的决定》。《决定》提出，深化科技教育文化卫生体制改革，提高国家创新能力和国民整体素质。构建现代国民教育体系和终身教育体系，建设学习型社会，全面推进素质教育，增强国民的就业能力、创新能力、创业能力，努力把人口压力转变为人力资源优势。推进教育创新，优化教育结构，改革培养模式，提高教育质量，形成同经济社会发展要求相适应的教育体制。巩固和完善以县级人民政府管理为主的农村义务教育管理体制。实施全员聘用和教师资格准入制度。完善和规范以政府投入为主、多渠道筹措经费的教育投入体制，形成公办学校和民办学校共同发展的格局。完善国家和社会资助家庭经济困难学生的制度。

0349 | **10月21日**

教育部印发《关于进一步加强中小学教师队伍管理和职业道德教育的通知》。通知指出了加强中小学教师队伍管理和职业道德教育的基本要求。通知要求，依法实施教师资格制度，全面推行教师聘任制；完善考核制度，规范学校内部管理工作；加强师德和法制教育，提高职业道德修养；从严治教，坚决查处违纪违法行为。

0350 | **10月31日**

国家发改委、新闻出版总署、教育部印发《关于加强中小学实验教材价格管理的通知》。通知要求，将实验教材价格纳入政府价格管理范围，严格控制实验教材用纸规格，规范实验教材出版发行环节收费行为，加强对实验教材价格的监督检查。

0351 | **11月12日**

教育部、财政部、人事部、国务院纠风办印发《关于严禁向新任中小学教师收取"上岗费"的通知》。通知要求，坚决制止任何部门向新任中小学教师收取或变相收取"上岗费"，进一步巩固完善以县为主的农村义务教育管理体制，加快推进中小学人事制度改革，进一步提高教师队伍的整体素质，进一步加强教育，严肃纪律。

0352 | **11月12日**

教育部、中央编办、财政部印发《关于建立中小学编制报告制度的通知》。通知要求，各地要重视中小学教职工编制核定工作，尚未制定编制标准实施办法的省（自治区、直辖市），要尽快制定并组织实施。已经制定编制标准实施办法的，要加快编制核定工作的进度。按照全国农村教育工作会议提出的要求，力争在2003年底前完成中小学编制核定工作。在制定编制标准实施办法和核定编制的过程中，要认真落实国务院办公厅转发中央编办、教育部、财政部《关于制定中小学教职工编制标准意见的通知》精神，坚持从实际出发，因地制宜，区别对待，防止在编制核定上"一刀切"，保证教学编制的基本需求。

0353 | **11月17日至18日**

全国中小学人事制度改革工作会议在山西太原举行。会议认为，当前深化中小学人事制度改革要着重抓好以下重点工作：一是加快编制核定工作，尽快将编制核定到县；要建立编制报告制度和定期调整制度；要组织中小学按照核定的编制数和教师职务结构比例合理设置各类岗位，明确岗位职责。二是依法实施教师资格制度，严把教师队伍入口关，坚持择优录用，逐步提高新聘教师的学历层次。三是引入竞争机制，全面推行教师聘任制。实行按需设岗、公开招聘、平等竞争、择优聘任、科学考核、合同管理，转换用人机制，建立公开、公平、公正的聘任机制，形成竞争择优、积极进取的良好氛围。四是严格掌握校长任职条件，积极推行校长聘任制。五是严格合同管理，科学实施考核。六是完善教师交流制度，促进教师队伍合理流动。

0354 | **11 月 20 日**

国家体育总局、教育部发布《关于命名 100 所国家级体育传统项目学校的决定》。11 月 23 日，国家体育总局、教育部在天津共同召开首批国家级体育项目传统学校命名大会。

0355 | **11 月**

《李岚清教育访谈录》由人民教育出版社出版。这部著作反映了中国跨世纪教育改革与发展十年历程，生动阐述中国教育工作一系列重大决策的出台背景。著作的出版，在社会上引起热烈反响，被评为 2003 年中国十大教育新闻之一。

0356 | **12 月 1 日**

教育部在福建南安举行全国基础教育课程改革座谈会。会议总结交流了基础教育课程改革实施两年来，各实验区进行课程改革实验工作的经验，分析了当前面临的新情况和新问题，对课程改革工作作进一步的研究与部署。会议指出，到 2003 年秋季开学，全国共有 1642 个实验区进行义务教育新课改，参与学生数达 3500 万人，分别占全国县区数的 57%，义务教育阶段学生总数的 18.6%，新课程已经由实验进入推广阶段。

0357 | **12 月 11 日**

据《中国教育报》报道，教育部基础教育司在江苏南京召开进城务工就业农民子女义务教育及电子学籍管理系统研讨会。教育部有关部门负责人介绍了进城务工就业农民子女接受义务教育工作的进展情况，并就落实好《关于进一步做好进城务工就业农民子女义务教育工作意见的通知》提出了工作意见。

0358 | **12 月 25 日至 27 日**

教育部召开 2004 年度教育工作会议。教育部部长周济出席会议并讲话指出，2004 年教育工作要继续以邓小平理论和“三个代表”重要思想为指导，大力实施科教兴国战略和人才强国战略，谋划发展、规划未来，坚持巩固成果，深化改革、提高质量、持续发展的方针，推动教育事业持续健康协调快速发展，努力办好让人民满意的教育。

0359 | **12 月 28 日**

中央电视台少儿频道开播，节目类型包括教育类、益智游戏类、科普类、综艺类、动画片和儿童剧等。

0360 | **12 月 29 日**

教育部公布第十批基本普及九年义务教育、基本扫除青壮年文盲县（市、区）名单。2003 年，教育部认定 51 个县(市、区)和 12 个其他县级行政区划单位，达到现阶段普及九年义务教育和扫除青壮年文盲的各项要求。

0361 | **12 月 30 日**

国家科技教育领导小组召开第二次全体会议。会议听取了教育部关于制定《2003—2007 年教育振兴行动计划》和《国家西部地区“两基”攻坚计划》的汇报。会议认为，《2003—2007 年教育振兴行动计划》明确了近五年我国教育工作的方向、任务和目标，对教育改革和发展提出了具体要求。《国家西部地区“两基”攻坚计划》，对实现西部地区基本普及九年义务教育、基本扫除青壮年文盲作出了具体部署。

2004年

改革进行时

• 重要文件

中共中央、国务院《关于进一步加强和改进未成年人思想道德建设的若干意见》

国务院办公厅转发教育部等部门《国家西部地区“两基”攻坚计划（2004—2007年）》

国务院批转教育部《2003—2007年教育振兴行动计划》

中宣部、教育部《中小学开展弘扬和培育民族精神教育实施纲要》

中宣部等十单位《关于加强和改进爱国主义教育基地工作的意见》

教育部等部门《2004—2010年西部地区教育事业发展规划》

教育部等部门《关于在全国义务教育阶段学校推行“一费制”收费办法的意见》

财政部、教育部《对农村义务教育阶段家庭经济困难学生免费提供教科书工作暂行管理办法》

中央综治委、教育部、公安部《关于深入开展安全文明校园创建活动的意见》

文化部等十二单位《关于公益性文化设施向未成年人免费开放的实施意见》

• 重要政策

进一步加强和改进未成年人思想道德建设

中小学开展弘扬和培育民族精神教育

全面推行义务教育阶段学校“一费制”收费办法

建立和完善教育收费决策听证制度

对农村义务教育阶段家庭经济困难学生免费提供教科书

深入开展安全文明校园创建活动

公益性文化设施向未成年人免费开放

• 重要会议

中共中央召开全国加强和改进未成年人思想道德建设工作会议

教育部召开全国基础教育课程改革工作电视电话会议

教育部召开全国中小学德育工作会议

教育部等七部门召开全国治理教育乱收费工作电视电话会议

教育部、公安部召开全国中小学和幼儿园安全工作电视电话会议

• 改革亮点

实施西部地区“两基”攻坚计划。2004 年，国家提出西部“两基”攻坚目标。完成西部“两基”攻坚任有利于在全国范围内实现全面普及九年义务教育目标，对推进西部扶贫开发、促进民族团结、维护边疆稳定都有非常重要的作用。

0401 | 1月11日至12日

教育部在北京召开全国中小学德育工作会议。教育部部长周济在会议上指出，要在中小学大力开展弘扬和培育民族精神教育，要从增强爱国情感做起，以爱国主义教育为核心，以中华传统美德和革命传统教育为重点，引导广大青少年认识中华民族的历史和传统，把课堂教学作为弘扬和培育民族精神的重要途径。各级教育行政部门和学校要加强领导，重视师德建设，切实做好学校管理工作。

0402 | 1月14日

国务院办公厅转发教育部、中央编办，国家发改委、财政部、人事部《关于进一步做好教育援藏工作的意见》。《意见》指出，教育援藏工作的主要任务是：继续办好西藏班；通过国家扶持、对口支援等多种形式，重点帮助西藏发展基础教育等。

0403 | 1月17日

国务院办公厅转发教育部《关于建立对县级人民政府教育工作进行督导评估制度的意见》。《意见》就建立对县级人民政府教育工作进行督导评估制度的必要性，督导评估的组织实施、督导评估的主要内容、督导评估的工作原则和程序，切实加强对督导评估工作的领导等问题作了说明。

0404 | 2月2日

教育部印发《关于进一步加强基础教育新课程师资培训工作的指导意见》。《指导意见》强调，建立健全新课程师资培训工作的保障体系，按照“边实验、边培训、边总结、边提高”的原则，根据新课程实验推广的要求，统筹规划、分区推进、分步实施，分阶段、滚动式地展开新课程师资培训。重视对培训者培训，要明确培训内容，突出培训重点，增强新课程培训的针对性，更新培训观念，变革培训模式，提高新课程培训的实效性。

0405 | 2月5日

财政部、国家税务总局印发《关于教育税收政策的通知》，明确规定教育事业享受多重税收优惠。

0406 | **2月9日**

全国首届中小学生艺术展演颁奖晚会开幕，晚会分“阳光校园”“艺术之花”“未来之歌”三个篇章，展现了多彩校园生活。全国人大常委会副委员长许嘉璐、国务委员陈至立、全国政协副主席周铁农、教育部部长周济等观看演出。

0407 | **2月16日**

国务院办公厅转发教育部、国家发改委、财政部和国务院西部开发办《国家西部地区“两基”攻坚计划（2004—2007年）》。《计划》指出，西部地区“两基”攻坚的目标是：到2007年，西部地区整体上实现“两基”目标，西部各省（自治区、直辖市）及新疆生产建设兵团要分别实现各自的“两基”目标，到2007年，截至2002年尚未实现“两基”的372个县（市、区）以及新疆生产建设兵团的38个团场，除特别困难的达到国家“普六”验收标准外，其余的要达到国家“两基”验收标准。西部地区“两基”攻坚的主要任务是：新建、改扩建一批以农村初中为主的寄宿制学校；西部各省（自治区、直辖市）要制定本地区的“两基”规划；建立较完善的义务教育阶段家庭贫困学生资助制度；西部地区各级人民政府要切实保障“两基”攻坚县的教职工（包括按国家编制标准新增教师）的工资发放，建立中央财政用于教师工资转移支付的监管机制；稳步推进农村中小学现代远程教育。西部地区“两基”攻坚的主要措施有：加快农村寄宿制学校建设；扶持西部农村地区家庭经济困难学生就学；实施农村中小学现代远程教育；大力加强西部农村地区教师队伍建设；深化教学改革，提高教育质量；加大教育对口支援力度；明确地方各级人民政府在“两基”攻坚中的责任。

0408 | **2月19日**

全国网吧等互联网上网营业场所专项整治工作电视电话会议在北京召开。国务委员陈至立出席会议并讲话强调，要下大决心，花大力气，深入开展专项整治，尽快实现网吧经营秩序的根本好转，为青少年的健康成长创造良好的社会环境。

0409 | **2 月 19 日至 20 日**

教育部在浙江宁波召开中小学安全工作研讨会。会议要求，各地要结合实际，认真做好“全国中小学生安全教育日”教育宣传活动，切实提高中小学生安全防范意识和能力。

0410 | **2 月 20 日**

《关爱明天》在北京人民大会堂举行首映式。该影片是一部以“认识社会、拒绝诱惑、远离危险、防范侵害”为主题的我国首部青少年安全教育电影。

0411 | **2 月 24 日**

国家发改委、教育部印发《关于建立和完善教育收费决策听证制度的通知》。通知要求在制定（包括调整）重要的教育收费标准前，要由政府价格主管部门主持，请社会有关方面对其必要性、可行性进行述证。

0412 | **2 月 25 日**

国务院第四十一次常务会议通过《中华人民共和国民办教育促进法实施条例》。3 月 5 日，国务院发布《实施条例》。《实施条例》从民办学校的举办者、民办学校的设立、民办学校的组织与活动、民办学校的资产与财务管理、扶持与奖励、法律责任等方面作出规定。

0413 | **2 月 26 日**

中共中央、国务院印发《关于进一步加强和改进未成年人思想道德建设的若干意见》。《意见》强调，加强和改进未成年人思想道德建设，要紧密结合全面建设小康社会的实际，针对未成年人身心成长的特点，积极探索新世纪新阶段未成年人思想道德建设的规律，坚持以人为本，教育和引导未成年人树立中国特色社会主义的理想信念和正确的世界观、人生观、价值观，养成高尚的思想品质和良好的道德情操，努力培育有理想、有道德、有文化、有纪律的，德、智、体、美全面发展的中国特色社会主义事业建设者和接班人。未成年人思想道德建设的主要任务是：从增强爱国情感做起，弘扬和培育以爱国主义为核心的伟大民族精神；从确立远大志向做起，树立和培育正确的理想信念；从规范行为习惯做起，培养良好的道德品质和文明行为；从提高基本素质做起，促进未成年人的全面发展。

0414 | 2月26日

财政部、教育部发布《对农村义务教育阶段家庭经济困难学生免费提供教科书工作暂行管理办法》。《暂行管理办法》指出，中央财政设立专项资金，免费为农村地区因家庭经济困难而无力负担教材费的义务教育阶段学生提供教科书。免费提供教科书的科目，由省级教育行政部门按照国家现行义务教育课程计划（特殊教育学校课程计划）和课程改革的要求，经商得省级财政部门同意后确定。免费提供的教科书扉页上须标明“本书由国家免费提供”字样。

0415 | 3月1日

教育部、国务院纠风办等七部门在北京联合召开全国治理教育乱收费工作电视电话会议。国务委员陈至立出席会议并作了题为《再接再厉 真抓实干 深入治理教育乱收费》的讲话。陈至立强调建立完善治理乱收费长效机制，一是要在义务教育阶段全面推行“一费制”；二是要进一步完善公办高中招收“择校生”的“三限”政策；三是要严格规范高校收费行为；四是要加大对搭车收费和各种形式摊派的治理力度；五是要进一步加强对教育收费资金的管理。同时，要加强监督检查，严肃查处违纪案件。3月8日，七部门印发《关于2004年治理教育乱收费工作的实施意见》。

0416 | 3月1日

全国各级少先队组织以“弘扬和培育民族精神，做个了不起的中国人”为主题，动员1.3亿名少先队员开展“民族精神代代传”全队统一行动日活动。该活动是中宣部、中央文明办、共青团中央、教育部、全国少工委在少年儿童中开展的一项思想道德教育活动。

0417 | 3月3日

国务院批转教育部《2003—2007年教育振兴行动计划》。《行动计划》提出，要高举邓小平理论伟大旗帜，以“三个代表”重要思想为指导，坚持教育为人民服务的宗旨，巩固成果，深化改革，提高质量，持续发展，办好让人民满意的教育。努力实现党的十六大提出的历史性任务，构建中国特色社会主义现代化教育体系，为建立全民学习、终身学习的学习型社会奠定基础；培养数以亿计的高素质劳动者、数以千万计的专门人才和一大批拔尖创新人才，把巨大的人口压力转化为丰富的人力资源优势；加强教育同科技与经济、同文化与社会的结合，为现代化建设提供更大的智力支持和知识贡献。《行动计划》强调，重点推进农村教育发展与改革，坚持把农村教育摆在重中之重的地位，加快农村教育发展，深化农村教育改革，促进农村经济社会发展和城乡协调发展。.努力提高普及九年义务教育的水平和质量，为2010年全面普及九年义务教育和全面提高义务教育质量打好基础。深化农村教育改革，发展农村职业教育和成人教育，推进“三教统筹”和“农科教结合”。落实以县为主的农村义务教育管理体制，加大投入，完善保障机制。建立和健全助学制度，扶持农村家庭经济困难学生接受义务教育。加快推进农村中小学教师队伍建设。实施“农村中小学现代远程教育计划”。3月24日，教育部印发《关于学习、宣传和全面实施〈2003—2007年教育振兴行动计划〉的通知》。

0418 | **3月5日**

十届全国人大二次会议在北京人民大会堂开幕，国务院总理温家宝作《政府工作报告》。《报告》指出，过去的一年，是我国发展进程中重要而非同寻常的一年，是改革开放和社会主义现代化建设取得显著成就的一年。国务院作出《关于进一步加强农村教育工作的决定》。中央财政和国债资金加大了对农村教育的支持力度，主要用于补助中西部农村教师工资发放、中小学危房改造、中小学现代远程教育工程试点和资助家庭经济困难的学生。许多城市开始实行以流入地人民政府管理为主的办法，努力使进城务工农民的子女能够上学。《报告》提出，2004年要继续实施科教兴国战略，坚持走可持续发展之路。切实把教育放在优先发展的地位，用更大的精力、更多的财力加快教育事业发展。实施新一轮《教育振兴行动计划》，重点加强义务教育特别是农村教育。2004年要启动西部地区“两基”攻坚计划，到2007年使西部地区基本普及九年义务教育，基本扫除青壮年文盲，中央财政将为此投入100亿元。要完善农村义务教育“以县为主”的管理体制，中央财政和省、市（地）财政要增加对贫困县义务教育的转移支付。继续实施第二期农村中小学危房改造，中央财政将投入60亿元。中央财政和地方财政还将加大投入，发展农村中小学现代远程教育。各级各类学校都要全面贯彻党的教育方针，加强素质教育，深化教育改革，提高教育质量。规范和发展民办教育。坚决治理教育乱收费，切实减轻学生家庭负担。

0419 | **3月17日**

教育部、国家发改委、财政部印发《关于在全国义务教育阶段学校推行“一费制”收费办法的意见》。《意见》指出，从2004年秋季新学期开始，在全国公办的普通小学和普通初中（含义务教育阶段的特殊教育学校及特教班）推行“一费制”收费办法。各地在制定“一费制”标准时，应分别核定杂费、教材和作业本费的标准。“一费制”标准由省、自治区、直辖市教育行政部门提出意见，价格、财政部门进行审核，三部门共同报省级人民政府批准。

0420 | **3月19日**

文化部、国家文物局印发《关于公共文化设施向未成年人等社会群体免费开放的通知》。通知规定，从2004年5月1日起，全国文化、文物系统各级博物馆、纪念馆、美术馆要对未成年人集体参观实行免票；对学生个人参观可实行半票；家长携带未成年子女参观的，对未成年子女免票。

0421 | **3月25日**

教育部发布新修订的《中小学生守则》《小学生日常行为规范（修订）》《中学生日常行为规范（修订）》并发出通知。通知要求，各级教育行政部门和中小学校要认真学习三个文件，采取切实措施认真执行。

0422 | **3月25日**

教育部办公厅印发《关于进一步加强中小学诚信教育的通知》。通知指出，在一些地区和学校，少数学生考试作弊、言行不一、欺骗他人的情况时有发生。各级教育行政部门和中小学校必须充分认识诚实守信的品德是立身之本、做人之道；充分认识诚信教育是摆在我们面前的一项重要任务，必须作为学校工作的一件大事，认真抓紧抓好。

0423 | **3月30日**

中宣部、教育部发布《中小学开展弘扬和培育民族精神教育实施纲要》。《实施纲要》指出，要把弘扬和培育民族精神教育作为当前和今后一个时期青少年学生思想道德建设和德育工作的一项重要而紧迫的任务，要坚持以学生为主体，重在实践；突出重点、体现特色；学校、家庭、社会相结合以及与时俱进，开拓创新的原则。《实施纲要》强调，爱国主义是民族精神的核心，中华传统美德和革命传统教育是中小学开展弘扬和培育民族精神教育的重点，创新精神是民族精神的重要组成部分。各学科要有机渗透民族精神教育，把弘扬和培育民族精神教育纳入中小学教育全过程，贯穿在学校教育教学的各个环节、各个方面；要重视开展主题教育活动；要积极开展社会实践活动；要加强校园文化环境建设。

0424 | **3月31日**

教育部办公厅印发《关于启用〈民办学校许可证〉有关问题的通知》。通知指出，县级以上教育行政部门对国家机构以外的社会组织或者个人，利用非国家财政性经费，面向社会举办的实施学历教育、学前教育、自学考试助学及其他文化教育的民办学校，审批后发办学许可证。

0425 | **4月5日**

教育部、国家发改委、财政部、建设部印发《关于进一步加强农村中小学危房改造工程管理的意见》。《意见》指出，工程建设实行在政府统一领导下，教育、发展和改革（计划）、财政、建设等部门共同参与组织的工作管理体制。各地要继续完善农村中小学危房改造投入保障机制，建立稳定的中小学危房改造经费渠道。对工程基础建设涉及的各类行政性收费要严格执行有关政策，并本着为农村教育办实事的原则，给予减免优惠。严禁以各种名义对工程项目高收费、乱收费。所有危房改造项目必须实行公示制，接受社会监督。认真落实工程质量行政领导人责任制、项目法人责任制、参建单位工程质量领导人责任制和工程质量终身责任制。完善危房查勘鉴定制度，建立校舍安全预警体系。

0426 | **4月8日**

教育部召开网络视频会议，就教育系统进一步学习贯彻落实《中共中央、国务院关于进一步加强和改进未成年人思想道德建设的若干意见》作出部署。

0427 | **4月8日至11日**

教育部部长周济在安徽考察了解税费改革后农村义务教育管理体制改革的进展情况，指出要把农村教育摆在农村工作优先发展的重要位置，放在教育工作重中之重的战略地位，巩固和完善以县为主的农村义务教育管理体制，以创新的精神推动农村教育更快更好发展。周济要求，农村中小学要坚持以育人为本，切实把德育放在学校工作的首位，大力加强课堂教育主渠道和课余活动主阵地建设，提高中小学生思想道德教育的针对性和实效性。

0428 | **4月20日**

教育部办公厅印发《关于加强全国学生体质健康监测网络建设的通知》。通知提出，学生体质健康监测网络的监测工作应与学校日常体育卫生工作结合起来，做到工作安排有序、检测数据共享。

0429 | **4月27日至28日**

全国预防青少年违法犯罪暨学校周边治安综合治理工作会议在上海召开。会议强调，预防青少年违法犯罪工作对于维护社会稳定，培养和造就社会主义事业合格建设者和接班人具有重要作用。

0430 | **5月8日**

中央综治委、教育部、公安部印发《关于深入开展安全文明校园创建活动的意见》。《意见》对创建活动的主要内容、组织领导与协调配合、工作原则及要求以及检查验收和评比表彰等问题进行了说明。

0431 | **5月10日**

据《中国教育报》报道，中共北京市委、北京市人民政府《关于贯彻〈中共中央、国务院关于进一步加强和改进未成年人思想道德建设的若干意见〉的实施意见》的“折子工程”出台。《实施意见》要求在2年内在加强和改进未成年人思想道德建设方面做50件实事，为孩子营造绿色成长环境。50件实事分别由中共北京市委宣传部、首都文明办、市教委、团市委等24家单位负责办理。

0432 | **5月10日至11日**

中共中央在北京召开全国加强和改进未成年人思想道德建设工作会议。中共中央总书记胡锦涛在会议上发表重要讲话。胡锦涛强调，进一步加强和改进未成年人思想道德建设，是中央从推进新世纪新阶段党和国家事业发展、实现党和国家长治久安出发作出的一项重大决策，对于确保我国在激烈的国际竞争中始终立于不败之地，确保实现全面建设小康社会、进而实现现代化的宏伟目标，确保中国特色社会主义事业兴旺发达、后继有人，确保实现中华民族的伟大复兴，具有重大而深远的战略意义。胡锦涛指出，加强和改进未成年人思想道德建设，要坚持以马克思列宁主义、毛泽东思想、邓小平理论和“三个代表”重要思想为指导，以进行理想信念教育为核心，以树立正确的世界观、人生观、价值观为重点，以养成高尚的思想品质和良好的道德情操为基础，紧密结合全面建设小康社会的实际，遵循未成年人思想道德建设的规律，坚持以人为本，促进未成年人的全面发展，努力培育面向现代化、面向世界、面向未来，有理想、有道德、有文化、有纪律，德、智、体、美全面发展的中国特色社会主义事业建设者和接班人。[①]

0433 | **5月31日**

在“六一”国际儿童节到来之际，中共中央总书记、国家主席胡锦涛到中国科技馆、北京市少年宫与孩子们一起庆祝节日。胡锦涛代表党中央，向全国广大少年儿童致以节日的祝贺和亲切的问候，祝全国小朋友们身体健康、学习进步、生活幸福。

0434 | **5月31日**

据《中国教育报》报道，《中共中央、国务院关于进一步加强和改进未成年人思想道德建设的若干意见》下发后，共青团中央和全国少工委提出，要组织实施15件实事，切实为少年儿童的健康成长作贡献。这15件实事包括：在70%的中学建立中学生团校、业余党校；规范教材标准；形成推优入党机制；普遍设立16岁居民身份证颁发仪式和18岁成人宣誓仪式；让城市少年儿童与进城务工就业农民工子女手拉手；等等。

0435 | **5月31日**

教育部就加强农村留守儿童教育召开专家座谈会。教育部副部长陈小娅出席会议并讲话指出，加强对特殊群体子女的关爱和教育是贯彻落实《中共中央、国务院关于进一步加强和改进未成年人思想道德建设的若干意见》的一项重点工作。随着大量农民在外务工，农村留守儿童数量迅速增加，随之也带来了不少新的问题。党中央、国务院非常关注这一问题，教育部将加大研究力度，广泛听取各位专家的意见，共同努力做好留守儿童的教育工作。

0436 | **6月1日**

教育部印发《关于学习贯彻〈中共中央、国务院关于进一步加强和改进未成年人思想道德建设的若干意见〉的实施意见》。《实施意见》指出，切实把思想统一到中央关于加强和改进未成年人思想道德建设的要求上来，组织全国性的教育思想大讨论，把学习不断引向深入，普遍开展以

① 参见《人民日报》，2004年5月12日。

加强青少年学生思想道德建设为主要内容的干部培训。积极开展各种主题教育活动，大力弘扬和培育民族精神。中小学校要把升旗仪式作为开展经常性爱国主义教育的重要形式，认真落实升降国旗制度；认真组织“弘扬和培育民族精神月”活动；加强少先队、共青团工作，教育和引导青少年学生树立崇高的理想信念；坚持不懈地开展文明习惯养成教育，不断提高中小学生道德素养；主动开展网上思想道德教育活动，引导学生文明上网。改进中小学德育课教学的方式和途径，加强时事政策和法制教育。

0437 | **6月4日**

教育部印发《关于对中小学教材进行检查的通知》。通知要求，各教材编写单位和出版社要对编写、出版的中小学教材和教辅材料进行一次全面的质量检查。各省级教育行政部门要加强对教材选用的管理和检查，各学校选用的教材必须是经国家审查通过的教材。各省级教育行政部门要立即组织对本地区使用的教辅材料进行全面的清理、检查，重点检查教辅材料中涉及政治问题、科学性问题以及历史、地理、民族、宗教等方面的问题，特别要对内容充斥“繁难偏旧”“题海”训练的教辅材料予以坚决的清理。

0438 | **6月14日**

教育部办公厅、国家民委办公厅印发《关于在中小学进一步大力推进民族团结教育工作的通知》。通知明确了我国民族关系面临的新形势和在中小学加强民族团结教育的重要意义，以及关于在中小学继续开展民族团结教育的有关要求。

0439 | **6月15日**

教育部在甘肃天水召开农村中小学现代远程教育工程试点工作现场会。会议交流了农村中小学现代远程教育三种模式在教育教学中应用和试点工作工程建设等方面的经验。

0440 | **6月16日**

教育部召开全国基础教育课程改革工作电视电话会议。教育部部长周济在会上指出，要继续推动课程体系和内容的改革创新，促进学生素质全面发展；促进学习方式和教学方式的改革；推进评价与考试制度改革；减轻学生沉重的课业负担。对此，要提高认识，进一步把课程改革推向深入；要抓住关键，切实提高中小学教师水平；要加强管理，严格规范教材选用行为；要分类指导，加大对农村地区课程改革的支持；要加强领导进一步完善新课程推广机制。

0441 | **6月17日**

教育部办公厅发布《中小学少数民族文字教材编写审定管理暂行办法》。《暂行办法》规定，教育部成立跨省、自治区使用的全国中小学民族文字教材审查委员会，负责跨省、自治区使用课程教材的审查。有关省、自治区教育行政部门成立本省、自治区中小学民族文字教材审查委员会，负责本省、自治区使用课程教材的审查。全国中小学民族文字教材审查委员会和有关省、自治区中小学民族文字教材审查委员会，负责聘任各学科审查组成员，负责本学科教材的审查，向审查委员会提出审查报告。

0442 | **6月18日**

教育部、国家发改委、财政部印发《关于中小学危房改造和校舍安全工作有关问题的紧急通知》。通知要求，各地要提高对校舍安全和危房改造质量管理工作的认识，健全并落实校舍安全工作的领导责任制。各地要继续完善农村中小学危房改造投入保障机制，建立稳定的中小学危房改造经费渠道。

0443 | **7月22日**

全国5000家青少年网站发出“创建绿色网上空间，推进网络文明建设”倡议，希望广大青少年要自觉遵守《全国青少年网络文明公约》，充分发挥在网络建设中的生力军作用，努力把自身塑造成为合格的网络公民。

0444 | 8月4日

中国教育学会、北京师范大学主办首届中国中学校长大会。会议探讨了现代化与学校发展的问题。大会以“现代化与学校发展”为主题，众多知名中学校长、教育专家围绕现代学校发展的文化走势与价值趋向、中学现代化建设中信息化与数字化的构建、教师专业化发展、现代学校制度创新等重大问题进行了深入探讨。

0445 | 8月18日

教育部办公厅印发《关于进一步学习贯彻〈中共中央、国务院关于进一步加强和改进未成年人思想道德建设的若干意见〉深入开展教育思想大讨论活动的通知》。通知要求，要以马列主义、毛泽东思想、邓小平理论及“三个代表”重要思想为指导，深刻领会胡锦涛总书记等中央领导同志在全国未成年人思想道德建设工作会议上的讲话精神，结合教育工作实际，针对教育特别是当前青少年学生思想道德建设中存在的突出问题，认真组织干部、教师学习和讨论。

0446 | 8月20日

上海市教委发布《上海市中小学校长守则（试行）》。《守则》内容包括：坚持方针，科学办学，全面贯彻党的教育方针，遵循教育教学规律，全面实施素质教育；依法治校，以德立校，自觉遵照国家法律、法令、法规管理学校，建章立制，规范办学行为；学生为本，德育为先，坚持以学生发展为本，有效减轻学生过重的课业负担，促进学生健康成长和全面发展；建设队伍，提升内涵；推进教改，打造特色，全面推进课程教材改革，不断深化教育教学创新，努力建设学校特色；管理民主，校务公开，认真履行校长负责制，自觉遵守学校民主管理程序并主动接受师生和社会监督，维护教职工和学生合法权益；求真务实，开拓创新；严以律己，廉洁奉公。

0447 | 8月21日

中宣部办公厅、教育部办公厅印发《关于组织好第一个“中小学弘扬和培育民族精神月”活动的通知》。通知要求各地党委宣传部门、教育行政部门要加强领导，精心组织，本着求真务实、认真负责的态度，结合当地实际，精心设计活动方案，在开学前作出认真部署。同时，要把“中小学弘扬和培育民族精神月”的各项活动与在广大干部教师中开展的教育思想大讨论有机结合起来，促进学校德育工作和其他各项工作顺利开展。

0448 | **8月21日**

首届中国青少年科技创新奖颁奖典礼在北京举行。100名学生获奖。

0449 | **8月25日**

0448—52

财政部和教育部决定从2004年秋季新学期开始，再次大幅度增加中央财政专项资金，将免费教科书专项资金从2004年春季的3亿元增加到8.7亿元，将免费教科书发放范围扩大到中西部农村义务教育阶段全部的家庭经济困难学生，同时推动地方人民政府逐步落实免杂费和补助寄宿生生活费的责任，加快“两免一补”(免书本费、免杂费和补助寄宿生生活费)资助政策的落实。

0450 | **9月1日**

中宣部、教育部、北京市人民政府联合举行“中小学弘扬和培育民族精神月”启动仪式。北京市中小学生代表在仪式上发出倡议，呼吁全国中小学生弘扬民族精神，立志报效祖国。

0451 | **9月2日**

教育部发布《关于表彰“全国中小学优秀班主任”“全国优秀中小学德育课教师”“全国中小学德育先进工作者”的决定》。教育部决定授予曲莉梅等200名班主任“全国中小学优秀班主任”荣誉称号；授予王苹等100名德育课教师“全国优秀中小学德育课教师”荣誉称号；授予张思明等100名同志“全国中小学德育先进工作者”荣誉称号。

0452 | **9月5日**

据《中国教育报》报道，从2004年秋季新学期开始，北京在全市进一步推广中小学管理信息系统（CMIS）。CMIS是基于网络的学生基础数据管理系统，将建成分级、分权限的全市动态学生信息数据库。通过CMIS可以实现学校与教育行政部门的互动，并可与其他应用软件实现数据交互。它在全市教育系统数据统计、科学管理等方面为北京市提供科学、详尽的第一时间、第一手材料。

0453 | **9月6日**

教育部办公厅印发《关于师范教育司负责全国中小学教师队伍建设有关工作的通知》，决定由师范教育司归口负责全国中小学教师队伍建设的宏观管理、政策指导、协调服务等工作，原来由人事司等司（局）负责的关于中小学教师队伍建设的管理职能及专项工作划入到师范教育司。

0454 | **9月7日**

教育部印发《关于加快推进全国教师教育网络联盟计划组织实施新一轮中小学教师全员培训的意见》《2003—2007年中小学教师全员培训计划》，要求各地在吸取上一轮“全国中小学教师继续教育工程”成功经验的基础上，以实施全国教师教育网络联盟计划为主要依托，组织实施新一轮中小学教师全员培训，全面提高广大教师的师德水平和业务素质。

0455 | **9月19日**

党的十六届四中全会通过《中共中央关于加强党的执政能力建设的决定》。《决定》提出，坚持马克思主义在意识形态领域的指导地位，不断提高建设社会主义先进文化的能力。要优先发展教育和科学事业，提高全民族的科学文化素质。深化教育和科技体制改革，充分发挥教育和科技在现代化建设中的基础性、先导性、全局性作用。全面贯彻党的教育方针，培养德智体美全面发展的社会主义建设者和接班人。营造全民学习、终身学习的浓厚氛围，推动建立学习型社会。弘扬科学精神，传播科学知识，提高干部群众识别和抵制封建迷信和伪科学的能力。加强文化设施建设，提高基层特别是农村教育、科技、文化、卫生、体育服务能力。

0456 | **9月19日**

文化部、国家发改委、教育部、科技部、民政部、财政部、国家文物局、总政治部、全国总工会、共青团中央、全国妇联、中国科协印发《关于公益性文化设施向未成年人免费开放的实施意见》。《实施意见》指出，加大公益性文化设施向未成年人免费开放力度；免费开展丰富多彩的活动，丰富思想道德建设内容；强化内部管理，提高服务水平；加大政府投入，争取社会赞助，积极建设未成年人活动场所，保证公益性文化设施免费开放；加强领导，切实做好公益性文化设施免费开放的组织协调工作。

0457 | **9月23日**

教育部办公厅、国家发改委办公厅、财政部办公厅发布《农村中小学现代远程教育工程试点工作验收管理办法》。《验收管理办法》指出，验收小组由管理人员和有关专家组成，验收小组成员不少于5人。

0458 | **9月23日**

教育部、国务院西部开发办发布《2004—2010年西部地区教育事业发展规划》。《规划》提出，西部地区义务教育阶段的主要任务与目标是：基本普及九年义务教育，基本扫除青壮年文盲。到2007年，尚未普及初等教育的地区普及小学六年教育；普及初等教育的地区通过"两基"验收；已实现"两基"的地区进一步巩固成果、提高质量。西部地区"两基"人口覆盖率达到85%以上，初中毛入学率达到90%左右，青壮年文盲率降到5%。到2010年，"两基"人口覆盖率进一步提高，初中毛入学率达到95%左右，青壮年文盲率进一步下降。

0459 | **9月28日**

中宣部、中央文明办、国家发改委、教育部、民政部、财政部、文化部、全国总工会、共青团中央和全国妇联印发《关于加强和改进爱国主义教育基地工作的意见》。《意见》提出，加强和改进爱国主义教育基地工作，要紧紧抓住教育基地建设、管理和使用三个关键环节。要征集保护文物，丰富教育内容；改进展示方式，增强教育效果；精心组织活动，扩大社会影响；加强内部管理，创造良好环境；树立服务意识，注重社会效益。

0460 | **9月**

从2004年秋季学期开始，上海市九年义务教育阶段全面实行“五·四学制”，即小学五年，初中四年，取代过去小学六年、初中三年的“六·三学制”。

0461 | **10月9日**

由共青团中央、教育部、新闻出版总署、中共济南市委、济南市人民政府主办的“青春中华”首届中国青少年读书周活动在山东济南拉开帷幕。开幕式上，青少年代表向全国210万名青少年发出“为中华之崛起而读书”的倡议，号召广大青少年传承中华文化、立志学习成才，以民族复兴为己任，为中华之崛起而读书。

0462 | **10月11日**

教育部、公安部召开全国中小学和幼儿园安全工作电视电话会议。会议指出，要求认真贯彻落实胡锦涛总书记、温家宝总理等中央领导同志重要指示精神，迅速行动，在全国集中开展中小学、幼儿园安全管理专项整治行动，为广大中小学生创造一个安全健康的良好环境。

0463 | **10月23日**

据《中国教育报》报道，教育部、公安部、司法部、建设部、文化部、卫生部、国家工商总局、新闻出版总署发布《全国中小学幼儿园及少年儿童安全管理专项整治行动实施方案》。整治校园周边环境、全面排查校园安全隐患、清理不合格办学机构和从业人员、查处大案要案等被列为《实施方案》工作重点。

0464 | **10月25日**

全国妇联、教育部、共青团中央等九单位印发《关于在全国开展“争做合格家长、培养合格人才”家庭教育宣传实践活动的通知》。通知指出，“双合格”活动以家庭道德教育为重点，以提高家长素质、帮助家长更新家庭教育观念、掌握科学的家庭教育知识和方法，营造有利于少年儿童健康快乐成长的家庭环境为目标。

0465 | **11 月 8 日**

教育部印发《关于保证中小学体育课课时的通知》。通知要求，要贯彻课程标准要求，保证体育课课时；要采取有效措施，保证体育教师的数量和质量；要加强领导和管理，保证体育课程改革顺利进行。

0466 | **11 月 12 日**

教育部启动新一轮民族、贫困地区中小学教师综合素质培训项目暨新课程师资培训计划（2014—2018 年）。该计划是教育部支持西部大开发要办的十件大事之一，是新一轮全国中小学教师培训计划的组成部分，是提高民族、贫困地区教师队伍素质的重要举措之一。

0467 | **11 月 25 日至 26 日**

教育部、公安部在福建厦门召开全国中小学、幼儿园及少年儿童安全管理专项整治行动座谈会。会议要求，当前和今后一段时期，各地应重点抓好几项工作：一是继续加强对侵害师生安全的违法犯罪活动的打击力度；二是加大治安整治和安全隐患整改工作力度；三是继续抓好校园内部的各项安全防范工作，建立长效工作机制；四是继续强化管理，切实维护校园周边的治安和交通秩序；五是教育、公安等有关部门搞好协作配合，进一步增强工作的整体合力。

0468 | **11 月 29 日**

由中央综治办、共青团中央、中宣部、教育部等二十单位共同实施的“为了明天——预防青少年违法犯罪工程”在北京人民大会堂启动。实施这一工程，有利于吸纳和利用各方面资源，构建一个学校、家庭、社区三位一体的预防青少年违法犯罪工作网络。

0469 | **12 月 5 日**

国务院办公厅发布《关于农村中小学现代远程教育工程总体实施方案的复函》。国务院办公厅回复如下：同意《农村中小学现代远程教育工程总体实施方案》，按年度组织实施；在工程实施中，坚持科学规划，统筹安排，因地制宜，分步推进，切实加强对各地实施农村中小学现代远程教育工程的指导；要加强对工程资金的管理与监督，督促应由地方安排的建设资金及时足额到位，严格执行资金管理制度，确保专款专用；要加强对地方各级人民政府的指导，建立保障农村中小学现代远程教育设施正常运行的长效机制，落实工程管理经费和设备维护、更新经费，严禁向农民摊派。

0470 | **12月8日**

教育部召开深化基础教育课程改革，减轻学生负担全国教学经验交流与工作研讨会。会议公布义务教育课程改革第三次评估结果。会议指出，基础教育课程改革实验工作正在稳步健康推进，多年来倡导的素质教育理念已经在切实推进新课程的实验工作中体现了出来。

0471 | **12月12日**

据《中国教育报》报道，北京市中小学将开始试行新的课程评价标准。新标准由过去对教师教学过程的片面评价转为以学生学习参与为中心的评价方式。同时将以往的“所有学科一张评价表”变为分科评价。北京市教科院基础教育研究中心专家介绍说，新方案是配合新课程改革推出的，核心是以学生发展为本，建立促进学生全面发展的评价体系，鼓励学生发现、探究问题，提出质疑。以评价方式的变化促进教师转变观念，改进教学。

0472 | **12月14日**

据《中国教育报》报道，河南省教育厅印发《河南省基础教育课程改革实验区初中毕业生综合素质评定的指导意见》。《指导意见》提出，将初中毕业生的道德品质、公民素养、运动与健康、审美与表现等作为中考招生录取的依据，改变“一张试卷定终身”的局面。

0473 | **12月15日**

教育部发布《中小学教师教育技术能力标准（试行）》。《标准》分别从意识与态度、知识与技能、应用与创新、社会责任等方面对教学人员教育技术能力标准、管理人员教育技术能力标准以及技术人员教育技术能力标准等方面进行了说明。

0474 | **12月19日至20日**

教育部召开2005年度教育工作会议。教育部部长周济在会上指出，2004年，教育改革和发展事业取得了新发展：重点加强农村义务教育，西部地区“两基”攻坚工作开局良好；乘势而上，切实加强和改进中小学思想道德建设和大学生思想政治教育；贯彻党的十六届四中全会精神，切实加强教育系统队伍和领导班子建设；以人为本，认真解决人民群众关注的难点。2005年教育的重点工作是：认真学习贯彻党的十六届四中全会精神；坚持“育人为本、德育为先”，全面推进素质教育；继续把农村教育放在“重中之重”的位置；进一步加快教育改革开放步伐；完善教育投入机制，提高教育投资效益；努力促进教育公平，更好地解决教育的难点问题等。

2005年

改革进行时

• 重要文件

国务院《关于深化农村义务教育经费保障机制改革的通知》

国务院办公厅转发教育部、国家发改委、财政部《关于进一步做好农村寄宿制学校建设工程实施工作的若干意见》

教育部《关于进一步推进义务教育均衡发展的若干意见》

教育部《关于整体规划大中小学德育体系的意见》

共青团中央、教育部等单位《关于进一步加强少先队工作的意见》

教育部《关于基础教育课程改革实验区初中毕业考试与普通高中招生制度改革的指导意见》

• 重要政策

系统规划中小学德育目标、内容、课程和活动等

推进义务教育均衡发展

组织实施“农村寄宿制学校建设工程”

全面推开义务教育新课程

• **重要会议**

国务院召开全国农村义务教育经费保障机制改革工作会议

教育部召开全国基础教育工作会议

教育部召开教师教育工作会议

• **改革亮点**

优先解决县域内义务教育均衡发展。为有效遏制城乡、地区和校际教育差距扩大的势头，国家把义务教育均衡发展确定为全国教育改革与发展的一项重要内容，要求以区域推进为重点优先解决好县域内均衡问题，把提高农村学校教育质量和改造城镇薄弱学校放在更加重要的位置。义务教育均衡发展对全面建成小康社会和推进社会主义和谐社会建设意义重大。

0501 | 1月4日

教育部发布《教育部2005年工作要点》。2005年工作要点有：继续促进区域教育协调发展；巩固和完善以政府投入为主的义务教育经费保障机制；牢固树立“育人为本、德育为首”的观念；发挥学校教育在未成年人思想道德建设中的主渠道、主阵地、主课堂作用；深入推进新一轮基础教育课程改革，提高教学质量，切实减轻学生课业负担；加强和改进学校体育、美育和卫生工作，促进学生全面发展；进一步落实农村教育重中之重的地位，促进基础教育均衡发展；巩固和完善以县为主的农村义务教育管理体制；推进农村中小学信息化建设；加强教育督导工作等。

0502 | 1月27日

教育部印发《关于基础教育课程改革实验区初中毕业考试与普通高中招生制度改革的指导意见》。《指导意见》要求各地要在有实施新课程初中毕业生的地区，积极推进初中毕业考试与普通高中招生制度改革。《指导意见》对初中毕业生学业考试、初中毕业生综合素质评价、普通高中招生录取等事宜进行了说明。

0503 | 1月14日

教育部、文化部印发《关于在农村中小学实施全国文化信息资源共享工程的通知》。通知决定将农村中小学现代远程教育工程与全国文化信息资源共享工程的实施结合起来，搭建资源共享平台，将全国文化信息资源共享工程的优秀文化资源，通过中国教育卫星宽带网传输到农村中小学，丰富农村中小学和广大农民群众的文化生活，促进农村先进文化的传播。

0504 | 1月26日

教育部印发《普通中小学校和中等职业学校贯彻〈学校艺术教育工作规程〉评估方案（试行）》并发出通知。通知指出，《评估方案》适用于全国乡镇中心小学以上的小学、普通中学和中等职业学校。鉴于各地区和各级各类学校之间发展不平衡，在具体实施时，省级教育行政部门可结合实际，因地制宜，针对本地学校艺术教育存在的薄弱环节，根据评估方案确定权重分值和等级标准，重在提高督导评估的实效性。

0505 | **1月27日**

中央文明办、教育部、科技部、共青团中央、全国妇联、中国科协印发《关于命名全国青少年校外活动示范基地的通知》，决定命名中国科学技术馆等70家单位为“全国青少年校外活动示范基地”。

0506 | **2月1日**

教育部办公厅印发《关于积极开展校园文化建设系列活动的通知》，决定开展校园文化建设活动，为广大未成年人创造良好的健康成长环境。

0507 | **2月1日**

全国青少年校外教育工作联席会议召开全体成员会议。会议宣布，2000年至2005年，国家重点扶持中西部地区建设1000多个青少年校外活动场所，同时地方筹集资金自建场所500多个，加上原有场所，到“十五”末期，全国90%的10万人口以上的县至少拥有一个综合性青少年学生校外活动场所。

0508 | **2月2日**

中央综治委预防青少年违法犯罪工作领导小组在北京召开2005年第一次全体会议。会议总结回顾了2004年预防青少年违法犯罪工作开展情况，研究部署了2005年的工作，审议了《中央综治委预防青少年违法犯罪工作领导小组2005年工作要点》《2005年全国预防青少年违法犯罪工作考核办法》《关于表彰全国预防青少年违法犯罪工作先进集体和先进个人的决定》。

0509 | **2月2日**

教育部办公厅印发《关于做好义务教育课程标准实验教材选用工作的通知》，同时发布《2005年义务教育课程标准实验教学用书目录》。通知要求，义务教育课程标准实验教材选用工作是课程改革实验工作的重要组成部分，是一项政策性很强的工作。各省级教育行政部门要完整转发《书目》，不得删减或增加内容。各地应严格在《书目》范围内选用教材，不得选用《书目》以外的教材，更不得选用境外教材。

0510 | **2月5日**

教育部公布第十一批基本普及九年义务教育、基本扫除青壮年文盲县（市、区）的名单。2004年，教育部认定，115个县（市、区）及其他县级行政区划单位，达到现阶段基本普及九年义务教育和基本扫除青壮年文盲的各项要求。

0511 | **2月28日**

据《中国教育报》报道，中央文明办评选出60个未成年人思想道德建设工作创新奖。这是中央文明办进一步贯彻落实中央关于加强和改进未成年人思想道德建设的决策部署，总结经验，鼓励创新，推广典型的具体举措。这次创新案例评选的一个特色，是网上评选和专家评审相结合。

0512 | **3月1日**

教育部印发《关于深入贯彻〈中共中央、国务院关于进一步加强和改进未成年人思想道德建设的若干意见〉精神　做好2005年中小学德育工作的通知》。通知就加强和改进中小学德育工作作出部署，提出将组织修订《德育工作规程》《小学德育大纲》《中学德育纲要》等文件，继续做好中小学德育课程标准的修订和课程教材的审定工作。

0513 | **3月1日**

教育部印发《关于做好2005年中小学幼儿园安全工作的意见》。《意见》提出，尽快消除中小学幼儿园安全隐患；建立和完善安全管理协作机制；着力做好农村寄宿制学校的安全管理工作；进一步落实安全工作责任制；加快校园安全法规和制度建设；以预防交通、溺水、火灾、拥挤踩踏等事故为重点普遍开展学生安全教育；分级分批开展校长园长安全管理培训；进一步加强学校安全督查工作；深入开展安全文明校园创建活动；建立常规化安全报告和通报制度。

0514 | 3月1日

国家发改委、教育部、劳动和社会保障部发布《民办教育收费管理暂行办法》。《暂行办法》规定，民办学校对接受教育者可以收取学费，对在校住宿的学生可以收取住宿费。民办学校为学生在校学习期间提供方便而代发代管的费用，应遵循“学生自愿、据实收取、及时结算、定期公布”的原则，不得与学费、住宿费一并统一收取。

0515 | 3月5日

十届全国人大三次会议在北京人民大会堂开幕，国务院总理温家宝作《政府工作报告》。《报告》指出，2004年，加大政策支持和财政投入，促进教育事业发展。新一轮教育振兴行动计划进展顺利。西部地区“两基”攻坚计划开始实施。加大对贫困地区农村义务教育的支持，继续实施农村中小学危房改造。为中西部地区农村义务教育阶段2400多万贫困家庭学生免费提供教科书。《报告》指出，2005年是全面完成“十五”任务，为“十一五”发展打好基础的关键一年。要大力发展教育事业，切实把教育放在优先发展的战略地位。重点加强农村义务教育，完善以政府投入为主的经费保障机制。继续实施西部地区“两基”攻坚计划。从2005年起，免除国家扶贫开发工作重点县农村义务教育阶段贫困家庭学生的书本费、杂费，并补助寄宿学生生活费；到2007年在全国农村普遍实行这一政策，使贫困家庭的孩子都能上学读书，完成义务教育。认真解决好进城务工农民子女上学的问题。认真贯彻党的教育方针，加强德育工作，推进素质教育，促进学生全面发展。加快教学内容和方法的改革与创新，切实减轻学生负担。加快现代远程教育工程建设。继续促进民办教育健康发展。严格规范各类学校招生和收费制度，加强学校财务管理和监督。

0516 | 3月14日

教育部印发《关于规范小学和幼儿园教师培养工作的通知》。通知要求，各省级教育行政部门要根据当地经济社会发展和基础教育改革发展的实际需要，以科学发展观为指导，遵循“开放、改革、规范、提高”的原则，研究制定教师教育发展规划，统筹规划本地区小学和幼儿园教师培养工作，科学合理地确定小学和幼儿园教师的培养层次、培养规模和实施途径，采取有力措施确保小学和幼儿园教师培养质量。

0517 | **3月15日**

教育部办公厅印发《关于全面推动农村中小学现代远程教育三种模式应用的指导意见》。《意见》要求，高度重视农村中小学现代远程教育三种模式（光盘教学、卫星教学、计算机教学）应用工作；狠抓农村中小学现代远程教育三种模式应用的关键环节；提高农村中小学现代远程教育三种模式的应用水平等。

0518 | **3月18日**

教育部办公厅印发《关于加强中小学幼儿园校车安全管理的紧急通知》。通知要求，各地要立即组织对辖区内中小学、幼儿园的校车进行一次全面检查和清理，凡不具备条件的地方一律停止由学校组织的统一接送。

0519 | **3月23日**

据《中国教育报》报道，武汉市教育局印发《加强和改进未成年人思想道德建设工作考核评价暂行办法》，从学校、教师、学生三个方面建立未成年人思想道德建设工作考核评价新体系，鼓励中小学生争做“好学生、好子女、好公民”。《暂行办法》规定，在“创新素质实践行”、个性特长等方面分别给予学生1分至7分的奖励，同时对考评奖励在15分以上的学生在全校公示以鼓励学校其他学生向他们学习。

0520 | **3月25日**

教育部在上海召开全国基础教育工作会议。教育部副部长陈小娅出席会议并讲话。陈小娅回顾了2004年全国基础教育工作，并对2005年的工作提出要求。陈小娅希望与会同志加强学习，把握规律性；把握全局，体现时代性；开拓创新，富于创造性。

0521 | **3月27日**

教育部、公安部等部门联合举办“全国中小学生安全教育日”宣传教育活动。教育部部长周济、副部长赵沁平，北京市副市长范伯元等出席活动。

0522 | **4月4日**

教育部印发《关于启动实施全国中小学教师教育技术能力建设计划的通知》。通知要求，利用多种途径和手段，组织全国中小学教师完成不低于50学时的教育技术应用培训，使中小学教师教育技术应用能力显著提高；建立中小学教师教育技术能力水平培训和考试认证制度，形成全国统一规范的教师教育技术能力水平培训和考试认证体系。到2007年，全国大多数教师参加国家统一组织的教育技术能力水平考试。逐步将教师应用教育技术的能力水平与教师资格认证、职务晋升等相挂钩，形成鼓励广大教师不断提高自身教育技术应用水平的动力机制。

0523 | **4月8日**

教育部、国务院纠风办、监察部、国家发改委、财政部、审计署、新闻出版总署印发《关于2005年治理教育乱收费工作的实施意见》。《实施意见》要求，要提高认识，加强领导；完善和落实收费监督管理制度，全力推行阳光收费；不断加大教育投入，确保学校教学工作正常开展；严肃纪律，加大监督检查力度；进一步加大宣传力度，各地要根据《实施意见》制定宣传计划。

0524 | **4月5日至6日**

教育部召开教师教育工作会议。教育部副部长袁贵仁到会讲话指出，教师教育改革发展和教师队伍建设必须做到“七个坚持”：坚持优先发展的战略地位，坚持以教师为本的理念，坚持教师专业化的导向，坚持为基础教育服务的方向，坚持把师德放在首位的原则，坚持以教育人事制度改革为动力，坚持统筹规划、协调发展的策略。

0525 | **4月12日**

文化部、国家工商总局、公安部、信息产业部、教育部、财政部、国务院法制办、中央文明办、共青团中央印发《关于进一步深化网吧管理工作的通知》。通知提出，为巩固网吧专项整治成果，进一步深化网吧管理工作，要提高思想认识，调整充实组织领导体系；要落实属地管理制度； 要加强行政执法，完善日常管理；要做好总量规划，严格市场准入。

0526 | **4月20日**

教育部印发《关于整体规划大中小学德育体系的意见》。《意见》对各教育阶段德育目标和内容、各教育阶段德育课程内容、各教育阶段德育活动开展、各教育阶段德育的有效途径等内容进行了系统规划。《意见》提出，整体规划大中小学德育体系，要坚持把邓小平理论和“三个代表”重要思想作为根本指针，把培养有理想、有道德、有文化、有纪律的“四有”公民作为根本目标，把帮助青少年学生树立正确的世界观、人生观、价值观作为根本任务，把课堂教学和社会实践作为根本途径，把有效衔接、分层实施、循序渐进、整体推进作为根本要求，把学校、家庭、社会共同参与、相互配合作为根本举措。《意见》要求各级教育部门要从“培养什么人、如何培养人”的战略高度，切实加强对整体规划大中小学德育体系的领导。建立健全领导体制，建立完善工作机制，切实加强德育工作队伍建设，推动整体规划大中小学德育体系研究。

0527 | **5月8日**

新闻出版总署、教育部、共青团中央、全国妇联、国务院新闻办、信息产业部印发《关于开展“全国中小学生网络安全与道德教育活动”的通知》。这项活动于2005年6月开始，于2005年11月结束，以网络为平台，举办由百万名中小学生参加的“全国中小学生网络安全与道德读书征文大赛”。

0528 | **5月11日**

教育部、国家民委印发《关于进一步做好民族地区寄宿制中小学管理工作若干问题的意见》。《意见》提出，要建立健全合理、规范、科学的民族地区寄宿制中小学管理制度，确保学校各项工作有序、有效开展。

0529 | **5月25日**

据《中国教育报》报道，共青团中央、教育部、科技部、民政部、财政部、人事部、农业部、文化部印发《关于进一步加强少先队工作的意见》。《意见》要求把少先队工作纳入基础教育发展的总体格局，纳入学校德育工作的督导评估范畴，作为学校综合性督导评估的具体内容。《意见》强调，要把少先队工作作为事关未成年人思想道德建设全局的重要任务，按照党委统一领导、党政群齐抓共管的要求，以少先队活动为重要载体，充分发挥少先队组织在学校、家庭、社会相结合的少年儿童思想道德教育体系中的作用。

0530 | **5月25日**

教育部印发《关于进一步推进义务教育均衡发展的若干意见》。《意见》要求各级教育行政部门统一思想认识，把推进义务教育均衡发展摆上重要位置；采取积极措施，逐步缩小学校办学条件的差距；统筹教师资源，加强农村学校和城镇薄弱学校师资队伍建设；建立有效机制，努力提高每一所学校的教育教学质量；落实各项政策，切实保障弱势群体学生接受义务教育；建立监测评估体系，切实推进义务教育均衡发展。

0531 | **5月30日**

教育部办公厅、国家发改委办公厅、财政部办公厅印发《关于进一步做好在全国义务教育阶段学校推行“一费制”收费办法工作有关问题的通知》。通知要求，吉林、安徽、江西、陕西、青海等5个还没有全面推行义务教育阶段“一费制”收费办法的省，要在总结2004年试点工作的基础上，尽快制定全面推行的方案，并召开听证会和对方案进行公示，确保2005年秋季开学在本省范围内全面实行“一费制”收费办法，不得以任何理由推迟实行。

0532 | 6月1日至3日

第五次全国少代会在北京召开。会议审议通过了第四届全国少工委工作报告《引导少年儿童为实现中华民族伟大复兴做好全面准备》，要求各级少先队组织要以科学发展观为指导，在未成年人思想道德建设中发挥重要作用。

0533 | 6月15日

教育部发布《关于进一步做好中小学幼儿园安全工作六条措施》。同日，公安部发布《公安机关维护校园及周边治安秩序八条措施》。16日，教育部与公安部联合召开进一步做好学校和幼儿园及周边安全工作电视电话会议。会议要求，各级教育行政部门和学校要认真贯彻执行《关于进一步做好中小学幼儿园安全工作六条措施》，要积极配合公安机关全面落实《公安机关维护校园及周边治安秩序八条措施》，使校园内部及周边的治安工作得到明显加强，防控机制得到有效建立和完善，让学生、家长、社会放心。

0534 | 7月1日

教育部办公厅印发《关于在大中小学开展廉洁教育试点工作的意见》。《意见》提出，从2005年下半年开始，在北京、天津、上海、浙江、湖北、陕西六个省（市）和太原、南京、广州、深圳四个城市大中小学开展廉洁教育试点工作。

0535 | 7月2日至3日

教育部在甘肃张掖召开中西部农村中小学现代化远程教育教学应用现场交流会。会议指出，加快农村中小学现代化远程教育工程建设是“工业反哺农业，城市支持农村”的一项重要举措；是促进城乡教育均衡发展，实现教育公平的有效途径；是推动农村学校教育教学改革、提高教学质量的重要手段；是建设社会主义和谐新农村的一项基础性工程，具有深远的意义。

0536 | **7月7日**

中宣部、教育部、共青团中央等十单位举办的“‘小时候’青少年社会教育大型系列活动”在全国正式拉开帷幕。活动通过曾走进青少年宫的几代人一起重温“小时候”的故事，展示青少年宫等校外活动场所在社会教育领域取得的成绩，营造全社会关心支持青少年社会教育的氛围。

0537 | **7月29日**

上海市教委印发《进一步加强本市中小学生竞赛活动管理工作的通知》。通知指出，上海市教委中小学生竞赛管理委员会负责全市中小学生市级学科类、德育类、艺术类、科技类竞赛的统一管理工作，实施对本市中小学生市级竞赛活动主办单位和市级中小学生竞赛活动各归口部门在申报、审核、比赛、备案等工作的指导和管理。以全日制中小学在校生为对象的市级竞赛活动，须由符合申办条件的申办主体主办，并在赛前向相应的各归口部门提出申请。

0538 | **7月31日**

国务院办公厅转发教育部、国家发改委、财政部等部门《关于进一步做好农村寄宿制学校建设工程实施工作的若干意见》。《意见》指出，要严格按照规划和年度计划实施“寄宿制工程”，确保西部地区“两基”攻坚目标如期实现；出台优惠政策，尽量减免“寄宿制工程”建设收费；切实加强项目前期工作，严格履行建设程序；因地制宜采取措施，切实加强寄宿制学校管理；强化责任意识，严把工程质量关；通过多种形式，加强对“寄宿制工程”的检查和指导等。

0539 | **8月9日**

广东省人民政府印发《广东省教育现代化建设纲要实施意见(2004年—2010年)》。《意见》提出，要坚持和完善以县为主的农村义务教育管理体制，大力推进义务教育规范化学校建设，实施振兴农村义务教育行动，优化义务教育学校布局，积极稳妥推进免费义务教育，认真解决非户籍常住人口子女义务教育问题。

0540 | 8月19日

教育部印发《关于落实保证中小学生每天体育活动时间的意见》。《意见》指出，要开齐并上好体育课，保证课外体育活动时间，实行大课间体育活动制度，落实必要的物质保障，加强组织管理，建立督导、检查和工作评比制度。

0541 | 8月20日

国务院发布《关于修改〈征收教育费附加的暂行规定〉的决定》，规定教育费附加，以各单位和个人实际缴纳的增值税、营业税、消费税的税额为计征依据，教育费附加率为3%，分别与增值税、营业税、消费税同时缴纳。除国务院另有规定者外，任何地区、部门不得擅自提高或者降低教育费附加率。

0542 | 8月22日

第二届中国青少年科技创新奖颁奖大会在北京举行。100名来自全国各地和解放军系统的大、中、小学生获奖。

0543 | 9月10日

在第二十一个教师节来临之际，中宣部、中央文明办、共青团中央、教育部等十单位决定，对在青少年社会教育中作出突出贡献的先进集体和先进个人进行表彰。100个单位荣获中国青少年社会教育“银杏奖”优秀团队奖，200名同志荣获中国青少年社会教育“银杏奖”突出贡献奖，31名同志荣获中国青少年社会教育“银杏奖”终身成就奖，30名同志荣获中国青少年社会教育“银杏奖”特别荣誉奖。

0544 | 9月11日

中共中央政治局常委李长春参观“与共和国一起成长——中国青少年宫半个世纪发展历程回顾展”。李长春强调，青少年宫等校外活动场所是未成年人思想道德建设的重要阵地，要认真贯彻落实中央关于未成年人思想道德建设的部署，大力加强青少年宫等校外活动场所的建设，更好地促进未成年人健康成长和全面发展。

0545 | 10 月 8 日至 11 日

党的十六届五中全会在北京举行。全会听取和讨论了中共中央总书记胡锦涛受中央政治局委托作的工作报告，审议通过了《中共中央关于制定国民经济和社会发展第十一个五年规划的建议》。《建议》指出，坚持教育优先发展。加快教育发展，是把我国巨大人口压力转化为人力资源优势的根本途径。适应经济社会发展对知识和人才的需要，全面实施素质教育，深化教育体制改革，加快教育结构调整，在全社会形成推进素质教育的良好环境。强化政府对义务教育的保障责任，普及和巩固义务教育。大力发展职业教育，扩大职业教育招生规模。提高高等教育质量，推进高水平大学和重点学科建设，增强高校学生的创新和实践能力。切实提高师资特别是农村师资水平。加大教育投入，建立有效的教育资助体系，发展现代远程教育，促进各级各类教育协调发展，建设学习型社会。

0546 | 11 月 10 日

《中国全民教育国家报告》发布。《报告》显示，截至 2004 年，全国通过“普九”验收的县（市、区）达到 2576 个，人口覆盖率由 2000 年的 85% 提高到 93.6%。2001 年至 2004 年，全国共扫除文盲 803 万人，年均扫除文盲 200 多万人，青壮年文盲率控制在 4% 左右，成人识字率居发展中人口大国前列。2000 年成人识字率已达到 90.9%。2004 年，全国农村小学和初中教育经费中政府拨款所占比例分别达到 82.75% 和 76.65%，比 2000 年分别提高 16 和 14 个百分点，比全国平均增幅高出 7.8 和 13.8 个百分点。中央和省级财政对农村地区和贫困地区的公共教育投入大幅增加，相应的财政转移支付政策得到了不断完善。

0547 | 11 月 24 日

中国义务教育发展研讨会暨第二届国际义务教育研讨会在北京召开。10 多个国家的代表与世界银行、联合国教科文组织、联合国儿基会等国际组织的代表以及国内义务教育方面的专家 100 多人，就各自关注的义务教育发展问题进行了广泛的交流与研讨。

0548 | **12 月 17 日**

中央综治委预防青少年违法犯罪工作领导小组在广州举行全国预防青少年违法犯罪先进表彰暨示范创建工作会议。100 个先进集体和 95 名先进个人在会上受到表彰。

0549 | **12 月 23 日**

国务院总理温家宝主持召开国务院常务会议。会议研究了加强农村义务教育和深化农村义务教育经费保障机制改革问题。会议要求各地区、各部门切实把农村义务教育摆在优先发展的战略地位，努力解决制约农村地区普及九年义务教育投入问题，保障农村义务教育持续健康发展。会议提出了深化农村义务教育保障机制改革的主要措施。

0550 | **12 月 24 日**

国务院印发《关于深化农村义务教育经费保障机制改革的通知》。通知要求，按照“明确各级责任、中央地方共担、加大财政投入、提高保障水平、分步组织实施”的基本原则，逐步将农村义务教育全面纳入公共财政保障范围，建立中央和地方分项目、按比例分担的农村义务教育经费保障机制。中央重点支持中西部地区，适当兼顾东部部分困难地区。通知指出，全部免除农村义务教育阶段学生学杂费，对贫困家庭学生免费提供教科书并补助寄宿生生活费，提高农村义务教育阶段中小学公用经费保障水平；建立农村义务教育阶段中小学校舍维修改造长效机制；巩固和完善农村中小学教师工资保障机制。

0551 | **12 月 24 至 25 日**

教育部召开 2006 年度教育工作会议。会议强调，要紧密围绕建设社会主义新农村和提高国民素质的要求，坚持农村义务教育重中之重的地位，高质量、高水平地普及和巩固九年义务教育。进一步深化农村义务教育投入体制改革，建立保障农村义务教育经费投入的长效机制；按时按质完成西部地区“两基”攻坚目标；加强薄弱学校建设；花大气力提高农村教师队伍素质和农村义务教育质量；继续实施农村中小学现代远程教育工程。

0552 | **12月25日**

据《中国教育报》报道，河北省教育部门发出通知，要求到2005年底，所有中小学都要配齐主管学校安全工作的法制副校长。法制副校长从公安部门选派，并且每月至少到校园工作两次。

0553 | **12月26日**

国务院在北京召开全国农村义务教育经费保障机制改革工作会议。会议对深化农村义务教育经费保障机制改革工作进行了全面部署。国务委员陈至立在讲话中指出，深化农村义务教育经费保障机制改革是惠及亿万农民群众的民心工程，未来五年中央与地方各级财政累计将新增农村义务教育经费约2182亿元。

0554 | **12月31日**

教育部发布《教育部2006年工作要点》。2006年工作要点有：深入学习贯彻党的十六大和十六届五中全会精神，以科学发展观统领教育的改革与发展；加大素质教育实施力度，形成全面推进素质教育新的工作局面；坚持农村教育重中之重的战略地位，普及和巩固九年义务教育；贯彻落实全国职业教育工作会议精神，大力发展职业教育；加强统筹兼顾，深化改革和扩大开放，促进各级各类教育持续发展；深入推进教师人事制度改革，建设高素质的教师队伍；进一步加大工作力度，抓紧研究解决人民群众关心的教育热点问题。

2006年

改革进行时

• 重要文件

国务院《关于解决农民工问题的若干意见》

中共中央办公厅、国务院办公厅《关于进一步加强和改进未成年人校外活动场所建设和管理工作的意见》

民政部等十九部门《关于加强流浪未成年人工作的意见》

财政部、教育部《全国农村义务教育阶段学生免收学杂费的实施管理办法》

财政部、教育部《农村义务教育经费保障机制改革中央专项资金支付管理暂行办法》

教育部等五部门《关于在农村义务教育经费保障机制改革中坚决制止学校乱收费的通知》

教育部《关于贯彻〈义务教育法〉进一步规范义务教育办学行为的若干意见》

教育部《关于大力推进城镇教师支援农村教育工作的意见》

教育部《关于进一步加强中小学班主任工作的意见》

教育部办公厅《全国中小学班主任培训计划》

教育部、国家体育总局《关于进一步加强学校体育工作切实提高学生健康素质的意见》

教育部等十部门《中小学幼儿园安全管理办法》

教育部《关于在全国中小学开展创建和谐校园的意见》

• 重要政策

全面推进农村义务教育经费保障机制改革

全国农村全部免除义务教育阶段学杂费

以全日制公办中小学为主接收农民工子女入学

全面提高中小学班主任队伍素质和能力

• 重要会议

国务院召开全国农村综合改革工作会议

国务院召开全国加强中小学管理工作电视电话会议

教育部等七部门召开全国治理教育乱收费部际联席会议

教育部召开全国中小学人事制度改革工作座谈会

• 改革亮点

规范义务教育办学行为并免除农村义务教育阶段学杂费。国家从义务教育管理责任划分、经费保障机制、学校收费行为、办学体制改革等多方面，加强对义务教育办学行为的规范，明确规定农村义务教育中央专项资金要及时、规范支付，将农村义务教育全面纳入公共财政保障范围，全部免除农村学生学杂费。这些举措有力地促进义务教育均衡发展，推动让每一个孩子都有学上、都能上得起学目标的实现。

0601 | **1月4日**

国务院总理温家宝主持召开国务院常务会议。会议讨论并通过《中华人民共和国义务教育法（修订草案）》。

0602 | **1月9日**

教育部、国家体育总局、共青团中央、全国少工委印发《关于命名吉林省长春市等4个地区为“全国中小学生课外文体活动工程示范区”的决定》，决定命名吉林省长春市、浙江省东阳市、安徽省安庆市迎江区、新疆维吾尔自治区乌鲁木齐市沙依巴克区等4个地区为“全国中小学生课外文体活动工程示范区”。

0603 | **1月14日**

教育部、国家发改委、财政部印发《关于制定2006年度农村中小学现代远程教育工程实施方案的通知》。通知指出，工程的实施由中央宏观指导，地方负责；选择好工程实施地区；要基本覆盖工程实施地区的农村中小学；要与中小学布局结构调整、“农村寄宿制学校建设工程”等国家组织实施的农村义务教育重点建设项目相衔接，与本地区“两基”攻坚和巩固提高工作相结合；工程实行项目管理；加强工程资金管理和项目管理；进一步强化三种模式在教育教学中的应用；各省、自治区、直辖市教育、发展和改革（计划）、财政部门要抓紧制定本地区工程实施方案。

0604 | **1月17日**

教育部印发《关于做好落实农村义务教育经费保障新机制若干工作的紧急通知》。通知要求严格规范收费行为，及时研究解决改革实施过程中出现的新情况、新问题，加强组织领导，完善监督机制，建立落实农村义务教育经费保障新机制报告制度。

0605 | **1月18日**

民政部、中央综治委预防青少年违法犯罪工作领导小组等十九部门印发《关于加强流浪未成年人工作的意见》。《意见》指出，流浪未成年人工作是未成年人权益保护的重要组成部分，是构建和谐社会、落实科学发展观的重要内容，是预防未成年人违法犯罪的重要方面。流浪未成年人工作要以“三个代表”重要思想和科学发展观为指导，以构建和谐社会为目标，以以人为本为工作原则，以保障流浪未成年人合法权益为出发点，建立健全相关法律法规，完善齐抓共管的工作机制，创造流浪未成年人回归社会的良好环境，为促进流浪未成年人的健康成长而努力。

0606 | **1月19日**

财政部、教育部发布《全国农村义务教育阶段学生免收学杂费的实施管理办法》。《实施管理》办法提出，根据《国务院关于深化农村义务教育经费保障机制改革的通知》精神，享受免除学杂费政策的对象包括：在农村地区（含镇）义务教育阶段公办学校就读的学生；在农垦、林场等所属义务教育阶段学校就读的学生；在县城所在地义务教育阶段公办学校就读的贫困家庭学生。免学杂费补助资金由中央财政和地方财政共同承担，农村义务教育阶段免收学杂费实施按区域分步推进。

0607 | **1月21日**

教育部公布第十二批基本普及九年义务教育、基本扫除青壮年文盲县（市、区）名单。2005年，教育部认定，123个县（市、区）及其他县级行政区划单位，达到现阶段基本普及九年义务教育和基本扫除青壮年文盲的各项要求。3月1日，教育部补充公布第十二批普及九年义务教育、基本扫除青壮年文盲县（区）名单，确认湖北省兴山县、竹山县等11个县（区）中小学校舍D级危房现已全部拆除或已在周边设置安全隔离带，整改结果符合要求，将其列入第十二批实现“两基”县（市、区）名单。

0608 | **1月21日**

中共中央办公厅、国务院办公厅印发《关于进一步加强和改进未成年人校外活动场所建设和管理工作的意见》。《意见》指出，始终坚持未成年人校外活动场所的公益性质；充分发挥不同类型未成年人校外活动场所的教育服务功能；积极促进校外活动与学校教育的有效衔接；切实加强未成年人校外活动场所的规划和建设；认真落实未成年人校外活动场所财政保障和税收优惠政策；努力建设高素质的未成年人校外活动场所工作队伍；进一步完善未成年人校外活动场所的管理体制和工作机制。

0609 | **1 月 22 日**

由中宣部、中央文明办共同组织发起的“我的第一本课外书”大型捐赠助读活动正式启动。首批获赠地区是河北、贵州两省国家重点扶持贫困县的 15000 所农村小学，获赠读物为中宣部组织编写的“民族精神史诗出版工程”中的两套优秀青少年读物——“话说中国丛书”和“诵读中国丛书”，以及《百年经典》系列光盘各 15000 套，总价值 2500 万元。

0610 | **1 月 26 日**

教育部印发《关于建设节约型学校的通知》。通知要求，各地各学校要把建设节约型学校作为学校发展战略列入“十一五”规划和中长期发展规划；要积极推进技术进步，提高资源利用率，建设节约型学校要以提高资源利用效率为核心，以节能、节水、节材、节地等资源综合利用为重点，大力加强资源的循环利用；要加强制度建设，深入推进管理体制和运行机制改革；加强节能节约资源新技术的运用和研究开发；在学校日常工作中加强节约管理；加强节约资源的宣传教育，强化师生员工的节约意识等。

0611 | **1 月 31 日**

国务院印发《关于解决农民工问题的若干意见》。《意见》指出，保障农民工子女平等接受义务教育。输入地人民政府要承担起农民工同住子女义务教育的责任，将农民工子女义务教育纳入当地教育发展规划，列入教育经费预算，以全日制公办中小学为主接收农民工子女入学，并按照实际在校人数拨付学校公用经费。城市公办学校对农民工子女接受义务教育要与当地学生在收费、管理等方面同等对待，不得违反国家规定向农民工子女加收借读费及其他任何费用。输入地人民政府对委托承担农民工子女义务教育的民办学校，要在办学经费、师资培训等方面给予支持和指导，提高办学质量。输出地人民政府要解决好农民工托留在农村子女的教育问题。

0612 | **2月9日**

教育部办公厅印发《关于进一步做好农村义务教育经费保障机制改革实施工作的通知》。通知要求，高度重视农村义务教育经费保障机制，建立责任制，各省级教育行政部门要在工作重心和工作精力的安排上，把农村义务教育经费保障机制改革工作作为头等大事，“一把手”亲自抓，精心组织，周密部署；积极协调落实专项资金；指导农村中小学编制2006年预算，预算的内容要全，数据要实，安排要细，使用要严；严格规范收费行为；尽快完成省内培训工作；加大宣传力度；组织专项督查。

0613 | **2月13日**

教育部办公厅印发《关于继续做好2006年中小学安全工作的意见》。《意见》指出，地方各级教育行政部门要按照“属地管理，分级负责”的原则，切实担负起学校安全管理职责，将行政区域内所有中小学校和幼儿园的安全工作纳入监管范围。

0614 | **2月23日**

国家教育督导团发布《国家教育督导报告2005》。《报告》显示，近年来，国家对农村义务教育投入的增长率高于城市，生均拨款的城乡比有所缩小；各地区义务教育学校办学条件进一步改善，农村校舍增加较快，大部分省（自治区、直辖市）生均校舍面积城乡基本相近，全国农村学校现代教育技术装备水平有较大提高，城乡差距有所缩小；义务教育学校教师学历合格率进一步提高，地区间、城乡间差距较小。

0615 | **2月24日**

教育部印发《关于大力推进城镇教师支援农村教育工作的意见》。《意见》指出，推进城镇教师支援农村教育工作，是贯彻落实“城市支持农村、工业反哺农业”重要方针的具体行动，是统筹城乡教育协调发展、优化教师资源配置、解决农村师资力量薄弱问题的重大举措。《意见》强调，要积极做好大中城市中小学教师到农村支教工作，认真组织县域内城镇中小学教师定期到农村任教，探索实施农村教师特设岗位计划，积极鼓励并组织落实高校毕业生支援农村教育工作，组织师范生实习支教，积极开展多种形式的智力支教活动。

0616 | **2月28日**

国务院新闻办举行新闻发布会，教育部部长周济介绍了中国教育“十五”发展和“十一五”工作等方面情况，并回答了记者的提问。

0617 | **3月2日**

教育部等七部门在北京召开全国治理教育乱收费部际联席会议。会议总结了2003年以来治理教育乱收费工作情况，研究部署了2006年治理教育乱收费工作任务。会议强调，要按照中央纪委第六次全会和国务院第四次廉政工作会议的要求，加大源头治理力度，推进制度创新，使治理教育乱收费工作迈上新台阶。

0618 | **3月4日**

中共中央总书记、国家主席、中央军委主席胡锦涛在参加全国政协十届四次会议民盟、民进届委员联组讨论时指出，全面建设小康社会、加快推进社会主义现代化，要求我们必须把发展社会主义先进文化放到十分突出的位置，着眼于提高人的素质、促进人的全面发展，加强思想道德建设，发展教育科学文化，培育有理想、有道德、有文化、有纪律的社会主义公民。要充分发挥教育对提高人的素质的基础性作用，坚持教育优先发展，全面推进素质教育，加大统筹城乡教育发展的力度，加大对义务教育尤其是农村义务教育的投入，使每一个适龄青少年都能接受良好教育。“要教育广大干部群众特别是青少年树立社会主义荣辱观，坚持以热爱祖国为荣、以危害祖国为耻，以服务人民为荣、以背离人民为耻，以崇尚科学为荣、以愚昧无知为耻，以辛勤劳动为荣、以好逸恶劳为耻，以团结互助为荣、以损人利己为耻，以诚实守信为荣、以见利忘义为耻，以遵纪守法为荣、以违法乱纪为耻，以艰苦奋斗为荣、以骄奢淫逸为耻。”①

① 《胡锦涛文选》第二卷，人民出版社2016年版，第430页。

0619—20

0619 | 3月5日

十届全国人大四次会议在北京人民大会堂开幕，国务院总理温家宝作《政府工作报告》。《报告》指出，2005年，我国社会主义现代化事业取得显著成就。2005年中央财政用于科技、教育、卫生、文化等方面的支出1168亿元，比上年增长18.3%。重点加强了义务教育特别是农村义务教育。中央和地方财政安排专项资金70多亿元，对592个重点贫困县1700万名贫困家庭学生免除学杂费、免费提供教科书和补助寄宿生生活费，还为中西部地区1700多万名贫困家庭学生免费提供教科书，许多辍学儿童重新回到学校。继续实施西部地区“两基”攻坚计划。两年来新建、改建、扩建农村寄宿制学校2400多所，为16万个农村中小学校和教学点配备了远程教育设施。报告指出，2006年是实施“十一五”规划的第一年，改革发展稳定的任务十分繁重。教育方面要大力普及和巩固九年义务教育。从2006年起用两年时间，全部免除农村义务教育阶段学生学杂费，2006年在西部地区实施，明年扩大到中部和东部地区；继续对贫困家庭学生免费提供教科书并补助寄宿生生活费。将农村义务教育全面纳入国家财政保障范围，建立中央和地方分担的农村义务教育经费保障机制。主要是：提高农村义务教育阶段中小学公用经费保障水平，建立农村中小学校舍维修改造投入机制，完善农村中小学教师工资经费保障机制。为此，今后五年国家财政新增义务教育经费累计将达2182亿元。在全国农村普遍实行免除学杂费的义务教育，这是我国教育发展史上的一个重要里程碑，必将对全面提高国民素质产生重大而深远的影响。要解决城市低收入家庭和农民工子女义务教育阶段上学困难问题，让每个孩子都有平等接受义务教育的机会。继续扎实推进西部地区“两基”攻坚计划，确保到2007年如期实现计划目标。各级各类学校都要全面推进素质教育。要培养一支德才兼备的教师队伍，造就一批杰出的教育家。

0620 | 3月14日

十届全国人大四次会议批准《中华人民共和国国民经济和社会发展第十一个五年规划纲要》。《规划纲要》提出，全面实施素质教育，着力完成“普及、发展、提高”三大任务，加快教育结构调整，促进教育全面协调发展，建设学习型社会。重点加强农村义务教育，努力降低义务教育阶段农村学生特别是女性学生、少数民族学生和贫困家庭学生的辍学率，全国初中三年保留率达到95%。推进城乡、地区间义务教育均衡发展。各地人民政府要保证进城务工人员子女与当地学生平等接受义务教育。保证财政性教育经费的增长幅度明显高于财政经常性收入的增长幅度，逐步使财政性教育经费占国内生产总值的比例达到4%。强化政府对义务教育的保障责任，加大中央和省级人民政府对财政困难县义务教育经费的转移支付力度。促进教育公平，公共教育资源要向农村、中西部地区、贫困地区、民族地区以及薄弱学校、贫困家庭学生倾斜。规范教育收费，建立严格的教育收费公示制度。形成适应素质教育要求的教学体制，改革招生考试制度，推进教学课程改革，减轻中小学生过重的课业负担，健全评价制度。

0621 | **3月30日**

由教育部、文化部、中国关工委等十二单位主办的“中国校园健康行动”大型公益活动在北京启动。活动利用10年左右的时间，在全国大、中、小学及幼儿园，宣传健康人生理念，普及健康知识，倡导科学、文明、健康的生活方式和态度，促进青少年身心健康和全面发展。中国校园健康领导小组决定把每年的5月21日定为“中国校园健康日”。

0622 | **4月5日**

中宣部、中央文明办、新闻出版总署、文化部、教育部等十一部门发布《关于开展全民阅读活动的倡议书》，倡议全国各地区、各部门、各团体，要积极开展全民阅读活动，倡导全民为构建社会主义和谐社会和全面建设小康社会，为中华民族的伟大复兴而努力读书，终身学习。全国各地各有关部门要开展丰富多彩的读书推广活动，为全民阅读营造良好的读书环境，鼓励多读书，读好书。鼓励读者积极参与“我最喜爱的一本书”的征文活动。

0623 | **4月6日**

财政部、教育部发布《农村义务教育经费保障机制改革中央专项资金支付管理暂行办法》。《暂行办法》规定，将农村义务教育经费保障机制改革中，中央财政负担的免费教科书资金、免杂费补助金、公用经费补助资金、校舍维修改造资金等中央专项资金纳入国家集中支付管理，建立农村义务教育中央专项资金支付管理的新机制。

0624 | **4月6日**

教育部、国务院纠风办、监察部、国家发改委、财政部、审计署、新闻出版总署印发《关于2006年治理教育乱收费工作的实施意见》。《实施意见》提出，严禁搞“校中校”“一校两制”和以改制为名乱收费；加强中小学教辅材料管理，遏制教辅材料过多过滥状况，对教辅材料（含各种形式的练习、测试题集）、报刊等课外读物，要严格做到不强制统一征订，不统一购买；要进一步降低义务教育阶段的中小学教材价格，严禁任何部门和单位以任何借口向出版发行单位违规收取费用，坚决纠正以培训费等名义收取市场准入费的变相乱收费行为。

0625 | **4月11日**

教育部办公厅印发《关于进一步做好学校卫生防疫与食品卫生安全工作的通知》。通知要求，各级教育行政部门和学校要高度重视学校卫生防疫和食品卫生安全工作，切实把做好学校卫生防疫和食品卫生安全工作作为构建和谐社会、和谐校园的重要内容，作为实现好、维护好最广大人民群众根本利益的必然要求，进一步增强紧迫感和责任感。要以对青少年学生高度负责和求真务实的精神，采取扎实有效的工作措施，坚持不懈地把学校卫生防疫和食品卫生安全工作抓细、抓实、抓好，为学生在校学习、生活营造一个卫生安全的环境。

0626 | **4月20日**

教育部办公厅印发《关于加强校庆管理的通知》。通知要求各级各类学校举办校庆活动要主题鲜明，注重实效，突出特色，体现思想性、学术性和高品质，把重点放在总结办学经验、密切与校友联系、弘扬学校优良传统、提升办学水平等方面。

0627 | **4月25日**

教育部印发《关于大力加强中小学校园文化建设的通知》。通知强调，要充分认识校园文化建设在中小学德育工作中的重要作用，积极推进中小学校校园文化建设，切实保障中小学校园文化建设取得实效。中小学校园文化建设要全面开展校风、教风、学风建设，组织开展形式多样的校园文化活动。重视校园绿化、美化和人文环境建设，制定本地区校园文化建设的具体规划。

0628 | **4月29日**

教育部办公厅印发《关于加强民办学校卫生防疫与食品卫生安全工作的通知》。通知要求，加强对民办学校特别是民工子弟学校卫生防疫与食品卫生安全工作的管理，保障民办学校师生的身心健康。

0629 | **5月7日**

国家发改委、新闻出版总署印发《关于进一步加强中小学教材价格管理等有关事项的通知》。通知要求，各地要进一步加强中小学教材价格管理，降低中小学教材价格。

0630 | **5月9日**

教育部办公厅印发《关于进一步加强中小学幼儿园安全保卫和管理工作的紧急通知》。通知要求，各级教育行政部门和中小学幼儿园要牢固树立“珍爱生命，安全第一”的观念，针对当前校园治安和刑事案件多发特点，切实加强学校安全保卫工作，认真落实门卫、值班、巡逻等内部管理工作制度，及时发现和制止外来人员随意进入校园，防止针对师生的违法犯罪活动，督促学校尽快建立健全安全保卫和管理制度，落实各项安全措施。

0631 | **5月15日**

教育部、财政部、人事部、中央编办印发《关于实施农村义务教育阶段学校教师特设岗位计划的通知》。通知指出，实施教师特设岗位计划，是创新教师补充机制，吸引高学历人才从事农村义务教育的重要改革；是扩大高校毕业生就业渠道，促进青年人才健康成长的有效途径；是巩固“两基”攻坚成果，完善农村义务教育保障机制的必然要求；是提高农村教育质量，促进社会主义新农村建设的有效措施。从2006年起，用5年的时间实施教师特设岗位计划。特设岗位教师聘期为3年。教师特设岗位计划的实施范围以国家西部地区“两基”攻坚县（含新疆生产建设兵团的部分团场）为主，包括纳入国家西部开发计划的部分中部省份的少数民族自治州，适当兼顾西部地区一些有特殊困难的边境县、少数民族自治县和少小民族县。实施教师特设岗位计划所需资金由中央和地方财政共同承担，以中央财政为主。

0632 | **5月22日**

教育部印发《关于普及农村中小学现代远程教育工程教学光盘应用工作的通知》。通知指出，要进一步提高对普及应用教学光盘工作重要意义的认识；大力推广和普及教学光盘的应用；利用教学光盘开齐课程、开足课时；增加教学光盘播放设备和成套教学光盘的配备；切实保证采购光盘的质量。

0633 | **5月30日**

上海市教科院举行教育部基础教育监测中心揭牌仪式。教育部副部长陈小娅在揭牌仪式上表示，希望监测中心紧紧围绕全国基础教育改革与发展这个中心，积极开展监测工作，发挥上海教科院“启动快、起点高、应用性强”的优势，开拓进取，勇于创新，以良好的精神风貌迎接挑战，努力建成全国性、高水平、为基础教育服务的监测中心。

0634 | **6月4日**

教育部印发《关于进一步加强中小学班主任工作的意见》。《意见》指出，中小学班主任工作是学校教育中极其重要的育人工作，既是一门科学、也是一门艺术。要做好中小学生的教育引导工作，要做好班级的管理工作，要组织好班集体活动，要关注每一位学生的全面发展。班主任岗位是具有较高素质和人格要求的重要专业性岗位，应由取得教师资格、思想道德素质好、业务水平高、身心健康、乐于奉献的教师担任。每个班必须配备班主任。中小学班主任一般应由学校从任课教师中选聘，聘期由学校确定。

0635 | 6月7日

教育部办公厅印发《关于切实解决农村边远山区交通不便地区中小学生上学远问题有关事项的通知》。通知要求，要高度重视农村边远山区、交通不便地区中小学生上学远问题，进一步加强对农村边远山区、交通不便地区中小学校布局调整、寄宿制学校建设等方面的调查研究工作，慎重对待撤点并校，确保当地学生方便就学，充分发挥农村中小学现代远程教育工程“模式一”的作用。

0636 | 6月9日

教育部印发《关于实事求是地做好农村中小学布局调整工作的通知》。通知要求，各地要充分考虑教育发展状况、人口变动状况和人民群众的承受能力，按照实事求是、稳步推进、方便就学的原则实施农村中小学布局调整，确保适龄儿童少年顺利完成九年义务教育。

0637 | 6月12日至13日

全国推进义务教育均衡发展经验交流现场会在四川成都召开。会议强调，推进义务教育均衡发展，是社会主义制度的本质体现和贯彻落实科学发展观的具体体现，是构建和谐社会的现实需要，也是全面贯彻党的教育方针、实施素质教育的必然要求。通过中央和地方各级人民政府的共同努力，力争用三年至五年的时间，做到义务教育资源配置更加合理，体制机制更加完善；大中城市基本消除薄弱学校，学校之间差距明显缩小，义务教育阶段择校现象大大减少；广大农村地区学校普遍达到基本办学标准，贫困地区及其薄弱学校办学条件和弱势群体受教育的状况得到明显改善；校长和教师队伍水平得到整体提升，素质教育全面推进；教育乱收费现象得到有效治理，义务教育阶段“上学难、上学贵”问题得到解决。

0638 | **6月26日至27日**

教育部在北京召开全国中小学人事制度改革工作座谈会。会议指出，以农村教师队伍建设为重点，全面实行新任教师公开招聘制度、完善以岗位设置管理为基础的聘任制度、大力推进城乡教师交流制度、建立岗位绩效工资制度，是“十一五”时期中小学人事制度改革的重点内容。教育部副部长李卫红出席会议并讲话指出，“十一五”时期，要紧紧抓住事业单位改革、基础教育发展和中小学教师供求关系发生变化的有利契机，以农村教师队伍建设为重点，以全面实行新任教师公开招聘制度、不断完善以岗位设置管理为基础的聘任制度、大力推进城乡教师交流制度、逐步建立岗位绩效工资制度为主要工作内容，积极稳妥地全面推进和深化中小学人事制度改革。

0639 | **6月29日**

十届全国人大常委会第二十二次会议表决通过修订后的《义务教育法》。新修订的《义务教育法》首次明确义务教育免收学杂费，以法律形式保障义务教育经费投入，明确规定促进义务教育均衡发展。

0640 | **6月30日**

教育部、公安部、司法部、建设部、交通部、文化部、卫生部、国家工商总局、国家质检总局、新闻出版总署发布《中小学幼儿园安全管理办法》。《管理办法》分9章共66条，对中小学幼儿园安全管理作出较为全面的规定。《管理办法》明确学校安全管理的原则和方针；规范部门安全管理职责与校园周边管理职责；明确校内安全管理制度、管理要求，以及学校对学生进行安全教育的职责；明确事故处理要求与责任追究原则。

0641 | **7月6日**

教育部、国务院纠风办、监察部、国家发改委、财政部印发《关于在农村义务教育经费保障机制改革中坚决制止学校乱收费的通知》。通知要求，明确收费项目，严格执行收费标准；取消规定以外的所有收费项目，将合理开支纳入公用经费支出范围；规范学校办学秩序，严禁收费办班、补课；严格执行现行“一费制”收费办法，不准擅自设立收费项目和提高收费标准。同时，通知要求，要严格执行收费公示制度。

0642 | **7月至11月**

中共中央政治局常委、国务院总理温家宝在中南海主持召开四次座谈会，同来自全国各地的教师、校长和教育专家亲切交谈。温家宝指出，教育振兴是中国振兴的重要标志，党中央、国务院历来高度重视教育工作，在过去多年工作的基础上，近几年我国教育事业又有了很大发展，呈现不少新“亮点”。温家宝强调，要把巩固九年义务教育成果作为体现社会公平、促进和谐社会建设的一件大事来抓。

0643 | **8月21日**

河北省教育厅印发《关于加强公办中小学校教育机构编制和岗位管理的指导意见》。《指导意见》提出，河北省将逐步实行中小学校长任期制及任期目标责任制。原则上校长每届任期4年，可以连聘连任，但在同一学校任职一般不超过两届。50周岁以下的男教师和45周岁以下的女教师，在一所学校任教分别不超过6年、8年。

0644 | **8月24日**

全国农村义务教育经费保障机制改革领导小组召开电视电话会议，部署全国推进农村义务教育经费保障机制改革工作。会议强调，要落实科学发展观，强化政府责任，认真研究新情况新问题，狠抓各项措施的落实，全面推进农村义务教育经费保障机制改革。

0645 | **8月24日**

教育部印发《关于贯彻〈义务教育法〉进一步规范义务教育办学行为的若干意见》。《意见》要求，依法加强省级统筹职能，落实县级人民政府规范办学行为的责任；依法建立义务教育经费保障机制，严格规范公办学校收费行为；依法规范公办改制学校，切实维护公共教育资源；依法规范公共教育资源配置；依法规范教师职业行为，切实加强教师管理建设；依法加强督导检查，完善奖惩机制等。

0646 | **8月31日**

中宣部、教育部、共青团中央在北京举行第三个“中小学弘扬和培育民族精神月”启动仪式，共同上好新学期第一课。教育部部长周济出席启动仪式并发表讲话。同日，中宣部、教育部、共青团中央发出通知，要求各地宣传、教育部门，共青团、少先队组织开展好2006年“中小学弘扬和培育民族精神月”活动。

0647 | **8月31日**

教育部办公厅发布《全国中小学班主任培训计划》。《计划》提出，从2006年12月起，建立中小学班主任岗位培训制度，今后凡担任中小学班主任的教师，在上岗前或上岗后半年时间内均需接受不少于30学时的专题培训，2006年12月底之前已担任班主任工作，但未参加班主任专题培训的教师，需在近年内采取多种方式进行补修。培训内容包括班主任工作基本规范、学生心理健康教育指导、班前活动设计与组织、班级管理、未成年人思想道德教育、相关教育法规等。

0648 | **9月1日至2日**

0646—49

国务院在北京召开全国农村综合改革工作会议。国务院总理温家宝出席会议并讲话强调，要贯彻把义务教育工作的重点放在农村的方针，通过农村义务教育体制改革，保障办学经费，提高教育质量，促进教育公平，加快农村义务教育发展，实现让每一个农村孩子都有学上、都能上得起学的目标。温家宝指出，2006至2007年将在全国免除农村义务教育阶段中小学生的学杂费，同时将农村义务教育全面纳入公共财政保障范围，建立和完善政府投入办学、各级责任明确、财政分级负担、经费稳定增长的农村义务教育经费保障机制。教师工资必须列入财政预算，切实予以保证。温家宝强调，不准减少本级人民政府对农村义务教育应承担的经费投入；不准挪用学校公用经费发放教师津贴；不准再乱收费加重学生的经济负担。

0649 | **9月13日**

中共中央办公厅、国务院办公厅印发《国家“十一五”时期文化发展规划纲要》。《规划纲要》提出，要大力加强大中小学思想政治理论课和思想品德课等课程建设，指导和帮助大中小学生认真遵守《学生守则》和《日常行为规范》，不断提高思想道德素质。要充分调动各方面力量，健全学校、家庭、社会“三结合”的教育网络。在重大节日、纪念日集中开展思想道德教育主题宣传教育活动。

0650 | **9月19日**

教育部、财政部印发《关于加强农村义务教育经费保障机制改革督导工作的意见》。《意见》提出，要加强经费投入督导，推动政府分担责任落实到位；加强经费使用督导，促进学校资金管理规范有效；加强改革效益督导，努力提高农村义务教育水平；加强组织领导，确保督导工作顺利实施。

0651 | **10月8日至11日**

党的十六届六中全会在北京举行。全会全面分析了当前的形势和任务，提出新世纪新阶段，中国共产党要带领人民抓住机遇、应对挑战，把中国特色社会主义伟大事业推向前进，必须坚持以经济建设为中心，把构建社会主义和谐社会摆在更加突出的地位。全会审议并通过了《中共中央关于构建社会主义和谐社会若干重大问题的决定》。《决定》强调，坚持教育优先发展，促进教育公平。全面贯彻党的教育方针，大力实施科教兴国战略和人才强国战略，全面实施素质教育，深化教育改革，提高教育质量，建设现代国民教育体系和终身教育体系，保障人民享有接受良好教育的机会。坚持公共教育资源向农村、中西部地区、贫困地区、边疆地区、民族地区倾斜，逐步缩小城乡、区域教育发展差距，推动公共教育协调发展。明确各级人民政府提供教育公共服务的职责，保证财政性教育经费增长幅度明显高于财政经常性收入增长幅度，逐步使财政性教育经费占国内生产总值的比例达到4%。普及和巩固九年义务教育，落实农村义务教育经费保障机制，在农村并逐步在城市免除义务教育学杂费，全面落实对家庭经济困难学生免费提供课本和补助寄宿生生活费政策，保障农民工子女接受义务教育。切实减轻中小学生课业负担。提高师资特别是农村师资水平。改进学校思想政治工作和管理工作，提高师生思想道德素质。引导民办教育健康发展。积极发展继续教育，努力建设学习型社会。

0652 | 10月26日

据《中国教育报》报道，福建省教育厅规范中小学生作息时间安排，要求各地各校保证小学生早上到校时间不早于7点50分，中学生不早于7点30分。冬、春季节还应适当推迟学生早上到校时间。

0653 | 11月14日

教育部印发《关于进一步加强中小学校校舍建设与管理工作的通知》。通知强调，要强化地方人民政府领导，完善中小学校舍建设机制；合理规划中小学校布局，科学选定校舍建设校址；做好校园校舍规划，合理确定建设规模；严格执行基本建设程序，确保校舍建设质量；加强制度建设，完善校舍建设与安全管理成效机制。

0654 | 11月17日

教育部印发《关于在全国中小学开展创建和谐校园的意见》。《意见》强调，要注重校园文化建设，提高校园文明水平；强化安全与健康教育，提高师生安全卫生防护能力；完善安全卫生管理制度，建立健全安全卫生管理机构；加强安全卫生设施建设，保障学校安全卫生基本条件。

0655 | 11月18日至19日

国务委员陈至立在湖南考察教育工作。陈至立强调，要深入贯彻党的十六届六中全会精神，努力办好让人民群众满意的教育，促进社会主义和谐社会建设。

0656 | 11月20日

国务院召开全国加强中小学管理工作电视电话会议。会议强调，要贯彻落实党的十六届六中全会的精神，以学校安全工作为重点，加强学校管理，共建和谐校园，促进中小学生健康成长。

0657 | **12月13日**

国家西部地区“两基”攻坚领导小组办公室印发《关于进一步严格“寄宿制工程”专项资金管理的通知》。通知要求各地严格遵守《西部地区农村寄宿制学校建设工程专项资金管理暂行办法》的规定，确保把“寄宿制工程”建设成“阳光工程”“放心工程”。“寄宿制工程”专项资金要全部纳入财政国库管理，分账核算，集中支付，封闭运行。

0658 | **12月18日**

据《中国教育报》报道，教育部人事司在江西赣州举办全国第一期中小学校长“校园安全”专题培训。培训直接面向基层、面向农村、面向一线薄弱学校，将校园安全培训的重心下移，一竿子插到底。

0659 | **12月20日**

教育部、国家体育总局、共青团中央印发《关于开展全国亿万学生阳光体育活动的通知》。通知要求，各地开展阳光体育运动，要以“达标争优、强健体魄”为目标，全面实施《学生体质健康标准》，与体育课教学相结合，营造良好的舆论氛围。

0660 | **12月20日**

教育部、国家体育总局印发《关于进一步加强学校体育工作切实提高学生健康素质的意见》。《意见》要求，学校教育要树立健康第一的指导思想，切实贯彻落实国家对学校体育工作的要求，完善学校体育的保障机制，完善学生体质健康和学校体育的评价制度，加强学校体育的督导检查和服务支持。

0661 | **12月23日**

教育部、国家体育总局在北京召开全国学校体育工作会议，宣布启动“全国亿万学生阳光体育运动”。会议强调，要认真贯彻党的教育方针，全国推进素质教育，大力加强学校体育工作，把学校体育工作作为全民健身运动的重点，切实提高青少年健康素质；号召广大青少年抓住我国举办2008年北京奥运会的机遇，掀起体育运动的热潮。

0662 | **12 月 24 日至 25 日**

教育部在北京召开 2007 年度教育工作会议。会议回顾、总结 2006 年的教育工作，研究、部署 2007 年的教育工作，提出进一步统一思想，振奋精神，扎实推进我国教育事业持续协调健康发展。会议指出，2007 年，要全力做好全国教育工作会议的筹备和会议精神的贯彻落实工作，以优异的工作成绩迎接党的十七大的召开；加强和改进学校德育、智育、体育、美育工作，在切实推进素质教育方面取得实质性的进展；全面推进农村义务教育经费保障机制改革，圆满完成西部地区“两基”攻坚任务，认真实施新的《义务教育法》；认真抓好教师队伍建设，加大吸引优秀人才从教的工作力度，全面提升教师队伍的素质和水平；推进教育的体制改革与制度创新，不断扩大教育的对外开放，建设和谐校园；解决人民群众关心的教育热点、难点问题，提高教育管理水平，加强教育系统党的建设，切实维护稳定。

0663 | **12 月 25 日**

据《中国教育报》报道，新疆维吾尔自治区与新疆生产建设兵团联合启动中小学教师教育技术能力建设计划远程培训项目。近 30 万名中小学教师将接受不少于 50 学时的教育技术能力培训。

0664 | **12 月 27 日**

国务院总理温家宝主持召开国务院常务会议。会议审议并原则通过《国家教育事业发展“十一五”规划纲要》。会议强调，各级人民政府必须切实把教育摆在优先发展的战略地位。要坚持全面贯彻党的教育方针，坚持教育的公益性原则、促进教育公平，坚持教育为社会主义现代化建设服务、为人民服务。要统筹城乡、区域教育，统筹各级各类教育，统筹教育发展的规模、结构、质量和效益，构建现代国民教育体系和终身教育体系，保障人民群众接受良好教育的机会，办好让人民群众满意的教育。会议提出，“十一五”时期我国教育发展的目标是：巩固和普及九年义务教育，大力发展职业教育，提高高等教育质量，保持教育事业持续健康发展，教育体系更加完善，区域发展趋于协调，城乡差距逐步缩小，国民受教育水平进一步提高。

0665 | **12 月 29 日**

十届全国人大常委会第二十五次会议表决通过修订后的《未成年人保护法》。全国人大常委会经过三次审议，对《未成年人保护法》作了全面修订，进一步强化家庭、学校、社会、国家的保护责任。

0666 | **12 月 31 日**

教育部印发《关于做好 2007 年农村义务教育阶段学校教师特设岗位计划工作的通知》。通知要求，切实做好 2007 年教师特设岗位计划实施工作；认真总结 2006 年工作情况，有针对性地改进和加强教师特设岗位计划实施工作；积极探索，努力创新，逐步形成农村教师补充保障的长效机制；加大支持力度，进一步完善相关配套政策；加大宣传和动员工作力度，吸引更多优秀大学生从事农村教育工作；抓紧做好 2007 年教师特设岗位计划申报工作。

2007年

改革进行时

• 重要文件

中共中央、国务院《关于加强青少年体育增强青少年体质的意见》

国务院批转教育部《国家教育事业发展“十一五”规划纲要》

中宣部、教育部等部门《中小学法制教育指导纲要》

教育部《关于在大中小学全面开展廉洁教育的意见》

教育部、总参谋部、总政治部《学生军事训练工作规定》

教育部《中小学公共安全教育指导纲要》

科技部等八部门《关于加强国家科普能力建设的若干意见》

教育部办公厅《中小学学生学籍信息化管理基本信息规范》

国家发改委、教育部《中西部农村初中校舍改造工程总体方案》

教育部《关于加强和改进中小学艺术教育活动的意见》

共青团中央等单位《少先队辅导员管理办法（试行）》

• 重要政策

为农村贫困家庭中小学生免费提供教科书

给农村贫困家庭学生补助寄宿生活费

• 重要会议

国务院召开中东部地区农村义务教育经费保障机制改革座谈汇报会

教育部召开全国完善义务教育经费保障机制工作会议

教育部召开义务教育课程标准修订工作启动会议

教育部、国家发改委召开中西部农村初中校舍改造工程视频会议

• 改革亮点

全面修订义务教育阶段各学科课程标准。已实施 6 年的义务教育阶段 18 个学科的课程标准进入全面修订阶段，为了加强权威性和代表性，每个学科修订组都由学科领域的知名专家和学者、原课标组的部分人员、一线教研人员和教师组成，并广泛征求社会各界对课程标准的意见。2010 年完成修订稿，教育部 2011 年底颁布了义务教育各学科课程标准。

0701 | **1月1日**

教育部发布《教育部2007年工作要点》。2007年教育部的工作要点有：进一步深化教育教学改革，着力提高学生科学文化素质，重点培养学生的创新精神和实践能力；关心学生学习，注重学生全面发展，克服片面追求升学率的错误倾向，切实减轻中小学生过重的课业负担；加大基础教育课程改革推进力度，逐步完成义务教育课程标准的修订，改进和完善中小学教材审查标准和程序。

0702 | **1月17日**

科技部、中宣部、教育部等八部门印发《关于加强国家科普能力建设的若干意见》。《意见》提出，完善中小学科学教育体系，提高科学教育水平。定期开展中小学科学教育质量评价，推广优秀的科学教育改革经验，促进科学课程教育质量的不断提高。建立健全科学教育实验室，使中小学校尤其是边远农村学校实验室数量、实验室的仪器设备，能够基本满足科学课程教学的需要。

0703 | **1月19日**

教育部公布第十三批基本普及九年义务教育、基本扫除青壮年文盲县（市、区）名单。2006年，教育部认定，达到现阶段普及九年义务教育和扫除青壮年文盲83个县（市、区）及其他县级行政区划单位，达到现阶段“两基”要求，其中有15个县存在薄弱环节，需要复查。

0704 | **2月1日**

国务院在北京召开中东部地区农村义务教育经费保障机制改革座谈汇报会，检查中东部地区农村义务教育经费保障机制改革工作准备情况、落实情况，研究如何解决当前工作中存在的共性问题，部署下一阶段工作。国务委员陈至立主持会议并讲话强调，要在2006年西部地区成功实施农村义务教育经费保障机制改革的基础上，扎实推进中东部地区的改革，在全国农村全部免除义务教育阶段学杂费。

0705 | **2 月 2 日**

教育部发布《盲校义务教育课程设置实验方案》《聋校义务教育课程设置实验方案》《培智学校义务教育课程设置实验方案》。三个《实验方案》就培养目标、课程设置的原则、课程设置、课程设置的说明等问题作了说明。

0706 | **2 月 7 日**

教育部发布《中小学公共安全教育指导纲要》。《指导纲要》提出，学校要在教学中开展公共安全教育，使学生养成在日常生活中和突发事件中正确的应对习惯，最大限度地预防事故发生和减少安全事件对中小学生造成的伤害。

0707 | **3 月 2 日**

河北省召开农村义务教育经费保障机制改革座谈会。国务委员陈至立出席会议并讲话强调，各级人民政府要进一步增强责任感和紧迫感，狠抓工作落实，加强督导检查，切实做好 2007 年春季学期在全国农村全部免除义务教育学杂费工作。

0708 | **3 月 5 日**

十届全国人大五次会议在北京人民大会堂开幕，国务院总理温家宝作《政府工作报告》。《报告》首先回顾 2006 年工作，指出 2006 年是我国实施“十一五”规划并实现良好开局的一年，国民经济和社会发展取得重大成就，教育事业继续发展。关于 2007 年教育工作，《报告》提出，要加快教育事业发展。《报告》指出，教育是国家发展的基石，教育公平是重要的社会公平。要坚持把教育放在优先发展的战略地位，加快各级各类教育发展。总体布局是，普及和巩固义务教育，加快发展职业教育，着力提高高等教育质量。《报告》强调，2007 年，要在全国农村全部免除义务教育阶段的学杂费，这将使农村 1.5 亿中小学生的家庭普遍减轻经济负担；继续对农村贫困家庭学生免费提供教科书并补助寄宿生活费。要完善农村义务教育经费保障机制，不断提高保障水平。2007 年全国财政安排农村义务教育经费 2235 亿元，比 2006 年增加 395 亿元。“十一五”时期中央财政将投入100亿元，实施农村初中学校改造计划，地方人民政府也要相应增加这方面的投入。同时，继续解决好城市困难家庭和农民工子女接受义务教育问题，还要确保2007年全面完成西部地区“两基”攻坚计划和农村中小学现代远程教育工程。

0709 | **3月27日**

教育部印发《关于在大中小学全面开展廉洁教育的意见》。《意见》指出，小学阶段廉洁教育的目标和主要内容是：开展纪律教育和做人做事基本道理、文明行为习惯养成教育，通过开展介绍名人名言和英雄人物事迹活动，安排学生学习历史上有关清正廉洁故事、老一辈革命家的高风亮节和先进人物的典型事迹等活泼多样的方式，引导小学生逐步认识自我、认识社会，不断规范自身的行为习惯，为形成良好的品德奠定基础。中学阶段廉洁教育的目标和主要内容是：开展中华民族优良传统和中国革命传统教育，开展法制教育、社会公德教育和基本道德规范教育。初中阶段主要引导学生了解我国基本的廉政法律法规，结合一些正面的典型进行讨论，理解个人成长应具备的基本素质，理解个人与他人、个人与集体、个人与社会的关系，引领学生感悟人生意义，提高道德素质。

0710 | **4月4日**

教育部、国家体育总局发布修订后的《国家学生体质健康标准》并印发通知。通知要求，各省级教育行政部门要根据实际情况，制定《标准》的具体实施计划。自2007年开始，教育部、国家体育总局每两年组织一次对各地实施《标准》情况的检查。

0711 | **4月11日**

据《中国教育报》报道，教育部在北京召开义务教育课程标准修订工作启动会议，对已经实施6年的义务教育阶段18个学科的课程标准进行全面修订。各学科领域科学家、知名学者以及优秀教研员和教师代表共同参与这项工作。

0712 | **4月18日**

国家发改委、教育部发布《中西部农村初中校舍改造工程总体方案》。《总体方案》就中西部农村初中校舍改造工程的总体目标和任务、覆盖范围、资金安排和用向、主要指导原则、组织实施和管理等作了说明。

0713 | **4月26日**

教育部、国家体育总局、共青团中央印发《关于全面启动全国亿万学生阳光体育运动的通知》。4月29日，"全国亿万青少年学生阳光体育运动"全面启动。

0714 | **4月28日**

教育部办公厅印发《关于不受理义务教育阶段学生参加英语等级考试的通知》。通知要求，各地教育行政部门和学校要严格执行《义务教育法》关于义务教育阶段学校实行免试就近入学的规定，不得以各种形式的考试、考核、测试选拔学生，不得将各种竞赛成绩和全国英语等级考试等各种公共考试成绩作为招生依据。各级教育考试单位要重申有关要求并进一步明确规定，全国英语等级考试不面向义务教育阶段学生，各地考点不得受理义务教育阶段学生集体或个人报名参加全国英语等级考试。

0715 | **5月7日**

中共中央、国务院印发《关于加强青少年体育增强青少年体质的意见》。《意见》要求，认真落实加强青少年体育、增强青少年体质的各项措施。全面实施《国家学生体质健康标准》，把健康素质作为评价学生全面健康发展的重要指标。广泛开展"全国亿万学生阳光体育运动"。切实减轻学生过重的课业负担。确保学生每天锻炼一小时。举办多层次多形式的学生体育运动会，积极开展竞技性和群众性体育活动。帮助青少年掌握科学用眼知识和方法，降低青少年近视率。确保青少年休息睡眠时间，加强对卫生、保健、营养等方面的指导和保障。加强学校体育设施建设，加强体育安全管理，指导青少年科学锻炼。6月4日，教育部印发《关于学习贯彻〈中共中央、国务院关于加强青少年体育增强青少年体质的意见〉的通知》。

0716 | 5月11日

教育部办公厅印发《关于做好预防中小学生溺水事故工作的通知》。通知要求，要进一步加强对学生的安全教育和日常管理工作。各地教育行政部门和学校要通过播放安全教育光盘、开展主题班队会等多种方式和途径，对学生深入开展一次预防溺水的安全教育。要进一步加强学校与家长、社区（村）的联系，共同做好中小学生校外游泳安全工作。要通过印发《告家长书》、家庭访问、家长会等形式，加强学校与家长的沟通和联系，取得家长的支持和配合，增强家长的安全意识。

0717 | 5月18日

国务院批转教育部《国家教育事业发展"十一五"规划纲要》。《规划纲要》指出，"十五"时期教育事业发展取得明显成就。到2005年，全国普及九年义务教育人口覆盖率和初中毛入学率均达到95%以上，进入全面普及的新阶段。西部地区"两基"攻坚取得重大进展，中西部地区农村义务教育普及程度和质量明显提高，农村教育面貌发生深刻变化。《规划纲要》提出，"十一五"期间要推进教育事业持续发展，教育体系更加完善，全面普及和巩固九年义务教育，小学净入学率保持在99%以上，初中毛入学率达到98%以上，初中三年保留率达到95%；城乡、区域教育更加协调，义务教育趋于均衡；教育质量明显提高，创新能力稳步增强；教育机会不断增加，国民受教育水平进一步提高等。

0718 | 5月30日

教育部印发《关于加强和改进中小学艺术教育活动的意见》。《意见》提出，中小学艺术教育活动要以育人为宗旨，坚持先进文化导向，体现"向真、向善、向美、向上"的校园文化特质，引导学生树立正确的审美观念，帮助学生培养健康的审美精趣，陶冶情操，提高感受美、鉴赏美、表现美、创造美的能力，促进学生全面发展。

0719 | 6月1日

中共中央总书记、国家主席、中央军委主席胡锦涛到北京市大兴区庞各庄镇田园幼儿园和第二中心小学同孩子们一起欢度“六一”国际儿童节。胡锦涛代表中共中央，向全国广大少年儿童表示节日祝贺，向全国广大少年儿童工作者表示崇高敬意。

0720 | **6月1日**

教育部印发《关于切实落实中小学安全工作的通知》，要求切实预防，做好安全防御工作，保护学生安全，严防对中小学生的生命安全造成威胁。

0721 | **6月9日至11日**

教育部、国务院纠风办在辽宁沈阳召开全国规范城市义务教育收费工作交流会暨全国治理教育乱收费工作汇报会。国务委员陈至立出席会议并强调，要提高认识、统一思想，深刻认识进一步做好规范教育经费、治理教育乱收费工作的重要性和紧迫性；要突出重点，综合治理，加快推进城市义务教育均衡发展，坚持教育、制度、监督并重，进一步完善城市家庭经济困难学生接受义务教育的政策措施；要加强领导、狠抓落实，继续抓好农村义务教育乱收费的治理，坚决杜绝“一边收费、一边乱收费”现象，确保农村义务教育经费保障机制改革继续顺利进行。

0722 | **6月11日**

共青团中央、教育部、人事部、全国少工委发布《少先队辅导员管理办法（试行）》。《办法》指出，少先队大队辅导员由所在学校推荐、上级团委聘请、从事学校少先队工作的优秀教师担任。少先队中队辅导员的职责是：在大队辅导员的领导下，指导中队委员会制定计划、开展工作、组织活动；指导中队集体建设，帮助队员学会当家作主。少先队志愿辅导员的职责是：充分利用自身的优势和专长，辅导少年儿童开展丰富多彩的实践体验和文娱活动；维护少年儿童的合法权益；为学校和社区的少先队工作创造条件，提供支持。

0723 | **6月12日**

教育部举行2007年第十次新闻发布会，决定于9月1日起向全国中小学推广《第一套校园集体舞》。

0724 | **7月6日**

教育部办公厅印发《关于组织实施2007年教育部援助西藏中小学教师培训计划的通知》。通知指出，培训的内容主要包括：义务教育阶段新课程实施过程中的总结与反思、课程教材解读、课程内容分析、教学设计与教学案例分析等。培训采取“集中培训”和“光盘培训”相结合的方式进行。集中培训对象以承担义务教育阶段新课程教学及培训任务的骨干教师为主。

0725 | **7月12日**

教育部印发《关于进一步做好农村义务教育经费保障机制改革有关工作的通知》。通知要求，严格规范农村义务教育阶段学校收费行为，进一步细化农村中小学预算工作，确保寄宿生生活费补助政策落实到位，依法保障义务教育阶段教职工合理收入，积极做好“普九”债务清理化解工作，加大监督检查工作力度，把新机制的宣传工作做实、做到位。

0726 | **7月24日**

中宣部、教育部、司法部、全国普法办发布《中小学法制教育指导纲要》并发出通知。通知要求，将中小学法制教育工作纳入实施“五五”普法规划目标责任制的考核范围，加强督促检查，推动各项工作落到实处。地方各级教育行政部门和中小学校要采取切实措施，确保中小学法制教育的质量。《指导纲要》从中小学法制教育的总体要求，基本原则和主要任务，中小学法制教育的内容，中小学法制教育的实施途径，中小学法制教育的措施等方面作了详细说明。

0727 | **7月30日**

教育部、国家发改委召开中西部农村初中校舍改造工程视频会议。会议的主要内容是进一步明确中西部农村初中校舍改造工程的主要任务，研究部署下一阶段重点工作。教育部部长周济出席会议讲话指出，各地在初中校舍改造工程实施过程中，要整合资源，统筹推进农村义务教育的各项工作，要与农村义务教育已经实施的几项重点工程相统筹，要与正在实施的农村义务教育经费保障机制改革相统筹，要与中小学布局结构调整和农村义务教育长远发展相统筹。

0728 | **8月2日**

教育部"援助新疆中小学教师培训计划"在新疆乌鲁木齐启动。本次培训由西北师范大学、首都师范大学承担，主要采取集中培训与网络培训相结合的方式进行，并以案例培训、专家评课、优秀教师上示范课、对话、讨论和答疑等方式开展。其中，西北师范大学承担小学语文、数学、英语以及初中语文、英语、历史等六个学科的培训任务；首都师范大学承担小学思想与社会以及初中数学、物理、化学、地理、生物等六个学科的培训任务。

0729 | **8月24日**

教育部、公安部、国家安监总局印发《关于加强农村中小学生幼儿上下学乘车安全工作的通知》。通知要求，依法做好农村学生上下学交通安全管理工作；强化政府责任，增进部门合作；继续做好校车排查和检验工作；深入开展道路交通安全宣传教育；切实落实农村学生上下学交通安全管理责任；严厉打击农村地区非法运营接送学生的车辆。

0730 | **8月31日**

全国优秀教师代表座谈会在中南海怀仁堂举行。中共中央总书记、国家主席、中央军委主席胡锦涛出席会议并发表重要讲话。胡锦涛对广大教师提出四点希望：一是希望广大教师爱岗敬业、关爱学生；二是希望广大教师刻苦钻研、严谨笃学；三是希望广大教师勇于创新、奋发进取；四是希望广大教师淡泊名利、志存高远。[①]

0731 | **9月4日**

教育部办公厅发布《中小学学生学籍信息化管理基本信息规范》。《规范》收录了中小学学生学籍管理中涉及入学、转学、借读、休学、复学、

① 参见《人民日报》，2007年9月1日。

升级、毕业、综合素质评价、学业考试、奖励、处分等管理工作所需的基本信息。

0732 | **9月28日**

江西省发布《中小学校长管理暂行规定》，对中小学校长的任聘、职责、义务、权利与考核办法等作出明确规定。同时，《暂行规定》要求中小学校长必须接受任职资格培训，并获得任职资格培训合格证书。

0733 | **10月15日至21日**

党的十七大在北京人民大会堂开幕。大会的主题是：高举中国特色社会主义伟大旗帜，以邓小平理论和“三个代表”重要思想为指导，深入贯彻落实科学发展观，继续解放思想，坚持改革开放，推动科学发展，促进社会和谐，为夺取全面建设小康社会新胜利而奋斗。中共中央总书记胡锦涛作题为《高举中国特色社会主义伟大旗帜，为夺取全面建设小康社会新胜利而奋斗》的报告。胡锦涛指出，党的十六大以后，“各级各类教育迅速发展，农村免费义务教育全面实现。”[①]“在新的发展阶段全国建设小康社会、发展中国特色社会主义，必须坚持以邓小平理论和“三个代表”重要思想为指导，深入贯彻落实科学发展观。”[②]胡锦涛强调：“优先发展教育，建设人力资源强国。教育是民族振兴的基石，教育公平是社会公平的重要基础。要全面贯彻党的教育方针，坚持育人为本、德育为先，实施素质教育，提高教育现代化水平，培养德智体美全面发展的社会主义建设者和接班人，办好人民满意的教育。优化教育结构，促进义务教育均衡发展，加快普及高中阶段教育，大力发展职业教育，提高高等教育质量。重视学前教育，关心特殊教育。更新教育观念，深化教学内容方式、考试招生制度、质量评价制度等改革，减轻中小学生课业负担，提高学生综合素质。坚持教育公益性质，加大财政对教育投入，规范教育收费，扶持贫

① 《胡锦涛文选》第二卷，人民出版2016年版第615页。
② 同上，第621—622页。

困地区、民族地区教育，健全学生资助制度，保障经济困难家庭、进城务工人员子女平等接受义务教育。加强教师队伍建设，重点提高农村教师素质。鼓励和规范社会力量兴办教育。发展远程教育和继续教育，建设全民学习、终身学习的学习型社会。”①

0734 | **11月1日**

教育部办公厅印发《关于中小学学习贯彻党的十七大精神的通知》。通知要求，基础教育战线站在培养中国特色社会主义建设者和接班人的战略高度，抓住课堂教学、社会实践、校园文化和教师特别是班主任队伍的建设等关键环节，认真做好中小学学习贯彻党的十七大精神的工作。通知指出，要充分利用“形势教育大课堂”资源向学生宣讲党的十七大精神，要把根据党的十七大精神制作的“形势教育大课堂”作为面向中小学学生生动形象宣传党的十七大精神的重要教材。通知要求，德育课程教学要有机融入党的十七大精神的宣传教育。

0735 | **11月9日**

教育部印发《关于做好2007年秋冬季中小学幼儿园安全工作的预警通知》。通知要求加强寄宿制学校学生宿舍管理，加强中小学安全设施建设，加强对校外租房学生的管理，加强校车管理，加强对学生集体户外冰雪运动的组织与管理。

0736 | **11月9日**

成都市教育局印发《关于贯彻落实党的十七大精神全面推进素质教育，切实减轻中小学生课业负担的若干规定》，要求学生的家庭作业量减少1小时，课外活动时间多1小时、睡眠时间多1小时，通过直观效果把“减负”工作落到实处。

0737 | **11月28日**

国家西部地区“两基”攻坚总结表彰大会在北京召开。会议指出，《国

---

① 《胡锦涛文选》第二卷，人民出版社2016年版，第642页。

家西部地区“两基”攻坚计划（2004—2007年）》提出的各项任务如期完成，西部地区“两基”人口覆盖率达到98%，比攻坚计划实施前的77%提高了21个百分点，初中毛入学率达到了90%以上，青壮年文盲率降到5%以下。今后要继续巩固“两基”成果，继续推进义务教育均衡发展，更加重视素质教育，大力加强农村教师队伍建设，进一步落实各级人民政府对义务教育的保障责任。

0738 | **11月29日**

教育部在北京召开全国完善义务教育经费保障机制工作会议。会议指出，农村义务教育经费保障机制改革取得了巨大成就，农村义务教育全民纳入公共财政保障范围，农村中小学财务管理进一步规范，减轻了农民的教育负担。完善义务教育经费保障机制的重点是扩大免费范围，提高保障水平，健全保障机制。具体包括：将提供免费教科书的范围扩大到全部农村义务教育阶段学生；提高农村义务教育阶段家庭经济困难寄宿生生活费补助标准；提高农村中小学的生均公用经费补助标准；提高中西部地区农村校舍维修改造资金的补助标准等。

0739 | **11月30日**

教育部基础教育质量监测中心揭牌仪式在北京师范大学举行。教育部部长周济出席仪式并讲话指出，要深刻认识当前基础教育面临的形势与任务；要建立健全基础教育质量保障体系；要扎实认真地开展基础教育质量监测工作。

0740 | **12月5日**

共青团中央办公厅、全国少工委办公室、教育部办公厅印发《关于进一步学习宣传贯彻〈未成年人保护法〉的通知》。通知要求，各级共青团、少先队组织，教育部门要把学习贯彻《未成年人保护法》作为维护青少年合法权益的重要工作内容，开展富有成效的工作。

0741 | **12月19日**

教育部启动中小学校长校园安全国家级远程专题培训。本次培训面向黑龙江、吉林、辽宁、湖南4省的80个项目县的4000名一线中小学校长。

0742 | **12月19日**

国务院办公厅转发国务院农村综合改革工作小组《关于开展清理化解农村义务教育"普九"债务试点工作的通知》。《意见》就试点的范围和目标、试点工作的基本原则、"普九"债务的界定及偿债资金来源、试点工作要求、试点工作保障措施、加强对试点工作的领导等问题作了说明。

0743 | **12月26日至27日**

教育部在北京召开2008年度教育工作会议。会议的主要任务是：回顾总结党的十六大以来特别是2007年的教育工作，进一步统一思想，振奋精神，推进我国教育事业科学发展，办好人民满意的教育，为建设人力资源强国而奋斗。会议指出，当前和今后一个时期，建设人力资源强国主要从以下六个方面着力：坚持教育优先发展；全面贯彻党的教育方针，全国实施素质教育；优化教育结构，提高教育质量；切实加强教师队伍建设；大力促进教育公平，办好人民满意的教育；坚持教育改革开放，构建中国特色社会主义现代化教育体系。

0744 | **12月26日**

人事部、财政部印发《关于调整特级教师津贴标准的通知》。通知规定，从2008年1月1日起，中小学特级教师津贴标准由每人每月80元调整为每人每月300元，公办学校发放特级教师津贴所需经费全额纳入财政预算。

0742—45

0745 | **12月27日**

教育部在北京举行河南省实现"两基"目标授牌仪式。教育部部长周济主持授牌仪式，向河南省人民政府授予实现"两基"目标纪念牌。

2008年

改革进行时

• 重要文件

教育部《关于深入推进和进一步完善中考改革的意见》

教育部等部门《中小学教师职业道德规范（2008 年修订）》

中央文明委《全国未成年人思想道德建设工作测评体系（试行）》

教育部办公厅等部门《学校民族团结教育指导纲要（试行）》

教育部办公厅《中小学廉洁教育指导纲要》

教育部《中小学健康教育指导纲要》

教育部《中小学体育工作督导评估体系（试行）》

教育部、卫生部、财政部《国家学校体育卫生条件试行基本标准》

教育部、国务院台湾事务办公室《关于进一步做好台湾同胞子女在大陆中小学和幼儿园就读工作的若干意见》

卫生部、教育部《中小学生健康体检管理办法》

教育部《关于进一步加强中小学艺术教育的意见》

• 重要政策

启动制定《国家中长期教育改革和发展规划纲要（2010—2020 年）》

全力做好四川汶川地震灾区抗震救灾和灾后恢复重建对口支援工作

义务教育学校启动实施教师绩效工资

全面免除城市义务教育阶段学生学杂费

落实农村中小学免费教科书

清理规范义务教育改制学校收费

推行校方责任保险

• 重要会议

教育部召开全国基础教育工作会议

国家科技教育领导小组召开第一次会议

教育部召开全国中考改革工作研讨暨经验交流会

教育部召开落实农村中小学免费教科书工作会议

• 改革亮点

全面免除城市义务教育阶段学生学杂费。国务院决定，从 2008 年秋季学期开始，在全国范围内全部免除城市义务教育阶段学生学杂费。进城务工人员随迁子女接受义务教育要以流入地为主、公办学校为主解决。强化省级统筹，制定切实可行的实施方案，确定省和省以下各级人民政府的经费分担责任，落实所需资金。各地要逐步完善城市义务教育经费保障机制，促进义务教育均衡发展。

0801 | **1月3日**

山东省教育厅印发《关于深化基础教育课程改革全面提高教育质量的意见》。《意见》提出，提高认识，增强深化课程改革的责任感和紧迫感；落实课程方案，加强教材管理，完善三级课程管理制度；强化课程实施，加强教学研究，提高课程实施质量和水平；创新机制，整合资源，推进校外教育和实践活动的开展；加强教师队伍建设，提高教师实施新课程的能力和水平；深化评价考试制度改革，构建符合素质教育的评价体系；加强监督和管理，为课程改革创造良好的实施环境。

0802 | **1月7日**

教育部召开落实农村中小学免费教科书工作会议，宣布从2008年春季开始，全国1.5亿名农村义务教育阶段的学生用的教科书全部免费。

0803 | **1月17日**

上海市教委印发《关于进一步做好本市农民工同住子女义务教育工作的若干意见》。《意见》提出，义务教育阶段公办中小学接收农民工同住子女的比例"十一五"期间力争达到70%左右，初中阶段适龄农民工同住子女纳入公办学校就读；发挥社会力量在解决农民工同住子女义务教育中的作用，委托现有民办中小学招收农民工同住子女；加大扶持力度，逐步将符合基本条件的现有农民工子女小学纳入民办教育管理，到2010年，基本完成农民工子女学校纳入民办教育管理工作。

0804 | **1月30日**

教育部、国务院台湾事务办公室印发《关于进一步做好台湾同胞子女在大陆中小学和幼儿园就读工作的若干意见》。《意见》指出，对台胞子女在大陆中小学和幼儿园就读实行"欢迎就读、一视同仁、就近入学、适当照顾"的政策；经批准设立的公办和民办普通中小学、幼儿园和中等职业教育机构原则上都可以接收台胞子女就读；地方各级教育行政和对台工作部门要加强对此项工作的领导，建立工作机制，完善工作措施，健全管理制度。

0805 | **2月2日**

教育部办公厅发布《关于开展京剧进中小学课堂试点工作的通知》。通知指出，在已修订的《义务教育音乐课程标准》中增加了有关京剧教学的内容，确定了15首京剧经典唱段作为中小学音乐课的教学内容。根据不同学段学生的具体情况，将15首京剧唱段安排在一至九各年级，于2008年3月至2009年7月在北京、天津、黑龙江、上海、江苏、浙江、江西、湖北、广东、甘肃等10省（市）开展试点工作，并在试点的基础上逐步在全国推开。

0806 | **2月5日**

财政部、教育部印发《关于预拨2008年春季学期农村中小学校舍维修改造中央专项资金的通知》。2月28日，两部门再次发出通知，要求各地财政、教育行政部门及时拨付2008年校舍维修改造资金，确保灾毁校舍建设和危房改造。通知要求，要在中央专项资金预算下达后的20个工作日内，将资金拨付至受灾县；受灾县要在收到专项资金后的15个工作日内，将资金落实到具体项目学校，确保灾毁校舍修复重建工作顺利进行。

0807 | **2月17日**

教育部发布《教育部2008年工作要点》。2008年工作要点有：要认真学习贯彻党的十七大精神，推动教育事业科学发展；切实推进素质教育，进一步把立德树人的任务落到实处；以农村义务教育为重点，促进义务教育均衡发展；进一步加强教师队伍建设，重点提高农村教师素质；研究解决人民群众关心的教育问题，着力促进教育公平；深入推进教育改革开放，进一步提高教育管理水平。

0808 | **2月20日**

安徽省教育厅印发《关于规范中小学收费管理的紧急通知》，要求严格规范义务教育阶段学校收费行为。农村义务教育阶段学校只允许收取作业本费、寄宿学生的住宿费，城市义务教育阶段学校按规定收取教材费和作业本费。严禁学校和教师向学生收取学籍管理费、不足龄费、早晚自习费、水电费等13种费用。

0809 | **3月4日**

教育部办公厅、国家民委办公厅印发《关于在中小学切实抓好民族团结教育工作的通知》。通知要求，要统一思想，提高进一步做好中小学民族团结教育工作的思想认识；要加强领导，把中小学民族团结教育工作纳入重要工作安排；要加大力度，把中小学民族团结教育工作进一步抓好、抓实、抓出成效。

0810 | **3月5日**

十一届全国人大一次会议在北京人民大会堂开幕，国务院总理温家宝作《政府工作报告》。《报告》回顾了十届全国人大一次会议以来的五年的教育工作成就。全国财政用于教育支出五年累计2.43万亿元，比前五年增长1.26倍。农村义务教育已全面纳入财政保障范围，对全国农村义务教育阶段学生全部免除学杂费、全部免费提供教科书，对家庭经济困难寄宿生提供生活补助，使1.5亿名学生和780万名家庭经济困难寄宿生受益。西部地区基本普及九年义务教育、基本扫除青壮年文盲攻坚计划如期完成。国家安排专项资金支持2.2万多所农村中小学改造危房、建设7000多所寄宿制学校，远程教育已覆盖36万所农村中小学，更多的农村学生享受到优质教育资源。我们在实现教育公平上迈出了重大步伐。《报告》指出，2008年要在全国城乡普遍实行免费义务教育。继续增加农村义务教育公用经费，提高保障水平。适当提高农村家庭经济困难寄宿生生活费补助标准。认真落实保障经济困难家庭、进城务工人员子女平等接受义务教育的措施。在试点基础上，从今年秋季起全面免除城市义务教育学杂费，这是推动义务教育均衡发展、促进教育公平的又一重大举措。办好各级各类教育，必须抓好三项工作：一要全面实施素质教育，推进教育改革创新。深化教学内容和方式、考试和招生制度、质量评价制度等改革。切实减轻中小学生课业负担。二要加强教师队伍特别是农村教师队伍建设，完善和落实教师工资、津贴补贴制度。三要加大教育事业投入。2008年中央财政用于教育的投入，将由去年的1076亿元增加到1562亿元；地方财政也都要增加投入。进一步规范教育收费。鼓励和规范民办教育发展。没有全民教育的普及和提高，便没有国家现代化的未来。要让孩子们上好学，办好人民满意的教育，提高全民族的素质。

0811 | **3月12日**

上海市教委、市公安局印发《关于实施中小学、幼儿园安全技防设施完善工程的通知》。通知要求，到2008年底，上海市所有的全日制公办、民办中小学、幼儿园，中等职业学校及纳入本市民办学校管理的农民工子女学校，都将完成强制性要求的技防设施安装工作，并将设施投入使用。

0812 | **3月21日**

教育部召开全国中考改革工作研讨暨经验交流会。会议披露，2004年，首批进入新中考的17个国家课改实验区的首批初中毕业生参加了新中考。新中考改变了以升学考试科目分数简单相加作为唯一录取标准的做法，在初中毕业生学业考试、综合素质评价和高中招生录取三方面实现了突破，并随着改革实验范围的扩大逐步完善。随着基础教育课程改革的推进，2008年，全国所有初中毕业学生将全部进入新中考，中考改革将全面推开。会议要求各地教育行政部门要花大力气，认真研究解决中考改革面临的重点与难点问题，加大对本地区中考改革的指导力度。

0813 | **4月2日**

教育部办公厅发布《中小学廉洁教育指导纲要》。《指导纲要》对中小学廉洁教育工作的指导思想、基本原则、目标任务、主要内容、实施途径等进行了规定。

0814 | **4月3日**

教育部印发《关于深入推进和进一步完善中考改革的意见》。《意见》指出，普通高中招生要切实改变将分数简单相加作为高中录取唯一标准的做法。必须坚持综合评价、择优录取的原则，应将初中学业考试成绩和综合素质评价结果作为普通高中招生的主要依据，将优质高中名额中的大部分均衡分配到普通初中，同时积极推行多种形式的招生录取办法。各地应根据本地实际情况，采取划等统招、差额投档、推荐保送、特长录取及必要的面试考查等多种招生办法，逐步扩大普通高中学校招生自主权。

0815 | **4月3日**

教育部、财政部、中国保监会印发《关于推行校方责任保险完善校园伤害事故风险管理机制的通知》。通知提出，建立和完善校园意外伤害事故风险管理机制，在全国各中小学校中推行意外伤害校方责任保险制度。通知规定了推行校方责任保险制度的基本原则和推进校方责任保险制度建设的基本要求。

0816 | **4月14日至15日**

教育部在浙江杭州召开全国基础教育工作会议。教育部副部长陈小娅在讲话中指出，过去五年，我国以农村义务教育为重点的基础教育取得了重大成就。以“两基”攻坚的实现为标志，义务教育从基本普及实现了全面普及；以农村义务教育经费保障机制改革为标志，义务教育全面纳入了公共财政保证范围，走出了一条有中国特色的义务教育发展道路，实现了中国教育史上的历史性跨越，从而使我国基础教育特别是义务教育站在了新的历史起点上。

0817 | **5月9日**

昆明市教育局印发《关于实行中小学校长公开选聘制的指导性意见》。《指导性意见》规定，如果学校有30%以上的教职工联名，可以向学校教代会提出罢免校长的要求。

0818 | **5月13日**

教育部印发《关于全力做好抗震救灾工作的紧急通知》。通知指出，全国教育系统特别是灾区教育部门和各级各类学校要坚决贯彻落实中央要求，紧急行动起来，把抗震救灾作为当前的首要任务，不怕困难，顽强奋战，全力抢救伤员，切实保障灾区师生生命安全，尽最大努力把地震灾害造成的损失减少到最低程度。

0819 | **5月17日**

中国民办教育协会在北京正式成立。它是经国务院同意，由教育部和民政部正式批准成立的国家一级社团法人单位。中国民办教育协会是由全国各级各类民办教育机构和民办教育工作者自愿结成的、行业性、非营利社会组织。

0820 | **5月19日至23日**

教育部副部长袁贵仁率教育部工作组赴四川地震灾区，协助教育系统开展抗震救灾工作。这期间，教育部和四川省教育部门讨论制定《关于做好四川省2008高考工作的意见》《关于开展地震灾区中小学生心理援助工作的意见》《关于灾区孤儿救助工作的意见》《关于地震灾区学生资助的意见》《关于加强教育系统防震救灾宣传工作的意见》《关于进一步做好灾区学校安全防疫工作的意见》和《关于灾后学校重建的初步考虑》等文件。

0821 | **5月26日**

教育部发布《教育系统做好灾区师生安置和恢复重建准备工作的方案》。《方案》提出，要高度警惕和切实防范余震和次生灾害，始终把师生生命安全放在第一位；切实加强学校卫生防疫工作；积极创造条件帮助灾区学生恢复上课；积极开展灾区学生心理援助工作；认真做好灾区孤、残学生救助工作；妥善做好灾区学生升学考试工作；切实做好灾区学生资助和帮扶工作；积极做好灾区学校恢复重建准备工作；抓紧落实教育系统对口支援灾区工作；开展向抗震救灾英雄师生学习活动。

0822 | **5月29日**

教育部发布《关于表彰首批中小学抗震救灾优秀学生和先进集体的决定》。阿坝州汶川县映秀镇中心小学的林浩等11位同学、绵阳市北川县陈家坝学校等3所学校受到表彰。教育部要求各级教育行政部门和中小学要把抗震救灾优秀学生和先进集体的感人事迹作为生动教材，深入进行爱国主义教育，弘扬中华民族的伟大精神和美德。

0823 | **5月30日**

人社部、教育部发布《关于表彰教育系统抗震救灾英雄集体和抗震救灾英雄的决定》，授予四川省绵阳市北川中学优秀教师群体、四川省汶川县映秀镇小学优秀教师群体“教育系统抗震救灾英雄集体”荣誉称号；授予周汝兰、王敏同志“教育系统抗震救灾英雄”荣誉称号，追授谭千秋同志“教育系统抗震救灾英雄”荣誉称号。被授予“教育系统抗震救灾英雄”荣誉称号的人员，享受省部级劳动模范和先进工作者待遇。

0824 | **5月30日**

教育部办公厅、国家发改委办公厅印发《进一步加强中西部农村初中校舍改造工程质量管理的通知》。通知要求，各级教育行政部门、发展改革部门和项目学校领导要以对党和人民高度负责的态度，进一步提高对校舍安全重要性的认识，以健全制度、落实责任为核心，切实加强对初中校舍改造工程项目建设和管理工作的领导。

0825 | **6月4日**

国务院第十一次常务会议通过《汶川地震灾后恢复重建条例》。《条例》明确规定，对学校等人员密集的公共服务设施，应当按照高于当地房屋建筑的抗震设防要求进行设计，增强抗震设防能力。国家在安排建设资金时，应当优先考虑地震灾区的教育等公共服务设施建设。

0826 | **6月5日**

教育部印发《关于切实防范洪涝等自然灾害确保中小学生安全的紧急通知》。通知指出，各地教育行政部门和中小学校、幼儿园要切实防范洪涝等灾害对广大师生的危害；各地教育行政部门要立即对本行政区域内，尤其是农村地区和边远山区中小学校、幼儿园进行一次全面排查，要特别检查地处低凹地段学校、幼儿园；各地中小学校要在放暑假前对全体师生集中开展一次安全教育。

0827 | **6月6日**

教育部印发《关于做好教育系统灾后恢复重建对口支援工作的通知》。通知提出，教育系统对口支援灾后学校恢复重建工作，要做好以下几方面工作：帮助灾区做好学校重建规划，特别是帮助灾区做好学校合理布局和选址工作。要按照推进义务教育均衡发展、实施素质教育和促进各级各类教育协调发展的要求，建设符合标准的坚固安全的学校。帮助灾区9月1日前实现全面复学复课。要选派优秀教师支教，帮助配备所需的活动板房、课桌凳、教学仪器设备、图书资料等各类保障条件。统筹协调部分灾区学生的异地入学入托工作。帮助安排好灾区学生的暑期活动。帮助恢复和建设校舍与校园，选派管理人员和专家等支持学校重建工作，帮助灾区教育迅速恢复。

0828 | **6月9日**

教育部、卫生部、财政部发布《国家学校体育卫生条件试行基本标准》。《标准》从体育教师、体育场地器材、教学卫生、生活设施、卫生保健室配备以及学生健康体检等方面明确了开展学校体育卫生工作所必不可少的条件。这些条件是国家对开展学校体育卫生工作的最基本要求，是中小学校办学应达到的最基本标准，是教育检查、督导和评估的重要内容。

0829 | **6月19日**

教育部、国家发改委、财政部、文化部、国家广电总局印发《关于进一步开展中小学影视教育的通知》。通知指出，将影视教育纳入中小学教学计划，充分发挥优秀影片的育人功能。各地教育行政部门和中小学要把影视教育列入爱国主义和革命传统专题教育，保障每个中小学生至少每学期观看两次优秀影片，使观看爱国主义影视作品成为每个中小学生的“必修课”。要把影视教育与各学科教学相结合，根据德育、语文、科学、历史、地理等学科教学的需要播放相关的影片，提高课堂教学的效果。要把影视教育作为美育的重要内容，有条件的地区和学校可以开设影视教育的地方和校本课程，培养学生对影视作品的审美和鉴赏能力。要采取多种方式，促进影视教育的均衡发展。要加大支持和扶持力度，为影视教育提供保障。

0830 | **6月26日**

中央文明办、教育部、共青团中央、全国妇联表彰了林浩等20名“抗震救灾英雄少年”和马小凤等30名“抗震救灾优秀少年”，并印发《关于开展向“抗震救灾英雄少年”和“抗震救灾优秀少年”学习活动的通知》。通知提出，要引导未成年人学习“抗震救灾英雄少年”“抗震救灾优秀少年”的先进事迹和可贵精神，从身边小事做起，从一点一滴做起，树立远大志向，养成良好品德，努力成长为德智体美全面发展的中国特色社会主义事业的合格建设者和接班人。

0831 | **6月27日**

卫生部、教育部发布《中小学生健康体检管理办法》。《管理办法》规定，学校应组织所有入学新生进行健康体检，建立健康档案。在校学生每年进行一次常规健康体检。义务教育阶段学生健康体检的费用由学校公用经费开支。

0832 | **6月30日**

为贯彻落实中共中央总书记胡锦涛提出的“将灾害预防等科学知识纳入国民教育”的重要指示精神，进一步加强中小学安全教育，保证学生度过一个平安而又有意义的暑假，教育部通过中国教育电视台专题栏目、中国教育卫星宽带网和教育部门户网站等相关媒体，面向全国中小学生播放预防地震、溺水、交通事故和奥运安全专题节目，全国中小学生同上一堂安全课。

0833 | **7月11日**

山西省人民政府第十四次常务会议研究通过《山西省中小学校舍安全工程实施意见》，旨在进一步提高山西省中小学校舍安全水平，防患于未然。

0834 | **7月19日至20日**

教育部在上海师范大学召开全国中小学校长队伍情况抽样调查工作部署会议暨《中国中小学校长专业标准研究》项目工作会议，教育部副部长李卫红出席会议并发表讲话。

0835 | **7月23日**

教育部印发《关于地震灾区中小学开展心理辅导与心理健康教育的通知》。通知要求，切实加强地震灾区中小学心理辅导与心理健康教育的组织管理和统筹协调；保证灾区学校正常有序地开展心理辅导与心理健康教育；发挥教育系统的优势，为灾区中小学心理辅导与心理健康教育提供专业支持。

0836 | **7月24日**

教育部与重庆市人民政府签署《建设国家统筹城乡教育综合改革试验区战略合作协议》，重庆市成为首个部市共建缩小城乡和区域差距的“试验田”。部市合作协议内容涉及城乡教育布局结构改革、城乡基础教育改革、城乡职业教育改革、高等教育改革、师资队伍建设制度改革、招生考试评价制度改革、城乡教育信息资源共享机制改革、教育帮扶机制改革、教育经费保障机制九大板块。

0837 | **7月27日**

2008年教育部援助西藏自治区中小学教师培训计划在西藏大学启动。该项目是2008年教育部中小学教师国家级培训计划的重要项目，也是在2007年暑期实施援藏计划基础上进一步扩大实施的援藏培训项目。

0838 | **7月30日**

国务院总理温家宝主持召开国务院常务会议。会议研究部署全面免除城市义务教育阶段学生学杂费的工作。8月12日，国务院印发《关于做好免除城市义务教育阶段学生学杂费工作的通知》。通知提出，从2008年秋季学期开始，全部免除城市义务教育阶段公办学校学生学杂费。进城务工人员随迁子女接受义务教育要以流入地为主、公办学校为主解决。强化省级统筹，制定切实可行的实施方案，确定省和省以下各级人民政府的经费分担责任，落实所需资金。地方各级人民政府要逐步完善城市义务教育经费保障机制，促进义务教育均衡发展。

0839 | **8月12日**

教育部发布《中小学体育工作督导评估指标体系（试行）》并发出通知。评估指标体系包括教育管理、条件保障、评价机制、体质状况4个一级指标，11个二级指标和34个三级指标。通知指出，督导评估结果要向社会公布，并作为考核领导干部政绩的重要内容和进行表彰奖励或责任追究的重要依据。国家教育督导团将根据情况，对各地中小学体育工作进行专项督导检查，并通报督导检查结果。

0840 | **8月18日**

四川省教育厅印发《关于进一步加强灾后中小学生心理辅导与心理健康教育工作的实施意见》。《实施意见》指出，从2008年9月1日全面复课后，四川省39个地震重灾县（市、区）将开设“灾后心理健康教育”必修课。

0841 | **8月26日**

中央文明委发布《全国未成年人思想道德建设工作测评体系（试行）》。测评体系包括“基本指标”和“浮动指标”两个部分。“基本指标”包括6个测评项目、21个测评指标、75个测评内容。“浮动指标”包括2个测评指标。

0842 | **8月26日**

公安部交通管理局发出通知，要求全国公安交通管理部门从2008年9月1日起至10月31日，在全国范围内组织开展中小学、幼儿园校车交通安全集中整治工作。

0843 | **8月29日**

中共中央政治局常委、国务院总理、国家科技教育领导小组组长温家宝主持召开国家科技教育领导小组第一次会议，听取教育部关于制定

《国家中长期教育改革和发展规划纲要（2010—2020 年）》工作情况的汇报，审议并原则通过《规划纲要》制定工作方案。会议强调，《规划纲要》应从我国现代化建设的总体战略出发，对未来十二年教育改革和发展作出全面规划和部署。一要在优先发展教育、促进教育公平、培养创新型人才、提高教育服务经济社会发展的能力等方面，提出符合国家战略和群众需求、反映教育规律和发展趋势的指导方针。二要贯彻科学发展观，体现面向未来、面向世界、面向现代化，立足国情，改革创新。三要以提高国民素质、建设人力资源强国为核心，科学确定到 2020 年我国教育改革与发展的战略目标、总体任务和重大部署，对教育规模、结构、质量以及分阶段和分地区的目标提出具体要求。四要综合考虑人口变化、学龄人口结构、经济结构、就业结构和社会发展的特点，对各级各类教育的改革与发展作出专题性规划。五要系统研究基础教育、职业教育、高等教育的体制改革和教学改革、教师培养、教育发展保障等重大问题，找准症结，提出思路，使《规划纲要》具有战略性、前瞻性、针对性、操作性。

0844 | 9 月 1 日

教育部、中国教科文卫体工会全国委员会重新修订和发布《中小学教师职业道德规范（2008 年修订）》。《规范》内容包括爱国守法、爱岗敬业、关爱学生、教书育人、为人师表、终身学习等，首次将“保护学生安全”加入其中。

0845 | 9 月 3 日

教育部发布《中小学学生近视眼防控工作方案》。《方案》对中小学学生近视眼防控工作提出具体意见。一是加强规章制度建设，规范管理“防近”工作。二是开展视力保护宣传教育，培养学生良好的用眼卫生习惯。三是积极改善教学条件，为学生创建良好的视觉环境。教育部同时发布《中小学学生近视眼防控工作岗位职责》《中小学学生预防近视眼基本知识与要求》。

0846 | **9月5日**

教育部印发《关于进一步加强中小学艺术教育的意见》。《意见》指出，从我国基础教育发展的整体水平来看，艺术教育仍然是学校教育中的薄弱环节。地方各级教育行政部门和中小学校要切实把艺术教育摆在学校教育应有的位置上。要以全面提高教育教学质量为中心，以农村学校为重点，实现区域内的均衡发展。要严格执行课程计划，开展课外艺术活动，提高艺术教育师资水平，优化资源配置、改善艺术教育教学条件，加强管理、完善艺术教育保障机制。

0847 | **9月8日**

国家发改委等七部门印发《关于开展全国教育收费专项检查的通知》，部署全国第六次教育收费专项检查工作，重点检查义务教育免除学杂费情况，以进一步规范教育收费行为，减轻群众负担。

0848 | **9月16日**

教育部、卫生部召开全国学校卫生工作电视电话会议。教育部部长周济讲话指出，要提高认识，进一步增强做好学校卫生工作的责任感和紧迫感；要明确任务，切实把加强学校卫生工作的各项要求落到实处；要加强领导、齐抓共管，努力开创学校卫生工作的新局面。

0849 | **10月9日至12日**

党的十七届三中全会在北京召开。全会审议通过《中共中央关于推进农村改革发展若干重大问题的决定》。《决定》提出，大力办好农村教育事业。培育有文化、懂技术、会经营的新型农民。巩固农村义务教育普及成果，提高义务教育质量，完善义务教育免费政策和经费保障机制，保障经济困难家庭儿童、留守儿童特别是女童平等就学、完成学业，改善农村学生营养状况，促进城乡义务教育均衡发展。保障和改善农村教师工资待遇和工作条件，健全农村教师培养培训制度，提高教师素质。健全城乡教师交流机制，继续选派城市教师下乡支教。发展农村学前教育、特殊教育、继续教育。加强远程教育，及时把优质教育资源送到农村。

0850 | 10月15日

教育部办公厅、卫生部办公厅、国家食品药品监管局办公室印发《关于开展学校食品卫生安全专项整治行动的通知》。通知要求，各地要对各级各类学校食堂、校内食品小卖部等进行全面检查，要特别加强对农村寄宿制学校的重点检查。

0851 | 11月1日至2日

全国未成年人思想道德建设工作经验交流会在浙江杭州召开。会议指出，进一步加强和改进未成年人思想道德建设，必须深入贯彻党的十七大精神，坚持以邓小平理论和“三个代表”重要思想为指导，贯彻落实科学发展观，以社会主义核心价值体系建设为根本，把树立正确的世界观、人生观、价值观作为重要任务。推动学校、家庭、社会“三结合”教育网络进一步健全。坚持以人为本，贴近未成年人群体，多办未成年人欢迎、作用大、影响大的好事实事。着力抓好社会文化环境净化、校外活动场所免费开放、特殊群体未成年人教育管理等工作任务的落实。

0852 | 11月26日

教育部办公厅、国家民委办公厅发布《学校民族团结教育指导纲要（试行）》。《指导纲要》要求，把民族团结教育贯穿于学校教育工作的各个环节，全国中小学要设置专门的民族团结教育课程，并根据不同年级开设不同课程、保证相应学时。《指导纲要》规定，小学和初中阶段每学年要保证10个至12个学时的教学活动时间；小学中年级进行民族知识启蒙教育，小学高年级进行民族常识教育，初中阶段进行民族政策常识教育。

0853 | 12月1日

教育部发布《中小学健康教育指导纲要》。《指导纲要》提出，中小学生依照不同年龄要掌握一定的健康知识和技能，以促进其养成健康的行为和生活方式。中小学健康教育内容包括五个领域：健康行为与生活方式、疾病预防、心理健康、生长发育与青春期保健、安全应急与避险。

0854 | **12月3日**

国家教育督导团发布《国家教育督导报告2008（摘要）》，报告主题是关注义务教育教师。2002年至2007年，全国各县的统计数据、抽样调查结果和督导检查情况表明，全国义务教育教师总体规模按现行编制标准基本满足需求，保证了“普九”目标的实现；目前教师配备结构性问题依然突出，农村边远地区教师数量不足、补充困难；全国义务教育教师师德水平、学历水平和教育教学能力不断提高，但教师培养培训“学非所教”问题严重，教师专业化程度不高，教育教学能力与全面实施素质教育的要求仍有较大差距；教师的工资逐步提高，福利待遇及工作条件有所改善，教师培训也有了较大进展，但法律有关规定执行不力，教师法定权益缺乏有效保障。

0855 | **12月21日至22日**

教育部在北京召开2009年度教育工作会议。中共教育部党组书记、教育部部长周济在会上强调，要全面贯彻党的十七大和十七届三中全会精神，以邓小平理论和“三个代表”重要思想为指导，深入贯彻落实科学发展观，全面贯彻党的教育方针，继续解放思想，坚持改革开放，谋划发展，提高质量，促进公平，加强管理，办好人民满意的教育，努力建设人力资源强国。周济提出，要切实推进素质教育，着力培养高素质人才；统筹城乡教育发展，着力办好农村义务教育；全面提高教师素质，着力加强农村教师队伍建设；坚持促进教育公平，着力落实教育惠民政策；深入推进改革开放，着力提高教育管理水平；加强教育系统党的建设，着力提高领导教育科学发展的能力。

0856 | **12月23日**

厦门市发布《残疾人和低保对象中残疾人子女助学补助办法》，提出全市残疾人和低保家庭中残疾人子女上学均可获政府补助。《办法》规定，给予在接受小学、初中阶段教育残疾学生每年150元交通费补助、200元簿籍费补助。

0857 | **12月24日**

教育部、财政部印发《关于进一步加强中小学财务管理工作的意见》。《意见》强调，中小学校要严格加强预算内、外资金管理。所有预算外收入必须全额缴入财政专户，严格实行“收支两条线”管理。严禁私设“小金库”，严禁公款私存，严禁设立账外账，严禁坐收坐支。加强中小学资产管理和监督，定期组织资产清查工作，严防国有资产流失。中小学校要加强校办产业的管理，按照校办产业改制的要求，严格成本核算，明晰产权关系，及时完成改制工作。

0858 | **12月31日**

教育部印发《关于做好义务教育学校教师绩效考核工作的指导意见》。《指导意见》对绩效考核工作的重要意义、基本要求、主要内容、有效方法，切实加强绩效考核的组织领导等作了具体说明。

2009 年

改革进行时

• 重要文件

国务院农村综合改革工作小组《关于进一步做好清理化解农村义务教育债务工作的意见》

中宣部等部门《关于在学校开展民族团结教育活动的通知》

教育部《关于当前加强中小学管理规范办学行为的指导意见》

教育部《中小学班主任工作规定》

• 重要政策

在学校开展民族团结教育活动

全面实施教师“特岗计划”

加强中小学管理规范办学行为

启动全国中小学校舍安全工程

全面推进清理化解农村义务教育债务工作

• 重要会议

教育部召开全国基础教育课程改革经验交流会

• 改革亮点

全面实施教师“特岗计划”。全面加强教师特别是农村教师培训，鼓励大学生尤其是师范生到基层、农村任教。这一计划的实施，有利于推进教育资源均衡配置，提高了广大农村教师的教育教学水平，提高了农村的教育质量。

0901 | **1月1日**

北京市取消中小学义务教育阶段借读费，在公办学校借读的农民工及外地城镇户籍人员子女，均可享受与北京孩子一样的就学待遇。

0902 | **1月7日**

教育部发布《教育部2009年工作要点》。2009年工作要点有：深入学习实践科学发展观，制定《国家中长期教育改革和发展规划纲要（2010—2020年）》；切实推进素质教育，着力培养学生创新精神和实践能力；大力办好农村义务教育，促进义务教育均衡发展；重点加强农村教师队伍建设，全面提高教师素质；落实教育惠民政策，努力办好人民满意教育；深入推进改革开放，进一步提高教育管理水平；加强教育系统党的建设，提高领导教育事业科学发展的能力等。

0903 | **1月20日**

上海市教委成立上海市学生德育发展中心。该中心承担上海市学校德育研究任务，为上海市教育行政部门提供决策咨询服务，协调指导各类学生活动机构和场所开展有关德育活动，承担上海市大中小学教师有关德育工作培训任务，承担上海市学校德育工作信息搜集管理和数据库建设工作。

0904 | **2月18日**

教育部办公厅印发《关于中小学幼儿园安全工作2009年第1号预警通知》。通知提出，各地要把安全工作作为学校教育工作的重中之重，认真部署安排，确保学校安全稳定和学生安全，并为2009年全国“两会”的召开营造良好的氛围。通知要求，一要开展中小学安全检查及整改工作；二要高度重视大型集体活动的安全管理工作；三要深入开展安全教育和演练活动；四要切实加强“两会”期间的安全管理工作。

0905 | **3月2日**

国务院新闻办公室发表《西藏民主改革50年》白皮书。白皮书指出，50年来，国家投入大量资金发展西藏教育事业，使西藏在全国率先实现了城乡免费义务教育。从 1985 年开始，在农牧区实行以寄宿制为主的中小学校办学模式，对义务教育阶段农牧民子女实行包吃、包住、包学习费用的政策。2008 年，西藏自治区 73 个县（市、区）已全部实现普及六年义务教育和基本扫除文盲，其中 70 个县完成普及九年义务教育，文盲率下降到 2.4%。小学学龄儿童入学率达到 98.5%，初中入学率达到 92.2%。

0906 | **3 月 5 日**

十一届全国人大二次会议在北京人民大会堂开幕，国务院总理温家宝作《政府工作报告》。《报告》在回顾 2008 年教育工作时强调指出，促进教育公平取得新进展。全面实行城乡免费义务教育，对所有农村义务教育阶段学生免费提供教科书。提高中西部地区校舍维修标准，国家财政安排 32.5 亿元帮助解决北方农村中小学取暖问题。国家助学制度进一步完善，中央财政投入 223 亿元，地方财政也加大投入，资助学生超过 2000 万人。关于 2009 年教育工作重点任务，《报告》提出，坚持优先发展教育事业。2009 年要研究制定国家中长期教育改革和发展规划纲要，对 2020 年前我国教育改革发展作出全面部署。年内要重点抓好五个方面。一是促进教育公平。落实好城乡免费义务教育政策。提高农村义务教育公用经费标准，把小学、初中学生人均公用经费分别提高到 300 元和 500 元。逐步解决农民工子女在输入地免费接受义务教育问题。增加农村义务教育阶段家庭经济困难寄宿生的生活补助。争取三年内基本解决农村“普九”债务问题。二是优化教育结构。三是加强教师队伍建设。对义务教育阶段教师实行绩效工资制度，提高 1200 万名中小学教师待遇，中央财政为此将投入 120 亿元，地方财政也要增加投入。全面加强教师特别是农村教师培训，鼓励大学生、师范生到基层、农村任教。四是推进素质教育。各级各类教育都要着眼于促进人的全面发展，加快课程、教材、教育方法和考试评价制度改革，把中小学生从过重的课业负担中解放出来，让学生有更多的时间思考、实践、创造。五是实施全国中小学校舍安全工程，推进农村中小学标准化建设。要把学校建成最安全、家长最放心的地方。

0907 | **3月25日**

教育部印发《关于进一步做好中小学教师补充工作的通知》。通知指出，全面实施“特岗计划”，鼓励引导高校毕业生到农村学校任教。深化教师队伍补充机制改革，确保教师聘用质量，全面推行新任教师公开招聘制度，形成长效机制。严格实施教师资格制度，确保持证上岗。各地要把教师补充情况作为教育督导评估的重要内容。

0908 | **4月1日**

国务院总理温家宝主持召开国务院常务会议。会议正式启动全国中小学校舍安全工程。会议指出，校舍安全直接关系广大师生的生命安全，关系社会和谐稳定。从2009年起，用三年时间，对地质灾害易发地区的各级各类城乡中小学存在安全隐患的校舍进行抗震加固、迁移避险，提高综合防灾能力，使学校校舍达到重点设防类抗震设防标准，并符合其他防灾避险安全要求；其他地区按抗震加固、综合防灾要求，集中重建整体出现险情的危房、改造加固局部出现险情的校舍，消除安全隐患。资金安排实行省级统筹，市县负责，中央财政补助。

0909 | **4月22日**

教育部印发《关于当前加强中小学管理规范办学行为的指导意见》。《指导意见》指出，为进一步全面贯彻党的教育方针，大力推进素质教育，切实加强中小学管理，一要强化责任，进一步明确和落实地方各级教育行政部门和学校的管理职责和工作任务。二要抓住重点，认真解决好当前一些违背教育规律、影响正常教育教学秩序的突出问题。三要加强领导，建立和完善加强中小学管理规范办学行为的工作机制。

0910 | **5月9日**

中国关工委在北京发布《当代中国青少年公益认知与行为调查报告》。《报告》显示，超过九成青少年认为参与社会公益活动是他们的责任和义务。在抗震救灾中，青少年表现积极，94.7%的青少年以各种方式支持救灾活动。有86%的青少年参加过公益活动，84.4%的青少年表示“将来会更加积极地参与社会公益活动”。对青少年公益行为影响最大的不是老师，而是家庭和同辈群体。41.7% 的青少年受父母影响参与公益活动，56.9% 的青少年学生认为学校教育应该鼓励学生参与社会公益实践。

0911 | **5 月 19 日**

据《中国教育报》报道，中国学生营养与健康促进会发布《中国儿童少年营养与健康报告 2009：关注儿童肥胖，远离慢性疾病》。《报告》指出，改革开放 30 年来，我国儿童少年营养和健康状况发生可喜的变化，生长发育水平稳步提高，贫血和营养不良率呈下降趋势。但是，由于膳食结构和生活方式的改变，我国儿童少年的健康状况也面临着营养不足和营养失衡的双重挑战。同时，肥胖给儿童少年健康带来心理上的负面影响，导致其学习能力下降，出现自卑、缺乏自信、抑郁、焦虑等异常心理。

0912 | **5 月 25 日**

教育部办公厅印发《关于中小学幼儿园安全工作 2009 年第 2 号预警通知》。通知要求，重点预防溺水事故的发生，及时采取有效措施应对重大灾害，切实保障学生集体活动时的交通安全，严格防控校园伤害事件，持续深入开展安全教育。

0913 | **6 月 5 日**

教育部办公厅印发《关于组织实施“知行中国——中小学班主任教师培训项目”的通知》。通知提出，通过对 1040 名小学骨干班主任教师（兼远程辅导教师）的集中培训，提升骨干教师的专业素质和在班主任教师远程培训中的带动、指导和管理能力；通过对 10 万名左右小学一线班主任教师的远程培训，提升小学一线班主任教师的专业能力以及履行岗位职责的能力；通过网络班级建设和班主任在岗实践，促进班主任教师学以致用。培训按照“学思结合，知行统一”的原则，针对小学班主任教师在日常工作中所面临的主要问题，围绕“班主任的每一天”“班主任的每一学年”“班主任与每次活动”“班主任与每个班级”“班主任与每个学生”“班主任的基本技能”六个模块进行深入学习、交流、研讨。

0914 | **6月11日**

据《中国教育报》报道，教育部、国家体育总局印发《关于开展全国青少年校园足球活动的通知》。通知要求，从2009年6月开始建立和完善小学、初中、高中和大学四级足球联赛，保证每个学生每周将至少有两个小时进行足球运动的时间。

0915 | **6月22日**

教育部、卫生部发布《学校甲型H1N1流感防控工作方案（试行）》。《方案》对学校未发现甲型H1N1流感疫情、学校出现非校内感染病例、学校出现校内感染病例分别作出了防控措施建议，并公布停课、放假的实施程序。

0916 | **6月**

教育部面向全国中学生推出《科学发展观青少年学习读本》。《读本》较为全面准确、深入浅出地阐述了科学发展观的基本内容和主要观点，形式上通俗易懂，可读性较强，适合于青少年学习，是中学阶段学生学习理解科学发展观的重要辅助材料。

0917 | **7月7日**

教育部办公厅发布《2009年中小学教师国家级培训计划》。2009年中小学教师国家级培训的重点是加强农村教师培训，有中西部地区中小学骨干教师培训项目、边境民族地区中小学骨干教师培训项目、中西部农村义务教育学校教师远程培训项目、普通高中课改实验省教师远程培训项目、培训者培训项目、援助地震灾区中小学教师培训项目、中小学体育和艺术教师培训项目、知行中国——中小学班主任教师培训项目等八个项目。

0918 | **7月9日**

湖南省教育厅发布《关于进一步规范普通中小学办学行为的规定》。《规定》指出，普通高中必须确保学生完成所有必修课程和选修课程的学习，不得文、理分科。

0919 | **7月10日**

中共教育部党组印发《关于加强全国教育系统关心下一代工作委员会建设的意见》。《意见》对全国各级教育行政部门和高校党委如何领导、支持关工委开展工作提出具体建议，为教育系统关心下一代工作持续健康发展提供了制度保障。

0920 | **7月23日**

据《中国教育报》报道，从2009年秋季开学起，民族团结教育成为乌鲁木齐市中小学生的必修课。此内容还会出现在中考、高考、会考和小学结业考试中，分值不低于政治试卷总分的15%。

0921 | **7月24日**

江苏省教育厅发布《江苏省学生阳光体育营地建设规划》。《规划》提出，到2010年，每个省辖市至少建有1个综合性学生阳光体育营地，基本满足直属及所属区域中小学学生校外体育活动需要；到2013年，所有县（市）至少建有1个具有地方特色的学生阳光体育营地。组织学生参加营地活动被列入学校教育教学计划，学生平均每月有一天时间（也可集中使用）参加营地活动。

0922 | **8月6日**

河南省人民政府办公厅印发《关于规范中小学办学行为推进素质教育的意见》。《意见》规定，高中生每天睡眠时间不少于8小时，走读生不上早晚自习。高中学生每天书面家庭作业控制在2小时内完成。确保学生每天1小时锻炼时间。

0923 | **8月10日**

教育部办公厅印发《关于组织实施2009年中西部地区中小学骨干教师培训项目的通知》。通知指出，培训对象为中西部22个省（自治区、直辖市）的10000名中小学学科骨干教师，其中县以下小学和初中骨干教师不少于70%。围绕全面实施素质教育和基础教育课程改革要求，根据中小学教师队伍建设的实际需要，以学科为基础，以问题为中心，以案例为载体，理论与实践相结合，研究总结教育教学经验，帮助教师解决教育教学过程中所面临的实际问题。培训内容主要包括：实施素质教育的理论与实践、有效教学方式方法、现代教育技术的应用、师德教育和教师专业发展等。

0924 | **8月12日**

教育部发布《中小学班主任工作规定》。《规定》指出，班主任是中小学日常思想道德教育和学生管理工作的主要实施者，从事班主任工作是中小学教师的重要职责。教师担任班主任期间应将班主任工作作为主业。加强班主任队伍建设是坚持育人为本、德育为先的重要体现。中小学每个班级应当配备一名班主任。班主任工作量按当地教师标准课时工作量的一半计入教师基本工作量。班主任津贴纳入绩效工资管理。教育行政部门要建立科学的班主任工作评价体系和奖惩制度。

0925 | **8月18日**

中共中央政治局委员、国务委员刘延东在内蒙古调研时强调，教育是边疆民族地区推进现代化的根本大计，必须将其摆在优先发展的战略地位。广大教师和教育工作者要增强责任感、荣誉感和使命感，为国家和人民培养合格的建设者和接班人。

0926 | **8月20日**

中宣部、教育部、国家民委印发《关于在学校开展民族团结教育活动的通知》。通知要求各级各类学校要紧紧围绕活动主题，抓住课堂教学、社会实践、校园文化等重要环节，把教育活动开展到每一个班级、覆盖到每一个学生。要组织学习《民族团结教育通俗读本》。充分发挥课堂教学的主渠道作用，扎实推进民族团结教育进教材、进课堂、进学生头脑。切实加强民族团结教育教材建设和师资队伍建设。充分运用多种形式、途径和方法开展民族团结教育。各级各类学校要根据自身实际和学生思想情况，因时因地制宜，注意综合运用各种民族团结教育方法和途径，增强民族团结教育的针对性、实效性和吸引力、感染力。中小学要组织开展生动活泼的民族团结体验活动。

0927 | **8月29日**

据《中国教育报》报道，重庆市成立教育评估院，旨在完善教育“管、办、评”三分离机制，将政府管理教育的模式由“行政控制模式”转向“监督与服务模式”。评估院负责教育评估的理论与政策研究和技术研究；负责开发并建设教育评估的指标体系和信息资源；负责拟定基础教育质量监测标准，实施基础教育质量监测工作；承担基础教育、职业教育与成人教育、高等教育的有关评估及服务工作。

0928 | **9月11日**

教育部中等职业学校和中小学深入学习实践科学发展观活动指导小组召开在中等职业学校和中小学开展深入学习实践科学发展观活动指导工作视频会议，会议指出，全国中等职业学校和中小学从2009年9月中旬陆续开始学习实践活动，到2010年2月基本结束，其中集中活动时间不少于4个月，另外安排2个月时间充分做好准备工作和巩固扩大学习实践活动成果。9月19日，中央深入学习实践科学发展观活动领导小组转发《关于中等职业学校和中小学开展深入学习实践科学发展观活动的指导意见》，正式在全国中等职业学校和中小学启动深入学习实践科学发展观活动，要求各地结合本地实际贯彻执行。

0929 | **9月21日**

国务院新闻办公室发表《新疆的发展与进步》白皮书。白皮书指出，新中国成立前，新疆只有1所大学、9所中学、1355所小学，学龄儿童入学率只有19.8%，全疆文盲率高达90%以上。新中国成立后，新疆教育事业取得历史性进步，目前义务教育实现了基本普及九年制和基本扫除青壮年文盲，各类成人教育、职业教育从无到有，稳步发展。2008年，新疆共有小学4159所、在校学生201.2万人，小学学龄儿童入学率达99.6%以上；中等学校1973所，在校学生172.2万人。国家在农牧区建立了提供食宿和学习用品的寄宿制中小学校。多年来，国家拨付专款，专门用于编印多种少数民族文字教材，满足了少数民族学校主课教材的需要。

0930 | **9月27日**

国务院新闻办公室发表《中国的民族政策与各民族共同繁荣发展》白皮书。白皮书指出，经过60年的努力，民族地区教育事业得到了长足发展。截至2008年底，全国各级各类学校少数民族在校学生总数为2199.6万人。近年来，国家先后实施贫困地区义务教育工程、农村中小学危房改造工程、西部地区“两基”攻坚计划等工程，中央财政先后投入290多亿元，极大地改善了民族地区办学条件。

0931 | **10月12日**

中共中央总书记、国家主席、中央军委主席胡锦涛发表《致中国少年先锋队建队六十周年的贺信》。胡锦涛指出：少先队是我们党在新中国成立伊始创立的少年儿童群众组织。六十年来，在党的领导下，在共青团的带领下，少先队主动适应时代要求，充分发挥自身优势，广泛开展一系列适合少年儿童特点的活动，为促进少年儿童健康成长发挥了不可替代的重要作用。希望全国少先队员牢记党和人民的重托，在德、智、体、美等方面全面发展，争当热爱祖国、理想远大的好少年，争当勤奋学习、追求上进的好少年，争当品德优良、团结友爱的好少年，争当体魄强健、活泼开朗的好少年，时刻准备着为建设富强民主文明和谐的社会主义现代化国家贡献智慧和力量。少先队组织和少先队工作者要大力发扬优良传统，积极探索当代少年儿童成长规律，不断开创少先队工作的新局面。共青团组织要切实履行全团带队的光荣职责，更好地发挥少先队团结、教育、引导少年儿童的重要作用。①

0932 | **10月13日**

共青团中央、教育部、全国少工委发布《关于表彰“全国优秀少先队员”、“全国优秀少先队辅导员”、“全国优秀少先队集体”的决定》，授予63名少先队员“全国优秀少先队员荣誉称号，授予63名少先队辅导

① 参见《胡锦涛文选》第三卷，人民出版社2016年版，第273—274页。

员“全国优秀少先队辅导员”荣誉称号，授予200个少先队大队、中队“全国优秀少先队集体”荣誉称号。

0933 | **10月28日**

北京市教委发布《北京市义务教育学校教职工绩效考核试行办法》。《试行办法》指出，考核的具体内容包括职业道德、工作表现和工作绩效。承担班主任工作的教职工，须参加班主任工作考核。考核分为日常考核、学年度考核和聘期考核。日常考核与基础性、奖励性绩效工资的分配相结合，与按月发放的绩效工资相结合。学年度考核与学年奖发放相结合。学年度考核被确定为不合格等次的教师，予以低聘、转岗或解聘，不予发放学年奖。

0934 | **10月30日至31日**

教育部在江苏南京召开全国基础教育课程改革经验交流会。会议全面总结八年来我国基础教育课程改革取得的成效和基本经验，部署下一阶段深化课程改革的重点任务。教育部副部长陈小娅在出席会议讲话时指出，经过八年的努力，基础教育课程改革取得明显的成效，但仍面临着环境和观念转变、制度完善、教师提高、投入和条件保障等方面的问题和挑战。下一阶段教育部将主要开展以下几方面工作：一是成立由部长负责的课程改革领导机构和国家基础教育课程专家审议委员会，加强对课程改革工作的领导和对课程教材的审核把关。二是开展大规模教师培训，提高教师专业化水平。三是进一步完善综合素质评价的科学方法和基本程序，使综合素质评价成为学校常规管理制度的基本内容和教师的岗位职责。四是深化人才培养模式改革，着力培养学生的创新精神和实践能力。五是重点加强农村课程改革，提高农村基础教育质量，在经费分配、资源建设和专业指导等方面向农村倾斜。

0935 | **11月10日**

教育部、国家统计局和财政部联合发布《2008年全国教育经费执行情况统计公告》。《公告》显示，全国教育经费保持了较大幅度的增长，但国家财政性教育经费占 GDP 的比例仍没有实现 4% 的目标。我国教育经费投入总量仍然偏少，难以满足教育需求。建立和完善教育经费投入的保障机制，切实解决我国长期存在的教育经费短缺问题，使教育经费投入基本与教育需求保持相对平衡，仍然是摆在我们面前的一个重大课题。

0936 | **12 月 17 日**

福建省教育厅发布《中小学教师职业道德考核办法（试行）》。《办法》指出，考核对象是普通中小学、中职学校和幼儿园在职教师，考核结果分为优秀、合格、不合格三个等次。为让考核切实发挥作用，把师德考核结果作为教师绩效考核评价指标中“职业道德”部分的评价结果，按不低于教师绩效考核 30% 的权重计入。同时，考核结果作为教师资格认定、职务评审、岗位聘任、绩效工资发放、表彰奖励等的重要依据。

0937 | **12 月 21 日**

国务院农村综合改革工作小组印发《关于进一步做好清理化解农村义务教育债务工作的意见》。《意见》要求各地在积极化解农村“普九”债务的同时，努力化解农村义务教育的其他债务，同时建立制止发生新的农村义务教育债务的稳定机制。

2010 年

改革进行时

• 重要文件

中共中央、国务院《国家中长期教育改革和发展规划纲要（2010—2020 年）》

国务院办公厅《关于开展国家体制改革试点的通知》

教育部《关于贯彻落实科学发展观进一步推进义务教育均衡发展的意见》

教育部《关于深化基础教育课程改革进一步推进素质教育的意见》

教育部《关于推进中小学信息公开工作的意见》

全国中小学校舍安全工程领导小组办公室《关于进一步加强中小学校舍综合防灾能力建设的若干意见》

• 重要政策

开展国家教育体制改革试点

推进义务教育均衡发展

指导各地义务教育绩效工资改革

持续治理教育乱收费工作

推进中小学信息公开工作

进一步加强中小学校舍综合防灾能力建设

• 重要会议

中共中央、国务院召开全国教育工作会议

教育部召开全国部分省、自治区、直辖市基础教育质量试点监测结果通报与工作研讨会

• 改革亮点

推进义务教育均衡发展。力争在2012年实现区域内义务教育初步均衡，到 2020 年实现区域内义务教育基本均衡。要以提高教育质量、促进内涵发展为重点，加强制度建设，依法建立和完善有效工作机制。

中共中央、国务院发布《国家中长期教育改革和发展规划纲要（2010—2020 年）》。《规划纲要》是我国教育史上首个中长期教育规划，构建了未来十年我国教育事业改革与发展的基本框架，并提出了很多创造性举措。《规划纲要》的发布与实施，对促进教育事业科学发展，全面提高国民素质，加快社会主义现代化进程具有重大意义。

1001 | **1月4日**

教育部印发《关于贯彻落实科学发展观进一步推进义务教育均衡发展的意见》。《意见》将推进均衡发展作为义务教育改革与发展的重要任务，力争在2012年实现区域内义务教育初步均衡，到2020年实现区域内义务教育基本均衡。《意见》指出，要以提高教育质量、促进内涵发展为重点，加强制度建设，依法建立和完善有效工作机制。

1002 | **1月8日**

北京市教委、市科委举行北京青少年科技创新“雏鹰计划”启动仪式。据了解，北京市将确定100所左右的“雏鹰计划”项目实验校，在培养科技创新后备人才方面进行探索和尝试。

1003 | **1月11日至2月6日**

国务院总理温家宝在中南海先后主持召开五次座谈会。会议就正在制定的《国家中长期教育改革和发展规划纲要（2010—2020年）》听取社会各界人士的意见和建议。1月11日召开的首次座谈会以高等教育改革和发展为主题，1月15日召开职业教育改革和发表座谈会，2月4日召开基础教育改革和发表座谈会，2月5日召开教育管理体制改革和发表座谈会，2月6日召开的座谈会首次把学生和家长代表请进了中南海。会议强调，制定《规划纲要》必须坚持以下几点：一是积极推进教育体制改革、二是落实和扩大学校的办学自主权、三是努力促进教育公平、四是大力倡导教育家办学。

1004 | **1月12日**

中华少年儿童慈善救助基金会在北京成立。这是继中国青少年发展基金会和中国儿童少年基金会之后，又一家以少年儿童为救助对象的全国性公募基金会。

1005 | **1月13日**

教育部印发《关于加强中小学网络道德教育抵制网络不良信息的通知》。通知要求，各地教育行政部门要加强网络道德教育、网络法制教育，加强绿色网络建设，加强重点关注和引导，加强学校家庭合作，以有效抵制网络不良信息对中小学生的侵害，促进学生健康成长。

1006 | 1月14日至15日

教育部召开2010年度教育工作会议。会议强调，要深入落实科学发展观，以提高质量、促进公平为重点，以解放思想、改革创新为动力，以服务社会、造福人民为使命，着力夯实基础，调整结构，优化布局，提升内涵，不断提高教育事业现代化水平。要准确把握我国教育的阶段性特征，要创新人才培养模式，要深化办学体制和管理体制改革，要扩大教育对外开放。2010年要以制定发布和启动实施教育规划纲要为契机，突出重点，攻坚克难，扎实做好各项工作。要把教育资源配置和工作重点集中到提高质量、特色发展和促进公平上来，促进各级各类教育协调发展，保障不同群体公平接受教育。要提高教师待遇，加强教师管理，建设高素质专业化教师队伍。要加强思想政治教育和教育系统党建工作，深入开展民族团结教育，多为师生办实事好事，积极促进高校毕业生就业，建立健全维护学校稳定的长效机制。

1007 | 1月26日

广东省教育厅召开义务教育"千校扶千校"工作总结研讨会。会议指出，广东省启动"千校扶千校"行动计划近一年来，通过多种形式共培训教师45.5万人次，为薄弱学校提供了教育资源援助平台。广东省将进一步扩大帮扶范围，创新帮扶机制，实现帮扶薄弱学校全覆盖。

1008 | 1月28日

广州市发改委、市教育局、市人社局、市公安局印发《关于进一步做好优秀外来工入户和农民工子女义务教育工作的意见》。《意见》指出，要根据广州市优化产业布局和产业结构的需要，重点鼓励技能型优秀外来工入户，引导广大外来工积极提升技能，培养壮大技能人才队伍，优化劳动力结构和布局。各区(县级市)要按照“以流入地政府管理为主”“以全日制公办中小学为主”的原则切实解决优秀外来工子女的义务教育问题。

1009 | **1月29日**

教育部发布《教育部2010年工作要点》。2010年工作要点有：推动教育事业优先发展、科学发展；全面提高教育质量，进一步促进教育公平；深化教育体制改革，扩大教育对外开放；进一步转变职能，树立良好作风。

1010 | **2月4日**

据《中国教育报》报道，教育部中小学心理健康教育专家指导委员会举行全体会议，就建立健全学校心理干预机制、推动学校有效开展心理健康教育提出政策建议。为了改变中小学心理健康教育合格师资缺乏的现状，教育部中小学心理健康教育专家指导委员会决定启动“全国中小学心理健康教育骨干教师培训”。

1011 | **2月26日**

教育部办公厅印发《关于中小学幼儿园安全工作2010年第1号预警通知》。通知要求，要切实加强安全教育。各校要在新学期开学初，充分利用班团队会、升旗仪式、专题讲座、墙报板报、校园网络等方式，采取多种途径和方法，对学生开展交通安全、食品卫生安全、防火、防盗、防拥挤踩踏等安全知识以及预防自然灾害的主题教育，尤其要及时强化防溺水教育；要积极落实极端天气安全防范措施；要深入开展疏散演练。

1012 | **3月1日**

国家教育规划纲要工作小组办公室召开首场新闻发布会，就提高基础教育水平、促进教育公平、努力解决义务教育择校和课业负担过重问题、保障进城务工人员子女平等接受义务教育、努力建设高素质专业化的教师队伍等五个方面问题进行介绍并答记者问。

1013 | **3月3日**

教育部和上海市共建国家教育综合改革试验区战略合作协议签字仪式在北京举行。根据协议，双方将成立部市战略合作领导小组，建立部市战略合作协商会议制度。双方共建内容包括：探索教育公共管理新体制和新机制，提升教育公共管理水平；探索人才培养模式和招生考试制度改革，全面实施素质教育；探索教育支撑产业结构调整的机制与路径，增强教育服务能力；探索扩大教育对外开放的机制与模式，提升教育国际化水平；探索推动学习型社会建设的新机制，完善终身教育体系；建设教育发展战略性支持平台，增强教育基础研究的决策咨询与服务指导功能；增强上海教育辐射服务功能，探索建立教育区域合作联动发展的新格局。

1014 | **3月5日**

十一届全国人大三次会议在北京人民大会堂开幕，国务院总理温家宝作《政府工作报告》。《报告》回顾2009年教育工作时强调，2009年我国进一步促进教育公平。大幅度增加全国教育支出，其中中央财政支出1981亿元，比上年增长23.6%。全面落实城乡义务教育政策，中央下达农村义务教育经费666亿元，提前一年实现农村中小学生人均公用经费500元和300元的目标。实行义务教育阶段教师绩效工资制度。国家助学制度不断完善，资助学生2871万人，基本保障了困难家庭的孩子不因贫困而失学。《报告》强调，教育、科技和人才，是国家强盛、民族振兴的基石，也是综合国力的核心。优先发展教育事业。强国必先强教。只有一流的教育，才能培养一流人才，建设一流国家。要抓紧启动实施教育规划纲要。《报告》提出，2010年教育发展将着重抓好五个方面重点：一是推进教育改革。二是促进义务教育均衡发展。三是继续加强职业教育。四是推进高等学校管理体制和招生制度改革。五是加强教师队伍建设。

1015 | **3月9日**

深圳市教育局发布《关于中小学在职教师从事有偿家教的“五不准”》。“五不准”，即不准利用学校资源从事有偿家教，不准在省、市校历规定的学期内从事有偿家教，不准对本校学生进行有偿家教，不准宣传动员或暗示学生参加校外教育培训机构的补习或为其提供生源，不准在校外办学机构或培训机构有偿兼课。

1016 | **3月11至12日**

教育部基础教育质量监测中心在北京召开全国部分省、自治区、直辖市基础教育质量试点监测结果通报与工作研讨会。教育部副部长陈小娅出席会议并发表讲话。陈小娅指出，开展基础教育质量监测工作既是促进教育公平、提高教育质量的需要，也是教育转向内涵发展、促进管理职能转变的需要。

1017 | **4月15日**

中共中央政治局常委、国务院总理、国家科技教育领导小组组长温家宝主持召开国家科技教育领导小组会议。会议审议并原则通过了《国家中长期教育改革和发展规划纲要（2010—2020年）》。

1018 | **4月21日**

教育部等七部门印发《关于2010年治理教育乱收费规范教育收费工作的实施意见》。《实施意见》要求，各地要进一步加强对教育经费投入和使用的管理及监督检查，大力推进义务教育均衡发展，着力解决义务教育阶段学校择校乱收费问题，严格规范中小学服务性收费和代收费，坚决禁止侵害学生利益的行为。同时，要进一步加强对中小学教辅材料管理，切实解决教辅材料散滥问题，进一步巩固义务教育阶段改制学校清理规范工作成果。

1019 | **4月22日**

全国治理教育乱收费部际联席会议召开第十次会议。会议强调，要按照标本兼治、综合治理的方针，以教育规划纲要制定和实施为契机，完善制度，改革创新，着力解决群众反映强烈的突出问题，为促进教育事业健康发展作出新的贡献。

1020 | **4月27日**

教育部印发《关于深化基础教育课程改革进一步推进素质教育的意见》。《意见》指出，要充分认识深化基础教育课程改革的重要性。基础教育课程是国家意志和核心价值观的直接体现，承载着教育思想、教育目标和教育内容，在人才培养中发挥着核心作用。《意见》明确了深化基础教育课程改革的主要任务：进一步完善基础教育课程体系，全面落实基础教育课程方案，大力推进教学改革，健全和完善考试评价制度，全面提升教师队伍实施新课程的能力，进一步加强教材使用管理，大力推进农村地区课程改革。

1021 | **5月5日**

国务院总理温家宝主持召开国务院常务会议，通过《国家中长期教育改革和发展规划纲要（2010—2020年）》。会议指出，未来十年是我国实施现代化建设“三步走”战略的关键阶段。制定并实施《规划纲要》，在新的历史起点上加快推进教育改革和发展，对于建设人力资源强国、满足群众接受良好教育的需求、全面建成惠及十几亿人口的小康社会具有重大战略意义。今后十年，我国教育改革发展要贯彻优先发展、育人为本、改革创新、促进公平、提高质量的方针。第一，把教育摆在优先发展的战略地位，完善中国特色社会主义现代教育体系。第二，把育人为本作为教育工作的根本要求，尊重教育规律和学生身心发展规律。第三，把改革创新作为教育发展的强大动力，健全充满活力的教育体制。第四，把促进公平作为国家基本教育政策，保障公民依法享有平等受教育的机会。第五，把提高质量作为教育改革发展的核心任务，为国民提供更加丰富的优质教育。

1022 | **5月14日**

教育部印发《关于组织申报国家教育体制改革试点的通知》。通知要求，有关单位提出申报国家教育体制改革试点的方案。教育部有关部门从中优先选择改革目标明确、政策措施具体、支持力度大、示范性强的试点方案，综合形成国家总体方案。

1023 | **5月18日**

财政部印发《关于切实做好治理教育乱收费工作的通知》，对各地教育收费管理进一步规范。通知指出，义务教育阶段公办学校要坚持学生免试就近入学，除收取城市义务教育阶段住宿费外，不得收取其他任何行政事业性收费，包括学杂费、借读费等。

1024 | **5月19日**

教育部召开玉树地震灾区中学生省外转移安置就学对接协调会，安排5074名玉树地震灾区中学生在学校重建期间，转移到天津、河北、山西、辽宁、山东、四川、宁夏等7个省、自治区、直辖市就读。

1025 | **5月19日**

江苏省人民政府办公厅转发省教育厅等部门《关于江苏省义务教育优质均衡改革发展示范区建设的意见》。《意见》指出，示范区所有公办学校“择校生”比例均不得高于招生总数的10%，外来务工人员随迁子女在公办学校就读率达90%以上，残疾儿童入学率达98%以上，所有学校学生学业合格率都要在95%以上，《国家学生体质健康标准》测试合格率、优秀率分别达90%和10%以上，综合素质评价优良率达90%以上，义务教育质量保障体系基本建立。

1026 | **5月21日**

据《中国教育报》报道，湖南省启动初中起点本科层次农村小学教师公费定向培养计划。按照计划，2010年全省共计划培养1500人，培养任务由湖南第一师范学院承担。原有的初中起点五年制专科层次培养省级计划停止。

1027 | **5月27日**

国务院印发《关于支持玉树地震灾后恢复重建政策措施的意见》。《意见》提出，对恢复重建期内迁出省外和玉树州外就读的初中和高中阶段的重灾区学生，从2010年秋季学期起全部免除学费和住宿费，并发放生活费补助，所需资金以中央财政综合定额补助为主，迁入迁出地人民政府适当负担。对继续在灾区就读的义务教育阶段学生，执行现有的经费保障和补助政策。

1028 | **5月31日**

中共中央总书记、国家主席、中央军委主席胡锦涛到中国科技馆新馆视察，同出席中国少先队第六次全国代表大会的全体小代表和部分中外少年儿童一起参加“体验科学、快乐成长”活动，并勉励少先队员德智体美全面发展，努力争当“四好少年”。

1029 | **5月31日**

中共中央政治局委员、国务委员刘延东出席国家图书馆少年儿童图书馆暨少年儿童数字图书馆开馆仪式，并考察少儿馆馆区。刘延东强调，要不断推出适合少年儿童身心特点的读书服务项目，增强少年儿童的学习能力和创造能力，努力培养少年儿童崇高的思想道德品质。

1030 | **6月1日**

国家发改委印发《关于严禁向学生收取安全管理费等有关问题的紧急通知》。通知明确规定，严禁学校、幼儿园以加强安全保卫工作为由向学生收取任何费用。各地要对已出台的教育收费文件进行全面清理，凡不符合国家规定的一律废止，违规收取的费用要全额退还学生家长。

1031 | **6月11日**

教育部、财政部印发《关于实施“中小学教师国家级培训计划”的通知》，决定从2010年开始实施“中小学教师国家级培训计划”。6月25日，教育部办公厅、财政部办公厅印发《关于组织2010年“国培计划”——中西部农村骨干教师培训项目申报和发布项目招标指南的通知》，这标志着“国培计划”教师培训项目申报和招标工作正式启动。7月26日，全国中小学教师培训暨“国培计划”启动实施工作会议在北京召开。

1032 | **6月13日**

北京市学区化管理改革经验交流现场会在东城区史家小学召开。会议提出北京将大力推进学区化管理改革试点，通过典型经验引路，逐步完善学区化管理的体制机制，促进优质教育资源的均衡配置。

1033 | **6月18日**

福建省教育厅、省财政厅等部门印发《关于加强普通中小学校生管教师队伍建设的通知》。通告要求，各地要制定中小学寄宿制学校生管教师配备标准，严格按照标准在2010年秋季开学前配足配齐生管教师。通知规定，配备生管教师所需编制，原则上在县域内中小学校教职工总编制内调剂解决。

1034 | **6月18日**

海南省人民政府办公厅印发《关于规范中小学办学行为的意见》，要求进一步规范中小学管理，严格控制班额，小学每班不超过45人，初中和高中每班不得超过50人。

1035 | **6月19日**

据《中国教育报》报道，国家大剧院、故宫博物院、首都博物馆等北京十家社会大课堂资源单位，与延庆、密云等远郊区（县）及海淀区签订协议，联合启动“牵手计划”，服务农村学生和外来务工人员随迁子女。“牵手计划”是保障社会大课堂公共文化教育资源向农村山区、弱势群体倾斜的重要举措之一，旨在为农村学校学生和城区外来务工人员随迁子女走进城市创造机会，开阔他们的视野。

1036 | **6月21日**

中共中央总书记胡锦涛主持中共中央政治局会议。会议审议并通过《国家中长期教育改革和发展规划纲要（2010—2020年）》。会议指出，教育是民族振兴、社会进步的基石，是提高国民素质、促进人的全面发展的根本途径。强国必先强教。中国未来发展、中华民族伟大复兴，关键靠人才，基础在教育。制定并实施《规划纲要》，优先发展教育，加快提高教育现代化水平，对满足人民群众接受良好教育需求，对全面实现小康社会目标、建设富强民主文明和谐的社会主义现代化国家具有决定性意义。会议要求，各级党委和人民政府要切实加强对教育工作的领导，把落实教育优先发展、推动教育事业科学发展作为重要职责，把《规划纲要》各项任务措施落到实处，形成全党全社会重视、关心、支持教育发展的良好氛围。

1037 | **6月23日**

教育部教育管理信息中心召开2010年教育电子政务（电子校务）建设工作研讨会。会议指出，目前教育服务与监管体系信息化建设已经由总体规划阶段转入实施阶段，基础设施以及部分应用系统如全国校舍信息系统建设已经全面启动。

1038 | **7月8日**

中共中央、国务院发布《国家中长期教育改革和发展规划纲要(2010—2020年）》。《规划纲要》明确今后一个时期我国教育事业改革发展的工作方针是：优先发展，育人为本，改革创新，促进公平，提高质量。坚持把教育摆在优先发展的战略地位，把育人为本作为教育工作的根本要求，把改革创新作为教育发展的强大动力，把促进公平作为国家基本教育政策，把提高质量作为教育改革发展的核心任务。到2020年我国教育事业改革发展的战略目标是“两基本、一进入”，即基本实现教育现代化，基本建成学习型社会，进入人力资源强国行列。实现更高水平的普及教育、形成惠及全民的公平教育、提供更加丰富的优质教育、构建体系完备的终身教育、健全充满活力的教育体制。坚持以人为本、全面实施素质教育是教育改革发展的战略主题。核心是解决好培养什么人、怎样培养人的问题，目标是培养德智体美全面发展的社会主义建设者和接班人，重点是提高学生的社会责任感、创新精神和实践能力，推进思路是坚持德育为先、能力为重、全面发展。《规划纲要》提出要依法实施九年义务教育，巩固提高教育水平，重点推进均衡发展，消除辍学现象，夯实教育公平的基础。《规划纲要》对教育改革进行了总体设计，明确了六项改革任务：一是改革人才培养体制；二是改革考试招生制度；三是建设中国特色现代学校制度；四是改革办学体制；五是改革管理体制；

六是扩大教育开放。7月29日，中共中央、国务院正式向社会公布《规划纲要》

1039 | **7月13日至14日**

中共中央、国务院在北京召开全国教育工作会议。中共中央总书记、国家主席、中央军委主席胡锦涛在会上发表讲话强调："推动教育事业科学发展，必须高举中国特色社会主义伟大旗帜，以邓小平理论和'三个代表'重要思想为指导，深入贯彻落实科学发展观，实施科教兴国战略和人才强国战略，优先发展教育，完善中国特色社会主义现代教育体系，办好人民满意的教育，建设人力资源强国。要全面贯彻党的教育方针，坚持教育为社会主义现代化建设服务，为人民服务，与生产劳动和社会实践相结合，培养德智体美全面发展的社会主义建设者和接班人。要全面推动教育事业科学发展，立足社会主义初级阶段基本国情，把握教育发展阶段性特征，坚持以人为本，遵循教育规律，面向社会需求，优化结构布局，提高教育现代化水平。"①"优先发展教育是党和国家长期坚持的一项重大方针。我国未来发展、中华民族伟大复兴，关键靠人才，基础在教育。在党和国家工作全局中，必须始终把教育摆在优先发展的战略地位。"②"要巩固义务教育普及成果，全面提高普及水平，全面提高教育质量，推动义务教育均衡发展，确保适龄儿童少年接受良好义务教育。"③胡锦涛就推动教育事业科学发展提出五项要求：一是必须优先发展教育，二是必须坚持以人为本，三是必须坚持改革创新，四是必须促进教育公平，五是必须重视教育质量。中共中央政治局常委、国务院总理温家宝在讲话中阐述了中央制定《国家中长期教育改革和发展规划纲要（2010—2020年）》的主要考虑和确定的教育工作方针。温家宝特别指出，《规划纲要》提出到2012年实现教育财政性支出占国内生产总值4%的目标，表明了党

---

① 《胡锦涛文选》第三卷，人民出版社2016年版，第418页。
② 同上，第419页。
③ 同上，第419—420页。

和政府推动教育改革和发展的坚定决心。温家宝对组织实施《规划纲要》作了全面部署。

1040 | **7月23日**

国家发改委、教育部印发《关于规范中小学服务性收费和代收费管理有关问题的通知》。通知要求，中小学按照国家和本地区课程改革要求安排的教育教学活动、教学管理范围内的事项，不得被列入服务性收费和代收费事项。严禁将讲义资料、试卷、电子阅览、计算机上机、取暖、降温、饮水、校园安全保卫等作为服务性收费和代收费事项。

1041 | **8月17日**

据《中国教育报》报道，教育部开展"送培进疆"专题培训活动，在新疆举办首期中小学骨干校长研修班。研修班分小学骨干校长和初中骨干校长两个班次。此次研修设置了解读《国家中长期教育改革和发展规划纲要（2010—2020年）》、基础教育发展与一流学校建设等20余门课程，由来自北京、上海等地的资深中小学教育专家、名校长授课。

1042 | **8月19日**

由中央文明办、教育部、中国科协等单位联合主办的"科技馆活动进校园"试点推广工作启动会在黑龙江省科技馆举行。来自全国各地的36个项目示范推广区、教育管理部门等单位负责人参加了启动会。会议围绕科技场馆活动如何在《国家中长期教育改革和发展规划纲要（2010—2020年）》指引下深入开展试点推广工作等内容作了充分交流和探讨。

1043 | **8月25日**

国家教育体制改革领导小组召开第一次会议。会议审议《教育规划纲要任务分工方案》《国家教育体制改革试点总体方案》《国家教育咨询委员会章程》，部署下一阶段的重点工作。会议指出，深化教育体制改革是党中央、国务院的重大部署，是落实全国教育工作会议和《国家中长期教育改革和发展规划纲要（2010—2020年）》的关键举措，是我国教育和人力资源由大变强的根本动力。要把教育改革摆在突出位置，科学设计、探索规律，全力以赴、狠抓落实，构建中国特色现代教育体系，扎实有序推进教育事业科学发展，为全面建设小康社会、建设创新型国家培养亿万适用合格、优质拔尖人才。会议强调，教育改革是一项系统工程，必须统筹谋划，整体设计，协同推进；教育改革是一个复杂艰巨的过程，必须试点先行，重点突破，有序开展；教育改革是一项重大的民生工程，必须通过扎实有效的工作，满足人民群众多样需求，给教育发展增添动力。为加强国家教育体制改革工作的组织领导，国务院决定成立国家教育体制改革领导小组，希望各成员单位以高度的政治责任感、强烈的历史使命感，积极主动做好各项工作，不负党中央、国务院重托，不负人民群众殷切期待。

1044 | **8月27日**

国务院召开贯彻落实全国教育工作会议精神和《国家中长期教育改革和发展规划纲要（2010—2020年）》、部署实施国家教育体制改革试点工作电视电话会议。会议强调，教育体制改革是关系国家经济社会发展的基础工程，是关系亿万家庭切身利益的民生工程。各地区、各部门要加强对教育改革试点工作的领导，搞好方案设计，加强过程指导，及时督促检查，把握宣传导向，确保组织到位、责任到位、措施到位、保障到位。

1045 | **9月10日**

中共中央政治局常委、国务院总理温家宝在河北省兴隆县六道河中学与师生共度教师节。温家宝指出，加强农村教育，关系教育事业现代化，关系农村的长远发展，关系国民素质的提高。

1046 | **9月15日**

中国关工委和新华人寿保险股份有限公司在北京举行“全国中小学生交通安全意外伤害保险”项目签约仪式。该项目是国内首次在政府指导下，为全国中小学生引入交通安全保险的公益性保障项目。

1047 | **9月25日**

全国中小学校舍安全工程领导小组办公室印发《关于进一步加强中小学校舍综合防灾能力建设的若干意见》《关于当前进一步做实做细校舍安全工程有关工作的通知》，要求各地既要提高校舍抗震能力，也要提高校舍综合防灾能力；不仅要确保工程实施进度，而且要保证正常的教育教学秩序。

1048 | **10月15日至18日**

党的十七届五中全会在北京召开。全会深刻认识并准确把握国内外形势新变化新特点，审议通过了《中共中央关于制定国民经济和社会发展第十二个五年规划的建议》。《建议》指出，加快教育改革发展。全面贯彻党的教育方针，保障公民依法享有受教育的权利，办好人民满意的教育。按照优先发展、育人为本、改革创新、促进公平、提高质量的要求，深化教育教学改革，推动教育事业科学发展。全面推进素质教育，遵循教育规律和学生身心发展规律，坚持德育为先、能力为重，促进学生德智体美全面发展。积极发展学前教育，巩固提高义务教育质量和水平，加快普及高中阶段教育，大力发展职业教育，全面提高高等教育质量，加快发展继续教育，支持民族教育、特殊教育发展，建设全民学习、终身学习的学习型社会。创新人才培养体制、教育管理体制、办学体制，改革教学内容、教学方法、质量评价、考试招生制度。促进教育公平，合理配置公共教育资源，重点向农村、边远贫困、民族地区倾斜，加快缩小教育差距。健全国家资助制度，扶助家庭经济困难学生完成学业。加强师德师风建设，提高教师业务水平，鼓励优秀人才终身从教。增加教育投入，鼓励引导社会力量兴办教育，以加强薄弱环节和关键领域为重点，实施重大教育改革和发展项目。

1049 | **10月24日**

国务院办公厅印发《关于开展国家教育体制改革试点的通知》，决定在部分地区和学校开展国家教育体制改革试点。通知指出，试点项目包括推进义务教育学校标准化建设，探索城乡教育一体化发展的有效途径；创新体制机制，实施县域内义务教育学校教师校际交流制度，实行优质高中招生名额分配到区域内初中学校的办法，多种途径推进义务教育均衡发展；完善农民工子女接受义务教育体制机制，探索非本地户籍常住人口随迁子女非义务教育阶段教育保障制度；完善寄宿制学校管理体制与机制，探索民族地区、经济欠发达地区义务教育均衡发展模式；建立健全义务教育均衡发展督导、考核和评估制度；规范中小学办学行为，改进教育教学方法，改进考试评价制度，探索减轻中小学生过重课业负担的途径和方法；深化基础教育课程、教材和教学方法改革；整体规划大中小学德育课程，推进中小学德育内容、方法和机制创新，建设民族团结教育课程体系，探索建立“阳光体育运动”的长效机制；研究制定义务教育质量督导评价标准，改革义务教育教学质量综合评价办法，建立中小学教育质量监测评估机制，探索地方人民政府履行教育职责的评价办法。

1050 | **11月12日**

据《中国教育报》报道，为认真贯彻落实中央新疆工作座谈会精神，教育部决定成立教育部新疆教育工作领导小组，以加强对新疆教育工作的统筹、指导和协调，推进新疆教育事业跨越式发展。

1051 | **12月7日**

上海市教委发布《上海市中小学健康教育实施方案》。《实施方案》规定，小学每学期6课时，初中每周0.5课时。《实施方案》要求，要加强学校健康教育，培养学生的健康意识与公共卫生意识，使其掌握健康知识和技能，促进其养成健康的行为和生活方式。

1052 | **12月13日**

教育部发布《关于修改和废止部分规章的决定》。教育部共修改和删除12条规章，其中删除了《普及义务教育评估验收暂行办法》第十一条中的“集资办学”，删除了《小学管理规程》第十二条中的“并可按有关规定收取借读费”等。因已经明显不适应经济社会发展和教育改革发展要求或者已经被新的规章所代替，教育部决定对《义务教育收费管理暂行规定》《国家助学贷款管理操作规程（试行）》等予以废止。

1053 | **12 月 25 日**

教育部印发《关于推进中小学信息公开工作的意见》。《意见》提出，各地中小学要切实提高对信息公开重要意义的认识，牢固树立依法公开的观念，不断增强做好信息公开工作的责任感和紧迫感。要建立健全信息公开的制度机制，认真做好重要信息的主动公开工作，积极探索信息公开的有效形式，建立健全信息公开的管理体制，不断完善信息公开的保障措施，认真履行信息公开的监管职责。

2011年

改革进行时

·重要文件

国务院《关于进一步加大财政教育投入的意见》

中宣部等六单位《关于在党员、干部、群众和青少年中开展中共党史学习教育的通知》

教育部《关于大力加强中小学教师培训工作的意见》

教育部《教师教育课程标准（试行）》

教育部《关于大力推进教师教育课程改革的意见》

教育部《切实保证中小学生每天一小时校园体育活动的规定》

教育部《关于中小学开展书法教育的意见》

教育部《学校教职工代表大会规定》

住建部、国家发改委《特殊教育学校建设标准》

·重要政策

大力加强中小学教师培训工作

深入推进教师教育课程改革

扩大中小学教师职称制度改革试点

中小学生每天一小时校园体育活动

中小学开展书法教育

启动制定教育信息化发展规划

成立义务教育均衡发展专家工作组。

部署实施全国农村义务教育学生营养改善计划

• 重要会议

教育部召开全国教育宣传工作会议

人社部、教育部召开深化中小学教师职称制度改革试点工作总结会

教育部召开全国中小学德育工作经验交流会

共青团中共、教育部召开全国中学共青团工作会议

• 改革亮点

改革教师教育课程标准和专业标准。为建设高素质专业化教师队伍，通过进行教师教育课程改革，设立教师教育课程标准，教师教育更为科学和专业；同时通过设立各级教师专业标准，教师准入和在职职责均有据可依。此项举措是对教师职前教育和在职教育政策的一次重要突破。

1101 | **1月4日**

教育部印发《关于大力加强中小学教师培训工作的意见》。《意见》指出，新时期中小学教师培训的总体要求是：贯彻落实《国家中长期教育改革和发展规划纲要（2010—2020年）》，围绕教育改革发展的中心任务，紧扣培养造就高素质专业化教师队伍的战略目标，以提高教师师德素养和业务水平为核心，以提升培训质量为主线，以农村教师为重点，开展中小学教师全员培训，努力构建开放灵活的教师终身学习体系，加大教师培训支持力度，全面提高教师素质，为基本实现教育现代化，建设人力资源强国提供师资保障。

1102 | **1月24日至25日**

教育部在北京召开2011年全国教育工作会议。会议强调，要以科学发展为主题，创新和完善中国特色教育发展道路，狠抓《国家中长期教育改革和发展规划纲要（2010—2020年）》的贯彻落实，努力开创教育事业科学发展新局面。中共教育部党组书记、教育部部长袁贵仁在会上强调，全面落实《规划纲要》是当前教育系统的紧迫任务。“落实”是2011年全国教育工作的关键词、核心词。

1103 | **1月26日**

教育部在北京召开全国教育宣传工作会议。会议要求，各地教育部门要高度重视宣传工作，善于运用教育宣传推动教育事业科学发展，努力开创教育宣传工作新局面。

1104 | **2月10日**

教育部发布《教育部2011年工作要点》。2011年工作要点有：一是加强和改善对教育的宏观指导，推动教育事业科学发展；二是加强重点领域和关键环节建设，实施国家重大教育发展项目；三是深入推进教育体制改革，认真组织开展教育改革试点；四是切实转变工作职能，进一步加强和改进作风建设。

1105 | **2月20日**

中组部、中宣部、中央文献研究室、中央党史研究室、教育部、共青团中央联合印发《关于在党员、干部、群众和青少年中开展中共党史学习教育的通知》。通知决定，2011年在党员、干部、群众和青少年中开展中共党史的学习教育。通知要求，开展党史学习教育，要认真学习以毛泽东同志、邓小平同志、江泽民同志为核心的党的三代中央领导集体和以胡锦涛同志为总书记的党中央关于中共党史以及中国近现代史、中国革命史的重要论述。

1106 | **2月21日**

中共中央政治局就"优先发展教育、建设人力资源强国"进行第二十六次集体学习。中共中央总书记胡锦涛发表讲话时强调，面向未来，我们一定要增强紧迫感和责任感，坚持把优先发展教育作为贯彻落实科学发展观的基本要求，推动教育事业科学发展，办好人民满意的教育，实现教育和经济社会协调发展，充分发挥教育在党和国家事业中的基础性、先导性、全局性地位和作用。胡锦涛就做好当前教育改革和发展工作提出四点意见。第一，着力提高人才培养水平，全面贯彻党的教育方针，坚持育人为本、德育为先，把促进学生健康成长作为学校一切工作的出发点和落脚点，坚持文化知识学习和思想品德修养的统一、理论学习和社会实践的统一、全面发展和个性发展的统一，强化能力培养，创新人才培养模式，注重培育学生的主动精神和创造性思维。第二，着力深化教育体制改革，加快形成与社会主义市场经济体制和全面建设小康社会目标相适应的教育体制机制。第三，着力推进教育内涵式发展，坚持走以促进公平和提高质量为重点的内涵式发展道路，建立健全覆盖城乡的基本公共教育服务体系，坚持公共教育资源向农村、中西部地区、贫困地区、边疆地区、民族地区倾斜，促进城乡、区域教育协调发展，满足人民群众多层次、多样化的教育需求。第四，着力建设高素质教师队伍，增强广大教师教书育人的责任感和使命感，加强教师职业理想和职业道德教育，提高教师综合素质和业务水平，在全社会倡导和形成尊师重教良好氛围。广大教师要学为人师、行为世范、教书育人，当好学生健康成长的指导者和引路人。①

1107 | **2月24日**

中宣部、中央直属机关工委、中央国家机关工委、教育部、总政治部、中共北京市委等六部门联合举办热点问题形势报告会。教育部部长袁贵仁在报告中强调，教育系统要坚持优先发展、育人为本、改革创新、促进公平、提高质量的工作方针，全面落实《国家中长期教育改革和发展规划纲要（2010—2020年）》，深入推进教育事业科学发展。

1108 | **3月5日**

十一届全国人大四次会议在北京人民大会堂开幕，国务院总理温家宝作《政府工作报告》。《报告》指出，“十一五”时期教育事业全面进步，主要成就是：制定和实施国家中长期教育改革和发展规划纲要。五年全国财政教育支出累计4.45万亿元，年均增长22.4%。全面实现城乡免费义务教育，所有适龄儿童都能“不花钱、有学上”。义务教育阶段教师绩效工资制度全面实施。加快实施国家助学制度，为1200多万名义务教育寄宿生提供生活补助。加快农村中小学危房改造和职业教育基础设施建设。《报告》提出了“十二五”时期教育的主要目标和任务是：坚持优先发展教育，稳步提升全民受教育程度。《报告》指出，科技、教育和人才是国家发展的基础和根本，必须始终放在重要的战略位置。2012年财政性教育经费支出占国内生产总值比重达到4%。促进义务教育均衡发展。加强义务教育阶段学校标准化建设，公共资源配置重点向农村和城市薄弱学校倾斜。以流入地人民政府和公办学校为主，切实保障农民工随迁子女平等接受义务教育。支持民族地区教育发展，做好“双语”教学工作。全面推进素质教育。加快教育改革，切实减轻中小学生过重课业负担，注重引导和培养孩子们

① 参见《人民日报》，2011年2月23日。

独立思考、实践创新能力。保证中小学生每天一小时校园体育活动。落实和完善国家助学制度，无论哪个教育阶段，都要确保每个孩子不因家庭经济困难而失学。

1109 | **3月9日**

教育部与北京、天津、河北、辽宁、上海、江苏、安徽、福建、江西、山东、河南、湖南、广西、海南、重庆等十五个省、自治区、直辖市人民政府在北京签署义务教育均衡发展备忘录。中共中央政治局委员、国务委员刘延东作出指示，强调要把义务教育工作作为造福人民群众的重大民生工程，确保适龄儿童少年接受良好义务教育。

1110 | **3月10日**

教育部召开教育信息化专家座谈会，并启动《教育信息化十年发展规划（2010—2020年）》编制工作。教育部副部长杜占元出席会议并就充分认识教育信息化的重要意义、编制《规划》的重要性、编制《规划》的指导思想和总体要求等作出重要指示。

1111 | **3月11日**

教育部和广东省人民政府在北京签署部省合作协议，共同推进广东教育体制综合改革。中共中央政治局委员、中共广东省委书记汪洋出席签署仪式。教育部部长袁贵仁与广东省省长黄华华签署协议。根据协议内容，教育部与广东省将合作共同推进广东教育体制综合改革，加快推进基础教育均衡协调发展，加快推进素质教育，加快提升教育国际化水平，在全国率先基本实现教育现代化。双方将建立部省联席会议制度。广东省将加大教育投入力度，全面推进依法治教、依法治校，建立教育体制改革联席会议制度，设立广东省教育咨询委员会。

1112 | **3月16日**

国务院发布《中华人民共和国国民经济和社会发展第十二个五年规划纲要》。《规划纲要》指出，“十二五”时期是全面建设小康社会的关键时期，是深化改革开放、加快转变经济发展方式的攻坚时期。今后五年教育发展的主要目标是：九年义务教育质量显著提高，九年义务教育巩固率达到93%。《规划纲要》强调，全面贯彻党的教育方针，保障公民依法享有受教育的权利，办好人民满意的教育。按照优先发展、育人为本、改革创新、促进公平、提高质量的要求，推动教育事业科学发展，提高教育现代化水平。一是统筹发展各级各类教育。巩固九年义务教育普及成果，全面提高质量和水平。二是大力促进教育公平。合理配置公共教育资源，重点向农村、边远、贫困、民族地区倾斜，加快缩小教育差距。三是全面实施素质教育。遵循教育规律和学生身心发展规律，坚持德育为先、能力为重，改革教学内容、方法和评价制度，促进学生德智体美全面发展。四是深化教育体制改革。改进考试招生办法，逐步形成分类考试、综合评价、多元录取的制度。加快建设现代学校制度，推进政校分开、管办分离。落实和扩大学校办学自主权。进一步明确中央和地方责任，加强省级人民政府教育统筹。鼓励引导社会力量兴办教育，落实民办学校与公办学校平等的法律地位，规范办学秩序。扩大教育开放，加强国际交流合作和引进优质教育资源。健全以政府投入为主、多渠道筹集教育经费的体制，2012年财政性教育经费支出占国内生产总值比例达到4%。

1113 | **3月28日**

国务院新闻办举行新闻发布会，教育部副部长杜玉波向中外记者介绍“十一五”期间我国教育改革发展取得的成就：城乡免费九年义务教育全面实现，全国初中三年巩固率达94%；教育公平迈出重大步伐，城乡和区域教育差距缩小；建立了覆盖各级各类教育的资助政策体系。

1114 | **4月2日**

宁夏回族自治区人民政府第九十次常务会议原则通过《宁夏“十二五”中南部地区教育移民实施方案》。《实施方案》为帮助宁夏中南部地区5.54万名移民子女摆脱贫困、走出大山、走向富裕，提出措施。

1115 | **4月21日**

据《中国教育报》报道，中共广东省委教育工委、广东省教育厅印发《关于开展广东省教育综合改革试点的通知》，140个涵盖教育改革发展各重点领域和关键环节的综合改革试点项目全面启动。通知指出，项目内容涵盖人才培养模式、办学体制、管理体制、保障机制等教育改革发展重点领域；涉及学前教育、义务教育、高中阶段教育、职业教育、高等教育、继续教育、教师队伍、学校治理模式、教育交流合作、教育信息化等教育改革发展关键环节。

1116 | **4月22日**

环保部、中宣部、中央文明办、教育部、共青团中央、全国妇联等六单位发布《全国环境宣传教育行动纲要（2011—2015年）》。《纲要》提出，要加强基础教育、高等教育阶段的环境教育和行业职业教育，推动将环境教育纳入国民素质教育的进程。

1117 | **4月26日**

教育部印发《关于在义务教育阶段中小学实施“体育、艺术2+1项目”的通知》。通知提出，通过学校组织的课内外体育、艺术教育的教学和活动，每个学生至少学习掌握两项体育运动技能和一项艺术特长。这为学生的终身发展奠定良好的基础。

1118 | **4月28日至29日**

人社部、教育部在北京召开深化中小学教师职称制度改革试点工作总结会。中纪委驻教育部纪检组组长、中共教育部党组成员王立英出席会议并发表讲话。

1119 | **5月3日**

上海市教委印发《关于对本市以招收进城务工人员随迁子女为主的民办小学开展首轮办学绩效评估的通知》。通知指出，评估分为基础性评估和发展性评估两大部分。基础性评估内容为：行政管理、资产与财务管理、师资队伍、教育教学、安全卫生。发展性评估内容为：制定与实施学校发展规划、学校管理与运行机制、教师专业发展与师德建设、课程教学与办学特色、校园文化、办学成效。

1120 | **6月1日**

国务院印发《关于促进牧区又好又快发展的若干意见》。《意见》指出，巩固提高义务教育质量和水平，推进寄宿制学校标准化建设，逐步提高牧区义务教育阶段家庭经济困难寄宿生生活补助标准。因地制宜开展双语教育，加强双语师资队伍建设。

1121 | **6月29日**

国务院印发《关于进一步加大财政教育投入的意见》。《意见》要求各地各部门，采取有力措施，进一步加大财政教育投入，确保《国家中长期教育改革和发展规划纲要（2010—2020年）》提出的到2012年国家财政性教育经费支出占国内生产总值比例达到4%的目标按期实现。

1122 | **7月7日**

贵州省人民政府发布《贵州省农村寄宿制学校建设攻坚工程实施方案》。《实施方案》指出，贵州省在“十二五”期间实施“农村寄宿制学校建设攻坚工程”，实现农村中小学（除教学点外）“校校有食堂”，农村小学在校生寄宿率达30%，初中在校生寄宿率达70%；实现农村教师安居乐教。基本解决全省农村中小学生就餐难和学生、教师住宿难等问题，为实现义务教育均衡发展奠定基础。

1123 | **7月8日**

教育部发布《切实保证中小学生每天一小时校园体育活动的规定》，要求各地制定具体实施细则，严格执行国家关于保证中小学生每天一小时校园体育活动的规定。

1124 | **7月11日**

教育部与湖北、浙江、贵州、陕西、山西、黑龙江、吉林、内蒙古、宁夏、新疆等省（自治区）人民政府和新疆生产建设兵团在北京签署义务教育均衡发展备忘录。至此，教育部已与27个省份及新疆生产建设兵团签署义务教育均衡发展备忘录。

1125 | **7月25日**

公安部、教育部等八部门发布《全民消防安全宣传教育纲要(2011—2015年)》。《纲要》指出，在家庭、社区、学校、农村、人员密集场所、单位进行消防安全宣传教育。学校要落实相关学科课程中消防安全教育内容，利用“全国中小学生安全教育日”“防灾减灾日”“科技活动周”“119消防日”等集中开展消防宣传教育活动。小学、初级中学每学年应布置一次由学生与家长共同完成的消防安全家庭作业。

1126 | **8月2日**

教育部印发《关于中小学开展书法教育的意见》。《意见》要求，中小学校主要通过有关课程及活动开展书法教育。在义务教育阶段语文课程中，要按照课程标准要求开展书法教育，其中三年级至六年级的语文课程中，每周安排一课时的书法课。在义务教育阶段美术、艺术等课程中，要结合学科特点开展形式多样的书法教育。中小学校还可在综合实践活动、地方课程、校本课程中开展书法教育。

1127 | **8月31日**

国务院总理温家宝主持召开国务院常务会议。会议决定扩大中小学教师职称制度改革试点。会议决定，在近两年山东省潍坊市、吉林省松原市、陕西省宝鸡市进行试点的基础上，再用一年左右时间，在全国部分地市开展深化中小学教师职称制度改革试点。改革的指导思想和主要任务是：遵循教育发展规律和教师成长规律，建立与事业单位岗位聘用制度相衔接、符合中小学教师职业特点的职称制度，形成以能力和业绩为导向、以社会和业内认可为核心、覆盖各类中小学教师的评价机制。改革的主要内容是：一是建立统一的中小学教师职称制度，并设置正高级职称。二是按照注重师德素养、教育教学工作实绩和一线实践经历的要求，完善教师专业技术水平评价标准条件。三是建立以同行专家评审为基础的业内评价机制，健全工作程序和评审规则，建立评审专家责任制，全面推行评价结果公示制度。四是实现与事业单位岗位聘用制度有效衔接。中小学教师职称评审在核定的岗位内进行，岗位出现空缺时教师可以跨校评聘。

1128 | **9月9日**

中共中央总书记、国家主席、中央军委主席胡锦涛视察北京第八十中学，亲切看望师生员工，实地考察学校工作，代表党中央向全国广大教师和教育工作者致以节日的祝贺和诚挚的问候。胡锦涛指出，中学阶段是学生健康成长的重要阶段，中学教育是整个国民教育体系中承上启下的关键环节。办好教育关键在教师。希望广大教师以对国家、对人民高度负责的精神，加强师德修养，钻研教学业务，不断开拓创新，扎实做好教书育人工作，努力培养社会主义建设者和接班人。①

1129 | **9月26日**

教育部成立义务教育均衡发展专家工作组。专家工作组将深入改革试点地区调研，对各地义务教育均衡发展试点工作提出意见和建议；开展相关专题研究，服务国家宏观层面义务教育均衡发展决策。

1130 | **10月8日**

教育部发布《教师教育课程标准（试行）》《关于大力推进教师教育课程改革的意见》。《标准》体现国家对教师教育机构设置教师教育课程的基本要求。《意见》分创新教师教育课程理念、优化教师教育课程结构、改革课程教学内容、开发优质课程资源、改进教学方法和手段、强化教育实践环节、加强教师养成教育、建设高水平师资队伍、建立课程管理和质量评估制度、加强组织领导和条件保障等十部分内容。

1131 | **10月15日至18日**

党的十七届六中全会在北京举行。全会审议通过了《中共中央关于深化文化体制改革、推动社会主义文化大发展大繁荣若干重大问题的决定》。全会强调，坚持中国特色社会主义文化发展道路，深化文化体制

① 参见《人民日报》，2011年9月10日。

改革，推动社会主义文化大发展大繁荣。要以科学发展为主题，以建设社会主义核心价值体系为根本任务，以满足人民精神文化需求为出发点和落脚点，以改革创新为动力，发展面向现代化、面向世界、面向未来的，民族的科学的大众的社会主义文化，培养高度的文化自觉和文化自信，提高全民族文明素质，增强国家文化软实力，弘扬中华文化，努力建设社会主义文化强国。

1132 | **10 月 18 日**

住建部、国家发改委发布《特殊教育学校建设标准》。《标准》主要由总则，建设规模与建筑项目构成，学校布局、选址、校园规划与建设用地，校舍建筑面积指标，校舍建筑标准等五方面内容组成，具体规定了特殊教育学校校园建设用地面积与校舍建筑面积指标和建筑标准。

1133 | **10 月 26 日**

国务院总理温家宝主持召开国务院常务会议。会议决定，启动实施农村义务教育学生营养改善计划。从 2011 年秋季学期起，在集中连片特殊困难地区开展试点，中央财政按照每生每天 3 元的标准为试点地区农村义务教育阶段学生提供营养膳食补助；鼓励各地以贫困地区、民族和边疆地区、革命老区等为重点，因地制宜开展营养改善试点；统筹农村中小学校舍改造，将学生食堂列为重点建设对象；将家庭经济困难寄宿学生生活费补助标准每生每天提高 1 元，达到小学生每天 4 元、初中生每天 5 元。

1134 | **11 月 4 日**

中国教育发展战略学会在四川成都举办首次城市教育现代化论坛。会议的主题是“教育现代化进程中城乡教育一体化”。教育部副部长鲁昕出席论坛并指出，教育现代化是国家现代化的基石，要在城市，特别是中心城市率先推进教育现代化，充分发挥城市的引领作用，通过城市教育现代化带动农村教育的发展，实现农村教育发展的现代化。

1135 | **11 月 23 日至 24 日**

共青团中央、教育部在北京联合召开全国中学共青团工作会议。会议就充分发挥共青团组织在中学生思想道德建设、促进中学生全面发展中的重要作用，进一步加强中学共青团工作进行了研究部署。两部门印发《关于加强中学共青团工作的意见》。

1136 | 12月8日

教育部发布《学校教职工代表大会规定》。《规定》指出，教职工代表大会是教职工依法参与学校民主管理和监督的基本形式。学校应全面听取教职工代表大会提出的意见和建议，并合理吸收采纳；不能吸收采纳的，应当作出说明。学校工会为教职工代表大会的工作机构，学校应当为学校工会承担教职工代表大会工作机构的职责提供必要的工作条件和经费保障。

1137 | 12月8日至9日

教育部在北京召开全国中小学德育工作经验交流会。会议强调，要深入贯彻落实党的十七届六中全会精神，全面总结《中共中央、国务院关于进一步加强和改进未成年人思想道德建设的若干意见》印发以来中小学德育工作的经验，把社会主义核心价值体系融入中小学教育全过程，努力开创中小学德育工作新局面。

1138 | 12月23日

上海市人民政府发布《上海市教育改革和发展“十二五”规划》。《规划》提出，推动基础教育均衡、多样、优质发展，促进城乡教育一体化。优化义务教育资源配置。加强市、区优质教育资源向郊区的辐射力度，探索多样化的城郊对口支援制度，完善优质教育机构托管薄弱学校的机制。完善义务教育均衡发展督导和评估机制，定期对区（县）内义务教育均衡发展的状况进行监测和督导评估，推进义务教育学校办学条件、办学经费、师资数量及结构等方面的均衡配置。推进义务教育骨干校长和教师在区（县）内合理流动。

2012 年

改革进行时

• 重要文件

国务院《关于加强教师队伍建设的意见》

国务院《教育督导条例》

国务院《校车安全管理条例》

国务院《关于深入推进义务教育均衡发展的意见》

国务院办公厅《农村残疾人扶贫开发纲要（2011—2020 年）》

国务院办公厅《关于规范农村义务教育学校布局调整的意见》

教育部《国家教育事业发展第十二个五年规划》

教育部《县域义务教育均衡发展督导评估暂行办法》

教育部《农村义务教育学生营养改善计划实施细则》

国务院转发教育部等部门《关于进一步加强学校体育工作的若干意见》

教育部《中小学心理健康教育指导纲要（2012 年修订）》

教育部《全面推进依法治校实施纲要》

教育部《关于建立中小学幼儿园家长委员会的指导意见》

教育部《关于加强督学责任区建设的意见》

教育部《关于鼓励和引导民间资金进入教育领域促进民办教育健康发展的实施意见》

教育部《教育信息化十年发展规划（2011—2020 年）》

• 重要政策

深入推进义务教育均衡发展

规范农村义务教育学生营养改善计划实施

鼓励和引导民间资金进入教育领域，促进民办教育健康发展

全面推进依法治校

建立中小学幼儿园家长委员会

加强督学责任区建设

实施专用校车安全国家标准

• 重要会议

国务院召开全国教师工作暨“两基”工作总结表彰大会

教育部召开全国推进学校体育工作电视电话会议

• 改革亮点

国务院发布《教育督导条例》。《条例》是新中国第一部专门的教育督导法规，是国家推进教育管理改革、强化教育监督的重要举措，也是我国教育督导制度建设的里程碑。国务院成立教育督导委员会，积极构建督政、督学、教育监测相结合的中国特色教育督导体系，推动教育督导工作迈上新台阶。加强督学责任区建设，确保教育法律、法规和国家的教育方针、政策的贯彻执行，实施素质教育，提高教育质量，促进教育公平。

1201 | **1月3日**

国务院办公厅发布《农村残疾人扶贫开发纲要（2011—2020年）》。《纲要》提出，到2015年，农村适龄残疾儿童少年普遍接受义务教育，入学率达到90%以上，并逐步提高巩固率。切实保障残疾儿童少年和贫困残疾人家庭子女顺利完成学业。积极发展残疾儿童学前康复教育、残疾人职业教育、普通高中教育和高等教育。减少农村残疾人青壮年文盲。到2020年，农村适龄残疾儿童少年和残疾人家庭子女受教育状况达到当地平均教育水平。

1202 | **1月5日**

上海市部分大、中、小学及其所在区（县）教育局和体育局自愿结盟组成"上海市校园足球一条龙建设联盟"，致力于青少年足球人才"一条龙"培养。同济大学、东华大学等11所高校，35所高中，67所初中和110所小学参与联盟。

1203 | **1月6日至7日**

教育部在北京召开2012年全国教育工作会议。会议强调，要坚持德育为先，能力为重，把社会主义核心价值体系融入国民教育全过程，创新人才培养模式，强化实践育人、协同培养，完善教育质量评价制度，提高教师育人能力和师德素养，促进学生德智体美全面发展。

1204 | **1月20日**

教育部发布《县域义务教育均衡发展督导评估暂行办法》。《暂行办法》规定，义务教育发展基本均衡县的评估认定，应在其义务教育学校达到本省（自治区、直辖市）义务教育学校办学基本标准后进行，主要包括对县域内义务教育校际均衡状况评估和对县级人民政府推进义务教育均衡发展工作评估两个方面，公众对本县义务教育均衡发展的满意度，将作为评估认定的重要参考。

1205 | **2月2日**

教育部发布《教育部2012年工作要点》。2012年工作要点有：一是加强改进党的建设，着力维护教育系统和谐稳定；二是深化改革，完善教育事业科学发展的体制机制；三是转变教育发展方式，全面推进教育事业科学发展；四是全面提高教育质量，着力提升人才培养水平；五是促进教育公平，切实保障广大人民群众接受教育的权利。

1206 | **2月8日**

教育部、新闻出版总署、国家发改委、国务院纠风办印发《关于加强中小学教辅材料使用管理工作的通知》。通知规定，各级行政部门，以及负责实施考试命题、监测评价的单位不得组织编写供学生有偿使用的同步练习册、寒暑假作业、初中和高中毕业年级考试辅导类教辅材料。

1207 | **2月9日**

北京市教委、市卫生局举行学校传染病早期预警监测系统网络直报培训会。会议提出，北京市将全面启动中小学校传染病早期预警监测系统，实现传染病信息实时报告，班级内有学生出现发热、腹泻、红眼、黄疸、皮疹等五种症状都须上报。

1208 | **2月10日**

教育部发布《幼儿园教师专业标准（试行）》《小学教师专业标准（试行）》《中学教师专业标准（试行）》。这三个《标准》是教师实施教育教学行为的基本规范，是引领教师专业发展的基本准则，是教师培养、准入、培训、考核等工作的重要依据。

1209 | **2月17日**

教育部印发《关于建立中小学幼儿园家长委员会的指导意见》，要求有条件的公办和民办中小学和幼儿园都应建立家长委员会。《指导意见》指出，家长委员会应在学校指导下履行参与学校管理、参与教育工作、沟通学校与家庭的职责。

1210 | **3月5日**

十一届全国人大五次会议在北京人民大会堂开幕，国务院总理温家宝作《政府工作报告》。《报告》回顾2011年教育工作成就时指出，各级人民政府加大教育投入，扎实推进教育公平。深入贯彻落实教育改革和发展规划纲要。经过25年坚持不懈的努力，全面实现九年制义务教育。免除3000多万名农村寄宿制学生住宿费，其中1228万名中西部家庭经济困难学生享受生活补助。建立起完整的家庭经济困难学生资助体系。初步解决农民工随迁子女在城市接受义务教育的问题。加强中小学教师培训工作，扩大中小学教师职称制度改革试点，提高中小学教师队伍整体素质。首届免费师范生全部到中小学任教，90%以上在中西部。《报告》提出2012年教育工作的主要任务是：深入实施科教兴国战略和人才强国战略。大力发展科技、教育事业，培养高素质的人才队伍，是国家强盛、民族复兴的必由之路。坚持优先发展教育。中央财政已按全国财政性教育经费支出占国内生产总值的4%编制预算，地方财政要相应安排，确保实现这一目标。教育经费要突出保障重点，加强薄弱环节，提高使用效益。深入推进教育体制改革，加强教师队伍建设，大力实施素质教育，逐步解决考试招生、教育教学等方面的突出问题。推进学校民主管理，逐步形成制度。促进义务教育均衡发展，资源配置要向中西部、农村、边远、民族地区和城市薄弱学校倾斜。继续花大气力推动解决择校、入园等人民群众关心的热点难点问题。农村中小学布局要因地制宜，处理好提高教育质量和方便孩子们就近上学的关系。办好农村寄宿学校，实施好农村义务教育学生营养改善计划。加强校车和校园安全管理，确保孩子们的人身安全。大力发展民办教育，鼓励和引导社会资本进入各级各类教育领域。

1211 | **3月13日**

教育部发布《教育信息化十年发展规划（2011—2020年）》。《规划》指出，针对各级各类教育的不同需求，建设20000门优质网络课程及其资源，遴选和开发500个学科工具、应用平台和1500套虚拟仿真实训实验系统。到2020年，基本实现所有地区和各级各类学校宽带网络的全面覆盖，实现“校校通宽带，人人可接入”。

1212 | **3月15日**

教育部发布《教育管理基础代码》《教育管理基础信息》《教育行政管理信息》《普通中小学校管理信息》《中职学校管理信息》《高等学校管理信息》《教育统计信息》共七个教育信息化行业标准。

1213 | **3月23日**

湖北省人民政府印发《关于创新农村中小学教师队伍建设机制的意见》。《意见》提出，从2012年起，对全省农村义务教育学校（不含县城学校）新录用教师实行"全省统招统派、经费省级负担、县级教育行政部门负责管理、农村学校使用"的新机制。

1214 | **3月26日**

上海市教委等八部门发布《上海市教育培训机构学杂费专用存款账户管理暂行规定》，旨在建立非经营性教育培训机构学杂费专用存款账户监管制度，防止教育培训机构挪用、滥用学杂费，维护受教育者和教师的合法权益。

1215 | **3月28日**

国务院总理温家宝主持召开国务院常务会议。会议审议并原则通过《校车安全管理条例（草案）》，为校车使用提供了制度依据和具体规定。4月5日，国务院公布《校车安全管理条例》。4月10日，国家质检总局、国家标准化委批准发布《专用校车安全技术条件》《专用校车学生座椅系统及其车辆固定件的强度》两项强制性专用校车国家标准。

1216 | **4月19日**

国家发改委、新闻出版总署、教育部联合印发《关于加强中小学教辅材料价格监管的通知》。通知指出，通过建立健全公开透明、科学有效的价格机制，规范教辅材料出版发行市场价格行为，指导出版单位合理定价，切实降低教辅材料价格，减轻学生经济负担，促进新闻出版行业和教育事业健康有序发展。

1217 | **5月4日**

教育部印发《关于加强督学责任区建设的意见》，要求各地按照“因地制宜、分级负责、全面覆盖、推动工作”的原则，在省、市、县三级分别设立督学责任区。《意见》提出，一个责任区内的学校数一般应控制在20所以内，并覆盖所有中小学校，确保督导工作质量。

1218 | **5月23日**

教育部等十五部门发布农村义务教育学生营养改善计划的五个配套文件，即《农村义务教育学生营养改善计划实施细则》《农村义务教育学生营养改善计划食品安全保障管理暂行办法》《农村义务教育学校食堂管理暂行办法》《农村义务教育学生营养改善计划实名制学生信息管理暂行办法》《农村义务教育学生营养改善计划信息公开公示暂行办法》。

1219 | **6月14日**

教育部发布《国家教育事业发展第十二个五年规划》。《规划》提出，到2020年要基本实现教育现代化，基本形成学习型社会，进入人力资源强国行列。《规划》在构建更加完善的教育体系、创新国家教育制度、调整人才培养与供给结构、扩大和保障公平受教育机会、提高人才培养质量、促进区域和城乡教育协调发展、实施教育对外开放战略、建设高素质专业化教师队伍、加强教育条件保障等方面都提出了具体要求。

1220 | **6月18日**

教育部印发《关于鼓励和引导民间资金进入教育领域促进民办教育健康发展的实施意见》。《实施意见》提出，充分发挥民间资金推动教育事业发展的作用，拓宽民间资金参与教育事业发展的渠道，制定完善促进民办教育发展的政策，引导民办教育健康发展，健全民办教育管理与服务体系。实施意见强调，要清理并纠正对民办学校的各类歧视政策、落实民办学校教师待遇、保障民办学校学生权益。

1221 | **6月21日**

国家食药监局印发《关于做好农村义务教育学生营养改善计划餐饮服

务食品安全监管工作的指导意见》。《指导意见》指出，农村学校营养餐应坚持以学校食堂供餐为主，校外餐饮服务单位供餐模式为辅，严格限制家庭托餐准入。

1222 | **8月11日**

据《中国教育报》报道，福建将建立中小学生课业负担监测制度，通过开展片区督导、加强日常巡察等，切实强化对学校办学行为的指导监督，重点监测中小学生课外活动时间和睡眠时间。

1223 | **8月20日**

国务院印发《关于加强教师队伍建设的意见》。《意见》就加强教师队伍建设的指导思想、总体目标和重点任务；加强教师思想政治教育和师德建设，大力提高教师专业水化，建立健全教师管理机制；切实保障教师合法权益和待遇，确保教师队伍政策措施落到实处等问题作了说明。

1224 | **8月26日**

国务院办公厅印发《关于成立国务院教育督导委员会的通知》。通知指出，为进一步健全我国教育督导体制，国务院决定成立国务院教育督导委员会。办公室设在教育部，承担委员会日常工作。国务院教育督导委员会的主要职责是：研究制定国家教育督导的重大方针、政策；审议国家教育督导总体规划和重大事项；统筹指导全国教育督导工作；聘任国家督学；发布国家教育督导报告。

1225 | **8月29日**

国务院总理温家宝主持召开国务院常务会议。会议研究部署深入推进义务教育均衡发展和规范农村义务教育学校布局调整工作，审议通过《教育督导条例（草案）》。

1226 | **9月5日**

国务院印发《关于深入推进义务教育均衡发展的意见》。《意见》提出，推进义务教育均衡发展的基本目标是：每一所学校符合国家办学标准，办学经费得到保障。教育资源满足学校教育教学需要，开齐国家规定课程。教师配置更加合理，提高教师整体素质。学校班额符合国家规定标准，消除“大班额”现象。率先在县域内实现义务教育基本均衡发展，县域内学校之间差距明显缩小。到2015年，全国义务教育巩固率达到93%，实现基本均衡的县（市、区）比例达到65%；到2020年，全国义务教育巩固率达到95%，实现基本均衡的县（市、区）比例达到95%。《意见》要求，推动优质教育资源共享，均衡配置办学资源，合理配置教师资源，保障特殊群体平等接受义务教育，全面提高义务教育质量，加强和改进学校管理，加强组织领导和督导评估。

1227 | **9月6日**

国务院办公厅印发《关于规范农村义务教育学校布局调整的意见》。《意见》提出，农村义务教育学校布局要充分考虑学生的年龄特点和成长规律，处理好提高教育质量和方便学生就近上学的关系，努力满足农村适龄儿童少年就近接受良好义务教育的需求。《意见》要求，农村义务教育学校布局要保障学生就近上学的需要。农村小学一年级至三年级学生原则上不寄宿，就近走读上学；小学高年级学生以走读为主，确有需要的可以寄宿；初中学生根据实际可以走读或寄宿。

1228 | **9月6日**

教育部与四川、西藏、青海、甘肃四省（自治区）在北京签署义务教育均衡发展备忘录。至此，教育部与31个省（自治区、直辖市）和新疆生产建设兵团完成义务教育均衡发展备忘录的签署，标志着中央与地方协同推进义务教育均衡发展的机制基本形成。

1229 | **9月7日**

国务院在北京召开全国教师工作暨“两基”工作总结表彰大会。中共中央总书记、国家主席、中央军委主席胡锦涛在给大会写的贺信中指出，我国全面实现普及义务教育和扫除青壮年文盲的“两基”目标，是我国教育发展史上的重要里程碑，对于促进教育公平、提高国民整体素质、推动经济社会又好又快发展都具有重要意义。各地区各部门要坚持把教育摆在优先发展的战略地位，认真总结“两基”工作经验，切实巩固“两基”工作成果，加快建成覆盖城乡的基本公共教育服务体系，逐步实现基本公共教育服务均等化，真正办好人民满意的教育。希望广大教师和教育工作者全面贯彻党的教育方针，按照面向现代化、面向世界、面向未来的要求，切实做好教书育人各项工作，大力培养德智体美全面发展的社会主义建设者和接班人，为促进教育事业科学发展、建设教育强国和人力资源强国再立新功。中共中央政治局常委、国务院总理温家宝出席大会并讲话。温家宝强调，要适应人民群众接受更好教育的新期盼，把教育发展的重点放到提高质量、促进均衡发展上来，加快实现基本教育公共服务均等化，努力办好每一所学校，培养好每一个孩子。温家宝指出，从1985年我们提出实行义务教育目标算起，经过几届政府和全社会25年的不懈努力，到2011年全国所有省级行政区、所有县级行政单位全部通过普及九年制义务教育和扫除青壮年文盲国家验收，人口覆盖率达到100%，青壮年文盲率下降到1.08%。这是我国教育发展史上的重要里程碑，也是中华民族伟大复兴道路上浓墨重彩的绚丽篇章。[①]

1230 | **9月9日**

国务院发布《教育督导条例》。它是新中国第一部专门的教育督导法规。制定实施《条例》，是国家推进教育管理改革、强化教育监督的重要举措，也是我国教育督导制度建设的里程碑，对于保证教育法律、法规和国家教育方针、政策的贯彻执行，实施素质教育，提高教育质量，促进教育公平，推动教育事业科学发展，具有十分重要的意义。《条例》对督学、督导的实施、法律责任等内容作了详细说明。

1231 | **10月10日**

南京市教育局发布《关于禁止中小学在职教师从事有偿家教的规定》。《规定》明确界定四种有偿家教行为，包括利用晚上、双休日、寒暑假或

① 参见《人民日报》，2012年9月8日。

法定节假日，在校内、本人住房或租借房屋及学生家里等场所给学生补课并从中获取报酬的；利用学科不同相互介绍或提供家教生源、为退休教师和校外办学机构介绍生源并从中获得报酬的；利用职务之便暗示、诱导、动员或强制学生参与有偿辅导并从中获取报酬的；在校外社会办学机构兼职从事学科类教学、文化补习并从中获取报酬的。

1232 | **10月11日**

国务院教育督导委员会在北京举行成立大会暨第九届国家督学聘任工作会议。中共中央政治局委员、国务委员刘延东出席会议并强调，要全面贯彻落实《国家中长期教育改革和发展规划纲要（2010—2020年）》和《教育督导条例》，积极构建督政、督学、教育监测相结合的中国特色教育督导体系，推动教育督导工作迈上新台阶。

1233 | **10月22日**

国务院转发教育部、国家发改委、财政部、国家体育总局《关于进一步加强学校体育工作的若干意见》。《意见》提出，我国将实施学校体育三年行动计划。各地要结合本区域经济社会发展状况，找准学校体育的突出问题、重点领域和薄弱环节，以县为单位编制加强学校体育三年行动计划。

1234 | **10月31日**

教育部向全国大中小学学生推出《社会主义核心价值体系青少年学习读本》。《读本》由教育部中国特色社会主义理论体系研究中心编写，共分六部分：第一章从总体上对社会主义核心价值体系的产生背景、理论地位、内在结构作出概述；第二章至第五章分别专题论述社会主义核心价值体系的灵魂、主题、精髓、基础；第六章讲青少年践行社会主义核心价值体系的基本要求。为了增强青少年阅读的兴趣，《读本》在正文之外，还配有经典言论、名人故事、相关链接和图片等内容。

1235 | **10月**

全国学生资助管理中心发布《中国学生资助发展报告（2007—2011年）》。这是我国首次面向社会发布学生资助发展报告。《报告》显示，我国已建立起较为完善的覆盖学前教育至高等教育的多元资助政策体系，基本实现了“不让一个学生因家庭经济困难而失学”的目标。

1236 | 11月8日

党的十八大在北京人民大会堂开幕。中共中央总书记胡锦涛代表第十七届中央委员会向大会作题为《坚定不移沿着中国特色社会主义道路前进，为全面建成小康社会而奋斗》的报告。大会的主题是：高举中国特色社会主义伟大旗帜，以邓小平理论、“三个代表”重要思想、科学发展观为指导，解放思想，改革开放，凝聚力量，攻坚克难，坚定不移沿着中国特色社会主义道路前进，为全面建成小康社会而奋斗。胡锦涛强调：“努力办好人民满意的教育。教育是民族振兴和社会进步的基石。要坚持教育优先发展，全面贯彻党的教育方针，坚持教育为社会主义现代化建设服务、为人民服务，把立德树人作为教育的根本任务，培养德智体美全面发展的社会主义建设者和接班人。全面实施素质教育，深化教育领域综合改革，着力提高教育质量，培养学生社会责任感、创新精神、实践能力。办好学前教育，均衡发展九年义务教育，基本普及高中阶段教育，加快发展现代职业教育，推动高等教育内涵式发展，积极发展继续教育，完善终身教育体系，建设学习型社会。大力促进教育公平，合理配置教育资源，重点向农村、边远、贫困、民族地区倾斜，支持特殊教育，提高家庭经济困难学生资助水平，积极推动农民工子女平等接受教育，让每个孩子都能成为有用之才。鼓励引导社会力量兴办教育。加强教师队伍建设，提高师德水平和业务能力，增强教师教书育人的荣誉感和责任感。”①

1237 | 11月22日

教育部发布《全面推进依法治校实施纲要》。《实施纲要》指出，要加强章程建设，健全学校依法办学自主管理的制度体系；健全科学决策、

① 《胡锦涛文选》第三卷，人民出版社2016年版，第641页。

民主管理机制，完善学校治理结构；健全学校权利救济和纠纷解决机制，开展依法治校示范学校创建活动，推广典型经验。

1238 | **12月7日**

教育部发布《中小学心理健康教育指导纲要(2012年修订)》。《纲要》指出，心理健康教育的总目标是：提高全体学生的心理素质，培养他们积极乐观、健康向上的心理品质，充分开发他们的心理潜能，促进他们身心和谐可持续发展，为他们健康成长和幸福生活奠定基础。心理健康教育的主要内容包括：普及心理健康知识、树立心理健康意识、了解心理调节方法、认识心理异常现象、掌握心理保健常识和技能。其重点是认识自我、学会学习、人际交往、情绪调适、升学择业以及生活和社会适应等方面的内容。

1239 | **12月12日**

教育部、财政部印发《关于进一步加强和规范农村义务教育学生营养改善计划学校食堂建设工作的通知》。通知指出，为配合营养改善计划的顺利实施，推动学校食堂建设，中央财政对中西部地区和东部困难地区学校食堂建设按照5：5的比例给予奖励支持。学校食堂要坚持“公益性”和“非营利性”原则，一般应由学校自办自管，不得对外承包。食堂财务要纳入学校财务统一管理，专账核算，并实行公开，自觉接受社会各界监督。

1240 | **12月21日**

财政部、教育部发布新修订的《中小学校财务制度》。新《制度》有3章77条，于2013年1月1日起施行。

1241 | **12月24日**

教育部在北京召开全国推进学校体育工作电视电话会议。会议提出，要按照党的十八大对教育提出的总体要求，采取更加有力的措施，推动学校体育工作取得突破性进展、学生体质健康水平得到明显提升。会议提出，从2013年起，全面开展学生体质健康监测。

1242 | **12月28日**

教育部在北京举行“国家教育资源公共服务平台”开通仪式，全面推进数字教育资源共建共享。

2013年

改革进行时

· 重要文件

国务院办公厅转发教育部等部门《关于实施教育扶贫工程的意见》

国务院办公厅转发教育部等十一部门《关于建立中小学校舍安全保障长效机制的意见》

教育部、全国妇联等五单位《关于加强义务教育阶段农村留守儿童关爱和教育工作的意见》

教育部、国家发改委、财政部《关于全面改善贫困地区义务教育薄弱学校基本办学条件的意见》

中共教育部党组《关于在全国各级各类学校深入开展“爱学习、爱劳动、爱祖国”教育的意见》

教育部、司法部等五部门《关于进一步加强青少年学生法制教育的若干意见》

教育部等四单位《关于做好预防少年儿童遭受性侵工作的意见》

教育部《中小学书法教育指导纲要》

教育部《义务教育学校校长专业标准》

中共教育部党组《关于建立健全中小学师德建设长效机制的意见》

教育部《关于深化中小学教师培训模式改革 全面提升培训质量的指导意见》

教育部《关于推进中小学教育质量综合评价改革的意见》《中小学教育质量综合评价指标框架（试行）》

教育部《中小学生学籍管理办法》

• 重要政策

关注留守儿童教育工作

全面推进依法治校

启动中小学教育质量综合评价改革

将书法纳入中小学教育体系

建立全国统一的学籍信息管理制度

• 重要会议

教育部、财政部、人社部召开全国教育管理信息化工作电视电话会议

教育部召开首届全国教育科研工作会议

• 改革亮点

推行中小学教育质量综合评价改革。为扭转单纯以学生学业考试成绩和学校升学率评价中小学教育质量的倾向，国家进行中小学教育质量综合评价改革，建立体现素质教育要求、以学生发展为核心、科学多元的中小学教育质量评价制度，促进学生全面发展、健康成长。

1301 | **1月4日**

据《中国教育部》报道，四川省成都市教育局发布《中小学依法治校评价标准（试行）》。《标准》包括7大核心指标、28条细则。

1302 | **1月4日**

教育部、全国妇联等五单位印发《关于加强义务教育阶段农村留守儿童关爱和教育工作的意见》。《意见》就重视留守儿童工作、明确留守儿童工作的基本原则、切实改善留守儿童教育条件、不断提高留守儿童教育水平、逐步构建社会关爱服务机制问题作了说明。

1303 | **1月7日**

教育部在北京举办全国青少年普法网建设暨开通座谈会。教育部全国青少年普法网是由教育部全国教育系统普法领导小组办公室主办、北京外国语大学承办，专门针对青少年学生开展法制宣传教育的专业化、公益性网站。会议指出，教育部将进一步加大青少年法制教育的工作力度，组织高校专家学者等社会资源，共同参与和支持青少年法制教育，并充分利用这一网络平台，组织和动员中小学教师制作法制教育课件、展示法制教育成果，汇集和传播符合青少年身心特点、内容新颖、形式生动的优质法制教育资源，为中小学深入开展青少年法制教育提供有力支持。

1304 | **1月9日至10日**

教育部在北京召开2013年全国教育工作会议。中共教育部党组书记、教育部部长袁贵仁指出，2013年度教育事业将重点做好七项工作：一是发挥教育系统优势，把学习研究宣传贯彻党的十八大精神引向深入。二是坚持立德树人，促进学生德智体美全面发展。三是创新工作方式，推动教育发展走上不断提升质量的良性轨道。四是加强薄弱环节，着力缩小教育差距。加强农村特别是偏远地区农村教育，五是突出工作重点，推进各级各类教育协调发展。六是切实提高保障能力，为教育事业科学发展提供有力支撑。七是深化教育领域综合改革，确保重点领域和关键环节取得实质性突破。

1305 | **1月18日**

教育部发布《中小学书法教育指导纲要》。《指导纲要》指出，中小学书法教育以语文课程中识字和写字教学为基本内容，以提高汉字书写能力为基本目标，以书写实践为基本途径，适度融入书法审美和书法文化教育。义务教育阶段书法教育以语文课为主，也可在其他学科课程、地方和校本课程中进行。其中，小学三年级至六年级每周安排1课时用于毛笔字学习。中小学书法教育不举行专门的考试，不开展书法等级考试。

1306 | **1月22日**

教育部发布《教育部2013年工作要点》。2013年工作要点有：一是深入学习贯彻党的十八大精神，全面加强教育系统党的建设；二是深化教育领域综合改革，推动重点领域和关键环节取得实质性突破；三是加快转变教育发展方式，推进各级各类教育协调发展；四是把立德树人作为教育工作的根本任务，着力提高教育质量；五是大力促进教育公平，让每个孩子都能成为有用之才；六是切实改进工作作风，全面保障教育事业持续健康发展。

1307 | **1月24日**

南京市教育局召开进城务工人员随迁子女义务教育工作表彰大会，宣布将逐步实现进城务工人员子女就学的“三个延伸”，即从义务教育向非义务教育延伸，从关怀学生向关注家庭延伸，从机会保障向文化融合延伸，确保到2015年进城务工人员随迁子女90%以上在公办小学就读，100%在公办初中就读。

1308 | **1月26日**

教育部印发《关于2013年深化教育领域综合改革的意见》。《意见》指出，要充分认识深化教育领域综合改革的紧迫性；准确把握深化教育领域综合改革的总要求；进一步聚焦深化教育领域综合改革突破口，在重点领域和关键环节取得重要进展；进一步完善推进机制，形成推进教育领域综合改革的整体合力。

1309 | 1月30日

教育部办公厅印发《初中思想品德课和高中思想政治课贯彻党的十八大精神的教学指导建议》。《教学指导建议》提出，初中思想品德课，可依据新修订的课程标准，结合道德、心理健康、法律和国情等方面的教学内容，针对使用不同教材的教学实际，采用浅显易懂的方式，把总体建议贯彻到各年级的教学中。

1310 | 1月31日

教育部在北京召开首届全国教育科研工作会议。教育部部长袁贵仁出席会议并讲话强调，教育科研要在办好人民满意教育过程中发挥创新理论、服务决策、指导实践、引导舆论的功能，全面提升创新能力和服务水平。要突出教育科研工作的主攻方向，深入研究中国特色社会主义教育发展规律，为教育事业科学发展提供智力支持，服务地方、学校教育改革发展，宣传先进理念，回应群众关切，为教育持续健康发展营造良好氛围；要不断增强教育科研能力和服务水平，增强大局意识，坚持理论联系实际，大力推进协同创新，高度重视成果转化；要营造有利于教育科研事业发展的良好环境，把教育科研作为教育改革发展重要的基础工作来抓，着力建设一支充满活力的高素质专业化教育科研队伍。教育科研工作者要努力成为探索教育规律、创新教育理论的“思想库”，成为提出政策建议、服务教育决策的“智囊团”，成为开发教育策略、服务教育实践的“设计师”，成为引导教育舆论、更新教育观念的“宣传队”，努力开创教育科学研究新局面。

1311 | 2月4日

教育部发布《义务教育学校校长专业标准》。《标准》指出，校长是履行学校领导与管理工作职责的专业人员。《标准》是对义务教育学校合格校长专业素质的基本要求，是制定义务教育学校校长任职资格标准、培训课程标准、考核评价标准的重要依据。

1312 | **2 月 21 日**

教育部召开座谈会，研究部署治理“奥数”缓解升学压力工作。会议指出，将“奥数”成绩与入学挂钩现象，严重干扰义务教育学校入学秩序，加重学生的课业负担、精神压力和家长的经济负担，必须切实采取有效措施，坚决斩断“奥数”与招生挂钩的利益链。

1313 | **2 月 22 日**

中共教育部党组印发《关于在全国各级各类学校深入开展“我的中国梦”主题教育活动的通知》。通知提出，要通过丰富多彩、生动活泼的形式，教育引导广大学生深刻领会实现中华民族伟大复兴是中华民族近代以来最伟大的梦想；深刻领会每个人的前途命运都与国家和民族的前途命运紧密相连；深刻领会空谈误国，实干兴邦，“中国梦”的实现需要广大学生坚定理想信念，励志刻苦学习，积极投身实践，为把我们的国家建设好、发展好而努力奋斗。

1314 | **2 月 26 日**

校车安全管理部际联席会议办公室发布《校车安全管理责任书（范本）》。《责任书》详细约定校车使用方和提供方责任，指导解决校车使用中产生的问题。

1315 | **2 月 26 日**

教育部印发《关于勤俭节约办教育建设节约型校园的通知》。通知要求，各级教育行政部门和各级各类学校要高度重视，认真部署勤俭节约办教育，建设节约型校园工作。要把执行情况纳入教职员工管理和考核，对浪费现象进行批评处罚，对违反规定的开支不予报销，对违反规定的单位和个人进行严肃处理。

1316 | **2 月 27 日**

湖北省召开全省教育工作会。会议提出，2013 年湖北省将为农村教学点招聘全科教师，新招聘到教学点的教师有望获得教师周转房每套 2 万元的奖励补助。

1317 | 2月27日

浙江省教育厅办公室公布首批省数字校园示范建设学校名单。其中，中等职业学校6所，普通中小学校71所。

1318 | 3月5日

十二届全国人大一次会议在北京人民大会堂开幕，国务院总理温家宝作《政府工作报告》。《报告》回顾了过去五年的教育工作。五年来，坚持实施科教兴国战略，增强经济社会发展的核心支撑能力。加快实施国家中长期科学和技术发展规划纲要，制定实施国家中长期教育改革和发展规划纲要、国家中长期人才发展规划纲要和国家知识产权战略，推动科技、教育、文化事业全面发展，为国家长远发展奠定了坚实基础。国家财政性教育经费支出五年累计7.79万亿元，年均增长21.58%，2012年占国内生产总值比例达到4%。教育资源重点向农村、边远、民族、贫困地区倾斜，教育公平取得明显进步。全面实现城乡九年免费义务教育，惠及1.6亿名学生。国家助学制度不断完善，建立了家庭经济困难学生资助体系，实现从学前教育到研究生教育各个阶段全覆盖，每年资助金额近1000亿元，资助学生近8000万人次。初步解决进城务工人员随迁子女在城市接受义务教育问题，现有1260万农村户籍孩子在城市接受义务教育。实施惠及3000多万农村义务教育阶段学生营养改善计划。完成中小学校舍安全工程。义务教育学校实施绩效工资，在教育部直属师范大学实行师范生免费教育，加强了农村教师队伍建设。国民受教育程度大幅提升，15岁以上人口平均受教育年限达到9年以上。《报告》指出，2013年是全面贯彻落实党的十八大精神的开局之年，是实施“十二五”规划承前启后的关键一年，是为全面建成小康社会奠定坚实基础的重要一年。教育在现代化建设中具有基础性、先导性、全局性作用，必须放在更加重要的战略位置。《报告》对2013年教育工作提出建议，要继续推进教育优先发展。目前我国年度财政性教育经费支出总额已经超过2万亿元，今后还要继续增加，必须把这些钱用好，让人民满意。要进一步深化教育综合改革，切实解决社会普遍关注的重大问题。着力推动义务教育均衡发展，加快发展现代职业教育，提高各级各类教育质量，进一步促进教育公平，为国家发展提供强大的人力资源支撑。

1319 | **3月18日**

教育部办公厅、公安部办公厅、交通运输部办公厅联合发出通知，要求各地做好校车信息采集工作。通知指出，校车信息采集和录入的责任主体是设区的市级和县级教育行政部门。信息采集的对象是所有为义务教育学生和幼儿园幼儿服务的校车，包括专用校车和非专用校车、学校及幼儿园自备校车和校车服务提供者提供的校车。变化的信息应及时更新。做到县不漏校（园），校（园）不漏车，车不漏人。

1320 | **3月19日**

教育部办公厅印发《关于开展义务教育阶段学校“减负万里行”活动的通知》。通知提出，从2013年3月起，在全国范围内部署开展以“宣传典型经验、规范办学行为、更新教育观念、营造良好氛围”为主题的义务教育阶段学校“减负万里行”活动。10月15日，教育部发布《关于义务教育阶段学校“减负万里行”活动的督查通报》，对违规补课、违规考试和分班、作业量大、国家课程方案未落实等问题点名通报，要求强化责任追究、宣传推广典型经验、积极推进教育改革。

1321 | **4月15日**

教育部印发《关于开展“教育经费管理年”活动进一步用好管好教育经费的通知》。通知提出，2013年为“教育经费管理年”，各地在安排使用教育经费时要落实“四个倾斜”，即向农村、边远、贫困和民族地区倾斜，向农村义务教育、职业教育和学前教育倾斜，向资助家庭经济困难学生倾斜，向建设高素质教师队伍倾斜。

1322 | **4月19日**

2013年长江中游城市群暨长沙、合肥、南昌、武汉教育合作推进会在长沙举行。四个城市签署《长江中游城市群暨长沙、合肥、南昌、武汉教育合作协议》和实施方案，决定建立教育局局长联席会议制度。

1323 | **4月27日**

中央文明办、财政部、教育部决定，2013年将利用中央专项彩票公益金支持建设2000所乡村学校少年宫。7月16日，据《中国教育报》报道，中央财政下拨中央专项彩票公益金5.7亿元，支持各地乡村学校少年宫建设和运转。

1324 | **5月6日**

全国中小学校舍安全工程领导小组办公室印发《关于在校安工程项目中进一步加强应急避难场所建设的通知》。通知要求各地在校安工程项目中进一步加强应急避难场所建设，争取地震、国土、建设等专业部门的支持，加强对应急避难场所建设的技术指导，同时加强相关演练和培训工作，保证关键时候能管用。

1325 | **5月6日**

教育部印发《关于深化中小学教师培训模式改革 全面提升培训质量的指导意见》。《指导意见》指出，国家将制定培训质量标准，定期开展培训质量评估，发布年度监测报告，将教师培训作为对各地教育督导的重要内容。中小学按照年度公用经费预算总额的5%安排培训经费，保障经费投入。

1326 | **6月3日**

教育部印发《关于推进中小学教育质量综合评价改革的意见》，发布与其配套的《中小学教育质量综合评价指标框架（试行）》。《意见》提出，建立健全中小学教育质量综合评价体系。评价体系包括学生品德发展水平、学业发展水平、身心发展水平、兴趣特长养成、学业负担状况等五个方面二十个关键性指标。《指标框架》强调，综合考查学生发展状况，既关注学生的学业水平，又关注其品德发展和身心健康；既关注共同基础，又关注兴趣特长；既关注学习结果，又关注学习过程和学习效益。

1327 | **6月6日**

北京市教委、市残联启动“北京中小学融合教育行动计划”，最大可能地接收残疾学生到普通学校接受适合的教育，促进残疾学生和普通学生的共同社会化。

1328 | **6月13日**

教育部、司法部等五部门联合印发《关于进一步加强青少年学生法制教育的若干意见》。《意见》强调，要将法制教育纳入学校总体教育计划，普通中小学要落实好品德与社会课、思想品德课、思想政治课中的法制教育内容。鼓励学校组织模拟法庭、法制征文、法制绘画等活动。探索在中小学设立法制教育专职岗位。中小学要聘用1名至2名法制教育专任或兼任教师。进一步加强青少年学生法制教育工作，整体提升青少年学生法律素质。

1329 | **6月20日**

教育部与中国载人航天工程办公室、中国科学技术协会共同主办“神舟十号”航天员太空授课活动。在大约40分钟的授课中，航天员王亚平通过质量测量、单摆运动、陀螺运动、水膜和水球等5个基础物理实验，展示了失重环境下物体运动特性等物理现象，并通过视频与设在中国人民大学附属中学的地面课堂进行互动交流。包括少数民族学生、进城务工人员随迁子女及港澳台地区学生代表在内的330余名中小学生参加了地面课堂活动。全国6000余万名中小学生通过电视直播同步收看，其余学生通过教育网视频收看。

1330 | **6月28日至29日**

教育部在北京召开党的群众路线教育实践活动督导培训工作会议。中共教育部党组书记、教育部部长袁贵仁出席会议并讲话指出，要深刻认识开展党的群众路线教育实践活动的重大意义和现实紧迫性，高度重视对活动的督促检查和指导。

1331 | **7月15日**

广东省人民政府办公厅转发省教育厅《关于促进民办教育规范特色发展的意见》，从管理机制、扶持力度、保障措施等方面提出23条建议。《意见》提出，到2018年基本建成民办教育强省，充分发挥民办学校机制灵活的优势，促进广东省教育的整体发展。

1332 | **7月17日**

教育部办公厅发布《关于组织申报国家中小学教育质量综合评价改革实验区的通知》。经组织专家评审，确定上海市等30个地区为国家中小学教育质量综合评价改革实验区。实验区将先行先试，进一步完善评价指标、标准和相关配套政策，发挥示范带动作用。

1333 | **7月24日**

教育部等五部门联合印发《关于2013年规范教育收费治理教育乱收费工作的实施意见》。《实施意见》指出，各地要重点检查就近入学比例、优质普通高中招生名额分配到区域内初中的比例、招生信息公开落实情况。严格查处与升学挂钩的捐资助学行为、以特长生为名乱收费、公办学校以民办名义乱收费，严禁地方人民政府、有关单位和学校以任何名义收取与入学挂钩的捐资助学款。坚决纠正与升学挂钩的“奥数”等各种类型的培训班和各种形式的升学考试行为。

1334 | **7月26日**

国务院教育督导委员会举行第一次全体会议。会议要求，要认真做好教育质量监测工作，科学合理地确定义务教育、高中教育、职业教育、高等教育等阶段不同的监测内容和重点。

1335 | **7月29日**

国务院办公厅转发教育部、国家发改委、财政部、人社部、公安部、农业部等部门《关于实施教育扶贫工程的意见》，强调要充分发挥教育在扶贫开发中的重要作用，培养经济社会发展需要的各级各类人才，促进连片特困地区从根本上摆脱贫困。《意见》提出，切实巩固提高义务教育水平。进一步加大片区义务教育投入力度，推进义务教育阶段学校标准化建设。农村义务教育学校布局要保障学生就近上学的需要。改善保留的村小学及教学点，特别是改善边境一线学校及教学点基本办学条件。完善农村义务教育薄弱学校教学用房、学生宿舍等附属设施，加强图书、教学仪器设备、多媒体远程教学设备和体育卫生、艺术教育器材的配备。开齐开足中小学课程，全面实施素质教育。切实保障特殊困难地区学校正常运转。对片区不足 100 人的小规模学校（含教学点）按 100 人核定公用经费补助资金，特别是要加大地处高原或寒冷地区的小规模学校（含教学点）公用经费保障水平，确保学校正常运转。各地要研究完善符合片区村小学和教学点实际的职务（职称）评定标准，职称晋升、荣誉奖励和绩效工资分配向村小学和教学点专任教师倾斜；城镇中小学教师在评聘高级职务（职称）时，同等条件下有在片区农村学校任教经历的优先。

1336 | **7 月 31 日**

教育部、财政部、人社部联合召开全国教育管理信息化工作电视电话会议，系统部署当前和今后一个时期教育管理信息化工作，加快推进教育管理公共服务平台建设，确保 2013 年取得突破性进展。

1337 | **8 月 1 日**

国务院印发《“宽带中国”战略及实施方案的通知》。通知提出，到 2015 年，学校、图书馆、医院等公益机构基本实现宽带接入。

1338 | **8 月 11 日**

教育部发布《中小学生学籍管理办法》。《办法》提出，建立全国统一规范的学籍信息管理制度，学生学籍号与身份证绑定，“一人一籍，籍随人走，终身不变”。

1339 | **8 月 11 日**

据《中国教育报》报道，国家新闻出版广电总局印发《关于禁止利用中小学教辅材料非法牟利的紧急通知》。通知强调，严禁出版发行单位派员进入学校、班级，向老师、中小学生和家长推荐、征订、搭售教辅材料。

1340 | **8月15日**

教育部印发《关于扩大中小学教师资格考试与定期注册制度改革试点的通知》，决定在河北、上海等6个省份试点的基础上，从2013年下半年开始，新增山西、安徽、山东、贵州等4个省参加中小学教师资格考试试点。

1341 | **8月25日**

上海市教委宣布，自2013年秋季学期起试点开设公共安全行为指南课程，以推进学生安全教育。预计到2015年，上海市实现安全教育课程全覆盖。

1342 | **8月26日**

教育部教育督导办公室、语言文字应用管理司印发《关于开展中小学校语言文字工作督导评估的通知》，决定开展中小学校语言文字工作督导评估。

1343 | **8月27日**

公安部办公厅、教育部办公厅印发《进一步加强中小学消防安全宣传教育工作通知》。通知要求，各中小学每学期开学第一周和寒（暑）假前安排不少于4课时的消防知识教育课程；每学期组织一次火灾疏散逃生演练；每学年参观一次消防队站或消防科普教育基地；每学年布置一次由学生与家长共同完成的家庭消防作业。

1344 | **8月31日**

中共教育部党组印发《关于在全国各级各类学校深入开展"爱学习、爱劳动、爱祖国"教育的意见》。《意见》指出，爱学习、爱劳动、爱祖国，简明清晰地明确了青少年健康成长的要求。《意见》要求，各地各学校要将"三爱"教育纳入课堂教学中，贯穿于国民教育全过程，把"三爱"的内容融入高校思想政治理论课教学、高校形势与政策教育宣讲、中等职业学校德育课程教学、中小学德育课程教学等教育环节中。10月，教育部在天津召开“三爱”教育座谈交流会，围绕推进“三爱”教育，进一步研讨工作思路，交流工作经验。

1345 | **9月2日**

中共教育部党组印发《关于建立健全中小学师德建设长效机制的意见》。《意见》指出，创新师德教育，引导教师树立远大职业理想。加强师德宣传，营造尊师重教社会氛围。严格师德考核，促进教师自觉加强师德修养。突出师德激励，促进形成重德养德良好风气。强化师德监督，有效防止失德行为。规范师德惩处，坚决遏制失德行为蔓延。注重师德保障，将师德建设工作落到实处。建立健全教育、宣传、考核、监督与奖惩相结合的中小学师德建设长效机制。

1346 | **9月3日**

教育部、公安部、共青团中央、全国妇联等四单位印发《关于做好预防少年儿童遭受性侵工作的意见》。《意见》提出，要通过课堂教学、讲座、班队会、主题活动、编发手册等多种形式开展性知识教育、预防性侵犯教育，提高师生、家长对性侵害犯罪的认识。

1347 | **9月9日**

教师节前夕，中共中央总书记、国家主席、中央军委主席习近平向全国广大教师致慰问信，“希望广大教师牢固树立中国特色社会主义理想信念，带头践行社会主义核心价值观，自觉增强立德树人、教书育人的荣誉感和责任感，学为人师，行为世范，做学生健康成长的指导者和引路人；牢固树立终身学习理念，加强学习，拓宽视野，更新知识，不断提高业务能力和教育教学质量，努力成为业务精湛、学生喜爱的高素质教师；牢固树立改革创新意识，踊跃投身教育创新实践，为发展具有中国特色、世界水平的现代教育作出贡献。”①

---

① 参见《人民日报》，2013年9月10日。

1348 | **9月10日**

中共教育部党组印发《关于教育系统学习贯彻习近平总书记教师节前夕致全国广大教师慰问信精神的通知》。通知强调，要提高认识，切实增强办好人民满意教育的使命感和紧迫感；要牢记使命，深刻领会总书记慰问信对广大教师提出的新要求；要狠抓落实，努力造就德才兼备的高素质教师队伍；要加强领导，把学习宣传贯彻总书记慰问信精神落到实处。

1349 | **9月17日**

国务院教育督导委员会发布《中小学校责任督学挂牌督导办法》。《办法》明确规定，县级教育督导部门为区域内中小学校设置责任督学，在校门以标牌的形式公布责任督学信息和督导事项，对学校进行经常性督导。12月19日，教育部印发《中小学校责任督学挂牌督导规程》《中小学校责任督学工作守则》，进一步规范中小学校责任督学挂牌督导工作。

1350 | **9月23日**

国家网信办召开视频会议，部署开展绿色网络行动。绿色网络行动由国家网信办、教育部、共青团中央、全国妇联等四单位联合组织开展。集中清理网上不良信息，大力净化网络环境，使网上面貌进一步改观，为青少年提供绿色健康、积极向上的网络空间，维护青少年合法权益，促进青少年健康成长。

1351 | **9月26日**

教育部办公厅印发《关于全面加强教师法制教育工作的通知》。通知提出，要重点加强中小学教师的法制教育，突出未成年人权益保护法律法规的学习宣传，切实增强教师尊重学生、爱护学生、平等对待学生的意识，提高依法维护学生权益和抵制侵害学生行为的能力。要在各级各类学校教师中深入开展宪法的宣传教育，使教师深入了解宪法的基本精神、原则和制度，维护宪法权威，进一步增强公民意识和责任意识，树立权利义务相统一的观念。要在广大教师中系统、深入地宣传《教育法》《义务教育法》《教师法》等教育法律法规的基本制度、重要规定和行为规范，有针对性地宣传民商法、行政法、社会法、刑法、诉讼与非诉讼程序法等方面的法律原则与一般规则。培养一批青少年法制教育教师，使他们系统掌握中国特色社会主义法律体系主要法律制度和法律规范，具备一定的处理法律事务的能力，成为青少年法制教育的骨干和依法维护学校、师生合法权益的法律工作者。

1352 | **9月27日**

教育部印发《关于深入开展节粮节水节电活动的通知》。通知要求，要将“三节”教育贯穿于国民教育全过程，用好修订完善的大中小学德育和思政课教材，把“三节”的内容融入高校形势与政策教育宣传、中等职业学校德育课程教学、中小学德育课程教学等教育环节之中。

1353 | **9月27日**

教育部教育装备工作领导小组在北京召开第一次工作会议。会议指出，要建立完善领导、技术与决策支持“三位一体”教育装备工作新格局；要统筹规划，系统推进教育装备工作，切实提高保障能力，为全面加强教育装备工作提供有力支撑。会议讨论通过《教育部教育装备工作领导小组工作规则》。

1354 | **10月8日**

教育部全国教育普法领导小组办公室印发《关于举办教育部中小学校长、骨干教师法制教育专题培训班的通知》。通知提出，为深入贯彻落实党的十八大精神，全面实施《国家中长期教育改革和发展规划纲要（2010—2020年）》和国家教育普法规划，整体提升中小学校长、教师法制教育素质，加快建设现代学校制度，进一步推进依法治校、依法执教，决定于2013年11月至12月委托国家教育行政学院、华东政法大学、重庆师范大学、华中师范大学、陕西师范大学举办“教育部中小学校长、骨干教师法制教育专题培训班”。

1355 | **10月18日**

来自200多个县（区）的教育局局长在山西晋中学习研讨该市义务教育均衡发展经验，实地考察晋中市推进教育均衡发展所取得的成果。这是国家教育行政学院首次把县（区）教育局局长培训活动放到最基层。

1356 | **10月24日**

教育部召开视频调度会。会议披露，29个省（自治区、直辖市）已完成全国中小学生学籍信息管理系统的安装，全国中小学生超过半数数据进入全国系统数据库。作为试点省份的贵州省，全省学生已率先获得全国学籍号。

1357 | **10月25日**

教育部印发《关于实施全国中小学教师信息技术应用能力提升工程的意见》。《意见》指出，到2017年底完成全国1000多万中小学(含幼儿园)教师新一轮提升培训，提升教师信息技术应用能力、学科教学能力和专业自主发展能力；开展信息技术应用能力测评，以评促学，激发教师持续学习动力；建立教师主动应用机制，推动每个教师在课堂教学和日常工作中有效应用信息技术，促进信息技术与教育教学融合取得新突破。

1358 | **10月28日至31日**

全国中小学校责任督学骨干培训班在北京举办。415名来自全国各省级、市县级督导部门的负责人和责任督学骨干参加培训。

1359 | **11月7日**

国务院办公厅转发教育部、国家发改委、公安部、监察部、财政部、国土资源部、住建部、水利部、审计署等十一部门《关于建立中小学校舍安全保障长效机制的意见》。《意见》提出，明确和落实各级人民政府及其相关部门责任，综合考虑城镇化发展、人口变化等因素，紧密结合教育事业发展、防灾减灾、校园建设等规划和各类教育建设专项工程，统筹实施校舍安全保障长效机制。坚持建管并重，逐步使所有校舍满足国家规定的建设标准、重点设防类抗震设防标准和国家综合防灾要求，同时加强对校舍的日常管理和定期维护。加强对中小学校舍规划布局、安全排查、施工建设、使用维护、信息公告、责任追究等各环节的管理，建立健全符合国情的中小学校舍安全保障制度体系。

1360 | 11月9日至12日

党的十八届三中全会在北京举行。中共中央总书记习近平发表重要讲话。全会听取和讨论了习近平受中央政治局委托作的工作报告，审议通过《中共中央关于全面深化改革若干重大问题的决定》。《决定》提出，深化教育领域综合改革。全面贯彻党的教育方针，坚持立德树人，加强社会主义核心价值体系教育，完善中华优秀传统文化教育，形成爱学习、爱劳动、爱祖国活动的有效形式和长效机制，增强学生社会责任感、创新精神、实践能力。强化体育课和课外锻炼，促进青少年身心健康、体魄强健。改进美育教学，提高学生审美和人文素养。大力促进教育公平，健全家庭经济困难学生资助体系，构建利用信息化手段扩大优质教育资源覆盖面的有效机制，逐步缩小区域、城乡、校际差距。统筹城乡义务教育资源均衡配置，实行公办学校标准化建设和校长教师交流轮岗，不设重点学校重点班，破解择校难题，标本兼治减轻学生课业负担。推进考试招生制度改革，探索招生和考试相对分离、学生考试多次选择、学校依法自主招生、专业机构组织实施、政府宏观管理、社会参与监督的运行机制，从根本上解决一考定终身的弊端。义务教育免试就近入学，试行学区制和九年一贯对口招生。推行初高中学业水平考试和综合素质评价。深入推进管办评分离，扩大省级人民政府教育统筹权和学校办学自主权，完善学校内部治理结构。强化国家教育督导，委托 社会组织开展教育评价监测。健全政府补贴、政府购买服务、助学贷款、基金奖励、捐资激励等制度，鼓励社会力量兴办教育。

1361 | **11月20日**

据《中国教育报》报道，教育部启动农村校长助力工程。从2013年起，每年遴选2000名中西部地区“国贫县”、集中连片特殊困难地区乡镇及以下农村义务教育学校校长参加国家级培训，提高他们实施素质教育、解决办学重点难点问题的能力。

1362 | **12月2日**

国务院教育督导委员会办公室印发《关于做好中小学校责任督学岗前培训的通知》，要求各地在2013年底完成对本区域内责任督学全员岗前培训的任务。通知要求，要加强对法律法规的培训，帮助责任督学提高法制意识和依法督导的能力；要加强对教育及教育督导相关政策和理论的培训，帮助责任督学提高教育政策理论水平；要加强对督导业务的培训，围绕如何督导中小学校校务管理、学生管理、教师队伍建设、教育教学工作、学校资源配置、安全卫生管理等进行具体指导，提高责任督学业务工作能力；要加强责任督学职业道德教育，要求责任督学自觉遵守职业规范，严格执行廉洁自律的各项规定。

1363 | **12月11日**

上海市教委、市公安局等部门印发《关于来沪人员随迁子女就读本市各级各类学校的实施意见》。《实施意见》提出，以“合法稳定就业、合法稳定居住”为基本条件，完善权责对等、梯度赋权的随迁子女公共教育服务制度。

1364 | **12月30日**

教育部印发《关于加强乡村教师生活补助经费管理有关工作的通知》。通知要求，要切实加强组织领导；要实行实名制管理，严格“以岗定补”；要坚持阳光操作；要加强全过程监督；要完善配套措施；要按时报告实施情况和工作计划。

1365 | **12月31日**

教育部、国家发改委、财政部印发《关于全面改善贫困地区义务教育薄弱学校基本办学条件的意见》。《意见》指出，要重点保障基本教学条件，改善学校生活设施，办好必要的教学点，妥善解决大班额问题，推进农村学校教育信息化，提高教师队伍素质。

2014年

改革进行时

• 重要文件

国务院《关于深化考试招生制度改革的实施意见》

国务院办公厅转发教育部等七部门《特殊教育提升计划（2014—2016年）》

国务院办公厅《国家贫困地区儿童发展规划（2014—2020年）》

教育部、财政部、国家发改委、工信部、中国人民银行《构建利用信息化手段扩大优质教育资源覆盖面有效机制的实施方案》

国务院教育督导委员会办公室《深化教育督导改革转变教育管理方式的意见》

国家教育体制改革领导小组办公室《关于进一步扩大省级政府教育统筹权的意见》

教育部《义务教育学校管理标准（试行）》

教育部《关于全面深化课程改革落实立德树人根本任务的意见》

教育部《关于培育和践行社会主义核心价值观进一步加强中小学德育工作的意见》

教育部《完善中华优秀传统文化教育指导纲要》

教育部《中小学校体育工作评估办法》

教育部《关于推进学校艺术教育发展的若干意见》

教育部《关于实施卓越教师培养计划的意见》

• 重要政策

深化考试招生制度改革

全面深化课程改革落实立德树人根本任务

培育和践行社会主义核心价值观

深入推进“全面改薄”

推进县（区）域内义务教育学校校长教师交流轮岗

实施卓越教师培养计划

• 重要会议

教育部、国家发改委、财政部召开“全面改薄”推进工作视频会

教育部召开全国学校体育工作座谈会

教育部召开全国义务教育均衡发展督导评估推进会

• 改革亮点

义务教育学校管理有标准可依。《义务教育学校管理标准（试行）》的发布与实施，将推动学校不断提高管理水平，实现学校治理的法治化和规范化，进而提高学校的办学质量。

深化考试招生制度改革。完善义务教育免试就近入学的具体办法，试行学区制和九年一贯对口招生，改革考试内容和形式。通过考试招生改革，引导学校教育回到促进学生全面发展的轨道上来。

1401 | **1月2日**

江西省人民政府教育督导委员会办公室发布《江西省中小学校责任督学挂牌督导规程》。《规程》指出，将省属高等院校、科研院所举办的附属学校按照所在行政区域由设区市教育督导部门负责挂牌督导工作，使责任督学挂牌督导覆盖到全省所有中小学校。

1402 | **1月8日**

国务院办公厅转发教育部、民政部等七部门《特殊教育提升计划（2014—2016年）》，明确要求全面推进全纳教育，使每一个残疾孩子都能接受合适的教育。《计划》提出，到2016年，全国基本普及残疾儿童少年义务教育，视力、听力、智力残疾儿童少年义务教育入学率达到90%以上。

1403 | **1月10日**

教育部印发《关于推进学校艺术教育发展的若干意见》。《意见》要求，严格执行课程计划，开齐开足艺术课程，确保艺术课程课时总量不低于国家课程方案规定占总课时9%的下限，鼓励有条件的学校按总课时的11%开设艺术课程，初中阶段艺术课程课时不低于义务教育阶段艺术课程总课时的20%。《意见》提出，教育部从2015年起对中小学校和中等职业学校学生进行艺术素质测评，并将测评结果记入学生成长档案，作为综合评价学生发展状况的内容之一，以及学生中考和高考录取的参考依据。

1404 | **1月11日**

教育部发布《中小学教师违反职业道德行为处理办法》。《办法》规定，对十种教师违反职业道德行为，可以给予警告、记过、降低专业技术职务等级、撤销专业技术职务或者行政职务、开除等处分。

1405 | **1月14日**

教育部印发《关于进一步做好小学升入初中免试就近入学工作的实施意见》。《实施意见》要求，各地要合理划定招生范围，有序确定入学对象，规范办理入学手续，全面实行阳光招生，逐步减少特长招生，做好进城务工人员随迁子女就学，试行学区化办学，在加快均衡发展义务教育的同时，规范招生入学行为，加强组织领导和宣传引导。

1406 | **1月15日至16日**

教育部在北京召开2014年全国教育工作会议。中共教育部党组书记、教育部部长袁贵仁讲话指出，全面落实中央决策部署、适应教育形势变化、破解热点难点问题，必须加快推进教育治理体系和治理能力现代化。根据教育发展的自身规律和教育现代化的基本要求，以构建政府、学校、社会新型关系为核心，以推进管办评分离为基本要求，以转变政府职能为突破口，建立系统完备、科学规范、运行有效的制度体系，形成政府宏观管理、学校自主办学、社会广泛参与，职能边界清晰、多元主体“共治”的格局，更好地调动中央和地方两个积极性，更好地激发学校的活力，更好地发挥社会的作用。

1407 | **1月16日**

据《中国教育报》报道，北京市教委将面向全市百万名中小学生推出“中小学生课外活动计划”。该计划由政府通过购买服务等形式埋单，让义务教育阶段的孩子们免费享受体育、文艺、科技等方面的社团服务。

1408 | **1月22日**

教育部发布《教育部2014年工作要点》。2014年工作要点有：一是深化教育领域综合改革，加快推进教育治理能力现代化；二是改革人才培养方式，把立德树人的根本任务贯彻始终；三是改革资源配置方式，大力促进教育公平；四是改革教育发展方式，促进各级各类教育协调发展；五是加强和改进作风建设，切实维护教育系统和谐稳定。

1409 | **1月28日**

教育部办公厅印发《关于进一步做好重点大城市义务教育免试就近入学工作的通知》。通知要求，2014年各重点大城市应制定完善进一步规范义务教育免试就近入学的方案。到2015年，重点大城市所有县（市、区）

实行划片就近入学政策，100% 的小学划片就近入学；90% 以上的初中实现划片入学；每所划片入学的初中 90% 以上生源由就近入学方式确定。到 2017 年，重点大城市 95% 以上的初中实现划片入学；每所划片入学的初中 95% 以上的生源由就近入学方式确定。

1410 | **2 月 7 日**

国务院教育督导委员会办公室印发《深化教育督导改革转变教育管理方式的意见》。《意见》明确了深化教育督导改革的总体思路、主要任务、具体措施和工作要求，对全面加强督政、督学和评估监测工作作出部署。同日，国务院教育督导委员会办公室发布《教育重大突发事件专项督导暂行办法》，建立教育重大突发事件专项督导制度，建立督导问责机制。

1411 | **2 月 19 日**

教育部召开中小学教育质量综合评价改革实验区启动会。会议强调，中小学教育质量综合评价改革要与深化课程改革相结合，推进立德树人工作，引导中小学校更加注重学生发展核心素养的培养，为学生的终身发展打下坚实的基础；要与考试招生制度改革相结合，使人才选拔的目标与人才培养的目标相一致，引导素质教育实施；要与推进管办评分离相结合，充分依靠专业机构和社会组织开展评价，充分调动学校和教师推进素质教育的积极性、主动性，提高社会对教育的满意度。

1412 | **3 月 5 日**

十二届全国人大二次会议在北京人民大会堂开幕，国务院总理李克强作《政府工作报告》。《报告》回顾了 2013 年教育工作。2013 年，推进教育发展和改革。启动教育扶贫工程，实施农村义务教育薄弱学校改造计划，学生营养改善计划惠及 3200 万孩子。对集中连片特困地区乡村教师发放生活补助，贫困地区农村学生上重点高校人数比上年增长 8.5%。《报告》确定了 2014 年教育领域重点工作。2014 年，要加强教育建设。促进教育事业优先发展、公平发展。继续加大教育资源向中西部和农村倾斜，促进义务教育均衡发展。全面改善贫困地区义务教育薄弱学校办学条件。

贫困地区农村学生上重点高校人数要再增长10%以上，使更多农家子弟有升学机会。加强农村特别是边远贫困地区教师队伍建设，扩大优质教育资源覆盖面，改善贫困地区农村儿童营养状况。继续增加中央财政教育投入，提高使用效率并强化监督。

1413 | **3月14日**

国家教育体制改革领导小组召开“全面改薄”电视电话会议，部署“全面改薄”工作。国务院副总理、国家教育体制改革领导小组组长刘延东作重要讲话，强调要加大支持力度，全面改善贫困地区义务教育薄弱学校基本办学条件。

1414 | **3月22日**

教育部在上海召开全国义务教育均衡发展督导评估推进会，会后印发《进一步做好县域义务教育均衡发展督导评估工作的通知》，要求稳步推进督导评估认定工作。目前全国已经有28个省（自治区、直辖市）的757个县（市、区）达到国家认定标准，其中上海市在全国率先实现所辖区（县）全部通过国家义务教育发展基本均衡县督导评估认定的目标。

1415 | **3月26日**

教育部发布《完善中华优秀传统文化教育指导纲要》。《指导纲要》提出，小学低年级，以培育学生对中华优秀传统文化的亲切感为重点，开展启蒙教育，培养学生热爱中华优秀传统文化的感情。小学高年级，以提高学生对中华优秀传统文化的感受力为重点，开展认知教育，了解中华优秀传统文化的丰富多彩。初中阶段，以增强学生对中华优秀传统文化的理解力为重点，提高对中华优秀传统文化的认同度，引导学生认识我国统一多民族国家的文化传统和基本国情。

1416 | **3月30日**

教育部印发《关于全面深化课程改革落实立德树人根本任务的意见》。《意见》指出，全面深化课程改革，落实立德树人根本任务，要坚持系统设计，整体规划育人各个环节的改革，整合利用各种资源，统筹协调各方力量，实现全科育人、全程育人、全员育人。要坚持重点突破，聚焦课程改革的关键领域和主要环节，针对制约课程改革的体制机制障碍，集中攻关，重点推进。要坚持继承创新，注重课程改革的连续性和可持续性，适应新时期教育发展的新要求，积极开拓，大胆试验。《意见》强调，要着力实现“五大统筹”：一是统筹小学、初中、高中、本专科、研究生等学段（包括职业院校）；二是统筹各学科，特别是德育、语文、历史、体育、艺术等学科；三是统筹课标、教材、教学、评价、考试等环节；四是统筹一线教师、管理干部、教研人员、专家学者、社会人士等力量；五是统筹课堂、校园、社团、家庭、社会等阵地。

1417 | **4月1日**

教育部印发《关于培育和践行社会主义核心价值观进一步加强中小学德育工作的意见》。《意见》对中小学深入开展社会主义核心价值观教育作出全面系统部署，明确提出将社会主义核心价值观融入中小学教育全过程。一是要充分体现时代性，加强中小学德育的薄弱环节。二是要准确把握规律性，改进中小学德育的关键载体。三是大力增强实效性，夯实中小学德育的基本保障。

1418 | **4月19日**

第十二届全国基础教育学习论坛暨修学旅行全国论坛召开。会议宣布，教育部将启动“蒲公英行动计划”。“蒲公英行动计划”将通过“建、管、用、宣、研、训、联”等多项措施，进一步推进中小学社会实践、修学旅行等校外教育，在全国建立150个青少年大型综合实践营地，积极探索建立青少年校外教育、社会实践和修学旅行的长效机制，制定校外教育规章制度，加大校外教育的投入和师资建设，尤其是确保校外教育、修学旅行的安全。

1419 | **4月21日**

教育部发布《学生体质健康监测评价办法》。《办法》要求各级教育行政部门以强化体育课程和课外锻炼为基础，以《国家学生体质健康标准》为依据，在本行政区域内统筹开展面向全体学生的体质健康测试，逐步建立健全包括学校测试上报、部门逐级审查、随机抽查复核、动态分析预测、信息反馈公示、评价结果应用等相关制度和管理措施在内的学生体质健康监测评价体系。同日，教育部发布《中小学校体育工作评估办法》。《办法》指出，评估内容主要包括学校体育的组织管理、教育教学、条件保障、学生体质、监督检查等，以《中小学校体育工作评估指标体系》为评估依据，逐项细化分解指标，全面反映学校体育工作的重要领域。学校每年组织一次体育工作自评，省级及以下教育行政部门对本行政区域内学校体育工作自评情况进行复核。同日，教育部发布《学校体育工作年度报告办法》。《办法》指出，年度报告重点反映本地区学校体育开课率、教学实施总体情况、“阳光体育运动”开展情况、学校体育经费投入、教学条件改善、教师队伍建设和学生体质健康状况等关键指标。

1420 | **4月23日**

教育部办公厅、国家发改委办公厅、财政部办公厅印发《关于制定全面改善贫困地区义务教育薄弱学校基本办学条件实施方案的通知》。通知提出，要明确工作目标，“缺什么补什么”。根据本地不同区域的困难程度、基本办学条件缺口类别等实际情况提出全省（自治区、直辖市）以及不同区域的重点工作任务。结合本地实际自主确定贫困地区，做到精准扶贫。区分轻重缓急，确定2014年至2018年每年重点解决事项和工作内容，形成可操作的工作计划，可检查的时间表和路线图。切实落实地方为主责任，在遵循各项资金使用规范的前提下，统筹做好建设需求与中央和地方相关资金的衔接。结合本地实际提出有效保障措施。

1421 | **5月2日**

据《中国教育报》报道，青岛市教育局实施校长职级制改革试点，取消校长的行政级别，率先给48名校长摘掉“官帽”。青岛市到2014年6月全部完成改革工作，涉及1200所中小学。11月28日，青岛市启动中小学班主任“职级制”试点，任职班主任分为初级、中级和高级三个等级，学校还可以设立“首席班主任”。

1422 | **5 月 9 日**

教育部发布《教育部职能转变方案》《落实〈教育部职能转变方案〉任务分工》。《方案》提出，取消 22 项职责，下放省级教育行政部门、高校和直属单位 13 项职责，转移、委托直属事业单位和社团组织承担 50 项职责，精简规范 23 项评审项目，理顺基础教育管理等 9 个方面职责关系，加强和改善教育督导等 3 个方面宏观管理，精简议事协调机构。

1423 | **5 月 30 日**

中共中央总书记、国家主席、中央军委主席习近平到北京市海淀区民族小学参加庆祝“六一”国际儿童节活动，并发表《从小积极培育和践行社会主义核心价值观》重要讲话。习近平指出，少年儿童培养社会主义核心价值观，要做到记住要求、心有榜样、从小做起、接受帮助。习近平强调，让社会主义核心价值观在少年儿童中培育起来，家庭、学校、少先队组织和全社会都有责任。①

1424 | **6 月 9 日**

教育部、国家发改委、财政部召开“全面改薄”推进工作视频会。会议强调，“全面改薄”开局之年工作至关重要，要抓好加强省级统筹、落实责任主体、制定规章制度、加强沟通协调、加紧编制完善项目规划、尽快取得成效、主动接受社会监督、加强宣传总结、强化督导落实等九个方面的工作。

1425 | **6 月 11 日**

天津市教委宣布启动实施加强中小学校体育工作三年行动计划。到 2016 年底，全市中小学体育运动场地设施全部达到国家标准，基本配齐体育教师。天津首次提出将学生体质健康水平纳入区（县）经济社会发展状况评价指标体系。

---

① 参见《人民日报》，2014 年 5 月 31 日。

1426 | **6月27日**

北京市教委召开高等院校参与北京市中小学发展工作推进会。高校参与北京市中小学发展工作，是北京市促进基础教育优质资源扩大的重要举措。高校将实质参与中小学课程建设、教学改革、师资培训和特色创建，通过深度合作、共享资源，为增加优质教育资源供给打通渠道。

1427 | **7月7日**

教育部发布《国家学生体质健康标准（2014年修订）》，要求各学校每学年开展覆盖本校各年级学生的标准测试工作，并根据学生学年总分评定等级。身高、体重、肺活量、50米跑、坐位体前屈都是必测项目。每个学生每学年评定一次，学生毕业时的成绩和等级，按毕业当年学年总分的50%与其他学年总分平均得分的50%之和进行评定。学生测试成绩评定达到良好及以上者，方可参加评优与评奖；成绩达到优秀者，方可获体育奖学分。对于测试成绩评定不及格的学生，在本学年度准予补测一次，补测仍不及格，则学年成绩评定为不及格。

1428 | **7月8日**

国家教育体制改革领导小组办公室印发《关于进一步扩大省级政府教育统筹权的意见》。《意见》强调，要坚持由省级人民政府管理更方便有效的教育事项，一律下放省级人民政府管理的原则，明确扩大省级人民政府教育统筹权的主要内容，明确省级人民政府七个方面的教育统筹职责。《意见》首次以文件形式对扩大省级人民政府教育统筹权作出全面部署，进一步理顺中央与地方教育管理权限和职责范围，充分发挥地方的积极性、主动性、创造性，加快推进教育现代化。

1429 | **7月8日**

教育部发布《严禁教师违规收受学生及家长礼品礼金等行为的规定》。《规定》明确六条“红线”：严禁以任何方式索要或接受学生及家长赠送的礼品礼金、有价证券和支付凭证等财物；严禁参加由学生及家长安排的可能影响考试、考核评价的宴请；严禁参加由学生及家长安排支付费用的旅游、健身休闲等娱乐活动；严禁让学生及家长支付或报销应由教师个人或亲属承担的费用；严禁通过向学生推销图书、报刊、生活用品、社会保险等商业服务获取回扣；严禁利用职务之便谋取不正当利益的其他行为。对违规违纪的，发现一起、查处一起，对典型案件要点名道姓公开通报曝光。

1430 | **7月9日**

共青团中央、教育部、全国少工委联合下发通知，要求各级团组织、教育部门和少工委深入贯彻落实习近平总书记在北京市海淀区民族小学参加少先队主题队日活动时的讲话精神。通知指出，要按照习近平总书记“记住要求、心有榜样、从小做起、接受帮助”的16字要求，开展社会主义核心价值观教育。多渠道宣传解读社会主义核心价值观，集中持续宣传社会主义核心价值观24字要求和习近平总书记关于少年儿童培育和践行社会主义核心价值观16字要求，帮助少先队员熟记熟背、入脑入心。

1431 | **7月14日**

教育部发布《中小学学生赴境外研学旅行活动指南（试行）》。《活动指南》对中小学学生寒暑期赴境外“游学”团体的教学内容、时空跨度和安全责任机制等作出规定。《活动指南》特别指出，境外研学旅行的教育教学内容和学习时长所占比例一般不少于在境外全部行程计划的1/2。

1432 | **7月15日**

教育部与全国人大常委会办公厅共同举办“圆梦蒲公英·走近全国人大”活动，启动“圆梦蒲公英”暑期主题活动。各地中小学生代表50人参观北京人民大会堂大礼堂、全国人大常委会会议厅等重要场所。

1433 | **7月18日**

教育部办公厅、国家发改委办公厅、财政部办公厅发布《全面改善贫困地区义务教育薄弱学校基本办学条件底线要求》，要求各地将“底线要求”作为全面改善贫困地区义务教育薄弱学校基本办学条件项目优先保障、必须完成的建设内容，并在实施过程中，以学校为单位予以优先落实。

1434 | **7月22日**

教育部印发《关于做好全国中小学生学籍信息管理系统全面应用工作的通知》。通知要求，必须提高学籍信息质量，全面应用系统功能，开发完善特色需求，健全各项管理制度，构建运维长效机制。同日，教育部发布《全国中小学生学籍信息管理系统关键业务应用指南》和《全国中小学生学籍信息管理系统运行维护管理规则》。8月25日，教育部在北京召开全国中小学生学籍信息管理系统建设应用推进会。会议披露，全国学籍系统已经在全国联网并稳定运行，截至8月20日，已有近1.6亿名学生信息入库，共完成省内转学206万例，完成跨省转学22万例。

1435 | **7月24日**

国务院印发《关于进一步推进户籍制度改革的意见》。《意见》提出，进一步调整户口迁移政策，统一城乡户口登记制度，全面实施居住证制度，加快建设和共享国家人口基础信息库，稳步推进义务教育、就业服务、基本养老、基本医疗卫生、住房保障等城镇基本公共服务覆盖全部常住人口。保障农业转移人口及其他常住人口随迁子女平等享有受教育权利；将随迁子女义务教育纳入各级人民政府教育发展规划和财政保障范畴；逐步完善并落实随迁子女在流入地接受中等职业教育免学费和普惠性学前教育的政策以及接受义务教育后参加升学考试的实施办法。

1436 | **7月28日**

教育部召开全国学校体育工作座谈会。会议指出，健康是青少年成长成才和幸福生活的根基，关系国家民族未来和亿万家庭福祉，各级党委、人民政府要认真贯彻习近平总书记关于增强青少年体质的重要论述精神，树立“健康第一”的理念，组织引导学校、社会和家庭为青少年强身健体创造良好条件，为实现中国梦提供人才保障。同日，教育部在上海召开新闻发布会，发布30年来中国学生体质与健康变化情况。数据显示，我国学生体质健康状况在持续20多年下滑的情况下，近年来出现积极变化，大部分指标止跌回升，个别指标出现连续上升的势头。

1437 | **8月2日**

教育部发布《义务教育学校管理标准（试行）》。《管理标准》以“育人为本、全面发展，促进公平、提高质量，安全和谐、充满活力，依法办学、科学治理”为基本理念，将“平等对待每位学生、促进学生全面发展、引领教师专业发展、提升教育教学质量、营造和谐安全环境、建设现代学校制度”等6类管理职责细化为22项管理任务和92条管理要求，为义务教育学校实现管理规范化、科学化和精细化提供了指南。教育部确定北京市海淀区、山西省吕梁市孝义市、江苏省泰州市、山东省威海市、湖北省宜昌市宜都市、四川省成都市蒲江县、贵州省贵阳市7个地市、区（县）为《管理标准》实验区。

1438 | **8月11日**

教育部等七部门印发《关于推进学习型城市建设的意见》，对学习型城市建设工作提出要求、作出部署。《意见》首次提出我国学习型城市建设的阶段性目标：推动全国各类城市广泛开展学习型城市创建工作，形成一大批终身教育体系基本完善、各级各类教育协调发展、学习机会开放多样、学习资源丰富共享的学习型城市，由此促进我国的学习型社会建设。到2020年，东中西部地区市（地）级以上城市开展创建学习型城市工作覆盖率分别达到90%、80%和70%；各区域都要有一大批县级城市开展创建工作。

1439 | **8月13日**

教育部、财政部、人社部印发《关于推进县（区）域内义务教育学校校长教师交流轮岗的意见》。《意见》提出，要加快实现校长教师交流轮岗的工作目标，合理确定校长教师交流轮岗的人员范围，不断创新校长教师交流轮岗的方式方法，建立健全校长教师交流轮岗的激励保障机制，全面推进义务教育教师队伍“县管校聘”管理改革，切实落实校长教师交流轮岗工作的责任主体。《意见》规定，城镇学校、优质学校每学年教师交流轮岗的比例不低于符合交流条件教师总数的10%，骨干教师交流轮岗应不低于交流总数的20%。

1440 | **8月18日**

教育部印发《关于实施卓越教师培养计划的意见》。《意见》提出，分类推进卓越教师培养模式改革。根据小学教育的实际需求，重点探索小学全科教师培养模式，培养一批热爱小学教育事业、知识广博、能力全面，能够胜任小学多学科教育教学需要的卓越小学教师。根据中学教育改革发展对高素质教师的需求，重点探索本科和教育硕士研究生阶段整体设计、分段考核、连续培养的一体化模式，培养一批信念坚定、基础扎实、能力突出，能够适应和引领中学教育教学改革的卓越中学教师。建立高校与地方人民政府、中小学“三位一体”协同培养新机制。

1441 | **9月3日**

国务院印发《关于深化考试招生制度改革的实施意见》。《意见》要求，2014年启动考试招生制度改革试点，2017年全面推进，到2020年基本建立中国特色现代教育考试招生制度，形成分类考试、综合评价、多元录取的考试招生模式，健全促进公平、科学选才、监督有力的体制机制，构建衔接沟通各级各类教育、认可多种学习成果的终身学习立交桥。推进九年义务教育均衡发展，完善义务教育免试就近入学的具体办法，试行学区制和九年一贯对口招生。

1442 | **9月4日**

教育部发布《关于批准2014年国家级教学成果奖获奖项目的决定》。2014年，国家级教学成果奖首次实现基础教育、职业教育、高等教育全覆盖。基础教育类国家级教学成果奖获奖项目为417项，其中特等奖2项，一等奖48项，二等奖367项。

1443 | 9月9日

在第三十个教师节前夕，中共中央总书记、国家主席、中央军委主席习近平到北京师范大学与师生代表进行座谈，发表题为《做党和人民满意的好老师》的重要讲话。习近平指出，每个人心目中都有自己好老师的形象。做好老师，是每一个老师应该认真思考和探索的问题，也是每一个老师的理想和追求。好老师没有统一的模式，可以各有千秋、各显身手，但有一些共同的、必不可少的特质。第一，做好老师，要有理想信念。第二，做好老师，要有道德情操。第三，做好老师，要有扎实学识。第四，做好老师，要有仁爱之心。习近平强调，百年大计，教育为本。教育大计，教师为本。努力培养造就一大批一流教师，不断提高教师队伍整体素质，是当前和今后一段时间我国教育事业发展的紧迫任务。各级党委和人民政府要从战略高度来认识教师工作的极端重要性，把加强教师队伍建设作为基础工作来抓，满腔热情关心教师，改善教师待遇，关心教师健康，维护教师权益，充分信任、紧紧依靠广大教师，支持优秀人才长期从教、终身从教，使教师成为最受社会尊重的职业。要制定切实可行的政策措施，鼓励有志青年到农村、到边远地区为国家教育事业建功立业。要加强教师教育体系建设，加大对师范院校的支持力度，找准教师教育中存在的主要问题，寻求深化教师教育改革的突破口和着力点，不断提高教师培养培训的质量。要让全社会广泛了解教师工作的重要性和特殊性，让尊师重教蔚然成风。[①] 10日，中共教育部党组召开党组扩大会，强调认真学习贯彻习近平重要讲话精神，采取切实有力措施不断完善体制机制，努力建设高素质一流教师队伍，营造优秀教师不断涌现的良好教育生态。要引导支持广大教师带头践行社会主义核心价值观，争做党和人民满意的好教师，做中华民族“梦之队”的筑梦人。11日，中共教育部党组印发《关于教育系统学习贯彻习近平总书

① 参见《人民日报》，2014年9月10日。

记教师节重要讲话精神的通知》。

1444 | **9月12日**

国务院印发《关于进一步做好为农民工服务工作的意见》，部署进一步做好新形势下为农民工服务工作，切实解决农民工面临的突出问题，有序推进农民工市民化。《意见》指出，要保障农民工随迁子女平等接受教育的权利。输入地人民政府要将符合规定条件的农民工随迁子女教育纳入教育发展规划，合理规划学校布局，科学核定公办学校教师编制，加大公办学校教育经费投入，保障农民工随迁子女平等接受义务教育权利。公办义务教育学校要普遍对农民工随迁子女开放，与城镇户籍学生混合编班，统一管理。

1445 | **9月30日**

教育部发布《中小学教科书选用管理暂行办法》。《暂行办法》指出，教科书选用应当坚持适宜性，符合本地中小学教学实际；坚持多样化，满足不同地区的需求；坚持公平、公正，保证选用过程规范、有序。教科书选用委员会应当由课程教材专家、教研员、中小学校长和教师等组成，其中一线教师不少于1/2。

1446 | **10月17日**

中共教育部党组、共青团中央联合印发《关于在各级各类学校推动培育和践行社会主义核心价值观长效机制建设的意见》，旨在推动社会主义核心价值观融入教育教学、融入社会实践、融入文化育人、融入制度建设。

1447 | **10月20日至23日**

党的十八届四中全会在北京召开。全会听取和讨论了习近平受中央政治局委托作的工作报告，审议通过了《中共中央关于全面推进依法治国若干重大问题的决定》。《决定》指出，增强全民法治观念，推进法治社会建设。把法治教育纳入国民教育体系，从青少年抓起，在中小学设立法治知识课程。

1448 | **11月13日**

教育部、中央编办、财政部印发《关于统一城乡中小学教职工编制标准的通知》，提出将县镇、农村中小学教职工编制标准统一到城市标准。

通知强调，按照严控总量、盘活存量、优化结构、增减平衡的要求，由省级人民政府负总责，实行总量控制，确保核定后的中小学教职工编制不突破现有编制总量；考虑实际需求，对农村边远地区适当倾斜，重点对学生规模较小的村小、教学点，按照教职工与学生比例和教职工与班级比例相结合的方式核定教职工编制；深化后勤改革，加大政府购买服务力度；加强督查监管，严禁挤占、挪用和截留中小学教职工编制，严禁在有合格教师来源的情况下“有编不补”、长期聘用代课教师，严禁以各种形式“吃空饷”，严禁管理部门与中小学校混编混岗占用教职工编制。

1449 | **11月16日**

教育部、财政部、国家发改委、工信部、中国人民银行发布《构建利用信息化手段扩大优质教育资源覆盖面有效机制的实施方案》。《实施方案》明确细化以“三通两平台”为核心的重点任务，并提出推进机制、政策环境、经费投入、管理体系、环境氛围五个方面的保障措施。

1450 | **11月19日**

教育部办公厅印发《关于组织申报首批义务教育教师队伍“县管校聘”管理改革示范区的通知》。通知要求，开展国家级“县管校聘”管理改革示范区建设，总结推广各地实行义务教育教师队伍“县（区）管校聘”管理改革、推进校长教师交流轮岗的实践探索和成功经验，加快推进义务教育校长教师交流轮岗。

1451 | **11月20日**

据《中国教育报》报道，南京市教育局发布《〈南京大屠杀死难者国家公祭读本〉课程纲要》。《读本》作为必修性地方课程进入南京市中小学课堂。从12月1日到13日，南京市557所学校的小学五年级、初中二年级、高中二年级学生，进行《读本》的学习。

1452 | **11月26日**

国家教育体制改革领导小组召开全国青少年校园足球工作电视电话会议、中共中央政治局委员、国务院副总理、国家教育体制改革领导小组组长刘延东出席会议并作讲话。会议提出，要完善管理体制，合理布局小学、中学、高校示范学校，用三年时间把校园足球定点学校的规模由目前的5000余所扩展到2万所；积极开展校园足球联赛，逐步建立健全小学、初中、高中和高校四级足球联赛机制，通过招生考试政策疏通足球人才成长通道，持续培养优秀足球后备人才；总结经验，把校园足球工作的成功做法推广到篮球、排球和武术等体育项目中。

1453 | **11月27日至28日**

教育部在广东深圳召开全国中小学责任督学挂牌督导工作现场会。教育部副部长刘利民出席会议并作讲话，强调要以中小学责任督学挂牌督导为抓手，充分发挥教育督导作用，护航教育事业科学发展。

1454 | **12月17日**

北京师范大学中国基础教育质量监测协同创新中心启动“中国好老师”行动计划。该计划以全国师范院校为依托，联合社会各界力量，面向全国中小学和幼儿园，提升千万教师综合素质尤其是师德素养。

1455 | **12月18日**

最高人民法院、最高人民检察院、公安部、民政部印发《关于依法处理监护人侵害未成年人权益行为若干问题的意见》。《意见》规定，性侵害、出卖、遗弃、虐待、暴力伤害未成年人、严重损害未成年人身心健康等七种情形，人民法院可以判决撤销其父母或者其他监护人的监护人资格。

1456 | **12月25日**

国务院办公厅发布《国家贫困地区儿童发展规划（2014—2020年）》。《规划》部署了进一步促进贫困地区儿童发展工作，切实保障贫困地区儿童生存和发展权益，实现政府、家庭和社会对贫困地区儿童健康成长的全程关怀和全面保障。对涉及680个县的集中连片特殊困难地区从出生开始到义务教育阶段结束的农村儿童的健康和教育，实施全过程的保障和干预，编织保障贫困地区儿童成长的安全网，实现到2020年贫困地区儿童发展整体水平基本达到或接近全国平均水平的目标。重点围绕健康和教育两个儿童发展的核心领域，兼顾儿童福利和安全，开展好新生儿出生健康、儿童营养改善、儿童医疗卫生保健、儿童教育保障、特殊困难儿童教育和关爱等五方面工作，加快形成对贫困地区儿童发展的全过程关注、全领域参与和全方面服务的政策体系。

1457 | **12 月 30 日**

中共山东省委办公厅、山东省人民政府办公厅印发《关于推进基础教育综合改革的意见》。《意见》要求，实施德育综合改革，构建大中小学德育课程体系，将德育目标融入各科课程，实现全科育人。深入开展法治教育，推进中小学学术指导中心建设，加强学生心理健康教育、职业生涯规划教育和高中生职业体验教育，加强校外社会实践基地建设，形成引导、指导学生健康成长的长效机制。试点取消学校和校长行政级别，实行校长职级制管理，建立完善以校长职级制为核心的校长管理体制，合理确定校长职级序列。推进中小学教师“县管校聘”管理改革，保证专任教师“退补相当”。支持社会力量采取公建民营、民办公助、混合股份等形式举办中小学。 1457

2015 年

改革进行时

• 重要文件

中共中央、国务院《关于打赢脱贫攻坚战的决定》

国务院《关于进一步完善城乡义务教育经费保障机制的通知》

国务院办公厅《乡村教师支持计划（2015—2020 年）》

国务院办公厅《关于全面加强和改进学校美育工作的意见》

教育部《关于深入推进教育管办评分离 促进政府职能转变的若干意见》

教育部《中小学生守则（2015 年修订）》

教育部、共青团中央、全国少工委《关于加强中小学劳动教育的意见》

教育部等部门《关于加快发展青少年校园足球的实施意见》

教育部《学校体育运动风险防控暂行办法》

教育部《中小学心理辅导室建设指南》

教育部《学生志愿服务管理暂行办法》

国务院教育督导委员会办公室《国家义务教育质量监测方案》

人社部、教育部《关于深化中小学教师职称制度改革的指导意见》

教育部《严禁中小学校和在职中小学教师有偿补课的规定》

• 重要政策

深入推进教育管办评分离

统筹配置城乡义务教育经费

实施乡村教师支持计划

深化中小学教师职称制度改革

加强师德师风建设

严禁中小学校和在职中小学教师有偿补课

全面加强和改进学校美育工作

• 重要会议

教育部召开全面推动社会主义核心价值观进教材进课堂进头脑座谈会

教育部召开全国学校艺术教育工作会议

教育部召开全国学校安全工作电视电话会议

教育部、联合国教科文组织举办国际教育信息化大会

• 改革亮点

实施国家义务教育质量监测工作。为引导社会树立正确的教育质量观，改变以升学率为评价学校和学生唯一标准的做法，推动义务教育质量和学生健康水平不断提升，国家实施国家义务教育质量监测工作，监测学科为语文、数学、科学、体育、艺术和德育，主要对象为四年级和八年级学生。监测报告客观反映义务教育阶段学生学业质量、身心健康情况，为转变教育管理方式和改进学校教育教学提供参考。

统筹城乡义务教育资源均衡配置。建立统一的中央和地方分项目、按比例分担的城乡义务教育经费保障机制，实现“两免一补”和生均公用经费基准定额资金随学生流动可携带。此举有利于实现城乡义务教育在更高层次的均衡发展，促进教育公平、提高教育质量。

1501 | **1月8日**

教育部印发《关于成立全国青少年校园足球工作领导小组的通知》。通知指出，经国务院同意，教育部会同国家发改委、财政部、国家新闻出版广电总局、国家体育总局、共青团中央等五单位，共同成立全国青少年校园足球工作领导小组。领导小组是全国青少年校园足球工作协调、议事和决策机构。2月11日，全国校园足球工作领导小组在北京召开第一次会议。教育部部长、领导小组组长袁贵仁在会上强调，要充分发挥领导小组的作用，统一思想、凝聚共识，科学谋划、突出重点，加强配合、形成合力，大力推动校园足球健康发展，为实现中国足球的腾飞梦想而努力奋斗。

1502 | **1月21日**

教育部通过全国中小学生学籍信息管理系统，为全国中小学生发放了正式学籍号，这标志着全国中小学生学籍信息管理系统进入新的应用阶段。该系统将在中小学招生入学、学籍注册、学籍档案管理、学籍异动、升级、毕业、成长记录等方面发挥日益重要的作用。

1503 | **1月22日至23日**

教育部在北京召开2015年全国教育工作会议。会议强调，要全面贯彻党的十八大和十八届三中、四中全会精神，深入学习贯彻习近平总书记系列重要讲话精神，坚持稳中求进工作总基调，主动适应经济发展新常态，全面深化综合改革，全面推进依法治教，全面加强教育系统党的建设，着力促进教育公平、着力调整教育结构、着力提高教育质量，坚定不移沿着中国特色社会主义教育道路前进，为基本实现教育现代化而奋斗。

1504 | **2月6日**

教育部办公厅、财务部办公厅印发《关于做好2015年农村义务教育阶段学校教师特设岗位计划有关实施工作的通知》。通知要求，切实加强乡村学校教师补充，向本地生源倾斜，优先满足村小、教学点的教师补充需求，进一步提高村小、教学点“特岗教师”招聘比例，将做好村小、教学点的教师招聘工作作为2015年的工作重点。自2015年起，“特岗计划”

设岗县（市）的县城学校不再被列为中央“特岗计划”设岗学校，不再补充新的“特岗教师”。

1505 | **2月10日**

教育部召开全面推动社会主义核心价值观进教材进课堂进头脑座谈会。教育部副部长刘利民主持座谈会并发表讲话，强调要全面贯彻落实习近平总书记等中央领导关于培育和践行社会主义核心价值观的重要指示精神和中央有关决策部署，根据新形势新任务，结合基础教育自身规律和特点，在中小学进一步强化新时期社会主义核心价值观“三进”工作，确保落细落小落实，落地生根。会议提出，加快研制学生发展核心素养体系，进一步修改完善义务教育德育、语文、历史教材内容，开发好有关地方课程和学校课程，确保社会主义核心价值观贯穿到各学段、融合进各学科。

1506 | **2月12日**

教育部发布《教育部2015年工作要点》。2015年工作要点有：一是深入学习宣传习近平总书记系列重要讲话精神，切实加强党的建设；二是全面深化教育综合改革，推动基本实现教育现代化；三是全面推进依法治教，引领、保障教育事业改革发展；四是全面提高教育质量，促进各级各类教育内涵发展；五是大力促进教育公平，逐步缩小区域、城乡、校际差距。

1507 | **3月2日**

教育部在天津召开全国学校艺术教育工作会议。会议强调，推动学校美育工作，要积极构建科学的美育课程体系；创新活动内容与形式，确保每个学生都能参与美育活动；加强区域内统筹力度，多渠道解决美育师资短缺问题；整合各类教育教学资源，形成推进学校美育改革发展的合力；建立评价制度，促进学校美育科学发展。

1508 | **3月5日**

十二届全国人大三次会议在北京人民大会堂开幕，国务院总理李克强作《政府工作报告》。《报告》总结回顾了2014年教育工作成就。2014年，继续促进教育公平。加强贫困地区义务教育薄弱学校建设，提高家庭经济困难学生资助水平，国家助学贷款资助标准大幅上调。实行义务教育免试就近入学政策，28个省份实现了农民工随迁子女在流入地参加高考。全国财政性教育经费支出占国内生产总值比例超过4%。《报告》提出，2015年，要继续推进教育领域改革。促进教育公平发展和质量提升。教育是今天的事业、明天的希望。要坚持立德树人，增强学生的社会责任感、创新精神、实践能力，培养中国特色社会主义建设者和接班人。深化省级人民政府教育统筹改革、高等院校综合改革和考试招生制度改革。加快义务教育学校标准化建设，改善薄弱学校和寄宿制学校基本办学条件。落实农民工随迁子女在流入地接受义务教育政策，完善后续升学政策。促进民办教育健康发展。加强教师队伍建设。为切实把教育事业办好，保证投入，花好每一分钱。要畅通农村和贫困地区学子纵向流动的渠道，让每个人都有机会通过教育改变自身命运。

1509 | **3月6日**

教育部发布《2014年教育督导报告》。《报告》披露，截至2014年底，21个省（自治区、直辖市）相继成立人民政府教育督导委员会，全国共有专兼职督学8万多名，96%以上的中小学校实现挂牌督导，464个县（市、区）通过县域义务教育均衡发展督导评估认定。

1510 | **3月12日**

国务院教育督导委员会办公室发布《中小学校责任督学挂牌督导创新县（市、区）工作方案》。《方案》指出，从2015年开始，教育部将在全国范围内开展中小学责任督学挂牌督导创新县（市、区）评估认定工作。

1511 | **3月16日**

教育部印发《学生志愿服务管理暂行办法》。《暂行办法》指出，学生志愿服务，是指学生不以获得报酬为目的，自愿奉献时间和智力、体力、技能等，帮助他人、服务社会的公益行为。十周岁以上的未成年学生，经其监护人同意，可以申请成为学生志愿者。未成年学生参与，根据实际情况应当在其监护人陪同下或者经监护人同意参与志愿服务。学生志愿服务组织方式包括学校组织开展、学生自行开展两类。中小学生以学校组织开展为主。

1512 | **3月23日**

教育部办公厅印发《关于做好2015年城市义务教育招生入学工作的通知》。通知要求，各城市全面贯彻落实教育部关于义务教育免试就近入学工作总体部署，根据实际情况，明确目标任务，全面实行单校划片或多校划片，加快实现免试就近入学全覆盖。

1513 | **3月25日**

上海市中小学依法治校工作推进会暨虹口区现代学校制度建设现场会召开。会议提出，上海将全面推进学校规范化管理，2015年全部完成中小学、幼儿园章程制定与核准工作。

1514 | **3月26日**

教育部在北京召开全国学校安全工作电视电话会议。会议强调，要牢固树立安全意识，强化底线思维，完善学校安全综合防控体系，坚决排除校园安全隐患，织密织牢学生安全网，努力为孩子们平安、健康、幸福成长创造良好环境。教育部部长袁贵仁出席会议并讲话强调，学校安全是最让人牵挂的公共安全，要以高度的责任感和求真务实的作风，全力以赴把学校安全工作抓紧抓实、抓出成效。

1515 | **4月13日**

全国农村义务教育学生营养改善计划领导小组办公室印发《关于进一步加强和规范农村义务教育学生营养改善计划招标采购工作的通知》。通知要求各地进一步强化监管，规范学生营养改善计划招标采购工作，坚决制止不合格企业参与营养改善计划。

1516 | **4月15日**

国务院教育督导委员会办公室发布《国家义务教育质量监测方案》，决定从2015年起在全国开展义务教育质量监测工作。监测学科为语文、数学、科学、体育、艺术、德育。监测对象为义务教育阶段四年级和八年级学生。每个监测周期为三年，每年监测两个学科领域。每年测试时间选择在 6 月中旬。根据报告目的、内容和阅读对象的不同，主要形成基础数据报告、分省监测报告和国家监测报告三类报告。

1517 | **4 月 30 日**

教育部发布《学校体育运动风险防控暂行办法》。《暂行办法》规定，教育行政部门和学校应当建立健全学校体育运动风险防控机制，预防和避免体育运动伤害事故的发生，但不得以减少体育活动的做法规避体育运动风险。

1518 | **4 月**

教育部对全面改善贫困地区义务教育薄弱学校基本办学条件工作建立双月通报制度。自 2015 年 5 月起，教育部每两个月在门户网站公示各省（自治区、直辖市）全面改善贫困地区义务教育薄弱学校基本办学条件工作情况：一是校舍、运动场所建设进度，二是图书、仪器设备等采购进度，三是资金到位使用进度等信息，接受全社会监督。对工作进展缓慢、连续“拖后腿”的省（自治区、直辖市）将采取通报批评、约谈有关负责人和派出督查组督查等措施。

1519 | **5 月 1 日**

上海市正式施行《上海市教育督导条例》。《条例》规定，学生及其家长、教师和社会公众对学校规范办学情况的意见和建议，可以直接向责任督学反映。这是上海首次以地方法规形式对教育督导工作进行规范。

1520 | **5 月 4 日**

教育部印发《关于深入推进教育管办评分离 促进政府职能转变的若干意见》。《意见》提出，到 2020 年，基本形成政府依法管理、学校依法自主办学、社会各界依法参与和监督的教育公共治理新格局，为基本实现教育现代化提供重要制度保障。

1521 | **5 月 11 日**

教育部印发《关于进一步做好全面改善贫困地区义务教育薄弱学校基

本办学条件有关工作的通知》。通知要求，各地要就办学标准确定、项目规划编制、加快审批进度、加强安全管理和落实公开公示等方面存在的薄弱环节，采取有力措施，进一步加大推进力度。

1522 | **5月20日**

教育部、文化部和国家新闻出版广电总局印发《关于加强新时期中小学图书馆建设与应用工作的意见》。《意见》提出，到2018年，有条件的地区要按照学校建设标准补充新建图书馆，改善不达标图书馆，不具备条件的农村中小学、教学点要建有图书柜、图书角。到2020年，绝大部分中小学要按照国家规定标准建有图书馆。基本建成与深化课程改革、实施素质教育相适应的现代化中小学图书馆建设、管理和服务体系。

1523 | **5月23日至25日**

由教育部和联合国教科文组织合作举办的国际教育信息化大会在山东青岛召开。国家主席习近平向大会发来贺信。习近平在贺信中强调："因应信息技术的发展，推动教育变革和创新，构建网络化、数字化、个性化、终身化的教育体系，建设'人人皆学、处处能学、时时可学'的学习型社会，培养大批创新人才，是人类共同面临的重大课题。"习近平表示："中国坚持不懈推进教育信息化，努力以信息化为手段扩大优质教育资源覆盖面。我们将通过教育信息化，逐步缩小区域、城乡数字差距，大力促进教育公平，让亿万孩子同在蓝天下共享优质教育、通过知识改变命运。"习近平强调："人才决定未来，教育成就梦想。中国愿同世界各国一道，开拓更加广阔的国际交流合作平台，积极推动信息技术与教育融合创新发展，共同探索教育可持续发展之路，共同开创人类更加美好的未来。"①

1524 | **5月25日**

教育部发布《中小学生艺术素质测评办法》《中小学校艺术教育工作自评办法》《中小学校艺术教育发展年度报告办法》，旨在建立健全学校

① 参见《人民日报》，2015年5月24日。

艺术教育工作评价制度，改进美育教学，提高学生的审美和人文素养，促进学生全面健康成长。

1525 | 6月1日

国务院办公厅发布《乡村教师支持计划（2015—2020年）》。《计划》提出，到2017年，力争使乡村学校优质教师来源得到多渠道扩充，乡村教师资源配置得到改善，教育教学能力水平稳步提升，各方面合理待遇依法得到较好保障，职业吸引力明显增强，逐步形成“下得去、留得住、教得好”的局面。建立乡村教师荣誉制度，对在乡村学校从教30年以上的教师按照有关规定颁发荣誉证书。

1526 | 6月3日

教育部、国家发改委、财政部、审计署、国家新闻出版广电总局联合印发《关于2015年规范教育收费治理教育乱收费工作的实施意见》。《实施意见》强调，要坚决严明各项纪律和规矩，全面落实治理工作责任，切实解决补课乱收费、择校乱收费、违规招生转学、收受礼品礼金等突出问题，坚决遏制乱办学、乱招生、乱收费现象。

1527 | 6月18日

教育部、国家工商总局、国家质检总局、国家标准委印发《关于进一步加强中小学生校服管理工作的意见》。针对当前校服管理工作中存在的校服标准分散、学生及家长参与度低等问题，《意见》提出，推动健全校服技术标准体系，规范校服采购秩序，提高教师、家长、学生民主参与程度，构建多部门联动的工作机制，以提高校服品质，保障学生安全，充分发挥校服育人的作用。

1528 | 6月29日

教育部发布《严禁中小学校和在职中小学教师有偿补课的规定》。《规定》指出，严禁中小学校组织、要求学生参加有偿补课；严禁中小学校与校外培训机构联合进行有偿补课；严禁中小学校为校外培训机构有偿补课提供教育教学设施或学生信息；严禁在职中小学教师组织、推荐和诱导学生参加校内外有偿补课；严禁在职中小学教师参加校外培训机构或由其他教师、家长、家长委员会等组织的有偿补课；严禁在职中小学教师为校外培训机构和他人介绍生源、提供相关信息。对于违反上述规定的中小学校，视情节轻重，相应给予通报批评、取消评奖资格、撤销荣誉称号等处罚，并追究学校领导责任及相关部门的监管责任。对于违反上述规定的在职中小学教师，视情节轻重，分别给予批评教育、诫勉谈话、责令检查、通报批评直至相应的行政处分。

1529 | **7 月 20 日**

教育部、共青团中央、全国少工委印发《关于加强中小学劳动教育的意见》。《意见》指出，用 3 年至 5 年时间，统筹资源，构建模式，推动建立课程完善、资源丰富、模式多样、机制健全的劳动教育体系，形成普遍重视劳动教育的氛围。推动在全国创建一批国家级劳动教育实验区，推动在地方创建一批省级劳动教育实践基地和劳动教育特色学校，带动全国中小学劳动教育深入开展。抓好落实相关课程、开展校内劳动、组织校外劳动、鼓励家务劳动等工作。

1530 | **7 月 21 日**

教育部考试中心在新疆乌鲁木齐发布新疆双语教育质量监测报告。报告显示，新疆各地双语教育规模不断扩大，全疆六年级学生的汉语和数学成绩均稳中有升，双语教育效果开始显现。

1531 | **7 月 22 日**

教育部、国家发改委、财政部、国家新闻出版广电总局、国家体育总局、共青团中央等六单位印发《关于加快发展青少年校园足球的实施意见》。《实施意见》提出，到 2020 年基本建成中国特色青少年校园足球发展体系。要不断提高校园足球普及水平，深化足球教学改革，加强足球课外锻炼训练，完善校园足球竞赛体系，畅通优秀足球苗子的成长通道等。

1532 | **7 月 27 日**

江西省第四十六次省政府常务会议审议通过《江西省教育督导规定》。

这是江西省第一部教育督导规章。

1533 | **7月29日**

教育部办公厅发布《中小学心理辅导室建设指南》。《指南》指出，心理辅导室是心理健康教育教师开展个别辅导和团体辅导，帮助学生疏导与解决学习、生活、自我意识、情绪调适、人际交往和升学就业中出现的心理行为问题，排解心理困扰和防范心理障碍的专门场所，是学校开展心理健康教育工作的重要阵地。心理辅导室建设应坚持科学、实用原则，保证基本配置，满足心理健康教育工作科学有效开展，有条件的地方可以结合实际情况，拓展心理辅导室功能区域和相关配置。

1534 | **8月3日**

国家新闻出版广电总局、教育部、国家发改委联合印发《中小学教辅材料管理办法》，旨在规范中小学教辅材料管理，切实减轻中小学生过重课业负担和学生家长的经济负担。

1535 | **8月18日**

教育部、公安部联合印发《关于加强中小学幼儿园消防安全管理工作的意见》。《意见》从落实责任、组织检查与巡查、加强管理、规范标识、加强培训与演练、严格追责等八个方面对学校消防安全管理工作作出部署。

1536 | **8月20日**

教育部发布《中小学生守则（2015年修订）》。新《守则》共9条，282字，涵盖学生德智体美劳全面发展的基本要求，补充了一些更具操作性、学生可以做到的具体行为规范内容，如主动分担家务、自觉礼让排队、不比吃喝穿戴等；增加了新时期学生成长发展中学校、社会和家庭高度关注的内容，如养成阅读习惯、文明绿色上网、低碳环保生活等。

1537 | **8月28日**

人社部、教育部印发《关于深化中小学教师职称制度改革的指导意见》。《指导意见》指出，建立统一的中小学教师职称（职务）制度，统一职称（职务）等级和名称，确立中小学教师专业技术水平评价的基本标准条件，建立以同行专家评审为基础的业内评价机制。正高级教师数量国家实行总量控制。

1538 | **9月6日**

教育部发布《农村义务教育学生营养改善计划专项督导报告》。《报告》显示，3年多来，全国超过1/3的县实施营养改善计划，超过1/4的农村义务教育学生享受营养改善计划补助政策，实施规模位居世界第三。《报告》披露，营养改善计划连片特困地区实现全覆盖。截至2015年4月底，连片特困地区699个县（包括兵团19个团场）全部开展营养改善计划国家试点工作，9.14万所农村义务教育学校全部纳入实施范围，2132.12万名农村义务教育学生全部享受营养膳食补助。

1539 | **9月8日**

中共中央政治局常委、国务院总理李克强在北京会见全国教书育人楷模及优秀乡村教师代表并作重要讲话。李克强强调指出，教育承载民族的希望和未来，教师是国家大厦的基石。强国必先重教，重教必须尊师。李克强希望广大教师，一要坚守教书育人的神圣职责，二要播撒创新的火种，三要促进社会公平。[①]

1540 | **9月9日**

中共中央总书记、国家主席、中央军委主席习近平给“国培计划（2014）”北京师范大学贵州研修班全体参训教师回信，对他们提出殷切希望，并向全国广大教师致以节日的祝贺和诚挚的祝福。习近平强调：“发展教育事业，广大教师责任重大、使命光荣。希望你们（参训教师）牢记使命、不忘初衷，扎根西部、服务学生，努力做教育改革的奋进者、教育扶贫的先行者、学生成长的引导者，为贫困地区教育事业发展、为祖国下一代健康成长继续作出自己的贡献。”[②]

---

① 参见《人民日报》，2015年9月9日。

② 参见《人民日报》，2015年9月10日。

1541 | **9月11日**

国务院教育督导委员会办公室印发《关于开展公办体育运动学校运动员文化教育工作专项督导的通知》。通知指出，国务院教育督导委员会办公室将会同国家体育总局在全国开展公办体育运动学校运动员文化教育专项督导。通知要求，此次督导将采取地方自查和国家实地督导的方式，重点对公办体育运动学校文化教育管理体制机制、公办体育运动学校纳入当地教育发展规划、体育教育联席会议制度、运动员赛前文化测试情况等内容进行督导。

1542 | **9月15日**

国务院办公厅印发《关于全面加强和改进学校美育工作的意见》。《意见》分总体要求、构建科学的美育课程体系、大力改进美育教育教学、统筹整合学校与社会美育资源、保障学校美育健康发展等5部分内容，共分21条。《意见》提出学校美育工作的总体目标是：2015年起全面加强和改进学校美育工作。到2018年，取得突破性进展，美育资源配置逐步优化，管理机制进一步完善，各级各类学校开齐开足美育课程。到2020年，初步形成大中小幼美育相互衔接、课堂教学和课外活动相互结合、普及教育与专业教育相互促进、学校美育和社会家庭美育相互联系的具有中国特色的现代化美育体系。《意见》指出，义务教育阶段学校美育课程要注重激发学生艺术兴趣，传授必备的基础知识与技能，发展艺术想象力和创新意识，帮助学生形成一两项艺术特长和爱好，培养学生健康向上的审美趣味、审美格调、审美理想。学校美育课程主要包括音乐、美术、舞蹈、戏剧、戏曲、影视等。各级各类学校要按照课程设置方案和课程标准、教学指导纲要，逐步开齐开足上好美育课程。义务教育阶段学校在开设音乐、美术课程的基础上，有条件的地区要增设舞蹈、戏剧、戏曲等地方课程。

1543 | **9月23日**

全国学生营养办召开农村义务教育学生营养改善计划2015年视频调度会议。会议指出，营养改善计划实施3年多成效显著。一是基本消除了农村学生“饿肚皮”现象。国家试点实现连片特困地区全覆盖，地方试点受益学生超过千万名，部分省（自治区、直辖市）实现农村义务教育学生全覆盖。二是明显改善了学生在校“没地儿吃”的状况，全国有超过66%的试点学校实行食堂供餐。三是各地因地制宜开创了不少各具特色的“新路子”。

1544 | **9月23日**

教育部在四川泸州召开全国中小学实验教学交流研讨会。会议认为，当前我国实验教学进入了从单纯配备到强调应用转变的新阶段，工作重点是提高教育装备使用效率，更好地为教育教学服务。

1545 | **9月28日**

据《中国教育报》报道，安徽省将在中小学校开设劳动与技术教育课，小学和初中每周分别不少于2个课时和1个课时，同时建立学生劳动评价制度，将评价结果作为升学评优依据。

1546 | **10月10日**

全国中小学社会主义核心价值观教育经验交流暨德育工作会议在北京召开。中共教育部党组书记、教育部部长袁贵仁出席会议并讲话。袁贵仁强调，要深刻领会习近平总书记关于培育和践行社会主义核心价值观的重要论述，全面贯彻党的教育方针，落实立德树人根本任务，教育引导中小学生扣好人生的第一粒扣子，德智体美全面发展，努力成为中国特色社会主义事业合格建设者和可靠接班人。

1547 | **10月11至18日**

教育部、国家新闻出版广电总局举办首届“全国中小学生电影周”活动。本届电影周活动以“纪念中国人民抗日战争暨世界反法西斯战争胜利70周年”为主题，推动广大中小学生观看、评选优秀影片，弘扬伟大抗战精神，进一步加强爱国主义教育，培养学生正确的世界观、人生观、价值观。

1548 | **10月26日至29日**

党的十八届五中全会在北京召开。全会审议通过《中共中央关于制定国民经济和社会发展第十三个五年计划的建议》。《建议》提出，提高教育质量。全面贯彻党的教育方针，落实立德树人根本任务，加强社会主义核心价值观教育，培养德智体美全面发展的社会主义建设者和接班人。深化教育改革，把增强学生社会责任感、创新精神、实践能力作为重点任务贯彻到国民教育全过程。推动义务教育均衡发展，全面提高教育教学质量。完善资助方式，实现家庭经济困难学生资助全覆盖。促进教育公平。加快城乡义务教育公办学校标准化建设，加强教师队伍特别是乡村教师队伍建设，推进城乡教师交流。办好特殊教育。落实并深化考试招生制度改革和教育教学改革。建立个人学习账号和学分累计制度，畅通继续教育、终身学习通道。推进教育信息化，发展远程教育，扩大优质教育资源覆盖面。完善教育督导，加强社会监督。支持和规范民办教育发展，鼓励社会力量和民间资本提供多样化教育服务。

1549 | **11月25日**

国务院印发《关于进一步完善城乡义务教育经费保障机制的通知》。通知要求，各地区、各部门要按照“完善机制、城乡一体；加大投入、突出重点；创新管理、推进改革；分步实施、有序推进”的原则，整合农村义务教育经费保障机制和城市义务教育奖补政策，建立城乡统一、重在农村的义务教育经费保障机制。

1550 | **11月29日**

中共中央、国务院发布《关于打赢脱贫攻坚战的决定》。《决定》指出，加快实施教育扶贫工程，让贫困家庭子女都能接受公平有质量的教育，阻断贫困代际传递。国家教育经费向贫困地区、基础教育倾斜。稳步推进贫困地区农村义务教育阶段学生营养改善计划。加大对乡村教师队伍建设的支持力度，“特岗计划”“国培计划”向贫困地区基层倾斜，为贫困地区乡村学校定向培养留得下、稳得住的一专多能教师，制定符合基层实际的教师招聘引进办法，建立省级统筹乡村教师补充机制，推动城乡教师合理流动和对口支援。全面落实连片特困地区乡村教师生活补助政策，建立乡村教师荣誉制度。合理布局贫困地区农村中小学校，改善基本办学条件，加快标准化建设，加强寄宿制学校建设，提高义务教育巩固率。

1551 | **12月4日**

教育部举行全国中小学宪法晨读活动，使宪法走进学校，走进学生的日常学习和生活，让学生感受宪法的崇高和庄严，领会宪法在国家政治经济和社会生活中的重要地位，进而培养其对宪法的认同和尊重。

1552 | **12月7日**

国务院教育督导委员会办公室发布《全面改善贫困地区义务教育薄弱学校基本办学条件工作专项督导办法》。《办法》指出，督导内容涉及薄弱学校改造工作的进展和成效，对校园校舍建设项目的质量管理，保障体系等。中央、省、市、县、校建立各级公开公示信息平台，并实现互联互通，逐级向社会公示项目规划、预算安排、实施进展情况等信息，对各地逐县、逐校、逐项目信息公开情况进行监督。开展社会各界满意度调查。专项督导将实施日常监督、动态监测、地方自评、第三方评估、实地督导等方式。建立工作激励与问责机制，把专项督导结果作为评价政府教育工作成效的重要内容，对职责落实不到位的地区给予通报批评，对项目进展不力或出现严重问题的地区进行问责。

1553 | **12月10日**

教育部在广东佛山召开2015年度基础教育信息化应用现场会。会议指出，通过继续推进“教学点数字资源全覆盖”项目，组织开展“一师一名课、一课一名师”活动，基本完成基础教育优质数字资源建设项目，基础教育信息化应用取得了显著成效。要持续扩大优质教育资源覆盖面，不断深化信息技术在教育教学中的应用，加快提升师生的信息技术素养，注重加强基础教育信息化研究，进一步完善协同推进的工作机制。

1554 | **12月27日**

十二届全国人大常委会第十八次会议通过并发布《全国人民代表大会常务委员会关于修改〈中华人民共和国教育法〉的决定》。新《教育法》

第五条规定："教育必须为社会主义现代化建设服务、为人民服务，必须与生产劳动和社会实践相结合，培养德、智、体、美等方面全面发展的社会主义建设者和接班人。"第六条规定："教育应当坚持立德树人，对受教育者加强社会主义核心价值观教育，增强受教育者的社会责任感、创新精神和实践能力。国家在受教育者中进行爱国主义、集体主义、中国特色社会主义的教育，进行理想、道德、纪律、法治、国防和民族团结的教育。"第十一条规定："国家适应社会主义市场经济发展和社会进步的需要，推进教育改革，推动各级各类教育协调发展、衔接融通，完善现代国民教育体系，健全终身教育体系，提高教育现代化水平。国家采取措施促进教育公平，推动教育均衡发展。国家支持、鼓励和组织教育科学研究，推广教育科学研究成果，促进教育质量提高。"

1555 | **12 月 29 日**

全国改善贫困地区义务教育薄弱学校基本办学条件 2015 年工作交流会在北京召开。会议解读了《全面改善贫困地区义务教育薄弱学校基本办学条件工作专项督导办法》，总结交流各地典型经验，研究讨论工作中存在的主要困难和突出问题。会议部署了 2016 年重点工作：一是抓落实，双月通报、定向调度等八项推进机制是 2016 年专项督导工作的重点；二是抓统筹，主要落实好项目统筹、力量统筹和资金统筹；三是抓进度，确保 2016 年底校园校舍建设竣工率和设施设备采购完成率达到五年规划任务的 50%；四是抓质量，严守质量这条生命线，严格项目管理，确保工程质量；五是抓安全，切实加强对广大师生的安全教育，牢固树立安全意识，避免发生安全事故。

1556 | **12 月 30 日**

中共中央政治局就中华民族爱国主义精神的历史形成和发展进行第二十九次集体学习。中共中央总书记习近平在主持学习时强调，伟大的事业需要伟大的精神。实现中华民族伟大复兴的中国梦，是当代中国爱国主义的鲜明主题。要大力弘扬伟大爱国主义精神，大力弘扬以改革创新为核心的时代精神，为实现中华民族伟大复兴的中国梦提供共同精神支柱和强大精神动力。习近平指出，爱国主义是中华民族精神的核心。爱国主义精神深深植根于中华民族心中，是中华民族的精神基因，维系着华夏大地上各个民族的团结统一，激励着一代又一代中华儿女为祖国发展繁荣而不懈奋斗。弘扬爱国主义精神，必须把爱国主义教育作为永恒主题，必须坚持爱国主义和社会主义相统一，必须维护祖国统一和民族团结，必须尊重和传承中华民族历史和文化，必须坚持立足民族又面向世界。[①]

① 参见《人民日报》，2015 年 12 月 31 日。

2016年

改革进行时

• 重要文件

国务院《关于加强农村留守儿童关爱保护工作的意见》

国务院《关于加强困境儿童保障工作的意见》

国务院《关于统筹推进县域内城乡义务教育一体化改革发展的若干意见》

国务院《关于鼓励社会力量兴办教育促进民办教育健康发展的若干意见》

国务院办公厅《关于加快中西部教育发展的指导意见》

国务院办公厅《关于强化学校体育促进学生身心健康全面发展的意见》

教育部等六部门《教育脱贫攻坚“十三五”规划》

中组部、中共教育部党组《关于加强中小学校党的建设工作的意见》

教育部、司法部、全国普法办《青少年法治教育大纲》

教育部《全国教育系统开展法治宣传教育的第七个五年规划（2016—2020年）》

教育部等九单位《关于防治中小学生欺凌和暴力的指导意见》

国务院教育督导委员会办公室《中小学（幼儿园）安全工作专项督导暂行办法》

教育部等十一部门《关于推进中小学生研学旅行的意见》

教育部《督学管理暂行办法》

教育部《教育信息化“十三五”规划》

教育部《关于新形势下进一步做好普通中小学装备工作的意见》

• 重要政策

教育脱贫攻坚

加快中西部教育发展

统筹推进县域内城乡义务教育一体化改革发展

加强农村留守儿童关爱保护工作

强化学校体育工作，促进学生身心健康全面发展

推进中小学生研学旅行

• 重要会议

教育部召开中小学爱国主义教育座谈会

教育部召开全国义务教育招生入学工作现场会

教育部召开中小学教育质量综合评价改革实验工作现场交流会

• 改革亮点

加快中西部教育发展。为了全面规划和提升中西部教育，国务院将中西部教育置于全国教育总体格局中谋划设计，着力从中西部最困难的地方和最薄弱的环节做起，对中西部现有的教育政策、措施和项目进行统筹整合，按照“四个全面”战略布局，优化顶层设计，整合工程项目，集中力量攻坚克难。此举对促进基本公共服务均等化，保障每个孩子受教育的权利意义重大。

1601 | **1月4日**

国务院教育督导委员会在北京召开第三次会议。会议强调，要认真贯彻党中央、国务院决策部署，落实《教育督导条例》，突出督导工作重点，抓住关键，完善机制，为全面深化教育综合改革、加快推进教育现代化提供坚强保障。

1602 | **1月6日**

教育部办公厅印发《关于进一步做好中小学冬季防寒取暖工作，确保学生安全温暖过冬的通知》。通知要求坚决防止取暖安全事故，切实保障校舍内部温度，持续改善防寒取暖条件。

1603 | **1月11日**

教育部在北京召开中小学爱国主义教育座谈会，学习贯彻习近平总书记在中共中央政治局第二十九次集体学习时重要讲话精神。北京、天津、河北、江西、河南、四川等地中小学师生、校长代表、教育部门负责同志应邀参加会议并踊跃发言。教育部有关负责同志强调，习近平总书记的重要讲话，紧密结合爱国主义的历史形成和发展历程，深刻阐述其核心要义和时代内涵，明确提出大力弘扬爱国主义精神的“五个必须”，为唱响爱国主义主旋律厘清了思想认识、明确了方向任务。各地要围绕弘扬和践行社会主义核心价值观、落实立德树人根本任务，在广大中小学校开展深入、持久、生动的爱国主义宣传教育，培养青少年学生爱国之情，砥砺强国之志，实践报国之行，让爱国主义精神代代相传、发扬光大。

1604 | **1月15日**

教育部在北京召开2016年全国教育工作会议。中共教育部党组书记、教育部部长袁贵仁作工作报告。袁贵仁指出，教育系统要在国家总体战略和宏伟蓝图指引下，牢牢把握提高教育质量的重点任务。一是落实立德树人的根本任务。要坚定不移加强理想信念教育，千方百计促进学生身心健康，多种形式提高学生实践能力。二是加快教育结构调整。要发展普惠性学前教育，普及高中阶段教育，鼓励具备条件的普通本科高校向应用型转变，推进世界一流大学和一流学科建设，推进全民继续教育。三是下大功夫抓好教育公平。要精准帮扶困难群体，加快改造薄弱学校，全面提升中西部教育。四是提升办学要素水平。要提升教师队伍整体素质，加快推进教育信息化，依法保证教育投入稳定增长。

1605 | **1月22日**

青海省召开2016年全省教育工作会，决定从春季学期开始，对省内六州藏区所有学生及西宁、海东两市贫困家庭学生普及15年免费教育。在“十三五”末前，全省均将实行15年免费教育。

1606 | **2月4日**

教育部发布《教育部2016年工作要点》。2016年工作要点有：一是切实加强党的建设，全面维护教育系统和谐稳定；二是始终贯彻落实立德树人根本任务，着力提高教育质量；三是坚持改革创新，不断为教育事业发展注入动力活力；四是坚持协调发展，不断优化教育结构；五是坚持共享发展，切实保障广大人民群众接受教育的权利。

1607 | **2月4日**

国务院印发《关于加强农村留守儿童关爱保护工作的意见》。《意见》提出，加强农村留守儿童关爱保护工作、维护未成年人合法权益，是各级人民政府的重要职责，也是家庭和全社会的共同责任。要以促进未成年人健康成长为出发点和落脚点，不断健全法律法规和制度机制，强化家庭监护主体责任，加大关爱保护力度，逐步减少儿童留守现象，确保农村留守儿童安全、健康、受教育等权益得到有效保障。

1608 | **2月23日**

教育部发布《2015年全国义务教育均衡发展督导评估工作报告》。2015年，全国共有545个县（市、区）通过国家义务教育均衡发展督导评估认定。

1609 | **2月23日至24日**

陕西省召开教育工作会议。会议提出，“十三五”期间，陕西省将全面推行13年免费教育政策。

1610 | **3月5日**

十二届全国人大四次会议在北京人民大会堂开幕，国务院总理李克强作《政府工作报告》。《报告》指出，2015年在加快改善贫困地区义务教育薄弱学校办学条件和深化中小学教师职称制度改革上取得了很好成绩。《报告》提出，“十三五”时期教育的主要目标任务是：实施义务教育学校标准化、普及高中阶段教育、建设世界一流大学和一流学科等工程，劳动年龄人口平均受教育年限从10.23年提高到10.8年。《报告》强调，发展更高质量更加公平的教育是2016年的重点工作。教育承载着国家的未来、人民的期盼。公共教育投入要加大向中西部和边远、贫困地区倾斜力度。统一城乡义务教育经费保障机制，改善薄弱学校和寄宿制学校办学条件。落实提高乡村教师待遇政策。加快推进远程教育，扩大优质教育资源覆盖面。落实和完善农民工随迁子女在当地就学和升学考试政策。支持和规范民办教育发展。从家庭到学校、从政府到社会，都要为孩子们的安全健康、成长成才担起责任，共同托起明天的希望。

1611 | **3月16日**

十二届全国人大四次会议表决通过《中华人民共和国国民经济和社会发展第十三个五年规划纲要》。《规划纲要》提出，要把提升人的发展能力放在突出重要位置，全面提高教育、医疗卫生水平，着力增强人民科学文化和健康素质，加快建设人力资本强国。全面贯彻党的教育方针，坚持教育优先发展，加快完善现代教育体系，全面提高教育质量，促进教育公平，培养德智体美全面发展的社会主义建设者和接班人。加快基本公共教育均衡发展。建立城乡统一、重在农村的义务教育经费保障机制，加大公共教育投入向中西部和民族边远贫困地区的倾斜力度。加强教师队伍特别是乡村教师队伍建设，落实乡村教师支持计划，通过政府购买岗位等方式，解决结构性、阶段性、区域性教师短缺问题。改善乡村教学环境。

1612 | **3月21日**

教育部召开全国义务教育招生入学工作现场会，进一步研究部署2016

年义务教育免试就近入学工作。中纪委驻教育部纪检组组长、中共教育部党组成员王立英主持会议，教育部副部长刘利民讲话。会议指出，2016 年要重点做好四项工作：一是科学做好划片工作；二是严控特殊招生比例，各区（县）经省级教育行政部门批准招收特长生的初中所招收的特长生比例，要降到区（县）初中总招生人数的 5% 以内；三是方便随迁子女入学；四是加强政策宣传引导。

1613 | **3 月 28 日**

吉林省举行中小学“时事新闻课”试点工作启动仪式，决定从 2016 年 4 月开始，在全省中小学开展“时事新闻课”教育试点工作。

1614 | **4 月 21 日**

国务院办公厅印发《关于强化学校体育促进学生身心健康全面发展的意见》。《意见》要求，到 2020 年，学校体育办学条件总体达到国家标准，体育课时和锻炼时间切实保证，教学、训练与竞赛体系基本完备，体育教学质量明显提高；学生体育锻炼习惯基本养成，运动技能和体质健康水平明显提升，规则意识、合作精神和意志品质显著增强；政府主导、部门协作、社会参与的学校体育推进机制进一步完善，基本形成体系健全、制度完善、充满活力、注重实效的中国特色学校体育发展格局。切实保证学生每天一小时校园体育活动落到实处。中小学校要组织学生开展大课间体育活动，寄宿制学校要坚持每天出早操。组织开展全国学校体育工作示范校创建活动。《意见》提出，中小学要把学生参加体育活动情况、学生体质健康状况和运动技能等级纳入初中、高中学业水平考试，纳入学生综合素质评价体系。

1615 | **4 月 27 日**

国务院总理李克强主持召开国务院常务会议。会议部署加快中西部教育发展补“短板”，夯实发展基础，促进社会公平。会议指出，加快中西部教育发展，把提升最贫困地区教育供给能力和最困难人群受教育水平作为重点任务，提高教育质量，是夯实发展基础，促进教育公平，保障和改善民生，推动实现全面脱贫和全面建成小康社会目标的重要举措。教育部部长袁贵仁指出，要关注身处不同环境中的孩子，加快城乡义务教育标准化建设，建立城乡统一、重在农村的义务教育经费保障机制，加大力度、加快进度改造农村薄弱学校，保障农村适龄儿童就近接受良好教育。

1616 | **4 月 28 日**

教育部办公厅印发《关于 2016 年中小学教学用书有关事项的通知》。通知提出，为贯彻落实党的十八届四中全会关于在中小学设立法治知识课程的要求，从 2016 年起，将义务教育小学和初中起始年级《品德与生活》《思想品德》教材名称统一更改为《道德与法治》。

1617 | **4 月 28 日**

国务院教育督导委员会办公室印发《关于开展校园欺凌专项治理的通知》。通知要求，各地各中小学校针对发生在学生之间蓄意或恶意通过肢体、语言及网络等手段，实施欺负、侮辱造成伤害的校园欺凌进行专项治理。此次专项治理覆盖全国中小学校（包括中等职业学校），分为两个阶段进行，第一阶段为 4 月至 7 月，各校开展治理；第二阶段为 9 月至 12 月，开展专项督查。

1618 | **5 月 9 日**

国家发改委、国家体育总局、教育部、国务院足球改革发展部际联席会议办公室发布《全国足球场地设施建设规划（2016—2020 年）》。《规划》指出，到 2020 年，全国足球场地数量超过 7 万块，平均每万人拥有足球场地达到 0.5 块以上，有条件的地区达到 0.7 块以上。《规划》要求，在确保正常教学秩序和校园安全的前提下，加快推动校园场地在课余时间向学生开放、向社会开放，建立学校和社区场地资源共享机制，显著提高校园场地综合利用率。政府投资兴建的足球场地应免费或低收费向社会开放。引导厂矿企业、机关事业单位等所属的足球场地设施向社会开放。通过政府购买服务等方式引导营利性场地设施为群众健身服务。鼓励职业俱乐部以适当形式开放场地，供训练、比赛和参观学习。明确校园和公共足球场地开放的条件和要求，对设施状况、开放时间、收费价格等予以公开明示。规划要求各地将足球场地设施建设纳入当地国民经济和社会发展规划。

1619 | **5月11日**

国务院办公厅印发《关于加快中西部教育发展的指导意见》。《指导意见》指出，实现县域内义务教育均衡发展。建立义务教育学校动态调整机制，优化学校布局，推进学校标准化建设，提升农村教师队伍总体水平，扩大优质教育资源覆盖面，缩小城乡差距、校际差距。国家继续实施全面改善贫困地区薄弱学校基本办学条件、农村教师“特岗计划”、营养改善计划等重大工程和项目，完善城乡义务教育经费保障机制，推动基本公共教育服务均等化。防止教学内容超前，注重培养学生的创造能力和动手能力。到2018年，中西部地区75%的县实现义务教育均衡发展；到2020年，中西部地区95%的县实现义务教育均衡发展。具体措施有：保障教学点基本办学需求、标准化建设寄宿制学校、基本消除大班额现象、全面加强乡村教师队伍建设、继续实施营养改善计划。

1620 | **5月25日至26日**

教育部在山东济南召开新闻发布会，介绍全国中小学德育工作情况，重点解读了《山东省中小学德育课程一体化实施指导纲要》。《指导纲要》包括“德育课程指导纲要”“学科德育指导纲要”“中华优秀传统文化指导纲要”“实践活动德育指导纲要”四部分。每个指导纲要还结合具体教学内容和教学特点，提出教学实施建议，并根据学科德育要求，给出3个至5个典型评价案例，供教师教学时参考。

1621 | **5月26日**

2016年国家义务教育质量监测测试工作顺利完成。全国31个省、自治区、直辖市和新疆生产建设兵团325个样本县（市、区）6526所中小学的近19.2万名四年级、八年级学生参加了测试，近6500名中小学校长，70000余名语文、音乐、美术及班主任教师接受了问卷调查。监测内容包括语文、艺术两个学科领域及学校的课程开设、条件保障、教师配备、学科教学等相关影响因素。其中，对学生艺术学习质量的监测在国际教育质量监测领域也属少见，监测指标和工具采用了演唱电子化测试系统，可进行学生音乐演唱数据采集、数据存储并实现计算机自动评分。这既符合国际技术规范，又具有中国本土特色，部分测评理念和方法为国际教育质量监测领域首创。

1622 | **5月27日**

2016年“全国青少年校园足球新长征”系列活动在北京八一学校启动。根据青少年足球学习经验，“全国青少校园足球新长征”计划筛选120个足球技术动作，由世界知名足球教练领衔拍摄，届时将剪辑为365集足球运动技能教学示范视频。同时，在全国每个省（自治区、直辖市）选择1所学校，并在全国选择6所特殊教育学校和4所红军学校，举办一场校园足球公开示范课，由基层教师、知名教练、优秀球员共同授课。

1623 | **6月7日**

教育部发布《教育信息化“十三五”规划》。《规划》提出，到2020年，基本建成“人人皆学、处处能学、时时可学”，与国家教育现代化发展目标相适应的教育信息化体系；基本实现教育信息化对学生全面发展的促进作用、对深化教育领域综合改革的支撑作用和对教育创新发展、均衡发展、优质发展的提升作用；基本形成具有国际先进水平、信息技术与教育融合创新发展的中国特色教育信息化发展路径。

1624 | **6月13日**

国务院印发《关于加强困境儿童保障工作的意见》。困境儿童包括因家庭贫困导致生活、就医、就学等困难的儿童，因自身残疾导致康复、照料、护理和社会融入等困难的儿童，以及因家庭监护缺失或监护不当遭受虐待、遗弃、意外伤害、不法侵害等导致人身安全受到威胁或侵害的儿童。《意见》指出，为困境儿童营造安全无虞、生活无忧、充满关爱、健康发展的成长环境，是家庭、政府和社会的共同责任。做好困境儿童保障工作，关系儿童切身利益和健康成长，关系千家万户安居乐业、和谐幸福，关系社会稳定和文明进步，关系全面建成小康社会大局。

1625 | 6月28日

教育部、司法部、全国普法办发布《青少年法治教育大纲》。《大纲》提出，义务教育阶段法制教育的目标是使学生初步了解公民的基本权利义务、重要法治理念与原则，初步了解个人成长和参与社会生活必须的基本法律常识；初步树立法治意识，养成规则意识和尊法守法的行为习惯，初步具备依法维护自身权益、参与社会生活的意识和能力，为培育法治观念、树立法治信仰奠定基础。其中，小学阶段，要着重普及宪法常识，让学生感知生活中的法、身边的法，培育学生的国家观念、规则意识、诚信观念和遵纪守法的行为习惯。初中阶段，要使学生初步了解个人成长和参与社会生活必备的基本法律常识，进一步强化守法意识、公民意识、权利与义务相统一观念、程序思维，初步建立宪法法律至上、民主法治等理念，初步具备运用法律知识辨别是非的能力，初步具备依法维护自身合法权益、参与社会生活的能力。《大纲》提出，法治教育要充分发挥学校主导作用，与家庭、社会密切配合，拓宽教育途径，创新教育方法，实现全员、全程、全方位育人。

1626 | 6月29日

中组部、中共教育部党组印发《关于加强中小学校党的建设工作的意见》。《意见》要求，充分发挥中小学校党组织政治核心作用；健全完善中小学校党建工作管理体制；全面提升中小学校党组织建设水平；把抓好德育和思想政治工作为中小学校党组织重要任务；切实加强对中小学校党建工作的领导。

1627 | 7月2日

国务院发布《关于统筹推进县域内城乡义务教育一体化改革发展的若干意见》。《意见》指出，加快推进县域内城乡义务教育学校建设标准统一、教师编制标准统一、生均公用经费基准定额统一、基本装备配置标准统一和“两免一补”政策城乡全覆盖，到2020年，城乡二元结构壁垒基本消除，义务教育与城镇化发展基本协调。义务教育普及水平进一步巩固提高，九年义务教育巩固率达到95%。县域义务教育均衡发展和城乡基本公共教育服务均等化基本实现。《意见》要求，同步建设城镇学校，努力办好乡村教育， 科学推进学校标准化建设，实施消除大班额计划，统筹城乡师资配置，改革乡村教师待遇保障机制，改革教育治理体系，改革控辍保学机制，改革随迁子女就学机制，加强留守儿童关爱保护。

1628 | **7 月 13 日**

教育部印发《关于新形势下进一步做好普通中小学装备工作的意见》。《意见》针对当前存在的装备标准体系不健全，区域、城乡、校际发展不平衡，不适应教育教学的需要等问题，创新性地提出了一系列措施，着力构建配备、管理、应用、创新、保障为一体的教育装备工作体系和政府部门、社会、学校共同参与的教育装备工作新格局。

1629 | **7 月 21 日**

教育部发布《全国教育系统开展法治宣传教育的第七个五年规划（2016—2020 年）》。《规划》提出要贯彻落实国家“七五”普法规划任务要求，全面提升教育系统法治观念和法律素养；切实将法治教育纳入国民教育体系，形成学校、家庭、社会“三位一体”的青少年法治教育格局；坚持普法与法治实践相结合，不断提高教育系统依法治理水平。

1630 | **7 月 25 日**

广西壮族自治区教育厅印发《关于切实做好中小学（幼儿园）结对帮扶工作的通知》，要求所有公办幼儿园、小学、初中、普通高中、特殊教育学校全部参与结对帮扶工作。

1631 | **7 月 29 日**

教育部发布《督学管理暂行办法》。《暂行办法》从聘任、责权、监管、培训、考核等方面，强化国家教育督导，加强督学队伍建设，促进督学管理科学化、规范化、专业化，提高教育督导工作质量和水平，保障教育事业科学发展。《督行办法》指出，督学可行使五项权力：一是就督导事项有关问题进入相关部门和学校开展调查。二是查阅、复制与督导事项有关的文件、材料。三是要求被督导单位就督导事项有关问题作出说明。四是采取约谈有关负责人等方式督促问题整改落实。五是对被督导单位的整改情况进行监督、检查。

1632 | **8 月 5 日**

山东省人民政府办公厅印发《关于贯彻国办发〔2015〕71号文件全面加强和改进学校美育工作的实施意见》，要求到2018年，按国家部署要求开齐开足开好美育课程，以学区为单位，配齐音乐、美术等美育课程专职教师。《实施意见》指出，到2020年初步建立起大中小幼美育相互衔接，课堂教学、课外活动、校园文化、艺术展演四位一体的美育实施体系。义务教育学校要确保艺术课程课时总量不低于国家课程方案规定总课时9%（857课时），鼓励学校按总课时的11%（1047课时）开设艺术课程。

1633 | **8 月 11 日**

2016年全国十省（直辖市）青少年校园篮球骨干教师专项培训班在首都体育学院开班，校园篮球试点工作正式启动。来自北京、河北、上海等十省（直辖市）各50所中小学校的500名骨干教师参加此次培训，他们将在9月新学期开始后，使用全新教案，在各自学校开展每周一次的篮球课。

1634 | **8 月 29 日**

教育部与北京、上海、江苏、福建、山东、重庆、四川、甘肃等八省（直辖市）签署学校美育改革发展备忘录，旨在推动中央部门和地方人民政府构建上下联动、统筹整合、协同推进的学校美育改革发展工作机制。

1635 | **8 月 30 日**

山东省教育厅发布《山东省依法治教实施规划（2016—2020年）》，明确提出22项举措，全面推进依法治教，着力提升教育治理能力和治理体系现代化。

1636 | **9 月 9 日**

在第三十二个教师节前夕，中共中央总书记、国家主席、中央军委主席习近平到北京市八一学校看望慰问师生，向全国广大教师和教育工作者致以节日祝贺和诚挚问候。习近平强调，教育决定着人类的今天，也决定着人类的未来。基础教育在国民教育体系中处于基础性、先导性地位，必须把握好定位，全面贯彻落实党的教育方针，从多方面采取措施，努力把我国基础教育越办越好。广大教师要做学生锤炼品格的引路人，做学生学习知识的引路人，做学生创新思维的引路人，做学生奉献祖国的引路人。[①]

1637 | **9月13日**

北京师范大学举行新闻发布会，宣布教育部委托课题——中国学生发展核心素养研究成果正式发布。该研究成果将中国学生发展核心素养分为文化基础、自主发展、社会参与3个方面，综合表现为人文底蕴、科学精神、学会学习、健康生活、责任担当、实践创新等6大素养，具体细化为国家认同等18个基本要点。

1638 | **10月25日**

中共中央、国务院发布《“健康中国2030”规划纲要》。《规划纲要》提出，加大学校健康教育力度，将健康教育纳入国民教育体系，把健康教育作为所有教育阶段素质教育的重要内容。以中小学为重点，建立学校健康教育推进机制。构建相关学科教学与教育活动相结合、课堂教育与课外实践相结合、经常性宣传教育与集中式宣传教育相结合的健康教育模式。培养健康教育师资，将健康教育纳入体育教师职前教育和职后培训内容。

1639 | **10月27日**

教育部在四川成都举行中小学教育质量综合评价改革实验工作现场交流会。这是2013年12月教育部启动教育质量综合评价改革实验工作以来召开的第一次工作总结和推进会议。

---

① 参见《人民日报》，2016年9月10日。

1640 | **11 月 1 日**

教育部、中央综治办、最高人民法院等九单位联合印发《关于防治中小学生欺凌和暴力的指导意见》。《指导意见》强调，要积极有效预防学生欺凌和暴力，依法依规处置学生欺凌和暴力事件，切实形成防治学生欺凌和暴力的工作合力。

1641 | **11 月 7 日**

十二届全国人大常委会第二十四次会议表决通过《关于修改〈中华人民共和国民办教育促进法〉的决定》。新《民办教育促进法》于 2017 年 9 月 1 日起施行。

1642 | **11 月 30 日**

国务院教育督导委员会办公室发布《中小学（幼儿园）安全工作专项督导暂行办法》。《暂行办法》规定，中小学（幼儿园）安全工作专项督导由国务院教育督导委员会办公室负责组织实施，主要检查各级地方人民政府、相关职能部门和学校安全工作治理体制、机制和治理能力、措施的建设、落实等情况。

1643 | **11 月 30 日**

教育部等十一部门印发《关于推进中小学生研学旅行的意见》。《意见》要求，规范研学旅行组织管理，各地教育行政部门和中小学要探索制定中小学生研学旅行工作规程，做到“活动有方案，行前有备案，应急有预案”。学校组织开展研学旅行可采取自行开展或委托开展的形式，提前拟定活动计划并按管理权限报教育行政部门备案，并做好学生活动管理和安全保障工作。学校自行开展研学旅行，要与家长签订协议书，明确学校、家长、学生的责任权利；学校委托开展研学旅行，要与有资质、信誉好的委托企业或机构签订协议书，明确委托企业或机构承担学生研学旅行安全责任。

1644 | **12 月 7 日**

国家食药监总局、教育部印发《关于进一步加强中小学校和幼儿园食品安全监督管理工作的通知》。通知要求，严把中小学和幼儿园食堂食品经营许可准入关，进一步加强中小学和幼儿园食品安全监管工作。

1645 | **12月15日**

国务院发布《“十三五”国家信息化规划》。《规划》提出，实施在线教育普惠行动，到2020年，基本建成数字教育资源公共服务体系，形成覆盖全国、多级分布、互联互通的数字教育资源云服务体系。

1646 | **12月15日**

教育部在湖北宜都召开义务教育学校管理标准实验工作总结研讨会。会议指出，义务教育学校管理标准实验工作开展两年多来，各实验区坚持学习标准与对标研判相结合、顶层设计与基层落实相结合、行政推动与科研引领相结合、总体推进与分项目实施相结合、全员培训与典型示范相结合，多措并举、改革创新，顺利完成各项任务，学校办学理念更新、管理水平提高，区域义务教育整体面貌变化明显，基本达到了实验方案设定的“印证标准、促进规范、改善治理、引领全国”的实验目标。

1647 | **12月16日**

教育部、国家发改委、民政部、财政部、人社部、国务院扶贫办等六部门发布《教育脱贫攻坚“十三五”规划》。《规划》指出，要保障各教育阶段从入学到毕业的全程全部资助，保障贫困家庭孩子都可以上学，不让一个学生因家庭困难而失学。《规划》强调，要巩固提高九年义务教育水平，以夯实教育脱贫根基。引导和支持地方于2017年底前完成贫困县全面改善义务教育薄弱学校基本办学条件任务，完善控辍保学机制，保障建档立卡，帮助贫困家庭学生顺利完成义务教育。加强教育教学质量和学生学业质量的监测评价，推动提高贫困地区义务教育办学质量。

1648 | **12月29日**

国务院印发《关于鼓励社会力量兴办教育促进民办教育健康发展的若干意见》。《意见》提出，实行非营利性和营利性分类管理，实施差别化扶持政策，积极引导社会力量举办非营利性民办学校。统筹教育、登记、财政、土地、收费等相关政策，营造有利于民办教育发展的制度环境。

2017年

改革进行时

• 重要文件

国务院《国家教育事业发展“十三五”规划》

中共中央办公厅、国务院办公厅《关于深化教育体制机制改革的意见》

国务院办公厅《关于加强中小学幼儿园安全风险防控体系建设的意见》

国务院办公厅《关于成立国家教材委员会的通知》

国务院办公厅《关于进一步加强控辍保学提高义务教育巩固水平的通知》

国家发改委、教育部、人社部《教育现代化推进工程实施方案》

教育部、国家发改委等单位《第二期特殊教育提升计划（2017—2020年）》

教育部等十一单位《加强中小学生欺凌综合治理方案》

教育部《义务教育学校管理标准》

教育部《中小学德育工作指南》

教育部《中小学综合实践活动课程指导纲要》

国务院教育督导委员会办公室《中小学校体育工作督导评估办法》

教育部《关于全面推进教师管理信息化的意见》

国家体育总局等七单位《青少年体育活动促进计划》

• 重要政策

深化教育体制机制改革

实行统一的城乡义务教育“两免一补”政策

进一步加强控辍保学，提高义务教育巩固水平

开展县域义务教育优质均衡发展督导评估

成立国家教材委员会

实施中小学综合实践活动课程

做好中小学生课后服务工作

加强中小学幼儿园安全风险防控体系建设

推进学校体育场馆向社会开放

全面推进教师管理信息化

• 重要会议

教育部召开全国大中小学教材建设五年规划和管理办法研制工作会议

国家教材委员会召开第一次全体会议

• 改革亮点

深化教育体制机制改革。为了全面贯彻党的教育方针，坚持社会主义办学方向，全面落实立德树人根本任务等，中共中央办公厅、国务院办公厅印发《关于深化教育体制机制改革的意见》。《意见》明确了我国深化教育体制机制改革的指导思想、基本原则和主要目标等，有助于破除当前教育事业发展中各种体制机制障碍。

1701 | **1月3日**

教育部基础教育二司发布2017年1号函件《关于在中小学地方课程教材中全面落实“十四年抗战”概念的函》。函件要求，将教材中“八年抗战”一律改为“十四年抗战”。教材应全面反映日本侵华罪行，强调九一八事变后的十四年抗战历史是前后贯通的整体。

1702 | **1月8日**

教育部印发《关于公布2016年国防教育特色学校名单的通知》。教育部综合认定包括普通高等学校、中小学（含中等职业学校）等1430所全国各类学校为“国防教育特色学校”。开展国防教育特色学校认定工作，旨在深化学校国防教育改革，提高青少年学生综合国防素质、国家意识、国防意识和忧患意识。

1703 | **1月10日**

国务院发布《国家教育事业发展“十三五”规划》。《规划》指出，我国教育总体发展水平进入世界中上行列，教育公平取得重要进展，服务经济社会发展能力显著增强，教育发展能力显著提升。“十三五”时期，要紧紧围绕“五位一体”总体布局和“四个全面”战略布局，树立道路自信、理论自信、制度自信、文化自信，以创新、协调、绿色、开放、共享的发展理念统领教育改革发展，以全面提高教育质量为主题，以教育结构性改革为主线，推动教育现代化取得重要进展，教育总体实力和国际影响力显著增强，推动我国迈入人力资源强国和人才强国行列，为实现中国教育现代化2030年远景目标奠定坚实基础。

1704 | **1月13日**

为加强和改进中小学校领导人员管理，根据《事业单位领导人员管理暂行办法》，中共中央组织部、教育部联合发布《中小学校领导人员管理暂行办法》。《办法》适用于公办中小学校和幼儿园的领导班子成员，就领导人员的“任职条件和资格、选拔任用、任期和任期目标责任、考核评价、职业发展和激励保障、监督约束、退出”等提出规定。

1705 | 1月13日至14日

教育部在北京召开2017年全国教育工作会议。中共教育部党组书记、教育部部长陈宝生作工作报告。陈宝生指出，2017年是实施“十三五”规划的重要一年，是扎实工作以优异成绩迎接党的十九大胜利召开的关键之年，基本实现教育现代化进入全面攻坚阶段。面对我国教育改革发展的新形势新要求，要坚持稳中求进和内涵发展两个基本原则，牢牢坚持“六个根本”。推动义务教育向高位优质均衡发展，全面提升特殊教育水平，加强对困难群体困难地区的精准帮扶，把加快发展民族教育摆在更加突出的战略位置，进一步扩大教育公平受益面。

1706 | 1月22日

教育部发布《教育部2017年工作要点》。2017年工作要点有：一是全面贯彻落实高校思想政治工作会议精神，切实加强教育系统党的建设；二是全面深化体制机制改革，不断激发教育发展活力；三是加快优化结构，促进各级各类教育协调发展；四是始终贯彻立德树人根本任务，着力提高教育质量；五是大力促进教育公平，切实缩小城乡、区域、校际、群体差距；六是全面提升教育保障水平，维护教育系统和谐稳定。

1707 | 2月4日

青岛市人民政府发布《青岛市中小学校管理办法》。《管理办法》指出，中小学校对影响教育教学秩序的学生，应当进行批评教育或者适当惩戒；情节严重的，视情节给予处分，学校的惩戒规定应当向学生公开。中小学校可以在核准的进人计划内，自主招聘紧缺专业和高层次人才，可以通过购买服务的形式，配备中小学教学辅助人员、工勤人员和中等职业学校兼职教师。

1708 | 2月13日

国家发改委、教育部、人社部发布《教育现代化推进工程实施方案》。《实施方案》指出，推动义务教育均衡发展，基本实现县域校际资源均衡配置，义务教育巩固率提高到95%；逐步实现未达标城乡义务教育学校的校舍、场所标准化；重点支持集中连片特殊困难地区县、国家扶贫开发工作重点县、革命老区县、民族自治县、边境县。

1709 | **2月15日**

教育部发布《全面改善贫困地区义务教育薄弱学校基本办学条件工作专项督导报告》。《报告》指出，“全面改薄”工作启动实施以来，中央累计投入专项资金978亿元，带动地方投入2300多亿元。2016年10月，国务院教育督导委员会办公室按照“双随机”原则，组织由国家督学、全国人大代表、政协委员和有关专家组成14个督导组，对29个省、自治区、直辖市（含兵团）“全面改薄”工作进展成效、质量管理、保障体系和公开公示情况进行了实地督导，发现全面改薄工作成效明显：一是基本教学条件显著改善；二是学校生活设施全面改善；三是城区大班额得到有效控制；四是教学点办学条件得到有效保障；五是教育信息化水平大幅提高；六是农村教师队伍素质明显提升。网络测评显示，全国师生对“全面改薄”工作综合满意度为79%，广大师生对教室、食堂和图书等方面满意度较高，对改善学校厕所条件及缩小校际办学条件差距等还有更高期待。

1710 | **2月17日**

京津冀教育协同发展工作推进会在河北廊坊召开。京津冀三省（市）教育部门联合发布了《京津冀教育协同发展“十三五”专项工作计划》。《计划》提出，三省（市）在教育领域非首都功能疏解、北京城市副中心与津冀毗邻地区教育统筹发展、教育对口帮扶等十方面进行重点合作。

1711 | **2月22日**

教育部办公厅印发《关于做好2017年义务教育招生入学工作的通知》。通知要求，2017年19个重点大城市要在已有的工作基础之上，继续深化改革，巩固三年改革成果，全面实现2014年确定的各项目标。各区（县）100%的小学实现划片就近入学，95%的初中实现划片入学。经省级教育行政部门批准招收特长生的初中所招收的特长生比例，降到区（县）初中总招生人数的5%以内。各地要在教育资源配置不够均衡、群众择校冲动强烈、“学区房”问题突出的地方，稳妥推进多校划片（随机摇号、派位），片区调整时要按照依法治理的思路和办法实施，增强划片工作的认可度和公信力，新旧片区变化要设置合理的过渡期限。

1712 | **2月24日**

教育部办公厅印发《关于做好中小学生课后服务工作的指导意见》。《指导意见》强调，把课后服务工作纳入中小学校考评体系，充分发挥中小学校课后服务主渠道作用，积极探索形成各具特色的课后服务工作模式。

1713 | **2月28日**

教育部召开新闻发布会。会议披露，从2017年春季学期起，统一城乡义务教育“两免一补”政策，全部免除城乡义务教育阶段所有学生学杂费，并免费提供教科书，城乡家庭经济困难寄宿生可以享受寄宿生生活费补助。扩大农村义务教育学生营养改善计划实施范围，实现国家扶贫开发重点县全覆盖。

1714 | **3月5日**

十二届全国人大五次会议在北京人民大会堂开幕，国务院总理李克强作《政府工作报告》。《报告》在回顾2016年教育工作时指出，财政性教育经费支出占国内生产总值比例继续超过4%。全年资助各类学校家庭困难学生8400多万人次。关于2017年教育重点工作任务，《报告》强调，要办好公平优质教育。统一城乡义务教育学生“两免一补”政策，加快实现城镇义务教育公共服务常住人口全覆盖，持续改善薄弱学校办学条件，扩大优质教育资源覆盖面，不断缩小城乡、区域、校际办学差距。加强民族教育，办好特殊教育、继续教育、学前教育和老年教育。支持和规范民办教育发展。加强教师队伍建设。制定实施《中国教育现代化2030》。要发展人民满意的教育，以教育现代化支撑国家现代化，使更多孩子成就梦想、更多家庭实现希望。

1715 | **3月27日**

国务院教育督导委员会办公室发布《中小学校体育工作督导评估办法》。《办法》指出，督导评估内容包括统筹管理、教育教学、条件保障、评价考试、体质健康等方面。

1716 | **3月28日**

河南省人民政府办公厅印发《关于加强困境儿童保障工作的实施意见》。《实施意见》针对困境儿童生活、教育、医疗、监护等方面的突出困难和问题，制定分类保障政策。《实施意见》指出，从2017年秋季学期起，河南省将实现困境儿童从义务教育到高中阶段的12年免费教育。

1717 | **3月31日**

教育部印发《关于全面推进教师管理信息化的意见》。《意见》指出，要高效采集、有效整合教师系统及相关教育管理服务平台生成的教师信息，形成教师队伍大数据，作为教师工作决策的基础支撑和重要依据。

1718 | **4月11日**

教育部与内蒙古、吉林、黑龙江、陕西、青海等五省（自治区）以及山东省青岛市在北京签署开展"一带一路"教育行动国际合作备忘录。中共教育部党组书记、教育部部长陈宝生向有关负责同志表示，党中央、国务院领导高度重视"一带一路"人文交流机制建设工作，教育部也将继续支持各省（自治区、直辖市），全面搭建省部共建合作推进平台。

1719 | **4月19日**

教育部发布《县域义务教育优质均衡发展督导评估办法》，决定建立县域义务教育优质均衡发展督导评估制度，开展义务教育优质均衡发展县（市、区）督导评估认定工作。

1720 | **4月20日**

教育部办公厅、中国残联办公厅印发《关于做好残疾儿童少年义务教育招生入学工作的通知》。通知要求，各地针对残疾儿童少年的类别和程度制定具体的实施办法，与义务教育招生入学整体工作进行统一部署和要求；从高度重视统筹安排、认真组织入学前登记、"一人一案"落实教育安置、加强条件保障、加大社会宣传力度等五方面作出部署，进一步保障适龄残疾儿童少年接受义务教育的权利。

1721 | **4月24日**

教育部办公厅印发《关于2017年中小学教学用书有关事项的通知》。通知强调，中小学教材中一律不得出现提供额外教学辅助资料的各类链接网址、二维码等信息。如需更换教材版本，应严格按照中小学教材选用有关规定进行。

1722 | **4月25日**

国务院办公厅印发《关于加强中小学幼儿园安全风险防控体系建设的意见》。《意见》提出，针对影响学校安全的突出问题、难点问题，进一步整合各方面力量，加强和完善相关制度、机制，深入改革创新，加快形成党委领导、政府负责、社会协同、公众参与、法治保障，科学系统、全面规范、职责明确的学校安全风险预防、管控与处置体系，切实维护师生人身安全，保障校园平安有序，促进社会和谐稳定。《意见》要求，完善学校安全风险预防体系，健全学校安全教育机制，积极培育可以为学校提供安全风险防控服务的专业化社会组织。健全学校安全风险管控机制，严厉打击涉及学校和学生安全的违法犯罪行为，实行专案专人制度。完善学校安全事故处理和风险化解机制，建立多元化的事故风险分担机制，积极构建学校依法处理安全事故的支持体系。

1723 | **5月19日**

教育部在北京召开全国大中小学教材建设五年规划和管理办法研制工作会议。会议旨在系统规划未来五年教材建设工作，加强教材管理基础性制度建设，落实党中央、国务院新的要求。会议指出，研制教材建设规划和管理办法应坚持政治统领、把握方向；以学生为本、立德树人；讲求科学、尊重规律；创新机制、破解难题；强化操作、注重实效。

1724 | **5月23日**

教育部、财政部印发《关于全面实施城乡义务教育教科书免费提供和做好部分免费教科书循环使用工作的意见》。《意见》提出，从2017年春季学期起，中央财政对全国城市和农村地区义务教育阶段学生免费提供国家课程教科书；各地组织编写、选用的地方课程教材一律免费提供给义务教育阶段学生使用，所需资金由地方财政承担；免费教科书的采购工作要按照政府采购有关法律制度执行。

1725 | **5月26日**

2017年全国青少年校园足球工作研讨会在北京举行。教育部副部长田学军出席会议并讲话指出，2017年是校园足球深化改革、形成稳定机制的关键之年，要扩大足球人口基数，培养选拔高水平人才，把培养培训师资队伍作为重中之重，把足球场地建设作为基础保障。要把推进校园足球的机制创新作为整个学校体育教学、训练、竞赛体系全面改革的一个突破口。会议发布《全国青少年校园足球发展报告（2015—2017年）》《全国青少年校园足球师资培训报告》。

1726 | **6月16日**

教育部办公厅印发《关于加强中小学（幼儿园）周边安全风险防控工作的紧急通知》，要求各地加强学校周边安全风险防控工作，确保广大师生生命安全。通知指出，各地教育部门和学校要会同综治、公安、工商、食药监、文化、城市管理等部门，全面开展一次安全隐患大排查，及时化解涉校涉生矛盾纠纷，消除各类安全隐患，确保学校周边环境安全、稳定、有序。

1727 | **6月23日**

山东省举行中小学中华优秀传统文化课程实施暨教科书审定工作新闻通气会。会议宣布，从2017秋季学期起，山东省中小学全面启用《中华优秀传统文化》教材。由此，山东省成为全国第一个在小学、初中和普通高中三个学段全面开设中华优秀传统文化课程的省份。

1728 | 6月29日

教育部、财政部印发《关于进一步加强全面改善贫困地区义务教育薄弱学校基本办学条件中期有关工作的通知》。通知对下一步实施好全面改善贫困地区义务教育薄弱学校基本办学条件工作，提出明确要求。

1729 | 7月3日

国务院办公厅印发《关于成立国家教材委员会的通知》。通知指出，教材委员会的主要职责是指导和统筹全国教材工作，贯彻党和国家关于教材工作的重大方针政策，研究审议教材建设规划和年度工作计划，研究解决教材建设中的重大问题，指导、组织、协调各地区各部门有关教材工作，审查国家课程设置和课程标准制定，审查意识形态属性较强的国家规划教材。

1730 | 7月4日

国家教材委员会召开第一次全体会议。会议强调，要落实党中央、国务院决策部署，坚持社会主义办学方向，推进大中小学教材建设，服务学生德智体美全面发展，为培养中国特色社会主义事业合格建设者和可靠接班人提供有力保障。

1731 | 7月7日

全国义务教育均衡发展攻坚会暨对吉林省督导评估反馈会在吉林长春召开。教育部副部长朱之文出席会议并讲话指出，要充分总结全国义务教育均衡发展取得的成绩和经验，认真分析面临的困难和挑战，进一步攻坚克难，确保2020年全国95%县（市、区）如期实现义务教育基本均衡的目标。

1732 | 7月8日

中共中央政治局委员、国务院副总理刘延东出席全国打赢教育脱贫攻坚战现场会时强调，要深入贯彻习近平总书记关于脱贫攻坚一系列重要指示精神，齐心协力、攻坚克难，推动教育扶贫政策措施落地见效，让贫困地区学生接受良好教育，为确保如期实现脱贫攻坚目标作出贡献。

1733 | **7月17日**

教育部、国家发改委、民政部、财政部、人社部、中国残联等单位发布《第二期特殊教育提升计划（2017—2020年）》。《计划》指出，到2020年，残疾儿童少年义务教育入学率达到95%以上，非义务教育阶段特殊教育规模显著扩大，各级各类特殊教育普及水平全面提高。特殊教育学校、普通学校随班就读和送教上门的运行保障能力全面增强。教育质量全面提升，建立一支数量充足、结构合理、素质优良、富有爱心的特教教师队伍，特殊教育学校国家课程教材体系基本建成，普通学校随班就读质量整体提高。《计划》提出，全面普及残疾儿童少年义务教育，提高巩固水平，解决实名登记的未入学适龄残疾儿童少年就学问题。

1734 | **7月19日**

国务院总理李克强主持召开国务院常务会议，要求采取防控义务教育学生失学辍学的措施，确保实现"十三五"义务教育巩固率目标。会议要求，优化教育支出结构，强化对义务教育的投入保障，提高教育质量，加快改变农村教育不均衡状况，确保实现到2020年全国九年义务教育巩固率达95%的目标。

1735 | **7月28日**

国务院办公厅印发《关于进一步加强控辍保学提高义务教育巩固水平的通知》。通知提出，针对学生辍学的主要原因，采取"三避免、一落实"的工作举措，即避免因学习困难或厌学辍学、避免因贫失学辍学、避免因上学远上学难而辍学，落实政府及社会各方控辍保学责任。

1736 | **8月17日**

教育部发布《中小学德育工作指南》。《指南》指出，中小学德育工作的总体目标是培养学生爱党爱国爱人民，增强国家意识和社会责任意识，教育学生理解、认同和拥护国家政治制度，了解中华优秀传统文化和革命文化、社会主义先进文化，增强中国特色社会主义道路自信、理论自信、制度自信、文化自信，引导学生准确理解和把握社会主义核心价值观的深刻内涵和实践要求，养成良好政治素质、道德品质、法治意识和行为习惯，形成积极健康的人格和良好心理品质，促进学生核心素养提升和全面发展，为学生一生成长奠定坚实的思想基础。

1737 | **8月21日**

教育部发布《农村义务教育学生营养改善计划专项督导报告》。《报告》指出，各地的主要做法和成效主要包括四个方面：一是各地党委、人民政府高度重视营养改善计划工作，认真贯彻有关政策措施，加强各部门协调配合，积极推动各项工作落实。二是各地高度重视食品安全管理工作，不断改善供餐条件，规范食堂日常管理，加大培训力度，加强监督检查，确保食品质量和安全。三是各地认真贯彻营养改善计划资金管理政策措施，严格落实实名制信息管理制度，强化资金监管，确保资金使用安全、规范和有效。四是各地按照有关规定，结合本地实际，利用网站、报刊、广播、电视、宣传栏等及时公开营养改善计划工作进展情况，宣传有关政策措施，普及科学营养知识，推动营养改善计划更好实施。

1738 | **8月31日**

国家工商总局、教育部印发《关于营利性民办学校名称登记管理有关工作的通知》。通知规定，营利性民办学校不得以个人姓名作字号，法律、法规和国务院决定另有规定的从其规定，不得冠以“中国”“中华”“全国”“国际”“世界”“全球”等字样。其他企业未经法律、法规规定具有行政审批权限的审批机关审批并获得相应行政许可，名称中不得含有“大学”“学院”“学校”“高中”“幼儿园”“进修”“专修”等可能对公众造成误解或者引发歧义的内容和文字，但从事相关行业、作行业限定语等使用的除外。

1739 | **9月1日**

教育部统一组织新编的三科教材——义务教育《道德与法治》《语文》和《历史》，经国家教材委员会审查通过，在全国中小学起始年级开始投入使用。

1740 | **9月24日**

中共中央办公厅、国务院办公厅印发《关于深化教育体制机制改革的意见》。《意见》指出，深化教育体制机制改革的基本原则是：坚持扎根中国与融通中外相结合，坚持目标导向与问题导向相结合，坚持放管服相结合，坚持顶层设计与基层探索相结合。深化教育体制机制改革的主要目标是：到2020年，教育基础性制度体系基本建立，形成充满活力、富有效率、更加开放、有利于科学发展的教育体制机制，人民群众关心的教育热点难点问题进一步缓解，政府依法宏观管理、学校依法自主办学、社会有序参与、各方合力推进的格局更加完善，为发展具有中国特色、世界水平的现代教育提供制度支撑。具体任务是：健全立德树人系统化落实机制，创新学前教育普惠健康发展的体制机制，完善义务教育均衡优质发展的体制机制，完善提高职业教育质量的体制机制，健全促进高等教育内涵发展的体制机制，推进普通高中育人方式改革，创新教师管理制度，健全教育投入机制，健全教育宏观管理体制，做好深化教育体制机制改革的组织实施。

1741 | **9月25日**

教育部发布《中小学综合实践活动课程指导纲要》。《指导纲要》指出，综合实践活动课程是义务教育和普通高中课程方案规定的必修课程，与学科课程并列设置，从小学一年级至高中三年级全面实施。《指导纲要》要求，确保综合实践活动课程全面开设到位，坚持教育与生产劳动、社会实践相结合，充分发挥中小学综合实践活动课程在立德树人中的重要作用。

1742 | **10月18日至24日**

党的十九大在北京召开。中共中央总书记习近平代表第十八届中央委员会向大会作题为《决胜全面建成小康社会 夺取新时代中国特色社会主义伟大胜利》的报告。习近平指出："经过长期努力，中国特色社会主义进入了新时代，这是我国发展新的历史方位。”[①] 在谈到教育工作时，习近平强调：“要优先发展教育事业。建设教育强国是中华民族伟大复兴的基础工程，必须把教育事业放在优先位置，深化教育改革，加快教育现代化，办好人民满意的教育。要全面贯彻党的教育方针，落实立德树人根本任务，发展素质教育，推进教育公平，培养德智体美全面发展的社会主义建设者和接班人。推动城乡义务教育一体化发展，高度重视农村义务教育，办好学前教育、特殊教育和网络教育，普及高中阶段教育，努力让每个孩子都能享有公平而有质量的教育。完善职业教育和培训体系，深化产教融合、校企合作。加快一流大学和一流学科建设，实现高等教育内涵式发展。健全学生资助制度，使绝大多数城乡新增劳动力接受高中阶段教育、更多接受高等教育。支持和规范社会力量兴办教育。加强师德师风建设，培养高素质教师队伍，倡导全社会尊师重教。办好继续教育，加快建设学习型社会，大力提高国民素质。”[②]

1743 | **10 月 19 日**

党的十九大中央国家机关代表团讨论向中外记者开放。十九大代表、教育部部长陈宝生在发言时介绍了教育战线五年来取得的辉煌成就：一是教育总体水平已经进入世界中上行列；二是教育的质量明显提高；三是教育发展的条件有了历史性的改变；四是教育的国际影响力明显增强，中国成为亚洲最大、世界第三的留学生目的国；五是教育改革全面深化。教育体制“四梁八柱”的改革方案基本建立，教育改革进入“全面施工内部装修”阶段。

1744 | **11 月 20 日**

中共中央总书记、国家主席、中央军委主席、中央全面深化改革领导小组组长习近平主持召开十九届中央全面深化改革领导小组第一次会议。会议指出，全面深化新时代教师队伍建设改革，要全面贯彻党的教育方针，

① 《决胜全面建成小康社会　夺取新时代中国特色社会主义伟大胜利》，人民出版社 2017 年版，第 10 页。
② 同上，第 45—46 页。

坚持社会主义办学方向，遵循教育规律和教师成长发展规律，全面提升教师素质能力，深入推进教师管理体制机制改革，形成优秀人才争相从教、教师人人尽展其才、好老师不断涌现的良好局面。要重视建好建强乡村教师队伍。会议审议通过《全面深化新时代教师队伍建设改革的意见》。

1745 | **11月22日**

教育部、中央综治办、最高人民法院、最高人民检察院、公安部、民政部、司法部、人社部、共青团中央、全国妇联、中国残联等十一单位发布《加强中小学生欺凌综合治理方案》。《方案》指出，中小学生欺凌是发生在校园（包括中小学校和中等职业学校）内外、学生之间，一方（个体或群体）单次或多次蓄意或恶意通过肢体、语言及网络等手段实施欺负、侮辱，造成另一方（个体或群体）身体伤害、财产损失或精神损害等的事件。《方案》要求各地各校在实际工作中，要严格区分学生欺凌与学生间打闹嬉戏的界定，正确合理处理，要坚持教育为先、预防为主、保护为要、法治为基的原则，健全预防、处置学生欺凌的工作体制和规章制度，确保把中小学生欺凌防治工作落到实处，把校园建设成最安全、最阳光的地方。

1746 | **11月28日**

国家体育总局、教育部、中央文明办、国家发改委、民政部、财政部、共青团中央等七单位发布《青少年体育活动促进计划》。《计划》提出，到2020年，广大青少年体育参与意识普遍增强，体育锻炼习惯基本养成。《计划》提出了六个发展目标和七项主要任务。六个发展目标是：青少年体育活动蓬勃开展、青少年身体素质不断提高、青少年体育组织发展壮大、青少年体育场地设施明显改善、青少年体育指导人员培训广泛开展、青少年科学健身研究和普及成效显著。七项主要任务是：广泛开展青少年体育活动、加强青少年体育组织建设、统筹和完善青少年体育活动场地设施、强化青少年运动技能培训、推进青少年体育指导人员队伍建设、加强青少年科学健身研究与普及、加强对青少年的体育文化教育。

1747 | **12 月 4 日**

教育部发布《义务教育学校管理标准》。《标准》从保障学生平等权益、促进学生全面发展、引领教师专业进步、提升教育教学水平、营造和谐美丽环境、建设现代学校制度 6 个方面，明确了学校的主要管理职责，共涉及 22 项管理任务，包含“坚持免试就近入学原则”“实行均衡编班”等 88 条具体内容。

1748 | **12 月 12 日**

国务院教育督导委员会办公室发布《加快中西部教育发展工作督导评估监测办法》。《办法》指出，评估监测包括 7 个方面内容，共设置 265 项指标。其中，义务教育阶段督导评估监测的内容是：实现县域内义务教育均衡发展，保障教学点基本办学需求；标准化建设寄宿制学校；基本消除大班额现象；全面加强乡村教师队伍建设；继续实施营养改善计划等五项。

1749 | **12 月 15 日**

教育部、国家发改委、财政部、人社部联合发布《援藏援疆万名教师支教计划实施方案》。《实施方案》提出，每年从内地学校选派一批优秀教师赴西藏、新疆支教，带动和培训当地教师，帮助西藏、新疆整体提升教育发展水平，为西藏、新疆经济发展、社会稳定和长治久安，培养爱党爱国的社会主义事业合格建设者和可靠接班人提供坚强保障。2018 年首批将向西藏、新疆、新疆生产建设兵团共援派教师 4000 人。

1750 | **12 月 20 日**

教育部印发《关于公布 2017 年中小学国防教育示范学校名单的通知》，综合认定北京市八一学校等 618 所学校为“中小学国防教育示范学校”。示范学校创建由教育部统筹管理。示范学校以立德树人为根本任务，将国防教育纳入国民教育体系，在课堂教育教学、综合实践活动和专题教育项目中融入和加强国防教育，切实提高学校国防教育工作质量。

2018年

改革进行时

·重要文件

中共中央、国务院《关于全面深化新时代教师队伍建设改革的意见》

中共中央办公厅、国务院办公厅《关于分类推进人才评价机制改革的指导意见》

国务院办公厅《关于全面加强乡村小规模学校和乡镇寄宿制学校建设的指导意见》

国务院办公厅《关于进一步调整优化结构提高教育经费使用效益的意见》

教育部、国务院扶贫办《深度贫困地区教育脱贫攻坚实施方案(2018—2020年)》

教育部等五部门《教师教育振兴行动计划(2018—2022年)》

中共教育部党组《关于在教育系统大兴调查研究之风的意见》

教育部《关于加强大中小学国家安全教育的实施意见》

教育部《教育信息化2.0行动计划》

教育部《教育统计管理规定》

• 重要政策

组建中央教育工作领导小组

实施深度贫困地区教育脱贫攻坚

全面深化新时代教师队伍建设改革

在教育系统大兴调查研究

开展校外培训机构专项治理行动

重视青少年体育

• 重要会议

中共中央、国务院召开全国教育大会

教育部召开全国普通中小学招生入学工作会

教育部召开全国校外培训机构专项治理工作推进会

• 改革亮点

全面深化新时代教师队伍建设改革。为深入贯彻落实党的十九大精神，造就党和人民满意的高素质专业化创新型教师队伍，中共中央、国务院印发《全面深化新时代教师队伍建设改革的意见》。《意见》重点对师德师风，教师培训提出明确要求，提出对教育管理中存在的问题进行整改，提高教师的待遇和社会地位，让教师有更多的获得感和荣誉感。

开展校外培训机构专项治理行动。教育部等多部门联合开展校外培训机构专项治理行动，对各省份校外培训机构治理工作进行专项督查，进一步压实地方责任，确保校外培训机构治理工作取得成效。

1801 | **1月15日**

教育部、国务院扶贫办发布《深度贫困地区教育脱贫攻坚实施方案（2018—2020年）》。《实施方案》指出，计划用3年时间，使深度贫困地区建档立卡贫困人口教育基本公共服务实现全覆盖。

1802 | **1月15日**

教育部、国务院扶贫办、国家语委发布《推普脱贫攻坚行动计划（2018—2020年）》。《计划》要求到2020年，实现贫困家庭新增劳动力人口全部具有国家通用语言文字沟通交流和应用能力，现有贫困地区青壮年劳动力具备基本的普通话交流能力，当地普通话普及率明显提升，初步具备普通话交流的语言环境。

1803 | **1月16日**

教育部印发《关于公布2017年国防教育特色学校名单的通知》，综合认定4382所学校为“国防教育特色学校”，其中义务教育阶段学校有2193所。通知要求，特色学校要保障教学时间，在相关课程中有机融入学校国防教育内容。各地教育行政部门要把特色学校纳入本地教育发展规划，制定本地区的管理、建设和支持方案，明确工作目标，完善政策措施。教育部将加强特色学校国防教育工作情况和教育教学质量的监督检查，对于不合格的学校启动退出机制，取消命名并予以通报。

1804 | **1月20日**

中共中央、国务院印发《关于全面深化新时代教师队伍建设改革的意见》。《意见》提出，全面贯彻落实党的十九大精神，以习近平新时代中国特色社会主义思想为指导，遵循教育规律和教师成长发展规律，加强师德师风建设，培养高素质教师队伍，倡导全社会尊师重教，形成优秀人才争相从教、教师人人尽展其才、好教师不断涌现的良好局面。经过五年左右努力，教师培养培训体系基本健全，职业发展通道比较畅通，事权人权财权相统一的教师管理体制普遍建立，待遇提升保障机制更加完善，教师职业吸引力明显增强。

1805 | **1 月 23 日至 24 日**

教育部在北京召开 2018 年全国教育工作会议。会议强调，要全面贯彻党的十九大精神，以习近平新时代中国特色社会主义思想为指导，紧紧围绕统筹推进“五位一体”总体布局和协调推进“四个全面”战略布局，坚持稳中求进总基调，按照高质量发展根本要求，贯彻党的教育方针，推进教育优先发展，落实立德树人根本任务，深化教育改革，推进教育公平，发展素质教育，加快教育现代化，努力培养德智体美全面发展的社会主义建设者和接班人，培养担当民族复兴大任的时代新人。

1806 | **1 月 30 日**

教育部、国家体育总局、北京冬奥组委印发《北京 2022 年冬奥会和冬残奥会中小学生奥林匹克教育计划》。《计划》提出，全国中小学要将奥林匹克教育纳入学校常规教育教学工作。全国中小学要将奥林匹克教育纳入学校教育教学内容，通过综合实践活动课程、体育课程、德育活动等方式，开展奥林匹克主题教育。

1807 | **1 月 31 日**

教育部发布《教育部 2018 年工作要点》。2018 年工作要点有：一是深入学习贯彻习近平新时代中国特色社会主义思想和党的十九大精神，坚决维护党中央权威和集中统一领导；二是加强和改进党对教育工作的领导，推动全面从严治党向纵深发展；三是深化教育体制机制改革，充分激发教育发展活力；四是落实立德树人根本任务，大力发展素质教育；五是大力促进教育公平，完善公共教育服务体系；六是着力提升质量，扎实推进教育内涵式发展；七是全面加强教师队伍建设，培养高素质教师队伍；八是进一步提高保障能力，夯实教育可持续发展基础。

1808 | **2 月 11 日**

教育部、国家发改委、财政部、人社部、中央编办等五部门发布《教师教育振兴行动计划（2018—2022 年）》。《计划》明确了当前和今后一段时期教师教育振兴发展的目标任务和十大行动。《计划》提出，经过五年左右努力，办好一批高水平、有特色的教师教育院校和师范类专业，教师培养培训体系基本健全，为我国教师教育的长期可持续发展奠定坚实基础。师德教育显著加强，教师培养培训的内容方式不断优化，教师综合素质、专业化水平和创新能力显著提升，为发展更高质量更加公平的教育提供强有力的师资保障和人才支撑。

1809 | **2月12日**

教育部办公厅印发《关于做好2018年普通中小学招生入学工作的通知》。通知指出，要落实义务教育免试就近入学，推进免试就近入学全覆盖。各地要根据适龄学生人数、学校分布、所在社区、学校规模、交通状况等因素，按照确保公平和就近入学原则，并从当地实际出发，为每所义务教育阶段学校科学划定服务片区范围。各地要积极推动形成更加公平完善的就近入学规则。小学入学一般采取登记入学，初中入学一般采取登记或对口直升方式入学，实行多校划片的地区小学、初中可采取随机派位方式入学，保障入学机会公平。

1810 | **2月12日**

教育部办公厅发布《关于规范管理面向基础教育领域开展的竞赛挂牌命名表彰等活动的公告》。《公告》要求，各级教育行政部门要强化日常监管，对未经批准、违规举办的此类活动要发现一起、处理一起。对一些“山寨社团”“离岸社团”举办以营利为目的的所谓“国际”“全球”“大中华”赛事，教育行政部门要会同有关部门坚决予以查处。

1811 | **2月12日**

教育部办公厅印发《关于组织开展全国青少年校园足球教练员国家级专项培训的通知》。通知对组织开展全国青少年校园足球教练员国家级专项培训工作的目标、内容与方式、推荐条件、有关要求等作了具体规定。

1812 | **2月13日**

教育部办公厅、民政部办公厅、人社部办公厅、国家工商总局办公厅印发《关于切实减轻中小学生课外负担开展校外培训机构专项治理行动的通知》，决定联合开展校外培训机构专项治理行动，切实减轻中小学生课外负担。

1813 | **2月26日**

中共教育部党组印发《关于在教育系统大兴调查研究之风的意见》。《意见》决定，把2018年作为教育系统“调查研究年”，推动在教育系统大兴调查研究之风，写好教育“奋进之笔”。

1814 | **2月27日**

据《中国教育报》报道，中共中央办公厅、国务院办公厅印发《关于分类推进人才评价机制改革的指导意见》。《指导意见》提出，健全教育人才评价体系，坚持立德树人，把教书育人作为教育人才评价的核心内容。适应中小学素质教育和课程改革新要求，建立充分体现中小学教师岗位特点的评价标准，重点评价其教育教学方法、教书育人工作业绩和一线实践经历。严禁简单用学生升学率和考试成绩评价中小学教师。

1815 | **3月5日**

十三届全国人大一次会议在北京人民大会堂开幕，国务院总理李克强作《政府工作报告》。《报告》指出，十二届全国人大一次会议以来的五年，是我国发展进程中极不平凡的五年。教育事业全面发展。坚持教育优先发展，财政性教育经费占国内生产总值比例持续超过4%。改善农村义务教育薄弱学校办学条件，提高乡村教师待遇，营养改善计划惠及3600多万农村学生。启动世界一流大学和一流学科建设。重点高校专项招收农村和贫困地区学生人数由1万人增加到10万人。加大对各类学校家庭困难学生资助力度，4.3亿人次受益。劳动年龄人口平均受教育年限提高到10.5年。2018年是全面贯彻党的十九大精神的开局之年，是改革开放40周年，是决胜全面建成小康社会、实施“十三五”规划承上启下的关键一年。2018年，要发展公平而有质量的教育。推动城乡义务教育一体化发展，教育投入继续向困难地区和薄弱环节倾斜。切实降低农村学生辍学率，抓紧消除城镇“大班额”，着力解决中小学生课外负担重问题。继续实施农村和贫困地区专项招生计划。发展民族教育、特殊教育、继续教育和网络教育。加强师资队伍和师德师风建设。要加快推进教育现代化，办好人民满意的教育，让每个人都有平等机会通过教育改变自身命运、成就人生梦想。

1816 | **3月20日**

教育部办公厅印发《关于加快推进校外培训机构专项治理工作的通知》。通知要求，各地教育行政部门要坚定改革决心，压实责任举措，确保专项治理工作取得决定性胜利。

1817 | **3月21日**

据新华社报道，中共中央发布《深化党和国家机构改革方案》，提出组建中央教育工作领导小组，将其作为党中央决策议事协调机构。其主要职责是：研究提出并组织实施在教育领域坚持党的领导、加强党的建设方针政策；研究部署教育领域思想政治、意识形态工作；审议国家教育发展战略、中长期规划、教育重大政策和体制改革方案；协调解决教育工作重大问题等。中央教育工作领导小组秘书组设在教育部。

1818 | **3月26日**

第二十三个“全国中小学生安全教育日”到来之际，公安部、教育部在北京举行“做自己的首席安全官——平安校园行”主题宣传活动启动仪式。此项活动组织全国担任法制副校长、法制辅导员的30余万名公安民警集中走进学校，以防骗、防拐、防校园欺凌、远离“黄赌毒”、抵制传销、交通安全及消防安全、反恐防爆、危险感知和逃生自救等方面的常识和技能为重点，开展法治安全教育和互动交流，全面提升广大师生安全防范能力，营造全社会共同关注校园安全的良好氛围。

1819 | **3月**

教育部印发《关于组织实施“国培计划”——中小学名师名校长领航工程的通知》，正式启动名师名校长领航工程，即“双名工程”，完善国家与地方基础教育高端人才培养体系。

1820 | **4月2日**

教育部在北京召开全国普通中小学招生入学工作会，全面部署2018年全国普通中小学招生入学工作。会议指出，要进一步巩固和深化治理义务教育阶段"择校热"，注重做好义务教育和普通高中、公办和民办中小学、户籍学龄人口和随迁子女、重点大城市和市（县）招生入学工作、教育资源配置等各个方面的统筹工作。推进义务教育入学机会公平，不断提高免试就近入学比例，推进义务教育免试入学政策全覆盖。

1821 | **4月9日**

教育部印发《关于加强大中小学国家安全教育的实施意见》。《实施意见》要求，各地学校要结合教育系统实际，做好大中小学国家安全教育相关工作，使广大学生牢固树立总体国家安全观，增强国家安全意识。《实施意见》明确了构建完善国家安全教育内容体系、研究开发国家安全教育教材、推动国家安全学学科建设、改进国家安全教育教学活动、推进国家安全教育实践基地建设、丰富国家安全教育资源、加强国家安全教育师资队伍建设、建立健全国家安全教育教学评价机制等八项大中小学国家安全教育重点工作。

1822 | **4月9日**

全国160家校外培训机构在河南郑州共同签署《校外培训机构自律公约》，承诺依法、诚信、规范办学，避免"超纲教学""强化应试"，绝不组织中小学生等级考试及竞赛等，坚决抵制将培训结果与中小学校招生入学挂钩的行为，坚决抵制与中小学校及其教师建立不正当经济利益关系等。

1823 | **4月12日**

国务院总理李克强主持召开国务院常务会议。会议部署全面加强乡村小规模学校和乡镇寄宿制学校建设，为农村孩子提供公平有质量的义务教育。会议指出，对地处偏远、生源较少的地方，一般在村设置低年级学段小规模学校，在乡镇设置寄宿制中心学校，方便农村孩子就近入学和留守儿童照护。要优化财政支出结构，改善办学条件，依法提高教师待遇，编制、职称评聘等向小规模学校倾斜。通过“互联网+”教育、对口支教等方式，提高乡村学校办学水平。

1824 | **4月13日**

教育部发布《教育信息化2.0行动计划》。《计划》提出，通过实施教育信息化2.0行动计划，到2022年基本实现“三全两高一大”的发展目标，即教学应用覆盖全体教师、学习应用覆盖全体适龄学生、数字校园建设覆盖全体学校，信息化应用水平和师生信息素养普遍提高，建成“互联网+教育”大平台，推动从教育专用资源向教育大资源转变、从提升师生信息技术应用能力向全面提升其信息素养转变、从融合应用向创新发展转变，努力构建“互联网+”条件下的人才培养新模式、发展基于互联网的教育服务新模式、探索信息时代教育治理新模式。

1825 | **4月19日**

国务院教育督导委员会办公室印发《关于开展中小学生欺凌防治落实年行动的通知》。通知要求，各教育部门要明确学生欺凌防治工作机构，明确学生欺凌防治工作负责人和联系人。学校要成立学生欺凌治理委员会，每学期至少开展一次关于学生欺凌专题教育，结合思想道德教育、法制教育和心理健康教育，普及防治学生欺凌知识和反欺凌技能。

1826 | **4月20日**

教育部办公厅印发《关于做好预防中小学生沉迷网络教育引导工作的紧急通知》。通知要求，各地教育行政部门要切实增强责任感紧迫感，迅速开展一次全面排查，集中组织开展专题教育，严格规范学校日常管理，推动家长履行监护职责，切实做好预防中小学生沉迷网络教育引导工作。

1827 | **4月24日**

山东省教育厅等五部门发布《山东省切实减轻中小学生课外负担专项行动实施方案》。《实施方案》要求各地市有关部门开展专项行动，从开展校内办学行为规范治理、开展教师有偿补课治理、开展校外培训机构规范治理、扎实做好中小学生课后服务工作及加强家长教育引导五大重点方面，减轻中小学生课外负担，促进中小学生身心健康发展。

1828 | **4 月 25 日**

北京市公布 2018 年义务教育阶段入学政策，首次在“幼升小”的入学政策中规定，北京市户籍的无房家庭长期在非户籍所在区工作、居住，符合在同一区连续单独承租并实际居住 3 年以上且在住房租赁监管平台登记备案、夫妻一方在该区合法稳定就业 3 年以上等条件的，其适龄子女可在该区接受义务教育。

1829 | **4 月 25 日**

国务院办公厅印发《关于全面加强乡村小规模学校和乡镇寄宿制学校建设的指导意见》。《指导意见》指出，全面加强乡村小规模学校和乡镇寄宿制学校建设和管理，到 2020 年，基本补齐两类学校短板，进一步振兴乡村教育，基本实现县域内城乡义务教育一体化发展，为乡村学生提供公平而有质量的教育。

1830 | **5 月 9 日至 15 日**

教育部、民政部、人社部、国家工商总局联合派出 7 个督查组，分大区对全国 31 个省、自治区、直辖市以及新疆生产建设兵团校外培训机构治理工作进行专项督查，进一步压实地方责任，确保校外培训机构治理工作取得决定性成效。

1831 | **5 月 14 日**

教育部办公厅印发《关于在中小学校开展“崇尚英雄 精忠报国”主题班会活动的通知》。通知要求各地各中小学开展一次以“崇尚英雄 精忠报国”为主题的班会活动。本次主题班会要集中在 5 月 21 日至 27 日，以班级为单位组织召开。

1832 | **5 月 19 日**

全国“中小学语文示范诵读库”首批 100 篇音频作品正式上线发布。该诵读库由中央广播电视总台、教育部合作，集结 70 多位中央广播电视总台优秀播音员、主持人和顶级录音师共同录制完成，内容涵盖教育部审定的全部中小学语文课文，是一部高标准、高品质的“有声语文教材”，将惠及全国 1.5 亿名中小学生和 900 多万名教师。

1833 | **5 月 22 日**

国家教材委员会专家委员会工作研讨会暨课程教材研究所成立大会举行。会议的召开标志着国家教材委员会专家委员会全面开始运转，课程教材研究所的成立标志着我国教材建设在专业化方面迈出了重要一步。

1834 | **5 月 23 日**

国务院总理李克强主持召开国务院常务会议。会议决定加大对困难地区和薄弱环节教育投入。会议确定，2018 年至 2020 年中央财政新增安排 70 亿元，重点支持“三区三州”教育脱贫攻坚。中央预算内投资加大支持贫困县、民族自治县等改善教育设施；2018 年中央财政新增 130 亿元，通过转移支付重点用于中西部、贫困地区和农村义务教育、职业教育等；新增 1 万名“特岗计划”教师名额，重点向深度贫困地区倾斜；逐步全面实现义务教育教师平均工资水平不低于当地公务员平均工资水平，规范教师编制管理。

1835 | **5 月 28 日**

教育部在广东广州召开全国校外培训机构专项治理工作推进会。会议认真总结开展专项治理以来的工作进展和成效，交流各地经验做法，全面部署下一阶段专项治理工作。

1836 | **5 月 30 日**

中共中央总书记、国家主席、中央军委主席习近平给陕西照金北梁红军小学的学生回信，勉励他们用实际行动把红色基因一代代传下去，怀着一颗感恩的心，珍惜时光，努力学习，将来做对国家、对人民、对社会有用的人。6 月 6 日，中共教育部党组印发《关于学习贯彻习近平总书记给陕西照金北梁红军小学学生重要回信精神的通知》，要求各地教育部门和各中小学校深入学习贯彻习近平总书记重要回信精神，坚持以习近平新时代中国特色社会主义思想为指导，把思想和行动统一到党中央对教育改革发展的新要求新任务上来，落实立德树人根本任务，不断提高教育质量，努力把基础教育越办越好，培养中国特色社会主义事业合格建设者和可靠接班人。

1837 | **6 月 6 日**

北京市教委发布《北京市中小学校办学条件标准》（建设部分－试行）。《标准》自 2005 年来首次修订，明确城乡学校硬件指标将采取统一标准。《标准》明确指出，新建学校校园绿地率不得低于 30%，中心城区外宜为 35% 以上。在校园体育用地方面，每校应设足球场，且每班每周必须有一天能安排大球（足球、篮球、排球）训练或比赛。

1838 | **6 月 6 日**

中共中央政治局委员、国务院副总理孙春兰来到北京市史家胡同小学和南磨房社区卫生服务中心，参加“科学防控近视、关爱孩子眼健康”主题活动，调研考察青少年近视防控工作。

1839 | **6 月 15 日**

陕西省教育厅办公室印发《关于进一步加强中小学生学籍管理的通知》。通知要求，各市（区）、县教育部门要做好学籍建立工作，认真做好小学新生学籍注册工作，确保“一生一号，不漏一人”。严肃处置中小学在校生无学籍情况，对属于违规招生和起始年级建籍工作疏漏造成的无学籍问题，要倒查追责；严格审核非小学一年级学生注册建籍。

1840 | **6 月 21 日**

国务院印发《关于建立残疾儿童康复救助制度的意见》，决定自 2018 年 10 月 1 日起全面实施残疾儿童康复救助制度。《意见》指出，到 2020 年，建立与全面建成小康社会目标相适应的残疾儿童康复救助制度体系，基本实现残疾儿童应救尽救；到2025年，残疾儿童康复救助制度体系更加健全完善，残疾儿童普遍享有基本康复服务，健康成长、全面发展权益得到有效保障。

1841 | **6月25日**

教育部发布《教育统计管理规定》。《规定》从统计调查和统计分析两个维度、四个方面入手，细化业务流程，明确工作规范，切实将提高教育统计数据质量落实到可操作、可查证的层面上来。

1842 | **7月6日**

中央全面深化改革委员会召开第三次会议，审议通过《关于规范校外培训机构发展的意见》。会议指出，规范校外培训机构发展，要全面贯彻党的教育方针，坚持立德树人，发展素质教育，以建立健全校外培训机构监管机制为着力点，构建校外培训机构规范有序发展的长效机制，切实解决人民群众反映强烈的中小学生课外负担过重问题。要提高学校教学质量，强化学校教育的主阵地作用。

1843 | **7月25日**

教育部基础教育质量监测中心发布《中国义务教育质量监测报告》。《报告》显示，我国义务教育阶段学生人生价值取向积极，具有良好的行为规范；学生学业表现良好，对课程和教师的喜欢程度高。同时，学生综合应用能力相对薄弱，学生家庭作业时间过长，参加校外学业类辅导班比例较高，学习压力较大。

1844 | **7月27日**

中共江苏省委办公厅、江苏省人民政府办公厅发布《关于深化教育体制机制改革的实施意见》。《实施意见》提出，严格坚持义务教育免试就近入学。推进中考制度改革，构建基于初中学业水平考试成绩、结合综合素质评价的高中阶段学校考试招生模式；研究制定新一轮高考方案，稳妥推进高考综合改革，推动教学、考试、招生一体化改革，健全科学育人、科学评价、科学选材的体制机制。

1845 | **7月30日**

国务院总理李克强主持召开国务院常务会议。会议研究优化教育经费使用结构和落实义务教育教师工资待遇。会议指出，办好人民满意的教育，必须在保障教育合理投入的同时，把义务教育作为投入的重中之重，优化教育支出结构，促进公平而有质量的教育发展。各地要制定区域内各级学校生均经费和财政拨款基本标准，并建立动态调整机制。引导社会力量加大教育投入。财政教育经费存量资金优先保障、增量资金更多用于支持深度贫困地区和贫困家庭子女。把教育经费的每一笔钱用到关键处。会议强调，要强化地方人民政府责任，确保义务教育教师平均工资收入不低于当地公务员平均工资收入水平。凡未达到上述要求的都要限期整改达标，财力较强的省（自治区、直辖市）尤其要加快进度，各地要定期向教育部、财政部报告落实情况，国务院适时开展督查。

1846 | **8月7日**

教育部办公厅印发《关于开展人工智能助推教师队伍建设行动试点工作的通知》。通知提出，教育部决定，在宁夏基础教育领域开展人工智能助推教师队伍建设行动试点，在北京外国语大学开展高等教育领域人工智能助推教师队伍建设行动试点。教育部将采取专项督查和第三方评估等方式，对试点工作进行检查评估和试点验收。

1847 | **8月17日**

国务院办公厅印发《关于进一步调整优化结构提高教育经费使用效益的意见》。《意见》强调，坚持“优先保障、加大投入，尽力而为、量力而行，统筹兼顾、突出重点，深化改革、提高绩效”的原则，对教育经费投入、使用、管理提出明确要求：一是完善教育经费投入机制；二是优化教育经费使用结构；三是科学管理使用教育经费。

1848 | **8月28日**

教育部部长陈宝生向全国人大常委会报告关于推动城乡义务教育一体化发展，提高农村义务教育水平的工作情况。陈宝生表示，两年多来，按照党中央的决策部署和国务院落实以人民为中心的发展思想，教育部制定了经费保障、办学条件、队伍建设、控辍保学等一系列配套文件。多部门通力合作，加强统筹协调和宏观管理，采取强有力的工作措施，大力推动城乡义务教育一体化发展，取得了显著成效。下一步将从强化责任、补齐短板、综合施策、强化保障、深化改革等五个方面着手，加大政府统筹力度，实施乡村教育底部攻坚，加快消除城镇大班额，增强乡村教师职业吸引力，提升义务教育质量，加快推进城乡义务教育一体化发展。

1849 | **8 月 30 日**

中共中央总书记、国家主席、中央军委主席习近平给中央美术学院八位老教授回信。习近平强调，美术教育是美育的重要组成部分，对塑造美好心灵具有重要作用。做好美育工作，要坚持立德树人，扎根时代生活，遵循美育特点，弘扬中华美育精神，让祖国青年一代身心都健康成长。①

1850 | **8 月 30 日**

教育部、国家卫生健康委员会等八部门联合发布《综合防控儿童青少年近视实施方案》。《方案》提出，到 2023 年力争实现全国儿童青少年总体近视率在 2018 年的基础上每年降低 0.5 个百分点以上，近视高发省份每年降低 1 个百分点以上。到 2030 年，实现儿童青少年新发近视率明显下降、儿童青少年视力健康整体水平显著提升，高中阶段学生近视率下降到 70%以下，国家学生体质健康标准达标优秀率达 25%以上。

1851 | **8 月 31 日**

教育部公布 2018 年全国教书育人楷模名单。10 位楷模的先进事迹集中体现了新时代广大教师师德高尚、潜心育人，争做党和人民满意的“四有”好老师的新形象新风貌。

---

① 参见《人民日报》，2018 年 8 月 31 日。

1852 | **9月1日**

《山西省家庭教育促进条例》正式实施。《条例》明确了县级以上人民政府应当将家庭教育发展规划纳入本级国民经济和社会发展规划，建立城乡家庭教育指导服务体系，并将家庭教育事业发展经费纳入本级财政预算。《条例》旨在促进家庭教育发展，保障未成年人健康成长，提高家庭成员素养，维护家庭和睦、社会稳定。

1853 | **9月10日至11日**

中共中央、国务院在北京召开全国教育大会。中共中央总书记、国家主席、中央军委主席习近平出席会议并发表重要讲话。9月10日是我国第三十四个教师节，习近平代表党中央，向全国广大教师和教育工作者致以节日的热烈祝贺和诚挚问候。习近平指出，党的十九大从新时代坚持和发展中国特色社会主义的战略高度，作出了优先发展教育事业、加快教育现代化、建设教育强国的重大部署。习近平强调，党的十八大以来，我们围绕培养什么人、怎样培养人、为谁培养人这一根本问题，全面加强党对教育工作的领导，坚持立德树人，加强学校思想政治工作，推进教育改革，加快补齐教育短板，教育事业中国特色更加鲜明，教育现代化加速推进，教育方面人民群众获得感明显增强，我国教育的国际影响力加快提升，13亿多中国人民的思想道德素质和科学文化素质全面提升。习近平指出，教育工作的根本任务是培养社会主义建设者和接班人，培养一代又一代拥护中国共产党领导和我国社会主义制度、立志为中国特色社会主义奋斗终身的有用人才。习近平指出，要努力构建德智体美劳全面培养的教育体系，形成更高水平的人才培养体系。习近平强调，建设社会主义现代化强国，对教师队伍建设提出新的更高要求，也对全党全社会尊师重教提出新的更高要求。做老师就要执着于教书育人，有热爱教育的定力、淡泊名利的坚守。习近平指出，要深化教育体制改革，健全立德树人落实机制，扭转不科学的教育评价导向，坚决克服唯分数、唯升学、唯文凭、唯论文、唯帽子的顽瘴痼疾，从根本上解决教育评价指挥棒问题。[①]

中共中央政治局常委、国务院总理李克强出席会议并发表讲话。李克强指出，要认真学习领会和贯彻落实习近平总书记重要讲话精神，以习近平新时代中国特色社会主义思想为指导，准确把握教育事业发展面临的新形势新任务，全面落实教育优先发展战略，在经济社会发展规划上优先安排教育、财政资金投入上优先保障教育、公共资源配置上优先满足教育和人力资源开发需要。李克强强调，要增强教育服务创新发展能力，培养更多适应高质量发展的各类人才。李克强要求，要深化教育领域“放管服”改革，充分释放教育事业发展生机活力。[②]

9 月 11 日，中共中央政治局委员、国务院副总理孙春兰出席闭幕式并作总结讲话。孙春兰强调，各地各部门要把深入学习贯彻习近平总书记重要讲话和大会精神作为当前的重要任务，提高思想认识，制定具体方案，确保党中央决策部署落地见效。孙春兰指出，习近平总书记关于教育的重要论述，是系统科学的新时代中国特色社会主义教育理论体系，为做好新时代教育工作提供了根本遵循。学习贯彻大会精神，最重要的是深入学习领会、全面准确把握科学内涵和精神实质，更好地武装头脑、指导实践、推动工作。[③]

1854 | **9 月 12 日**

中共教育部党组召开党组扩大会暨部党组理论学习中心组学习扩大会，认真学习领会在全国教育大会上习近平总书记重要讲话以及李克强总理讲话和孙春兰副总理总结讲话精神，研究部署贯彻落实工作。中共教育部党组书记、教育部部长陈宝生主持集体学习。会议决定，印发《关于认真学习贯彻全国教育大会精神的通知》和《学习宣传贯彻全国教育大会精神工作方案》，以指导教育系统迅速掀起学习宣传贯彻习近平总书记重要讲话和大会精神的热潮。

---

① 参见《人民日报》，2018 年 9 月 11 日。

② 同上。

③ 参见《人民日报》，2018 年 9 月 12 日。

1855

1855 | **9月26日**

据《中国教育报》报道，中共教育部党组决定成立“百人宣讲团”，由中共教育部党组书记、教育部部长陈宝生担任团长，启动教育系统学习宣传贯彻全国教育大会精神宣讲对谈活动。“百人宣讲团”将围绕习近平总书记在全国教育大会上的重要讲话，面向教育系统领导干部和师生员工以及社会各界人士，着力宣讲习近平总书记关于教育的重要论述精神，从9月中旬起至12月底在全国各地各校开展面对面宣讲和互动化对谈活动。

《辉煌四十年：中国基础教育改革大事记·义务教育卷》索引表

（续表）

索引词拼音首字母	索引词	条　目
D	党代会	7702、7830、8125、8222、8438、8647、8764、9081、9241、9384、9575、9659、9741、0039、0261、0348、0455、0545、0651、0733、0849、1048、1131、1236、1360、1477、1548、1742
	德育	7915、8123、8128、8335、8406、8515、8730、8740、8823、8833、8842、8846、8871、9025、9043、9060、9212、9221、9326、9359、9448、9461、9474、9524、9592、9678、9725、9813、0007、0029、0030、0050、0103、0401、0413、0426、0431、0432、0434、0436、0445、0511、0512、0519、0526、0841、0851、0903、1137、1417、1546、1620、1736
	电化教育	8402、8772、8837、9148、9731
F	法制宣传教育	8517、8547、9590、0008、0260、0726、1328、1303、1351、1447、1551、1625、1629
	非典防治	0316、0317、0318、0319、0320
G	工读教育	7920、7923、8027、8117、8640、9547
	共青团工作	8021、1135
	广播体操	9022、9814、0242
	规范办学行为	0344、0909、0918、1034
	国防教育	9476、9754、0304、1702、1750、1803
	国情与形势教育	8701、8949、9058、9063、9111、9130、9141、9144、9381、1613、1821
H	环境教育	8537、9244、9673、0305、0346、1116
J	寄宿制学校	0528、0538、0657、1122、1823

（续表）

（续表）

索引词拼音首字母	索引词		条　目
J	教师	合格证书	8641、8707、8769、9207
		绩效考核	0858、0933
		奖励基金会	8645、8708、9021
		教师节	8134、8503、8535、8617、8644、8933、9452、9832、1045、1128、1347、1348、1443、1540、1636
		民办教师	7928、8140、8655、9062、9103、9361、9443、9473、9578、9740、9746
		培训、进修	7712、7716、8019、8221、8223、8301、8313、8327、8426、8605、8747、9069、9154、9220、9367、9472、9521、9944、9945、9949、0003、0004、0010、0018、0111、0154、0209、0272、0404、0454、0466、0516、0724、0728、0837、0913、0917、0923、1026、1031、1101、1325、1354、1440
		特岗计划	0631、0666、0907、1501
		特级教师	7828、8435、9061、9343、0744
		职称	8628、8651、1118、1127、1537
		职务	8625、8803、8804、9078、9137、9249
		职业道德	8436、9129、9140、9152、9577、9738、0034、0349、0844、0936、1015、1231、1345、1404、1429、1528
		住房	7804、8227、8309、8445、8944、9068、9238、9463、9580、9706、9833
		资格	9367、9402、9582、9588、0037、0101、0145、0353、1340
		尊师	7813、8319、8506、8507、8758、0337、1539

（续表）

索引词拼音首字母	索引词	条　目
J	教学大纲	7906、8008、8142、8147、8121、8551、8611、8620、8631、8705、8715、8763、8801、8856、8931、9231、9524、0013、0035、0043、0215、1415
	教学计划	7803、8109、8116、8221、8427、8432、8550、8652、8856、8931、9435、9540、0117、0142、1548、1710
	教研室工作	9044、9335
	教育部工作要点	0501、0554、0701、0807、0902、1009、1104、1205、1306、1408、1506、1606、1706、1807
	教育财政管理体制	8005、9676、9726
	教育督导、检查	7806、8320、8661、8713、8733、8854、8924、8946、9048、9121、9127、9128、9202、9230、9368、9419、9441、9451、9453、9504、9520、9526、9548、9563、9569、9626、9709、9714、9943、0040、0138、0149、0211、0227、0310、0343、0403、0614、0839、0854、1204、1224、1225、1230、1232、1334、1410、1414、1509、1519、1601、1631、1719、1731、1748
	教育对口支援	9388、9669、0134、0827
	教育法律	7809、8230、8614、8646、8722、8860、8905、8911、9038、9056、9116、9139、9146、9213、9379、9402、9415、9420、9433、9475、9501、9532、9564、9568、9576、9582、9631、9643、0118、0145、0168、0271、0309、0601、0639、0665、1052、1230、1554、1641

（续表）

（续表）

（续表）

索引词拼音首字母	索引词		条　目
K	科普教育		9553、9612、0046、0164
	课程	传统文化	0805、1727
		地理	8321、8949、9144、0035
		法治	8115、8135、8314、8523、8528、9951、1520
		化学	8521、0035
		计算机	8405、8416、8430、8626、9228、9680、9708、9743
		劳动技术	8627、8630、8715、8752、8763、8920、9460、9638、9672、9828、1529、1545
		历史	8321、8949、9010、9144、9313、0035、1739
		美育	7906、8102、8649、8660、8709、8719、8834、8908、8930、8948、8953、9432、9554、9679、9713、9723、0006、0202、0226、0245、0304、0504、0718、0846、1117、1403、1507、1524、1542、1632、1634、1849
		生理与心理	8408、8849、9942、0247
		生物	8136、0035
		数学	7711、7832、8423、8521、8529、9303
		体育	7904、7927、8004、8950、9015、9108、9232、9329、9514、9519、9550、9562、9605、9720、9749、9751、9754、9906、9930、0116、0169、0202、0240、0244、0354、0465、0540、0659、0660、0661、0713、0921、1117、1123、1233、1241、1425、1436、1517、1541、1614、1618、1633、1715、1746
		外语	7821、7909、8213、8521、8648、9646、9728、0105、0714、

（续表）

（续表）

索引词拼音首字母	索引词	条　目
M	民族教育	8023、8024、8105、8126、8139、8412、8841、9242、9376、9655、9907、9917、0243、0246、0438、0809、0852、0920、0926、0929、0930、1050、1114
	民族精神教育	0423、0447、0450、0646
N	内地西藏班	8534、9237、9439
	年度会议	8608、8704、8809、8906、9003、9102、9201、9301、9401、9404、9510、9606、9703、9804、9902、9953、0051、0170、0203、0269、0358、0474、0551、0662、0743、0855、1006、1102、1103、1203、1304、1406、1503、1604、1705、1805
	农村教育	7901、7902、7929、8201、8316、8444、8753、8771、8840、8867、8919、9132、9408、9468、9470、9503、9647、9711、0114、0130、0213、0218、0222、0341、0342、0414、0427、0549、0606、0849、1227
	农村教育综合改革	8710、8922、8929、8934、9053、9239、9373、9454、9456、9464、9555、0648、0836
	农村税费改革	0141、0216、0314
	农民工子女教育	0339、0357、0611、0803、1008、1035、1119、1207、1444
	女儿童入学问题	8819、9075、9333、9649、9705
P	片面追求升学率	8144、8145、8336、8446、8805、8812、8826
	贫困地区教育	9418、9573、9632、9635、9640、9658、9668、9736、9745、9824、0125、0228、1365、1456
	普及初等教育	7935、7901、8029、8103、8323、8413、8420、8421、9309

（续表）

（续表）

索引词拼音首字母	索引词	条　目
S	社会力量办学	8415、8739、8741、8774、8859、8861、8936、9143、9210、9531、9615、9625、9633、9641、9735、9742、9752、0236、0424、1648、1738
	社会主义核心价值观教育	1430、1446、1505、1546
	社区教育	9527、9587
	升学考试	7926、8446、9204、9216、9232、9332、9924、0014、0812、0814
	师范教育	7825、8610、9077、9383
	实践教育	8723、8762、8832、1741
	实验教学	8333、8813、8814、8815、8816、9070、1544
	手拉手	9522、9611
	四有	8215、8549
	素质教育	9637、9642、9645、9716、9727、9729、9730、9734、9739、9747、9801、9803、9808、9836、9919、9932、9934、9939、0146、0348、0736、0922
T	特殊教育	7711、8229、8427、8616、8839、8865、8910、9306、9363、9406、9437、9446、9636、0705、0856、1132、1201、1327、1402、1720、1733、1840
	体育合格标准	8757、8806、9126、9211
	童工问题	8737、8748、9117、0258
	图书馆	8120、8902、9145、0312、1029、1522
	拖欠教师工资	9023、9353、9385、9386、9602
W	外国语学校	7925、8218

（续表）

索引词拼音首字母	索引词		条　目
W	网络教育		0165、0443、0527、1005、1350
	卫星电视教育		8606、8721
	文化设施免费开放		8927、9049、0420、0456
	五讲四美		8107、8203、8216、8303、8311
X	希望工程		8947、9034、9217、9347、9407、9534、9634
	校服		9331、1527
	校舍建设		7804、7822、8210、8742、8901、9017、0044、0442、0653、0712、0727、0806、0824、0833、0908、1047、1359
	校外教育		8650、9110、9557、0038、0204、0505、0507、0608、1418
	校外培训机构治理		1214、1812、1816、1822、1830、1835、1842
	校务公开		9918、0206
	校园足球		0914、1202、1452、1501、1531、1622、1725、1811
	校长	培训	8939、8955、9037、9051、9125、9250、9442、9538、9589、9651、9718、9756、9945、9958、0020、0121、0263、0658、0741、1041、1361
		任职、职责	8401、8407、8603、9133、9758、9927、0121、0446、0643、0732、0817、1704
	心理健康辅导		0835、0840、1010、1238、1533
	信息技术教育		9952、9957、0207
	学籍管理		0731、1338、1356、1434、1502、1839
	学雷锋活动		9013、9131、9319

（续表）

索引词拼音首字母	索引词	条　目
X	学生流失	8870、8904、9031、1734、1735
	学生体质健康	7819、8127、8657、8775、8928、9066、9219、9235、9457、9624、9805、9914、9921、9937、9946、0046、0112、0214、0241、0256、0305、0428、0710、0715、0815、0831、0853、0911、1051、1207、1419、1427、1638
	学生营养	8417、9035、9657、9925、0036、0326、1133、1218、1221、1239、1515、1538、1543、1737
	学校党的建设	9459、0027、1626
	学校管理	9915、1437、1646、1706、1747
	学校基本建设	8009、9675、9916
	学校体育、卫生工作	7812、7916、7927、7931、8004、8118、8202、8214、8317、8548、8768、8848、9041、9073、9074、9080、9112、9147、9235、9346、9570、9701、9815、0304、0828、0848、1233
	学校治安综合治理	9226、9670、0028、0251、0429
	学制	7803、7917、8110、8432、0460
Y	依法治校	0332、1237、1301、1513、1635
	影视教育	9677、9719、9913、0829
	优秀成果奖	8907、9024
	语言文字工作	8601、8634、9006、9026、9155、1342
	预防未成年人违法犯罪	9935、9936、0026、0252、0468、0508、0548、0605
	援藏工作	8756、9054、0402、0724、0837、0905、1749

（续表）

（续表）

索引词拼音首字母	索引词	条　目
Z	中小学竞赛活动	9105、9436、9518、9586、9806、9904、0537
	中小学生课外文体活动	0122、0139、0602
	中小学守则、行为规范	7818、7924、8132、8828、9142、0421、1536
	中小学危房	8113、8632、8825、9017、9954、0110、0345、0425、0442
	重点中小学	7701、7802、7922、8018、8026、8116、8143、8202、8618
	助学金	9558、9583、0151
	最大失误问题	8913、8914、8916
	尊重知识、尊重人才	7701、8014、8619